中国交通运输协会现代客运枢纽分会第二届会员代表大会暨技术交流会
China Transportation Association Morden Passenger Hub Branch
- 2nd Technical Exchange Conference

现代客运枢纽分会
技术交流会论文集

中国铁路经济规划研究院有限公司
中国交通运输协会现代客运枢纽分会　　主编
同济大学建筑设计研究院（集团）有限公司

同济大学出版社
Tongji University Press

图书在版编目(CIP)数据

现代客运枢纽分会技术交流会论文集 / 中国铁路经济规划研究院有限公司,中国交通运输协会现代客运枢纽分会,同济大学建筑设计研究院(集团)有限公司主编. —上海:同济大学出版社,2020.12
 ISBN 978-7-5608-9449-2

Ⅰ.①现… Ⅱ.①中… ②现… ③同… Ⅲ.①旅客运输—枢纽站—建设—文集 Ⅳ.①U115-53

中国版本图书馆CIP数据核字(2020)第158393号

现代客运枢纽分会技术交流会论文集

中国铁路经济规划研究院有限公司
中国交通运输协会现代客运枢纽分会　主编
同济大学建筑设计研究院(集团)有限公司

责任编辑　吕　炜　马继兰　**责任校对**　徐逢乔　**封面设计**　张　微

出版发行	同济大学出版社　www.tongjipress.com.cn	
	(地址:上海市四平路1239号　邮编:200092　电话:021-65985622)	
经　销	全国各地新华书店	
印　刷	上海丽佳制版印刷有限公司	
制　作	南京月叶图文制作有限公司	
开　本	787 mm×1092 mm　1/16	
印　张	31.25	
字　数	780 000	
版　次	2020年12月第1版　2020年12月第1次印刷	
书　号	ISBN 978-7-5608-9449-2	
定　价	280.00元	

本书若有印装质量问题,请向本社发行部调换　　版权所有　侵权必究

主办单位：中国铁路经济规划研究院有限公司
　　　　　中国交通运输协会现代客运枢纽分会
承办单位：中国铁路设计集团有限公司
　　　　　中铁第四勘察设计院集团有限公司
　　　　　同济大学建筑设计研究院(集团)有限公司

编辑委员会

主　　任：郑　健
副 主 任：杨忠民　吴克非　张春枝
顾　　问：江正林　周孝文　黄荣顺
编　　委：陈东杰　徐尚奎　党　立　韩志伟　孙小年　胡华清　沈荣发
　　　　　蒲　云　贾　坚　王玉泽　李　京　姚　涵　刘振娟　许笑冰
　　　　　周铁征　盛　晖　魏　崴　叶年发　景德炎　张　涛　蔡　珏
　　　　　郑云杰　张　鸿　郭　明　于世平　肖志强　付　鹏
编辑组：周　正　张　凯　王　彦　张少森　吴　琪　樊鹏涛　王国芳

前　言

党的十九大以来,交通领域的广大工作者们以习近平新时代中国特色社会主义思想为指导,围绕十九大报告提出的"创新、协调、开放、共享、绿色"的发展理念,砥砺前行,全面推进我国铁路、航空、公路、水运和市政交通等多个领域高质量发展。截至2019年年底,我国铁路营业里程已达13.6万公里,其中高速铁路3.5万公里;共建成铁路客站1 450座,其中高铁客站850座,省会级(副省级)客站67座;铁路建设全面注重技术创新,着力提升旅客服务质量,加大环境保护力度,对促进社会经济发展、保障和改善民生、支撑国家重大战略、增强我国综合实力和国际影响力发挥了重要作用。我国境内运输机场(不含港澳台)已达238个,其中年旅客吞吐量5 000万人次以上的机场5个,4 000万人次以上的机场10个,1 000万人次以上的机场39个,加快重点国际航空枢纽建设,逐步形成国家综合机场体系。

随着经济的发展,人民群众对出行体验有了更高、更美好的需求,交通领域的广大工作者们"不忘初心、牢记使命",全面贯彻新时期发展理念,认真落实"适用、经济、绿色、美观"的建筑方针,始终坚持以人为本,深入调研,系统总结,全面思考和解决站城融合、交通衔接、功能布局、建筑艺术表达等方面发展的新需求。铁路建设者们更是紧紧围绕国铁集团提出的"三个世界领先""三个进一步提升"的奋斗目标,认真落实"三大举措",按照新时代铁路客站建设"畅通融合、绿色温馨、经济艺术、智能便捷"的总体要求,牢牢把握"人民铁路为人民"的根本宗旨,努力实现铁路客站建设的智能高效和绿色低碳,充分发挥铁路客站传承经典文化艺术和提升城市综合竞争力的价值外延,创新设计理念,努力打造新时代人民满意的精品客站,更好地服务社会经济发展,不断满足旅客对美好出行的新需求,进一步提升旅客的获得感和幸福感。

中国铁路经济规划研究院有限公司、中国交通运输协会现代客运枢纽分会联合举办了"2019现代客运枢纽分会技术交流会"。会议期间收到论文108篇。这些论文主要围绕铁路、航空、公路、水运和市政交通等多个领域,从综合交通客运枢纽的规划、设计、建设、运营和管理等多个方面进行了有益的探讨和交流。经过专家评审,从中精选出49篇高质量的论文编辑成册,供大家借鉴和参考。

本次会议得到了中国铁路设计集团有限公司、中铁第四勘察设计院集团有限公司、同济大学建筑设计研究院(集团)有限公司的大力支持,在此一并表示感谢。

编者

2020年10月

目 录

前言

第一篇 综合发展

新时代现代客运枢纽高质量发展的思考——在现代客运枢纽分会技术交流会上的发言 ... 2
  郑 健

大型机场综合交通体系规划理论框架与实践 ... 7
  程 欢 张 越 莫辉辉

大型交通枢纽安全风险管控理论与实践 ... 16
  黄宏伟 张东明 贾 坚

中小城市城际铁路土地综合开发路径探讨——以广佛肇城际三水北站为例 ... 26
  王 睦 高铁军

浅析地铁站台拥挤度估算方法 ... 36
  张星龙

面向智能车站建设的行人交通仿真软件研究 ... 41
  陈 旭

株洲站改扩建工程施工过渡设计 ... 50
  胡于明 胡启道

大型高架站房候车室围护结构采光和开洞对能耗影响初探 ... 57
  田利伟 郭旭晖 于靖华 王成哲

上海市域铁路车辆基地的综合开发策略分析 ... 64
  袁 铭

探讨新形势下高铁车站"行包、邮件运输"变身"轻货快运" ... 72
  阳庆萍

第二篇 枢纽规划

重庆铁路客运枢纽规划建设的探索与创新 ... 76
  汪钦琳

以地下铁路客站为中心的综合交通枢纽规划设计思路 ... 85
　　周铁征　鲍　宁

一体化构建空铁融合综合交通枢纽——成自高铁引入成都天府机场规划设计策略 ... 100
　　金旭炜　周天星　王　甦

基于畅通融合角度的铁路客站枢纽交通问题实证研究 ... 111
　　许笑冰　王凯夫　张少森　马　妍

线正下大型站房交通综合分析——以佛山西站为例 ... 126
　　孙亚伟

综合客运枢纽交通组织与流线分析研究 ... 140
　　聂婷婷　杨　权

兰州铁路枢纽客运需求分析 ... 150
　　丁海涛

当代公路客运枢纽建筑的布局模式与规划设计
　　——乌鲁木齐公铁联运长途客运枢纽的建筑创作 ... 162
　　郭　炜

第三篇　站城融合

大型铁路客站与城市交通衔接融合关键问题 ... 182
　　潘昭宇　李　京　周　正　高胜庆　刘　花　王新宁

基于站城融合的杭州西站站房暨站城综合体方案设计 ... 197
　　殷　炜　杜凯鑫

站城一体化开发理念研究——以光明城站为例 ... 209
　　谷　峰

"以公园城市建设"为目标的TOD模式实践——锦城广场公园式交通枢纽 ... 215
　　毛晓兵　姜兴兴　游驭鲲

中国铁路TOD模式下"畅通融合"设计思路探讨——以白云站方案设计为例 ... 223
　　汤陵蓉　李春蕾

第四篇　设计探索

现代铁路客站建筑造型与结构形态案例分析 ... 236
　　陈东杰

历史铁路客站更新及扩能改造设计策略 ... 244
　　魏　崴　薛慧明　樊鹏涛　陆文镭

基于骑跨式站场条件下的高铁站房建筑设计模式研究　　　　259
　　刘亚刚

西安站改工程多重制约下的协调、重构与创新　　　　271
　　傅海生　康志明　李　强　刘玉玉

铁路客站结构安全健康监测的实践与再认识　　　　284
　　贾　坚　刘传平　应亮亮

地域文化与车站设计的共融——以张家界西站为例　　　　296
　　桑朝辉　李　强　王安毅

高铁客站传承与创新——昆明南站营造历程　　　　308
　　黄智勤

传统建筑文化在大同南站创作中的现代演绎　　　　321
　　李佳琦

青岛北站——新技术、新理念、新结构相结合的车站实践　　　　330
　　毛晓兵　Luc　于玉龙

济南东站站房屋盖结构连续倒塌分析　　　　341
　　翁　凯　余　洋　马　明

超长浅埋大跨河东机场高铁枢纽站结构设计研究　　　　350
　　王申侠

襄阳东津站超限钢屋盖结构设计关键技术　　　　363
　　彭　俊　宋怀金　杨　劲

结构成就建筑构想　　　　374
　　宋怀金　鲍　华　刘　桥

柳州站 41.755 m 跨桁架设计与施工　　　　382
　　廖　根　邱　剑　温四清

柳州站站房钢屋盖结构设计　　　　390
　　刘　昶　邱　剑　温四清

西安站改跨地裂缝高架候车室结构设计分析　　　　398
　　蔡玉军　张　谦　孙建龙　张　海　宋　继　高志宏

丰台站双层车场站房结构简介　　　　407
　　米宏广　唐　虎

高速列车通过全封闭屋盖雨棚的气动特性研究　　　　423
　　田承昊　刘　明

第五篇　机 电 设 备

昆玉站开通客运新建旅客站房采暖设计 　　430
　　魏丽华

贵阳北站空调通风系统设计 　　436
　　刘付伟　昌爱文　陈焰华　雷建平　於仲义

铁路站房公共卫生间环境质量影响因素分析 　　442
　　田利伟　于靖华　郭旭晖　姚华伟　王　敏　赵金罡　杨清晨　冷康鑫　杨　颉

京雄城际智能客站机电系统建设方案 　　450
　　苗俊杰　冯敬然　周　锋　宋　伟

城轨中发电机与超级电容作为后备电源的组合研究 　　461
　　王青博　王凤艳　刘　统

论西安地铁制票设备故障分析探究 　　470
　　崔　亮　郭洋洋

特大型高铁站能管系统技术要点及节能效果分析 　　476
　　冯　涛　李　蔚

京张高铁站房基于BAS的能源管理系统 　　485
　　李金冬　韩　松　许　茁　郑　玲　张　倩

第一篇

综合发展

新时代现代客运枢纽高质量发展的思考
——在现代客运枢纽分会技术交流会上的发言

郑 健

(中国国家铁路集团有限公司 北京)

1 概述

召开中国交通运输协会现代客运枢纽分会技术交流会,主要目的是贯彻"创新、协调、绿色、开放、共享"五大发展理念,以"畅通融合、绿色温馨、经济艺术、智能便捷"为主题,围绕铁路、公路、水运、航空和市政交通等综合交通客运枢纽的规划、设计、建设、运营和管理等方面总结经验,分享成果,展望未来。

2 如何评价高铁客站

经过十余年创新发展,高铁客站建设取得了丰硕的理论及实践成果,推动了每种运输方式的有序衔接,提高了综合交通客运枢纽整体质量和运输效率,对经济社会发展产生了深远影响,在建设理念、规划设计、工程建造、运营管理等方面的总体水平已进入世界先进行列。

截至2019年年底,已建成客站1 490座[省级(含副省级)73座,地级338座,县级1 079座],其中高铁客站989座,普速客站501座。

2.1 客站规划布局

铁路客站规划建设促进了铁路枢纽总图规划与城市发展规划的融合发展,实现了与各种交通方式的有序衔接、与城市道路主骨架的有机协调,客站类型、场站设置、规模控制与城市的发展定位基本适应。

2.2 客运输送能力

高速铁路极大地缩短了时空距离,改变了百姓的生活方式。铁路客站特别是大型高铁客站成为满足旅客多样化、个性化出行需求的重要载体,充足的输送能力化解了"一票难求"的客运紧张状况,旅客出行有了更多的获得感、幸福感。

2.3 综合交通功能

我国主要高铁客站普遍实现了综合交通体的功能定位,推动了从"单一铁路客运场所"

向"综合交通枢纽"的转变,实现了各种交通方式无缝衔接和旅客零距离换乘,缩短旅客"门到门"全程旅行时间,提高高铁点-线-网综合运行效率。

2.4 客站建筑结构

通过客站建设研究,攻克了建筑结构一系列关键技术,完善了技术标准体系,满足了客站综合交通枢纽功能需求。建成了一大批特色鲜明的现代客运枢纽,体现了技术与艺术、力学与美学的结合,传承了文化精髓,展现了地域特色,反映了时代气息。

2.5 客站枢纽经济

高铁客站建设引导城市拓展了发展空间,改善了城市交通基础设施质量,改变了城市资源配置格局和空间结构布局,推进了城市产业结构升级,提升了城市综合承载力,增强了城市综合经济竞争力。

中国社会科学院2015年出版的《中国城市竞争力报告》表明,通高铁城市与不通高铁城市相比,综合经济竞争力要高出71.15%,可持续竞争力高出56.91%。

2.6 短板和不足

1. 站址选择尚需与城市规划深度对接

已建成的个别车站,距离城市中心较远,受到网民的吐槽和老百姓的诟病,反映出车站选址与城市规划结合还不够紧密的问题。需要我们在新建车站的选址上加强与城市规划的深度对接,根据城市总体规划,合理确定站位,方便旅客出行。

2. 进出站城市道路流线组织不甚通畅

部分采用高架匝道进站的车站,站内交通与市政交通的通畅性不够,进出站城市道路流线组织不甚通畅。需要加强进站道路、衔接匝道与城市道路的接驳设计,确保车辆进出畅通。

3. 客站建筑尚需精雕细琢品质有待提升

过去几年,建成客站建筑品质总体尚可,但是,建筑的细部、细节的精细化程度、建筑文化表达等方面,还或多或少地存在一些不足,需要设计师秉承匠心精神,精雕细琢,打造精品工程。

4. 大型客站运营能耗尚需着力降低

调研资料表明,目前建成的大型客站运营能耗指标普遍偏高。新建客站需要深入研究节能措施,要通过智能化控制方式,对车站的主要耗能设备进行精细化控制,尽可能降低客站的耗能。

3 如何把握新时代新要求

加快建设交通强国,是以习近平同志为核心的党中央立足国情、着眼全局、面向未来作出的重大战略决策,是新时代做好交通工作的总抓手。

3.1 交通强国基本内涵

《交通强国建设纲要》中明确指出:交通强国的基本内涵是人民满意、保障有力、世界前列。价值取向是：安全、便捷、高效、绿色、经济。

具体目标：一是以"三个转变"为内生动力；二是建设"四个一流"的"三张交通网"；三是构筑多层级、一体化的综合交通枢纽体系；四是大力发展枢纽经济。

3.2 关于塑造新时代城市风貌的明确要求

《河北雄安新区规划纲要》中关于塑造新时代城市风貌的明确要求：坚持中西合璧、以中为主、古今交融。细致严谨地做好单体建筑设计，追求建筑艺术。保留中华文化基因，体现中华传统经典建筑元素。彰显地域文化特色，体现文明包容。

3.3 国铁集团提出交通强国、铁路先行

1. 三个"世界领先"

一是铁路网规模和质量达到世界领先水平；二是铁路技术装备和创新能力达到世界领先水平；三是铁路运输安全和经营管理水平达到世界领先。

2. 三个"进一步提升"

一是铁路企业体制机制改革创新水平需要进一步提升；二是铁路在综合交通运输体系中的地位和作用需要进一步提升；三是铁路服务国家战略和对经济社会发展的贡献进一步提升。

3.4 国铁集团客站枢纽建设理念

顺应新时代中国社会发展特点和铁路运营管理需求，国铁集团提出畅通融合、绿色温馨、经济艺术、智能便捷的客站枢纽建设理念，体现了铁路车站作为公共基础设施的基本属性，充分发挥了铁路车站服务旅客、服务社会的窗口作用。

3.5 阶段性研究成果

《国家综合立体交通网规划纲要（2021—2050）》阶段性研究成果：2035年，铁路路网总规模将达20万km，其中高铁7万km。新建客站预计将超过2 000座，其中高铁客站1 000座。

4 如何提升客站品质

4.1 关注站城融合发展

站城融合发展是基于TOD理论，以铁路客站建设为核心，以公共交通为导向的城市发展策略与目标。立足于站与城之间的整体关系，从城市、区域、节点等层面引导二者系统融合、有机协调。以城市可持续发展为总体目标，以铁路客站为中心，通过客站空间的合理建构与功能系统的协调整合，在确保交通功能良好运作的同时，与城市功能有机整合，构建以客站为主体的城市综合体，满足城市化发展与经济建设需求；同时，通过土地资源的高效开发与合理利用，以提高客站空间的综合利用率。可见，站城融合既是高铁时代下铁路客站

的发展新方向,也是推动当代城市可持续发展的积极举措。应重点关注三个方面:一是站城融合的范围;二是站城融合的模式;三是站城融合的途径。

4.2 注重建筑文化艺术表达

建筑是凝固的历史,客站更是反映社会沧桑巨变和历史进步的永久见证;建筑是历史时空的艺术,客站更是蜿蜒逶迤的铁路网的点睛之作;建筑是综合的技术,客站更是阐述科学发展观、体现以人为本的载体。客站还是铁路的窗口,城市的门户,凝固的音乐,石头的史诗。客站建筑更是传承中华建筑文化基因,体现地域特色,反映时代的载体。

铁路客站建筑品质的进一步提升,还需要建筑师精湛的专业设计、工程师孜孜不倦地探求、工匠细致入微的打磨。

4.3 打造绿色智能客站

绿色客站内涵:在客站全生命周期内,以较低的社会成本和资源环境代价,营造人与自然和谐共生的空间环境。

近几年来,为进一步提升铁路客站绿色发展水平,在对早期客站绿色技术进行全面梳理的基础上,制定了绿色铁路客站评价标准,对铁路客站的空间结构、节能环保、环境控制等进行了系统性的深化研究,并结合我国铁路客站建筑发展现状及发展目标确立铁路客站绿色等级划分原则,确定了三个等级(图1)。为全面打造绿色客站奠定了坚实的基础。

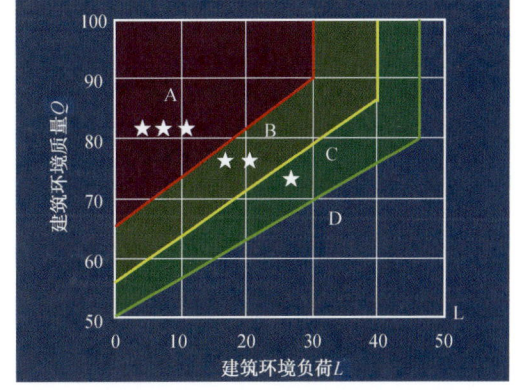

图1 绿色铁路客站设计和运营阶段星级划分

未来我们将继续围绕铁路客站绿色技术体系开展深化研究,运用智能技术提升旅客体验,提高管理效率,降低资源消耗。持续改进铁路客站的建设品质,不断提升铁路客站的绿色水平,以实现铁路客站的可持续发展。目前,构建旅客服务与生产管控平台是当务之急。

4.4 构建结构健康监测系统

智能维护是保证车站全生命周期运营良好的重要保证。大型铁路客站客流密集、空间跨度大、结构体系复杂、公众关注度高,因此对结构服役状况、可靠性、耐久性和承载能力进行安全健康监测至关重要。推广结构健康监测技术,可对站房结构安全进行实时监测,结构健康监测系统主要包括:传感器系统、数据采集系统、数据处理与控制系统、结构安全评估与预警系统(图2);监测内容应根据工程实际确定,一般有以下主要内容:应力监测、振动加速度响应监测、风压监测、风速监测等。并能实现结构的监测回放、综合分析等功能,确保车站建筑安全。

1. 制定设计、验收技术标准

大型客站健康监测系统是一门多领域、跨学科的综合性技术,目前,还没有统一的设计、验收技术标准。需要尽快制定客站结构健康监测系统设计、验收技术标准。

2. 制定总体技术方案和关键技术参数

客站结构健康监测关键技术有以下四点：

（1）提出大型客站健康监测的基本原则和基本要求。

（2）提出大型客站的主要监测指标及测点选取的方法和原则。

（3）提出传感器及采集设备的安装防护要求。

（4）明确大型客站结构评估和安全预警的方法。

3. 研发高可靠性、高可用性传感器

传感器是监测系统的重要元件，提高传感器的可靠性、研发耐久性较长的高性能传感器十分重要。

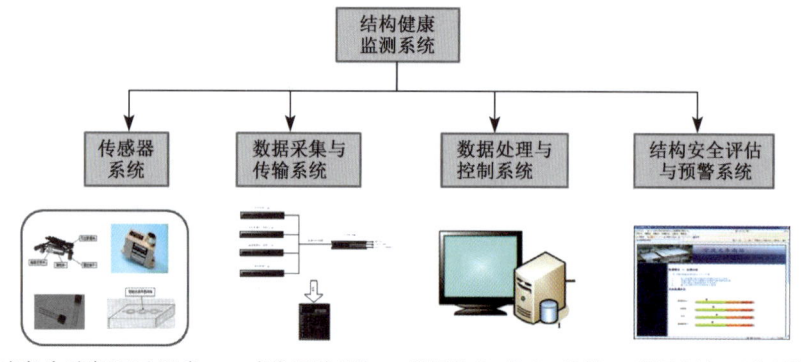

图 2　结构健康监测系统组成

4.5　推行 BIM 技术运用

BIM 技术是继 CAD 技术之后，行业信息化最重要的新技术。基于 BIM 技术的三维设计模型主要解决复杂的三维空间结构信息表达问题。BIM 技术应用不单单应用于设计阶段，而是贯穿于车站全生命周期的各个阶段，正是缘于此，近年来 BIM 技术的发展突飞猛进，在车站设计中应结合实际，逐步普及。

BIM 技术的运用一定要坚持问题导向，聚焦复杂空间结构、综合管线、三维曲面装饰等难点问题，突破技术瓶颈，推动设计施工水平迈上新台阶。

5　结语

随着信息时代的高速发展，科学技术的不断革新，新时代客运枢纽如何高质量发展，需要大家共同承担起更多的责任，担负起更多的使命。坚信通过中国建设者的大智慧，有能力打造一大批优秀的新时代客运枢纽，成为标杆性客运枢纽，成为中国的骄傲。

大型机场综合交通体系规划理论框架与实践

程 欢 张 越 莫辉辉

(中国民航科学技术研究院 北京)

摘 要：大型机场是国家机场体系的核心组成部分。伴随社会经济快速发展，我国大型机场数量持续增加，构建以机场为核心的综合交通枢纽并成为民航强国建设的重要内容。基于对我国航空运输业及机场综合交通模式演变的分析，提出基于四阶段法的大型机场枢纽综合交通体系规划理论框架，将其运用到我国大型国际航空枢纽建设实践中，并总结未来大型机场综合交通枢纽建设重点以及规划理论体系完善的相关建议。

关键词：大型机场；综合交通体系规划；理论框架；规划实践

1 概述

大型机场是航空运输体系的重要基础设施，也是现代综合立体交通网的核心组成要素。2012 年，国务院办公厅印发的《国务院关于促进民航业发展的若干意见》明确提出，"要按照建设综合交通运输体系的原则，确保机场与其他交通运输方式的有效衔接"。2018 年，民航局发布的《新时代民航强国建设行动纲要》也提出要实现"民航与综合交通深度融合，形成一批以机场为核心的现代化综合交通枢纽"，推动机场，尤其是大型机场[①]与其他交通方式的互联互通、共商共建共享，打造以大型机场为核心的综合交通枢纽，对建设现代综合交通体系具有重要的战略意义。

2 现状与趋势

2.1 机场大型化趋势明显

2005 年，我国民航航空旅客周转量、旅客运输量等核心指标跃居世界第二位，之后依然保持快速发展态势；近 10 年来我国航空客运量年均增速达到 12.3%，是同期全球民航旅客运输增速的 2.2 倍，2018 年我国民航客运业务量对全球民航客运增量的贡献超过 20%，预计我国将在 2030 年之前超越美国，成为全球最大的航空运输市场。

伴随我国民航业的快速发展，机场体系不断完善。国际航空枢纽、区域枢纽、非枢纽机

---

① 指年旅客吞吐量大于 4 000 万人次的机场。

场等多层级功能体系逐步完善,北京、上海、深圳、广州、成都、重庆、西安等10大国际航空枢纽建设步伐不断加快,京津冀、长三角、粤港澳大湾区等世界级机场群初步形成。

2018年,我国民航运输机场实现旅客吞吐量12.6亿人次,年旅客吞吐量达到1 000万人次以上的机场数量达到37个,其中超过4 000万人次的机场达到9个。全球旅客吞吐量前100位机场中,我国内地机场占据15席。

预计2035年前后,我国年旅客吞吐量达到4 000万人次的机场数量将超过30个,将会出现7~8个年旅客吞吐量1亿人次甚至更多的超级机场,枢纽机场大型化趋势明显。

2.2 机场综合交通体系日益多元化和立体化

从我国大型机场综合交通体系发展历程分析,大体经历了3个阶段。

第一阶段,即独立发展阶段。该阶段机场独立于城市交通服务体系之外,旅客进出机场完全依赖地面道路交通,通过私家车、出租车、机场巴士等进离机场。单一的交通方式极大制约了机场对周边区域的服务与辐射,也带来了拥堵、环保、安全等问题。

第二阶段,即融入城市交通服务体系阶段,该阶段主要标志是大型机场开始引入城市轨道交通,如2003年上海浦东机场引入磁悬浮快速轨道线,首次将机场综合交通方式扩展到轨道交通,将机场纳入城市交通服务范围。

第三阶段,即综合交通枢纽打造阶段,该阶段的显著特点是实现了包括高速铁路、城际铁路、轨道交通、高速公路等各种交通方式在机场的汇聚融合,不同交通设施在机场内布局的集约化程度不断提高,以机场为中心、多元化、立体化、具有鲜明中国特色的综合交通枢纽建设进入新阶段。截至2019年年底,在我国37个千万级机场中,17个机场已经引入城市轨道交通,7个机场引入了高速铁路或城际铁路。

表1 我国(内地)千万级机场轨道交通引入情况

序号	机场	城市轨道交通		铁路	
		线路情况	年份	线路情况	年份
1	北京首都机场	机场快线	2008		
2	上海浦东机场	磁悬浮/2号线	2003/2010		
3	广州白云机场	3号线	2010		
4	成都双流机场	10号线	2017	成绵乐城际铁路	2014
5	深圳宝安机场	1号线/11号线	2011/2016		
6	昆明长水机场	6号线	2012		
7	上海虹桥机场	10号线/2号线	2010	京沪高铁	2010
8	重庆江北机场	3号线/10号线	2011/2017		
9	西安咸阳机场			机场城际线	2019
10	南京禄口机场	S1线	2014		
11	郑州新郑机场	9号线城郊线	2017	郑机城际	2015

(续表)

序号	机场	城市轨道交通		铁路	
		线路情况	年份	线路情况	年份
12	长沙黄花机场	磁悬浮	2016		
13	武汉天河机场	2号线	2016	汉孝城际铁路	2016
14	天津滨海机场	2号线	2014		
15	乌鲁木齐地窝堡机场	1号线	2018		
16	沈阳桃仙机场	有轨电车2号线	2013		
17	大连周水子机场	2号线	2015		
18	宁波栎社机场	2号线	2015		
19	兰州中川机场			兰中城铁	2015
20	长春龙嘉机场			长珲城际铁路	2011

2.3 实现运输服务一体化共识

响应机场大型化及其综合交通体系多元化的发展，对运输服务提出了更高要求，如何为多种交通方式提供高效、便捷的接驳、换乘组织，如何协调飞行区、航站楼、综合交通中心等功能区域内各种交通流的高效运行、实现各种运输方式设施互联、质量、安全标准互认信息共享，已经成为更好满足民众对美好生活期待、实现交通高质量发展的共识和努力方向，同时也是目前我国大型机场综合交通枢纽规划建设过程中的难点。

3 规划理论框架

3.1 需求特征

机场枢纽交通流组成具有多样性。机场客流主要包括进离港旅客流、迎送客流、空港及临空经济区通勤客流等。根据国内外相关机场统计数据分析，机场客流中的旅客流平均占比约49%，迎送客流平均占比约25%，通勤客流平均占比约18%，其他客流平均占比约8%。

交通流市场空间分布具有层次性。随着机场综合交通体系的快速发展，大型枢纽机场的辐射服务范围不断拓展，大体呈现圈层分布：临空经济区、核心都市区和城市群三个层面，不同圈层交通需求强度、出行目的及交通方式具有各自显著特点。临空经济区聚集各类临空产业，主要分布在机场周边15 km半径范围内的地域空间，与机场的交通联系以通勤、商务、货流等为主，通勤流、商务流主要依赖轨道交通、道路公共交通、私人交通方式进行集散，货物流主要依赖道路交通进行集散。核心都市区客流是大型机场需求市场的核心部分，其对运输体系的容量、效率、品质、可靠性和经济性等方面的要求较高，主要依赖城市轨道交通和道路交通方式进行集散。随着大都市群（圈）地区区域一体化的发展和区域交通网络的不断完善，大型机场服务于城市群（圈）的区域客流比例不断提高，该部分客流主要依赖高铁或城际等方式进行集散。

作为城市对外联系最重要的综合交通枢纽，大型机场对综合交通体系容量、效率、经济、安全及运行可靠性有更高的要求。与铁路、公路运输相比，航空运输成本相对较高，航空旅客中商务客流比例大，货运物品以高附加值、高时效性产品为主，运输的高时效性及可靠性对机场枢纽综合交通网络方案、设施布局、交通组织及服务体系构建等提出了更高要求。

3.2 规划框架

在传统交通规划四阶段规划理论的基础上，考虑机场枢纽的功能定位、交通需求特征，按照需求预测、方案适应性分析、方案优化的逻辑框架开展规划布局。综合考虑机场战略定位、发展目标，明确机场综合交通发展策略以及对综合交通中心及综合交通服务体系的要求（图1）。

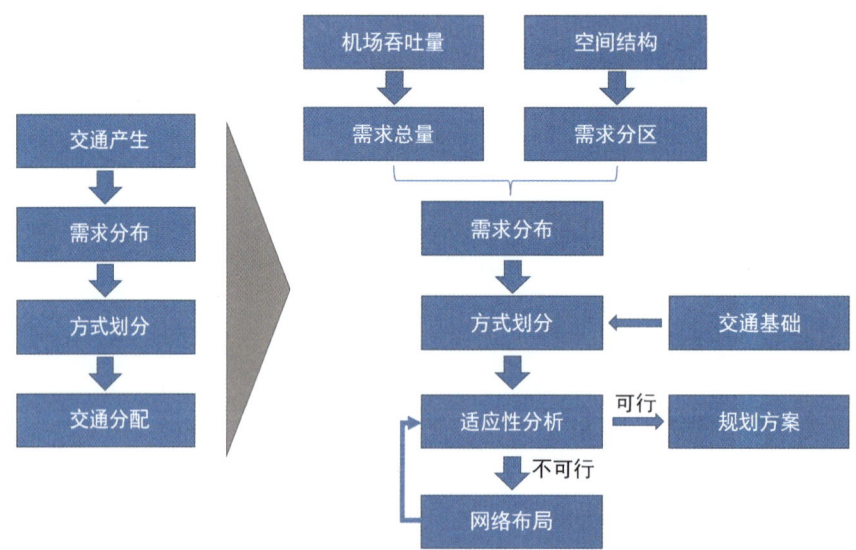

图1　机场综合交通枢纽规划理论框架图

在机场枢纽规划建设中，如何科学准确地预测不同时期客流需求规模、结构及变化趋势，是合理确定交通设施规模的基础及设施高效率使用的前提，也是提升旅客服务质量的基本条件，机场枢纽客流需求预测总体遵循四阶段预测思路。

需求生成与分布分析。基于需求圈层分布的特点，分析不同区域社会经济发展水平、城市空间发展格局，考虑机场中转及迎送客流、高铁分流及对腹地拓展的双重影响，综合周边机场腹地重叠的竞争，分别预测机场枢纽的旅客流、迎送客流及员工通勤客流，在此基础上研判总的综合交通需求。

交通方式划分分析。通过对机场综合交通的现状调研，借鉴国内外大型机场发展经验及城市未来交通出行结构发展趋势,综合研判未来机场综合交通结构的变化。

综合交通适应性分析。主要针对与机场对外联系主要通道的能力进行适应性分析,通过确定主要方式、主要线路的能力利用率以明确未来综合交通通道布局的发展重点。采用"既有网络条件＋既有运输结构"和"既有网络条件＋规划运输结构"对比分析,确立既有路网对未来需求的适应性,以确定未来机场综合交通网络的发展方向,并结合网络规划找到运输结构调整的可行性方向(图2)。

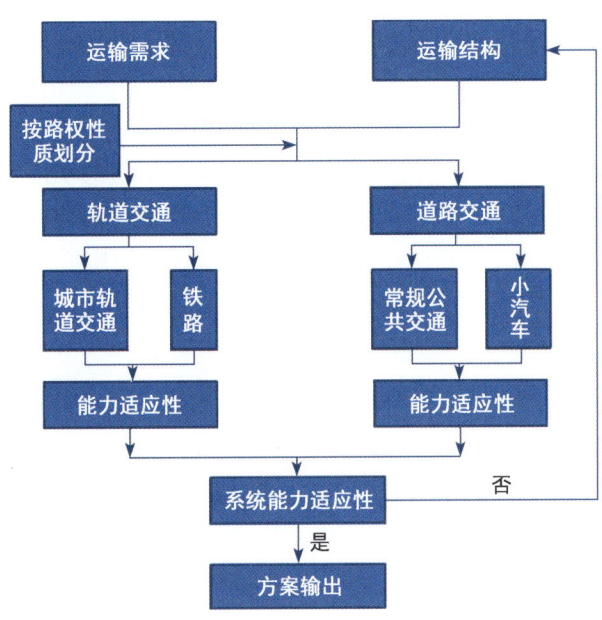

图 2　机场综合交通适应性分析框架图

4　枢纽规划实践

大型机场综合交通系统规划的重点内容包括:综合交通网络方案、机场交通中心规划建设、交通服务体系构建三个方面,以下以成都国际航空枢纽、郑州国际航空货运枢纽为例,重点阐述新的发展背景及规划理念指导下,如何构建大型机场枢纽的综合交通网络。

4.1　成都国际航空枢纽

4.1.1　机场定位

成都国际航空枢纽定位为引领西部民航发展的国际航空枢纽、引领交通强国建设的国际性综合交通枢纽。未来成都两场将形成分工定位、差异发展的模式,与分工定位相适应,两座机场的陆侧交通发展战略也有针对性地采取不同策略,响应高频次的点对点商务航线,双流机场陆侧交通的发展战略为"专注重点、方便快捷",响应"成渝区域核心枢纽"战略定位,天府机场陆侧交通发展战略强调"全面覆盖、高效通达"。

4.1.2 需求分析

在机场陆侧客运交通需求中,旅客交通流是最主要的部分,也是决定陆侧交通设施布局与规模的决定性因素。成都航空枢纽的主要旅客市场可以划分为市域、都市圈、城市群三个圈层,考虑不同区域的社会经济发展水平、人口规模、人均乘机出行次数等因素,对不同区域分别进行预测。迎送客流主要集中在市域与都市圈层面,基于这部分旅客规模及国内外大型机场迎送客流比例选取参数进行预测。通勤客流主要考虑机场建设规模、空港片区产业发展规划等进行预测。在此基础上,考虑区域空间布局、主要交通通道分布、两场区位关系等因素,将综合交通需求在两场之间以及不同通道方向上进行分布。

需求分析结果表明,成都老城、天府新区是未来两场客运交通需求的最主要方向,2035年需求规模在 4 000 万～5 000 万人次;其次是德(阳)绵(阳)广(安)、自(贡)泸(州)宜(宾)方向,需求规模在 1 300 万～1 500 万人次;之后是遂(宁)南(充)巴(中)、资(阳)内(江)重(庆)、眉(山)雅(安)乐(山)方向,需求规模在 1 000 万～1 200 万人次。

4.1.3 规划方案

双流机场目前已形成较完善的陆侧交通系统,因此规划重点是提高天府机场的综合交通服务水平,天府机场综合交通枢纽着力三大重点网络建设。

一是完善天府机场高铁网络互联互通。引入成(都)自(贡)客专,设联络线进资阳北站衔接成渝客专,连接天府新区、成都市区、资阳、自贡、宜宾、泸州等城市,服务于西南方向;建设铁路南联络线衔接成贵高铁和成自客专,连通眉山、乐山、绵阳、贵州、西安等城市;引入成南达高铁,实现天府机场与南充、达州等川东城市的高效连接。

二是强化天府机场与成都市区的轨道交通连接。新建机场快线 18 号线,适时向北延伸 18 号线至火车北站;预留在天府新站实现与 19 号线并线运行、开行跨线快车的条件;规划建设 13 号线穿越成都市区,实现多线换乘。

三是建设高效便捷高(快)速公路网。建成天府机场高速公路、成自泸高速连接线,研究建设天府机场第二高速公路及联络线,构建多通道保障的高速路网体系。完善天府机场快速道路网,加强与周边城镇的联系(图3)。

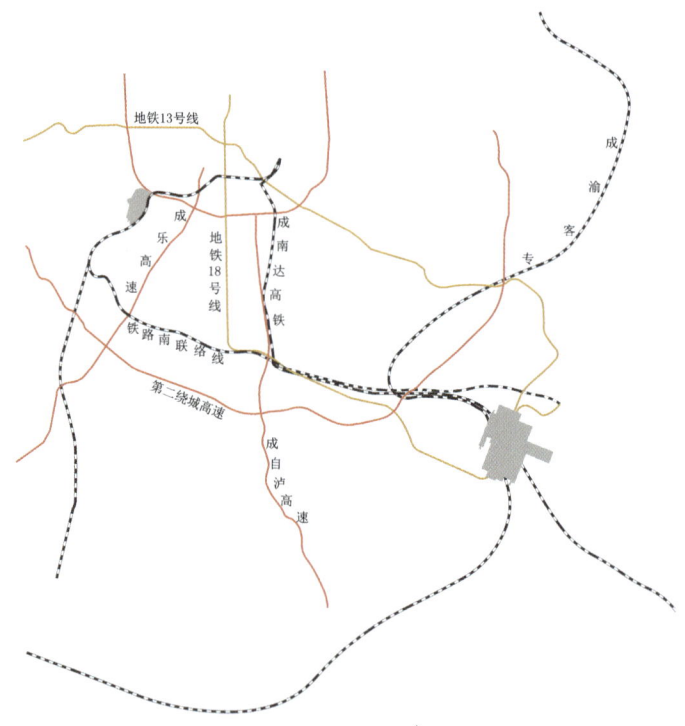

图 3　成都国际航空枢纽综合交通规划布局方案

4.2 郑州国际航空货运枢纽

1. 机场定位

郑州国际航空货运枢纽定位为全球航空货运枢纽、现代国际综合交通枢纽。服务于战略定位及机场客货集疏运需求,引入多种运输方式的集疏运线路,建设客货分离、高效通行的交通网络系统和便捷换乘的综合交通中心。

2. 需求分析

需求分析结果表明,2035年郑州机场旅客吞吐量将达到1亿人次,机场综合交通总客流需求2.6亿人次;货邮吞吐量将达到500万吨,货运交通量需求约160万辆。结合中原城市群和郑州都市区空间布局,以及社会经济、交通设施等发展情况,研判未来郑州机场客流需求分布将主要集中在北部,占比达50%;货运需求将主要集中在机场东南部,占比达60%。

3. 规划方案

打造世界领先的货运交通系统,建设以高速公路、机场货运专用通道等为核心,货运轨道交通为补充的多层次、立体化、高效便捷的货运保障体系。建立机场南、北货运区直通高速公路的货运专用快速通道,配套建设调蓄停车区和智慧交通引导系统,实现"客货分离、进出分离、单向循环、集疏高效"。建设机场陆侧、空侧货运专用快速通道,完善机场地面货运组织内外双循环。研究空侧西、南、北货运区地下货运捷运系统和地面货物道路系统。配套南货运区空铁联运货站建设,引入货运铁路并接入郑州铁路枢纽。

完善便捷客运交通体系,构建以轨道交通为支撑、高速公路为骨干,各交通方式高效换乘的客运综合交通体系。推进郑机城际、郑登洛城际建设,将机场融入河南城际铁路网,提升对中原城市群的服务能力。推进地铁城郊线东段、郑许市域铁路建设,实现城市轨道、市域铁路接入机场,加强对郑州大都市区的城市轨道交通覆盖。在机场东侧和北侧规划新建高等级快速通道,形成"三横两纵"高等级快速通道网,强化机场对外通道能力,提升道路系统的效率和可靠性(图4)。

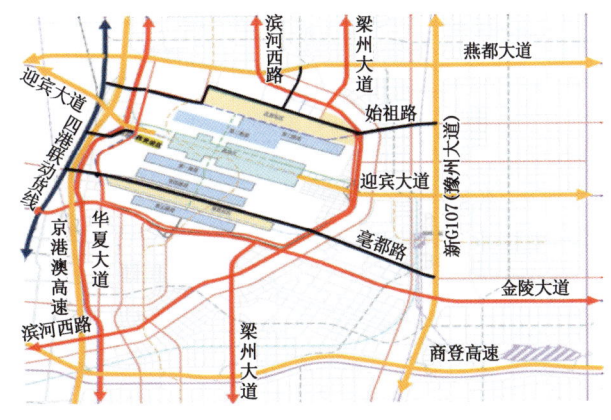

图4 郑州国际货运航空枢纽综合交通规划布局方案

5 结论与建议

纵观我国大型机场综合交通系统发展与规划历程,借鉴国外先进机场的发展经验,以枢纽机场为中心建设集航空、铁路、公路等多种交通方式为一体的大型综合交通枢纽是未来发展的必然趋势。《交通强国建设纲要》提出,构筑以高铁、航空为主体的大容量、高效率区域快速客运服务,建设一体化的综合交通枢纽体系;提高换乘中转水平、完善综合交通体系,建设一流设施、一流技术、一流管理、一流服务的大型机场综合交通枢纽已是大势所趋。

5.1 构建一体化空地联运服务系统

伴随我国民航快速发展,大型机场枢纽多元化、一体化的综合交通网络不断完善,如何在交通设施互联互通的基础上,实现不同交通方式一体化运输组织,提高机场枢纽交通运输服务的信息化水平,成为影响机场枢纽综合运行效率的关键。目前我国大型机场枢纽交通运营组织中,不同交通方式间信息资源不共享、运营规则不衔接、法规标准不适应、联运服务不规范等问题较为突出,严重影响了不同交通方式发挥比较优势、提高综合运输组合效率,以及提升旅客出行体验。建议大型机场枢纽构建综合交通信息服务平台,实现旅客出行全流程数据共享及信息畅通,实现不同方式间联运服务体系统一、安全安保等方面协同运行标准互认,打造真正意义上的高效、协同、安全、共享的综合交通服务体系。

5.2 加强综合交通出行调查

机场及周边区域交通出行特征是枢纽交通需求预测的基础,也是研判交通网络方案适应性的关键。受综合交通管理体制的掣肘,目前国内大型机场大多缺乏定期交通出行调查,交通出行结构、时间分布、流量流向空间分布等出行特征缺少数据基础,规划需求"一事一议""临时决定";个别机场开展了相关调研,但也存在样本数据量少、抽样覆盖率低等问题,导致规划决策参数选取只能参考国内外相关机场数据。相比而言,国外大型机场非常重视机场交通出行特征的数据调研,如伦敦希思罗机场每年均会对辐射范围内不同来源旅客的出行特征进行调查。未来继续加强对机场及周边区域交通出行特征的系统调研,定期、翔实的数据基础有利于提高机场枢纽规划的科学性、合理性与可操作性。

5.3 按照高质量发展理念完善规划理论体系研究

航空运输对于促进城市社会经济发展具有重要支撑作用,大型枢纽机场不但是一种交通基础设施,已经成为城市、区域甚至国家参与全球化竞争与合作的重要战略支撑。近年来,我国各级政府对机场综合交通体系构建予以高度关注,积极倡导集多种交通方式为一体的大型综合交通枢纽的建设,但目前对大型机场综合交通枢纽规划设计的经验和理论体系研究尚不完善,对于机场枢纽兼具城市交通与区域交通的双重属性、机场综合交通需求特征、多种交通方式高效衔接的复杂交通组织等方面均缺乏深入研究。未来亟须充分考虑我国大型机场综合交通枢纽发展特征,立足我国大型机场枢纽综合交通的需求特点,借鉴国外大型机场枢纽规划建设的成功经验,健全具有我国特色的机场枢纽规划理论体系与方法,从顶层设计的角度更好地指导我国大型机场综合交通枢纽的规划与设计。

参考文献

[1] 张越.立足国情建立具有我国特色的枢纽机场发展理论[C]//中国交通运输中长期发展战略研究.北京:中国计划出版社,2017:115-122.

［2］国务院办公厅.国务院关于促进民航业发展的若干意见：国发［2012］24号［A/OL］.（2012-07-08）［2012-07-12］.http://www.gov.cn/zhengce/content/2012-07/12/content_3228.htm2012.

［3］中国民用航空局综合司.民航局关于印发新时代民航强国建设行动纲要的通知：民航发［2018］120号［A/OL］.［2018-11-26］.http://www.caac.gov.cn/XXGK/XXGK/ZFGW/201812/t20181212_193447.html?COLLCC=3804972953&COLLCC=2011504632&.

［4］中国城市规划设计研究院.城市综合交通体系规划标准：GB/T 51328—2018［S］.北京：中国建筑工业出版社，2019.

［5］中国民航科学技术研究院.成都国际航空枢纽战略规划研究［R］.［S.l：s.n.］，2019.

［6］中国民航科学技术研究院.郑州国际航空货运枢纽战略规划研究［R］.［S.l：s.n.］，2018.

大型交通枢纽安全风险管控理论与实践

黄宏伟[1,2]　张东明[1,2]　贾　坚[3]

(1. 同济大学地下建筑与工程系　上海；2. 同济大学岩土及地下工程教育部重点实验室　上海；
3. 同济大学建筑设计研究院(集团)有限公司　上海)

摘　要：面对我国城市化飞速发展过程中激增的大型交通枢纽安全风险问题，通过对城市大型综合交通枢纽事故案例统计分析得到火灾、爆炸、水灾以及恐袭等因素会因综合枢纽的大客流条件而放大灾损，使大型交通枢纽的安全风险呈现出平面网络化、空间立体化的非线性耦合放大特征。针对大型综合交通枢纽的安全风险，可以通过风险辨识、风险分析与估计、风险评价与决策的风险评估流程进行风险水平的判定。对大型交通枢纽安全风险水平较高的因素需要进行有效的风险管控，对此，本文提出应用工程系统可恢复性概念，通过在灾前提高系统鲁棒性减少大型交通枢纽的风险损失，在灾后通过切实可行预案提高系统恢复性与恢复效率，使得综合交通枢纽运行能力损失的时间函数达到最小。最后本文利用某城市大型综合交通枢纽安全风险调研分析为案例，提出了相关交通枢纽的风险因素与管控建议措施。

关键词：大型交通枢纽；安全风险分析；非线性演化；可恢复性管控

1　概述

目前，我国城市化速度迅猛，但发展底子薄，城市人口多，基础设施系统网络复杂，城市安全问题尤为突出。作为城市人口流动集散地的城市交通枢纽是城市基础设施系统网络的重要节点。当城市发展逐渐形成城市群、区域群条件下，大型综合交通枢纽的安全风险是大型城市安全风险管控重要内容，一旦发生安全事故将对社会造成恶劣的负面影响[1]。因此，城市大型交通枢纽安全风险的管控势在必行[1,2]。

当今国内外特大城市无一不是巨型复杂系统，传统被动笼统的管控模式已较难适应城市高速发展，极易形成管控不平衡不均匀的矛盾。采用非线性数学理论、可恢复性系统管理理论进行城市公共安全精细化管控是国内外的主流和热点[3,4]。但是如何利用上述先进理论模型与管控理念对大型城市交通枢纽进行应用实践，目前国内外相关文献还相对缺乏。因此，本文在传统风险分析与评估的风险管控框架基础上，突出大型交通枢纽的空间复杂性，分析大型交通枢纽平面与空间的风险演化，提出可恢复性安全风险管控理论，并通过某城市大型交通枢纽实例分析，提出相应的管控措施。

---

① 本论文得到科技部创新人才推进计划重点领域创新团队(编号 2016RA4059)的资助。

2 综合交通枢纽灾害分析

综合交通枢纽作为连接各交通方式的重要节点,沟通物流、客流运输系统的关键一环对于国家经济、社会安定、个人出行都有至关重要的作用。为更有效地研究综合枢纽安全评价与风险管理,本文在此对交通枢纽这一重要研究对象进行界定。K.I.O 斯卡洛夫[5]认为:综合交通枢纽是国家统一运输体系的组成部分,决定着路网相邻路径的运输特点,由若干运输所联结的固定设备(构筑物)和活动设备(载运工具,装卸机械等)组成的整体。国内学者张务栋[6]认为:综合交通枢纽是在两种或以上干线运输方式衔接地区办理长途、短途及城市客货运输的各种技术设备综合体,是交通运输网的重要组成部分。而陆化普[7]则强调:综合交通枢纽除了具有运输组织、中转、装卸的功能外,也是干线交会处和交通网络衔接处具有仓储、信息服务功能的综合设施。以上定义从宏观层面的城市区域整体综合枢纽到微观上的场站基础设施枢纽都有包涵。

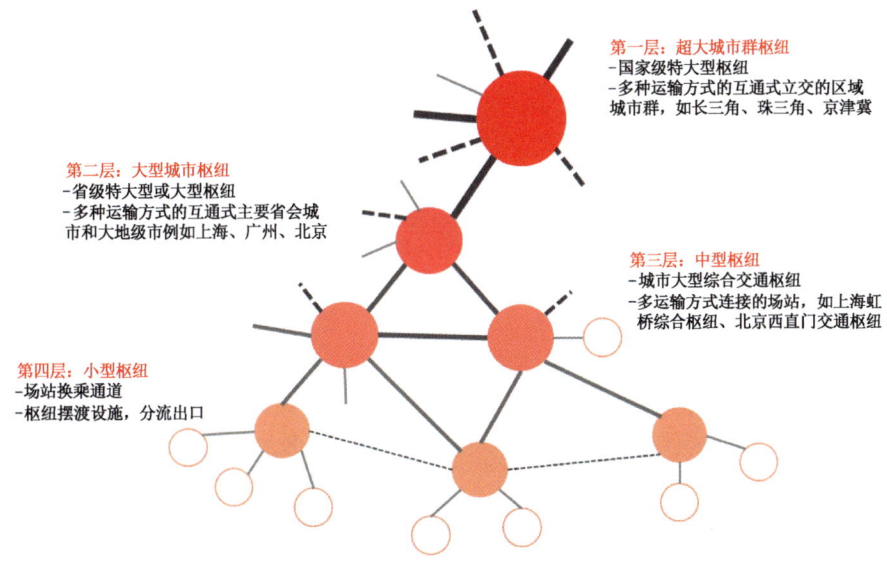

图 1 典型交通枢纽内涵层次结构

图1为典型的交通枢纽内涵层次结构图,在城市交通枢纽安全风险研究时需要针对不同的大型交通枢纽安全风险评估对象进行针对性细分。若以某城市大型交通枢纽为例(下文将详细展开),则相应的研究层次结构应为图1中第三层城市大型基础设施的综合交通枢纽。具体来说,国内交通运输方式主要有铁路、公路、轨交、航空、航运和管道运输,综合交通枢纽便是整合这五种交通运输方式中的两种或两种以上为一体的协同系统。但因管道运输方式较为特殊且多单独运输与隔离设置,本文将综合交通枢纽研究范围限定为以城市交通设施(航空、铁路、汽车总站)为主,配套设置多种对内交通设施(如地铁、公交、出租车停车场)和周边商业中心(如酒店、购物商场),连接城市内外的交通协同体系。

正如前文所述,枢纽的综合性使其安全运营对于社会经济与民生十分重要,其多运输方式的连接复杂性又给安全运作带来了诸多挑战。统计表明,综合交通枢纽事故频繁发生。典型安全灾害事故记录如表1所示,综合交通枢纽灾害发生方式多种,主要为火灾、爆炸、水灾、恐袭、公共事件等安全灾害事故,且因交通枢纽的大规模、大客流、连接性、辐射性等特性,一旦发生灾害事故,相比较于一般安全风险事故,会放大同等事故条件下所造成人员伤亡与财产损失,因而针对其安全风险分析与预防管理是综合交通枢纽运营十分重要的环节。

表1   交通枢纽事故统计

序号	事故	时间	地点	影响
1	地铁 King's Cross 站火灾	1987.11	英国伦敦	死亡 31 人
2	地铁站毒气投放	1995.03	日本东京	死亡 12 人,受伤 5 000 多人
3	地铁炸弹袭击	1995.07	法国巴黎	死亡 8 人,受伤 150 余人
4	地铁站放射性物质投放	2000.12	日本大阪	因及时发现,未造成伤亡
5	地铁站毒气袭击	2001.09	加拿大蒙特利尔	受伤 40 余人
6	地铁站纵火火灾	2003.02	韩国大邱广域	死亡 192 人,受伤 148 人,烧毁车厢 12 辆
7	火车站列车爆炸	2004.03	西班牙马德里	死亡 173 人,受伤 300 多人
8	地铁和公交多起爆炸	2005.07	英国伦敦	死亡 56 人,受伤 700 多人
9	地铁爆炸	2010.03	俄罗斯莫斯科	死亡 41 人,受伤 100 多人
10	机场和地铁站连环爆炸	2016.03	比利时布鲁塞尔市	死亡 32 人,受伤 300 人
11	火车站水灾	2016.07	中国武汉	多处地铁站、火车站暂停营运、关闭
12	港口爆炸	2016.08	中国天津港	死亡 165 人,受伤 798 人

3　大型综合交通枢纽风险分析

作为多种交通方式的聚集点,大型综合交通枢纽是一个结构体系复杂的系统,系统之间相互影响,系统中的哪一个环节发生灾害,都可能导致系统无法正常运转,系统功能无法实现,甚至导致重要交通干线或城市瘫痪。因此,大型综合交通枢纽由于其运输方式的多样性、建筑结构的复杂性等因素,其运营安全风险也呈现出新的特性,与单一交通枢纽的安全风险存在较大的差异,需要进行针对性的分析与阐述。

3.1 大型综合交通枢纽风险特性分析

大型综合交通枢纽建筑面积大，聚集多种运输方式，由简单的平面交通枢纽转变成不同运输方式以空间高度不同的分层衔接的方式。除了运输、中转等基本功能外，综合交通枢纽还具有餐饮、商业等公共服务功能[8]。由于综合交通枢纽具有规模大、空间立体化、功能多元化等特点，与单一交通枢纽运营相比，综合交通枢纽运营使原来单一枢纽运营中发生的风险造成的影响向整个综合枢纽系统中扩散并产生放大效应。同时也带来了单一枢纽运营中不存在的新风险。具体表现在以下几方面。

（1）综合交通枢纽运营造成平面多点风险的网络传递。综合交通枢纽单一高度分层往往汇集同种运输方式，如多条线路，进入网络化运营阶段，网络中任一点发生风险都会通过动态变化形成连锁式的风险，危及整个平面网络的正常运营。例如，通常大型城市交通综合枢纽的地铁网络分层汇集多线换乘，任一换乘节点发生的风险都有可能影响整个地铁网络的运营。

（2）综合交通枢纽运营造成风险的空间立体层间传播。为充分利用空间，综合交通枢纽中，不同交通方式分层布置在不同高度空间以此分流人群与车流，任何一层发生的风险都有可能通过动态的发展，传播到相邻的分层，形成连锁式、渐进式、突发式风险，影响其他交通方式的运输。例如，火灾发生后，若某一单一运输枢纽的管控不当，将会逐渐蔓延至其他分层，影响整个综合交通枢纽的运营。

（3）综合交通枢纽风险演化的耦合放大效应。综合交通枢纽系统中担负不同运输任务的分层可能同时发生灾害，同一分层也可能发生多种灾害。多系统、多灾害耦合作用下，风险的演化将会通过综合交通枢纽耦合放大，从而给整个综合交通枢纽的运营带来安全方面的影响。特别是空间立体层间的交通运输方式不同，导致面对同一类型安全风险其易损性与系统鲁棒性有所差异。因此，极有可能会出现在灾害引发所处枢纽类型风险不大，但是在经过空间传递之后放大风险将不可接受。

（4）综合交通枢纽运营造成枢纽系统中风险的跨区域传递。综合交通枢纽系统中任何一点发生的风险通过传递、演进与突变，可能蔓延至周围与枢纽配套的商业中心，导致更加严重的后果，造成综合交通枢纽运营条件下的风险的"蝴蝶效应"。

（5）综合交通枢纽的运营风险的衍生性。综合交通枢纽系统处于复杂的环境时空耦合作用之中，各致险因子之间相互作用，会导致灾害的发生，还可能衍生出新的灾害，导致更加严重的损失[8]。

（6）综合交通枢纽的风险具有高度破坏性[8]。综合交通枢纽是一个人流、车流极大的集散中心，发生灾害后造成的破坏往往要高于单一枢纽系统。

3.2 大型综合交通枢纽风险辨识

一般来说，风险事故的发生是多个致险因子即风险因素共同作用的结果，对风险因素进行辨识、分析并采取适当的管理措施是减少风险事故的有效途径。现行风险辨识方法主要有事故树法、因果分析图法、工作-风险结构分解法（WBS-RBS）等。每种方法都有其侧重点和优缺点。而综合交通枢纽结构复杂，其风险管理也是一个庞杂的项目，为了系统、全面、准确地掌握风险因素，可使用 WBS-RBS 方法将项目和风险各自分解，将分解得到的基本工作和风险因子构建耦合矩阵，对其进行分析和总结得到风险因素。

大型综合交通枢纽因其兼具的功能和不同的突发事件，其风险因素的侧重点也会有所不同。以某城市综合交通枢纽为例，对其进行 WBS 分解，可分解为机场、高铁、地铁、地下空间、东西交通中心、地面交通六大类，如图 2 所示。根据前文总结的历史灾害事件可以看出，火灾、水灾、恐怖袭击、公共事件是综合交通枢纽最常发生的突发事件。而中国人口众多，大型综合交通枢纽客流量极大，但枪支管控、安保工作较好，因此拥挤踩踏事件应予以考虑，可不考虑恐怖袭击。因此可按照火灾、水灾、公共事件、拥挤踩踏事件四类事件分别对某城市综合交通枢纽进行 RBS 分解。以拥挤踩踏事件为例，对某城市综合交通枢纽分解，如图 3 所示。通过归纳得到的致险因子，便可构建风险指标体系，采用层次分析法等计算权重，进行风险评价。

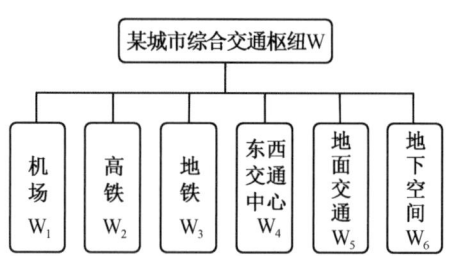

图 2 某城市综合交通枢纽 WBS 分解图

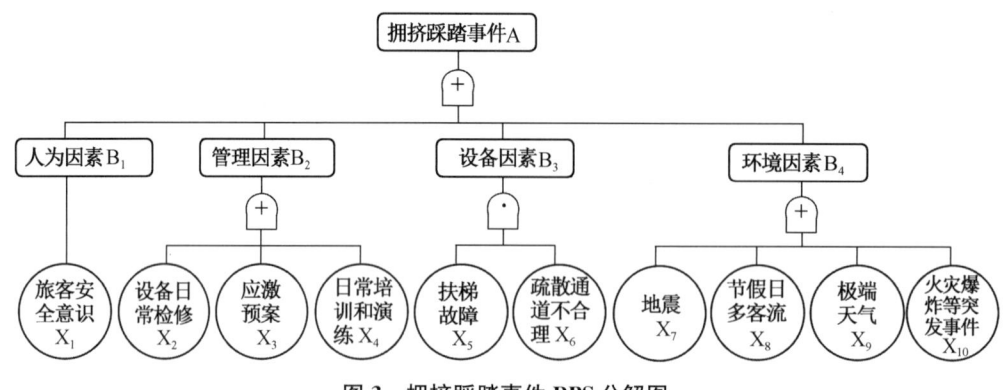

图 3 拥挤踩踏事件 RBS 分解图

4 大型交通枢纽安全风险评估流程

4.1 评估大型综合枢纽的风险主要遵循的步骤

（1）风险辨识：分析大型综合枢纽运营阶段所有的潜在风险因素，并进行归类、筛选和整理，重点考虑对目标参数（如疏散能力）影响较大的风险因素。

（2）风险分析与估计：对风险因素发生概率和后果进行分析和估计，给出风险的概率分布。

（3）风险评价与决策：对目标参数的风险结果参照一定标准进行评判。

4.2 风险评估基本流程

大型交通枢纽安全风险评估流程图如图 4 所示,其中风险评估基本流程具体有以下几点。

(1) 充分了解所需要研究的大型综合枢纽的情况,收集资料,包括基本布局、人流情况、应急预案及演练情况、监控设备等。

(2) 评价层次单元和研究专题。

(3) 对各评价单元可能发生的风险事故进行分类识别。

(4) 分析各风险事故的原因、发生工况、损失后果并进行分析。

(5) 用定性与部分定量的评价方法对风险事故进行评价。

(6) 对各风险事故提出控制措施的建议。

(7) 对各评价单元的风险进行评价。

(8) 各评价单元的评价汇总成总体风险评价。

(9) 出结论和建议。

(10) 编制风险评估报告。

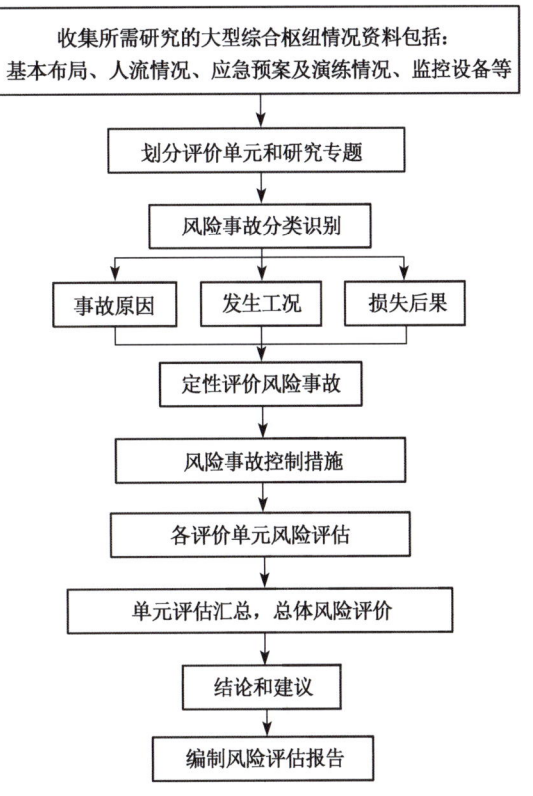

图 4 大型城市交通枢纽安全风险评估流程

5 基于可恢复的大型交通枢纽安全风险管控

风险管理实质上应是一个动态的过程[9,10],灾害发生前的风险评估及预控措施与灾害发生后的再评估以及补救措施都十分重要。灾害发生中及发生后的系统能否恢复使用性能以及如何恢复备受关注。

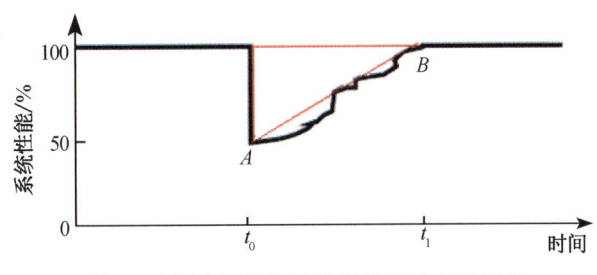

图 5 大型交通枢纽风险损失可恢复性三角

可恢复性就是在讨论系统在受到干扰、性能下降之后,恢复至原来性能水平的能力。Bruneau 等[11]提出了"可恢复性三角形"来评价系统的恢复性(图5),指出提高可恢复性的指标就是要降低三角形的面积,主要方法有:一是提高系统鲁棒性,即将 A 点竖直提高;二是缩短恢复的时间,即将 B 点水平向左移动。

基于上述可恢复性基本定义,本文提出大型城市交通枢纽可恢复性指标 R_e 如下:

$$R_e = \frac{\int_{t_0}^{t_1} E(t) dt}{(t_1 - t_0) E_0} \quad (1)$$

式中 t_0, t_1——表示大型交通枢纽遭受安全风险事件影响的开始时刻与结束时刻;

$E(t)$——大型交通枢纽安全运行性能指标函数(可以客流的通达率或基础设施的结构性能为例);

E_0——整个交通枢纽系统未遭受破坏时的运行性能函数初值;

R_e——取值范围为[0,1],R_e 越大,表征枢纽系统的可恢复能力越大,即在面对同一个破坏,系统鲁棒性确定的情况下,如果采取高效的恢复手段使系统快速回到初始状态,那么系统的可恢复性就高;如果采取相对低效的恢复方法,那么系统的可恢复性就低。所以,如何选择恢复策略,使系统能够迅速、高效地回到初始状态,是一个值得讨论的问题。

由前文分析可知,综合交通枢纽的风险具有传递性,当交通枢纽的某一部分遭受攻击,与之相连的其他线路也会受损,所以在恢复线路时,在只有一个抢修队伍的情况下(即单位时间内只能恢复一条线路),选择不同的恢复线路顺序,会使恢复效率不同,从而使综合交通枢纽可恢复性也不同。所以对于综合交通枢纽中某个节点的可恢复性而言,应该采用运用了各种恢复策略而得到的可恢复性中最大值作为该节点的可恢复性。从比较不同的恢复策略而得到的可恢复性中,选取最大值,不仅能够得到综合交通枢纽对于某个节点的可恢复性,也能知道最优的恢复策略,为日后的救援恢复工作提供科学依据。

以某城市地铁网络交通某四线换乘枢纽为例,一旦该换乘站遭受安全风险事件影响,4 条地铁线路同时将受到影响(图6)。通过上述可恢复性管控理论,可以提高该换乘站作为城市地铁枢纽乃至整个城市的交通网络运行鲁棒性。

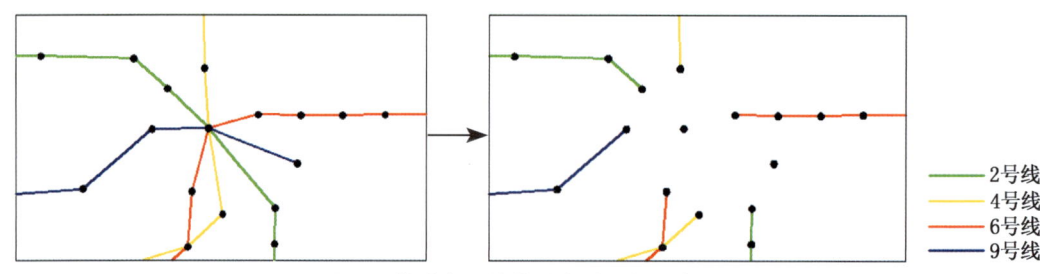

图6 某城市四线换乘车站受损示意图

若在单位时间内由于物资限制仅能对某一线路上的换乘站进行修复,则根据排列组合原理可以得到四线换乘的地铁站将面临 24(A_4^4)种修复方案选择。以地铁网络连通率作为枢纽运行性能评价指标 E，则每一种修复顺序的选择都将形成不同的 $E(t)$ 曲线，采用公式 1 即可得到不同修复顺序方案条件下的可恢复性能指标 R_e，如表 2 所示。由表 2 可知，不同的线路恢复顺序下网络可恢复性值 R_e 不同，优先修复地铁 2 号线、6 号线、9 号线、4 号线（简写 2-6-9-4）的恢复顺序下的可恢复性值最大，$R_e=0.974$，9-4-6-2 恢复顺序下的可恢复性值最小，$R_e=0.962$，二者相差 0.012，为深入分析不同的线路恢复顺序对网络可恢复性的影响，做出 2-6-9-4 恢复顺序与 9-4-6-2 恢复顺序下的某换乘站地铁枢纽运行网络连通率性能的恢复曲线，如图 7 所示。

表 2　不同线路恢复顺序下的 R_e 值

恢复顺序	R_e	恢复顺序	R_e
2-6-9-4	0.974	6-4-2-9	0.968
2-6-4-9	0.973	4-2-9-6	0.967
6-2-9-4	0.973	4-6-2-9	0.967
6-2-4-9	0.972	9-2-4-6	0.966
2-9-6-4	0.971	6-9-4-2	0.965
2-4-6-9	0.971	4-9-2-6	0.964
2-4-9-6	0.970	6-4-9-2	0.964
6-9-2-4	0.969	9-4-2-6	0.964
2-9-4-6	0.969	9-6-4-2	0.963
4-2-6-9	0.969	4-6-9-2	0.963
9-2-6-4	0.969	4-9-6-2	0.962
9-6-2-4	0.968	9-4-6-2	0.962

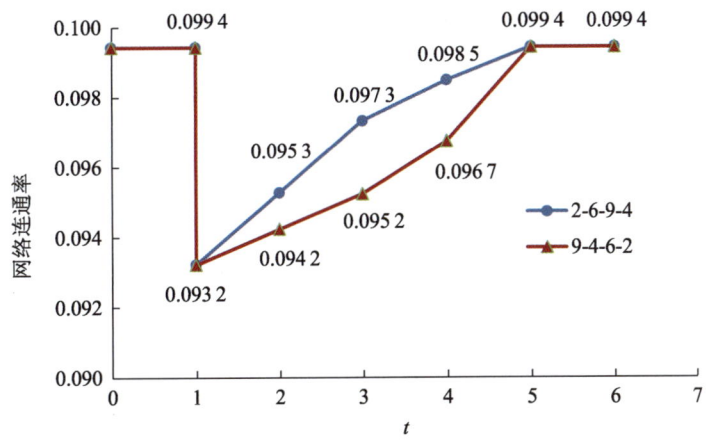

图 7　某多线换乘站枢纽连通率恢复曲线

在图 7 中，在 $t=0$ 时刻，换乘站未受到破坏，整体全局地铁网络连通率为 0.099 4，在 $t=1$ 时刻，换乘站遭受破坏性事件而失效，运行效率下降至 0.093 2，降低了 0.006 2。在发生破坏后很短的时间内采取恢复措施,该换乘站每条线路的恢复时间都是单位时间1,即当$t=2$,第一条线路恢复完成,$t=5$时,四条线路全部修复完成,整个换乘站修复完成,某城市多线换乘站连通效率恢复至初始值0.099 4,采取不同的恢复顺序恢复时间相同。由图7可知,使枢纽运行效率的可恢复性值R_c最大的线路恢复顺序为最优的恢复策略,因此,当多线换乘站失效时,在资源有限,单位时间内只能恢复一条线路的条件下,最优的恢复策略线路恢复顺序为2-6-9-4。利用相同的方法可评价类似的大型城市交通枢纽节点的可恢复性大小,为安全风险高效管控提供理论支持。

6 某城市交通枢纽调研案例

某城市综合交通枢纽体量达到150万m^2,日均接待115万人次的客流量,顶峰时接待客流量达到140万人次,是该城市公共交通的主要承担载体。经过对其深入的调研与安全风险因素分析,发现其在应急响应、协调运营等方面具有较薄弱的环节需提升。

(1) 总体架构。该城市综合枢纽共有7种交通方式,包括机场、高铁、轨交、出租车、公交、长途客运、私家车,每种交通方式都设有独立的应急管理单元,而该城市枢纽应急响应中心是叠加在这七个应急单元之上的牵头协调单位,主要起协调作用而非指挥领导角色。当遭遇突发情况时,很难有效地、迅速地整合资源应对紧急情况。

(2) 人流监控与数据共享。枢纽应急响应中心的视频监控数据显著少于各个运输单元形成的整个枢纽的监控视频数据量,存在数据的滞后性。同时,枢纽的人流监控存在信息共享受限,不利于紧急情况的预防预警。

(3) 各交通方式的协同运营。当夜间地铁停运后,机场和高铁夜宵线路方向单一且数量较少,无法满足旅客们的需求。此时旅客们的疏散途径只有出租车,但出租车的运力有限,很难迅速疏散大批旅客。

针对以上问题,提出以下几点建议措施:

(1) 提升城市大型交通枢纽应急响应中心地位,加强顶层设计。建议赋予应急响应中心更高的定位,更大的权力,由应急响应中心统一指挥协调下属各个应急单元的机构,主动防范危险情况,而不是被动应急。

(2) 建立大数据管理平台,打通数据壁垒,减少单位对接行政成本。建议建立大数据共享平台,从各部门获取视频监控数据、人流量数据等信息,实现市级层面的数据共享,使得综合枢纽各应急部门可以方便快捷地查看与安全相关的数据信息。

(3) 人流量监控精细化,实现客流人脸识别。建议引入人脸识别,使得计算机可以通过人脸识别,判断出此监控区域的人数及拥挤程度,从而实现实时的分区域人流量监控。当区域每平方米内人数超过某一限定值时,发出警报广播,引导人流不要再前往该区域,往其他区域疏散,从而降低因人群过于拥堵出现危险的风险。

(4) 增加大型城市交通枢纽深夜公交配置。对于高铁晚到导致旅客无法疏散问题,增加夜间公交比、延长地铁运营时间具有可操作性。建议增加枢纽的公交夜宵线配置,增加开往市区不同方向的公交。

7 结语

本文针对城市大型综合交通枢纽安全风险进行了系统分析,针对定义的大型交通枢纽,统计分析了国内外重大的安全事故,提出了以火灾、爆炸、水灾、恐怖袭击与公共事件为主要风险类型,进一步分析了上述类型安全事件在大型综合交通枢纽中平面网络化、空间立体化的耦合放大效应、跨区域传递衍生以及高度破坏性等特点。通过风险辨识、分析与估计、评价与决策等流程对大型交通枢纽安全风险提出了评估方法与流程。基于系统可恢复原理提出了大型交通枢纽安全风险高效管控方法,最终以某城市大型交通枢纽作为案例,进行风险的辨识、分析与管控措施的建议。

参考文献

[1] 范维澄,刘奕.城市公共安全与应急管理的思考[J].城市管理与科技,2008,10(5):32-34.

[2] 刘艳辉.基于公共安全优先的城市综合交通枢纽建运一体模式研究[D].天津:天津大学,2010.

[3] 徐志胜,冯凯,白国强,等.关于城市公共安全可持续发展理论的初步研究[J].中国安全科学学报,2004(1):6-9,2.

[4] Ayyub B M. Systems resilience for multihazard environments: definition, metrics, and valuation for decision making [J]. Risk Analysis, 2014, 34(2): 340-355.

[5] 万瑛莹.综合交通枢纽运营安全风险管理研究[D].成都:西南交通大学,2018.

[6] 斯卡洛夫.城市交通枢纽的发展[M].北京:中国建筑工业出版社,1982.

[7] 张务栋.交通运输布局概论[M].上海:华东师范大学出版社,1993.

[8] 陆化普.综合交通枢纽规划[M].北京:人民交通出版社,2001.

[9] 王飞,胡群芳,黄宏伟.轨道交通多车站基坑同期施工动态风险管理[J].地下空间与工程学报,2010,6(5):1027-1032,1097.

[10] 解楠,何晖.工程建设中循环动态风险管理体系的探讨[J].地下空间与工程学报,2007,3(z2):1533-1536.

[11] Bruneau M, Chang S E, Eguchi R T, et al. A Framework to Quantitatively Assess and Enhance the Seismic Resilience of Communities[J]. Earthquake Spectra, 2003, 19(4):733-752.

中小城市城际铁路土地综合开发路径探讨
——以广佛肇城际三水北站为例

王 睦 高铁军

[悉地(北京)国际建筑设计顾问有限公司 北京]

摘 要：分析城际铁路土地综合开发的特点，并以广佛肇城际铁路三水北站的土地综合开发为例，探讨中小城市城际铁路土地综合开发的行动路径。提出城际铁路土地综合开发的行动路径包括目标协同、行为协同、利益整合及法规保障四个环节，各个环节需要运用TID的设计理念对土地综合开发的各种问题提供技术解决思路。对于铁路土地综合开发项目，需要设计咨询机构必须同时具备开发策划和方案设计能力。

关键词：中小城市；城际铁路；土地综合开发；开发路径

1 概述

2013年，铁路系统改革政企分开，中国铁路总公司（现中国国家铁路集团有限公司）成立。铁路总公司作为一个企业，从侧重关注铁路规划建设和运营管理转向既抓好铁路建设和运营管理，也要抓好铁路土地资产的盘活利用，以弥补铁路建设融资和运营补亏。同年，国务院办公厅发布《国务院关于改革铁路投融资体制加快推进铁路建设的意见》（国发〔2013〕33号文），首次在国家政策层面提出实施铁路用地及站场毗邻区域土地综合开发利用。2014年，国务院办公厅发布《国务院办公厅关于支持铁路建设实施土地综合开发的意见》（国办发〔2014〕37号文），对铁路土地综合开发机制和政策保障提出了具体意见。

从几年来的铁路综合开发实践看，铁路土地综合开发进展仍显缓慢，并反映出土地综合开发项目设计存在明显的难以付诸开发实践的情况。有些开发项目单纯找一些市场策划公司进行策划研究，不考虑与铁路相关的本体功能在空间形态和功能上的衔接；有些是直接由建筑设计单位进行方案设计，忽视利益相关方的实际诉求等，设计机构只能是机械地听从"甲方要求"，最后得到的只能是一张无法落地实施的"画"。

上述问题的出现，源于在当前城际铁路土地综合开发项目运作和设计机制中，设计师忽视了（或很少需要）考虑城际铁路土地综合开发作为一种复杂系统的特性，以应对简单系统的方法来应对铁路综合开发，因而导致技术上合理的方案常常由于各种内外因素的综合影响而难以实施。因此，有必要针对城际铁路土地综合开发的特性，研究铁路土地综合开发的路径,更好地指引各项开发建设工作。

本文以中小城市城际铁路车站为例,在分析车站邻近地区土地综合开发的复杂性的基础上,探讨其实施路径。

2 城际铁路土地综合开发的复杂性

对于中小城市,城际铁路车站通常位于城市外围地区,邻近地区通常为待开发地区,很多中小城市都期待车站邻近地区发展为城市的新增长点并成为连接其所在地区与城市(其他节点)和区域的重要节点,因此既需要迎合铁路建设部门在车站选址、用地提供、基础设施配套等方面的要求,又尽可能为地方发展谋求更多便利;乐意为此进行投入,但财力有限,又只能期待尽可能控制投入规模,并期待市场力量充分介入,因此需要迎合市场历来的投资回报期望。这就为车站邻近地区土地综合开发带来了多维度利益冲突;由于城际铁路位于城市外围,本身必然成为城市对外交通和城市内部交通的结合部,将多种交通方式衔接于一处,也存在多种规则(如规划管理、土地资源管理、工程设计审批及建设管理、技术要求)的不一致产生的冲突,这就是车站邻近地区土地综合开发出现的规则冲突,必然导致车站建设和邻近土地开发参与者对土地综合开发目标的认同存在分歧,以及在决策和行动过程中存在不一致。因此,如何化解这些冲突、如何让主体达成共识、如何让主体行动一致、如何让主体在行动中获益、如何让这些行动更加规范(变成自觉的行动)化等一系列问题构成了铁路土地综合开发行动路径的主线。

3 广佛肇城际三水站站前广场综合开发

3.1 项目概况

本项目位于佛山市三水新城核心区,是广佛肇城际铁路三水北站的站前广场区域,项目用地规模11.33 hm²(图1)。项目功能主要包括以城际铁路三水北站以及新汽车客运站为基础衍生的交通枢纽,以住宅、商业及其配套为主的上盖房地产项目,以及上述两功能相关的地下空间。

受制于地方财政压力,地方政府希望通过站前广场用地的综合开发利用,解决建设广场、长途客运站、公交首末站、社会停车场、出租车停车场等基础配套设施的投资共计2.68亿元。

同时政府还提出希望通过土地综合开发后,在解决好各类车行交通流线组织的基础上,进一步解决好乘客的无缝换乘问题,并确保乘客换乘的便捷性和舒适性。

3.2 行动路径

对于这个项目,我们依照如下路径进行推进。

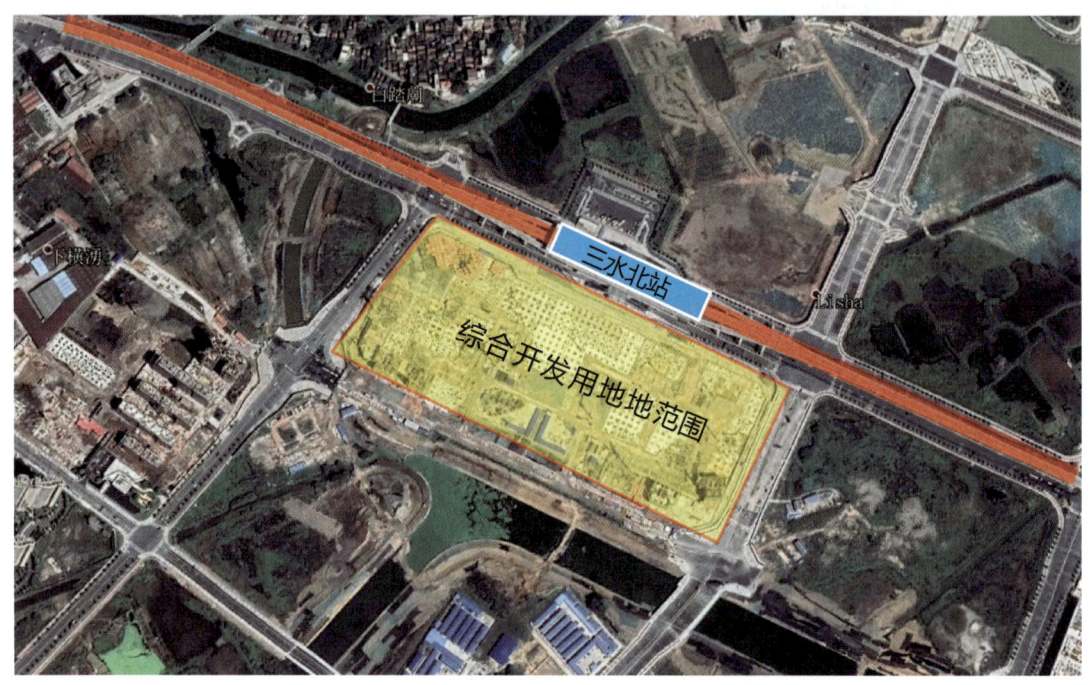

图 1　三水站站前广场项目区位及用地范围

首先,根据政府、开发主体及铁路部门对于土地综合开发各自的利益诉求(这里面的诉求指本案例中:政府希望解决公共交通配套工程的建设资金问题,需要作为新区的启动工程带动新区发展等社会公共利益诉求;开发主体希望能最大程度地提高开发收益等经济利益诉求;铁路部门希望能解决好地方枢纽与铁路的无缝换乘,提高乘客的舒适性和便捷性并能积极分享铁路带来的土地增值和铁路用地的开发收益等社会效益与经济效益并重等诉求),形成对于项目如何开发的共识。为此,三水新区管委会委托一家同时具备市场开发及方案设计能力的设计咨询机构开展咨询,在充分进行市场调研、客群分析、开发定位、业态研究、规模分析、财务分析等开发策略研究的基础上,在解决政府、开发主体及铁路部门的基本诉求的基础上以"互利共赢"为目标做大"蛋糕"。

其次,以设计咨询机构开展咨询提出的概念方案为蓝本,引导参与各方(政府相关部门、铁路部门以及设计咨询机构包括潜在的投资建设主体)进行密切互动,二者相互影响,相互促进,使概念方案不断完善。这一过程使参与各方的行动都牵引到一致行动的路径上。

再次,通过设计咨询机构的方案研究,充分利用广佛肇城际三水北站站厅层与现状场地 7.5 m 高差,打造分层空间,首层解决各类交通问题,二层解决交通场站及交通换乘空间问题,二层以上设置物业开发层平台,形成物业开发层的"首层"。通过分层确权及"带方案招拍挂"的方式,将市政公共配套部分投资纳入到土地地价折减项,由开发主体按照政府规定的规划方案对平台及以下部分的交通及配套设施进行代建,完成后无偿返还给政府运营。从而,让参与各方都看到了各自因参与这一项目而获得的收益。

在经过对开发策略和设计方案进行多轮的互动优化形成系统最优方案后,以此为条件归纳总结形成用地规划调整建议报告,指导政府规划部门进行控规调整以适应市场开发需求。并以最终的方案进行相关土地出让条件的制定,将政府、铁路部门的基本需求作为刚性出让条件(比如土地获取者必须按照本方案中对交通场站、流线组织和换乘空间实施并承担相应的建设成本,建成后无偿交给政府相关的运营部门运营管理)。政府规划部门按照最终形成的方案调整控规;政府的国土部门按照最终形成的方案设置土地出让条件进行土地挂牌出让。使各参与者的利益在法规层面得到保障。

由于中小城市普遍存在财力有限和市场风险较大的问题,故需要控制土地综合开发的规模,并首先开发市场价值最大的项目。为此,我们尽可能聚焦于与车站密切关联的用地,以紧凑融合的思路控制开发规模、提升开发价值。基于这种考虑,我们采用了"交通运输设施与开发项目相融合"(Transport Integrated Development,TID)的设计理念,形成城市综合体。

具体来讲,TID强调综合开发项目与车站在平面、竖向上都呈紧凑相互包容的格局,打破传统单一性质的交通设施和广场用地。将土地性质调整为综合开发用地,可以最大限度地提升车站和综合开发项目的融合性、降低市场风险,达到各参与者都能认同,进而能够让各方详尽地估计各自因参与本项目的获益;由于采用"带方案招拍挂"的方式,既可以确保政府关注的公共配套设施按照政府要求进行规划建设,又能确保市场力量的开发建设行动具有可预期性,同时能够使权益得以通过土地出让合同予以保障。

显然,这一过程,将技术咨询嵌入到土地综合开发的各个环节(图2、图3)。

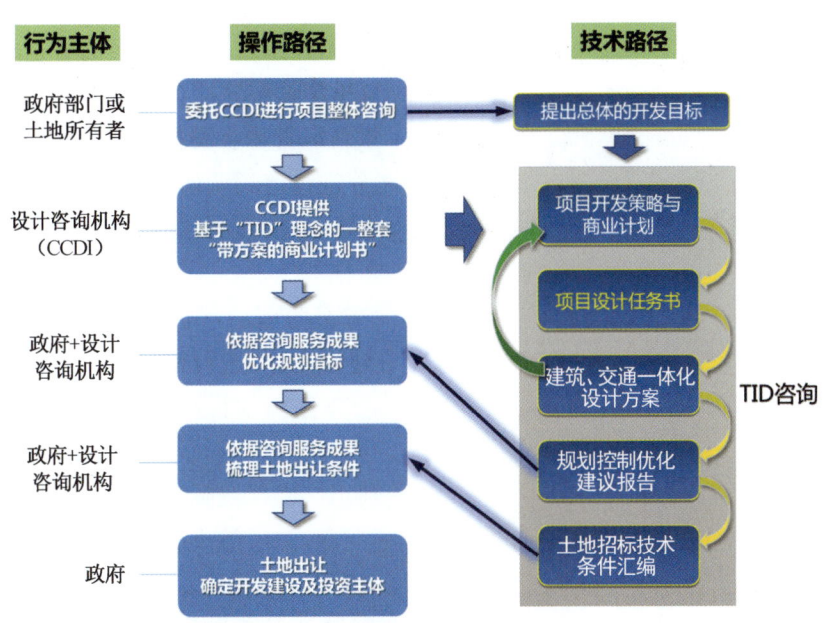

图2 三水站站前广场项目操作路径

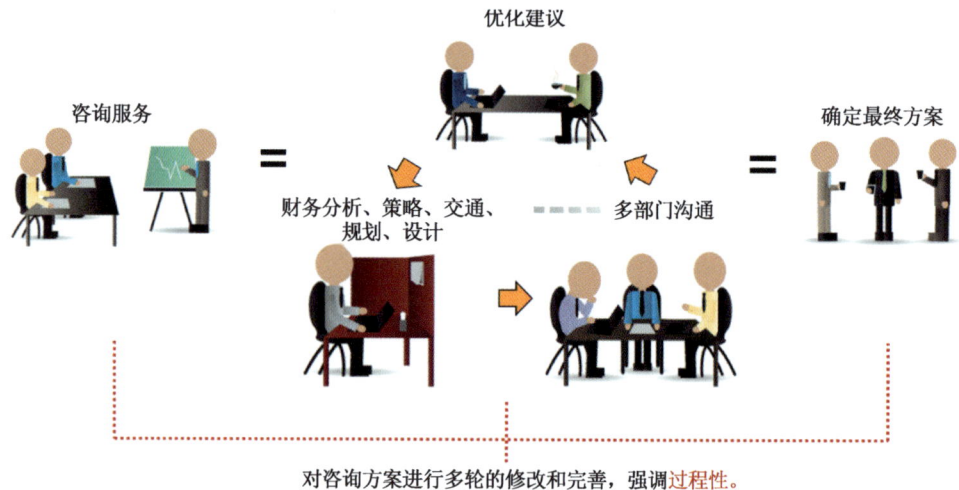

图 3　TID 咨询服务的特点

3.3　TID 咨询服务的主要内容

1. 竖向分析

如图 4、图 5 所示。

图 4　三水北站竖向条件分析

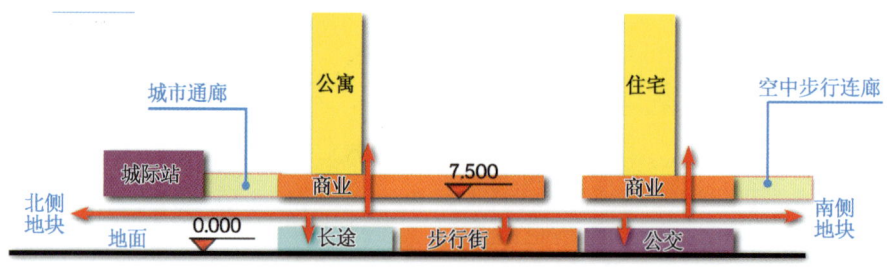

图 5　"TID"模式下的三水北站站前广场用地综合开发剖面示意图

2. 平面布局

本项目共设置地下一层和地上两侧裙房,裙房顶板作为住宅、公寓等上盖物业的平台层(图6)。

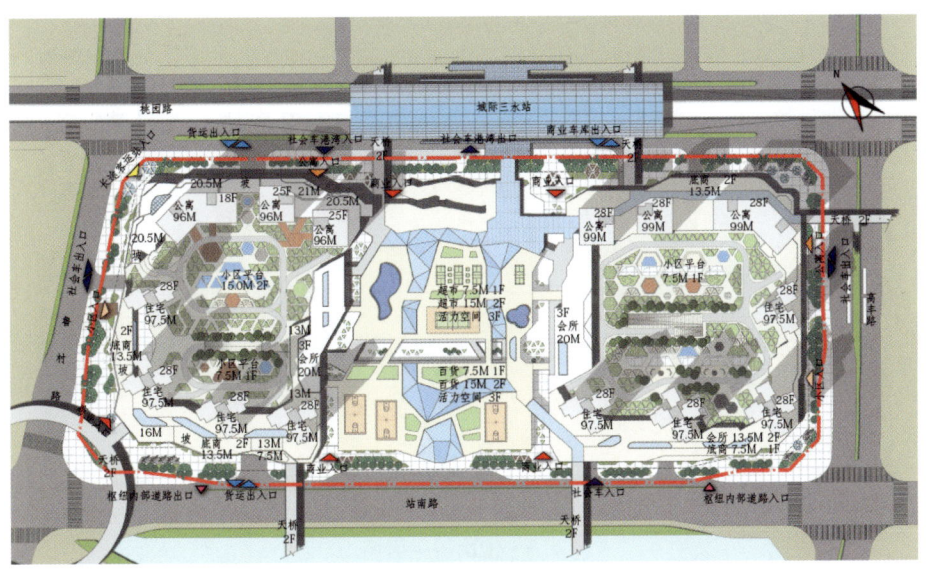

图6　总平面图

(1)地下一层:局部为长途车驻车场,其余为小汽车停车场,分别用于物业开发配建停车和交通枢纽配建小汽车停车。地下空间主要功能要满足枢纽客运站停车功能以及商业停车和私家车停车需求。地上综合体业态功能较多,居住小区、商业、枢纽需要不同的设备用房,分组布置;商业停车+私家车停车需求约2 050辆。因此地下一层整体开发,面积基本满足上述配套功能需求,枢纽、商业、小区居民共用停车库,可以满足综合体开发的停车需求(图7)。

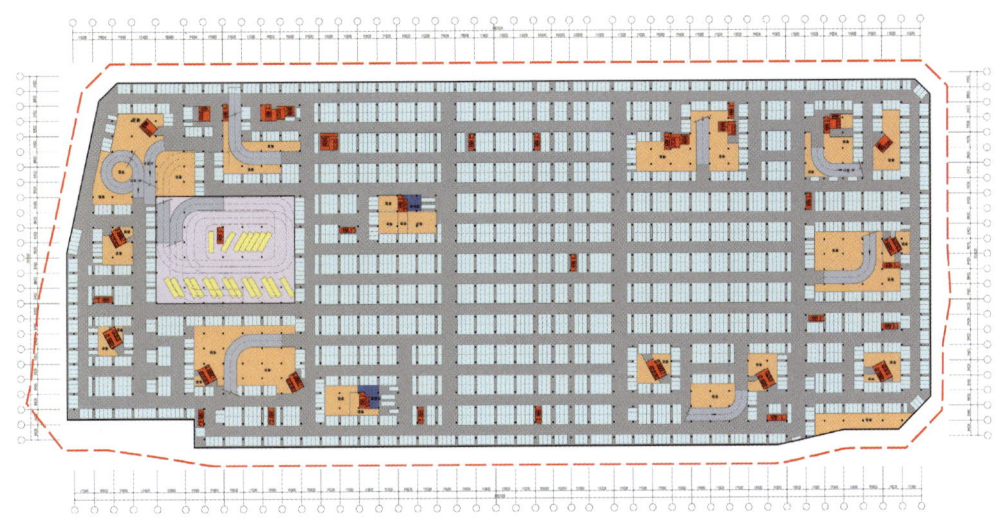

图7　地下一层平面图

(2) 地面层：地面层主要为长途、公交、大巴车场及相关的旅客配套服务设施，结合换乘空间设置商业街，外围沿街设置商业。让乘客在换乘过程中享受便捷逛街购物的惬意，充分挖掘并提升客流的商业价值(图8)。

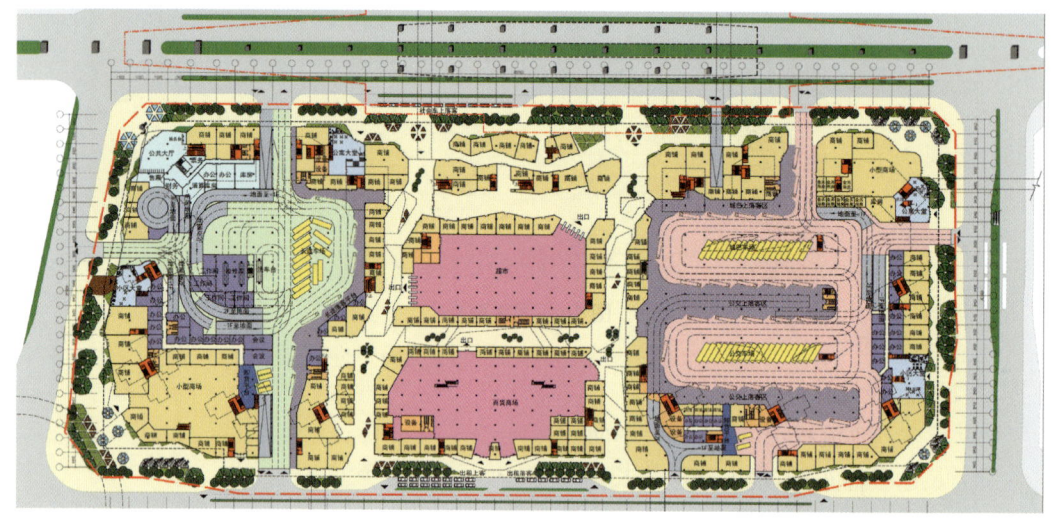

图8　地面层平面图

(3) 地上二层：本层为对接三水北站进出站站厅层，疏解交通进出站客流。功能上主要为长途客运站的发车区及配套商业，住宅小区的底层商业层及小区的地面广场层，并结合住宅物业的需求，在站房中轴线区域设置两个主力商铺(图9、图10)。

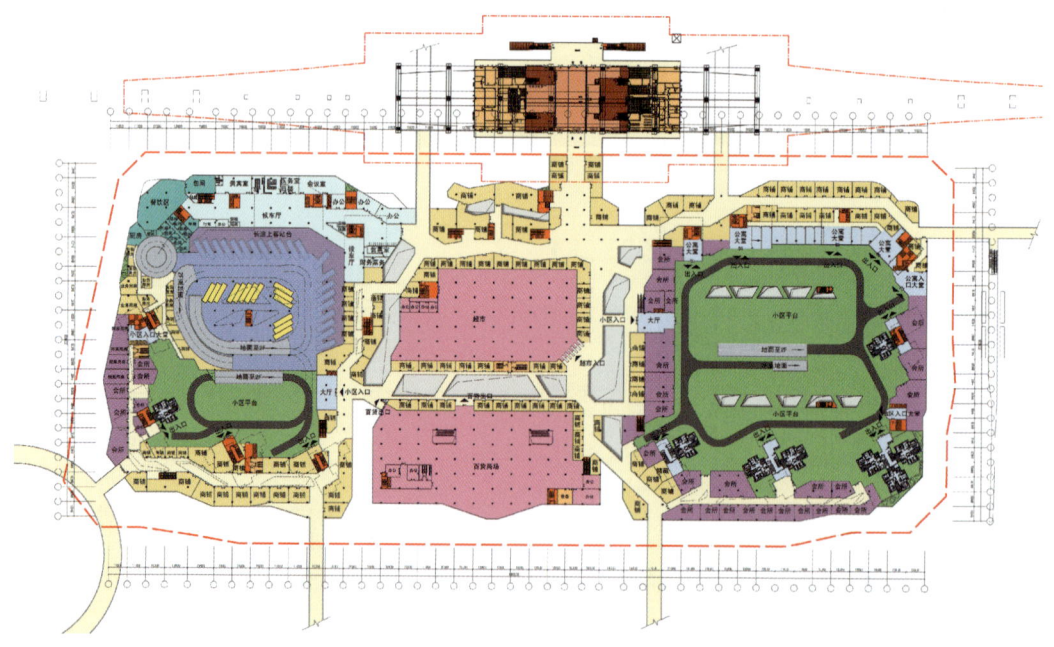

图9　地上二层平面图

图10 顶盖商业

3. 交通流线设计

（1）长途汽车流线：共涉及三层平面，一层设置长途车的进口和出口，并设置落客区，地下一层为长途车停车场，地上二层为长途车上客区，层与层之间设置坡道，实现长途车各层间的流线组织（图11）。

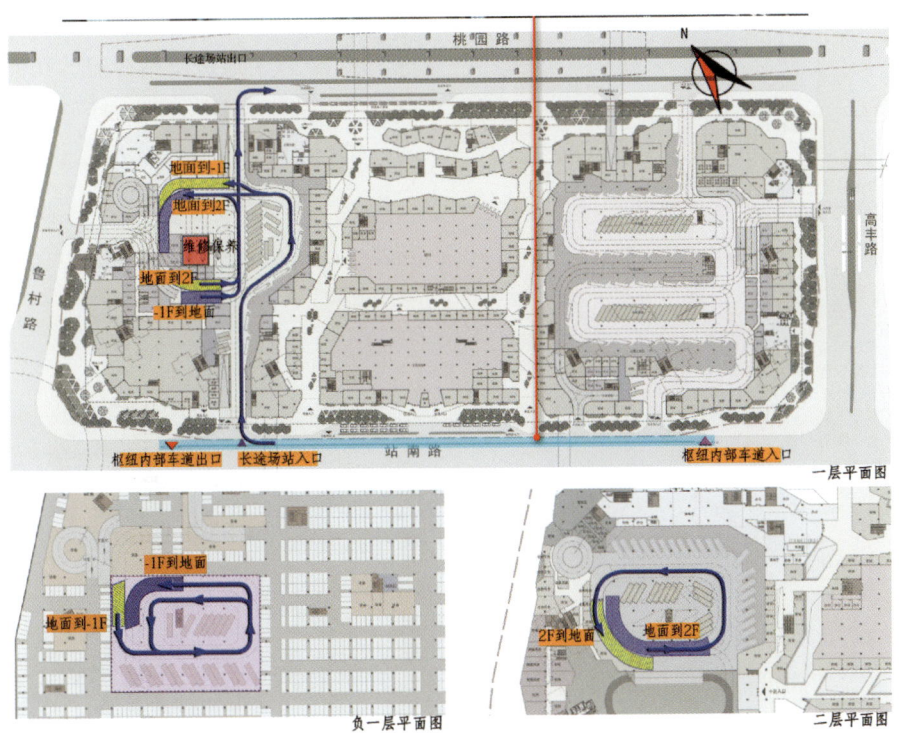

图11 长途车流线组织

（2）公交及大巴车流线：公交和大巴流线均在首层平面组织，设置进出口两个，采用"U"形的场站布局方式，确保人车分离（图12）。

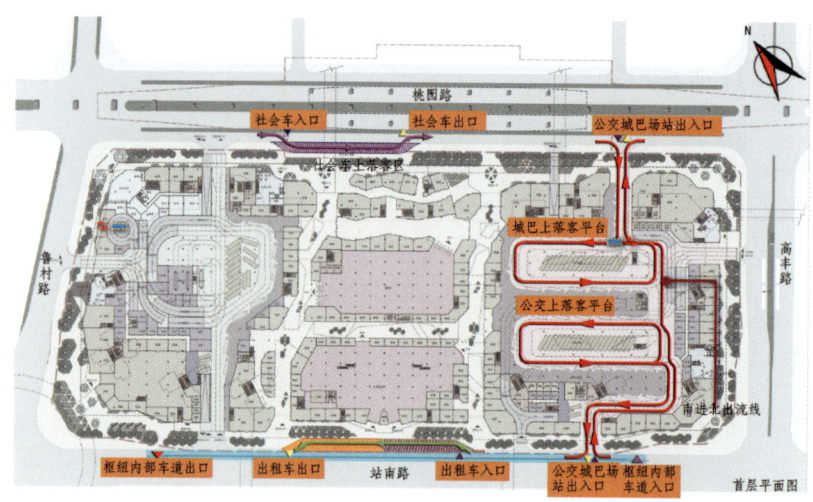

图 12　公交、大巴车流线组织

（3）人行换乘流线组织：通过综合开发空间将城际铁路、长途、公交、大巴、出租、社会及BRT等多种交通方式进行有机融合，打造一种无缝便捷舒适的换乘空间，真正实现以人为本、人车分离、零换乘、无风雨换乘（图13）。

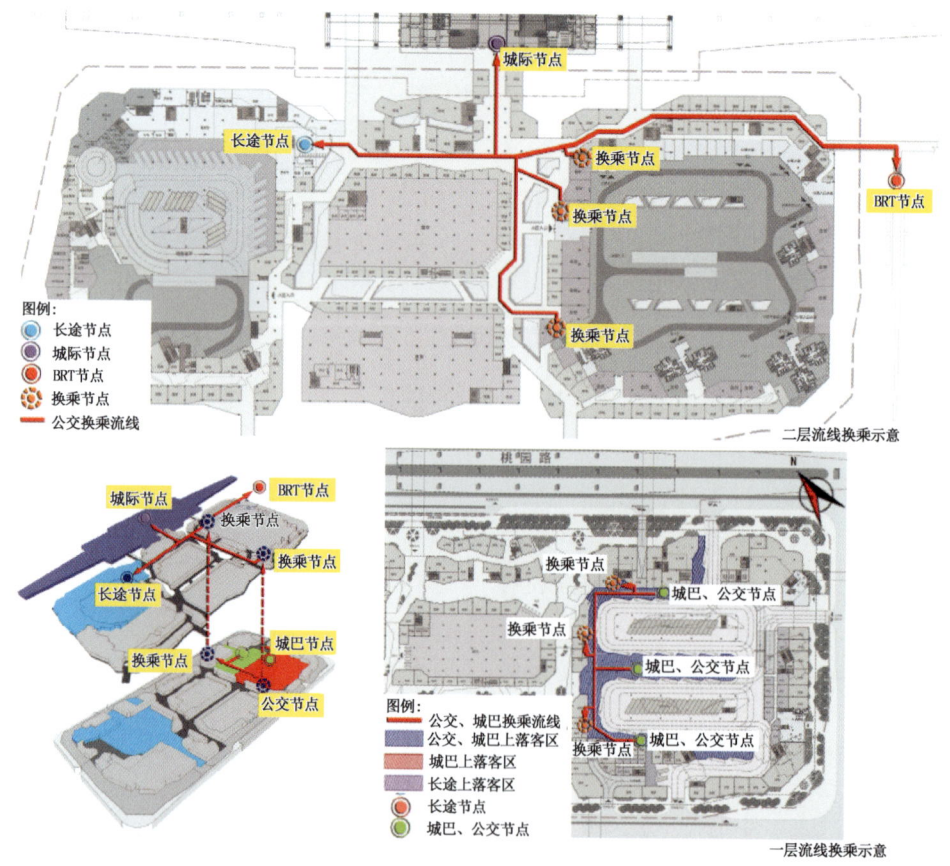

图 13　人行换乘流线组织示意图

4. 效果图

效果图如图 14 所示。

图 14　三水北站站前广场综合开发效果图

3.4　综合开发的效果

1. 预期效果

根据方案研究阶段的财务分析,本项目的土地出让收入在抵消政府委托代建部分的广场及交通枢纽部分的 2.68 亿元投资外,还能获得约 3.2 亿元的土地出让收益,同时还能为三水区提供一定数量的就业岗位和税收收入。

2. 实际效果

2015 年 12 月 2 日,本项目的土地开发权以 3.634 亿元(高于预期的 3.2 亿元)出让。目前该项目已经在建并在火热预售中。对比之下,政府要求配建的交通场站部分完全按照原定方案实施,而盖上开发部分则在具体的物业布局、业态组合以及建筑风格上给予了开发主体一定的调整弹性空间。

4　结语

铁路土地综合开发历经四个关键环节:

(1)目标协同,即让铁路公司、地方政府、市场力量和社会力量都对开发项目认同。

(2)行动协同,即让铁路公司、地方政府、市场力量和社会力量都为了实现共同的目标行动一致。

(3)利益整合,即通过策划和技术方案研究让综合开发项目价值最大化,使铁路公司、地方政府、市场力量和社会力量实现最大程度地获益,达到激励各参与方行动积极性的目的。

(4)巩固利益,即通过"带方案招拍挂"出让,在项目中政府和企业的利益以及实现利益的方式都得到法定化保障。

铁路土地综合开发的各个环节,TID 的设计理念和服务逻辑都发挥了积极作用。因此,对于铁路土地综合开发项目,设计咨询机构必须同时具备开发策划和方案设计能力。

浅析地铁站台拥挤度估算方法

张星龙

(西安市轨道交通集团有限公司　西安)

摘　要：随着城市地铁网络的不断发展，乘客人数随着线路的扩张不断增加，但由于车站空间有限，站厅、站台的拥挤度也随之不断提高，在运营期间即使短暂的中断服务也会极大加重这种情况。为了能够缓解、预防可能造成的不利影响，估算短时间站内客流，本文提出了一种可用于预测短时间内的车站拥挤度的方法，该方法结合了车站售检票系统的历史进出站客流数据，通过动态计算列车实时载客能力，实现车站短期滞留乘客数量统计。根据对运能缺口和拥挤度的预测，通过控制中心调配运力就可以安全有效地缓解拥挤情况。

关键词：拥挤度；预测；估算；AFC

1　概述

　　许多研究人员和运输机构针对列车运力和站内的拥挤情况开展过许多研究，也对乘客开展过许多问卷调查。通过开展以上调查研究活动使运输机构对拥挤情况已经有了不同程度的了解，例如地铁公司、设计院、公交公司等，但这只是一个宏观的了解，在很多情况下无法准确确定何时何地会出现拥挤现象。现在为了能够随时随地监测拥堵发生，在CCTV上可实现实时监测拥堵的功能，这种方法能够有效监测到拥堵发生，但也存在需要大面积安装监控探头、无法预测的弊端。

　　近年来，出现了许多使用车站出入口的自动售检票系统、楼梯和电扶梯的数据用于估算客流和拥挤度的研究，通过对一个月的进出站数据的观察分析，以达到预测一段时间内的客流和拥挤情况。这种模型将列车运行情况与自动售检票系统数据相结合，通过对乘客行踪的统计实现了对列车满载率、运送乘客和拥挤度的估算，而缺点是这种估算的时效性不强，滞后较长。

　　虽然对乘客的出行方式建模或其他类似模型可以估算出有效的历史拥挤数据，但对需要实时数据的控制中心来说用处不大，只有具备实时预测能力的建模才能对控制中心调配运力起到帮助作用。

2　模型概述

　　本模型结合车站历史进出站客流和列车时刻信息实现任意时间内站台人数的预测，根据控制中心提供的列车实时运行情况可以每隔一段时间对站台人数进行预测。在此时间段内的拥挤度变化取决于两个因素：
（1）使用历史自动售检票系统通过模型估算出的乘客增量。
（2）使用实时列车运行信息估算乘客的乘车数量和乘车时间。

2.1 进站客流

一般来说，乘客只能通过自动检票机或下车到达站台。乘客下车后一般只会在站台短暂停留（非换乘站），只有通过自动检票机进入站台的乘客因为候车等原因才会在站台停留较长时间。

AFC 系统记录了所有乘客乘车的时间和地点，由系统每 5 分钟统计一次，这意味着这些数据不能用于客流实时预测。但是，通过对这些数据的分析可以发现大多数乘客存在一种一致的出行方式。时间作为客流预测的一个重要参考因素，可以使用独立的线性模型预测一天中任意 5 分钟时间段内的客流。而每一个模型都有年、月、星期、日类型（工作日、周末、节假日）等四个变量，所有变量都将作为独立参数参与模型计算。

通过对历年历史数据的计算发现，该模型在大多数情况下能够对不同时间的客流预测提供帮助，总体是有效的。但由于假期和天气等不确定因素，可能会对个别预测结果产生较大影响，其次也不包含对逃票、儿童和其他未通过检票机进站乘客的预测。

2.2 目的地预测

乘客乘车的数量取决于候车乘客的数量和列车的运行时刻，通过 AFC 系统的乘客数据模型可以用于确定乘客目的地。该模型对现有模型进行了改进，通过对乘客票卡的使用记录中起始站、目的站与列车运行相关联，对记录中的乘客记录按照多路径算法进行分配，可以得到乘客的出行路径。由于地铁的复杂性，不是每个车站的行车方向和目的地都是唯一的。使用历史数据模型计算得到的乘客出行模型可以得到乘客出行路径的起始站，可以快速确定目的站在起始站的哪个方向。例如在早高峰，某一站的大量乘客出行具有明显的方向性，晚高峰可能与之相反。目的地的分布是建立在历史数据模型基础上的，一段时间内的工作日、周末、节假日都是具有不同的出行特征，所以应根据这些特点有计划地定期分配不同运力，用以解决由于乘客定期流动导致的站台过度拥挤。

2.3 列车载客因素

控制中心可以随时监测列车运营情况，将所有列车的跟踪数据反馈给预测模型。当列车抵达时，站台滞留乘客乘车而抵达目的地的乘客下车进入站台，该模型假设没有乘客会放弃乘坐地铁、没有乘客不能乘车，因为不能乘车会增加模型的复杂程度和不确定性，当增加该模型的考虑因素、扩展模型的实用性有困难时，即采用该方法进行研究。

2.4 模型实施

可以在每天地铁运营开始前使用有效的历史客流数据预测站台拥挤度，准备就绪后，从早晨运营开始运行预测脚本时，每 5 分钟使用当日的客流数据更新一次模型，直到当日运营结束前都可以预测一段时间内站台的乘客数量,模型的预测结果通过数据库输出,产生的预测数据表示实时的拥挤度并可迭代用于下一次的预测计算(图1)。

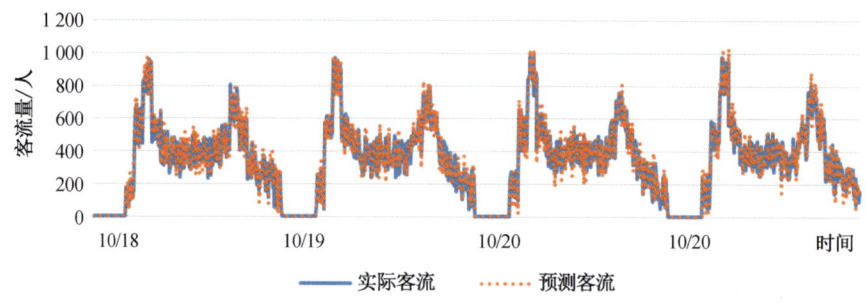

图1 通过采集多日数据的预测对比

2.5 模型验证

模型预测的结果需要通过实地监测的方式进行验证,需要6名测量员统计车站站台,为了避免楼梯间和立柱对视野的影响,每名测量员只负责50 m长的站台区域,并在当天晚高峰期间每5分钟统计一次。在统计期间应避免过于拥挤、排队、立柱导致的遮挡,最终通过折线图反映出统计数据与模型数据是否有相关性。

图2将现场观察到的拥挤水平与预测模型进行了比较,通过对比可以发现,观察到的实测值与预测数量在一定程度上是比较匹配的,并且在拥挤度较高时具有较高的准确性,在人数较少时波动较大。

图2 单日高峰时段预测对比

在图3中,拟合部分预测数据,可以发现其分布趋势,对该车站的客流预测与人工检测数值的确定系数为95.8%,没有达到理想状态下的100%。笔者认为,在拥挤程度较高时可能存在人工检测的不准确性,例如人与人之间的遮挡、人被建筑物遮挡、人员移动未清点准确等原因,导致观察人员没有准确定点人数,但总体的变化趋势符合预期的期望。

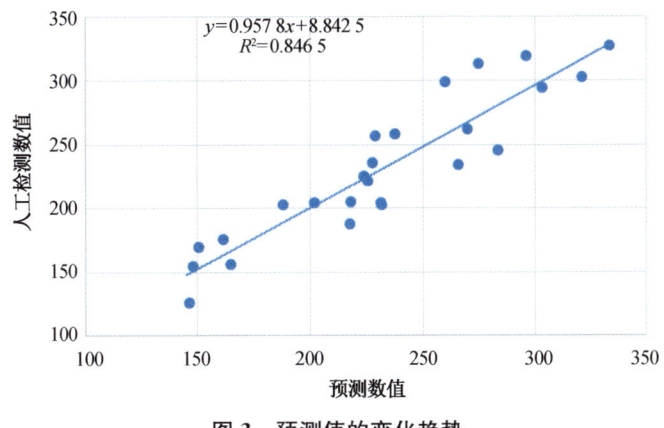

图 3　预测值的变化趋势

3　拥挤的估计

3.1　拥挤分类

本文提出的模型可以预测出站台候车的乘客数量,但是对于控制中心来说对仅仅预测某一车站的乘客数量没有任何价值。尽管控制中心对管理地铁系统拥有丰富经验,但还是很难估计多少乘客会导致站台过度拥挤。因此,除了对拥挤的量有充足的估计外,还需要一个定性的拥挤度评估标准。这种定性分类的目标是为了能够使用一个统一的标准来准确地表述地铁系统内的拥挤情况。

3.2　定性与定量统计

模型具有实用性,每一种拥挤度分类都必须与一定范围内的乘客数量相匹配,对于每一种拥挤度需要确定正确的乘客数量范围,而标准的确定需要在三种日类型的晚高峰期间对拥挤程度进行统计。安排 3 名测量员每 5 分钟记录一次拥挤程度,再安排 1 名测量员记录某一区域内的乘客数量。然后将 3 名测量员每 5 分钟记录的测量结果与模型在相同时间内的预测结果相比较,反映出局部区域内的乘客密度,由于每个站台的大小不同,拥挤类别将与每个车站站台不同的乘客数量相关联。

3.3　自动化拥挤度计算

人工确定站台拥挤度,需要有一种能够准确计算站台面积的方法,除了使用图纸手工计算站台面积外,还可以采用自动方式计算。例如将站台内的特征点,例如立柱、楼梯、长椅、垃圾箱等输入到数据库中,并将这些图层数据导入到 ArcGIS 中,可以快速、有效地计算出站台面积。同时还要设定一段 20 cm 的缓冲区,特征点周围的缓冲区范围内都不列入有效面积中,通过 ArcGIS 计算会有 25%～40% 的缓冲区无法站人,因此,站台上的有效区域会大幅减少。

通过手动计算站台的有效候车面积发现,站台总体的乘客密度不能反映出最严重情况下的拥挤情况,这表明乘客在站台的分布总是不均匀的,还需要进一步研究和证实。

4 展望

目前,该模型还不具备对换乘站站台乘客数量预测的能力,这是一个重要的研究方向。因为在地铁换乘站中乘客的来源、目的地、换乘路线不易确定。此外,针对不同车站的数据需要调整建模的方式,特别是不同线路间的换乘站。同时还可以将不同车型纳入到模型参数中,因为假设所有乘客都能上车是不现实的,以满足不同线路的计算需要。

除了向控制中心报告拥挤度外,地铁系统能够向控制中心自动提出变更服务方式的建议。该工具建立在实时数据模型的基础上,可以提供有效的实时服务变更建议(加车或越站),旨在减轻站台拥挤度,提高服务舒适度,减少对乘客的不良影响。

站台拥挤度还可以作为绩效指标,因为站台拥挤度也是乘客出行时考量的重要决定因素。对这个因素的考量可以区分出经常发生拥挤的车站和服务中断时易发生拥挤的车站。此类长期指标超标的车站就应该考虑采取优化措施,例如减少放置物品、优化客流组织等方式,重新配置或增加可用的站台区域。该指标还可以作为站台应配备工作人员数量的参考,或作为采取其他避免过度拥挤的措施的参考。

参考文献

[1] Paragios N, Ramesh V. A MRF-based approach for real-time subway monitoring[C]//Proceedings of the 2001 IEEE Computer Society Conference on Computer Vision and Pattern Recognition. CVPR 2001. IEEE, 2001, 1: 1-1.

[2] Regazzoni C S, Tesei A. Distributed data fusion for real-time crowding estimation[J]. Signal Processing, 1996, 53(1): 47-63.

[3] Cho S Y, Chow T W S. A fast neural learning vision system for crowd estimation at underground stations platform[J]. Neural processing letters, 1999, 10(2): 111-120.

[4] Cho S Y, Chow T W S, Leung C T. A neural-based crowd estimation by hybrid global learning algorithm[J]. IEEE Transactions on Systems, Man, and Cybernetics, Part B (Cybernetics), 1999, 29(4): 535-541.

[5] Zhang Y, Jenelius E, Kottenhoff K. Impact of real-time crowding information: a Stockholm metro pilot study[J]. Public Transport, 2017, 9(3): 483-499.

[6] Stasko T, Levine B, Reddy A. Time-expanded network model of train-level subway ridership flows using actual train movement data[J]. Transportation Research Record, 2016, 2540(1): 92-101.

[7] Nuzzolo A, Crisalli U, Comi A, et al. A mesoscopic transit assignment model including real-time predictive information on crowding[J]. Journal of Intelligent Transportation Systems, 2016, 20(4): 316-333.

[8] Sarker R I, Kaplan S, Anderson M K, et al. Obtaining transit information from users of a collaborative transit app: Platform-based and individual-related motivators[J]. Transportation Research Part C: Emerging Technologies, 2019(102): 173-188.

面向智能车站建设的行人交通仿真软件研究

陈 旭

(中铁第四勘察设计院集团有限公司 武汉)

摘 要:利用行人交通仿真软件实现站房的集约合理设计和分场景客流管理是智能车站设计、运营的重要环节,对于降低车站建设成本、优化车站运输组织、提高车站服务水平具有重要作用。针对当前车站设计过程中交通考虑不够精细化、车站运营管理中客流组织粗放化以及行人交通仿真软件难以选择等问题,本文选取世界范围内应用比较广泛的10种行人交通仿真软件,从软件基本属性、仿真建模、功能、应用及典型特点五个角度进行研究,总结目前的研究进展,为工程设计人员/运营管理人员选取合适的仿真软件、进一步提升车站智能化水平提供参考。

关键词:智能车站;行人交通;仿真软件;对比分析

1 概述

我国铁路客站设计中重视宏观层面的景观设计和中观层面的流线设计,在客流的精细化管理方面比较欠缺;铁路客站运营中客流组织方式较为单一、粗放,缺乏高峰、平峰、紧急疏散等面向不同场景的运输组织方案。对于这些问题,利用行人交通仿真软件进行客流模拟,可以实现站房的集约合理设计和分场景客流管理。目前,国内外已经开发了多种功能强大、各具特色,能满足不同需求的行人交通仿真软件。行人交通仿真软件众多所带来的问题就是工程设计人员/运营管理人员难以根据实际需要进行选择。

部分研究者已经对行人交通仿真软件进行了对比研究。韩冬(2008)[1]将行人仿真模型分为三类,并选取其中典型的运动模型软件 Steps 和行为模型软件 NOMAD 进行了详细对比分析。孙剑(2008)[2]研究了5种主流行人仿真系统的建模思想、核心模型及优缺点,李得伟(2008)[3]从技术经济特性上对国内外两种软件进行比较。胡明伟(2009)[4]比较并评述了4种常见行人交通仿真软件的技术性能,张诗波(2013)[5]介绍了五种商业化行人交通仿真软件的基本功能和应用情况。Gwynne 和 Galea(1999)[6]对16种行人疏散软件进行了回顾,燃烧科学和工程协会(2002)[7]发布了总结火灾疏散模型软件并且开发了相应的网页,J. L. Berrou(2005)[8]总结了 Legion 模型的各项特征,Erica D.Kuligowski(2005)[9]对建筑物疏散模型软件进行了详细的总结、分类和研究,Stina Alexandersson(2013)[10]对 VisWalk 和 Legion 软件进行了对比分析。

总体来看,既有研究者对行人交通仿真软件已经开展了一定的对比研究,但是仍然存

在以下几方面的问题:

(1) 局限性:研究者通常针对部分常见的行人交通仿真软件进行部分角度的对比分析,缺乏多种仿真软件全面的对比分析。

(2) 模糊性:既有研究大多模糊介绍行人交通仿真软件,对于软件的基本原理、关键问题的处理、适用范围、可用性等方面介绍不明确。

(3) 缺乏引导性:既有研究没有针对具体的行人交通仿真软件的选择给出相应的建议,缺乏对工程设计人员/运营管理人员的使用引导。

(4) 时效性差:部分研究成果发表的时间相对较早,需要不断地更新完善。

(5) 偏差性:部分研究成果针对建筑物及火灾的疏散。

针对以上问题,本文选取10种使用比较广泛的行人交通仿真软件,从软件基本属性、仿真建模、功能、应用和典型特点五个角度出发。对软件进行对比分析,总结目前行人交通仿真软件的研究进展,为工程设计人员/运营管理人员提供参考。

2 行人交通仿真软件的选择

行人仿真研究三十余年来,已经开发出几十种行人仿真软件。Erica D.Kuligowski 根据软件的使用情况将软件分为公众可以使用的软件、咨询公司使用的软件、尚未发布的软件、不再使用的软件和不确定的软件。本文主要在公众可以使用的软件以及咨询公司使用的软件中选取使用比较广泛、效果比较好的10种行人仿真软件进行研究(表1)。

表1　　　　　　　　　　行人交通仿真软件基本属性表

软件	国家	出品公司	最新版本及年份	参考价格
Legion	英国	CrowdDynaics Limited	不详	>150 000 美元
Steps	英国	Mott Macdonald	Steps 5.3 2014	不详
SimWalk	瑞士	Savannah Simulations AG	SimWalk 5.0,2014	12 600 欧元（单机版）
AnyLogic	俄罗斯	XJ Technologies Company Ltd	AnyLogic 7,2014	11 990 欧元/授权号
Vissim	德国	PTV	Vissim 6.0,2013	>15 000 美元
NOMAD	荷兰	荷兰 Delft 大学	NOMAD1.2,2009	不详
PAXPORT	英国	Halcrow	不详	不详
BuildingEXODUS	英国	FSEG	BuildingEXODUS6.0	960 美元
PedGo	德国	TraffGo HT	PedGo 2.6.1,2013	10 000 欧元
MTR-PedSIM	中国	李得伟	不详	10 万~15 万元(RMB)

表1中行人仿真软件的属性包括国家、出品公司、最新版本及年份、参考价格。从整体

来看,欧洲国家的行人仿真软件做得比较好,而且版本在不断更新,功能在不断完善。在价格方面,Legion软件价格最高,近百万人民币,其他软件的价格相对较低,但也在10万元人民币左右。对于使用者来说,购买行人交通仿真软件需要有一定的资金保障和支持。

3 仿真建模

行人交通仿真软件的仿真建模主要是指仿真软件中的核心模型、建模方法、建模粒度、网络拓扑、行人路径、行人行为和运动等。

3.1 核心模型

几十年来,大量的仿真模型用于描述行人的运动,包括元胞自动机模型、社会力模型、活动选择模型、基于速度的模型、连续介质模型、混合动力学模型、行为模型、网络模型等。其中元胞自动机模型和社会力模型是最常见、应用最广泛、效果最好的两种模型。

元胞自动机模型(C):将行人行走的道路用网格抽象,将行人看作是网格之间的移动的元胞,行人要经过换道判断、换道处理、速度判断、行人移动四个步骤。

社会力模型(S):把人的主观意识、人与其他行人的相互关系及人与环境之间的相互影响用"社会力"的概念来描述。"社会力"包括:目标驱动力、人与人之间的作用力及人与障碍物或边界之间的作用力,这些力的合力作用于行人,产生行人加速度。

其他模型(O)是指除了元胞自动机(C)和社会力模型(S)之外的模型。

3.2 建模方法

依据模型中对行人行为描述地详细程度,可以将行人仿真模型分为三类:运动模型、部分行为模型和行为模型。

运动模型(M):主要研究行人的机械运动,强调人的移动,对行人仅考虑客观性,不考虑其个人主观意愿对行为的影响,主要用于研究行人通道的拥堵区域、排队区域以及瓶颈区域。依据模型的运行方式,运动模型还可以划分为最优化模型、路径选择模型、单路径模型、宏观模型。

部分行为模型(PB):主要模拟的仍然是行人的运动特性,通过分析行为调查数据,在模型中引入了对行人行为的描述,如超越、等待、对火灾烟雾的反映等行为,并将这些特性用于行人仿真中。

行为模型(B):行为模型较为复杂,对行人的行为特性进行了详细的定义。在仿真过程中,在以一定特殊地点为目的地的运动过程中,加入了由多种因素决定人的选择行为对行走路径的影响,影响因素包括年龄、性别、出行目的、拥挤状况、直达条件、地面状况、气候条件等,并考虑了人与人相互作用的影响。

3.3 粒度

行人仿真建模的粒度是指行人仿真所研究的层次,包括宏观、微观以及多粒度。

宏观(MA)：行人仿真的宏观研究，针对行人流和行人群，主要研究整体的变化情况。
微观(MI)：行人仿真的微观研究，针对单个行人，主要研究每一个个体的变化情况。
多粒度(MG)：行人仿真的多粒度研究是宏观和微观的结合。

3.4 网络拓扑

网络拓扑是行人仿真中仿真区域划分的方法。可以将其分为细网格、粗网格和连续空间。

细网格(F)：将仿真区域划分为许多小格子，也就是所谓的元胞，行人在元胞之间移动。

粗网格(C)：将仿真区域划分为房间、走廊、楼梯等部分，行人从一个区域移动到另一个区域。

连续空间(Co)：仿真区域为二维连续空间，行人可以从一个点移动到另一个点。

3.5 行人路径

行人路径是指行人运动的路径，可以分为连续路径和离散路径。

（1）连续路径(C)：行人的运动路径是连续的，不受其他因素的控制。
（2）离散路径(D)：行人的运动路径是离散的，受到网络拓扑等因素的影响。

3.6 行人行为

行人仿真建模中行人行为有多种表示方式，具体如下：

（1）没有行为(N)：没有仿真任何行为。
（2）隐式行为(I)：模型尝试通过设置反应延迟或其他特性来隐式地间接地模拟行为。
（3）规则(条件)行为(C)：模型通过设定行为规则来反映个人行为，也就是"if, then"行为模式。
（4）人工智能(AI)：模型尝试去模仿人工智能。
（5）概率行为(P)：模型中许多规则都是随机的。

3.7 运动

建模中的运动是指模型中驱动行人运动的原因，具体如下：

（1）效用函数(U)：通过设定目标、障碍物等物体的效用来驱使行人向目标点运动。
（2）物理力(S)：通过在行人上施加力的作用来驱使行人向目标点运动。
（3）密度关系(D)：通过速度-密度关系来确定行人的移动。
（4）势场(P)：通过在走行区域内设置势场来驱使行人运动。

3.8 对比表

将行人交通仿真软件在以上方面进行总结和对比分析，具体如表2所示。

表 2　　行人交通仿真软件仿真建模对比表

软件	核心模型	建模方法	粒度	网络拓扑	行人路径	行人行为	运动
Legion	C	B	MI	Co	C	AI	U
Steps	C	M/PB	MI	F	D	N/I	U
SimWalk	S	B	MI	Co	C	AI	U/S
AnyLogic	S	M	MI	Co	C	N/I	S
Vissim	S	M	MA	Co	C	N/I	S
NOMAD	S	B	MA	Co	C	AI	U/S
PAXPORT	O	PB	MA	C	D	I	D
BuildingEXODUS	C	B	MI	F	D	C/P	P
PedGo	C	M/PB	MI	F	D	I	P
MTR-PedSIM	C	M	MI	F	D	N/I	P

由表 2 可得，行人交通仿真软件在建模方面表现大同小异。

（1）核心模型以元胞自动机和社会力模型为主。

（2）建模方法上运行模型、行为模型和部分行为模型均有涉及，其中 Steps 和 PedGo 表现为运动模型/部分行为模型。在 Steps 中，使用了不同特性的群组、提前疏散时间、可视化等可以将 Steps 归为部分行为模型，但由于基本的运动和行为技术适用于所有的模型，所以也可将其归为运动模型。PedGo 中元胞自动机里的一系列规则适用于所有的行人而不考虑行人的运动，因此可以将其视为运动模型，但是这类模型也可以划分为部分行为模型，因为使用者可以设定部分居住者特性，例如耐心、反应时间、摇摆。

（3）粒度方面有宏观的，也有微观的，但是没有仿真软件实现多粒度仿真。

（4）网络拓扑方面以社会力模型为核心模型的表现为连续网络，以元胞自动机为核心模型的表现为细网格，PAXPORT 为宏观模型，将仿真区域划分为楼梯、电梯、房间等粗网格，Legion 软件虽然以元胞自动机为核心模型，但是其环境建模为连续空间而非细网格。

（5）行人路径的连续性和离散性主要取决于网络拓扑的特性，粗网格和细网格表现为离散路径，连续空间表现为连续路径。

（6）行人行为方面 Legion 和 NOMAD 均表现为人工智能的特性，对行人行为的刻画比较细致，其他软件对行为的刻画可比较少。

（7）运动方面以效用函数、势场和社会力为主，也存在相互结合的现象。

4　软件功能

行人交通仿真软件的功能主要是指是否支持 CAD 导入、显示、输入、输出，是否支持二次开发，是否支持疏散，是否支持混合交通仿真，具体如表 3 所示。

表 3　　　　　　　　　　行人交通仿真软件功能对比表

软件	CAD导入	显示	输入	输出	二次开发	疏散	混合仿真
Legion	支持	2D/3D	(1)建筑空间布局；(2)行人特性,包括行人物理半径、步行速度、横向摆动位移、行人空间要素等	(1)输出人流密度、步行时间、疏散时间、步行速度、排队长度等数据；(2)输出行人活动区域内的人流密度分布和最大密度的持续时间分布、空间利用率等直观图形；(3)支持图形、数据和图标的输出	不支持	支持	能与Aimsun结合,实现人、车混合仿真
Steps	支持	2D/3D	(1)建筑内平面与通道的网络化模型；(2)行人特性；(3)疏散规则	(1)输出人流量、人群密度、所使用的出口、空间利用率等；(2)输出使用带颜色的等值线图来描述面和面的局部信息,包括人群密度、Fruin服务水平和利用水平；(3)支持动画和照片的输出	不支持	支持	否
SimWalk	支持	2D/3D	(1)建筑空间布局；(2)仿真全局参数；(3)创建起始点、退出点、等待点等对象并定义参数	(1)4种显示模式,包括主体显示、痕迹显示、密度显示和负荷度显示；(2)提供多种文本和图形统计输出,包括截图和动画、事件统计、个体统计、人群统计、出口统计等	不支持	支持	否
AnyLogic	支持	2D/3D	(1)创建环境对象并设置属性；(2)创建行为流程图并设置对象属性	(1)输出行人数目、平均密度、停留时间等数据；(2)支持动画输出	支持	支持	是
Vissim	不支持	2D/3D	(1)仿真区域网络拓扑；(2)不同行人流及行人特性	输出常用的交通参数	不支持	不支持	是
NOMAD	支持	2D/3D	(1)仿真区域网络拓扑；(2)不同行人组的活动内容；(3)事件背景；(4)行人流的组成；(5)步行参数	(1)最优路径和活动地点；(2)行人的运动轨迹；(3)行人通过传感器的运动时间、速度；(4)速度、密度等高线图	不支持	不支持	否
PAXPORT	支持	2D/3D	(1)创建环境对象并设置属性；(2)创建行人及其属性；(3)设置仿真参数	输出常用的交通特性参数	不支持	不支持	否
Building EXODUS	支持	2D/3D	(1)仿真环境及其属性；(2)行人及其特性；(3)仿真参数	输出常用的交通特性参数	不支持	支持	否

(续表)

软件	CAD导入	显示	输入	输出	二次开发	疏散	混合仿真
PedGo	支持	2D/3D	(1)设置仿真环境;(2)创建行人及属性;(3)仿真参数	输出常用的交通特性参数	不支持	支持	否
MTR-PedSIM	支持	支持2D,并为3D开放接口	(1)列车服务;(2)客流量;(3)换乘设施;(4)系统参数	(1)提供4种显示模式,包括平面模拟显示、网格模拟显示、路径选择代价显示和服务水平显示;(2)输出设施瓶颈、客流冲突和延误情况等	支持	不支持	否

由表3可得如下结论:

(1) 除Vissim外,基本上所有的行人仿真软件支持CAD(dxf格式)导入。

(2) 在显示方面,基本上所有的行人仿真软件均支持2D和3D输出,即使暂时没有3D输出,也为3D输出保留了接口。

(3) 行人交通仿真软件的输入在形式和内容上虽有不同,但主要集中在以下几个方面:仿真环境的搭建、仿真参数的设定、行人对象的创建。

(4) 行人交通仿真软件的输出不尽相同,根据软件的主要功能来确定。一般应当提供多种输出方式,输出内容应包含基本的交通特性参数以及指标分析结果。

(5) 行人交通仿真软件大多不支持二次开发,主要是为了软件保护,其中AnyLogic支持二次开发,为用户的个性化需求提供了方便。

(6) 大多数的行人交通仿真软件支持行人疏散。

(7) 大多数的行人交通仿真软件不能进行混合交通仿真,Legion,Vissim和AnyLogic除外。

5 软件应用

行人交通仿真软件的应用主要是指仿真软件应用的内容、应用的对象以及典型的应用。具体如表4所示。

表4　　行人交通仿真软件应用对比表

软件	主要应用内容	主要应用对象	典型应用案例
Legion	行人疏散、空间评估设计	公共设施、城市轨道交通、公共交通站点、机场、运动场、高层建筑与火车站	(1)悉尼和北京奥运会场馆的设计与评价;(2)伦敦、纽约、香港等多个城市地铁人流模拟
Steps	一般疏散、紧急疏散	综合商场、办公大楼、体育馆以及地铁站	(1)英国的希思罗机场5号航站楼站和运输系统;(2)美国的新洋基球场;(3)巴基斯坦昂科雷塔;(4)印度德里机场;(5)澳大利亚阿德莱德椭圆体育场

(续表)

软件	主要应用内容	主要应用对象	典型应用案例
SimWalk	行人疏散、车站设计和行人行为分析	火车站、机场、体育馆、铁路、地铁、公共交通、街道、城市规划以及大型公交站	(1)沙特阿拉伯麦加朝圣的人群控制;(2)瑞士苏黎世火车站新建铁路线;(3)法国图卢兹火车站模拟;(4)瑞士Oerlikon火车站行人流仿真;(5)法国里昂地铁安全仿真;(6)瑞士苏黎世轻轨仿真;(7)秘鲁利马地铁疏散仿真;(8)瑞士苏黎世机场;(9)法国机场到达区优化;(10)瑞士卢塞恩足球场疏散;(11)德国斯图加特地铁站疏散;(12)美国宾夕法尼亚足球场疏散
AnyLogic	建筑容量测试、业务流程分析、疏散计划、客流分析以及查找行人流量瓶颈	火车站、地铁、机场、商场以及体育馆	(1)法兰克福机场行人流仿真;(2)埃菲尔铁塔人群拥挤问题;(3)索契冬奥会的火车站客流模拟;(4)莫斯科环形铁路传输枢纽客流仿真
Vissim	混合交通仿真、交通工程、城市规划以及设计评价	道路交通	(1)慕尼黑地铁站、上海徐家汇地铁站;(2)世博会上南路入口广场
NOMAD	设计评价	地铁站、火车站、建筑物以及机场	(1)里斯本换乘站的设计;(2)改造阿姆斯特丹国立博物馆;(3)史基浦机场广场仿真
PAXPORT	空间规划与评价	机场与步行空间	(1)机场仿真;(2)约100个伦敦地铁站仿真
Building EXODUS	常态疏散与紧急疏散	车站、运动场所、城市商业区、宗教活动场所、展览馆以及剧场	(1)悉尼和北京奥运会疏散;(2)世界贸易中心疏散
PedGo	行人疏散	运动场所以及步行空间	(1)慕尼黑啤酒节人群仿真;(2)威斯特法伦多特蒙德体育场仿真
MTR-PedSIM	车站评价设计以及车站运营仿真	轨道交通车站	(1)前期的崇文门和宣武门换乘站设计;(2)北京南站仿真

由表4可得如下结论:

(1) 行人交通仿真软件的主要应用内容为行人疏散、空间规划与评价、行人行为分析,其他辅助应用内容有工程展示、业务流程分析等。

(2) 行人交通仿真软件的应用对象依据软件而定,主要集中于公交站场、轨道交通车站、机场、道路、建筑物、体育馆等。其中,广泛应用于铁路车站的仿真软件有 Legion、SimWalk、AnyLogic、NOMAD、MTR-PedSIM。

(3) 每种行人交通仿真软件都在大型工程中有一定的应用。

6 典型特点

行人交通仿真软件众多,每种仿真软件都有独特的特点,这是用户选择软件的重要依据。

(1) Steps 和 PedGo 的高密度群体仿真效率较高,可以实现大规模人群的仿真。

(2) Steps、NOMAD 和 AnyLogic 在模拟行人复杂行为方面性能较优。

(3) SimWalk 集成了全面的步行人数据库,简化了用户仿真与调试时间。

(4) Vissim 适合于混合交通复杂环境下的人车交互。

(5) BuildingEXODUS 在逃生模拟方面性能优异,可以模拟人与人、人与结构物、人与火灾之间的相互作用,同时模拟热、烟、有毒气体的影响,进而计算每个人的避难路径。

(6) MTR-PedSIM 在铁路车站、地铁车站的乘客集散方面表现优异。

7 结语

利用行人交通仿真软件实现站房的集约合理设计和分场景客流管理是智能车站设计、运营的重要环节。针对行人交通仿真软件难以选择等问题,本文从基本属性、仿真建模、软件功能、软件应用以及典型特点5个方面对世界范围内应用较为广泛的10种行人交通仿真软件进行了研究。目前,行人交通仿真软件的开发如火如荼,不同的仿真软件在仿真建模等方面各有千秋,但功能方面都在不断完善,当然不同软件的应用范围和特点也有所不同。工程设计人员/运营管理人员可以根据自己的需求,从软件价格、仿真建模、软件功能、软件应用和典型特点等方面综合考虑,选取合适的软件解决问题。结合软件的多种特性以及我国的实际情况,在车站内部设计及客流管理仿真时,推荐采用 AnyLogic 软件;在涉及站区混合交通流仿真时,推荐采用 Vissim 软件;在疏散专题时,推荐采用 BuildingEXODUS 软件;在车站高密度群体仿真时,推荐采用 Steps 和 PedGo 软件;在对仿真有特殊要求时,可采用 MTR-PedSIM 软件,通过与相关研究人员沟通来增加特定功能。受到软件版本更新等影响,本文的研究可能存在滞后和不足,这也是下一步研究的重点。

参考文献

[1] 韩冬,张蕊.行人微观仿真中的运动模型与行为模型[J].城市交通,2008,6(6):33-40.

[2] 孙剑,李克平.行人运动建模及仿真研究综述[J].计算机仿真,2008,25(12):12-16.

[3] 李得伟.城市集散仿真技术在城市轨道交通中的应用[J].都市快轨交通,2008,21(6):38-41.

[4] 胡明伟,史其信.行人交通仿真模型与相关软件的对比分析[J].交通信息与安全,2009,4(27):122-126.

[5] 张诗波,何民.行人交通研究综述[J].西华大学学报,2013,32(6):29-33.

[6] Gwynne S, Galea E R, Lawrence P J, et al. A Review of the Methodologies used in the Computer Simulation of Evacuation from the Built Environment[J]. Building and Environment, 1999(34): 741-749.

[7] Fire Model Survey. [EB/OL].(2002-05-06). http://www.firemodelsurvey.com/EgressModels.html

[8] Berrou J L, Beecham J, Quaglia P, et al. Calibration and validation of the Legion simulation model using empirical data[M]//Pedestrian and Evacuation Dynamics 2005. Springer Berlin Heidelberg, 2007: 167-181.

[9] Kuligowski E D, Peacock R D. A review of building evacuation models[R]. National Institute of Standards and Technology, 2005.

[10] Alexandersson S, Johansson E. Pedestrians in microscopic traffic simulation[D]. Gothenbury: Chalmers University of Technology, 2013.

株洲站改扩建工程施工过渡设计

胡于明[1]　胡启道[2]

(1. 中铁上海设计院集团有限公司　上海；2. 中国铁路广州局集团公司长沙工程建设指挥部　长沙)

摘　要：本文重点描述了株洲站的施工过渡设计方案。作为国内首次在既有铁路枢纽站进行线上站改造的工程，其施工过渡设计克服诸多困难和约束条件的限制，以期给其他火车站的改扩建工程提供有意义的参考。

关键词：株洲站；改扩建工程；施工过渡设计

1　概述

1.1　工程建设背景[1]

株洲火车站始建于1905年12月12日，现有站房建成于1976年。株洲站位于株洲市人民南路，是京广、湘黔、浙赣铁路的交会处。站房坐东朝西，面向车站路。车站设普速场及城际场2个车场，其中普速场始建于1905年，场内既有到发线11条(含正线5条)，基本站台1座，中间站台3座，站台上既有进站天桥1座、出站地道1座以及邮政、行包地道各1座；城际场为长株潭城际车场，设到发线4条(含正线2条)，中间站台2座。

株洲站承担了沪昆、京广铁路大动脉的集散功能，2014年株洲站日均吞吐客流3.64万人次，其中日均发送1.8万人次，日均到达1.84万人次。自株洲西站开通后，株洲站客流量并没有明显下降，年度客运发送量稳定在650万人次以上。目前株洲站存在的主要问题有：

(1) 站房建筑外观陈旧，站内候车条件较差，设施简陋，站房旅客服务用房少，严重制约了客运服务质量，与日益发展的株洲城市形象格格不入。建筑内部空间的制约大，功能扩建与品质提升的难度高。

(2) 站前广场用地狭窄，最宽处约90 m，最窄处仅为50 m；由于站房内部空间局限，在广场地面上还布置进站验证、自动取票等铁路客服功能，以及公交、的士和社会停车等功能，广场人车混行，疏散不畅，使得原本不宽裕的广场更加局促，环境景观品质也不高。

(3) 车站周边交通条件较差。目前只有新华西路、建设南路、人民南路、车站路和铁西路作为车站区域的交通疏解道路，而这些道路目前交通基本处于超饱和状态。直接联系车站的人民南路仅为2车道，火车站出口通道交通拥挤不堪。公交车站位于站房南侧，场地紧张，与社会车辆混行。

现状铁路站房及客运设施已经制约了城市发展，既有株洲站无法满足株洲地区快速经济发展对铁路客运的要求。因此,株洲火车站改扩建势在必行。

1.2 工程概况

改扩建后的株洲站采用线侧式＋线上式的综合站型,站房由东、西两侧站房及高架候车室组成,成为东西一体的高架候车空间。旅客通过高架候车室检票进站、地道出站,即"上进下出"的进出站模式。地下出站厅与东、西广场的地下一层停车及地下空间相连接。主要建设内容为:

(1) 拆除既有站房和既有地下人防工程,新建站房 45 100 m²(含东、西子站房、高架候车室及夹层、地下设备用房、地下出站厅),新建平战结合地下车库 25 917 m²(含附属用房)。

(2) 站场股道、站台布置维持既有不变,拆除既有站台雨棚,将第 1—3 站台高度由 0.5 m 改为 1.25 m 站台,接长既有行包地道、邮政地道、出站地道在站台上的出入口。新建 6 座站台的站台面、站台雨棚,采用与站台等宽的钢筋混凝土有柱雨棚。

(3) 拆除既有进站天桥,在站房中心位置新建 12 m 宽出站地道,保留既有出站地道。

(4) 新建 15 m 宽社会车行地道。

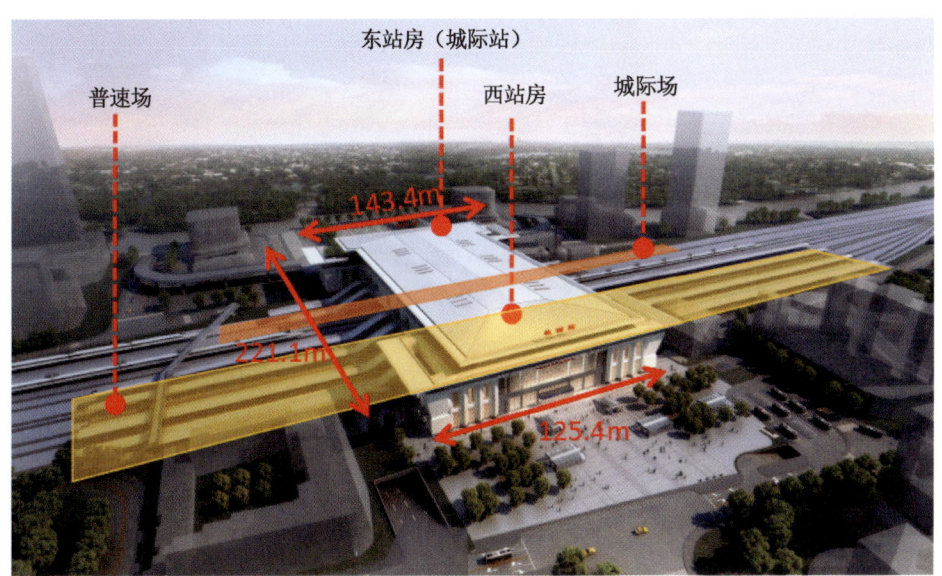

图 1 改扩建后株洲站鸟瞰图

2 施工分区与运输组织原则

株洲站改扩建工程实施期间,最大难点就是在保证既有线运营不间断的前提下的施工过渡。为确保株洲站改造期间株洲铁路枢纽运输组织安全有序,同时针对株洲站施工过渡期运输组织工作所面临的问题进行分析,结合车站技术特点,将施工区域划分为 6 个子区域(图 2)。

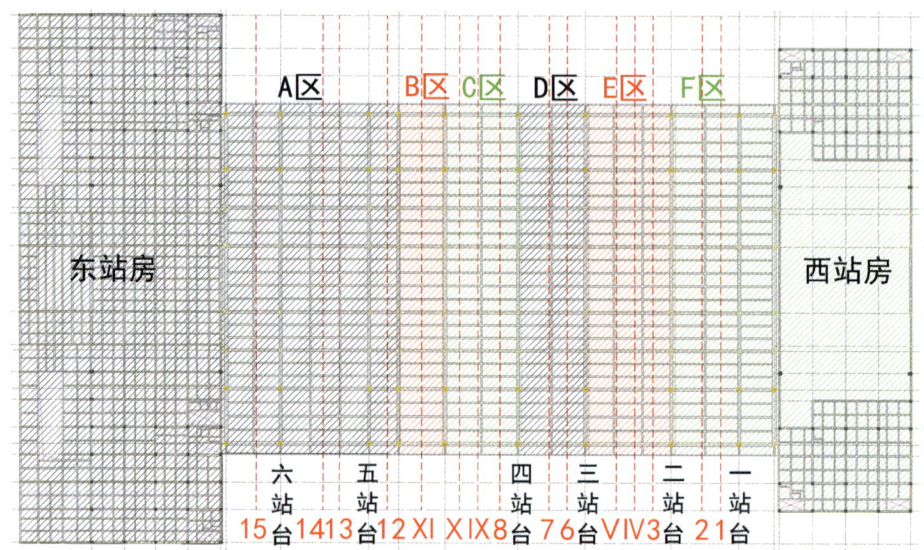

图 2 施工分区示意图

2.1 施工分区

A 区:东站房、城际场五、六站台及 12,XIII,XIV 和 15 道范围内的高架候车厅和地道区域;
B 区:货运线 XI 道范围内的高架候车厅和地道区域;
C 区:普速场四站台、货运线 IX,X 道和客运线 8 道范围内的高架候车厅和地道区域;
D 区:普速场三站台及三、四站台间的 6,7 道范围内的高架候车厅和地道区域;
E 区:普速场二站台及二、三站台间的 3,IV,V 道范围内的高架候车厅和地道区域;
F 区:西广场、西站房、普速场一站台及一、二站台间的 1,2 道范围内的高架候车厅和地道区域。

2.2 运输组织原则

（1）城际场停运,长株潭城际列车在大丰站折返;
（2）XI 道停运 45 天;
（3）货运线 IX,X 道拟不停运,施工期间慢行通过;
（4）除施工二、三站台间高架候车厅上部梁板时停运 3 条股道外,其他施工阶段普速场 8 条股道最多只能停运 2 条。

2.3 分析比选过程

本工程在可行性研究、初步设计等阶段针对施工阶段的运输组织原则及施工过渡方案进行了可行性分析和比选,最终确定了基于上述运输组织原则来制定并实施的施工过渡方案。分析比选过程如下所述。

（1）长株潭城际运营和管理都是参照高速铁路相关规定和要求来执行的,本工程高架候车厅上跨和出站地道、社会地道下穿城际场施工时,基于安全风险和高速铁路营业线施工相关规定,确定停运10个月,株洲南站停办客运,长沙方向来车在株洲站的上一站大丰站进行折返,并根据折返需求对相关站点信号系统进行改造。

(2) Ⅺ道为京广客货下行正线,股道标高在株洲站场内从北向南逐渐抬升,上跨的高架候车厅二层层高即由Ⅺ道标高决定。在高架候车厅二层楼面施工时,Ⅺ道上方净空较小,不停运时货运线Ⅸ,Ⅹ道上部贝雷梁防护方案无法实施,因此在该区域施工时需停运45天。

(3) 货运线Ⅸ,Ⅹ道为沪昆双层集装箱通道,为中国南部东西方向的货运大动脉,运输管理部门提出施工期间不停运,慢行通过要求。经过研究分析,因这两条股道上部空间较富裕,决定在Ⅸ,Ⅹ道上部采用贝雷梁防护方案(图3)以满足不停运的要求。

(4) 既有株洲站为京广线和沪昆线交会的枢纽站,普速场现有4台8线,每日通行客车数量已饱和,若因施工停运多个站台多条股道,则将大幅降低这两条国内南北和东西大动脉的运能,社会影响将会非常巨大。考虑到运营部门的实际困难,决定每次只停运单个站台及相关的两条股道,做到最低程度对客运的影响。在此同时,做好施工防护方案,严格执行临近营业线施工安全管理规定。

3 施工顺序和客运过渡方案

根据前述的运输组织原则,结合既有株洲站的实际运营情况,确定了施工方向由东向西,先施工东站房再施工西站房,施工西站房时将西站房的功能迁至东站房,待完工后再部分回迁的总体施工过渡方案。下面分步骤将主要阶段的施工过渡设计方案详细介绍如下:

3.1 城际场停运

此阶段停运城际场12道,ⅩⅢ,ⅩⅣ和15道,货运线Ⅺ道缓行通过不停运。

(1) 施工内容:施工A区。

(2) 客运组织和乘客流线:因城际场停运,普速场客运线尚未施工,故客运组织不受影响。乘客通过既有天桥进站,既有出站地道出站。

(3) 接触网过渡:

① 利用A区施工期间的天窗点,在各线间设置过渡用接触网立柱(Ⅴ道的接触网过渡支柱设置于三站台上)。在站台施工范围两侧增加接触网分段绝缘器、隔离开关及京广正线供电电缆。拆除普速场既有与雨棚柱合架的软横跨,以便后期站台雨棚施工。

② 城际场停运,既有接触网设施拆除,永久性的接触网设置与A区的站台雨棚和高架候车厅一次施工完成,无须过渡。

③ 本阶段过渡施工完成后,接触网专业只需根据后续各股道停运要求断开/闭合相应隔离开关配合停电即可。

3.2 货运线Ⅺ道停运

货运线Ⅺ道停运约45天。此阶段继续停运城际场12道,ⅩⅢ,ⅩⅣ和15道,货运线Ⅹ道缓行通过不停运。

(1) 施工内容:施工B区。

(2) 客运组织和乘客流线：因城际场继续停运，普速场客运线尚未施工，故客运组织不受影响，乘客通过既有出站地道进站，行包地道出站。

(3) 建筑材料和垃圾运输：因城际场停运，材料和垃圾运输通过搭设临时栈道跨越13～15道从东广场出入。

(4) 接触网设置：接触网过渡方案已在A区施工时已有描述。因货运线Ⅺ道轨顶标高由北至南逐渐升高，在高架候车厅最南侧的1/12轴处，轨顶标高实测值约为46.500 m，经与接触网专业对接，确认该部位的接触网设施与高架候车厅结构之间不冲突，满足接触网专业有关规范要求和使用需求。

(5) 施工防护：B区施工完成后，Ⅺ道将恢复运营。在恢复运营之前，考虑在高架候车厅两侧的Ⅺ道上设置钢结构防护棚，每条股道每侧平行股道方向的防护钢棚长度约30 m左右，以防高架候车厅上部后续施工时异物侵线危及行车安全。防护钢棚应在该区高架候车厅施工全部完成后方可拆除撤场。

3.3 普速场客运线、站台停运（用）

此时施工主要可分为站台施工和站台间区域施工，其站台施工的内容主要为迁改站台管线，拆除既有雨棚以及对站台墙、站台雨棚和高架候车厅钢管柱等进行施工。按照由东向西的施工方向，从C区~F区依次施工。由于除了在施工二、三站台间高架候车厅上部梁板时停运3条股道外，其他施工阶段普速1~8道最多停运2条股道，因此除施工的2条股道外，其余股道和站台均可正常运营，尽管会出现站台施工完成后暂时停运的情况，但是保证了至少2个站台可以正常办理上下客业务。既有出站地道依然可以正常使用，乘客从既有出站地道进站，从既有行包地道出站。建筑材料和垃圾运输基本可以靠站台既有邮包地道进出，一站台可直接通过站台边拟建社会通道处进行进出。

站台施工与站台间区域施工交替进行，先停运站台两侧的股道，再施工站台，最后施工两站台间的区域。

3.3.1 四站台施工

此阶段停运客运线7,8道，停用四站台，而货运线Ⅸ，Ⅹ道不停运（且货运列车只能装载单层集装箱），慢行通过，同时恢复城际场12道，ⅩⅢ，ⅩⅣ和15道的运行，但只通过不停车上下客，此时五、六站台已完工但暂不启用，东站房和位于城际场上方的高架候车厅（即A区）仍处于装修调试阶段。

(1) 施工内容：迁改四站台管线，拆除四站台既有雨棚，施工防护不停运的货运线Ⅸ，Ⅹ道的贝雷梁及其立柱和基础，施工C区。

(2) 客运组织和乘客流线：城际场此阶段暂未开通运营，不办理上下客业务。普速场客运线7,8道停运，四站台停用，1~6道正常运营，一、二、三站台正常办理上下客业务，乘客从既有出站地道进站，从既有行包地道出站。因为既有出站地道拓宽的施工暂对一、二、三站台无影响，既有出站地道仍可正常使用。

(3) 施工防护：城际场恢复运营前，在高架候车厅两侧的城际场12道，ⅩⅢ，ⅩⅣ和15道上设置钢结构防护棚，要求同Ⅺ道。因货运线Ⅸ，Ⅹ道施工上部结构期间不停运，故在C区上部结构施工前,先利用天窗点时间在Ⅸ,Ⅹ道上部设置防护用的贝雷梁。贝雷梁一侧的支座是Ⅹ道与Ⅺ道之间的高架候车厅钢管柱,另一侧的支座是8道与Ⅸ道之间的贝雷梁立柱。

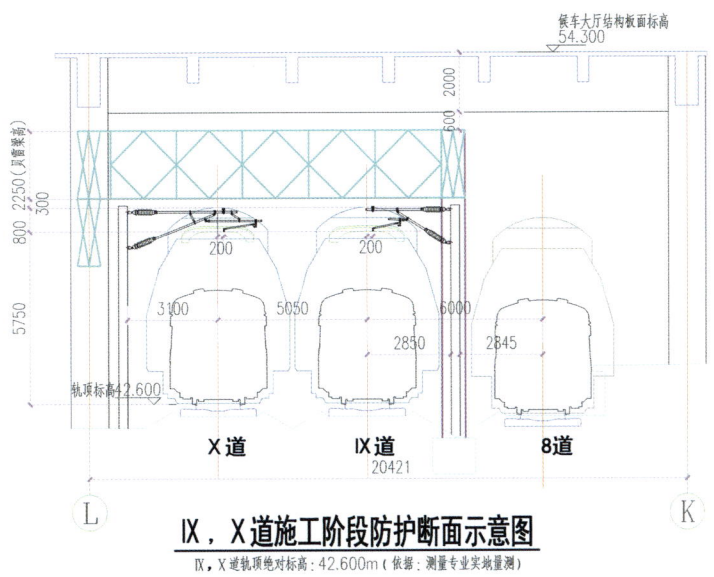

图3 Ⅸ,Ⅹ道施工阶段防护断面示意图

(4)因既有出站地道在C区拓宽施工,而一、二、三站台下既有出站地道需正常使用,故应在既有出站地道的三、四站台间设置防护围挡,尽量减少施工对乘客出行造成影响。

建筑材料和垃圾运输:C区和四站台的建筑材料和垃圾,通过四站台既有邮包地道进出。

3.3.2 三站台施工

三站台的施工思路与四站台施工思路类似,限于文章篇幅,不再赘述。

3.3.3 D区施工

此阶段停运客运线7道,继续停运6道,继续停运三、四站台,恢复运行普速场Ⅴ道,同时Ⅴ道和8道只慢行通过不上下客。

D区施工如下:

1. 客运组织和乘客流线

(1)城际场客运组织和乘客流线同上一阶段。

(2)普速场客运线6道、7道停运,Ⅴ道、8道慢行通过不上下客,三、四站台停用,1~Ⅳ道正常运营,一、二站台正常办理上下客业务,乘客从既有出站地道进站,从既有行包地道出站。因为既有出站地道拓宽的施工暂对一、二站台无影响,既有出站地道仍可正常使用。

2. 施工防护

(1)本阶段新增恢复运营的Ⅴ道,故在高架候车厅两侧的Ⅴ道上设置钢结构防护棚,要求同Ⅺ道。

(2)既有出站地道内防护同上一阶段。

3. 建筑材料和垃圾运输

D区的建筑材料和垃圾,通过三、四站台既有邮包地道进出。

普速场客运线与站台依次停运的施工过渡设计如上所述,接下的施工顺序依次如下:
(1) 停运客运线 2,3 道,停用二站台,施工二站台;
(2) 停运客运线Ⅳ,Ⅴ道,继续停运 3 道,继续停用二、三站台,施工 E 区;
(3) 停运客运线 1 道,停用一站台,施工一站台;
(4) 停运客运线 2 道,继续停用 1 道,继续停用一、二站台,施工 F 区在一、二站台间的部分。

3.3.4 西站房施工

此阶段继续停运 1 道和一站台,恢复 2 道、3 道的正常运营并启用二站台。

1. 施工内容

拆除既有西站房和西广场既有建、构筑物,施工 F 区高架候车厅和站台未施工部分,新建西站房及西广场。

2. 客运组织和乘客流线

(1) 城际场客运组织和乘客流线同上一阶段。
(2) 本阶段普速场 1 道停运,一站台停用,2~8 道正常运营,二、三、四站台正常办理上下客业务。因西站房拆除,客运全部过渡到东站房,旅客通过新建出站地道来进、出站。

3. 施工防护

本阶段无新增特殊防护内容。

4 结语

株洲站改扩建工程实施期间,最大难点就是在保证既有线运营不间断的前提下的施工过渡,这也是本工程的最大亮点。该过渡方案的顺利实施,将为今后其他相似的复杂站改项目提供丰富的和可行的参考经验:

(1) 因运营需要使得站场无法半幅停运半幅运营时,本工程的施工过渡方案提供了每次仅停运单站台双股道的新思路,从而最大程度上减轻运营压力。

(2) 本工程的货运线Ⅸ,Ⅹ道施工上部结构期间不停运,采用了贝雷梁施工防护方案。当其他相似工程中某条股道在施工期间无法停运时,可以借鉴此防护方案。

(3) 本工程的城际场比照高铁要求管理和运营,施工期间停运 10 个月,通过对信号系统进行简易改造后,列车在上一站折返运行。当其他相似工程因上跨或下穿高铁运营线施工使得高铁需停运时,运输方案可以借鉴本工程城际场的运输组织方案,进而尽可能降低对高铁运营的影响。

作为国内首次在既有铁路枢纽站进行线上站改造的工程,其施工过渡设计克服了诸多实际困难和约束条件的限制,通过先停城际场,再停货运线,最后普速场客运线、站台停运(用)的一整套过渡方案,可以保证株洲站改造期间铁路枢纽运输组织的安全有序并最大限度地缓解车站的运营压力。

参考文献

[1] 胡于明.株洲站改扩建工程施工图设计说明[Z].上海:中铁上海设计院集团有限公司,2019.

大型高架站房候车室围护结构采光和开洞对能耗影响初探

田利伟[1]　郭旭晖[1]　于靖华[2]*　王成哲[1]

(1. 中铁第四勘察设计院集团有限公司　武汉；2. 华中科技大学　武汉)

摘　要：针对高架站房候车室围护结构，采用能耗模拟软件分析自然采光对空调能耗的影响，提出了合理的天窗比和窗墙比，实现建筑总能耗的降低；针对楼板开洞，综合运用通风软件和能耗模拟软件，给出不同开洞面积对无组织渗透风量和空调负荷的影响。结果表明，天窗比为5％时总能耗最低，东、南、西、北向侧窗窗墙比分别为40％，40％，20％，40％时总能耗最低；广州南站楼板开洞引起的渗透风负荷占空调负荷的71.43％；杭州西站设计方案楼板开洞面积为300 m² 时，冬、夏季渗透风量分别达到1.06次/h和0.85次/h，渗透风引起的空调负荷分别占总负荷的82.89％和58.95％；研究结论可以为站房围护结构设计提供技术参考。

关键词：天然采光；建筑能耗；窗墙比；天窗比；无组织渗透风

1　概述

铁路车站的玻璃幕墙和采光天窗等透光围护结构，可以给室内带来良好的视觉景观和采光效果，更加符合现代化的审美需求，因此大窗墙比的铁路车站建筑不断涌现[1-2]；此外为提高整个车站空间内部的美观性与底层的采光要求，并结合空间可读、无障碍通行的设计理念，进一步采用在高架候车室楼板开洞的方法，将天然采光引入下部的出站厅或城市通廊。以上站房设计方案主要考虑建筑美观性与空间通透性，未从建筑总能耗的角度进行综合权衡判断[3]，导致站房实际运行能耗偏高，甚至候车室热环境无法保证，给旅客造成负面的出行体验。

大面积的透光围护结构带来良好视觉效果的同时，随之而来的太阳辐射亦会引起空调和采暖能耗的变化，因此需从建筑总能耗的角度，对透光围护结构进行优化设计，确定合理的窗墙比和天窗比[4-5]；高架候车室楼板开洞设计方案则会对高架候车室气流组织产生较大影响，尤其是空调供暖季节，在风压和热压作用下，候车室冷/热量流失严重，空调效果难以保证。

本文针对以上问题，进行站房围护结构优化设计研究，从建筑节能的角度，提出合理的窗墙比和天窗比，并对楼板开洞给出合理化建议。

2 透明围护结构面积对建筑能耗的影响

2.1 天然采光与建筑能耗理论分析

总能耗是一条随窗墙比(或天窗比)的增加先减小再增加的曲线,从节能的角度出发,各朝向的最低总能耗值所对应的窗墙比为最佳窗墙比。

天然采光对室内能耗所产生的影响可分为 3 部分,分别是天然采光引起的人工照明能耗变化、人工照明能耗变化引起的空调能耗变化以及开窗引起的空调能耗变化。开窗后的总能耗 E' 可表示为

$$E' = E_1 + E_2 + \Delta E_2 + \Delta E_{1,l} + \Delta E_{1,w} \tag{1}$$

式中 E_1——空调能耗;

E_2——照明能耗;

ΔE_2——人工照明能耗变化量;

$\Delta E_{1,l}$——人工照明能耗引起的空调能耗变化量;

$\Delta E_{1,w}$——围护结构改变引起的空调能耗变化量。

由于 E_1,E_2,ΔE_2 和 $\Delta E_{1,l}$ 可在能耗模型通过改变人工照明能耗输入参数得出四项之和,因此公式(1)可简化为

$$E' = \Delta E_{1,w} + E_{0,l} \tag{2}$$

式中,利用能耗模拟软件分别计算出 $\Delta E_{1,w}$ 和 $E_{0,l}$ 的变化规律,叠加后就可以得出不同开窗情况下的总能耗,如图 1 所示。

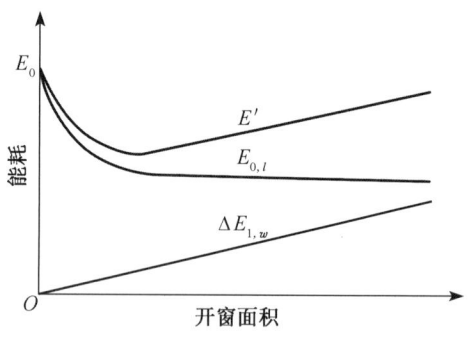

图 1 总能耗构成示意

2.2 天然采光与建筑能耗数值模拟

建立典型的铁路车站候车室能耗模拟简化模型如图 2 所示,模型尺寸长×宽×高为 90 m×45 m×15 m。以武汉地区为例,根据《公共建筑节能设计标准》(GB 50189—2015)[6]规定的围护结构热工性能限值设置模型边界条件。

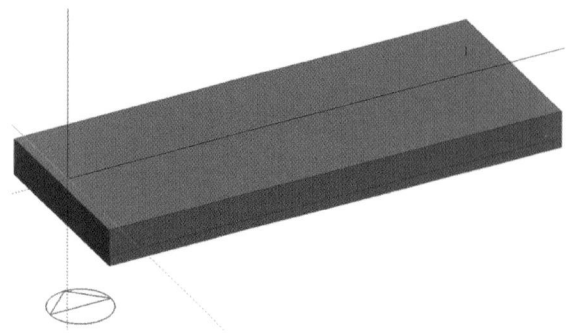

图 2 典型铁路站房能耗模拟简化模型

由公式(2)可知,由于 $E_{0,l}$ 只与人工照明功率有关,因此数值模拟过程主要是确定透明围护结构面积和热工性能改变引起的空调能耗变化量 $\Delta E_{1,w}$ 的变化规律,从照明能耗、夏季空调能耗和冬季

采暖能耗三方面,分析总能耗随透明围护结构设计参数的变化规律。

2.2.1 天窗比对空调能耗的模拟分析

天窗比从1%,2%,…,30%变化时,模拟不同天窗比对建筑全年总能耗的影响。模拟结果如图3所示。

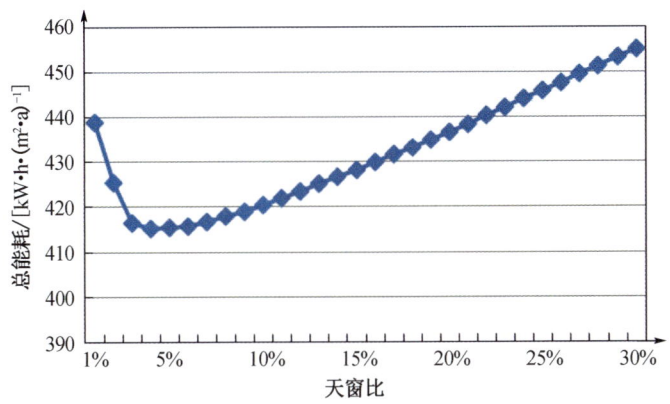

图3 天窗比对建筑总能耗的影响

模拟结果表明,总能耗随天窗比的增加先减少后增大,当天窗比较小时,人工照明能耗迅速下降,随着天窗比的增加,太阳辐射得热和温差传热增大引起的空调能耗迅速增加;天窗比为5%时站房总能耗达到最低,在天窗比为30%时,总能耗比最低点高出约10%。

2.2.2 侧窗对建筑能耗的模拟分析

侧窗在车站建筑的自然采光手段中也是不可或缺的,在此设置侧窗窗墙比从0.10,…,0.80变化,模拟计算侧窗对建筑总能耗的影响。模拟结果如图4所示。

根据以上模拟结果,获得如下研究结论:

(1)四个朝向的总能耗均随窗墙比的增加先减少,达到最低点之后又随着窗墙比的增加而增大。东、南、西、北向总能耗最低点对应的窗墙比分别为40%,40%,20%,40%。

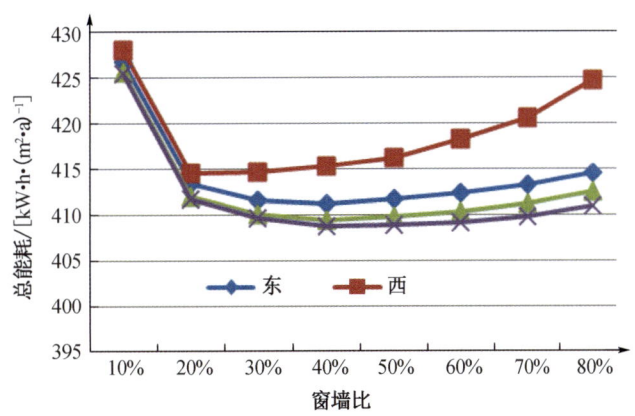

图4 总能耗随侧窗窗墙比的变化

(2)西向侧窗窗墙比对建筑总能耗的影响最大,该朝向的窗墙比建议控制在50%以内;其他三个朝向的窗墙比受太阳高度角和辐射强度的影响,对站房总负荷的影响不大,窗墙比建议控制在60%以内。

2.2.3 透明围护结构性能参数对建筑能耗的影响

以天窗为例,进一步对透明围护结构遮阳系数S_C、传热系数K、透光率V_T等性能参数对建筑能耗的影响进行分析,模拟结果如图5所示。

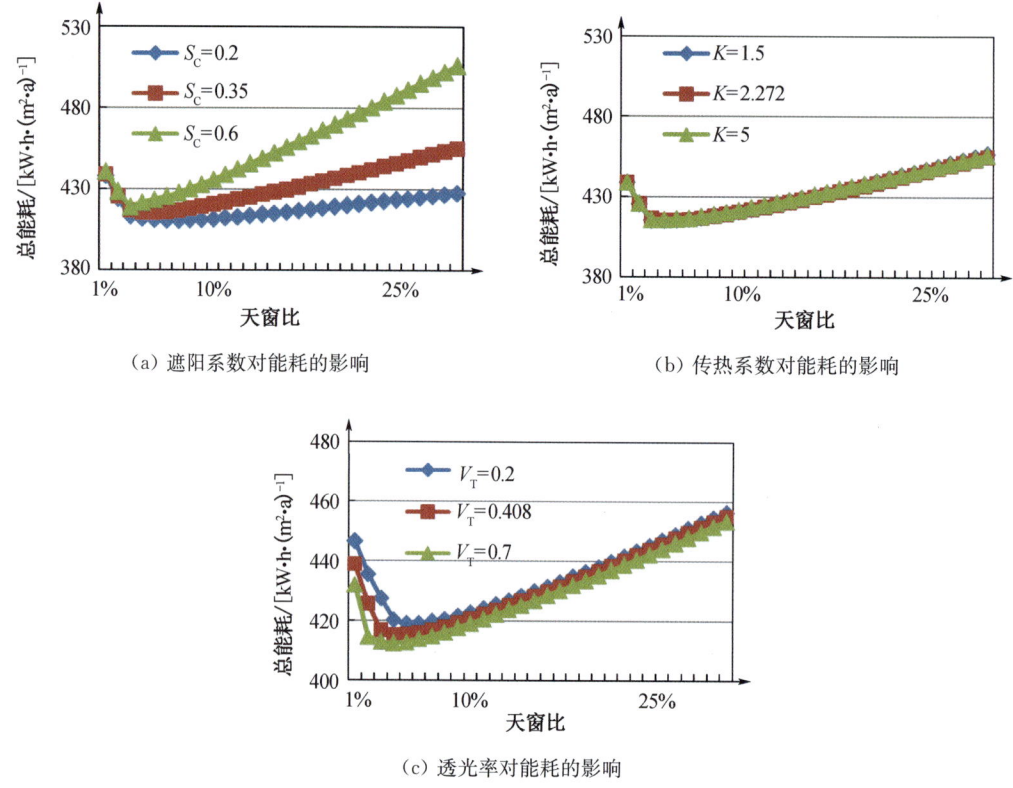

(a) 遮阳系数对能耗的影响

(b) 传热系数对能耗的影响

(c) 透光率对能耗的影响

图 5 透明围护结构性能参数对能耗的影响

根据以上模拟结果,获得如下研究结论:

(1) 遮阳系数对站房能耗的影响最大,当天窗比大于 5% 后,随着遮阳系数的增加,总能耗明显增大,天窗比越大,遮阳系数对能耗的影响越明显。

(2) 传热系数对站房能耗的影响较小,相同天窗比下,传热系数由 1.5 增加至 5 时,建筑总能耗基本维持不变。

(3) 当天窗比小于 5% 时,透光率对能耗有较大影响,总能耗随着透光率的增加迅速降低;当天窗比大于 5% 时,不同透光率的能耗影响相差不大。

2.2.4 天然采光系统形式对室内照度的影响

以天窗为例,选取天窗比为 0.1,天窗透光率为 0.408,改变天窗的形状和布置方式,如图 6 所示,采用照度模拟软件计算得到不同天窗形式下室内光环境的分布情况,分析不同布置形式下室内采光系数最小值、平均值和均匀度分布(均匀度为采光系数最小值与平均值的比值),模拟结果如图 7 所示。

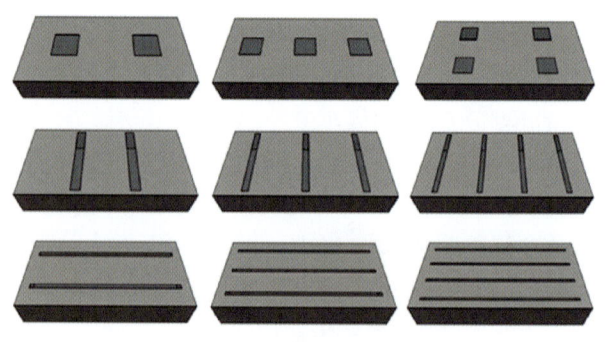

图 6 天窗布置形式

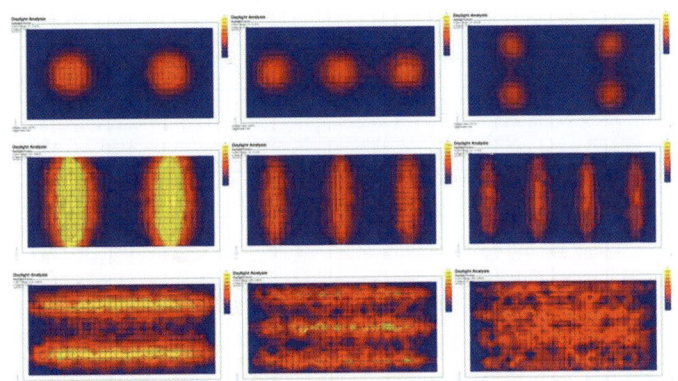

图 7　不同天窗布置形式下室内采光分布

模拟结果表明,不同天窗布置形式下室内采光系数平均值相差不大,平均值在 4.7% 左右;方形布置的天窗室内照度均匀度最低,在 0.32～0.40 之间,其次是沿进深分散布置的天窗,均匀度在 0.32～0.56 之间;横向分散布置的天窗室内照度均匀度最高,在 0.41～0.66 之间。

3　候车室楼板开洞对空调负荷的影响

目前,某些高架站房候车室中间或两侧区域进行楼板开洞,形成上下贯通的垂直空间,目的是打造高效的中央进站系统,并引入自然光线直达底层,实现底层空间天然采光的目的,典型站房有广州南站和设计中的杭州西站。该设计方案由于连通了空调区与非空调区,导致空调区负荷不同程度的增加,候车室热环境难以保证,在此分析楼板不同开洞面积对空调系统的影响。

3.1　广州南站渗透风实测分析

广州南站房综合体总建筑面积 48.6 万 m²,其中高架候车室空调面积约 6.3 万 m²,旅客最高聚集人数 8 000 人。渗透风路径主要包括:站台层通往出站层的楼梯口(共 39 处)、出站层两端与高架候车层直接贯通的开洞、高架候车层的进站口和检票楼梯口等。

测试时段,室外来流横掠站台层,经站台层通往出站层的楼梯口进入出站大厅,形成无组织渗风,一部分从另一侧的站台楼梯口返回大气,其余部分则通过与高架候车层直接贯通的开洞进入高架候车室,经高架候车层的进站口、检票楼梯口以及顶部不可预测的外窗等开口渗透至室外。站房室内渗透风气流流向示意如图 8、图 9 所示。

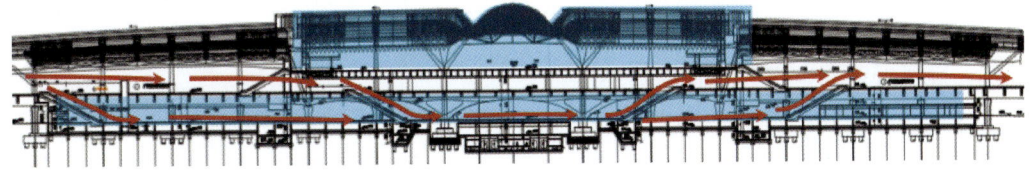

图 8　站房南北剖面渗透风气流流向示意

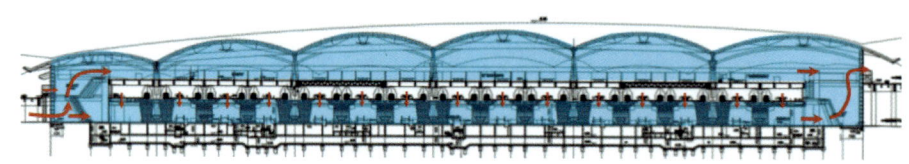

图 9 站房东西剖面渗透风气流流向示意

根据测试结果,对各楼层的渗透风量进行统计分析,其中出站层总渗透风量为 278 万 m^3/h,通过出站层与高架候车层开洞进入候车室的总渗透风量为 147 万 m^3/h,而根据最高聚集人数确定的空调系统新风量仅为 8 万 m^3/h,高架候车室的渗透风量远远大于空调系统新风量。此时整个高架候车室的空调负荷指标为 210 W/m^2,其中渗透风引起的空调负荷指标约为 150 W/m^2,占比为 71.43%。

3.2 杭州西站渗透风模拟分析

杭州西站方案设计阶段,高架候车室中部设置了楼板开洞,形成连通地上站房各层与地下地铁站厅的云谷,实现车站功能与地方配套垂直叠加,便于自然采光和通风。在此针对该楼板开洞进行相应的空调系统负荷分析。

3.2.1 开洞面积对渗透风量的影响分析

采用 ContamW 多区域网络法计算软件,以杭州地区空调/供暖季的气象资料作为边界条件,针对高架候车室楼板开洞,进行不同开洞面积时的渗透风量模拟计算,开洞面积取值分别为 0,100,200,…,500 m^2,模拟结果如图 10 所示。

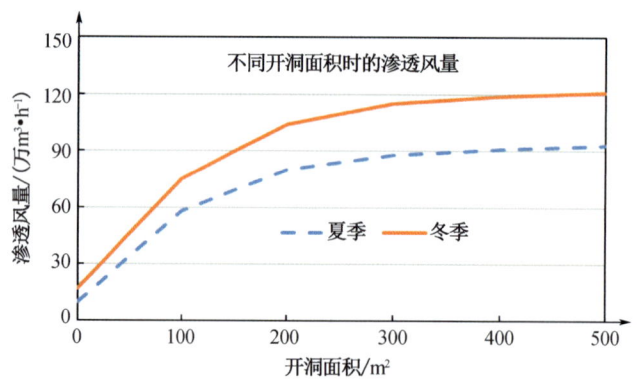

图 10 不同楼板开洞面积时的渗透风量

模拟结果表明,随着楼板开洞面积的增加,渗透风量迅速增大;当开洞面积达到 300 m^2 后,渗透风量冬季为 115 万 m^3/h,夏季为 88 万 m^3/h,考虑候车室公共卫生间约 16 万 m^3/h 的排风后,总渗透风量冬、夏季分别达到 131 万 m^3/h 和 114 万 m^3/h,折合成换气次数分别为 0.85 次/h 和 1.06 次/h。

3.2.2 开洞面积对空调负荷的影响分析

进一步采用空调负荷计算软件,针对高架候车室不同渗透风量引起的空调负荷增量进行模拟计算,模拟结果如图 11 所示。

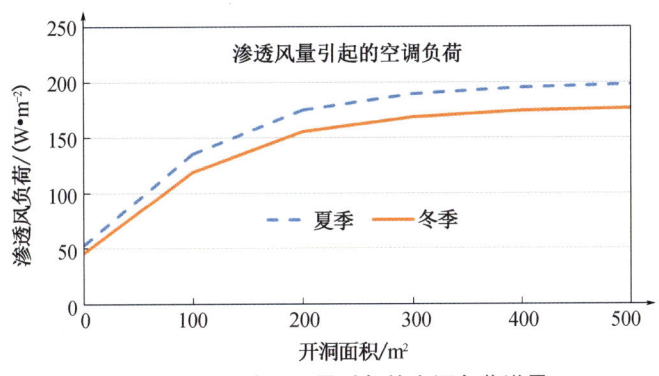

图 11　不同渗透风量引起的空调负荷增量

模拟结果表明,随着楼板开洞面积的增加,渗透风量引起的空调负荷增量显著增加,当开洞面积达到 300 m² 后,站房空调负荷面积指标冬、夏季分别为 228 W/m² 和 285 W/m²,其中渗透风量引起的空调负荷面积指标分别为 189 W/m² 和 168 W/m²,占比达到 82.89% 和 58.95%。

4　结论与建议

本文针对高架站房候车室围护结构天窗比和窗墙比,以及楼板开洞等设计参数,从建筑节能的角度进行了研究,获得如下研究结论:

(1) 综合考虑人工照明能耗,空调能耗和采暖能耗,总能耗随天窗比和侧窗比的增大先减少后增大,以武汉地区为例,高架站房候车室的天窗比推荐值为 5%,东、南、西、北向的窗墙比推荐值分别为 40%,40%,20%,40%,此时站房总能耗最低;当天窗比或窗墙比大于推荐值时,建议降低透明围护结构的遮阳系数,以减少进入室内的太阳辐射。

(2) 分散布置的采光系统能够有效提高室内照度均匀度,并可避免局部区域太阳辐射得热过度,因此天窗设计时应尽可能分散布置。

(3) 楼板开洞会显著增加高架候车室的无组织渗透风量,从而增大空调采暖负荷,以广州南站为例,渗透风引起的空调负荷占总负荷的 71.43%;以杭州西站设计方案为例,当楼板开洞面积达到 300 m² 后,冬、夏季渗透风量分别达到 1.06 次/h 和 0.85 次/h,渗透风引起的空调负荷分别占总负荷的 82.89% 和 58.95%;因此建议在保证进站流线通畅的前提下,采用透明构件封闭不必要的开洞,既不影响底部区域的采光,又可有效降低站房运行能耗。

参考文献

[1] 罗汉斌. 新型铁路站房中玻璃幕墙的实践及发展[J]. 铁道工程学报,2008(10):87-91.
[2] 肖应潮. 综合节能技术在特大型旅客车站中的应用研究[J]. 暖通空调,2009(11):133-136.
[3] 罗涛,燕达,张野,等. 铁路客站天然采光现状及优化设计研究[J]. 照明工程学报,2012(1):20-29.
[4] 闫利. 中小型铁路车站天然采光与空调能耗的耦合分析[J]. 暖通空调,2017(7):90-93.
[5] 刘燕,彭琛,燕达. 铁路客站室内环境现状及节能设计调研[J]. 暖通空调,2011(7):51-57.
[6] 中国建筑科学研究院. 公共建筑节能设计标准:GB 50189—2015[S]. 北京:中国建筑工业出版社,2015.

上海市域铁路车辆基地的综合开发策略分析

袁 铭

(中铁上海设计院集团有限公司 上海)

摘 要：从站城协同发展的视角，结合铁路站区三圈层结构模型和TOD模式理论，提出市域铁路车辆基地综合开发机会层面的分析框架和典型策略；进一步分析上海市域铁路车辆基地开发必要性，以及影响开发定位的四方面因素；最后选取了2个典型车辆基地进行综合开发策略分析并提出初步建议，构建功能混合、布局紧凑，以绿色出行为主导的车辆基地"特色活力区"，推动市域铁路与上海城市空间的协同发展目标。

关键词：市域铁路；车辆基地；综合开发；影响因素；策略；上海

1 概述

伴随我国新型城镇化的深入推进，市域铁路蓬勃发展，它为高密度城市中心城区和周边新城(组团)城镇之间提供着快速、大容量和公交化服务，从而推动市域范围内的交通联系不断增强，引导中心城市功能疏解、优化市域空间布局，这已逐步成为高密度大城市实现能级提升和区域协调发展的重要战略选择。国家发改委于2017年6月发布了《关于促进市域(郊)铁路发展的指导意见》，明确提出要"发挥市域(郊)铁路对新型城镇化的支撑服务作用，集约利用资源，拓展城市综合服务功能，提高城市综合承载能力；推进城市新区和外围城镇组团建设，引导人口布局，不断优化城市空间"。如何抓住市域铁路的建设契机，与周边城镇空间有机整合，进而合理配置空间资源，实现交通可达提升和城镇空间运行绩效的联动协同效应，成为市域铁路规划研究的重要课题之一。

车辆基地是市域铁路重要的功能性节点，但由于其工艺要求和使用状况限制，给周边城区也带来了一些负面问题，主要体现在三方面：

（1）空间影响：通常车辆基地建设规模较大，占地30~50 hm²，这使得土地资源被低效占用，降低空间利用效率，对于区域形成硬性切割，导致整体性丧失。

（2）交通影响：车辆基地在解决城市交通拥堵、提高出行便利、拉近城郊距离等方面起着十分积极的作用，但大规模占地打断主要交通脉络，降低了周边支路网密度，使得区域可达性大大降低，容易造成交通不畅和拥堵。

（3）环境影响：出入段线及咽喉区穿越经过的空间区域，将带来包括噪声、振动、电磁以及水环境影响等在内的环境污染，降低了周边土地的利用价值。而结合车辆基地的综合开发可有效降低车辆基地带来的消极影响，成为推动市域铁路与周边城镇实现协同发展的重要抓手。

2 概念界定和文献简述

车辆基地是轨道交通系统的车辆停修和后期保障基地,根据在市域铁路中承担的任务不同,主要分为动车段、动车所、存车场等。本文所指的综合开发是"一种组织土地资源优化配置及高效利用的开发活动",通过将"土地开发权"转变为"空间开发权",从而实现空间增值效应。

如何引导铁路和轨道车站地区的空间发展,国内外已开展了较为深入的研究,国外的重要理论包括"三圈层"结构模型(图1)和"TOD"模式(图2、图3);根据Schutz(1998),Pol (2002)等学者提出的铁路站区"三圈层"模型,将车站的影响区域分为三个圈层:核心区/第一圈层,布置交通枢纽、商业、商务、贸易、办公设施等城市公共设施,服务半径在800 m以内(步行5~10 min);影响区/第二圈层,布置居住和公共服务用地混合功能,半径约1 500 m(步行10~15 min);外围影响区/第三圈层,半径1 500 m以外区域(步行15 min以上),布置对外服务功能以及主体功能配套的功能区。美国城市设计学家Calthorpe P(1993)系统提出了"轨道交通引导城市发展理论(TOD)",主要包括城市级和社区级TOD两种模式,"三圈层"理论和"TOD"模式在国内外一些著名的铁路站区规划和开发中(如德国法兰克福、法国里尔站等)被广泛应用。

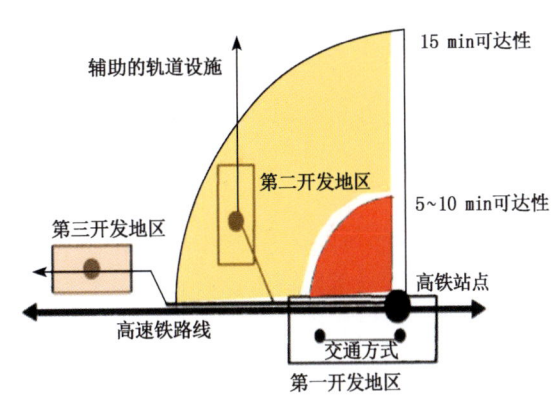

图1 "三圈层"结构模型示意图

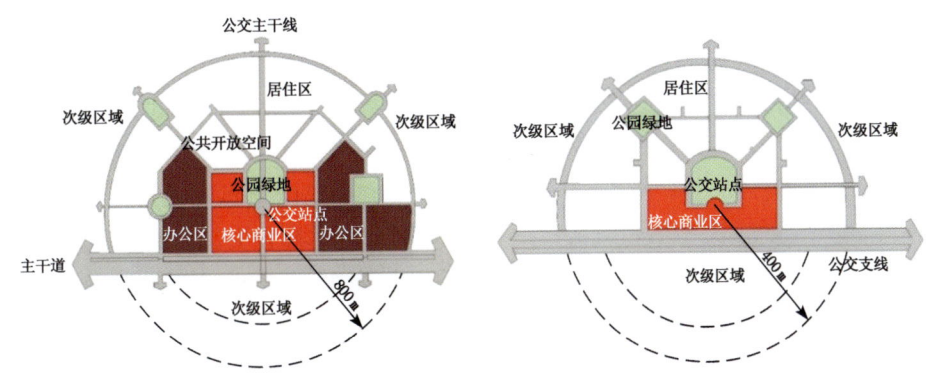

图2 城市级"TOD"模式示意图　　图3 社区级"TOD"模式示意图

国内对车辆基地的综合开发研究可概括为三方面:一是针对空间规划层面的问题、类型、策略、模式等研究,陈斌,谢伟平,姚春桥(2014)[1]针对开发策划、建设时序、运营成本、交通组织、消防设计和防雷接地等关键问题进行了详细分析;二是针对综合开发的消防、减振、给排水等技术问题开展专题研究,何永春,王冠庆(2010)[2]分析深圳地铁 5 号线塘朗车辆段上盖物业开发的减振降噪问题,郝连波,王勇林(2016)[3],姚丹(2017)[4]也研究了车辆基地综合开发的消防问题;三是关于车辆基地开发的相关影响和综合效益研究,唐树贺(2015)[5]分析了运营条件下车辆段上盖物业开发对既有地铁的影响。

国内外研究初步表明,既有研究大多侧重在城市轨道交通层面,而对于市域铁路的车辆基地综合开发还涉及较少,其次,针对综合开发的具体规划设计技术研究较多,而缺乏对前期开发价值机会和策略、综合效益评估与预测等方面的研究。由于市域铁路多位于中心城区以外和新市镇,其开发风险相对位于中心城区更大,如何科学研判市域铁路车辆基地的综合开发价值并提出合理的开发策略是进一步研究的重点。

3 综合开发的分析框架和典型策略

3.1 分析框架

本文针对市域铁路车辆基地的综合开发策略分析,将从上位规划和区位条件入手,结合其市场条件,分析典型的客群特征及其空间需求,并在满足车辆基地本身工艺设计的基础上,在综合开发的机会层面提出价值分析框架,主要对车辆基地综合开发的目标定位、业态策划和开发强度等进行对策性研究(图 4)。

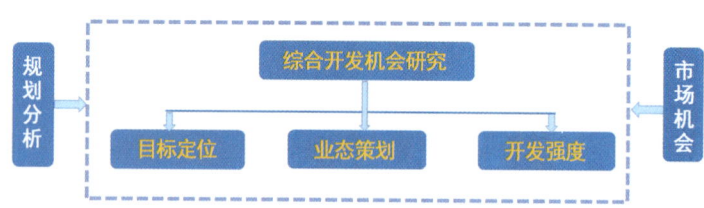

图 4 机会层面的综合开发价值分析框架

3.2 典型策略

《市域铁路设计规范》指出"市域铁路是位于中心城区与其他组团间、组团式城镇之间或与大中城市具有同城化需求的城镇间,服务通勤、通学、通商的规律性客流,设计速度 100～160 km/h,快速、高密度、公交化的客运专线线路"[6]。可以看出其主要服务区域为城市中心城区外围的组团和新市镇,因此,车辆基地主要选址在这些外围组团和新市镇内,典型的客群是以通勤、通学和通商为主,具有典型的潮汐客流特征。

结合市域铁路的区位特征和客群需求差异,结合价值分析框架的综合开发策略主要包括四个方面。

(1)立足区位和客群,引入站点发展特色活力区。围绕区位特点和典型客群特征,行为模式和空间需求进行开发定位,在车辆基地开发中尽量结合车站,出行便捷性的改善有利于提升开发价值,同时开发又为车站带来稳定客流,提高末端车站的使用效率;结合区位、客群、车站等要素的联动分析来进行开发价值研判和定位,发展不同类型的车辆基地"特色活力区"。

(2) 充分利用多层面空间、确定合理开发强度。合理的开发强度是车辆综合开发的关键,这既涉及对区域一二级开发市场的准确分析,同时也会影响前期开发投资以及经济效益,比如过高开发强度可导致造板成本和二级开发成本大幅增加,增大开发风险,因此需要充分利用多层面空间,反复测算确定合理的开发强度,实现成本控制,保证效益最大化。

(3) 早开发早收益、注重开发的中长期收益。充分尊重市场规律,统筹考虑开发风险和开发效益,根据车辆基地综合开发总规模确定分期和建设与销售期,既保证开发健康有序地开展,又能通过尽早开发尽早获得高收益。其次,需要考虑铁路建设后带来的土地持续增值效应,通过合理确定开发业态的租售比例分享开发的中长期收益,因此,业态配置既要考虑近期的建设资金快速回笼,更要考虑持续的土地空间增值带来的丰厚租金收益,实现对后期市域铁路运营的可持续反哺。

(4) 兼顾开发效率和品质,构建特色化功能组群和环境。车辆基地的土地综合开发不能仅局限在一般意义上开发和城市服务配套定位,而是要从城市全局入手,以新型城镇化发展战略为指引,引导发展特色产业和功能组群,为综合开发注入地域特征鲜明的发展内核,同时要建立富有特色的空间环境,包括公共空间、文化设施等方面,在保证综合开发效率的同时更要兼顾空间环境的品质打造。

4 上海市域铁路车辆基地的综合开发策略

4.1 车辆基地分布概况和特点

上海市域铁路线是上海轨交网络规划"一张网、多模式"中的重要组成部分,也是上海轨道交通建设"三个1 000 km"之一;它主要定位服务于新城与主城区、新城之间、上海与近沪城镇间的快速、中长距离联系,并兼顾沿线主要新市镇。在上海市域铁路车辆基地的规则中,包含了动车段1处,动车运用所4处,以及1处停车场(图5)。对车辆基地进行综合开发,是上海新型城镇化的内在需求,有利于推动土地的集约利用和整体性,还能够有效反哺铁路建设,最终实现市域铁路和周边城镇空间的协同发展。

相对于中心城区轨道交通与车辆基地,上海市域铁路及其车辆基地有其特殊的技术

图5 上海市域铁路的车辆基地分布示意图

特征,比如其系统制式采用国铁制式,站间距3~5 km,速度目标值以160 km/h 为主,动车组检修模式与国铁动车组检修模式一致。这也使得上海市域铁路车辆基地动车段、动车运用所和停车场占地面积也相对于城轨车辆基地更大,平均在 40~70 hm² 区间,共计240~250 hm²。

在解决车辆基地基本功能需求基础上,如何结合上海市域空间发展特点,通过综合开发来解决这样大规模用地带来的土地利用低效、区域交通不畅、周边环境不佳等现实问题,并充分挖掘可达提升带来的微区位增值合理反哺铁路建设,是上海市域铁路建设中促进站场与城市协同发展的"牛鼻子"。

4.2 影响开发定位策划的重要因素

基于车辆基地的分布区域特点,以及线路定位形成的客群特征等方面,是影响上海市域铁路车辆基地综合开发定位和策划的主要因素。

(1) 区位位于上海中心城区外和新城待开发区。规划的 6 个车辆基地均位于上海中心城区以外(外环线以外),同时基本上是待开发区,周边开发条件相对地铁的车辆基地而言还不够成熟,后续市政配套以及市场环境培育仍需较大投入。

(2) 群体具有较强的通勤通学、通商出行特征。基于市域铁路在上海交通体系中的定位,决定了其客群是以通勤、通学、通商出行为主,具有潮汐性客流的特点,因此在功能配置上需要结合行为模式分析不同时段的人流密度和使用需求,提高空间利用效率,并减少结构性出行需求。

(3) 上海土地存量发展以及集约化利用需求。上海目前已基本进入到土地存量发展的阶段,空间资源相对紧张,而目前市域铁路车辆基地达到 240~250 hm² 的总规划占地规模,因此,在满足基本功能需求前提下需要结合客观条件,结合车站建设充分利用多层面空间资源,体现多层面的空间发展权以实现高效利用。

(4) 上海土地高成本投入与房产市场的不确定性。上海的土地成本相对于国内其他城市而言更为高昂,这就大幅度增加了前期的开发成本投入,同时国家当前针对房地产市场出台了一系列的严格调控措施,都给车辆基地综合开发带来较多不确定因素,使得市域铁路车辆基地开发的风险评估更为关键。

4.3 综合开发机会层面的策略建议

上海市域铁路车辆基地的总体开发定位是构建功能混合、布局紧凑,以绿色出行为主导的区域级(如嘉定区、松江区)"特色活力区"。通过充分挖掘周边资源,完善产业配套,塑造市镇特色,推动生活、生产、生态、文化的融合,实现场段和城市周边区域经济、社会、文化、生态效益的全面提升,以下选取 A 和 B 两个车辆基地[①],从综合开发机会层面提出初步的开发策略建议。

---

① 由于车辆基地处于规划研究阶段,因此本文对所分析的车辆基地采用 A、B 代替。

1. 车辆基地 A

1）区位概况和上位规划

场段位于上海市奉贤区西南部柘林镇和海湾镇境内,占地约 70 hm²,该区域两镇人口约 12 万人,目前周边以住宅用地为主,华东理工大学(奉贤校区)也位于基地附近,地势较为平坦(图 6)。根据奉贤区总体规划及土地利用总体规划(2016—2035),未来该区域发展的总目标为:上海南部中心城市-东方美谷、滨海贤城。以"新城-奉城-海湾"三大组团为基础,构建"1＋2＋6＋5"的城镇体系即 1 个新城＋2 个重点镇＋6 个一般镇及街道＋5 个集镇(图 7)。

图 6　车辆基地 A 现状分析

图 7　车辆基地 A 区位分析

2）开发策略

市域铁路及周边车站的建设将进一步提升奉贤区的交通可达性,提升周边的土地利用价值,结合奉贤区和海湾片区的发展定位和空间格局,考虑基地位于规划的海湾地区中心西北侧,针对车辆基地的开发要充分融入到海湾中心区的规划中,成为海湾地区中心的重要组成部分,由于目前周边以住宅用地为主;因此,可以进一步强化这个区域的住宅开发,涵盖部分社区商业和公共服务配套设施,作为海湾中心区周边重要的高品质居住社区,结合车辆基地本身开发的限制以及所处区位,其红线内的开发强度可控制在2.0～2.5。

2. 车辆基地 B

1）区位概况和上位规划

场段位于松江区松江新城西南部永丰街道境内,9 号线松江新城站以西,占地约 40 hm^2,松江新城人口约 100 万人,目前周边以工业和物流用地为主,地势较为平坦(图8)。根据松江区总体规划及土地利用总规(2017—2035),未来将建设"科创、人文、生态"的现代化新松江,成为上海卓越全球城市的西南门户,科创中心的重要承载区、辐射江浙的先进制造业高地,中华优秀传统文化的重要传承地和具有自然山水特色的宜居之地,形成"一廊一轴、五带四片"的空间结构,本基地位于黄浦江生态廊道范围内(图9)。

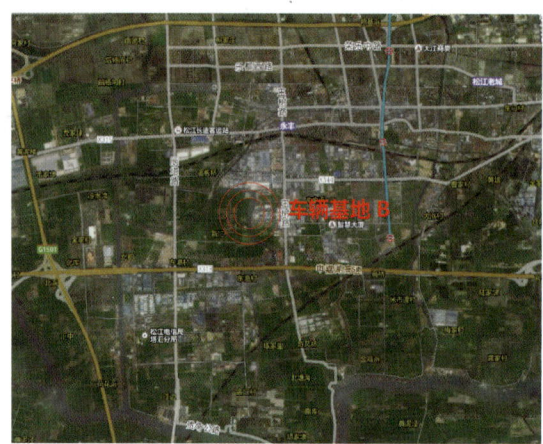

图 8　车辆基地 B 现状分析　　　　图 9　车辆基地 B 区位分析

2）开发策略

结合松江区的发展规划和基地所处区位,车辆基地的开发要充分融入到生态廊道建设规划中,成为廊道的重要组成部分,由于目前周边以工业和物流用地为主,因此,开发需要根据新的规划发展目标,结合周边轨道交通布局,建议以中低密度的商务公园式办公为主,涵盖部分商业服务配套设施,作为松江新城西南侧松江新城站附近一个高品质的花园式办公区,结合基地本身开发的限制以及所处区位,其红线内的开发强度可控制在2.0～2.5。

5　结语

本文从站城协同发展的角度,提出了综合开发机会层面的分析框架和四大典型策略,并针对上海车辆基地综合开发进行定位,初步分析影响综合开发的四方面因素,提出发展功能混合、布局紧凑,以绿色出行为主导的区域级(如嘉定区、松江区)"特色活力区"。建议车辆基地 A 进一步强化这个区域的住宅开发为主,涵盖部分社区商业和公共服务配套设施,作为海湾中心区周边重要的高品质居住社区;车辆基地 B 结合周边轨道交通布局,建议以中低密度的商务公园式办公为主,涵盖部分商业服务配套设施,作为松江新城西南侧的松江新城站附近一个高品质的花园式办公区,这两个区域的开发强度控制2.0～2.5区间。

当然，由于对两个车辆基地的资料调查限制，部分结论还需进一步检验和完善，但研究初期建立的分析框架和策略建议，对后续相关研究具有一定的参考价值。

参考文献

[1] 陈斌,谢伟平,姚春桥.地铁车辆段上盖物业开发的关键工程问题[J].土木工程与管理学报,2014,31(1):57-63.
[2] 何永春,王冠庆.深圳地铁塘朗车辆段上盖物业开发轨道减振降噪措施研究[J].地下工程与隧道,2010(4):24-28.
[3] 郝连波,王勇林.轨道交通车辆段一体化开发建筑消防设计要点[J].城市建筑,2016(33):170.
[4] 姚丹.轨交车辆段上盖开发一体化建筑的火灾自动报警设计与探讨——以上海轨道交通17号线徐泾车辆段为例[J].江西建材,2017(13):29-30.
[5] 唐树贺.运营条件下车辆段上盖物业开发对既有地铁影响研究[D].北京:北京交通大学,2015.
[6] 中国铁道学会.市域铁路设计规范:T/CRS C0101—2016[S].北京:中国铁道出版社,2017.

探讨新形势下高铁车站"行包、邮件运输"变身"轻货快运"

阳庆萍

(中国铁路南宁局集团有限公司货运部 南宁)

摘 要:在"十一五""十二五""十三五"期间,铁路建设主要满足人们对出行安全、快捷、舒适的需求,铁路建设提倡客货分离,高铁车站基本成为单纯的客运站。在新形势下,从集约高效的角度出发,探讨客货共线铁路旅客车站和客运专线铁路车站将逐渐弱化的"行包、邮件"变身"高铁轻货",并就构建"轻货快运"的高铁物流通道提出一些建议。

关键词:客货共线铁路旅客车站;客运专线铁路车站;轻货快运

1 问题提出

2018年,笔者通过随机询问做了一个随机调查,主要问题是铁路客站的主要功能是什么。

回答几乎都是为铁路旅客服务,将铁路旅客舒适高速地送到目的地,而传统的铁路行包功能几乎无人提及。

高铁走不走货运、客运专线走不走货运?客运站是否是纯客运站?客货一定要分离吗?客运和货运是否需要真正意义上的完全分离,或者部分分离?带着这些问题,笔者希望以此文,以南宁枢纽抛砖引玉,提出发展高铁客站"轻货快运",并形成规模化,取代传统"行包、邮件",最终形成铁路客运和货运的高度融合。

2 铁路的"轻货快运"

何为铁路的"轻货快运"?轻货,航空运输每立方米小于167 kg,铁路运输每立方米小于300 kg,公路运输每立方米小于333 kg,水路运输每立方米小于1 000 kg,其他为重货。笔者认为,铁路的"轻货快运"就是利用既有的客货共线铁路、客运专线、既有沿线高铁车站等运输铁路轻货,以固定线路、固定班列等条件开行,达到快运功能,实现通过高铁拓展的高效、便捷的铁路物流功能。

当前是多元化社会,高铁客运与货运同时并举,通过对高铁客运潜能深度开发,同时对铁路货物进行分类分线运输,附加值低、对时限要求低以及大宗货物通过普速铁路运输,轻货与客运一同通过高铁运输,由此可以大幅度提升铁路车站和高铁线路的利用效率。

铁路的"轻货快运"是市场化选择的结果。电子商务和网络购物快速增长,2015 年,"双十一"的网络成交额仅天猫一家就有 912.17 亿元,2016 年为 1 207 亿元,2017 年为 1 682 亿元,2018 年为 2 135 亿元,平均年增长率 32.87%,而传统铁路物流的市场份额较低。比较公路汽车运输,高铁运输更高速、准点,比较航空运输,高铁运输更不容易受天气影响。铁路"轻货快运"在物流销售高度发达的趋势下,将顺势而为,其发展有着良好的市场前景。

3 发展建议

3.1 搭建"轻货快运"的高铁物流通道

城市按人口划分为特大城市、大城市、中等城市和小城市。截至目前,便捷、安全、经济、高效、绿色的高铁客运通道运输网络已经形成,高铁沿线特大型、大型、中型、小型车站基本覆盖全国 20 万人口以上中小城市及经济区。

建议结合高铁客运通道搭建"轻货快运"的物流通道,将特大城市、大城市铁路车站为一级分拨中心,中小城市为二级分拨中心,完善车站行包通道为快运通道,配套完善快运转场作业区,研究快运分拨系统,整个"轻货快运"物流环节初步划分:客户端→收货端→城市分区快递配送车→高铁车站(一二级分拨中心或高铁快运基地)→车站发站分拣系统→轻货快运固定列车快运→高铁车站(一二级分拨中心或高铁快运基地)→车站到站分拣系统→城市分区快递配送车→发货端→客户端。为实现"轻货"无缝衔接、便捷"换乘",尽可能做到轻货快运环节中"轻货"不落地,用最快的时间打造高效的高铁物流。

3.2 以南宁枢纽为例研究"轻货快运"的运输分工

2019 年,南宁铁路枢纽总图规划批复中,南宁枢纽的客运系统布局"规划形成南宁站、南宁东站、五象站'三主'客站布局,南宁北站、西乡塘站规划预留发展成为重要客运节点的条件"。货运系统布局,"规划形成'1+2'物流节点网络,规划南宁南等城区内既有铁路货场转型升级为城市配送中心,南宁、五象等动车段所预留办理高铁快运作业条件"。

结合枢纽各客站功能现状和规划进行"轻货快运"研究分工。南宁枢纽铁路"轻货"运输基地以高铁动车快运基地为主,客站为辅,初步将枢纽内快运基地定位为一级分拨中心,客站定位为二级分拨中心。

南宁、五象等动车段的快运基地为"轻货快运"的主力军。动车存车所设快运基地有先天优势,用地面积较大、尚在规划研究阶段,快运基地与旅客干扰小,更可利用"动检车"、早晚时段空载的高铁车厢来做"高铁快运服务",为用户提供限时服务(当日达、次日达、隔日达),高铁线路容易达到客货平衡、线路利用率高。

客站为"轻货快运"的有益补充。其中,既有南宁站地处老城区、周围进出受限不适合开展高铁轻货快运,可不考虑其作为"轻货快运"的铁路车站。

南宁东站是建成车站,设计有行包场地,南宁东站南北线侧站台目前未安排旅客乘降等客运作业，从南到北沿海场、南广场、湘桂场三场之间有联络线，南北线侧站台办理铁路轻货运输可减少跨线作业，减少对运输干扰并降低运营成本。但因行包场地较小，仓储物流配送能力有限，可作为"轻货快运"的辅助车站。

五象站待建阶段有拓展铁路"轻货快运"业务的可能性，可抓紧研究。预留的南宁北站、西乡塘站可在规划期间，预留作为"轻货快运"主要车站的条件。

3.3 研究合作搭建"轻货快运"途径

整个"轻货快运"物流环节、物流体系庞大，铁路一方单独完成物流通道的所有环节建设，投入资金巨大，还需解决货源等系列问题，容易形成"大而全"的臃肿体系。

推荐铁路方与顺丰、申通、圆通、中通、韵达等物流公司探讨合作方式，发挥各自优势，铁路提供运输业务，对物流公司采用以车厢为单位或以货品为单位进行"轻货快运"发售，其中收货，物流节点的中转，货物的送达，由物流公司操作，铁路方按运费收费，提供高铁车站到高铁车站的服务。

3.4 补充完善和制定规范

按照现行《铁路旅客车站建筑设计规范》(GB 50226—2016)(以下简称《规范》)，客站分为客货共线铁路旅客车站和客运专线铁路旅客车站。《规范》规定客货共线车站宜设置行李托取处，特大型、大型站房的行李、包裹库房宜与跨越股道的行包地道相连。但就客运专线车站未明确是否办理行李托取业务。建议修订《规范》，补充对高铁沿线铁路车站"轻货快运"的相关内容，如轻货转场作业库、分拣作业库、行包通道、城市配送车、装卸车等工作通道、停放场地等。

尽快出台《铁路动车快运基地设计规范》，指导动车存放的快运基地建设。

3.5 系统开发"轻货快运"动车车体、相关装卸设备、智能化分拣、管理系统

按照高铁建设和客运专线承载要求，核实既有的和谐号动车和复兴号动车的承载能力，从铁路运输荷载、装卸便捷、小型集装箱体等角度多方比较，提出高铁货运的重货与轻货的合理划分标准，研究开发铁路"轻货快运"的基准车型。

引入物流公司研究"不落地"的轻货快运装卸设备、分拣系统、城市配送车。

研发"轻货快运"的智能管理系统，从点到线，始于客户端，终于客户端，并往前后延伸，通过大数据对市场进行分析，对"轻货快运"进行智能管理。

改造并完善既有高铁客站，具备轻货快运的到发能力。

高铁客站"行包、邮件运输"变身"轻货快运"功能，是高铁客运与高铁货运的高度融合，对于实现高铁线路的经济效益、社会效益最大化有重要的意义。

参考文献

[1] 李永佳. 物流运输轻泡货物新探[J]. 中国市场，2017，24(6)：57-61.

第二篇

枢 纽 规 划

重庆铁路客运枢纽规划建设的探索与创新

汪钦琳

(重庆铁路投资集团有限公司　重庆)

摘　要：铁路客运枢纽是一项复杂的系统工程，对铁路网布局、综合运输体系的构建极为关键，对城市空间布局、城市品质、城市功能具有重大影响；也是重要的民生工程和民心工程，关系到市民的出行质量，是群众对美好生活向往的重要内容。为了优化提升重庆铁路客运枢纽规划建设水平，本文系统分析了重庆铁路枢纽规划、建设及运营情况；总结了建设发展中的经验教训；提出了科学规划枢纽总图、统一枢纽建设运营平台，推动枢纽与城市融合发展的新思路；探索了一体化规划设计和建设运营的体制机制。

关键词：重庆枢纽；一体化；站城一体；重铁集团

1997年以来，重庆主城铁路客运枢纽发展快速，从"3线1站"格局发展到现在的"10线3站"格局。在23年的铁路客运枢纽建设和发展过程中，有经验与教训，有探索与创新，面对新时代高铁建设发展的新要求，迫切需要以新思路、新理念、新技术引领铁路客运枢纽的规划设计、建设和运营。

1　现状与规划

1.1　发展现状

重庆铁路客运枢纽现状有重庆站、重庆西站、重庆北站3个主要站，衔接了成渝高铁、渝万城际和渝贵、遂渝、兰渝、渝利、渝怀、成渝、川黔、襄渝铁路等10条干线。

1. 重庆站

重庆站是1949年以来我国自主建设的第一条铁路成渝铁路的始发终到站，现状为尽端式车站，设3座站台，6条客车到发线，2条机走线和客车技术整备所1处，办理成渝、川黔铁路始发终到作业。成渝高铁项目设计批复改扩建为4台8线，按2台夹2线形式组合布置，将既有6条客车整备线改建为动车组存车线。

2. 重庆北站

重庆北站现状衔接渝怀、渝利、遂渝铁路及渝万城际、成渝高铁。2006年，南侧渝怀场、南站房与渝怀铁路同步建成通车；2013年年底，随渝利、兰渝铁路建成北侧的渝利场及北站房；渝怀场与渝利场之间的渝万城际场于2016年年底与渝万城际同步建成通车。车站横列分场布置，规模为14台29线，东端设有机务段、客车整备所、动车运用所各1处；现有南北站房共 9.6 万 m², 南北配套枢纽工程共 44.8 万 m²。

3. 重庆西站

重庆西站现状衔接兰渝、襄渝、渝贵铁路和成渝高铁, 2018 年 1 月, 渝贵铁路开通运营。建成规模 11 台 23 线, 预留 4 台 8 线, 自东向西横列布置渝昆场、渝贵场、预留场。车站南端设客车整备所与动车运用所各 1 处。现有站房 12 万 m², 地方配套综合交通枢纽 16.5 万 m²（建成 10.8 万 m², 5.7 万 m² 在建）。

1.2 枢纽规划

2018 年 8 月, 中国铁路总公司（现国铁集团）联合重庆市政府批复了《重庆铁路枢纽规划（2016—2030 年）》。重庆枢纽在衔接既有 10 条干线的基础上, 新增引入规划的渝昆、渝湘、渝西、渝万（州）、渝贵、成渝中线、兰渝、渝汉高铁和沿江、渝柳铁路等线路, 形成衔接 20 条干线的环形放射状大型铁路枢纽, 构建衔接成都、兰州、西安、襄阳、武汉、长沙、贵阳、昆明等 8 个方向的"米"字形铁路枢纽。客运系统布局重庆站、重庆北站、重庆西站、重庆东站"四主"客运站, 预留科学城站、南彭站发展成为市郊（域）铁路重要客运节点的条件。

1. 调整重庆北站功能

重庆北站集中办理高铁及城际列车作业。现有渝怀场功能调整用于承接成渝中线和渝汉高铁始发终到及通过作业, 贯通运行形成最顺直的沿江高铁通道, 其承担的普速列车作业调整至重庆东站东环场办理, 重庆北客整所改造为第二动车所。

2. 改造重庆站为贯通式车站

重庆站由尽头式车站改造为贯通式车站, 在已批复成渝高铁（客专）引入重庆站的基础上, 实现渝湘高铁与成渝高铁贯通运行; 铁路枢纽东环线黄茅坪支线延伸至重庆站, 与既有成渝铁路改造工程贯通, 开行公交化列车, 设城市列车车场。车站总规模为 2 场 7 台 14 线, 渝湘场 5 台 10 线, 城市列车场 2 台 4 线。

3. 新增重庆东站

新增重庆东站, 承接渝湘、渝万、渝昆高铁引入, 解决枢纽内客站接发车能力不足及客站布局不均衡问题, 主要承担京昆、厦渝高铁通道贯通运行, 辅助承担包（银）海高铁通道贯通运行。规划车场规模为 3 场 15 台 29 线, 自西向东设渝湘场、渝万场、东环场; 站房设计规模 12 万 m², 拟建配套综合交通枢纽 20 万 m²。

2 教训与启示

国家发展改革委《关于打造现代综合客运枢纽提高旅客出行质量效率的实施意见》（发改基础〔2016〕952 号）通知指出, 近年来, 我国交通发展取得显著成就, 但存在综合交通枢纽一体化程度不高, 各种交通方式衔接不畅, 枢纽旅客中转换乘不便, 铁路客运枢纽服务难以适应高铁发展和群众方便快捷出行需要的问题。重庆铁路客运枢纽建设基础差、历史欠账多, 在建设发展中存在类似的问题。对此, 我们进行了认真总结和反思。

2.1 铁路客运枢纽建设缺乏前瞻性与系统性

铁路客运枢纽是衔接城市对外交通与城市内部交通的重要节点,在增强城市对外联络交流、推动区域交通一体化发展中发挥着重要作用,是交通基础设施和城市建设的百年工程,其建设发展必须适应高铁时代的特点,增强前瞻性和系统性。

1. 存在的问题及表现

重庆铁路客运枢纽建设存在因线建站、增线改站,临时增加或调整配套设施的问题,使枢纽内线与站之间、站与站之间、铁路设施与市政设施之间功能、能力不匹配、不协调。高铁线路快速发展,但枢纽建设滞后、配套设施能力不足、系统功能不完善等问题突出。

回顾重庆铁路枢纽建设,成立重庆直辖市以前,主要依靠重庆站办理客运作业。2000年,动工新建渝怀铁路,按照三等站的标准规划同步建设重庆北站,批复站房面积1.6万 m^2(南站房),预测客流量约5.6万人次/日;2006年建成通车至2014年底前,重庆北站客流快速增长,最高旅客到发量达20.9万人次/日。其中南站房持续超负荷运转,不得已数次增加临时设施。

从枢纽系统来看,重庆铁路客运枢纽长期处于边运营、边改造、边新建的"三边"状态,重庆西站、重庆北站、重庆站及沙坪坝站建设"环环相扣",2012年批复的重庆北站南站房改造方案,因重庆西站未能按期完成配套市政设施建设,重庆北站渝怀列车未能按计划实施,转场至西站,一直难以实施北站南站房和渝怀车场改造,直到今年7月,成都局集团才实施南站房关闭改造。由于批复时间较早,原批复方案未考虑现规划成渝中线、渝汉高铁在重庆北站贯通形成沿江高铁通道,以及在建的枢纽东环线机场支线、黄茅坪支线、重庆北站与重庆站枢纽联络线和成渝铁路改造等线路在重庆北站贯通及始发终到的需求,将面临站房功能不足、配套枢纽换乘不便、整体运行效率不高等新问题。

2. 启示之一

高铁缩短了时空距离,改变了人们生活,重塑了城市格局,对沿线社会经济发展及国土开发起到了巨大的推动作用,与群众出行形成"联动效应",旅客出行需求突飞猛涨。过去重线路轻枢纽、配套设施与枢纽建设不同步等问题,已经严重制约高铁的建设发展。

在高铁建设新时代,铁路客运枢纽规划建设必须做到:一是强化前瞻性。即需要超前谋划枢纽总图规划,明确各客运枢纽功能定位和线路引入方案,各枢纽站的场站规模,与城市功能定位和发展要求相适应;规划设计时要适当"留白",为未来发展预留一定空间。二是强化系统性。即要同步设计建设站场、站房、动车运用所及相适应的牵引变电站、配套功能用房等,实现枢纽功能完善、线路与枢纽能力协调匹配、各枢纽与配套设施布局合理。

2.2 综合交通枢纽建设缺乏集成性与协同性

高铁成网后,区域可达性明显提升,旅客特征发生显著变化,城市功能和空间格局随之发生转变,对枢纽的交通承载力提出了更高的要求。铁路综合交通枢纽与周边城市用地、市政配套设施相互影响、相互协调,体现出高度集成性与协同性。

1. 存在的问题及表现

2018年,新华社等中央媒体报道了北京南站和重庆西站旅客出站难的问题,引发了各方的广泛关注和思考,反映出综合交通枢纽在综合集成与协同推进方面的问题。

以重庆西站为例,一是配套枢纽及设施严重滞后于铁路工程的建设时序。随着渝贵高铁建设,同步规划设计了重庆西站并纳入渝贵铁路项目同步审批,2013年7月,国铁集团完成了站房初步设计审批,2014年年底开工建设,2017年年底建设完成。地方配套综合交通枢纽2014年年底完成可研批复,一期工程于2016年9月委托铁路站房实施主体(成都局集团)代建,与站房统一组织实施,2018年1月,实现了与铁路站房同步建成通车。配套综合交通枢纽二期工程和轨道环线、5号线及相关市政工程,因多个主体实施,至今尚未建成。二是地方配套工程与铁路工程设计缺乏有效衔接。铁路站房采用两侧腰部进站、前端下部出站的方式,与站房落客平台衔接的市政道路未考虑人行功能,站房外部缺乏与地方配套枢纽直接联系通道,部分群众送站后难以安全、快捷换乘其他交通工具离站。三是地方配套道路施工组织不合理。由于配套综合交通枢纽与轨道、市政道路施工组织相互交织,施工作业面受限,多个项目业主及施工单位缺乏统筹衔接,2018年8月,因引入轨道工程施工需要,市政主干道(凤中路)仓促断道,导致重庆西站枢纽片区原有脆弱的交通运输组织平衡被打破,造成列车集中到达高峰时段旅客出站困难。

2. 启示之二

铁路站房、车场、动车运用所纳入铁路工程国家审批,路地双方合资建设;配套的综合交通枢纽和市政道路、轨道交通及相关市政设施由地方审批、建设。地方自行审批建设的配套工程由多家业主实施、多个部门审批,缺乏统筹、高效以及合理的衔接。

新形势下,铁路综合交通枢纽规划建设需从规划设计、建设管理、体制机制等多方面着手,强化集成性、协同性。

一是集成性。铁路客运枢纽规划要做到一体化衔接、多规衔接,一体化规划设计车场、站房、动车运用所、牵引变电站以及公交、长途、城市轨道、市政道路等交通疏解设施,供排水、电气、燃气、通信、垃圾处理、污水排放等市政设施工程,列车驾乘公寓、公安派出所、反恐防暴应急指挥调度及城市综合管理用房等配套设施。

二是协同性。铁路客运枢纽系统各功能板块要统一实施主体,统一设计、统一建设、统一管理,做到项目前期工作同步推进,建设时序和施工组织统筹安排、有效衔接。

2.3 铁路客运枢纽建设与国土空间开发利用缺乏联动性和可持续性

铁路客运枢纽是人流、物流、信息流的集散中心,也是带动周边发展的核心引擎,枢纽的建设与国土空间开发高度关联,是实现铁路可持续发展的重要支撑。国家先后出台国发〔2013〕33号、国办发〔2014〕37号等文件,鼓励实施铁路沿线及站场毗邻区域土地综合开发。

1. 存在的问题及表现

目前,在铁路客运枢纽建设中,存在分散管理、各自规划设计的问题,枢纽功能较为单一,与城市的协调发展关系尚未建立,与周边土地综合开发未能联动,也缺乏差别化、灵活性的土地供应方式及使用制度,铁路枢纽建设带动了枢纽站周边地价大幅增值,但反哺铁路的机制尚未形成。

重庆铁路客运枢纽建设中,部分铁路客运枢纽与匹配的综合开发土地位置较远,未能把周边土地开发价值最高的部分地块交由枢纽项目主体实施开发，其收益专项用于铁路建设；部分土地开发时序与铁路客运枢纽建设时序缺乏有效衔接，周边土地溢价与铁路客运枢纽后续对周边区域发展的带动不适应；部分铁路客运枢纽周边存量土地未能高效开发利用等。如重庆北站南、北站房均配套有公交枢纽站、长途汽车站及旅游集散中心等设施，其中公交枢纽站占地面积达到5.2 hm^2、长途汽车站占地面积达8.3 hm^2；随着南北高架站房和地下城市通廊联通，配套长途、公交设施功能重复、能力过剩，交通功能发挥与土地利用效率不相适应，亟须按照站城一体化规划的思路，系统研究配套综合交通枢纽改造及周边土地综合开发方案，挖掘存量土地开发利用潜力。

2. 启示之三

现代化铁路客运枢纽将由传统单一客运业务转变为客运、商业服务等大型综合体，应统筹规划研究城市发展和综合交通需求，充分利用宝贵的线路和枢纽资源，铁路客运枢纽及动车运用所等设施的地下空间，实现铁路客运枢纽建设与周边国土空间开发联动，提升综合开发的效益，实现铁路可持续发展。

一是强化联动性。需要路地携手布局，着眼高铁及铁路客运枢纽对城市空间格局的影响，提高铁路客运枢纽与城市功能中心的契合性，采取"以站招商、以商建城"等方式，促进铁路站场及相关设施用地布局协调、交通设施无缝衔接、地上地下空间充分利用；完善不同空间层次的轨道交通功能，加强市政道路、轨道交通、社会停车场、供排水、电气、燃气等配套设施衔接，实现铁路和城市发展互动双赢，路地双方共建共享共赢。

二是强化可持续性。需要统一主体实施铁路客运枢纽建设与国土开发利用，根据综合开发的时序，在线路和站房建设的同时，统筹考虑铁路建设和土地综合开发整治的土石方平衡、施工便道建设利用等，节约铁路建设和土地综合开发整治成本，通过铁路客运枢纽推动城市资源优势和产业优势的发挥；注重铁路客运枢纽与城市空间格局耦合，推动城市空间形态演变，充分利用有效的地上、地下空间，提升周边土地开发利用价值，收益专项用于铁路建设，增强"自我造血"功能，实现良性循环。

3 探索与创新

按照国铁集团"畅通融合、绿色温馨、经济艺术、智能便捷"的现代化铁路客运枢纽建设理念，重庆市正全力加快推进"米"字形高铁网和国家综合性铁路枢纽建设，充分吸取经验教训，大胆探索和创新，取得了明显成效。

3.1 超前谋划，系统研究枢纽规划

在重庆铁路枢纽新一轮规划中，针对既有重庆北站、重庆站、重庆西站等3个主要客运枢纽（"三主"）均布局于长江以北、以西，呈北强南弱、西强东弱格局，枢纽布局不够合理，衔接不够顺畅，难以满足国家高铁主通道在重庆枢纽高效贯通运行要求，坚持目标导向、需求导向、问题导向，科学谋划铁路枢纽规划，统筹研究配套设施布局规划。

3.1.1 枢纽总图规划

一是整体提升枢纽能力，在原有"三主"基础上，构建东环线和西环线、重庆站与重庆东

站、重庆站与重庆北站、重庆西站与重庆站"四主"客运枢纽及多个辅助节点,增加客运枢纽系统能力。二是增加"四主"规划枢纽灵活性,通过规划枢纽之间的枢纽直径线或联络线,实现各主要客运枢纽之间互联互通,并与机场互联互通高铁干线可以双接引入各枢纽站,重庆枢纽形成若干个环线。三是增加枢纽运行效率,结合线路引入方案,明确"四主"客运枢纽的功能定位及分工,实现国家规划的京昆、包海、兰广、沿江、厦渝等"三纵二横"高铁主通道在重庆枢纽高效贯通运行,进一步提升枢纽能力。四是注重"留白",在规划实施中,重庆西站预留了4台8线的规模,为渝西高铁等引入预留空间;调整重庆东站规模为3场15台29线,预留未来高铁及城际铁路发展条件。

3.1.2 配套设施规划

按照《关于明确动车组运用检修设施及设备配置标准的通知》(铁总运〔2015〕185号)、《铁路动车组运用维修规程》(铁总运〔2013〕158号)等标准,根据中长期铁路网规划和枢纽总图规划,系统研究了4个主要客运枢纽动车组开行能力,以及动车组配属、检查库线、存车线能力需求等,对铁路附属设施进行查漏补缺,编制了《重庆铁路枢纽配套设施设备规划》。提出实施重庆西动车所变更设计、新建重庆东动车所,适时进行重庆北动车所改扩建等系列措施。同步规划了客车整备所、客机段等机辆设施,牵引变电所、110 kV电力变电站等电力设施,以及客运配餐、洗涤、行车公寓等配套设施,形成功能完备的服务保障体系,提升枢纽整体能力。

3.2 统筹研究,全面提升集成性和协同性

按照铁路客运枢纽建设集成性和协同性要求,统筹推进铁路车场、站房等铁路工程和配套综合交通枢纽及配套市政设施、综合管理用房建设,科学规划选址、一体化建设实施。

3.2.1 科学开展枢纽选址

重点对新建重庆东站选址进行多角度反复研究比选,邀请中国工程院院士专家团队论证咨询,从国家战略、枢纽总体布局、城市空间功能、交通集散条件、用地条件、项目审批建设等多个层面进行比选论证,促进重庆枢纽在东西方向上成为长江经济带发展的重要枢纽,在南北方向上成为西部陆海新通道的重要枢纽;结合国家级开发高新区的规划,重庆大学城片区规划和重庆轨道交通网规划,对规划的科学城站提前选址,做好多规衔接。力争铁路客运枢纽的选址满足集成性与协同性要求,实现跨区域高铁列车在重庆枢纽内高效贯通运行,实现交通功能与城市发展带动的有机统一,支撑重庆在国家区域发展和对外开放格局中发挥独特而重要的作用。

3.2.2 充分考虑多种交通方式的融合

铁路客运枢纽建设中,充分考虑高铁与机场、城市轨道及水运等多种交通方式的衔接,着眼"山城"的特点,特别重视加强城市轨道与铁路客运枢纽的衔接,使城市内部交通疏解满足铁路客运枢纽发展需要。如实施江北国际机场东航站楼和第三跑道建设时,在航站楼交通枢纽内提前实施了铁路车站和相关工程,为铁路枢纽东环线引入江北机场,实现重庆北站与机场的快捷联系创造了条件;重庆西站在建轨道环线、5号线,预留轨道12号线引入条件,拥有全新的高架商业平台模式,充分将旅客出站楼梯的上层空间和既有商业的夹层相结合,扩大了商业面积,创造出了最有价值的综合性铁路特级站。重庆北站与3号线、轨

道环线、4号线、10号线等4条轨道线路衔接,自2020年1月1日起重庆北站北广场实施铁路至地铁单向免安检,即在地铁运营期间,从重庆北站北广场铁路出站的旅客,无须安检即可直接过闸进站换乘地铁,极大地提高了旅客换乘的便捷程度,节省了乘车时间,重庆市在铁路与城轨间的安检互信也迈出了第一步。重庆东站规划引入4条城市轨道,规划配套"五纵六横"市政道路。

3.2.3 实施一体化设计

充分吸取多个业主、多头设计的经验教训,重铁集团联合成都局集团统一委托中国铁路经济规划研究院,实施重庆东站、重庆站铁路站房和配套综合交通枢纽概念设计,并将路地双方综合管理用房及功能性用房以及设计范围内的城市轨道交通、市政道路引入工程纳入设计范围,强化集成性。在规划条件研究过程中,充分征求相关部门、相关单位意见,做好"三个结合",即:配套枢纽设施与铁路站房、站场,在建设规模、结构布局、导示标识、建设时序等方面的结合;车行流线与人行流线的结合;交通基础设施与配套的供排水、电气、燃气、通信设施,垃圾处理、污水排放等设施,反恐防暴设施及综合管理用房等设施的结合。

3.3 枢纽建设与城市发展联动,保障铁路发展的可持续性

3.3.1 实施站城一体化设计建设和站场周边土地综合开发

2018年,重庆市政府办公厅印发《关于支持铁路建设实施土地综合开发的实施意见》(渝府办发〔2018〕75号),明确在保障铁路运输功能和运营安全的前提下,按照"多式衔接、立体开发、功能融合、节约集约""谁受益、谁投资"等原则,实施铁路用地及站场毗邻区域土地综合开发利用,收益优先用于弥补铁路建设和运营亏损。在沙坪坝站铁路综合交通枢纽建设中,探索了高铁车站地下7层开挖的高强度利用,创新了枢纽分层确权的新做法,建成了全国首例高铁车站加盖建设城市综合体,实现了沙坪坝站铁路综合交通枢纽上盖开发48万m^2,平衡枢纽工程投资34亿元;正在实施成渝铁路重庆站至江津段的改造,同步对沿线13座车站进行打造,实现传承历史文脉、强化交通功能、开发旅游资源、提升城市品质,重铁集团积极协调争取沿线4个区匹配8 000余亩(1亩≈666.67 m^2)土地实施综合开发,用于弥补铁路项目资本金以外的投资和运营亏损;研究提出重庆东站路基改高架车场布局方案,利用现状地形高差及桥下空间布局配套枢纽和相关设施,提高土地利用效率。

3.3.2 利用铁路开行公交化列车,增强枢纽功能

目前,成都市相关部门正与成都铁路局集团公司研究利用铁路开行公交化列车,通过增加停站频次、点对点公交化列车等方式推进实施。为适应公交化运营,在重庆西站建立了站内换乘快捷通道,构建重庆西站至重庆北站公交化列车旅客与干线铁路旅客快速换乘通道;枢纽东环线建成后,通过公交化列车,实现重庆北、重庆西、重庆东和重庆站的互联互通,实现航空与跨区域高铁旅客、城市铁路和城市轨道通勤客流的相互衔接,建立高效换乘体系,形成"网络协同、层次合理、互联互通、换乘顺畅"的服务系统。加大5G通信技术应用,探索推进人脸识别、二维码支付等智能化方式进出站,打造智能化的客运枢纽。

3.4 创新体制,打造一体化的实施平台

根据国务院投融资体制改革和铁路分层分类建设的要求,按照"一省(区、市)一公司"

原则,充分发挥路市双方的优势,国铁集团与重庆市委市政府高层多次会谈,同意组建重庆铁路投资集团有限公司(简称重铁集团),作为市管国有重点企业,领导班子由市委管理,总经理和一名副总由国铁集团委派,市财政局履行出资人职责,定位为重庆市政府和国铁集团出资、市场化运作的合资铁路公司,负责路市合资铁路、城际铁路项目的投融资、建设、运营管理;合资铁路、城际铁路项目的客货运输、仓储物流、物资供销、商贸服务;铁路沿线土地综合开发、房地产开发和物业管理;铁路等交通相关业务咨询;市政府授权的国有资产投资、经营、管理以及经批准的其他业务。

2019年7月,重铁集团完成工商注册,现已正式运行,集中路地双方人力、物力、财力和资源优势,抢抓国家加大基础设施补短板力度的重要战略机遇,统筹推进铁路项目前期、建设、运营等系列工作。作为项目业主推进渝湘高铁重庆站至黔江段、成渝铁路重庆站至江津段改造和万州新田港铁路集疏运中心等项目的建设,开展重庆东站和重庆站铁路综合交通枢纽的方案设计;作为路地合资项目重庆出资的实际投资管理人推进渝昆、渝万、渝西、成达万等高铁项目建设;先期推进成渝中线、渝汉、渝贵等高铁项目前期工作。力争实现建设运营全周期、运输服务全过程的系统规划、建设与管理,做好通道与枢纽、城市与站场、新建与改造、建设与运营的统筹协调,努力构建新时代的新枢纽、城市建设的新地标、经济发展的新引擎。

4 结语

抓住国家将重庆作为交通强国建设试点区域的重要机遇,紧跟新时代,推进铁路网规划编制,超前谋划铁路枢纽的规划布局,特别是时速 600 km 的高速磁悬浮系统、时速 400 km 高速轮轨系统引入重庆铁路枢纽的条件;进一步探索和创新铁路枢纽规划、建设、运营管理体制机制,充分发挥重铁集团路市合资的体制、技术、管理、融资等优势,一体化推进铁路客运枢纽设计、建设及运营管理,适应未来发展智能化枢纽的需要,提升人民群众出行的获得感、幸福感、安全感,更好地支撑和引领经济社会发展。

注释

1. 国家综合铁路枢纽:国家《中长期铁路网规划(2016—2025年)》(2016年版)提出构建北京、上海、广州、武汉、成都、沈阳、西安、郑州、天津、南京、深圳、合肥、贵阳、重庆、杭州、福州、南宁、昆明、乌鲁木齐等综合铁路枢纽。

2. 铁路综合交通枢纽:以铁路为支撑,整合铁路、公路、航空、内河航运、海港和运输管道为一体的协同枢纽体系,具备一定的货运功能,区别于单纯的铁路客运枢纽。

3. 重庆铁路枢纽:是我国西南地区重要的铁路枢纽,国家铁路集团和重庆市政府批复枢纽范围位于重庆主城区,具体包括北至遂渝、兰渝铁路渭沱站(含),南至川黔铁路小南垭站(含)、东环铁路珞璜东站(含),东至郑渝高铁、渝利铁路长寿北站(含),西至成渝铁路古家沱站(含)。

4. "一省(区、市)一公司":为贯彻落实国务院关于铁路投融资体制改革和分层分类建设要求,中国国家铁路集团提出了一省(区、市)整合组建一个区域公司的改革举措,重庆铁路投资集团是中国国家铁路投资集团与重庆市政府合资组建的一家区域一级平台公司。

5. 重庆"米"字形高铁网:指重庆西至成都、西北至兰州、北至西安、东北至郑州、东至武汉、东南至长沙、南至贵阳、西南至昆明的八个方向高铁通道。

参考文献

[1] 李海鹰,张超.铁路站场及枢纽[M].北京:中国铁道出版社,2014.

[2] 国家发展改革委.国家发展改革委印发《关于打造现代综合客运枢纽提高旅客出行质量效率的实施意见》的通知:发改基础[2016]952号[A/OL].[2016-05-03].http://www.ndrc.gov.cn/xxgk/zcfb/tz/201605/t20160509_963036.html.

[3] 国务院.国务院关于改革铁路投融资体制加快推进铁路建设的意见:国发[2013]33号[A/OL].(2013-08-09)[2013-08-16].http://www.gov.cn/zhengce/content/2013-08-16/content_3712.htm.

[4] 国务院办公厅.国务院办公厅关于支持铁路建设实施土地综合开发的意见:国办发[2014]37号[A/OL].(2014-07-29)[2014-08-11].http://www.gov.cn/zhengce/content/2014-08-11/content_8971.htm.

[5] 余柳,郭继孚,刘莹.城市客运枢纽与城市协调关系及对策[J].城市交通,2018,16(4):26-33.

以地下铁路客站为中心的综合交通枢纽规划设计思路[①]

周铁征　鲍　宁

（中国铁路设计集团有限公司　天津）

摘　要：我国城市空间规模不断扩大，用地条件紧张，特别是在北京、上海等高强度开发的城市，新建项目用地条件紧张的问题尤为突出。因此，通过开发建设地下空间解决城市的存量发展问题已成为城市未来发展的重要方式。

随着我国国力的不断提升，建设能力不断增强，天津滨海站、深圳福田站、香港西九龙站等陆续建设，对地下综合交通枢纽的设计进行了有益尝试。地下综合交通枢纽的设计应重新认识新布局模式下TOD开发的思路，在解决功能问题的基础上，重点研究地上与地下空间有机结合的设计方法。本文以北京城市副中心站综合交通枢纽项目为例，探讨如何发展以地下铁路客站为中心的综合交通枢纽规划设计的思路。

关键词：地下综合交通枢纽；城市的存量发展TOD；站城一体；北京城市副中心站

1　地下铁路客站的特点

铁路客站由于受城市、线路等因素的影响，一般设置于地面以上，同时为满足铁路客站大客流的瞬发应急，集散广场通常设置在客站两端。这种布置方式，往往会导致狭长的铁路对城市的割裂，阻碍客站两侧城市联系；地面车场占地大，土地利用效率低；接驳场站布局分散，旅客换乘体验不佳；客站进出流量大，周边道路交通拥堵；铁路车场规模大，对城市绿化景观有影响等问题。将铁路客站地下化后，会很好地解决以上问题。

1.1　避免城市割裂，加强地面联系

铁路客站的地下化，消除了铁路轨道对城市的阻隔，把原本置于轨道两侧的城市区域合为一体，直接打通了地面层的联系，缝合了城市空间，加强铁路两侧地面的互通（图1）。

1.2　释放地上空间，为开发提供条件

铁路客站的地下化，可以释放上部空间。把原本被铁路车场占用的地上空间"归还"给

[①] 基金项目：中国铁路设计集团有限公司科技开发课题"北京城市副中心铁路车站设计关键技术研究"2019YY221001，"地下铁路综合交通枢纽规划设计研究"2020YY240701。

第一作者：周铁征，教授级高工，中国铁路设计集团有限公司总建筑师。

通讯作者：鲍宁，高级工程师。

城市用作其他功能。这种"置下还地"的布局模式立体地整合了区域地上、地下的空间资源,大大地提高土地使用效率,为地面以上的开发提供新的契机(图2、图3)。

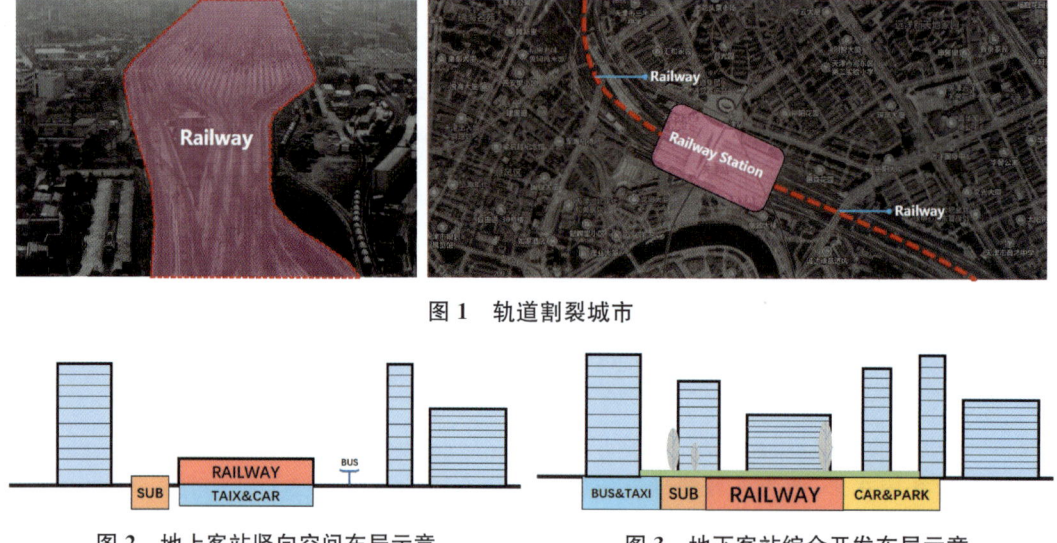

图 1　轨道割裂城市

图 2　地上客站竖向空间布局示意　　　　图 3　地下客站综合开发布局示意

1.3　拉近与地铁的距离,提升换乘效率

铁路客站的地下化,实现了同层布局的换乘模式,使乘客换乘地铁的效率得到显著提升,有利于实现超大聚集人流的快速疏解。加强了城际间交通与城内快速公共交通系统的联系,为实现一体化换乘提供了可能(图4、图5)。

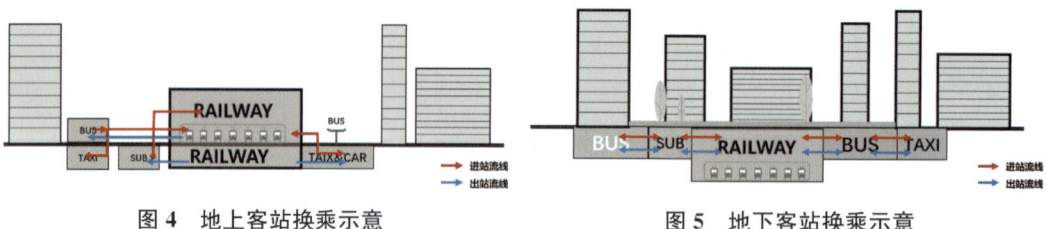

图 4　地上客站换乘示意　　　　　　　　图 5　地下客站换乘示意

1.4　利用地下道路,缓解地面交通压力

铁路客站的地下化,可利用空间的垂直条件形成多层次的城市交通系统。将不同功能的

图 6　多层次交通竖向示意

交通体系明确分层、分流,起到疏解交通拥堵的作用。扭转以往地上铁路客站周边区域交通混乱无序的运行状态,减少对客站周边交通的冲击,改善区域地面交通整体运行状况(图6)。

1.5 节约土地资源,改善城市景观

表1　　典型地下铁路枢纽站台区与咽喉区比例

项目	站台区/m²	咽喉区/m²	站台区/咽喉区
雄安西站	34 560	26 785	34 560/26 785=1.29
北京城市副中心站	78 680	134 221	78 680/134 221=0.59
于家堡站(尽端站)	30 053	9 971	30 053/9 971=3

铁路车场由站台区与咽喉区两部分组成,占地面积巨大。表1清晰反映出各地下枢纽站台区与咽喉区的占比情况。铁路车场的地下化,可置换出宝贵的土地资源,用于城市景观建设。城市景观设计可结合站台区上方与咽喉区上方布局特点,因地制宜地进行景观设计提升城市环境水平,改善区域热岛效应(图7)。

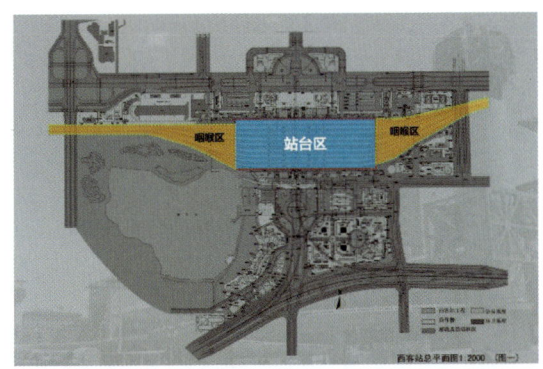
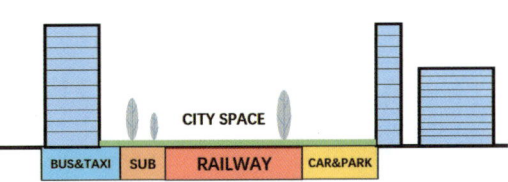

图7　地下客站释放地上空间改善区域环境

2 北京城市副中心站方案简介

北京城市副中心站是《北京城市总体规划(2016—2035年)》明确的10个对外客运枢纽

之一；是京津冀协同发展"一核两翼"中"两翼"之一的交通枢纽门户；是河北雄安新区、北京中心城快速联系纽带；是与新老机场之间直连直通的纽带。同时，北京城市副中心站是京唐和京滨铁路始发终到站，承担着 60 min 到雄安，15 min 到首都机场，35 min 到北京大兴机场的等重要任务（图 8）。

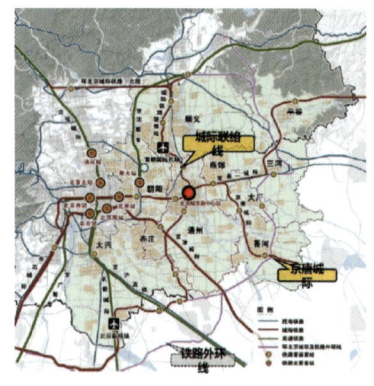 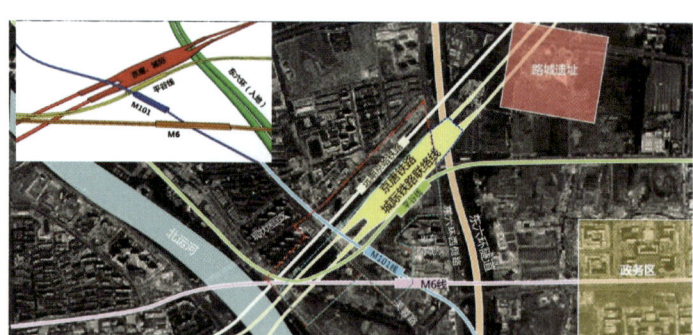

图 8　副中心站交通规划图

北京城市副中心站综合交通枢纽设计由北京市政设计研究总院、中国铁路设计集团有限公司、中国建筑设计研究院有限公司、法国 AREP 设计集团·阿海普建筑设计咨询（北京）有限公司组成联合体承担（图 9、图 10）。

枢纽区先期实施范围 59 hm² 范围内，地下约 93 万 m²，地上约 139 万 m²。枢纽包含铁路车场 8 台 14 线，其中京唐、城际联各 4 台 7 线；并设有 3 条地铁轨道交通线路：既有 M6 线、规划 M101 线与平谷线；同时，还设置公交车场、大巴车场、出租车场等多种交通功能。

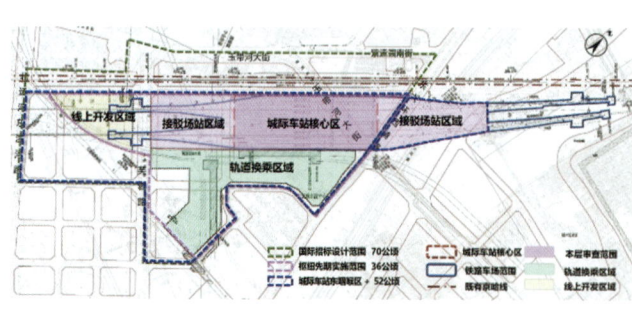 

图 9　副中心站分界规划图　　　　**图 10　副中心站效果图**

车站为地下三层站，其中地下三层为站台层；地下二层主要为铁路车站候车厅、出站厅、旅服商业以及管理设备用房；地下一层主要功能为铁路进站厅、旅服商业以及管理设备用房等。

北京城市副中心站综合交通枢纽建成后将成为世界首个以打造充满阳光的地下铁路客站。方案通过提升旅客候车品质为设计理念，在候车厅顶部和站台顶部均设计大面积楼板开洞，保证车站主要空间的自然光照和旅客宽阔的仰角视野。

未来城市副中心车站地区为北京城市副中心的重要门户地区，也是低碳绿色、站城一体的门户型综合交通枢纽典范,更是调整北京空间格局,拓展发展新空间,推动京津冀协同发展的重要组成部分,是副中心向外辐射的交通核心和门户枢纽,是连接京津冀地区的桥头堡(图11—图14)。

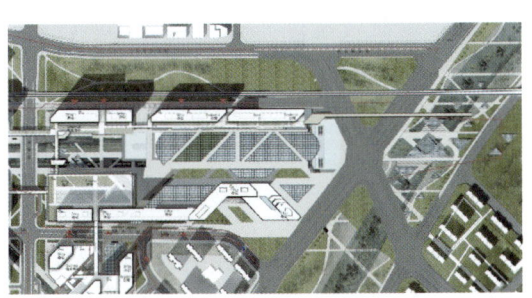

图11 副中心站站地面层平面图

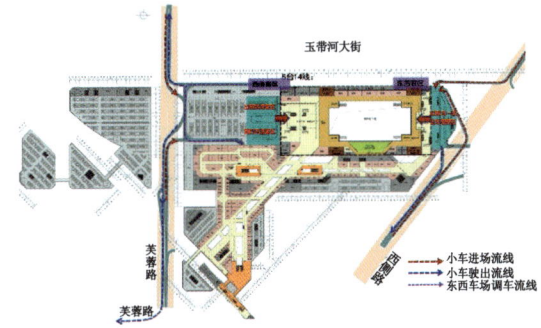

图12 副中心站B1层平面图

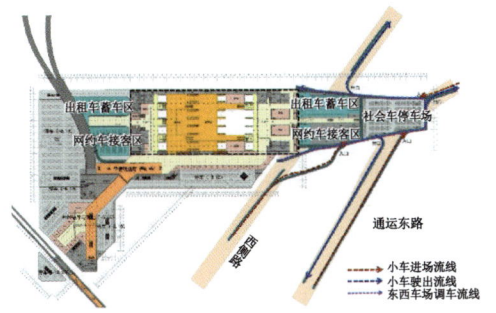

图13 副中心站B2层平面图

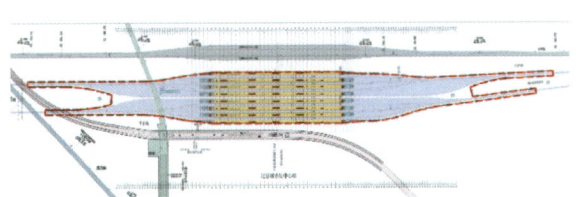

图14 副中心站B3层平面图

3 地下综合交通枢纽的规划设计要点

3.1 多层面的空间联系,创造宜人的城市空间

地下综合交通枢纽由于具有得天独厚的交通优势,在流线组织上应本着联系畅通的原则将各个空间串联在一起,自然将各个功能融合其中。这样一来,枢纽作为城市地下空间的重要节点,将城市的地上、地下空间紧密相连,自然而然地形成了以枢纽为核心,其他功能紧密连通的地下空间网络,促进枢纽功能的延伸,带动城市地上、地下空间整体发展,创造出宜人的城市空间(图15)。

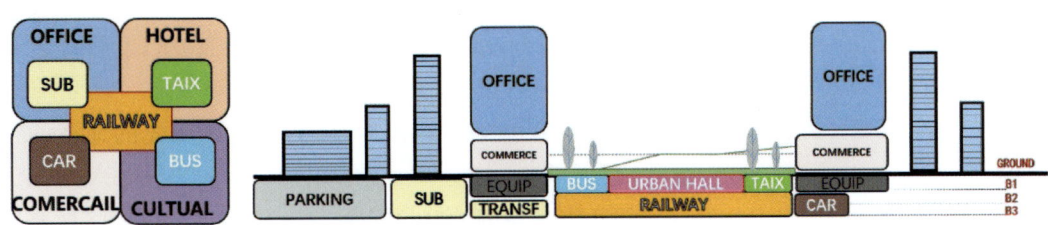

图15 多层面的空间联系示意图

以副中心站综合交通枢纽为例,副中心站不但把铁路、地铁、公交、大巴、出租车等城市重要交通方式连为一体,同时还把办公、公寓、商业、停车等城市功能融为其中,整体考虑不同开发强度的有机分布,形成有组织的衔接与过渡,营造多层面的城市空间联系。枢纽核心区内 80 m 的连续板楼为主,局部设 100 m 的高点成为面向六环的节点,各个功能的衔接无论是纵向往来还是横向联系通过畅通无阻的交通体系融洽无间,形成宜人舒适的城市空间。

3.2 地下空间高效利用,为枢纽建设以及周边开发创造条件

枢纽的地下化,大量地上空间的释放,可以结合城市发展需求进行高品质的物业开发。使枢纽在承载交通运输功能的同时,还将大量的城市功能融入其中,形成各个功能布局相得益彰的状态。

以副中心站为例设计将规划范围内地面总建筑规模控制在 151.6 万 m^2。地上功能包括办公、酒店、公寓、商业、文化、会议等。各功能结合规划四区形成各有侧重、相互补充的物业开发;枢纽站针对中远途客流,推动目的性商务,以办公、商务酒店、会议、商业零售为主;换乘中心处于区域中心,且人流量大,以办公、大型商业综合体为主,且可服务周边;运河客厅定位高端滨水文化街区,汇集了五星级酒店、5A 级写字楼、公寓、文化艺术展览、休闲商业等业态。各个业态通过科学的配比,保证以枢纽为核心的周边区域协同发展(图16)。

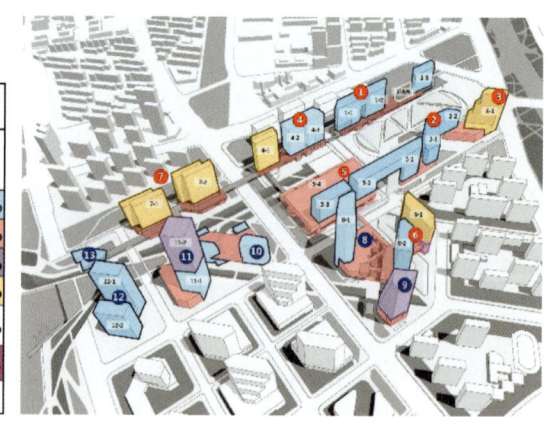

图 16　超复合的区域功能布局模式

3.3 强化铁路与地铁的换乘联系,发挥地下枢纽的优势

铁路地下化后,与地铁以及小汽车停车场等设施都位于地下层面,缩短了换乘距离,换乘效率更高。在安检互认的先进模式下,铁路与地铁之间的换乘变得更加紧密,实现便捷、高效、安全的多维度交通换乘。有助于增强枢纽客流的疏解能力,促进区域公共交通的整体服务水平。

以副中心站为例,副中心站的地铁换乘本着"顺着人流,靠右走"的简单换乘逻辑,充分利用换乘轴的两层空间,缓解各层压力。从 B1 到 B2 空间尽量打开,创造出丰富的空间,增

加光线与视线的可达性。同时,地下商业的充分联通,保证 B1 层商业最大的连续性(图 17—图 19)。

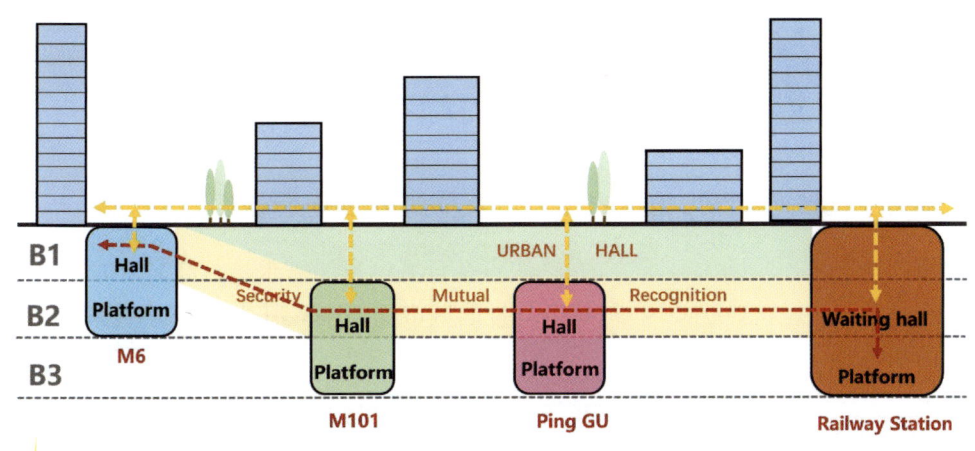

图 17　副中心站地下换乘示意图

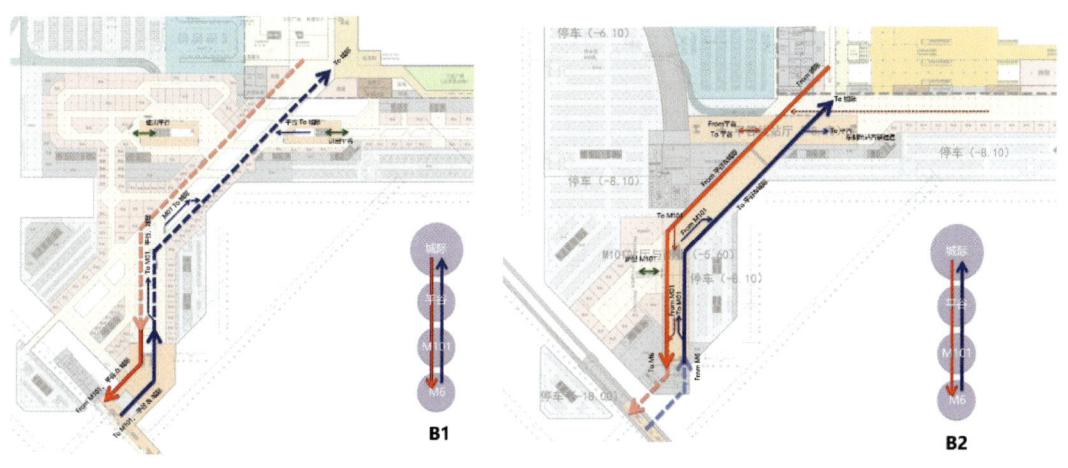

图 18　副中心站 B1 层换乘　　　　　图 19　副中心站 B2 层换乘

3.4　多层次的交通进出,合理组织各类交通流线

铁路车场置于地下后,将带来大量的地下空间供各类交通设施使用。通过多层次的交通进出原则,将各类交通进行分流组织。铁路到发交通与城市过境交通设置于地下,地面留给物业通勤交通。层次清晰明了,交通快速便捷。实现了交通彻底分流,净化了地面交通环境。同时,大量的地下空间可用作停车,极大地缓解了枢纽地上及周边区域的交通压力,改善区域地面交通整体运行状况。

以副中心综合交通枢纽为例,枢纽区域交通以多方向集散为主要原则,提高枢纽交通可达性。枢纽到发交通与物业交通分离组织,机动车辆地下进出,净化地面交通环境。实现旅客"进出分层,到发分离",公交设施优先的整体布局(图 20、图 21)。

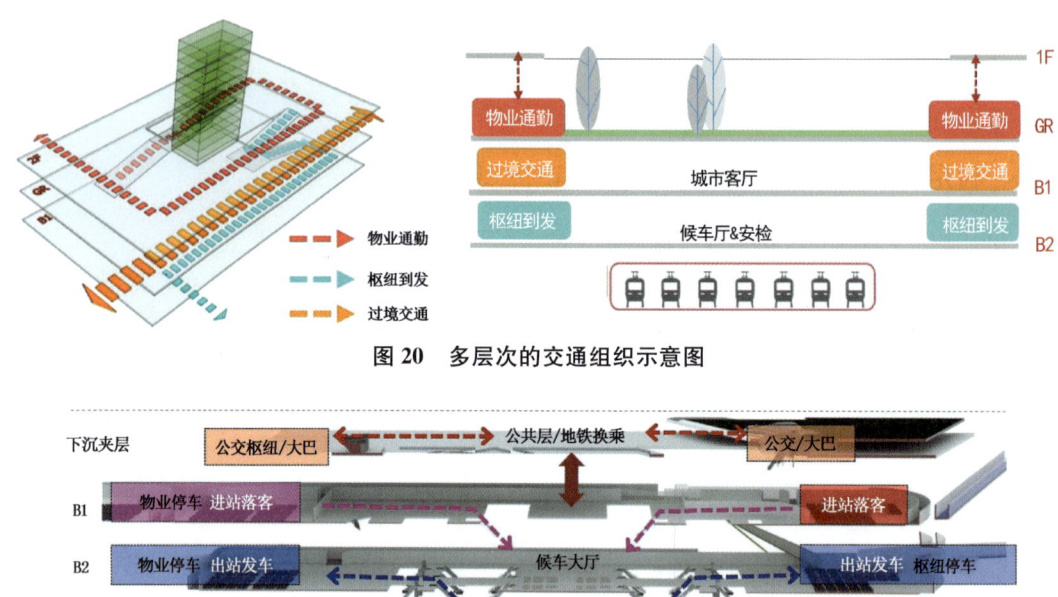

图20 多层次的交通组织示意图

图21 副中心站多层交通组织示意图

3.5 结合枢纽与城市特点，开展多类型的景观设计

地面景观不是独立的而是结合地下功能布置的有功能意义的景观体系。在地下综合交通枢纽景观设计时，不但要满足地面景观的需求，同时应结合地下空间，结合枢纽功能进行纵向的景观设计。既满足城市空间结构，又能为市民提供一个文化、交往、娱乐、休闲和集会的活动场所，从而增强城市本身的凝聚力和对外吸引力，完善城市服务体系。

在副中心站的设计过程中，主要采用以下两种思路来解决景观方案与地下车站的结合问题。首先，从地面的不同位置巧妙地布置了多个下沉广场，在下沉广场上设计了丰富的景观。这样一来，不但增加了枢纽的景观层次，丰富了空间效果，还解决了枢纽内部环境舒适度、瞬发应急疏散、建筑节能等问题。其次，开放性的枢纽屋盖与城市景观紧密结合，不但顺应了阳光枢纽的整体概念，把自然光与自然通风引入枢纽内部，同时丰富现代的屋盖造型设计，还强化了城市景观（图22）。

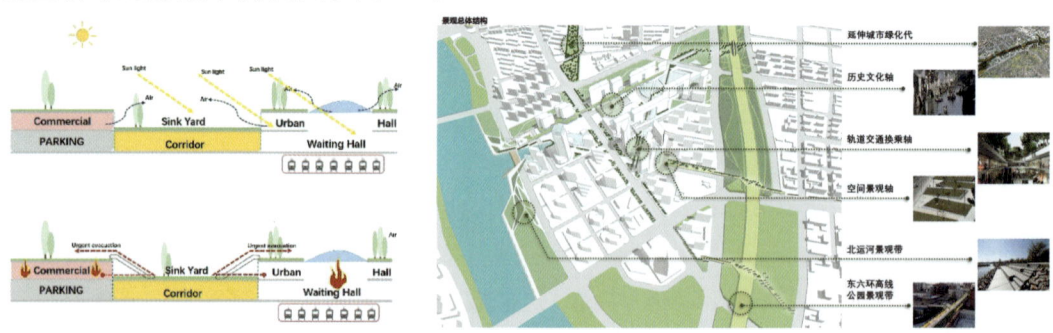

图22 结合地下枢纽多功能的景观设计示意图

4 基于地下铁路客站站城一体化开发策略

4.1 利用"隐形车站"的优势,营造城市区域中心

以往的铁路客站 TOD 模式,是对车站周围地区的城市空间进行综合开发,通常以铁路车站为中心,按照圈层理论,将商业布置于车站周边,由强至弱依次发展。通过多年的实践,此类发展存在车站与周边联系不紧密、轨道交通换乘不便捷、土地的利用类型较单一、空间布局合理性有待提高等问题。同时,受以往铁路客站周边人群复杂、人流量巨大、交通拥堵严重等特点,周边的物业开发受到了较大的影响(图23)。

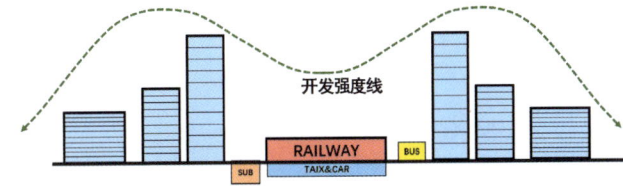

图 23 地上铁路客站 TOD 开发

枢纽的地下化,削弱了大尺度枢纽建筑对地面空间的影响,使枢纽在地上空间隐形化,这种"隐形枢纽"的出现不但释放地上空间以供城市发展,还疏解了人流与车流,改善了地面交通状况,提升了枢纽周边物业开发的空间品质。因此,在这种"隐形枢纽"为前提的开发模式下,形成了新型的开发策略。首先,应重新定义开发范围及城市空间布局,在新型的开发模式下确定合理的开发强度;其次,确定以铁路客站为中心的新型 TOD 开发模式下各个功能的服务半径,依次合理地布置交通配套服务、商务办公、零售百货、会展、研发、居住等不同功能;最终,城市的物业开发与枢纽功能应互为补充,让地下空间不但承载枢纽功能,还可以承担城市功能,实现相辅相成的网络化空间形态,加强枢纽功能的复合化,带动地上与地下区域全面协调发展,营造城市区域中心。

以副中心综合交通枢纽为例,枢纽在新型的开发布局模式下,通过严谨的科学规划,确定地块总容积率为3.78,并设置了合理的业态分布。最终确定以枢纽为圆心,100 m,300 m 和 600 m 的圈层半径。第一圈层主要围绕交通功能及配套服务展开,第二圈层主要包含商务办公及零售百货等功能,第三圈层主要着眼于城市发展布置科技研发区、会展中心、住宅等功能(图24)。

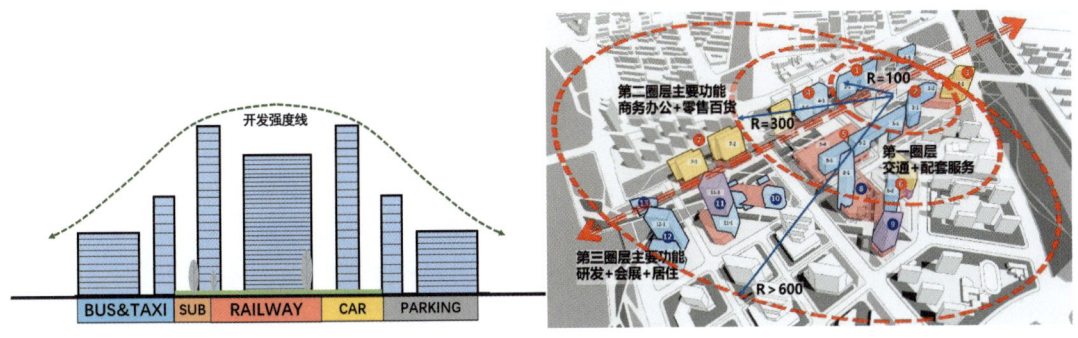

图 24 新型 TOD 开发模式

4.2 枢纽前期科学规划,强调工程经济性和安全性

4.2.1 通过合理客流分析,预测枢纽设施规模

地下车站建筑成本高,而且具有一次实施完成后,后期难以扩建的特点,因此在设计中需要通过严谨的客流分析,确定设施规模,既要考虑未来并留有余地,又要考虑经济性。北京城市副中心站结合客流分析和客流预测数据,结合地方规划部门的停车配建要求,对于地下各个设施的规模予以合理控制(图25)。

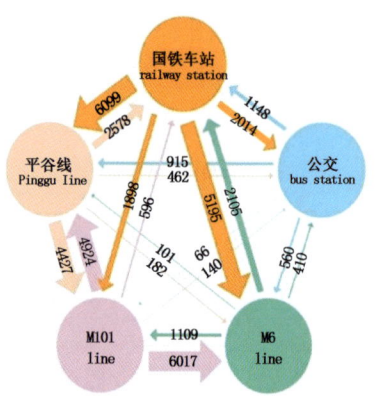

(a) 副中心站客流拱拟结果

(b) 枢纽配套交通设施规模

用地类型	依据	2035京唐铁路不进北京站	
		参数	面积/m²
公交场站	始发线路数/条	7	5250
	首站载客数/(人·车⁻¹)	25	
	高峰小时发车间隔/min	5	
	每线配置周转车位数/个	5	
	停放车辆总数/辆	35	
	每辆车用地标准/m²	150	
小汽车接客停车场	小客车接客车位周转次数	1.33	30420
	停车泊位需求/个	676	
	每辆车用地标准/m²	45	
小汽车送客停车场	小客车送客车位周转次数	4.8	4590
	停车泊位需求/个	101	
	每辆车用地标准/m²	45	
出租车停车场	发车泊位/个	38	10350
	到车泊位/个	41	
	蓄车泊位需求/个	230	
	每辆车用地标准/m²	45	
旅游大巴	载客数/人	30	4400
	每辆车停车面积/m²	100	
	停车需求	44	
自行车停车场	停车泊位需求/个	1561	3121
	单位停车面积/m²	2	
广场	人均占地面积/m²	1.2	4772
合计			62903

(c) 轨道配套交通设施规模

用地类型	规划依据	轨道设施规模	
		参数	面积/m²
公交场站	始发线路数/条	2	1500
	首站载客数/(人·车⁻¹)	40	
	高峰小时发车间隔/min	5	
	每线配置周转车位数/个	5	
	停放车辆总数/辆	10	
	每辆车用地标准/m²	150	
自行车停车场	停车泊位需求/个	4168	8335
	单位停车面积/m²	2	
合计			9835

(d) 上盖物业配套交通设施规模

用地类型	依据	物业设施规模	
		参数	面积/m²
公交场站	始发线路数/条	6	4500
	首站载客数/(人·车⁻¹)	40	
	高峰小时发车间隔/min	5	
	每线配置周转车位数/个	5	
	停放车辆总数/辆	30	
	每辆车用地标准/m²	150	
合计			4500

图25 副中心站接驳场站规模示意

4.2.2 遵照工程技术标准,确保车站埋深与层高

地下车站建筑成本高,车站埋深越深、规模越大,对于地下水的防护以及结构的实施难度就越大,因此在设计前期需要反复权衡车站的运营安全性和适用性的问题,结合周边环境条件,确定车站埋深与层高。

副中心站周边条件复杂,区域内由西向东依次包括铁路区间下穿北运河、西咽喉区下穿既有6号线区间、东咽喉区下穿东六环,区间下穿汉代路县古城遗址等关键控制点,设计中进行了上跨既有6号线和下穿既有6号线两个方向的方案研究,针对不同情况,比选对于各个控制点以及运营安全的影响,最终确定下穿既有6号线方案为实施方案,较原投标方案埋深增加3.2 m,层数由地下4层改为地下3层,既满足车站运营安全需要,又减少了规模,

节省了投资(图 26)。

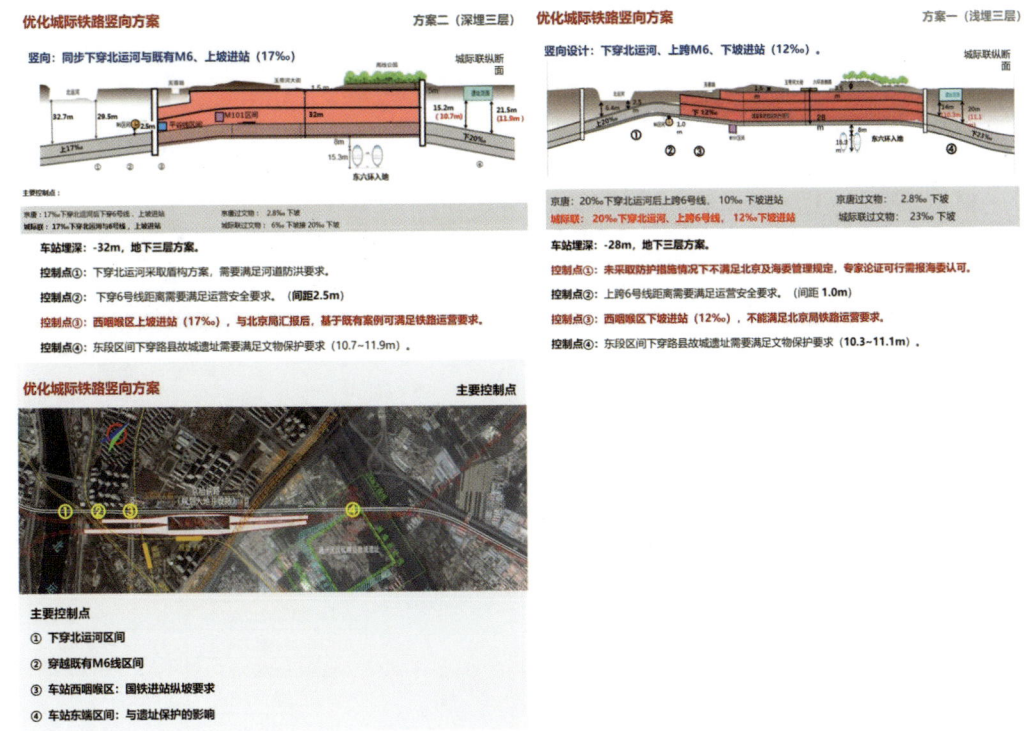

图 26　副中心站铁路竖向方案

4.3　整合地上地下空间资源，打造活力公共空间

4.3.1　多首层的功能布局

枢纽的地下化，将最贴近地面的空间归还给城市，带来了更多的城市公共空间。在副中心站的设计中优先考虑地上、地下空间的有机结合，创造联通空间。首先，确定满足各部分功能空间布局；其次，模糊了地上、地下的界限。通过设计缓坡步道、扶梯、直梯等建筑交通元素，将枢纽的地面层、地下一层及地面上部空间通过步行街的模式自然的贯通起来，换乘轴通廊穿插于地下空间之中，充足的自然采光使旅客不会感到置身地下的压抑，与空中廊道和地下商业结合，形成丰富又舒适的换乘体验；最终，打破了空间格局封闭循环，人们在各个空间中的动线并非是传统建筑中的垂直转化，而是通过畅通无阻的流线，把地上、地下多个空间整合为一个具有巨大活力的公共空间(图 27)。

4.3.2　开敞通透的大空间

为了让地下同样有地面空间的感受，北京城市副中心站通过下沉广场、顶板开洞等建筑手法把自然光与自然风引入地下空间，改善地下空间的通风采光情况，提高建筑内部的舒适度，为使用者提供舒适、绿色的空间环境。空间变得开敞通透后，不但空间效果和环境舒适度大幅提升，同时可以让人们轻松地认知空间层次，确定自己所在的位置，从而选择正确的流线，顺畅地进入各个空间(图 28)。

图 27 地上地下空间的结合

图 28 副中心站阳光引入

4.3.3 交通联系空间设计结点

在设计时利用开洞空间,结合功能设置满足各种使用需求的竖向联系,保证空间的连通与流线的畅通,给枢纽上下连通带来极大的丰富性。

在北京城市副中心站设计中,不但设置了多种多样的楼梯、电梯、扶梯等常规的竖向交通,还增设了慢行坡道、自动人行道等系统,方便人们在枢纽空间中自由灵活地穿梭。同时根据扶梯、自动人行道可以单向传送的特点,将枢纽中换乘客流和商业客流分开,保证流线不交叉、不对流,保证枢纽内部清晰的走行流线(图29)。

图29　地下空间节点设计

4.4　上下互馈的城市设计,实现地下生长的空间肌理

在自下而上又自上而下的反复思考过程中,模糊铁路与城市界面,城市设计围绕地下枢纽的布局展开,在充分考虑地下建设条件和空间组织的基础上,从城市环境、城市功能、城市交通、城市地上、地下空间组织、城市廊道的角度综合思考城市问题,进行水平、垂直双维度城市设计,形成互馈的城市肌理(图30、图31)。

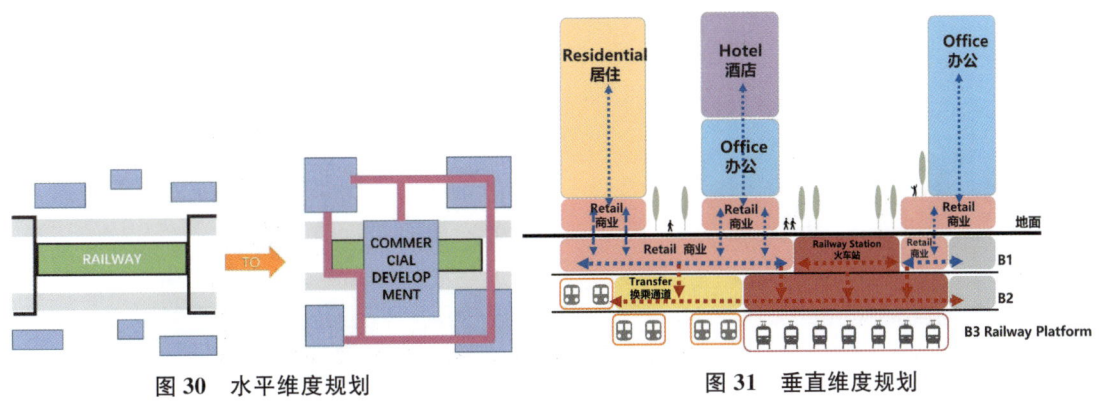

图30　水平维度规划　　　　图31　垂直维度规划

首先,需要根据复杂的地下市政条件(地下交通、地下综合管廊等)确定站场、线路高度;其次,需要确定轨道交通的主要换乘关系,分析换乘流量与人流方向。由于轨道交通震动、噪声的影响,故轨行区上方不宜设置对噪音震动要求高的功能类型。因此,轨行区上方的空间应尽量以开敞空间为主,适量布置写字楼等功能。而落地区则可结合城市功能进行强度稍大的开发,布置酒店、住宅等功能。然后,结合城市地上各种因素的控制顺应城市肌理,控制城市空间形态,织补上部城市空间。最后,利用顶板开洞、下沉广场、错层布局等建筑设计手法来创造出地面空间地面化、室内空间室外化的阳光枢纽(图32)。

在北京城市副中心站的设计中,上盖建筑与车站共用结构柱,采用钢框架结构体系,高度控制在100 m以内,这样既能减少柱截面过大对站场功能带来的不利影响,亦能减少建设成本。副中心站城际铁路上方采用了开敞的布局模式,仅在车场两侧布置体量高度适宜的板式建筑,且对地下不规则柱网进行结构转换。通过这种布局模式与结构体系的完美结合,巧妙地处理了城市功能与枢纽关系(图33)。

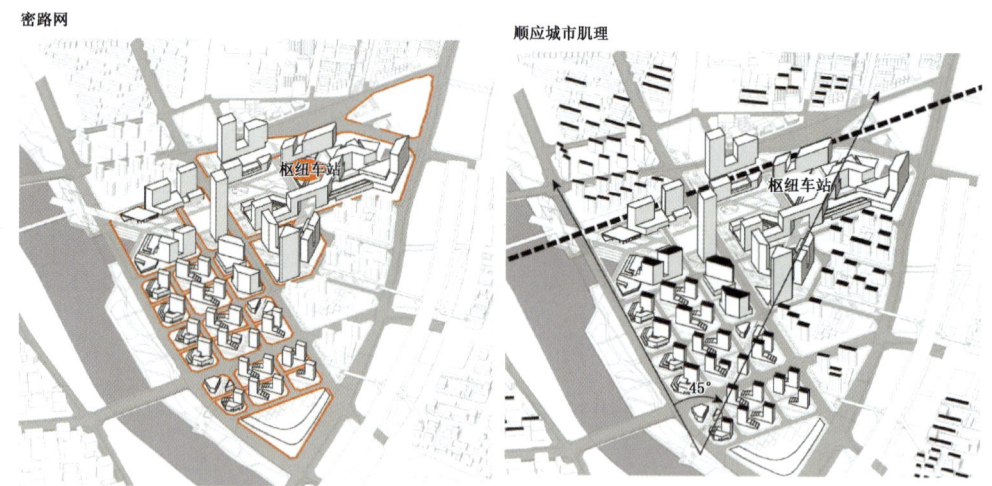

图32 副中心站小街区、密路网的城市肌理

图33 城市与枢纽的结合

4.5 结合枢纽方案特点,设置消防、人防策略

从方案初期开始介入,确定合理的消防、人防模式。在方案初期充分考虑地下空间消防、人防措施的代价,永临结合,利用天窗及下沉庭院达到自然排烟的效果。

以副中心为例,为营造开敞通透的大空间在消防方面采取特殊措施。为营造开敞通透的大空间的建筑效果,也针对列车车辆作为地下车站最大燃烧源的问题,创造性地提出列车封闭罩的方案,将列车完全包裹在混凝土罩子里,隔绝燃烧源,同时在外侧外贴镜面不锈钢板装饰,增加地下空间光线的二次折射,实现了建筑效果与消防的结合(图 34、图 35)。

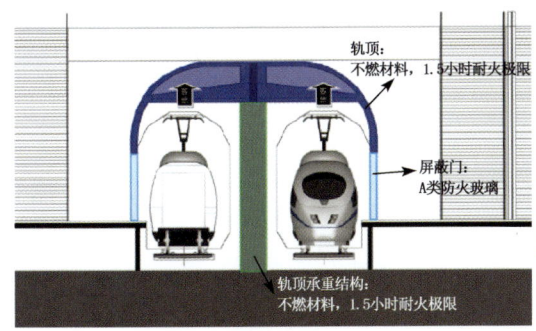
图 34　列车屏蔽罩原理剖面示意图

图 35　列车屏蔽罩效果图

4.6　枢纽功能开发经济性与功能性的互补的一点思考

地下枢纽建设成本巨大,在建设开发过程中往往通过利用地上物业开发来平衡整体建设成本,达到收支平衡的状态。但是,大规模的地上开发又会带来通勤人流激增,打破枢纽交通平衡,造成区域拥堵。因此,妥善处理好地下枢纽开发强度与地上物业开发数量的关系,是枢纽规划初期非常重要的课题。应通过理性分析城市发展需求、生态因素、环境因素、文化因素等问题,最终确定地上以及地下开发规模。在设计实践中,我们仍在努力寻找地下枢纽与地上物业开发强度平衡的关系,为今后地下综合交通枢纽的建设提供理论支持。

5　结语

人们对地下空间的利用,从单一功能空间向地下综合体不断拓展,是城市存量发展的必然选择。相信未来,随着北京城市副中心站、雄安西站等一批以地下铁路客站为中心的新型地下综合交通枢纽开发项目的建设,不断强化地下综合交通枢纽在城市地下空间开发中的节点作用,带动整个地下空间整合,串联城市功能,引领地下空间开发理论提升到新的高度。

参考文献

［1］刘曼曼. 城市综合交通枢纽地下空间功能布局模式研究［D］. 北京:北京建筑大学,2013.
［2］梁伟恒. 铁路客站地下集散空间设计研究［D］.广州:华南理工大学,2011.
［3］王珊,杨洁如,王进. 综合交通枢纽地下空间开发利用探究［D］. 北京:北京工业大学,2011.

一体化构建空铁融合综合交通枢纽

——成自高铁引入成都天府机场规划设计策略

金旭炜　周天星　王　甦

(中铁二院工程集团有限责任公司　成都)

摘　要：以高速铁路、城际铁路和快速轨道交通构成空铁融合的集疏运体系已成为大型枢纽机场交通系统的重要方向。本文以成自高速铁路引入成都天府机场为例，结合国际案例和海南东环线凤凰机场站、美兰机场站等实践，总结了在枢纽型机场采用空铁融合的方式立体集成、与其他多种交通方式一体化构建零换乘、全通式综合交通枢纽的规划设计的策略和技术重点。

关键词：空铁融合；立体集成；全通型综合交通中心；一体化

1　高速铁路与航空运输在国家综合交通体系中的竞合发展

航空港作为城市的重要对外交通枢纽，是航空运输方式与其他运输方式之间有效连接的最重要的节点。近年来，我国航空客、货运需求随着科技及经济实力的快速发展处于高速膨胀的时期。2018年，全国千万级机场数量达37家，旅客运输量达6.1亿人次，首都机场突破1亿人次。空港规模和航班密度的快速增长对空港相应的集疏运能力提出了更高的要求，空港交通网络正向着多模式、综合化的方向发展。

按照《铁路"十三五"发展规划》，到2020年，铁路网规模达到15万km，其中高速铁路3万km，覆盖80%以上的大城市。实现北京至大部分省会城市之间2~8 h通达，相邻大中城市1~4 h快速联系，主要城市群内0.5~2 h便捷通勤。城际铁路发展速度在增快，各地正积极把城际铁路作为高速铁路网的补充，促进区域之间的便利连接。随着铁路交通与城市的发展更加密切，市域铁路、铁路公交化运营等也在逐步发展。2018年，全国铁路完成旅客发送量33.7亿人，同比增长9.4%。高速铁路、城际铁路、市域铁路和普通铁路构成了中国综合交通体系最重要的网络，成为旅客重要的出行选择(图1)。

高速铁路的发展，一方面形成了与航空业的竞争。机场运输在中长距离中具有优势；但是高铁以安全性、舒适性、时间性、全天候的特点在中短距离上更具有优势。例如西成铁路开通，成都与西安之间航班几乎全部取消。另一方面，高铁与航空的竞争促使双方不断地提升服务水平和服务质量。随着快速铁路密度增加，网络逐步完善，航空与铁路之间从竞争更向着互补合作发展。空铁融合逐渐成为航空港综合交通发展的重要方式。

图 1　2006—2025 年全国铁路营业里程(单位:km)

2　空铁融合是解决枢纽型航空港多圈层综合交通的重要路径

枢纽型机场是位于国家的政治经济中心或特大省会城市,旅客年吞吐量达到 3 000 万人次以上,或远期规划年吞吐量在 4 000 万人次以上,服务范围超出城市延伸至经济辐射区域,而且通常都必须要引入多种交通方式换乘,不仅要求空港承担集疏运终端作用,还要拥有一定的综合换乘能力。其对应的综合交通网络具有不同于一般交通衔接网络的特点:

(1)时效性。航空服务于时间价值高的旅客及货物,对时间的要求高。

(2)可达性。机场客流具有多方向性,客源来自四面八方,且要求在短时间内准时往返于机场和服务区,这对机场的陆侧交通服务系统提出了更高的要求。

(3)区域性。空港面向城市群服务,服务辐射腹地范围广。特别是枢纽型机场不仅仅面向单个城市,更面向区域的城市群和跨域城市间服务。

当机场年吞吐量超过 3 000 万人次以后,仅利用机场高速公路对客流进行疏解远不能满足旅客需求。强化机场与区域综合交通网络的衔接,是枢纽机场发展规划的核心任务。目前,大型机场的对外交通方式正在由以连接城市道路网的汽车交通为主体向以轨道交通为主体、多种方式并存的网络化交通衔接体系方向发展。将铁路引入机场的空铁融合方式更成为枢纽型机场发展的必然选择。从国际经验来看,以高速铁路、城际铁路和快速轨道交通构成空铁融合的集疏运体系已成为大型机场交通系统中的重要方式。

德国法兰克福国际机场位于欧洲的心脏地带,是欧洲最重要的四大枢纽机场之一,也是欧洲连接各国际航线的主要枢纽。2017 年,旅客吞吐量达 6 450 万人。机场综合交通系统引入了 1 条铁路、2 条地铁等多种交通线路。铁路可连接德国各大城市并通往欧洲其他国家。法兰克福机场采用以铁路和轨道交通为主的集疏运模式,其中铁路及高速铁路分担率接近 30%(图 2)。

荷兰史基浦机场航站楼地下设置了普速铁路和高速铁路。地下火车站 15 min 可将乘客运送到阿姆斯特丹市中心火车站,并有发往荷兰各地以及周边国家的车次。同时机场线与欧洲高速铁路网相连,可通过高速铁路连接布鲁塞尔、巴黎等地,进一步扩大了史基浦机场空铁联运的覆盖范围。2017 年,客运量达 6 700 万人,铁路分担率约占 25%。空铁融合的综合交通体系扩大了

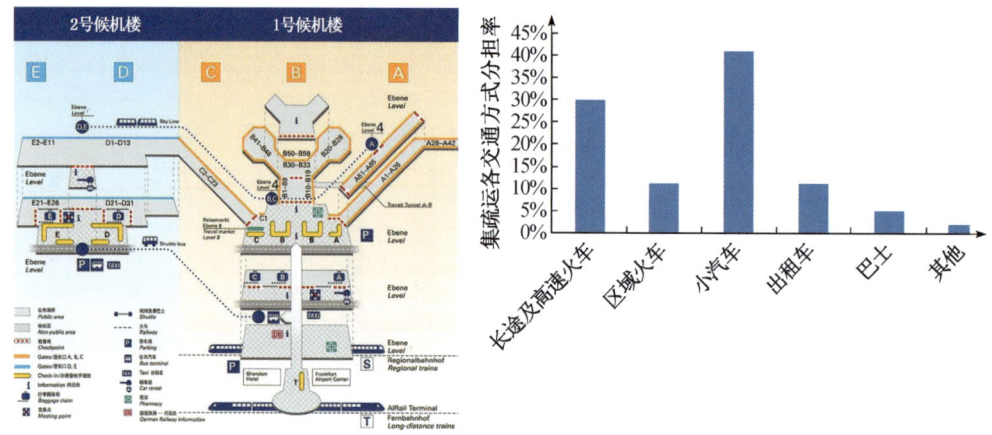

图 2 法兰克福机场布局与交通方式分担率

机场的客流吸引,仅次于伦敦希斯罗和巴黎戴高乐机场,成为欧洲最繁忙的国际枢纽机场之一(图 3)。

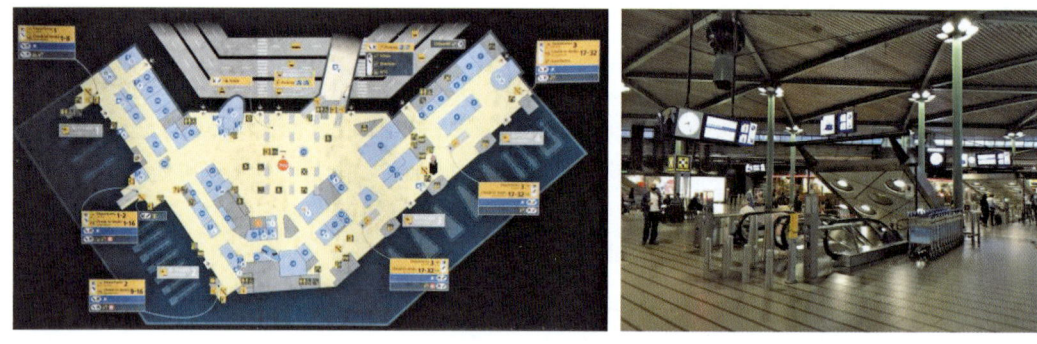

图 3 史基浦机场布局与车站空间

空铁融合将铁路速度快、站点多和飞机长距离快速直达的特征结合,高速铁路网与航空运输网有效衔接,形成空铁一体化运输网络。快速铁路网解决城市圈和城市间的中短途旅客运输,而枢纽机场解决国内国际长途旅客运输,通过"双高"互补,拓展航空运输和铁路运输各自的辐射圈。

枢纽机场采用空铁融合的综合交通体系,高速铁路、城际铁路能快速将旅客送到周边较远的城市和公路旅行时间较长的区域,极大地缩短旅行时间,扩大了机场辐射的腹地范围。空铁融合使近距离的航空运输客流大幅度转移到铁路系统,极大地增加了铁路的客源。同时随着机场辐射范围的扩大也为枢纽机场提供了更广阔的客流保证,达到整体综合交通体系效率、能力和服务水平的系统最优。

随着中国综合交通体系的不断完善,航空港和高铁规划建设中在不断实践空铁融合的理念。上海虹桥枢纽首次将枢纽型航空港与高铁枢纽站结合布局,形成双枢纽+多轨道交通的综合交通体系。在海南东环线的规划建设中,在海口美兰机场设美兰机场站(图 4)。在随后的西环线规划中又引入三亚凤凰机场设站(图 5)。美兰机场站、凤凰机场站受既有机场建筑和设施限制，采用了近邻式布局。其中美兰机场站设于海口美兰航站楼的北侧，为地下两层双岛式站台车站，采用地下换乘通道与航站楼相连，距离航站楼330 m。凤凰机场站为地面站，采用高架人行桥与机场航站楼连接，连接长度约900 m。两站虽然受建设条件限制，换乘距离较长，但通过两站引入机场的规划使海南环线铁路将海南岛沿海重要的城市和经济聚集点与两个岛内大型机场相连接，实现全岛快速交通的高效接驳，支持全岛旅游和经济资源的整体开发，极大地提升了全岛旅游运输能力。数据显示年均60%以上的客流通过高铁站转乘飞机，在春节等假日及旅游旺季通过高铁站转乘飞机的客流达到80%以上。

图4　海口美兰机场站

图5　三亚凤凰机场站

在贵阳龙洞堡机场、成都双流机场等项目中则尝试采用高铁与轨道交通车站合设的方式，与航站楼紧邻式布局，尽量减少旅客换乘距离。在重庆江北机场T3航站楼规划设计中，应对枢纽型特大机场的客流需求，实践了快速铁路与轨道交通和其他交通方式一体化设置交通中心的方式。而在成都天府机场规划伊始，在综合交通规划中更加深入地贯彻空铁融合的理念，首次研究时速350 km的高速铁路下穿航站区，与航站楼和其他所有换乘交通方式整合规划构建全通型一体化空铁枢纽。

3　成自铁路引入成都天府机场一体化构建空铁融合综合交通枢纽

天府机场定位为中国第四个国家级国际航空枢纽，近期规划目标年为2025年，满足年旅客吞吐量4 000万人次、货邮吞吐量70万吨、飞机起降量34万架次的目标设计；远期规划目标年为2045年，满足年旅客吞吐量9 000万人次、货邮吞吐量200万吨、飞机起降量75万架次。定位为中西部门户枢纽机场、国家级国际航空枢纽、国际定期航班机场、中西部地区国际货运口岸机场。天府国际机场位于成都市东南方向的简阳市，场址离成都市中心直线距离为51.5 km，与双流机场相距50 km，距离成都东客站直线距离约42 km，距规划天府新区天府站约30 km。建成之后成都天府国际机场将成为国内外同等级机场中，距离市中心最远的机场之一。因此，在规划阶段便确定必须要建设与国家级国际航空枢纽和中西部门户枢纽相适应的综合交通运输体系，支撑天府国际机场更好地依托成都、服务全省、辐射中西部地区；确保天府国际机场综合枢纽对外交通衔接的畅通高效，为将成都天府国际机场建设成为中国西部具有国际竞争力的第一机场提供有效支撑(图6)。

图 6　成都天府机场示意

3.1　空铁轨融合构建多层次交通体系

根据天府国际机场功能定位、四川省铁路网规划、天府国际机场场外综合交通规划及铁路客流预测成果,深入研究天府国际机场场外铁路系统规划方案。在常规公路体系之外,天府机场规划了两条轨道交通连接成都市区以解决中心城区与机场的通道。从更大范围则通过规划高速铁路、城际铁路多层次衔接方案,以服务省域乃至省际客流,构建便捷高效的天府国际机场铁路集疏运系统,使天府国际机场区域铁路对接西部路网、衔接区际通道,打造集客运专线、城际轨道、城市轨道交通及其他交通方式于一体的交通综合体,形成以成都天府国际机场为区域重要节点,贯通南北、横贯东西的区域铁路网结构。

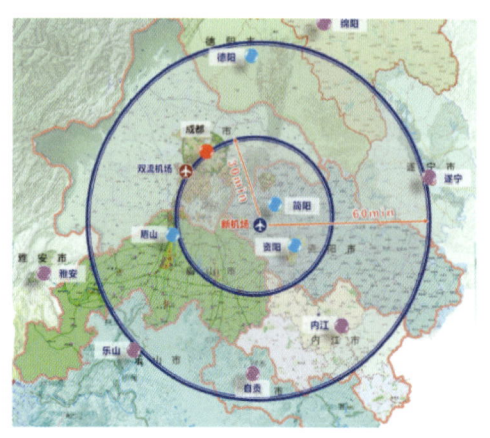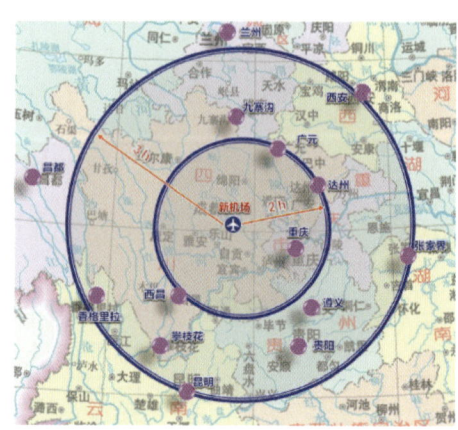

图 7　对外发展时间交通圈示意图

（1）200～800 km,以客运专线衔接,连接重庆、昆明、西安、贵阳、武汉等省际城市;

（2）100～200 km,以城际铁路、高速公路衔接,连接川南、川东北、川西等省域城市;

（3）100 km 以内,以市域铁路、城市轨道交通、高速公路、城市快速路衔接,快速连接成都主城区、天府新区、双流机场等重大城市节点区域。

高铁规划引入新建成自高铁,成达万客运专线、接入成渝高铁,通过进一步完善西南地区铁路网,将与西南路网中的川南城际、成绵乐、贵广、沪昆、渝昆、成贵等高标准的客运专线贯通后,将吸引西南地区川、渝、云、贵等地乃至西安地区的机场客流,大大提升成都天府国际机场作为区域性枢纽机场的运输地位。

图 8　天府机场位置示意

3.2　立体下穿实现空铁零换乘接驳

天府机场采用了南北为主轴的四航站楼的布局形式,而拟引入的高铁线路主要呈东西走向。从线路经济性、工程可实施性,特别是铁路车站与航空港的换乘功能出发,在规划过

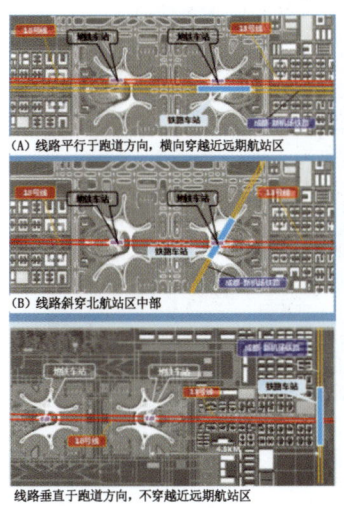

图 9　天府机场布局示意

105

程中进行了多方案比较。例如:分离式布局方案虽然降低了工程难度,减少工程协调。但车站远离航站区,旅客需要利用大巴或地铁进行二次换乘,不能实现空铁融合快捷换乘的功能。沿机场南北轴线进出设站的顺向布局方案则造成高铁线路绕行,影响全线的行车效率。最终,为了实现零换乘的空铁接驳,天府机场段线路和车站创新采用了斜向下穿航站区在航站楼前交通中心设站的方案,这也使天府机场站成为世界上首个高速铁路下穿机场起降跑道、航站楼、综合交通中心和工作区的车站。

3.3 多式集成构建全通型综合交通中心

高铁车站采用地下车站形式设于T1航站楼、T2航站楼站中部的综合交通中心。该综合交通中心包含成自客专天府国际机场站、地铁13号线、18号线车站、出租车站、网约车与社会车辆停车场、无人智能接驳小车、机场巴士站、长途大巴站、长途汽车站、商务酒店以及机场下穿道路等所有的交通换乘方式。交通中心设计以综合换乘大厅为核心,立体利用地下和地上空间,将所有交通场站进行集成式布局,形成全通型的综合交通中心。成自客运专线天府国际机场站站台位于交通中心地下二层,候车厅位于地面一层。地铁车站站台位于交通中心地下一层。铁路车站站房候车厅、地铁站付费区、非付费区组合成交通中心的中心换乘大厅。铁路站房到T1航站楼和T2航站楼换乘距离均控制在240 m以内,步行时间 4 min。换乘大厅周边设置出租、大巴和社会车辆等其他交通方式。换乘大厅内还设有航空值机柜台、铁路进出站口等服务设施。

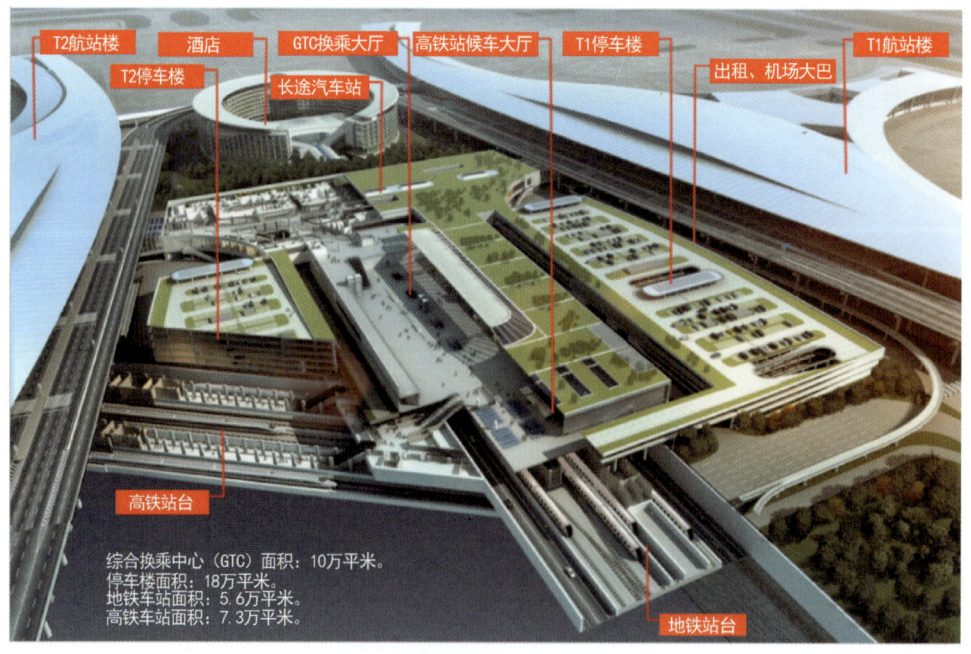

图 10 全通型综合交通中心

铁路车站位于综合交通中心地面一层、地下一层、地下二层。站场规模为 2 台 6 线(含 2 条正线),车站站台层长度 510 m,宽度 66.8 m,车站站厅层开间:112.5 m,进深:54 m。建筑面积:77 761.41 m²,车站咽喉区面积:35 076 m²。地铁 13 号线、18 号线车站共地下一层,地上一层。在换乘大厅上方 8.000 m 层为与航站楼连接的连廊、长途汽车站、出租车站进出口;长途汽车站、社会大巴入口;快捷酒店、商业、社会停车楼旅客进出口(图 11)。

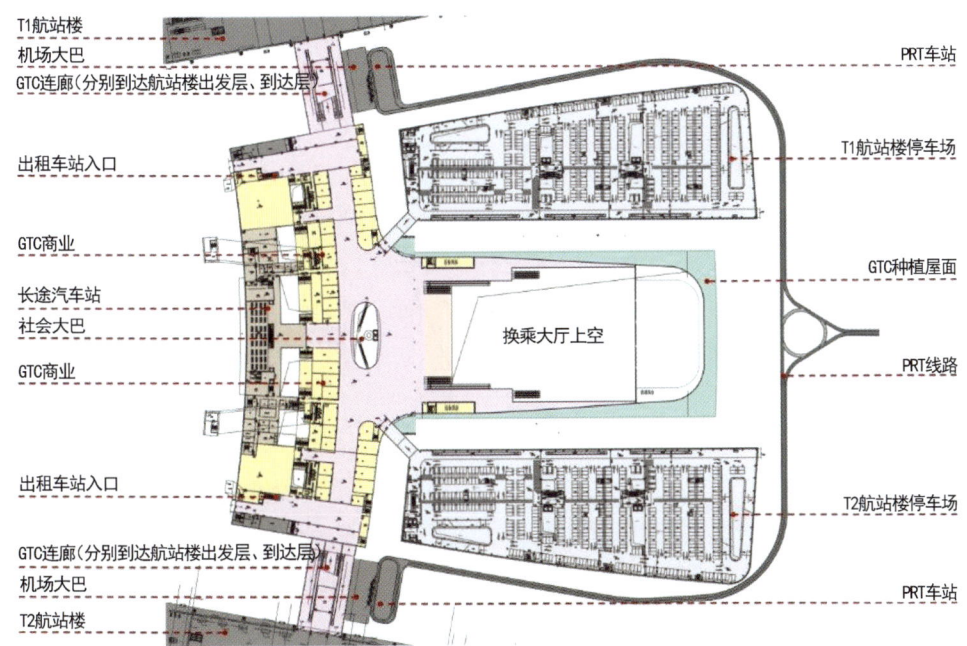

图 11 综合交通中心平面布局(1)

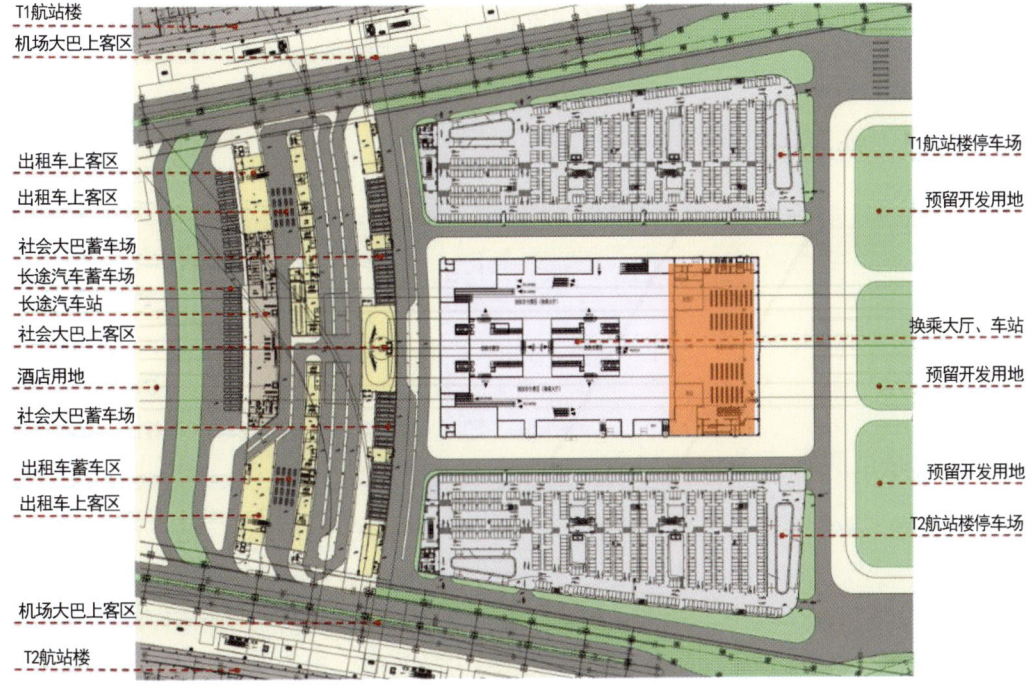

图 12 综合交通中心平面布局(2)

0.000 m 标高层主要设置:换乘大厅;铁路车站的售票厅、售票用房、售票设备用房、集散厅,候车厅,出站厅;地铁车站站厅、商业、设备管理用房;社会停车场;出租车蓄车场;长途汽车站站台层;机场大巴上客区、社会大巴蓄车场等(图12)。

－10.610 m 标高层:铁路车站旅客转换层、设备办公用房;地铁车站站台层、设备用房等,地铁车站有效站台长度为186 m,有效站台宽度:岛台14 m;设备用房等;穿场快速公路;社会停车场(图13)。

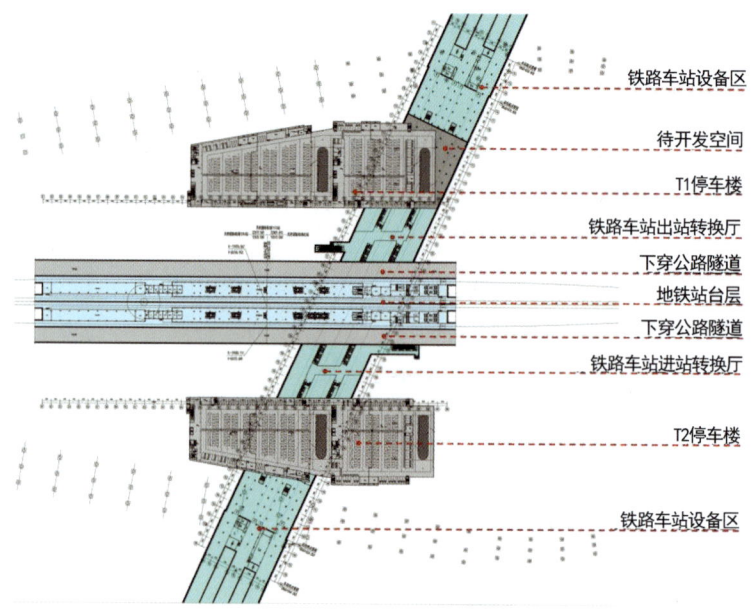

图13 综合交通中心平面布局(3)

－23.200 m 标高层主要设置:铁路车站站台层,为两座 450 m×16 m×1.25 m 岛式站台,正线2条,到发线4条(图14)。

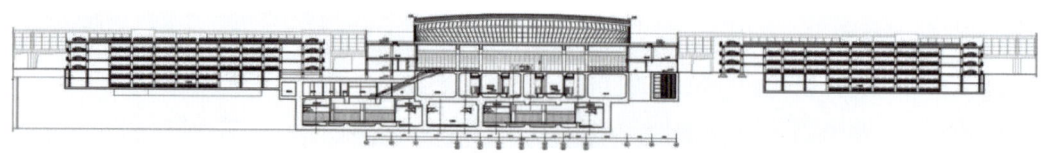

图14 综合交通中心剖面示意图

3.4 复合站型实现高效便捷换乘

天府机场站采用2台6线的地下车站站型。引入车站的线路包括蓉昆成自线、成渝高铁和市域铁路公交化运营等。其中公交化运营的市域铁路是成都枢纽利用铁路资源为城市提供市域交通服务、推动市域新型城镇化建设的重要措施。天府机场站引入市域铁路客流可以更加便捷快速地实现机场到成都市域范围内的其他城市和交通节点。规划建设中的市域铁路采用了与常规铁路不同的运营方式,不设候车厅、独立站台,与城市公交轨道一卡通、快速进出等公交化运营方式极大地方便了旅客，同时对车站设计提出了完全不同以往的功能需求。天府机场站站型设计在满足高铁运营服务功能需要的条件下，车站设计创新采用站台和进出站设施灵活可变的站型思路。在站台层设计中采用 16 m 站台，设双向扶梯，按照市域铁路引入条件，成都方向靠内侧站台面为市域化公交列车停靠站台部分。站台可根据需要分隔为高铁铁路和市域铁路两个站台面分别使用，高速铁路旅客仍维持候车厅和出站厅进出方式，而市域铁路旅客则从另一侧通道在换乘大厅单独的出入口快速进出站，市域旅客减少了购票、候车、检票环节，大大缩短通过时间。

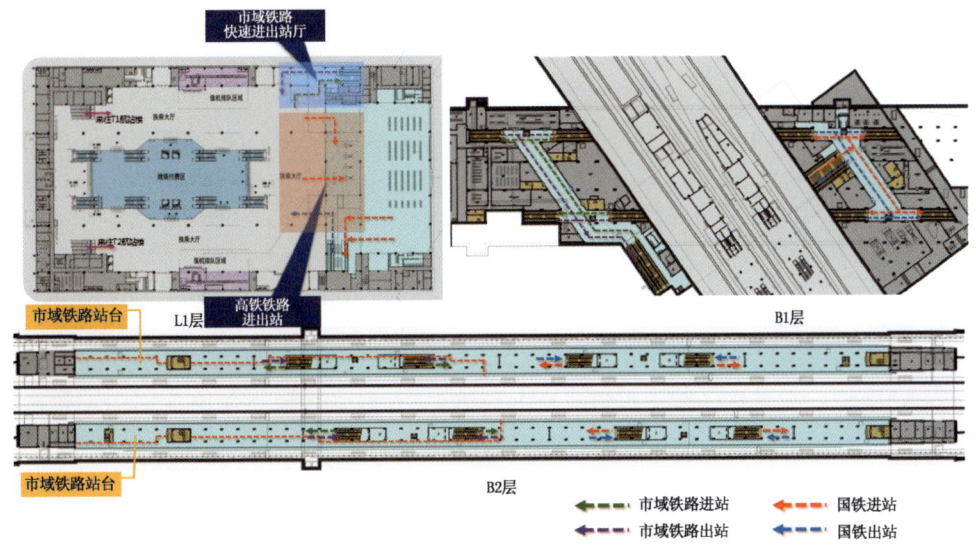

图 15　铁路车站布局示意图

3.5　构建空铁一体关键技术

成自铁路下穿成都天府机场，为国内首次高速铁路穿越跑道、航站楼和陆侧综合交通、服务设施。为了解决铁路与航空港设施之间的相互影响，需要一系列关键技术的突破性研究来实现空铁融合的目标。为此，通过科研创新针对性地开展了大型机场空铁联运交通枢纽布局优化、高速铁路下穿天府机场振动影响、减振轨道结构研究、飞机起降荷载作用下高铁隧道结构安全性、高速列车穿越车站隧道空气动力学效应、高速铁路下穿机场电磁干扰耦合影响等一系列关键技术研究。大型机场空铁联运交通枢纽布局优化研究主要对空铁联运模式、客流集散特性分析、枢纽机场的空铁联运评价方法和天府国际机场空铁联运衔接规划工程应用进行研究。高速铁路下穿天府国际机场振动影响及减隔振措施研究包括列车、轨道、隧道、大地以及构筑物多场耦合动力学模型、高速铁路环境振动特性研究、航空精密仪器设备服役环境微振动研究、无砟轨道减振结构研究、传播途径及受振体隔振措施等研究。飞机起降荷载作用下高铁隧道的结构安全研究包括飞机起降荷载特性及其主要影响因素、飞机起降荷载与隧道结构相互作用机制及其安全性研究等内容(图 16)。

天府机场站是世界范围内第一条下穿机场跑道的高速铁路，同时也是世界范围内第一

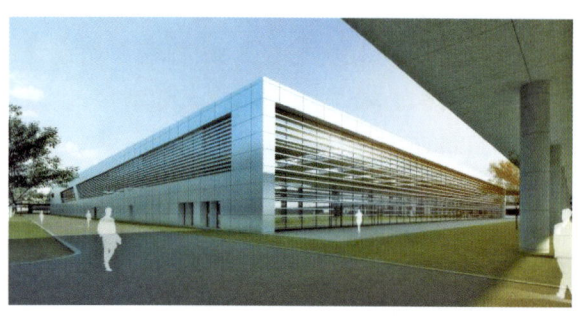 

图 16 车站与综合交通中心一体化融合规划

座采用明挖法联建的高铁隧道下穿机场跑道综合体工程。综合体工程关键技术的研究为天府机场综合交通枢纽工程建设、高速铁路和大型机场的空铁一体化融合提供科研创新支持。

4 结语

强化机场与周边综合交通网络的衔接是枢纽机场发展规划的核心任务。单一的公路体系已不能适应枢纽型机场客流与服务范围的需要,在航空港综合交通体系中更需要多种交通方式引入。包括:高铁、城际铁路、市域铁路、轨道交通、大巴、公交、APM、智能小车、出租车、网约车、社会车辆等。而空铁融合是解决大型航空港综合交通多圈层服务的路径,也是铁路网络不断完善后为旅客提供更加高效便捷运输服务的需要。空铁融合通过一体化规划,立体集合、充分利用地下和地上空间构建物理衔接无缝化、零换乘接驳的枢纽站点。高铁与航空不仅仅是相互竞争的影响,在区域层面,更多地体现出通过更加高效与便捷的无缝衔接、相互合作达到共赢的目标。

基于畅通融合角度的铁路客站枢纽交通问题实证研究

许笑冰　王凯夫　张少森　马　妍

[同济大学建筑设计研究院(集团)有限公司　上海]

摘　要：近年，随着铁路客运量的快速增长和人民群众对出行要求的不断提高，铁路客站枢纽在运营过程中出现的各类交通问题引起社会广泛关注。畅通融合即是现代化铁路客站枢纽的交通建筑功能要求，同时也是现代化客站首要建设目标。本文通过实证分析多个铁路客站枢纽出现的不同类型的交通问题，对铁路客站枢纽交通问题症结点进行了归纳总结，对问题成因进行分析，从畅通融合角度提出了解决问题的一些建议和应对措施，对建设畅通融合的现代化铁路客站枢纽提出一些适合的设计策略。

关键词：畅通；融合；客站枢纽；交通

随着铁路客运量的快速增长和人民群众对出行要求的不断提高，客站枢纽作为铁路对外形象和服务的窗口，在运营过程中出现的各类交通问题引起社会关注。对新时期现代化的铁路客站枢纽建设，中国国家铁路集团公司提出"畅通融合、绿色温馨、经济艺术、智能便捷"新的建设指导方针，其中，畅通融合作为现代化铁路客站枢纽的功能要求，同时也是其首要建设目标。畅通融合核心问题表现为交通问题的疏解，这也正是本文探析点所在。本文从畅通融合的交通疏解角度实证分析多个铁路客站枢纽出现的不同类型的交通问题，对这些交通问题症结点进行了归纳总结，对问题成因进行分析，提出了解决问题的一些建议和应对措施，对建设畅通融合的现代化铁路客站枢纽提出一些适合的设计策略。

1　畅通融合概念的提出及指导意义

1.1　畅通融合概念的提出

作为客站枢纽而言，畅通是其首要功能。随着中国铁路发展变迁，单纯的客站交通出行活动已经不能满足城市综合交通的需求，致使客站本体的交通服务功能扩展为城市综合交通枢纽的多元化服务，客站枢纽功能高度融合。畅通融合概念据此背景提出，而后中国国家铁路集团明确了对现代化铁路客站枢纽的具体要求①。总的来说畅通融合就是把站房建设与城市规划、周边道路、交通枢纽有机结合。认真做好综合交通枢纽规划设计,优化完善客站枢纽功能布局,促进铁路与其他交通方式紧密衔接;突出旅客出行体验,完善车站服务功能,为旅客营造良好出行环境。铁路枢纽总体规划布局、总体功能与交通、枢纽服务功能与品质等方面应采取多方位创新总体设计策略,以实现畅通融合的现代化交通枢纽建设目标。

1.2 畅通融合对铁路客站枢纽的指导意义

(1) 确立了精品客站建设的首要目标。纵观中国铁路发展历史,铁路客站建设在不同的发展时期,提出了不同的铁路客站建设指导方针。近期中国国家铁路集团公司依据国家新时代建设纲领,以前瞻性的高位思考,推出了响应时代的"畅通融合、绿色温馨、经济艺术、智能便捷"十六字的精品客站建设方针。其中,畅通融合是精品客站作为交通建筑的本质功能要求和首要建设目标。

(2) 确定了现代化铁路客站枢纽的重点研究对象。畅通融合是现代化铁路客站枢纽必不可少的功能要求。在这一精神指引下,铁路客站枢纽建设需要不断地总结经验与教训,在客站枢纽运营过程中,从畅通融合角度来对客站提出使用评价,这其中涉及的很多问题是我们未来客站发展的重要研究对象,其中交通问题作为其中核心部分,也是本文研究重点所在。

(3) 推动现代化客站人性化建设。畅通融合从基本上来讲是为了方便旅客,一切从旅客出发、一切为旅客服务为原则的前提下提出,客站建设最大限度方便旅客,突出旅客出行体验,完善车站服务功能,为旅客营造温馨、健康、舒适的出行环境。因此,畅通融合从本质上推动现代化铁路客站枢纽人性化建设。

(4) 促进了现代化客站建设与城市建设的协同发展。新时代畅通融合的铁路客站枢纽建设,让其与城市关系变成良性开放、互利模式,并蕴藏着深度融合、协同发展的巨大潜力。畅通融合的枢纽建设,在一定程度上促进了现代化客站与城市建设的协同发展。

2 铁路客站枢纽交通问题的实证研究

本文基于畅通融合角度实证分析多个铁路客站枢纽出现的不同类型的交通问题,并对这些问题进行了分析总结:总的来说铁路客站枢纽交通成效主要是规划、管理、建设、运营、设计、施工等各部门协同作用的结果,交通问题发生突出表现在规划管理、建设运营、设计施工各个阶段。

---

① 2016年6月,李克强总理主持召开国务院常务会议,对铁路发展针对性提出要求:"按照零距离换乘要求,同站规划建设以铁路客站为中心、衔接其他交通方式的综合交通体,形成配套便捷、站城融合的现代化交通枢纽"。2019年4月30日,陆东福等中国国家铁路集团公司党组领导同志在丰台站施工现场发表讲话要求:"要全面落实'畅通融合、绿色温馨、经济艺术、智能便捷'的客站建设要求,着力打造优质精品工程。要认真做好综合交通枢纽规划设计,优化完善客站枢纽功能布局,促进铁路与其他交通方式紧密衔接,最大限度方便旅客。要突出旅客出行体验,完善车站服务功能,为旅客营造温馨、健康、舒适的出行环境。要坚持集约、简约的原则,重视客站建筑造型和技术、功能的艺术体现,实现技术经济性和艺术经济性的完美统一。要加大信息化、智能化技术应用力度,提高设备检测、运输组织、旅客服务的智能化水平,让旅客出行更加顺心、舒心、满意。"

2.1 站区交通规划及管理方面

站区规划在铁路客站枢纽建设中承担了先行者的角色。站区规划是在一定时期内对铁路客站枢纽提出整体定位、土地利用、空间布局以及各项建设的综合部署、具体安排和实施管理,但是社会发展却是不断动态变化的过程,快速和大规模的客站建设在解决百姓出行的刚性需求同时,推进中国铁路客站面向国际,走上新的发展平台,在这一动态发展过程中也带动了城市的发展和客流量需求的持续增长。城市发展之快和客站枢纽建设之高速,这一系列的变化伴随着新的一系列问题的出现。问题的出现和不断的协调,最终才能达到特定区段的平衡。从规划管理层面来说主要总结问题如下。

1. 站区交通规划组织问题

站区的交通规划组织牵动着上至整个区域交通下至站内交通的各个层面。从规划角度来看,铁路客站枢纽一般都定位为区域的核心功能建筑,希望通过枢纽的建设带动整个片区的发展,而站区周边的功能建筑可能对整个站区交通产生比较大的影响。据报道,距虹桥站 2 km 的国家展览中心在举行第一届中国国际进口博览会时期客流猛增,导致以快速疏解能力著称的虹桥站进站匝道拥堵,拥堵影响辐射扩大致虹桥机场。另因虹桥站和会展中心公共交通主要由轨道交通 2 号线承担,在会展高峰客流时段,2 号线从徐泾东站开出后到虹桥站已经满员,无法继续上客,造成虹桥站内瞬时集散客流剧增,无法快速疏散[2]。

畅通是客站枢纽需解决的首要问题,客站枢纽与城市融合也是我们需要考虑的重点,因此站区的交通规划组织不仅要考虑站房本身,还需要融合城市,考虑与周边城市功能体的相互关系。对于设计者来说,需要从城市"大交通"的角度去分析和解决问题。

如兰州西站综合交通枢纽工程(图 1)设计,从城市"大交通"角度进行分析,对站区现状

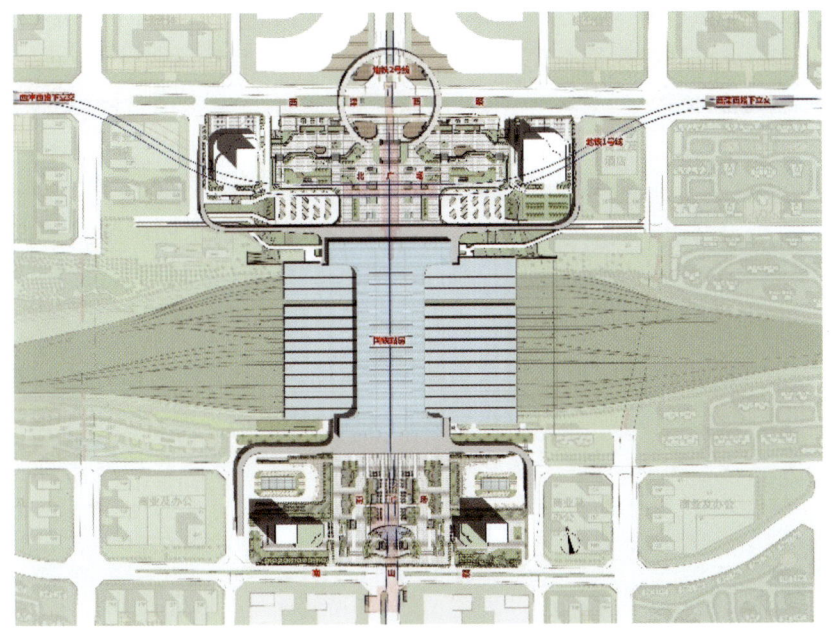

图 1 兰州西站总图

进行调研，以此为基础结合市政部门提供的资料进行仿真分析，进而对枢纽区域存在问题提出合理性建议和方案，从城市角度把站区交通疏解做流畅、做合理。通过对多种交通方式的综合设计，使其内部交通组织具有高度集成性，与铁路站房紧密衔接，有效解决了车站与城市的有序衔接。从城市"大交通"的角度出发完成的兰州西站实现了客站综合交通枢纽与城市的有机融合[3]。

2. 站区交通规模测算和发展匹配度问题

由于前期站房建设对未来客流量预测出现偏差，站区规划的交通总运量过于保守或者过于激进，在一定时期与城市发展不协调，造成站房枢纽客流量过多或者过少。高峰时段客流量过多引起一系列拥堵问题，主要发生在一些省会级大站或者市中心相对早期的站房，大部分由于城市发展进程过快，站房交通容量远远不能满足现时需求。既有站房通过一些后置措施来疏解交通。如武汉站的高架送客车道采用4车道布局，车道规模偏小，为了解决高峰时段送客匝道拥堵问题，车站加大了对东、西两处进站高架平台的交通管制；春运期间在西广场设置"高峰日落客区"来避开高架进站平台拥堵①。后置措施从一定程度疏解了部分交通问题，但由于其基于既有平台的受限性，从长远来看，站房运量发展与城市发展的匹配度是我们需要继续研究的问题。

3. 交通运营管理问题

(1) 站区交通总体管理经验欠缺，站区设计与规划配套缺设计总体。

不同城市管理水平对交通成效控制有显著区别，站区的交通管理涉及铁路与地方多个部门的配合更加复杂。站区交通总体管理经验对于客站枢纽的交通梳理尤为重要。从站房枢纽建设层面来说，交通智能化系统先进技术的引用，让交通系统更加智慧便捷，或许能缓解不少问题。从站房枢纽规划设计层面来说，客站枢纽和城市配套工程等需要同步规划设计，一张蓝图绘到底。有一个设计总体对整个枢纽工程进行控制非常必要，对不同的设计主体协调统筹，才能让站房核心区交通与周边设施真正无缝衔接。

例如郑州南站站房枢纽工程（图2），其广场、周边道路、配套设施、轨道交通等都隶属于不同的设计主体、施工单位和建设管理部门，界面十分复杂。在暂缺设计总体的前提下，如何让郑州南站实现畅通融合的目标，对于设计者而言，需要把自身假定为设计总体去充分协调各方关系，促进各交通体的紧密衔接，加强合作、积极配合，一条龙服务，责任到底。

(2) 站区交通工程在运营过程之中存在实际问题。

站区交通管理方案在运营过程中也可能存在一些实际问题，配备人员不足、设备老旧、信息不流通、定价原则等都会大大影响交通疏解的效率。对此我们对虹桥火车站P9和P10停车库进行实地调查统计数据如下：调查期间平均进出库车辆规模为11 270辆/日，最大进库车辆规模为11 256辆/日，过夜车辆平均488辆/日，过夜车辆最多为1 023辆/日，车位平均周转率3.7次/日，最大周转率为5.7次/日（图3），另外关于停车收费标准统计如表1所示。

---

① http://www.cjrbapp.cjn.cn/wuhan/p/74883.html 武汉火车站进站高架平台严管制，西广场"高峰日落客区"可避拥堵 2019-02-02 19:22 长江日报 胡蝶。

图 2　郑州南站总图

表 1　虹桥火车站 P9、P10 停车库收费标准调研统计数据

停车时间	收费标准
首 2 小时内	10 元/小时
超 2 小时后	5 元/小时
24 小时内	连续计费上限 10 小时,最高 60 元
第 24~48 小时内	连续计费上限 14 小时,最高 80 元
第 48 小时以上	5 元/小时

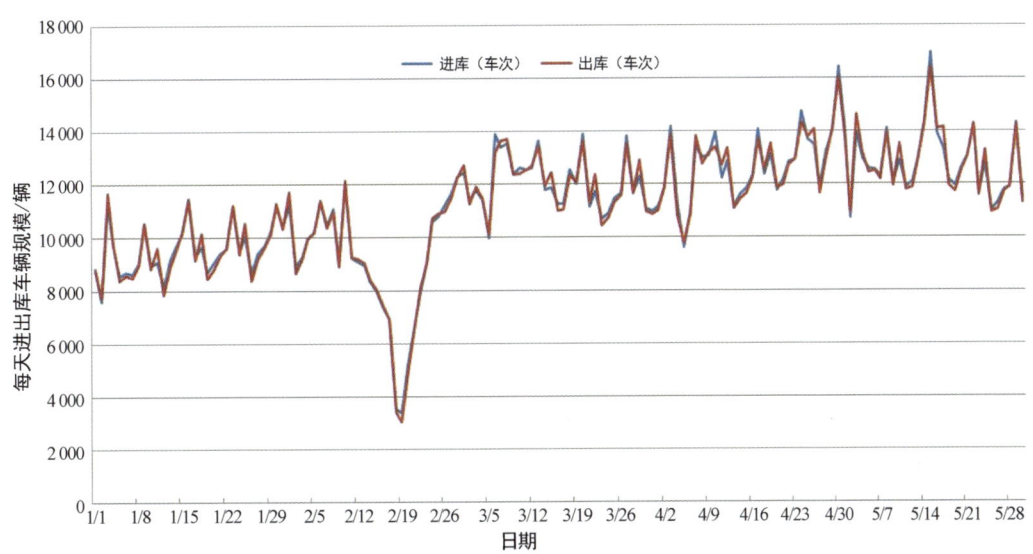

图 3　虹桥火车站 P9 和 P10 停车库进出库调研统计数据

115

基于调查数据显示过夜停车量占比达4%。可见过夜停车费偏低诱导过夜车辆长时停放让车位紧张问题更为严重,来往车站的出租车费可能远远高于过夜停车费,所以很多车主不愿意打车而选择直接停在站内,不利于车库快速周转。

2.2 站房交通配套方面

站房交通配套问题突出表现为配套规模不足或者配套不成熟。交通配套规模不足问题主要体现在配套车场规模不足和设施设备不足两个方面。配套不成熟则主要由于站房建设与市政配套建设不同步造成。

1. 站房交通配套不足

(1)社会车库规模不满足使用需求。社会车库规模不足是站内交通配套设施最突出的问题。车库偏小导致拥堵的问题在省会级大型综合交通枢纽中屡见不鲜。根据我们对虹桥站的车库实地调查,目前虹桥枢纽广场南北各设一个地下车库,分别为P9和P10[4],车库地面分别为大巴和公交停车。车库目前可提供小车位约3 000辆,地面大车车位约60个。这个容量已经达到饱和且远远不能满足现时需求,高峰时段车辆难以进入停车库,车辆排队回堵至高架环路。根据实地调查数据统计,我们对虹桥站进出旅客规模进行了分析:客流总量较均衡,设计高峰日系数为1.2,但单方向不均匀扩大,以发送方向计算,设计高峰日系数为1.3,以到达方向集散则为1.32,8:00—11:00是到达列车高峰时段,3个小时5万客流是常态,10:00—11:00是客流到达高峰小时,2万客流是常态(图4)。据统计,虹桥火车站的年旅客发送量已达6 200万。按照常规经验,年旅客发送量1万需配建1个停车泊位,即需6 200个泊位,虹桥火车站3 000个社会车位已远远不能满足现时需求。为解决停车难的问题,很多有经验的社会车都开往虹桥站周边的地块来解决问题,例如停在西广场边虹桥天地商业综合体停车场内。虽然解了燃眉之急,但是从便捷程度上来说的话则大打折扣。

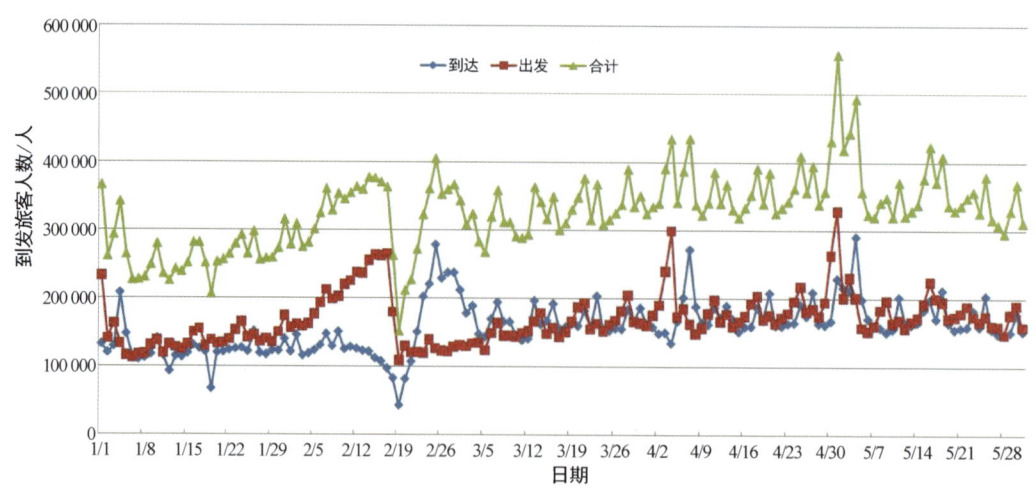

图4 虹桥火车站旅客到发调研统计数据

(2) 公共交通配套不到位。公共交通配套不到位一是公共交通配比不足;二是公共交通配套不成熟,交通配套工程建设跟不上铁路客站建设进度,很多新建站房已投入使用很久,而市政公共交通配套跟不上,造成旅客不便。根据我们对虹桥站的实地调查结果统计,实际上现在大型客运枢纽还是以公共交通为主导,特别是轨道交通[5]。已形成公共交通为主导的交通方式结构,公共交通占比高达77%(图5)。所以城市对公共交通的投入度及完成度也制约着铁路客站枢纽的便捷程度,配套交通的同步建设非常关键。

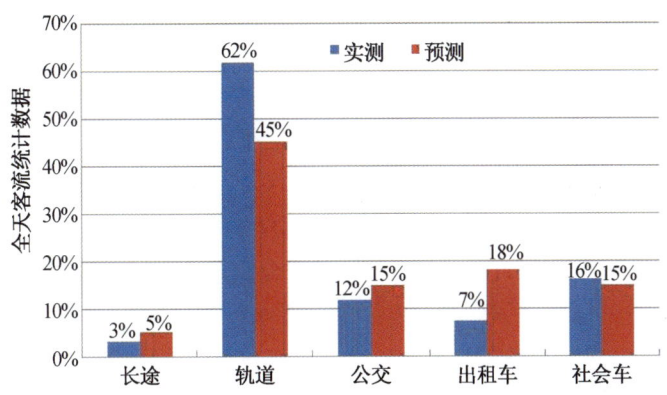

图5 虹桥火车站交通方式全天客流统计数据与预测数据对比

交通配套工程是畅通融合客站枢纽缺一不可的组成部分,配套工程建设滞后直接影响客站枢纽的使用评价。例如近年投入使用的重庆西站(图6),虽以站房本体的高品质完成广受旅客好评,然而由于其市政配套工程建设的滞后,进出站区交通不便,城市公交换乘能力不足,缺少中运量城市轨道交通,导致重庆西站交通枢纽在客流集散和换乘方面有很大欠缺,一时间,遭到旅客的热议和批评。由此可见同步交通配套建设的重要性。

(3)网约车通道问题。网约车是近几年出现的新的交通方式,因为方便交通量也在逐年上涨。网约车的管理不规范、设计没有考虑网约车通道引起车库拥堵也在很多站内出现。网约车问题频发,在晚上10点钟以后因公共交通的停运,一些比较偏远的旅客不得不选择

图6 重庆西站鸟瞰图

所谓的"黑车",而在大型站房枢纽内出租车的运量不能满足瞬时高峰需求,故网约车的需求量持续上升。规范化的管理和设计已经势在必行。

(4)出租车等候长。根据调查,出租车问题突出体现在运载量不够或者出租车场设计及管理方面。像虹桥站、北京南站等这些特大型的省会级客站枢纽,出租车排队时间长是常态[6]。根据我们对虹桥站的实地调查数据统计,出租车的运量占比仅次于轨道交通及社会车,此统计数据还不包括直接去周边地块解决的人流量,经常往返的旅客不愿意在出站层长时间排队而选择去西广场侧的虹桥天地打车。在虹桥火车站出租车排队时间超过20 min是常态。根据调查,虹桥火车站设置南北两处出租车道及联络通道,出入口处宽约

6.5 m,中间部分长度约 310.4 m。出租车站点候车区车道边长度约 277.4 m,路宽约 10 m,为 3 车道,人行候车区域为 2 m 宽。为了解决排队时间长的问题已采用单边两处上客点(图 7)。但是随着客流量的逐年上升,目前虹桥站的出租车排队现象还没有得到根本解决。对于像虹桥站这种特大型的铁路客站枢纽工程,出租车场地布置及运量考虑还是我们尚需研究探讨的问题。

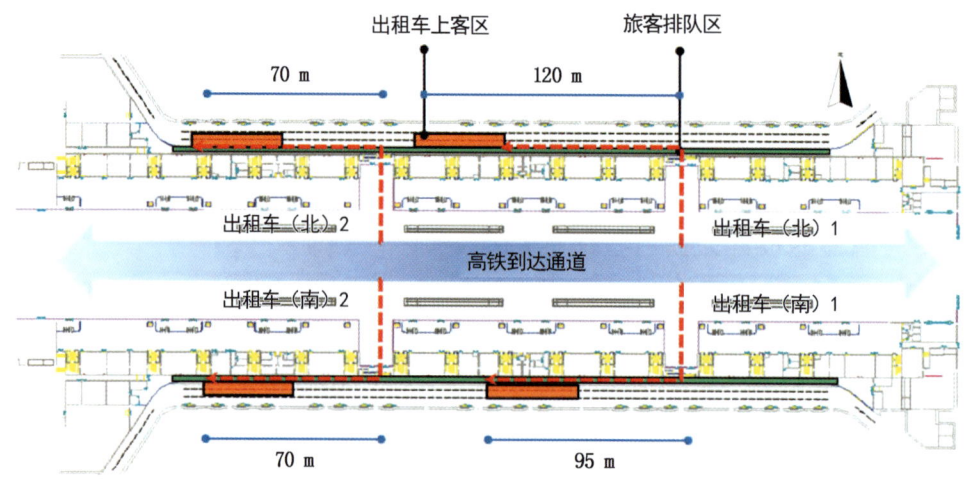

图 7 出租车车道双上客站点示意图

来源:《上海虹桥枢纽火车站出租车上客站点风险防控》,陈征

2. 站内交通配套设施设备不足

站内交通设施设备不足,主要出现在一些客流量较大的客站枢纽,国铁与各类交通换乘及车场内因设备不足经常出现局部拥堵问题。

(1) 进出库闸机数量少,进出站闸道拥堵。

根据实地考察,虹桥站 P9,P10 车库入口识别区均能满足高峰时段车辆入库需求,而 P9,P10 车库出口识别区因收费窗口不足,均不能满足高峰时段车辆出库需求,排队等候收费已成常态。20:00—23:00 停车库出口闸机收费处出现常态拥堵现象,国定假日等极端情况会拥堵至 B1 层。停车库出口收费区已不能满足需求,收费窗口需增加。前面提到的是出入口收费闸机设置过少,有些相同交通问题的引发则是人为管理引起的,有些站房为了控制管理成本,人为关掉一些出入口通道,造成拥堵。类似问题应从管理角度着手解决。

(2) 交通智能化水平低,信息不对称引发拥堵。

停车库管理智能化能大大提高车库的周转率,实现高效的目的。免取卡入场、车位识别、库内定位、导航、反向寻车、智能付费等功能,以及停车库的信息接入大交通系统,让来往车辆不至于因信息滞后无法提前收到停车库信息引起拥堵或让站区交通系统更加恶化。随着技术水平和城市经济实力的提升,相信站区交通智能化水平越来越高。

(3) 安检设备不足安检等候时间长。

安检设备的投放量直接影响安检排队的时间。现阶段国铁进站、国铁换地铁、地铁换国铁都需要安检,站内安检以及换乘安检速度较慢对旅客来说时空损耗较大。"安检互信、无缝换乘"工作越来越值得深入研究。在这项工作还没有真正落实的前提下,增派安检人员、增加安检设备、开通快速手检通道,来达到提高进站效率的目的。

（4）售票设备不足。

虽然现在网络购票和手机刷码进站大大缓解了传统售票处排队长龙现象,但是换乘购票排队长龙还是十分常见。我们在虹桥站实地调研发现,虹桥站地铁售票机旁排队人山人海,自动售票机数量远远无法满足快速售票需求。大型客运综合交通枢纽的换乘客流较大,很多外地旅客并没有本地交通卡或者设置手机支付功能,在地铁口排队买票占据了他们大约 20 min 时间。由此可见,增加售票机数量、增加单一票价的快捷购票窗口等方式也是十分必要的。

2.3 站房内交通设计方面

1. 落客车道的不充分利用

落客车道的不充分利用主要体现送客车辆集中在腰部进站口处或者前段入口售票处附近,造成送客车道前半段拥堵,而后半段又比较空。类似问题在很多腰部进站站房出现。一些站房运营期间也想了很多办法希望能解决这个弊端。例如郑州东站近期加设了车道间栅栏,让送客车辆必须开到中段区域才能下客,缓解了一部分拥堵问题(图8)。在设计阶段我们则可以根据这些实际出现的问题优化调整站房布置来缓解类似问题:如调整售票厅的布置位置,尽量往送客匝道出口段摆放,使送客车辆不至于集中在匝道入口处造成拥堵;另外也可调整腰部进站的入口数量,集中在一处主入口进出容易造成车辆集中拥堵。如郑州南站铁路客站枢纽为解决高架送客车道局部拥堵问题,采用了"全区域落客设计"理念:设计参照了机场落客平台进出模式,充分利用落客车道水平有效长度,采用多入口分流进入方式,大大提高了使用效率[8](图9)。

图8　郑州东站车道边栅栏

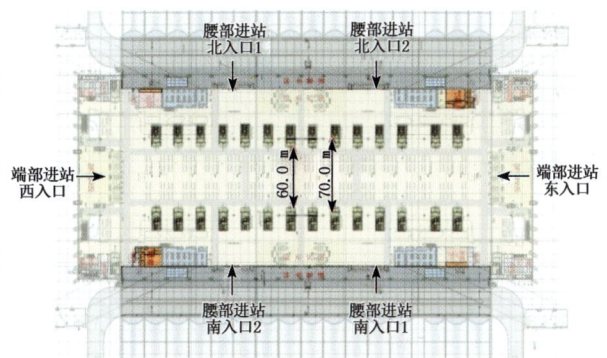

图9　郑州南站车道边多入口

来源:本院

2. 车场布置方案问题

在车场布置设计方案问题上,设计优化能大大提高车场的利用效率并减少拥堵。根据我们对虹桥机场和虹桥火车站停车场和出租车道设置情况调查对比分析,虹桥机场出租车和社会车场 P6 和 P7 使用效率高于虹桥火车站。主要原因总结如下:

(1)出租车换乘通道:采用直线型上车道上客效率比岛式上客效率慢,虹桥火车站采用直线型通道模式(图 10),每次上客车辆数 3~6 辆,而且还取决于客人的上客效率,总体上客效率偏低,导致排队时间长;虹桥机场采用岛式模式,每组旅客直接到发车位上客后可直接离开,不受周边车辆影响,效率较高,但是场地较直线型占地面积大。

(2)车场内部布置问题:虹桥火车站 P9,P10 停车场和机场 P6,P7 停车场相比常年拥堵,我们调查发现可能存在如下问题:①建设规模相对小:建设规模仅为实际需求的一半;②总体布局功能不全面:设计阶段未考虑收费排队区、快速接客区等停;③细部设计欠考虑:停车库出口收费区不能满足需求,收费窗口需增加;④交通组织较混乱:停车库内部存在大量交通交织点,局部路段交通流量过于集中,以坡道接地点以及车道边通道尤为突出;⑤停车库内部交通组织过于复杂:局部区域停车进出交通流线过于绕行,增加场库交通压力(图 11);⑥标志标识不系统:设备遮挡标识严重,标志连续性差,停车方向标识铺天盖地,行驶方向标志几乎没有;⑦智能化水平较低:库内定位、库内导航、反向寻车、智能收费等欠缺。

因此类似大型停车库设计阶段优化组织流线,同步开展交通专项评估研究,仿真模拟运行状况,识别交通瓶颈点,优化设计方案是铁路客站枢纽设计的关键环节,也是需要研究的重点。

图 10　虹桥火车站社会停车场　　　图 11　虹桥火车站 P9 社会停车场

3. 换乘流线问题

换乘流线问题突出表现为换乘时间长或不便利,旅客的换乘体验感较差。由于国铁和配套交通设施一般分别由铁路方和地方负责建设,不同单位设计和建设导致工程衔接常出现偏差,衔接不足致换乘不便。此外,一些特大型、大型客站枢纽各类车场尺度较大,服务配套占地面积大,旅客换乘步行距离较远,导致换乘时间长。

换乘动线过长让旅客感觉疲惫,因此设计增加便捷度、增加行进路径细节设计,消除换乘过程的疲劳感十分重要。如增加风景文化宣传、广告创意、灯光变化、商业服务等措施让多变的节奏消磨行动路径的枯燥。另外,对于大型综合交通枢纽设计而言,由于其车场占地面积大,通过工程技术手段从根源上缩短换乘距离十分必要。例如近期很多大型铁路站房通过"路改桥"的做法,充分利用桥下空间,将站房枢纽配套车场放置于铁路车场桥下,让旅客能在站房下直接换乘,大大缩短了换乘的步行距离。

在设计中,大枢纽换乘流线组织中需要充分尊重"以人文本""以流为本"的原则,实现无缝衔接、便捷换乘理念,提升旅客换乘的舒适度,让枢纽体现畅通融合。例如宁波站枢纽工程设计,站区外部交通换乘主要围绕国铁换乘核心和两侧的城市交通换乘核心组织。宁波站地铁2号线、4号线换乘厅、南北广场公交、出租和社会车辆,其上下客区域均围绕三个交通换乘核心布置。这些设施使国铁和城市配套交通换乘实现了"无缝衔接,便捷换乘"。各类交通体的有序组织和紧密衔接,为宁波站及周边地区的交通换乘和出行提供了良好的条件,实现了畅通融合的目标(图12、图13)。

图 12　宁波站总图

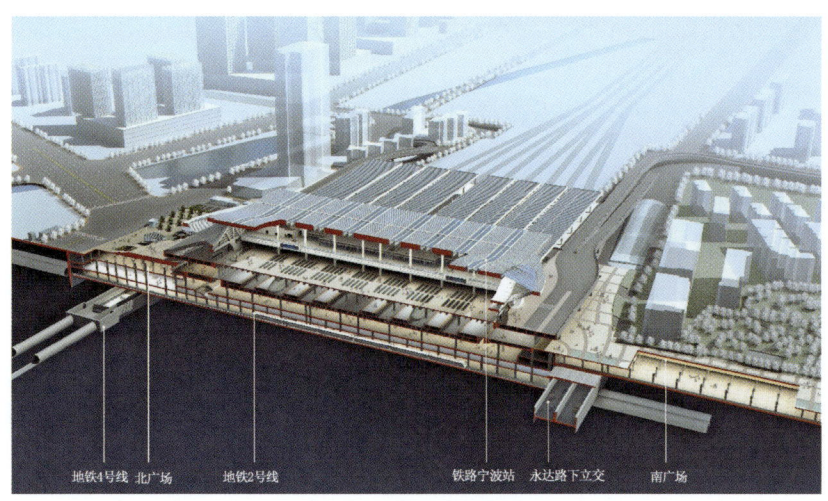

图 13　宁波站剖透视图

另外，创新的流线和换乘设计可缩短旅客的整体时间消耗。如郑州南站对进出站流线进行了优化设计，采用"上进下出＋下进下出"多维进站模式，提高了进站效率。从地面轨道交通、社会车等交通形式过来的旅客可直接通过快速进站厅进站，缩短了进站时间。另外设计采用"安检互认、便捷换乘"创新设计理念，站房设计在满足现有的国铁、地铁换乘相互关系基础上，设计预留了国铁、地铁安检互认情况下的互通通道，真正做到让国铁、地铁换乘完全"零距离"。类似的换乘流线的创新能让旅客出行更加高效便捷。

4. 站内交通空间利用问题

（1）进站空间不足：高架站房进站主要还是通过高架候车厅内的进站闸机快速下到站台进站，而进站盒子的空间布置对旅客的进站效率有很大的影响。据调查各大型高铁站房，进站盒子之间净距参差不齐，具体统计数据如表2所示。

表2　　　　　　　　　　　高架站房进站闸机净距调查统计

站名	站房面积/万 m²	候车大厅结构最大跨度/m	高架候车进站闸机净距/m
石家庄站	10.7	60	50
南宁东站	12	66	52
杭州东站	15.56	68.2	60
南昌西站	11.5	61	28
郑州东站	15	78	30
昆明南站	12	66	58
虹桥站	24	72	60

调查结果显示，进站空间净距越小，旅客进站排队越容易出现人流交叉进站拥堵问题。有些站房为了解决过于拥挤的问题，甚至将原来的双边进站改为了单边进站，大大影响了进站效率。为了避免进站通道狭小引起拥堵，虹桥站设计将候车大厅中间大跨扩到72 m，进站闸机净距拓宽到近60 m，候车通道宽度加大，大大减少了两侧旅客进站排队人流交叉相互干扰。

（2）安检实名验证空间不足：安检及实名验证空间不足导致进站拥堵是很多站房的现实问题，一些既有站房只能往外扩建门斗等方式才能安排安检或者实名验证通道。尽管未来安检及实名验证将会更加便捷，但从设计的角度来说，灵活的空间布局以适应不同阶段的需要也是必要的，设计阶段需要针对性地解决问题并适当创新优化。如长沙西站方案设计（图14、图15），创新采用"十字形"平面构型，解决了既有站型的进站广厅进深小，横向排队安检的模式，进站易拥堵、效率低下的问题；长沙西在"十字形"平面基础上，加大侧广厅的深度至72 m，可采用纵向排队安检方式。经计算机人流模拟的旅客安检时间缩短了一倍以上，极大提高了进站效率。这种"十字形"站房平面获得了更宽敞的安检及实名验证等进站空间，同时也让站房形象独特大气和舒适，提升了旅客的体验感。

图 14　长沙西站方案鸟瞰　　　　图 15　长沙西站进站空间室内

(3) 电扶梯运载量不足：电扶梯运量不足是很多客站枢纽存在的问题，进出站时乘坐电扶梯排队现象十分常见。如果在投资条件不允许的设计前提下，设计则尽可能从长远角度考虑预留未来加装电扶梯的条件。鉴于上述原因，考虑到高峰时段大量旅客因站房电扶梯运量低造成排队拥挤现象，郑州南站设计在计算满足使用要求的前提下，每个垂直交通厅多预留了一组电扶梯，以满足不同时段客运量的需求。为快速疏解客流，雄安站设计进站扶梯由传统的单边进站 1 楼 1 扶优化为 2 扶并行，出站扶梯由传统的一个站台 2 部升级为 4 部。

2.4　交通标识指引系统方面

交通标识指引系统的清晰、明确、连贯将直接影响旅客的行进效率。缺标识引导或者标识引导不清楚，标识引导不连贯，都容易造成交通误差和人员滞留。特别是铁路和地方市政配套交接区域，虽然涉及不同的管理部门，但是标识系统更应充分保持系统连贯性，避免让旅客在站内盲目寻找，绕道等，增加旅客滞留时间，不能快速疏解。

3　铁路客站枢纽交通问题总结与设计策略

3.1　铁路客站枢纽交通问题易发点总结

综上各实证案例出现的各类交通问题以及我院近期参与设计的各铁路客站枢纽项目设计与使用过程中遇到问题的梳理与总结，铁路客站枢纽交通问题易发点可用以下"五难"概括：

(1) 入场难：主要指进出站区核心区交通容易拥堵，进场车辆和出场车辆拥堵发生在站区周边的道路上。主要表现为站区进出站道路拥堵、送客匝道拥堵。与站区规划以及周边功能体布局有密切关系。

(2) 进出库难：主要表现为出入库口处拥堵，主要由于停车库规模不足，停车库收费窗口数量少或者进出闸机等设备投入不足，车辆进入枢纽车库时候，无法高效入场；另一问题主要表现为停车场本身设计存在不足，需要优化调整车库内部流线。

(3) 用车难：主要表现为出租车太少、出租车上客效率慢、排队时间长、网约车管理混乱,缺网约车专业通道。与出租车场测算规模、出租车通行流线布置、网约车设计可达性等因素相关。

(4) 换乘难:主要表现为市政设施配套不同步,造成换乘不易;另外还表现为大型枢纽客站场地占地大,换乘距离超长,旅客换乘体验感较差。

(5) 进出站难:主要表现为客站枢纽引导标识缺失或者标识不连贯,造成站内迷路;进站空间、安检空间不足、电扶梯运量不足造成进出站等候时间过长等。

3.2 铁路站房枢纽交通问题成因分析

1. 规划与设计脱节

站房设计审批过程中对配套市政工程规划缺少控制性设计要求。规划作为枢纽建设的先行者需要统筹整个区域,需设定规划层面总体把控区域的整体协调工作。

2. 站区设计与规划配套缺设计总体

枢纽分为铁路站房及多个市政工程,站房中标单位仅负责站房设计,无法在实施过程对枢纽的整体交通设计进行总控。

3. 站区设计与城市规划配套不协调

地方配套市政工程设计单位对铁路站房特点理解不足,无法完全满足站房对配套市政工程的需求。配套对接无法做到无缝换乘,换乘流线过长;配套建设进度和铁路站房进度不匹配,建设滞后造成站房枢纽工程服务品质达不到预期要求。

3.3 畅通融合客站枢纽交通设计策略与创新

1. 合理规划、统筹安排

(1) 合理规划,合理测算设施规模:车库的规模、流线设计与站房相匹配;规划积极响应社会发展,协调一致。

(2) 统筹安排,积极推动地方配套设施进度。从规划管理层面设定枢纽设计总体,对整个枢纽片区进行整体控制,一条龙责任到底。

2. 优化设计、把控细节

(1) 在设计层面上提出优化交通设施方案:如出租车上客模式优化,优化腰部进站进站点位布置、多维进站方式研究,创新设计布局等。

(2) 优化换乘模式及流线,让旅客的时空损耗减少到极限,真正从人性化角度出发提升旅客的出行体验。

(3) 注重站内交通配套设施品质建设,小细节体现大格局:优化交通设施设计流程,先总体后细部;重视大型停车库总体布局,落实各功能区、主通道、坡道布局;细化出口收费区设计,落实收费窗口、收费排队等候区、柱网设计;枢纽大型停车库优先布局快速接客区,谨慎使用接客车道边。

(4) 大型停车库设计阶段同步开展交通专项评估研究,仿真模拟运行状况。

3. 设计创新、保持先进

(1)站房空间利用创新:积极研究站房内部空间布局关系,充分提升旅客在站内交通的便捷度及舒适感。站房空间布局设计结合前期出现的实际问题进行优化,并对未来发展做出预判及创新,实现站房可持续利用。如"路改桥"设计充分利用铁路车场桥下空间;"十字形"平面构型提升进站效率。

(2)功能流线创新:从畅通融合角度出发设计研究枢纽的功能流线的再创新,如客货分流、多功能服务流线、上进下出和下进下出多维进站模式等创新理念的应用。

(3)积极采用技术创新,打造智慧交通:应从设计技术角度、智慧交通方面提升枢纽工程的使用效率,时刻保持枢纽的先进性。如大型停车库设计阶段同步设计交通标志标识系统和智能交通系统。

4 结语

(1)铁路站房枢纽以交通快速疏解为第一要义,解决交通问题是畅通融合铁路站房枢纽的核心问题。

(2)我国现阶段的铁路站房出行模式以公共交通为主导,枢纽交通设计需结合国情并具有可持续发展的空间。

(3)应积极主动参与地方配套设施方案建议,推进配套工程一体化建设。

(4)需要进一步研究智能化交通的应用技术,充分利用高科技实现高效率,跟上社会发展的步伐,保证建设质量,保障技术先进性,提升可持续发展能力。

参考文献

[1] 全国城市规划执业制度管理委员会.城市规划原理[M].北京:中国计划出版社,2011.
[2] 晴空.虹桥枢纽,我想对你说[J].交通与运输,2017(6):33.
[3] 王凯夫.兰州西站站房建筑综合设计[J].铁路技术创新,2015(5):62-63.
[4] 贾坚.城市地下综合体设计实践[M].上海:同济大学出版社,2015.
[5] 张少森.新建大型铁路客站地下空间开发模式初探[J].建筑结构,2013(10):171.
[6] 唐恒.从北京南站到杭州东站:铁路枢纽零换乘设计的探索与反思[J].智能城市,2018(7):48.
[7] 陈征.上海虹桥枢纽火车站出租车上客站点风险防控[J].交通与运输,2018(6):51.
[8] 马妍.浅谈大型综合交通枢纽设计创新:以郑州南站站房工程设计为例[J].建筑工程技术与开发,2019(7):347.
[9] 王凯夫.宁波站综合交通枢纽[J].城市建筑,2015(5):41-42.

线正下大型站房交通综合分析
——以佛山西站为例

孙亚伟

(中铁第四勘察设计院集团有限公司　武汉)

摘　要：佛山西站是我国最大的下进下出线正下式的火车站。本文介绍了枢纽的铁路站房布局及流线，各种市政配套交通设施的布局及流线以及各种换乘人流的组织等。探讨了针对佛山西站特殊交通场站条件如何实现综合交通枢纽由传统的平面布局向立体化布局转变；各类交通车流组织及与城市规划路网衔接；实现各类交通设施的"零换乘"和"无缝衔接"的规划设计理念，可为国内其他大型客运高铁枢纽的规划设计提供参考和借鉴。

关键词：综合枢纽；立体化交通；下进下出；换乘；佛山西站

1　概述

新一代铁路站房是集成铁路、城市公交、长途汽车、出租车、社会车、地铁等为一体的交通综合体。铁路综合交通枢纽的大型铁路客站，一方面要求车站与城市的交通系统全面整合，另一方面，车站与城市的高度融合与协调发展，成为城市发展的新动力。

随着大批的以高铁客站为代表的综合交通枢纽在我国快速建设，现阶段综合交通枢纽规划设计不统一、建设时序不同、运营管理不协调、衔接方式不顺畅等问题也日益被人们所关注。这类枢纽站具有多种交通设施换乘方式类别丰富，交通需求量大，交通组织复杂等特点。目前国内交通枢纽真正成功的构建交通设施衔接紧密，实现便捷、安全、高效的交通疏解规划的实践经验相对较少，缺乏科学有效的规范指导规划设计工作。

2　项目概况

佛山西站是我国最大的下进下出线正下式的火车站，广佛都市圈重要的客运枢纽，广东省面向西部的大门。我国铁路部门改制后，该站成了路地双方共同开发、共同建设、共同运营管理的先行试点项目(图1)。

车站共有贵广、南广、深茂铁路及广佛肇城际、广佛环线城际铁路共5条铁路线引入，10座站台23条线(含正线)，其中客专场6座站台15条线，城际场4座站台8条线，采用高架形式南北方向布置。枢纽整体由线下站房及雨棚工程(6万m²)、地铁3号线、4号线及地

图 1 佛山西站站区鸟瞰效果图

下空间开发工程（10 万 m^2）、综合交通枢纽配套工程（15 万 m^2）、南北侧站房物业开发工程（26 万 m^2）、南北广场以及周边路网匝道工程 6 部分组成。整个项目规模庞大、涉及面广、投资主体多、界面复杂、工期紧、建设时序不同、设计要求高（图 2）。

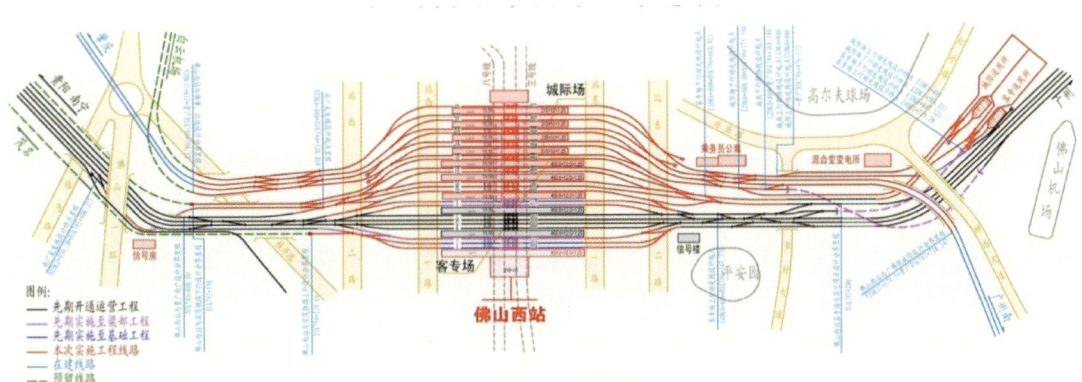

图 2 佛山西站站区总平面

车站总共分 5 层，地下二层为地铁 3 号、4 号线及站台，地下一层为地铁站厅及地下空间开发，地面一层为进站通道、进站厅、候车大厅及配套车场到达区域，地面二层为出站通道、出站厅、办公设备用房及配套车场出发区域，地面三层为铁路高架站台及雨棚。充分利用站台高架下方富余空间，布置各种交通场站设施，分层设置进出站功能，并将各类交通设施叠合，集约化、立体化布局，互不干扰，极大节省了城市建设用地，体现了"经济、绿色"的设计理念，佛山西站透视图如图 3 所示。

127

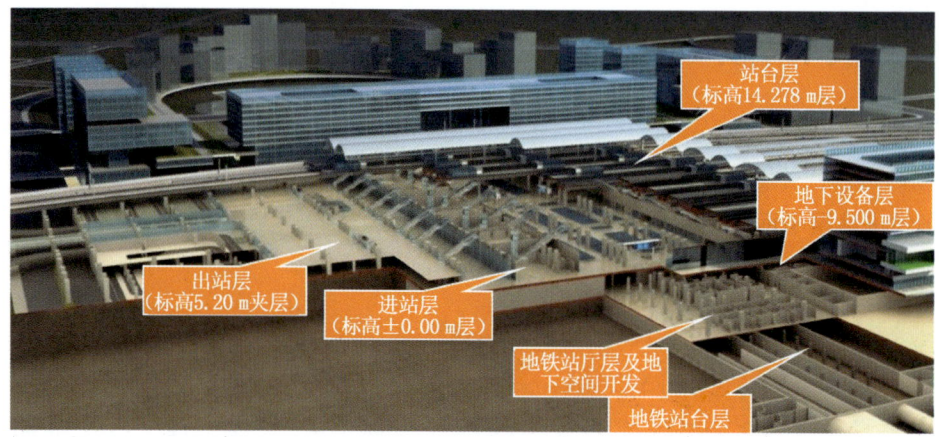

图 3　佛山西站透视图

3　佛山西站枢纽交通组织自身特点及重难点问题

按照佛山市佛山西站片区规划以及轨道交通线网规划,地铁 3 号、4 号线将接入佛山西站,在佛山西站房地下设置,与国铁车站实现零距离换乘。同时为更好地服务于国铁车站,配套的长途车场、公交车场、出租车场及社会停车场、支线巴士及机场候机楼等功能也有相互之间的便捷换乘的需求。

佛山西站铁路车场采用高架式,在交通功能上集铁路、地铁、公交、长途、出租车、小汽车等多种交通方式于一体。这类枢纽站具有轨道下方可利用空间富余,换乘交通方式类别丰富,交通需求量大,交通组织复杂等特点。因此佛山西站创新性地采用了站台下空间设计进出站、候车空间,并将交通设施集约化、立体化、一体化地进行设计。目前像佛山西站这种线正下式的特大型客流密集的铁路枢纽交通组织研究在国内目前尚属首次。交通组织的主要特点有:线正下式的车站布局;各种市政配套交通设施多;枢纽与城市物业开发相结合;交通流、客流密集;功能复杂。如何在有限地块内协调好接驳场站布局,使周边城市道路交通顺畅,场站内、外车流、人流组织更加高效,最大限度地方便旅客换乘,节省旅客出行时间,是设计阶段重点研究解决的问题。

针对佛山西站特殊的场站条件,在交通组织方面需要解决如下几个方面的问题:

(1) 各类配套车场规模及位置的确定,各类型配套车场与铁路站房相结合,如何布置规划更合理、用地更省、效率最高。

(2) 各类配套车场的车辆在周边道路上如何行驶,道路交叉口的车流如何组织立交、各类场站出入口如何布置才能效率更高。周边道路如何形成一个整体而有效的总体交通组织方案。

(3) 各类配套交通设施复杂,进出交通量大,如何进行车场内部交通设施组织优化,合理组织车流,以保证到发交通的顺畅高效。

(4) 各种类型的换乘人流采用何种换乘方式效率更高,距离更短。

4 铁路线下站房设计及流线分析

4.1 平面功能布局

车站进站层平面布置如图 4 所示。

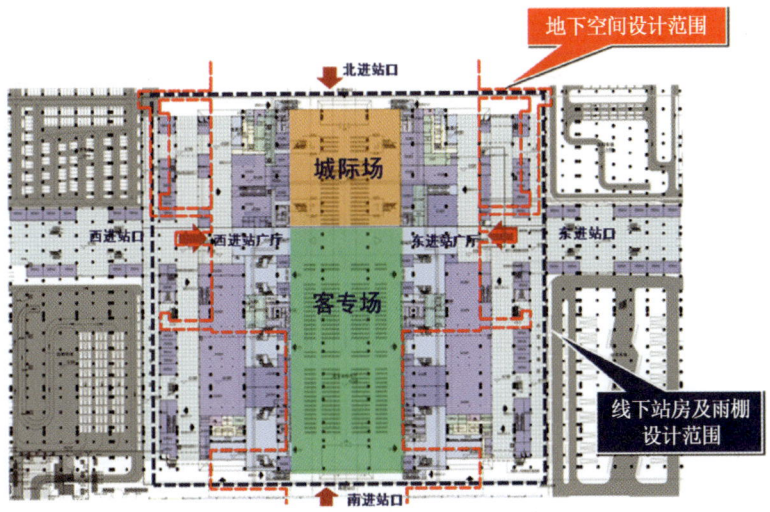

图 4 车站进站层平面布置图

4.1.1 0.000 m 层（进站层）

地面 0.000 m 为进站层，分为客专场和城际场，可通过东南西北四个方向的进站口进站购票及候车。

4.1.2 5.200 m 层（出站层）

车站出站层平面布置图如图 5 所示。

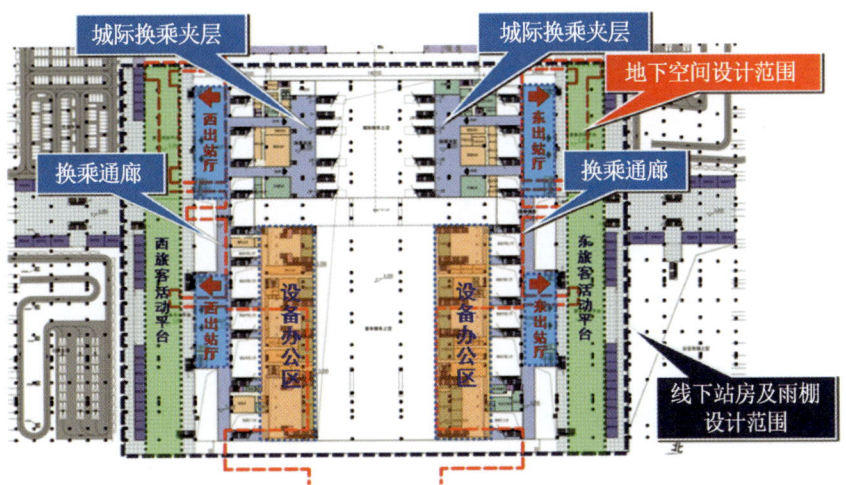

图 5 车站出站层平面布置图

5.200 m 为出站夹层,包括城际换乘夹层、换乘通廊、出站厅、旅客活动平台及设备办公区。

4.1.3　14.278 m 层(站台层)

14.278 m 为铁路站台层,其中基本站台至六站台为客专站台,7 站台至 10 站台为城际站台。客专站台长 450 m,城际站台长 210 m(图 6)。

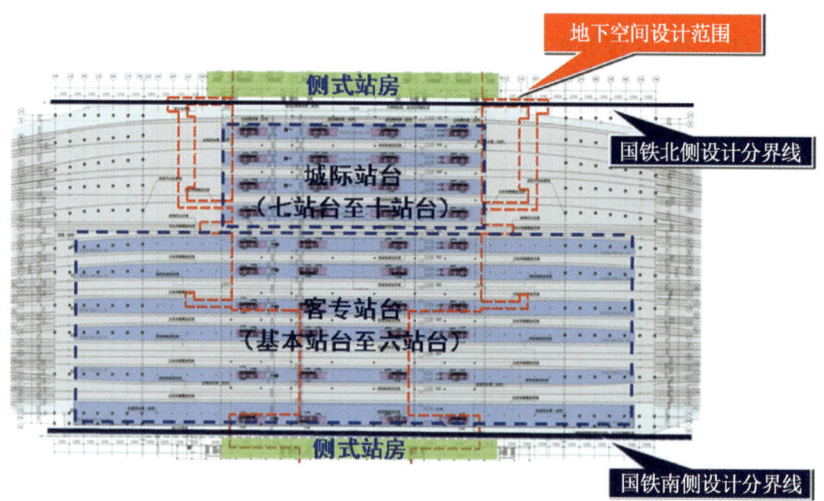

图 6　车站站台层平面布置图

4.2　竖向设计

站房室内相对标高±0.000 m 处为 5.800 m,室外标高为 5.650 m。车站剖面图如图 7、图 8 所示。

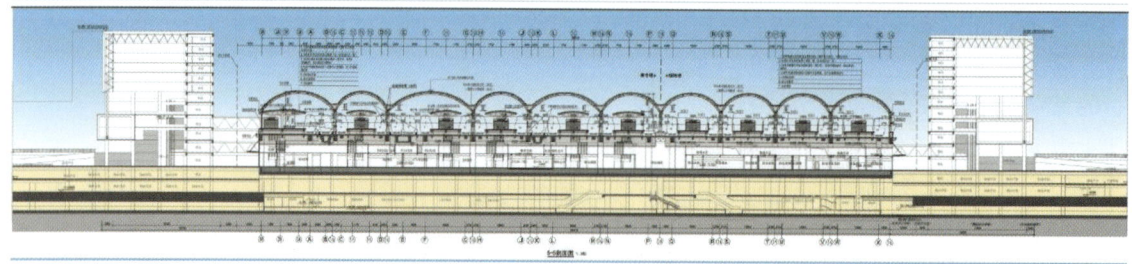

图 7　车站横剖面图

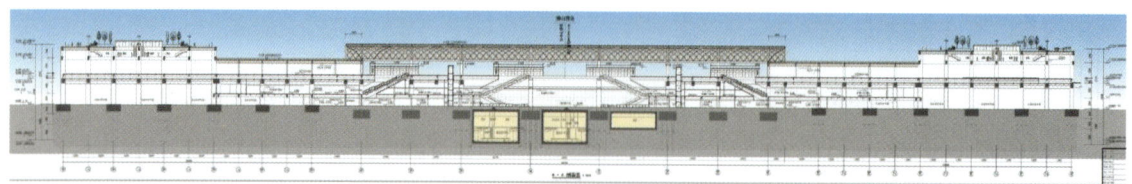

图 8　车站纵剖面图

5 市政配套场站的布局及交通流线组织

5.1 布局原则

充分利用高架下部空间：车站需集约紧凑布局，以减少换乘距离，提高换乘效率。充分利用高架车站下部空间，安排各种地面交通接驳设施，实现交通一体化无缝接驳，并充分节约利用空间资源。

流线最便捷、换乘效率最优化：首先考虑优先级最高的设施的布局，并依据优先等级的高低、流量的大小依次平衡各设施的设置，客流量最大流线的换乘距离应趋于最小，依次平衡各设施位置(图9)。

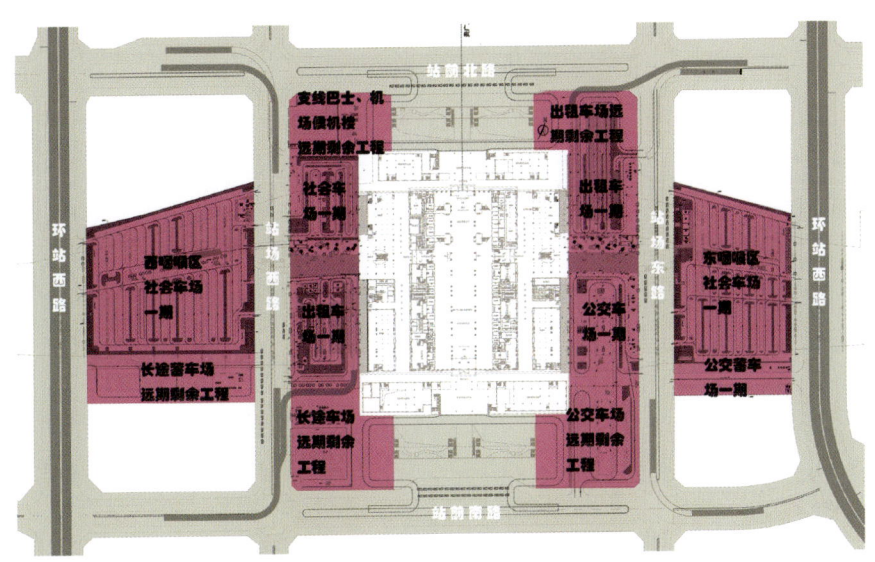

图9 佛山西站市政配套工程范围示意图

清晰简洁的方位感：接驳场站的布局应充分考虑外部客流较大，场地不熟悉，接驳场站应形成清晰空间方位感，方便乘客选择场站区域。

突出公交优先：确保主要客流便捷，公交换乘方便，减少公交距离，鼓励公交出行。

5.2 设计思路

（1）体现公交优先，公交场站设置靠近换乘客流最大方向及城市客流主方向。根据换乘流量预测，设施布置优先层级为公交→出租车→长途车→社会车。因此，应强化保障公共交通等设施布局。

（2）设施分区化，形成四个较清晰换乘象限，方便乘客识别。首先以南北国铁、城际分界线为横轴，站房南北向中心线为纵轴，将枢纽按象限分为东南、西南、西北、东北等四区区域，主要公交、出租车、长途汽车及社会车四类场站分别布置于不同象限，方便旅客识别。

（3）铁路红线外接驳场站进行上盖物业开发,提高土地使用效益(图10)。站前南、北路距离铁路红线75～85 m,为了提高枢纽片区土地使用效率,在铁路红线外枢纽用地进行上盖物业开发。枢纽与上盖物业统一设计,有利于交通功能与物业功能协调统一(图11)。

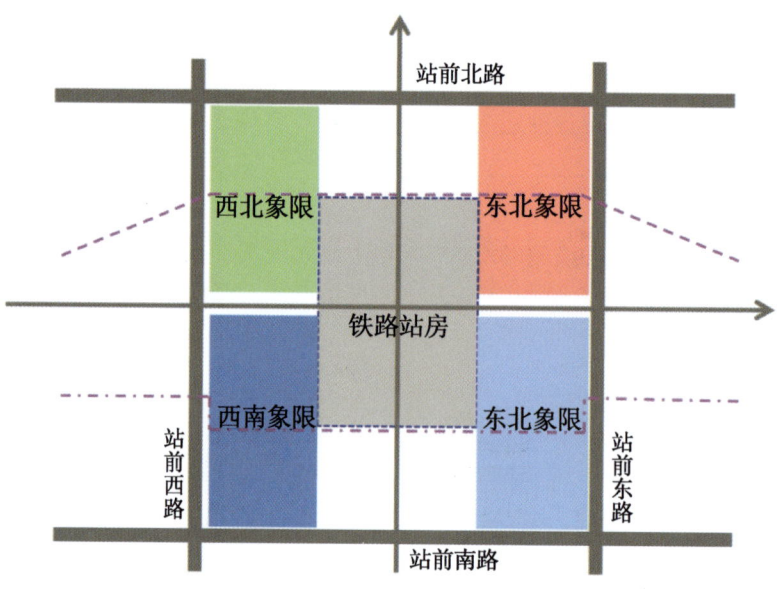

图10　分区化设置接驳场站

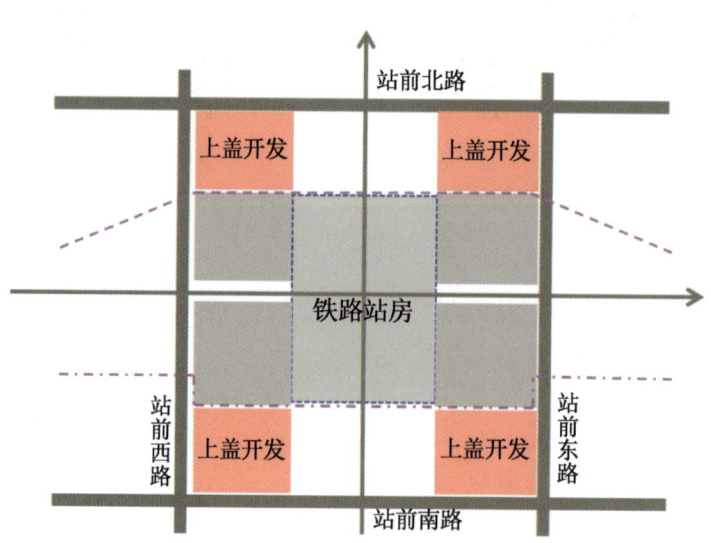

图11　铁路红线外车场上盖开发

佛山西站交通设施分别布设在站房东西两侧。出租车场和社会车场为地上二层,其中到达层(落客)布设在地面层(图12),出发层(接客)布设在夹层(图13)。公交车场和长途车场布设在地面层。

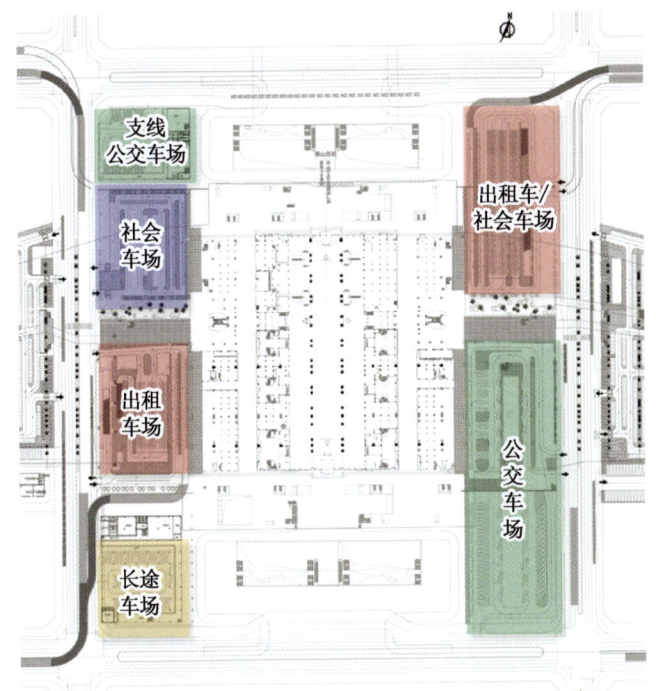

图 12　地面层(±0.000 m)车场布局

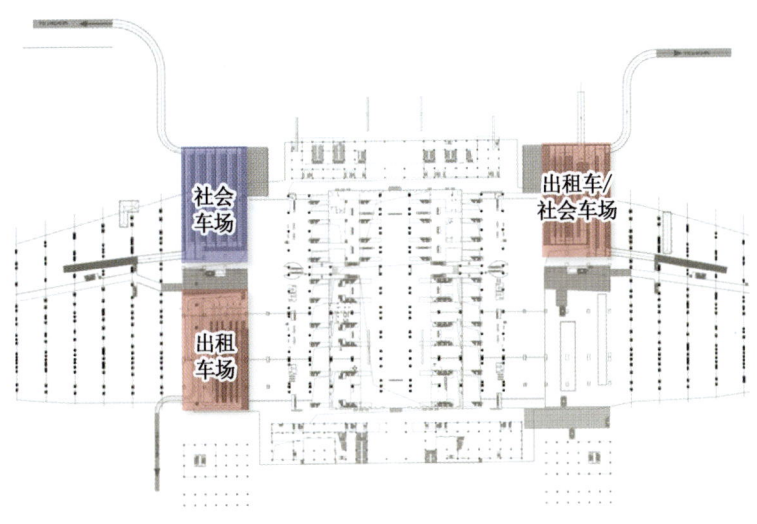

图 13　夹层(5.200 m)车场布局

5.3　各车场交通流线组织

1. 公交车场

佛山西站枢纽公交车场实现人车分离、组织高效,在出入口组织、车场内组织等方面,有别于传统公交车场,采用"双出入口"+"人车分离的锯齿形上客"的组织模式。

传统公交车场通常采用"单进单出"组织模式,不同方向车流需绕行至同一入口进入。

佛山枢纽采用"双出入口"模式,选择将公交线路进行分区布设,减少在车场绕行,就近出入车场。"双出入口"模式可保证近期公交车场独立运行,远期公交车场建设好后,两车场又可进行统一管理,分出入口进出(图14)。

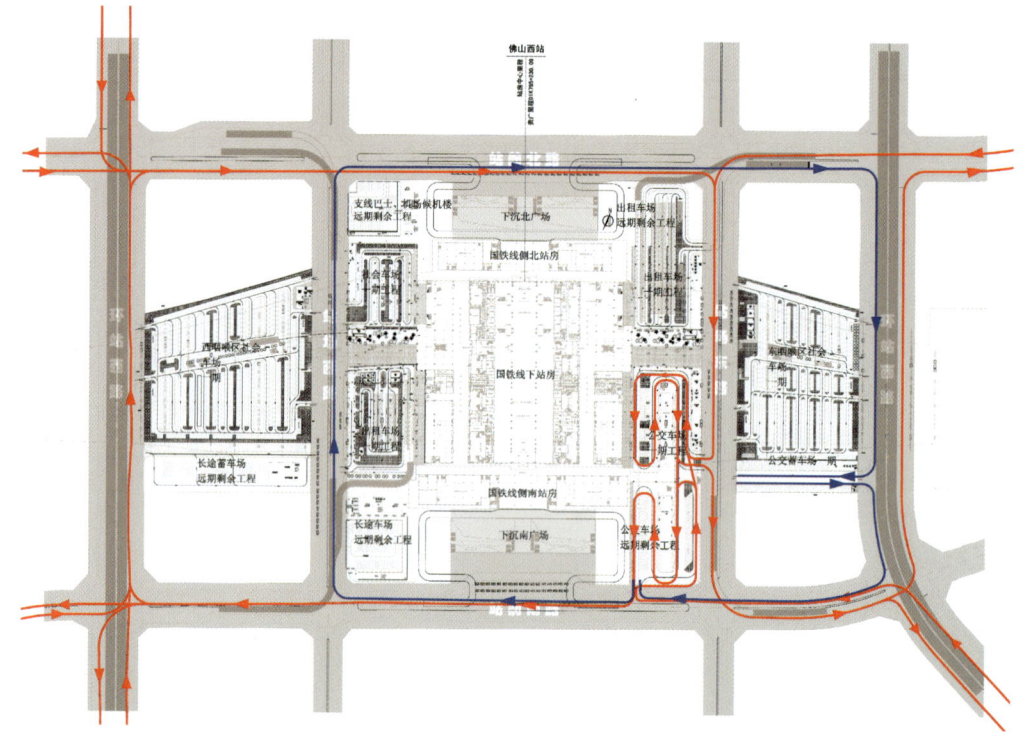

图14 公交车场外部流线组织

佛山西站枢纽公交场南北两区既可以独立循环,也可进行整体循环,灵活性较高,能够满足不同工期下的运营。同时公交场利用枢纽自身的立体人行系统,同时采用"U形锯齿形上客区"模式,通过联系夹层、地下层的楼扶梯,将人流引导入车场中间的室内候车区,通过人车分离加强了安全性,同时也提高了乘客的候车舒适性(图15)。

2. 出租车场

出租车场分别位于枢纽的东北角和西南角,地面层为旅客到达层,夹层为旅客上客层。上客区均采用"人车立体分离"的接客模式。传统枢纽在多条上客带的情况下,大多采用"人车平面混行"的接客模式。以西南角出租车场为例,上客区采用人行天桥,横跨各个上客岛,实现"人车立体分离"。同时设置5条上客通道,每条通道4～5个上客位,达到"高效组织"(图16)。

3. 社会车场

社会车场分别布设于枢纽东、西两侧,其中东北角社会车

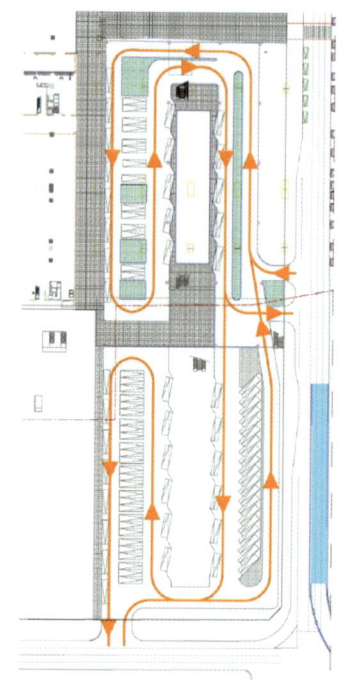

图15 公交车场内部流线组织

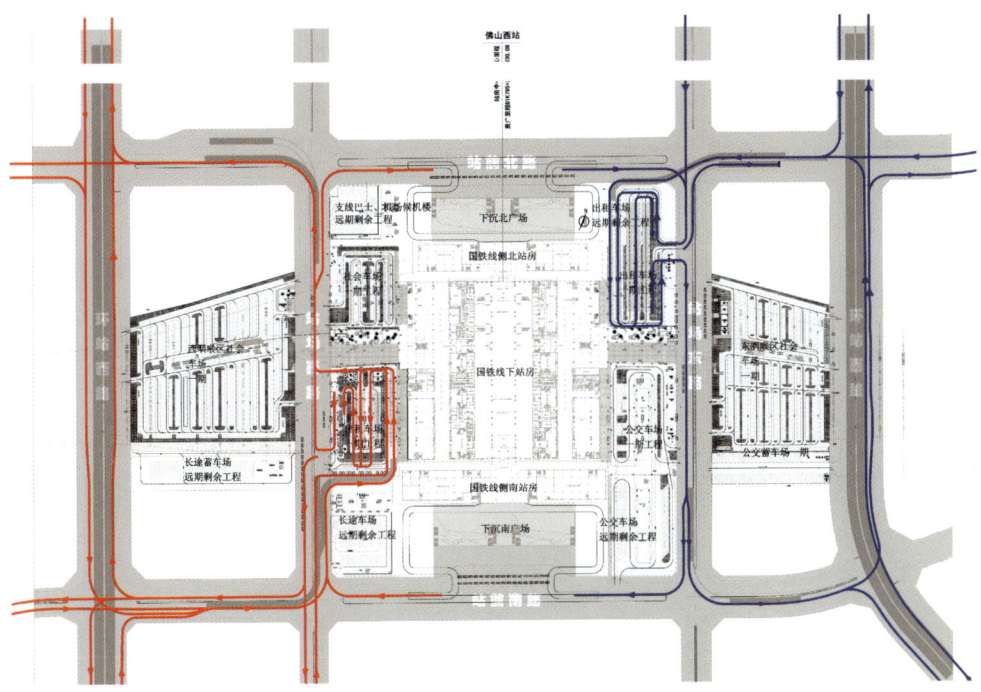

图 16 出租车场外部流线组织

场与出租车共用。禅西大道、罗村大道方向车辆沿站前东路进出东北角出租车社会共用车场;桂丹路、工贸大道方向车辆沿站前西路进出西北角社会车场,具体见图17。

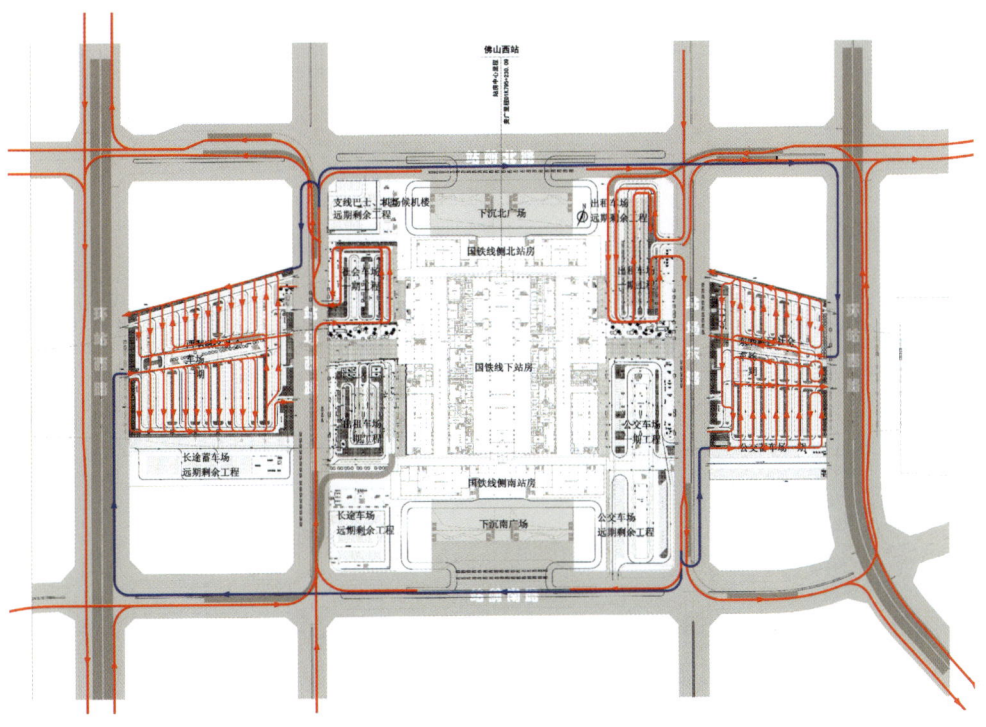

图 17 社会车进出流线

6 换乘人流组织

6.1 铁路与接驳场站人流组织

按照目前佛山西站配套车场的平面布局,铁路出发人流:乘坐公交车、出租车、社会车、长途大巴等交通方式的客流在地面层落客场站下车,经过地面层站房东西两侧人行通道进站,购票后进入一层候车区候车。地铁客流由地下一层站厅层到达地面层站房活动平台,经过人行通道进站购票进入候车区候车,然后通过楼扶梯和垂直电梯到达站台层,乘坐火车离开(图18)。

铁路到达人流:到站客流自站台层下到夹层出站厅,经出站闸口进入夹层两侧旅客活动平台,换乘出租车和社会车客流经过连接通道进入出租车和社会车接客场站,乘坐出租车或社会车离开。换乘公交客流从夹层东侧楼扶梯到达地面层公交车上客区,乘坐公交车离开。换乘长途车客流从夹层西南角进入长途车候客厅购票候车,然后通过楼扶梯到地面层上客区,乘坐长途汽车离开。换乘地铁客流从夹层通过楼扶梯下至地面层,然后再从地面层到达地下一层地铁站厅购票候车,乘坐地铁离开(图19)。

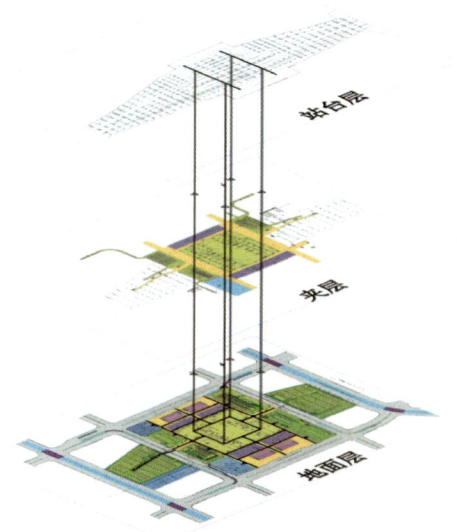 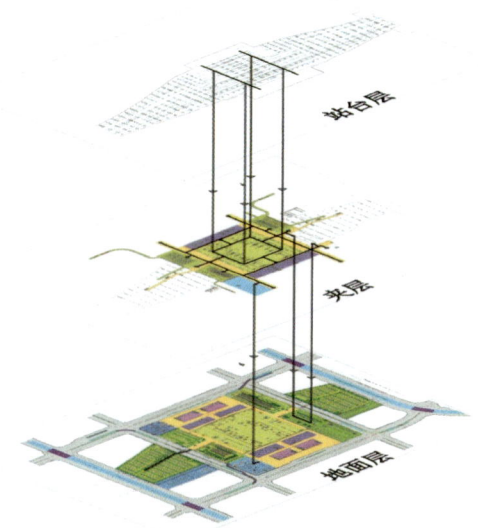

图 18　铁路出发人流动线　　　　　　图 19　铁路到达人流动线

6.2 接驳场站间人流组织

按照目前佛山西站配套车场的平面布局,交通接驳场站之间的客流交换主要集中在地铁与公交、地铁与长途大巴、公交与长途大巴之间,换乘客流均通过地面层旅客活动通道完成转换(图20)。

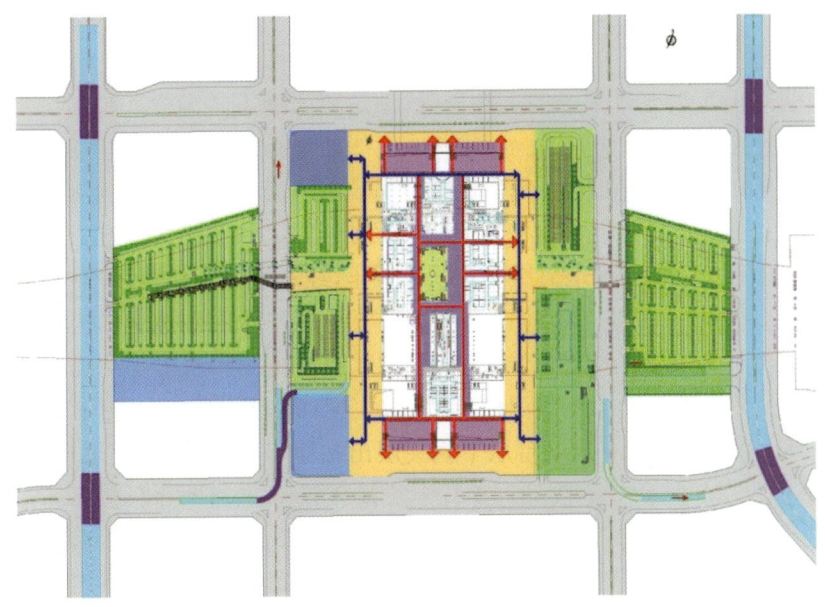

图 20　接驳场站间人流动线

6.3　地方客流与接驳场站人流组织

按照目前佛山西站配套车场的平面布局,交通接驳场站设施对西站周边腹地具有直接辐射作用,其中以地铁及公交客流为主。地方客流搭乘地铁可通过周边延伸的地铁进出口进入,或经由站房地面层旅客活动平台进入地下一层购票上车。

地方客流搭乘公交可通过周边人行道到达枢纽,经地面层人行通道到达公交场站上客区。通过二层连廊进入枢纽的乘客,在夹层东南角通过楼扶梯进入公交上客区购票乘车。地方公交乘客落客后通过地面层站房东西两侧通道离开枢纽(图21)。

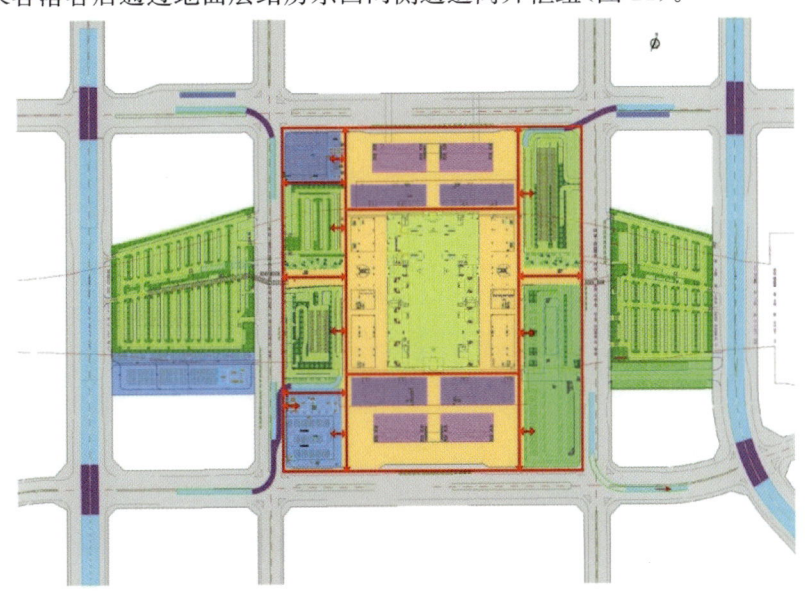

图 21　地方与接驳场站人流动线

6.4 地面层、夹层联系及人流组织

按照目前佛山西站配套车场的平面布局，地面层与地下空间方式包括南北下沉广场、垂直电梯、自动扶梯和楼梯，合计 12 处联系点，具体如地面层人流组织图 22 中的箭头所示。地面层与夹层人行联系点有 20 处，具体如夹层人流组织图 23 中的箭头所示。

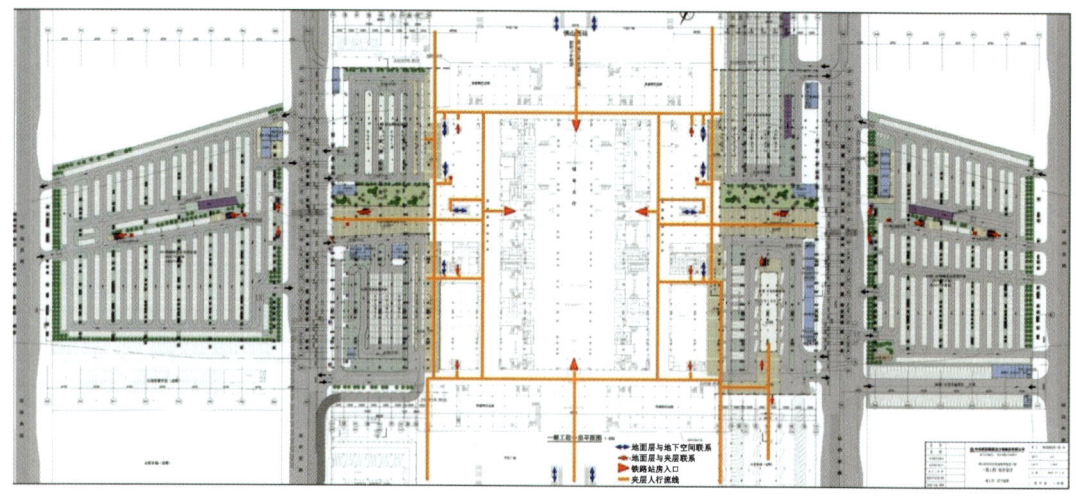

图 22　地面层人流组织图

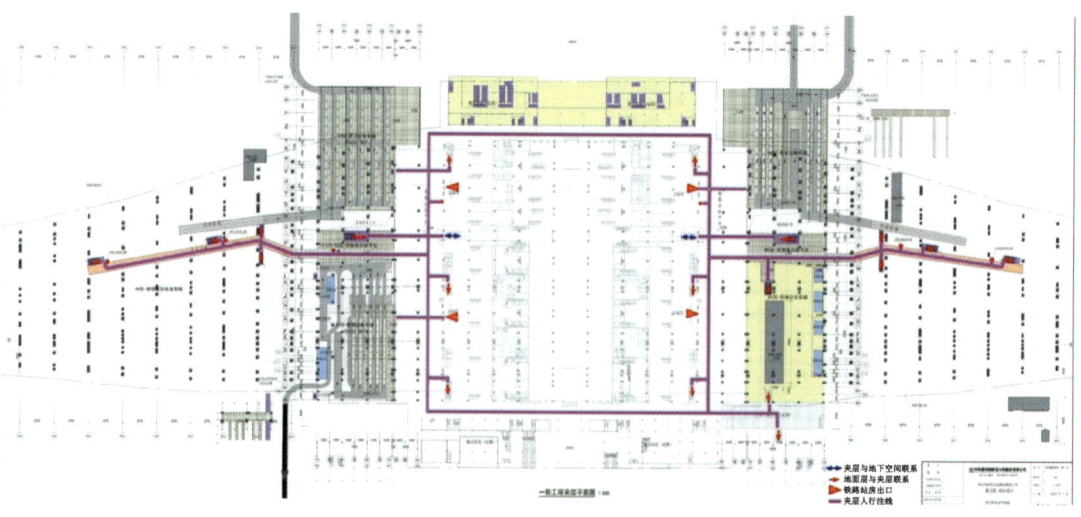

图 23　夹层人流组织图

7　结论与建议

佛山西站创新性地采用了站台下空间设计进出站、候车空间，将交通设施集约化、立体化、一体化地进行设计。枢纽站区立体化、集约化、一体化，配以周边道路系统立体化、衔接

高效化等设计优势,有力地保证这类大型线正下式枢纽站交通功能的高效发挥,提供安全、顺畅的交通环境,有助于提升枢纽站区的整体品质。从而引申出对大型交通枢纽设计在规划布局及交通流线上的一般理论和建议,具有一定的社会价值和经济效益。我国未来几十年将步入大型综合交通枢纽发展的高峰期,本文将为未来大型客运站总体规划研究选择提供前期的参考。

参考文献

[1] 陈大伟.大城市对外客运枢纽规划与设计理论研究[D].南京:东南大学,2006.
[2] 郭峰.城市综合交通枢纽的衔接换乘研究:火车站前综合交通枢纽的衔接换乘[D].武汉:华中科技大学,2004.
[3] 杨宏伟.铁路客运枢纽站各种交通方式的衔接研究[D].北京:北京交通大学,2004.
[4] 姜彩良.城市客运交通换乘衔接研究及对策分析[D].西安:长安大学,2004.
[5] 张发才.铁路客运与城市交通运营组织衔接研究[D].南京:东南大学,2006.
[6] 王健聪.城市客运枢纽换乘组织关键问题研究[D].北京:北京交通大学,2007.
[7] 周伟,姜彩良.城市交通枢纽旅客换乘问题研究[J].交通运输系统工程与信息,2005,5(5):23-30.
[8] Klaus Daniels. The Technology of Ecological Building: Basic Principles, Examples and Ideas[M]. Princeton Architectural Press,1997.
[9] Thomas Herzog. European Charter for Solar Energy in Architecture and Urban Planning[M]. The Third Edition. Pretzel USA Press,2008.
[10] Ken Yeang. Eco Skyscrapers[M]. Images Publishing Group Pty, Ltd Press,2007.

综合客运枢纽交通组织与流线分析研究

聂婷婷 杨 权

（交通运输部科学研究所 北京）

摘 要：综合客运枢纽建设是推动交通提质增效的重要抓手，为保障综合客运枢纽功能的发挥，合理有效的交通组织至关重要。本文重点研究综合客运枢纽对外集疏运通道的交通流线组织、客运枢纽内部各种交通方式之间的换乘关系及车流、人流组织等内容，提出了综合客运枢纽交通组织与流线分析的原则和重点，并以汝州客运站为例，进行了分析论证。

关键词：综合客运枢纽；交通流线；交通组织

1 概述

随着上海虹桥综合客运枢纽、南京南站综合客运枢纽、广州南站综合客运枢纽、深圳宝安机场综合客运枢纽等一批综合客运枢纽建成，我国综合客运枢纽向大型化、综合化、立体化和功能多元化发展，交通组织也逐渐由平面化向立体化转化。综合客运枢纽的建设从规划设计、功能布局、交通流线、建筑造型、服务设施等方面有了重大突破，极大地改善了我国运输服务的质量，方便了旅客出行，但仍存在明显不足，其中比较突出的一点是部分综合客运枢纽交通组织不合理，旅客换乘距离长，旅行时间和出行成本高。

综合客运枢纽交通组织直接影响综合客运枢纽内部、外部的车辆运行效率和旅客换乘效率，是综合客运枢纽设计工作的重点。由于已建成的综合客运枢纽设施布局已确定，只能采取运输组织的方式对旅客流线进行优化，不能从根本上解决旅客流线瓶颈问题。因此在枢纽的规划建设过程中，重视交通组织设计，从根本上避免瓶颈的产生，对综合客运枢纽规划和建设尤为重要。

2 综合客运枢纽工艺流程分析

综合客运枢纽内旅客、行李、车辆的各种活动必然会产生各种比较有规律的流动过程和路线，主要作业流线有旅客流线、车辆流线和行包流线，它们是车站总体布局的主要依据。综合客运枢纽工艺流程如图1所示。

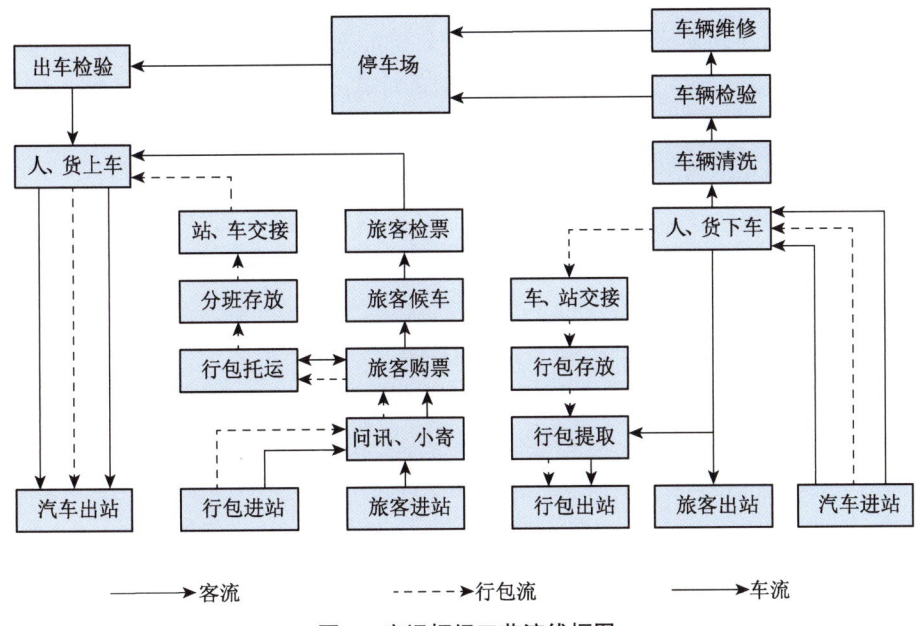

图 1 客运枢纽工艺流线框图

3 对外交通组织分析

综合客运枢纽的外部交通组织主要包括两方面,一是区域路网交通组织,即将枢纽通过城市集疏运路网与综合交通网络连接。二是枢纽周边路网交通组织,优化周边道路和综合客运枢纽各交通流线的关系,实现枢纽对外集疏运组织的快进快出。

3.1 区域路网交通组织

枢纽区域路网交通组织在城市骨干路网框架下进行研究设计,将综合客运枢纽的车流通过区域路网进行集散。区域路网的交通组织要点如下:

(1)过境交通主要通过高等级公路或城市主干道快速疏散。

(2)枢纽到发交通利用专用匝道或快速路进行集散,以减少进出站场的交通对城市交通的影响。

(3)合理利用主次干路和支路系统,有效分散综合客运枢纽综合开发生成的交通量。

(4)尽量避免交通流线的迂回,保持车流与车道为顺行方向。

3.2 周边路网交通组织

枢纽周边路网交通组织主要是考虑枢纽交通对城市交通的影响,避免存在车辆交织、拥堵等影响周边路网运行的情况。枢纽周边路网交通组织要点如下:

(1)集疏运组织设计应与综合客运枢纽的功能定位、服务水平及交通量等级相匹配。

(2)集疏运组织要与周边道路的通行能力相协调。需要判定原有路网能否承担综合客运枢纽的叠加交通量,对外交通流量是否存在显著冲突,车辆进出站和换乘通道是否存在拥堵现象,若无法满足新建或改建枢纽的交通量,需要对交通网络及流线组织方案进行优化调整,或者新建、改建部分交通通道,作为集疏运通道。

(3) 遵循人车分流、进出站分流的原则,可以采取分区域循环,单向循环的交通组织,均衡集散交通量,避免车辆行驶过长的绕行距离。

(4) 对于城市中心区的大型综合客运枢纽,鼓励采用轨道交通、BRT、地面公交等公共交通为主体的集疏运模式,在设计时突出公共交通的核心接驳地位,突出公交优先理念。

4 综合客运枢纽车流交通组织分析

铁路、民航、轨道交通的设置及交通组织方案应遵循相应规范要求,因此综合客运枢纽的车流交通组织重点研究长途客车、公共汽车、出租汽车及社会车辆等运输方式的交通组织问题。

4.1 长途客车车流交通组织分析

长途客车车辆流线分为到站车流、出站车流和过站车流,长途客车车辆一般为大、中型车辆,停车面积和转弯半径大,载客量大,有随车行李。出站车流发车时间相对固定,出站速度较慢(图2)。到站车流和过站车流是陆续到达车站,车辆到达车站后,需要进行检查、维修等活动(图3、图4)。

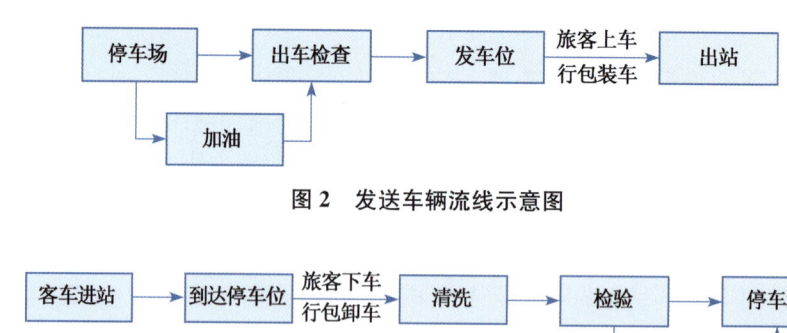

图 2　发送车辆流线示意图

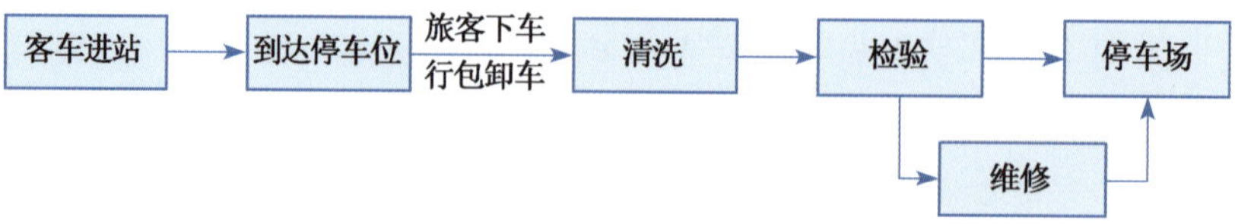

图 3　到达车辆流线示意图

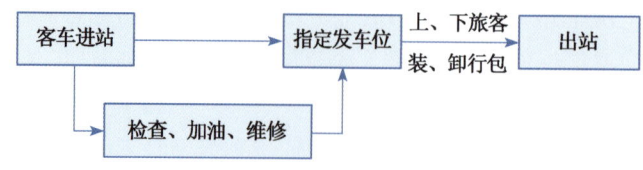

图 4　过站车辆流线示意图

长途客车车辆交通组织要点分析:
(1) 长途客车应有独立的两个进出站口。

(2) 出入口位置最好不在同一侧，出入口位置与城市主干道应有适宜间距，如果设置在城市主干道，宜通过建设专用进站道路等措施，分流进出站车辆和主干路车辆。

(3) 站内及站前车辆尽可能按照右转顺行的原则设计，避免车流交叉、减少绕行。

(4) 人车分流，上落客点便于旅客换乘。

4.2　公共汽车车流交通组织分析

公共汽车属于城市交通运输方式，运行线路固定，需要周边有完善的城市道路网络。从车辆特性来说，公共汽车一般为大、中型车辆，停车面积和公共转弯半径大；从运营特性来说，公共汽车发车密度大，载客量大，运行速度慢。进出站时流线集中，到发人流集中。

公共汽车车流交通组织要点分析：

(1) 应有独立的进出站口；

(2) 出入口位置、数量应满足需要；

(3) 公交枢纽或首末站与综合枢纽交通流线要顺畅，避免交叉、减少绕行；

(4) 人车分流，落客点应方便旅客换乘。

4.3　出租汽车车流交通组织分析

出租汽车属于城市交通运输方式，运营机动灵活，受转弯半径和上下坡的控制影响较小，出租车进出站时流线集中，旅客乘坐出租车出发需要在指定区域排队，到达人流分散，即停即走，部分旅客有随车行李。

出租汽车车流交通组织要点分析：

(1) 到达区靠近进站口，要有足够的车道边以避免车辆排队等候。

(2) 出发区靠近出站口，设置足够发车位，要充分考虑车辆排队空间以及排队空间不足时的后续车场组织。

(3) 考虑出租汽车及乘客排队的情况，到达区和出发区应分开设置。

(4) 在枢纽用地紧张情况下，可以考虑利用与铁路客站同一交通建筑体的地下空间或高架匝道作为出租汽车的上下客区域，进而实现立体换乘。

4.4　社会车辆车流交通组织分析

社会车辆机动灵活，与出租汽车的运行特点基本类似，进出站时流线集中，到发人流分散，即停即走，部分旅客有随车行李。

社会车车流交通组织要点分析：

(1) 到达区靠近进站口，出发区靠近出站口；要有足够的车道边以避免车辆排队等候形成道路拥挤。

(2) 为方便乘客乘车，可考虑在合适的位置设置一定的临时停靠区域，与出租汽车共用。

(3) 由于社会车辆相对停放时间长，大型综合客运枢纽对社会车辆建议采用高架落客，在枢纽地下空间或者地面布设独立的停车场。

4.5 城市轨道交通的交通组织分析

城市轨道交通是大型综合客运枢纽最重要的集疏运工具,大型综合客运枢纽至少需要引入一条城市轨道交通线路,出入口优先考虑布设在枢纽主体建筑内,乘客采用立体换乘。当条件不允许时,宜布设在站前广场,乘客通过广场进行平面换乘,尽量减少旅客换乘距离,降低换乘时间,提高换乘效率。

5 综合客运枢纽客流交通组织分析

综合客运枢纽的客流组织,以"以人为本、高效便捷"为目的,突出"零换乘"的理念,解决综合客运枢纽各运输方式进出站客流的交通组织,以及不同方式间客流的换乘交通组织。

5.1 旅客流线分析

将旅客流线按流线功能和出行目的分为进站流线、出站流线和换乘流线三类。

进站旅客流线:旅客在检票上车前都是分散活动,乘坐各班次车的旅客在不同时间分散地进入车站换乘厅。经过问讯、购票、托运行包和小件寄存等不同的活动过程,最终在候车厅集中(图 5)。

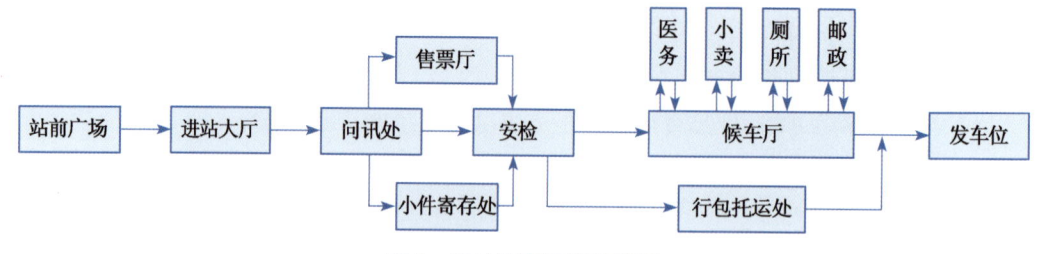

图 5 进站旅客流线示意图

出站旅客流线:旅客在不同时间随车到达,进入落客区落客,小批集中到站,经出站口出站后分散。结束旅行或进行换乘(图 6)。

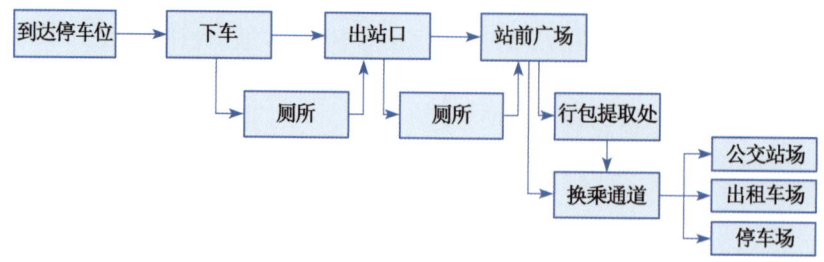

图 6 出站旅客流线示意图

换乘旅客流线:旅客在不同时间随车到达,从一种运输方式下车后,通过换乘大厅或其他换乘设施,经过问讯、购票、托运行包和小件寄存等不同的活动过程,进行不同运输方式间的换乘。

5.2 行包流程分析

行包流线可分为发出行包流线和到达行包流线：

发出行包流线：需要办理托运行包的旅客陆续依次在托运处办理托运手续，行包在行包房内或行包平台上分散集中，在开车前很短的时间内集中装载在每辆车的车厢底内，以便行包与旅客同时到达目的地后，旅客能及时提取，其特点是先分散后集中（图7）。

行包到达流线：与发送行包过程相反，其特点是先集中后分散（图8）。

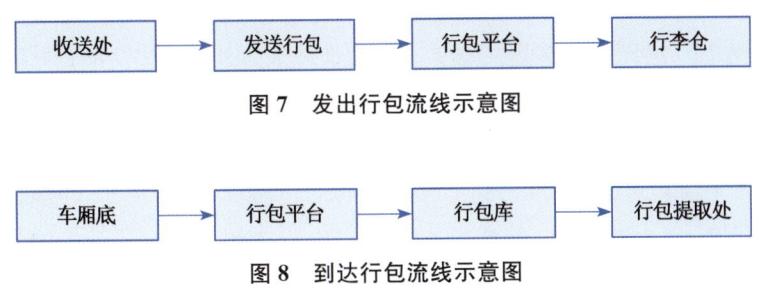

图 7　发出行包流线示意图

图 8　到达行包流线示意图

5.3 客流交通组织要点分析

（1）对旅客流线进行规划设计时，要保证整个旅客流线的流畅性。

（2）综合客运枢纽的第一服务对象为旅客，因此在对综合客运枢纽内部流线进行优化时要以旅客流线作为主导，减少旅客流线的交叉，在旅客流线与其他流线发生交叉时，应首先确保旅客流线的流畅性。

（3）综合客运枢纽内部旅客流线是旅客在站内的行走路径，行走路径长度越长，旅客在站内滞留时间越长，枢纽运行效率越低。因此应尽量缩短旅客流线的长度，减少旅客在枢纽内部的停留时间。

（4）由于综合客运枢纽旅客流线的多样性和多向性，其不可避免地就会在某些特定的位置发生流线交叉的现象，从而造成旅客延误。因此，在整个枢纽内部，要尽量避免流线的交叉现象。

（5）当客流流线出现冲突时，可采用平面疏解、立体疏解、时间疏解的措施，减少冲突点。

① 平面疏解。同一平面采取左右或前后分离的形式，减少流线之间的干扰。如增加安全护栏、安全岛等安全措施，增设专用换乘通道，或将冲突点分散布置等。

② 时间疏解。通过交通管控措施，分配不同时间通行权给不同方向的客流，减少流线冲突。

③ 立体疏解：借助不同平面高差，分离进站客流、出站客流、人流与车流。目前我国综合客运枢纽一般实行高进低出，到发分离的原则，缩短换乘距离，避免车流、人流的混乱。如设置地下通道或人行天桥，设置立体式站前广场等。

6 案例分析

汝州市客运站为一级汽车客运站,其服务功能主要包括:长途汽车客运、城乡汽车客运、旅游集散客运、民航和高铁汽车客运转送专线,同时配有市区公交首末站、出租、社会车辆停车场等枢纽站功能。

6.1 建筑平面布局

汝州客运站占地约 60 亩(1 亩≈666.67 m²),建筑面积 23 982 m²,满足一级汽车客运站用地规模。站前广场设置在客运站场南侧,占地面积 4 386 m²,站前广场西侧为公交首末站,设计停车位 19 个,同时设置 11 个充电桩位;东侧为出租、社会车场,设计停车位 47 个,设置 13 个充电桩位。地下一层设置 260 个机动车停车位,以满足社会车辆的临时停放。站前广场正中南侧为长 100 m、宽 35 m 的步行入口景观大道,旅客人流通过站前广场集散。客运站场北侧为营运停车场,设置停车位 145 个,发车位 39 个,在停车场北侧设置 48 个充电桩位,同时在停车场区设置车辆洗车台、检修台和站场办公、设备管理用房等,满足一级汽车客运站规划要求。

建筑平面布置坚持以人为本的原则。客运站为地下一层,地上四层,其中地下一层设置为地下停车场与设备用房。地上一层二层设置有:售票大厅和相关票务用房,两层中空高度的候车大厅,旅游集散中心。售票大厅的面积和候车厅的座位数量完全按照一级汽车客运站规模进行设置。另外根据配套功能要求还设置有行李托运、员工办公、员工餐厅公共餐厅等必要的配套用房。二层西北侧设置有智能化系统用房,确保车站安全、有序、高效运行。三四层主要布置司乘公寓与辅助用房。整个功能布局动静分区合理。充分考虑人流的便捷与舒适。满足旅客与工作人员等方面的需求。

6.2 交通组织与流线设计分析

1. 对外交通组织分析

汝州市客运站东临东环路;南临广城东路;北临朝阳中路。靠近城市出入口,并且位于汝州市对外交通主通道处。该位置对外交通条件良好,不会形成城市交通"瓶颈",也不会造成交通拥堵,有利于车辆流向组织,集散、集结、运营方便(图 9)。

2. 车流交通组织分析

在汝州市客运站临东侧的新东环路分别设计客运车辆的进站口和出站口,避免与城市内主要干道形成相互干扰。临南侧广城东路开设 2 个车辆出入口,分别满足公交首末站、社会车辆和出租及地下停车场的需要。在地块西侧开设一个内部道路与西侧城市道路联系,以满足公交车辆和物流车辆的进出。

(1) 长途车:客运站到发场设于用地的中心部位,进、出站口均设于东外环路上。进站客运车辆先在停车场落客区落客、卸货后经车辆检测合格进入停车场区待发,接到发车指令后,将车开停入站房北侧发车位,接客出发,通过设于东外环的客运站出站口进入环路。

图 9　汝州客运站对外交通组织分析

（2）公交车：公交首末站设于站前广场西侧，有固定停车位 12 个，发车位(线)8 个，基本满足枢纽站换乘需要。公交车辆由广成东路进入站前公交落客区后，再进入公交首末站场。等候发车。车辆出站也是通过进站线路离站，此车道为 10 m 宽双车道，中间设分隔栏杆。

（3）出租车、社会车辆：车场设于站前广场东侧，可停 47 辆社会车辆。有出租车落客车位 2 个，上车位 5 个。基本满足旅客临时停车需要。同时在主站房地下停车场还设有 200 多个小汽车停车位。车辆进、出站均由设于广成东路进、出站口通行。

（4）非机动车：停车场设于景观路东侧绿化区内，通过建筑小品及绿色植物将车辆挡在人的视线内。非机动车辆与行人均通过设于广成东路的景观路进入客运站前广场。

方案设计充分考虑了长途车到发与其他城市交通的衔接关系，与公交、出租车、社会车辆、非机动车等运输方式的对应关系，满足了客运旅客安全出行及便捷换乘的要求。合理布置各运输方式场地，保证旅客换乘距离最短。长途客运站进出站口设于东环路上，减小城市道路压力，便于车辆集散，并严格控制开口数量。在竖向设计上，根据现场地形，本着方便旅客换乘，提高旅客换乘安全、满足无障碍设计要求的条件下，在长途客运站房内设置无障碍设施，满足长途客运旅客换乘要求(图 10)。

3. 客流交通组织分析

旅客及非机动车辆通过设于广成东路与客运站站前广场间的景观大道，在站前广场进行换乘完成旅行需求，乘坐各种交通工具前往各自的目的地。景观大道入口处通过绿化设施保证与车辆道路边缘大于 15 m。

长途车进站旅客通过公交、非机动车、社会车辆、出租车等各种运输方式到达客运站，由站前广场进入客运站站房，经购票、安检、候车、乘坐客运车辆出发。

长途车离站旅客在客运站落客区下车、提取行李、通过站前广场换乘公交、非机动车、社会车辆或出租车离站(图 11)。

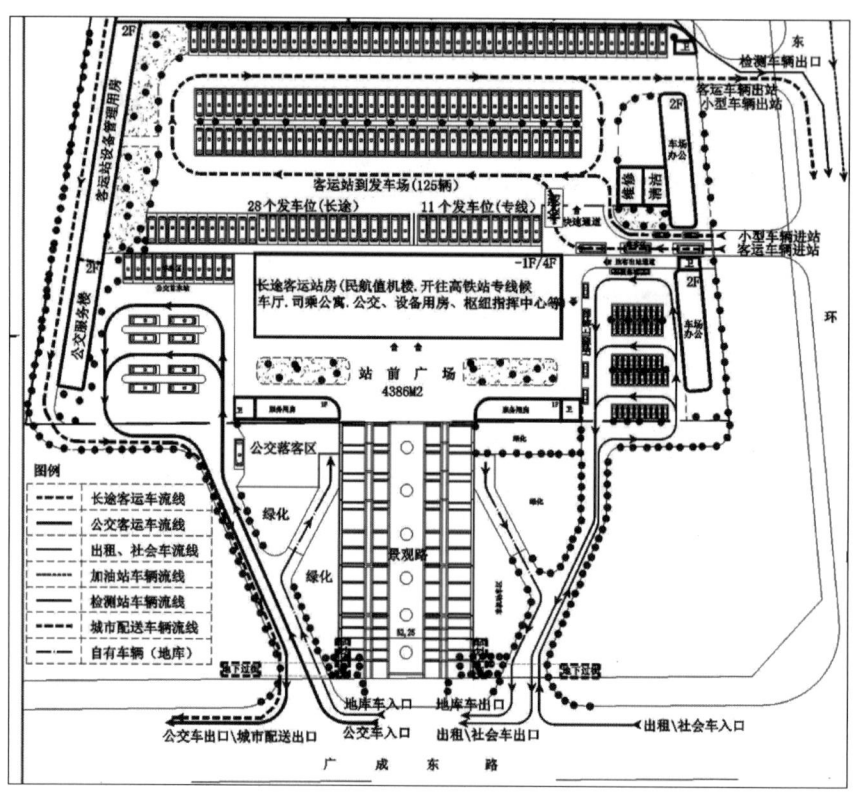

图 10　车流交通组织分析图

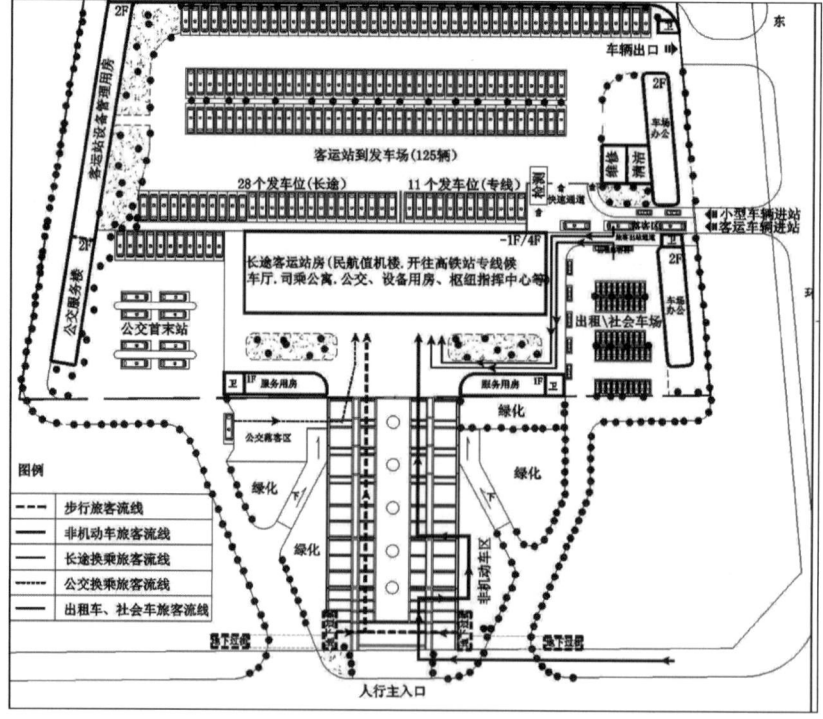

图 11　客流交通组织分析图

4. 流线评价

本项目内外部车辆流线、人行流线基本做到互不干扰、各行其道,为城市公交、出租车等公共交通提供了较好的接驳换乘的便利性,各运输方式间的换乘距离小于 150 m,换乘十分便捷,基本符合项目的总体定位和使用功能(图 12)。

图 12　客运站建设效果图

7　结语

综合客运枢纽交通组织与流线直接影响综合客运枢纽整体运行效率的发挥,是综合客运枢纽设计的重要内容。通过探讨综合客运枢纽交通组织与流线分析设计重点,对综合客运枢纽与区域路网、周边路网的交通组织进行论证,对综合客运枢纽内各交通方式包括长途客车、公共汽车、出租汽车、社会车辆和城市轨道交通的交通组织要点进行分析,对综合客运枢纽客流交通组织的要点进行归纳总结,为综合客运枢纽总体布局及交通组织提供参考依据。

参考文献

[1] 交通运输部规划研究院课题组.综合客运枢纽项目可行性研究指南[M].北京:人民交通出版社,2014:98-114.
[2] 综合客运枢纽设计指南课题组.综合客运枢纽设计指南[M].北京:人民交通出版社,2015:94-111.
[3] 崔华伟,贾俊芳.铁路客运综合交通枢纽流线特点及组织研究[J].铁道运输与经济,2007(5):26-29.
[4] 李思怡.老城区火车站站前广场交通组织研究[D].成都:西南交通大学,2018.
[5] 何世伟.综合交通枢纽规划理论与方法[M]. 北京:人民交通出版社,2012.
[6] 夏胜利.高铁客运枢纽交通流线设计理论与方法研究[D].北京:北京交通大学,2016.

兰州铁路枢纽客运需求分析

丁海涛

(中铁第一勘察设计院集团有限公司　西安)

摘　要：研究兰州铁路枢纽客运需求，可为兰州铁路枢纽的客运场站总体布局、功能划分、等级规模、运输组织提供决策依据，对于明晰相关铁路项目的枢纽引入方案具有重要支撑作用，同时对于我国类似大型铁路枢纽规划建设具有重要参考意义。首先分析枢纽城市的经济结构特征与铁路客运量的耦合关系，采用 SPSS 软件分析确定经济总量与铁路运输需求、第三产业增加值与人均铁路出行次数均呈正相关，其次分析兰州铁路枢纽客运发展的影响因素，确定直接因素包括枢纽辐射地区的人口、辐射区域旅游人数、人均铁路出行次数，间接因素包括经济总量、第三产业的发展等，最后采用自回归法、灰度预测法、弹性系数法、类比法、专家打分法等定性与定量相结合的方法，预测兰州铁路枢纽 2030 年、2040 年客运需求分别为 5 000 万人、6 300 万人，客车总对数分别为 329 对、400 对。

关键词：兰州铁路枢纽；客运需求；耦合关系；弹性系数法；类比法

1　概述

兰州铁路枢纽[1]位于"丝绸之路经济带"重要的节点城市——甘肃省兰州市和白银市，目前连接陇海线、兰新线、兰青线、包兰线、兰渝线、兰新高铁、宝兰高铁等路网干线铁路，是我国西部地区的主要铁路枢纽。未来随着《中长期铁路网规划》中兰州至银川高速铁路、兰州至合作至成都高速铁路的建成，兰州将成为我国"八纵八横"高速铁路网中京兰、陆桥横向高铁通道和兰(西)广纵向高铁通道的交会城市，兰州铁路枢纽将成为我国快速铁路网的重要枢纽节点，是我国快速客运系统骨架网的重要组成部分。研究兰州铁路枢纽的客运需求，对于确定兰州铁路枢纽的客运场站总体布局、功能划分、等级规模、运输组织，明晰相关项目的枢纽引入方案等具有重要的参考和支撑作用，同时对于我国类似大型铁路枢纽规划建设具有重要参考意义。兰州铁路枢纽地理位置图见图 1。

2　枢纽城市的经济结构特征与铁路客运量的耦合关系

枢纽城市的经济结构决定了城市的客运市场需求，一般来说，经济总量与客运总需求、第三产业发展水平与人均出行次数高度相关。因此，研究枢纽城市的经济结构特征对于确定铁路枢纽的客运需求具有重要指导意义。

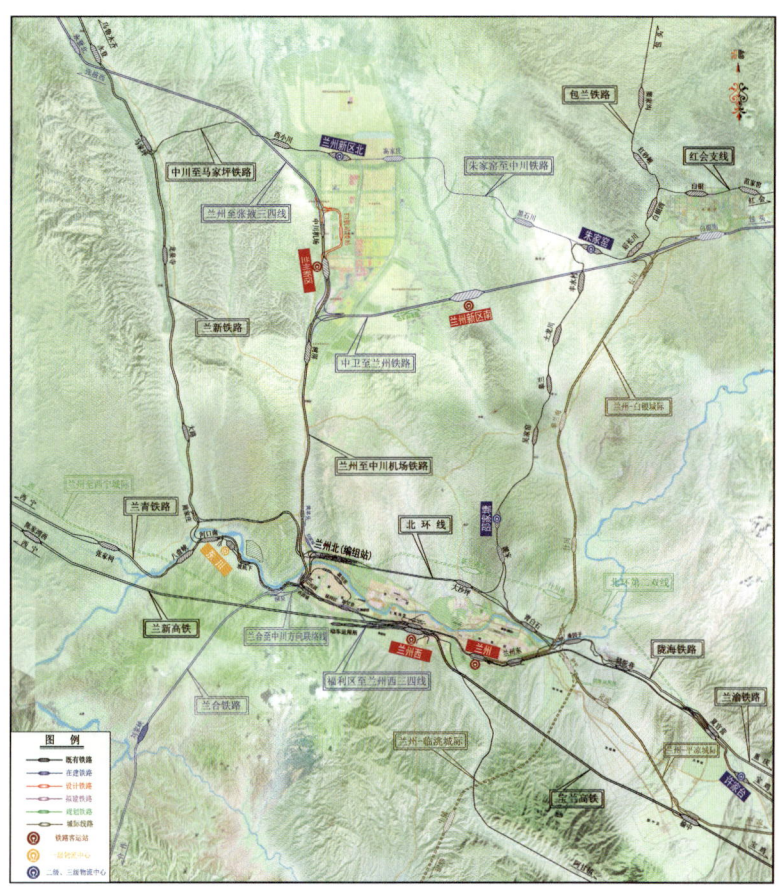

图 1　兰州铁路枢纽地理位置图

2.1　研究区域的确定

兰州铁路枢纽位于甘肃省会城市兰州市和白银市，东南起陇海铁路夏官营站、宝兰客专榆中站，西南至兰青铁路张家祠站、兰新高铁陈家湾站，东西长约 103 km，西北抵兰新铁路马家坪站，东北达包兰铁路白银站、中兰铁路白银南站，南北宽约 53 km。根据枢纽内车站的地理位置、服务范围以及其在国民经济中的重要性，确定兰州铁路枢纽的研究范围为甘肃省兰州市和白银市（图 2）。

2.2　枢纽城市的经济结构特征与区域铁路客运量的耦合关系

1. 经济总量与区域铁路旅客发送量正相关[2]

近年来，研究区域 GDP 呈稳步增长的趋势，从 2004 年的 631 亿元，逐年增长至 2018 年的 3 245 亿元，约增加了 4 倍，经济年均增速高达 12.4%。自 2012 年以来，在全国经济新常态的大背景下，研究区域国民经济增速放缓，GDP 同比增长率在 7%～10%，但是仍然高于全国平均水平。研究区域 GDP 及其增长率示意图如图 3 所示。

区域铁路旅客发送量也呈现稳步快速增长的趋势，从 2004 年的 609 万人，逐年增长至

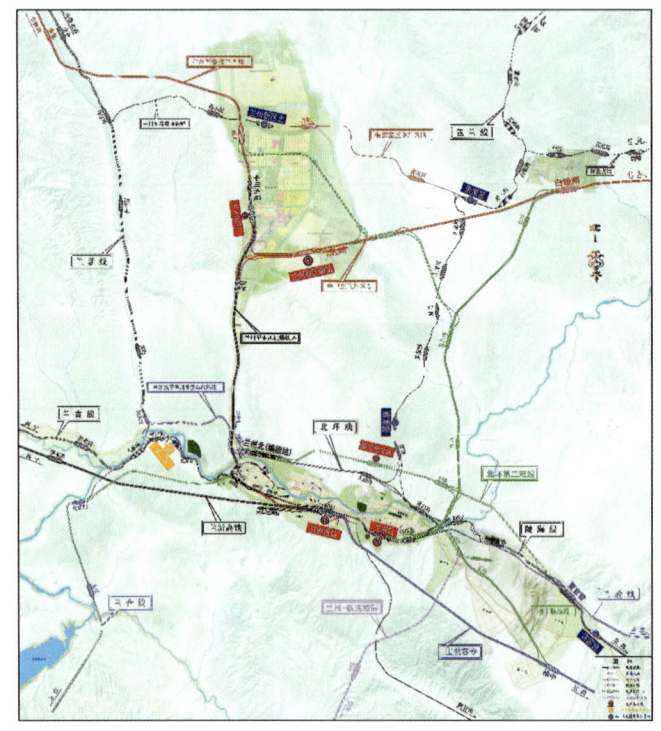

图 2 兰州枢纽总平面布置示意图

图 3 区域 GDP 及其增长率变化示意图

2018 年的 2 653 亿元,增加了 3.5 倍,年均增速高达 11%。2011—2014 年,区域铁路客运量增速有所放缓,2015 年以后,随着区域内部兰新高铁等相继开通,区域客运量年增长率高达 24%。区域 GDP 及铁路客运量统计如表 1、图 4 所示。

通过 SPSS 软件分析区域 GDP 与铁路客运量历年数据的相关性,检验确定区域铁路旅客发送量与 GDP 呈现正相关。研究年度区域 GDP 的发展趋势是影响铁路旅客发送量的重要因素之一。

表 1　　　　　　　　　　　区域 GDP 及铁路客运量统计表

年度	GDP/亿元	区域铁路客运量/万人	年度	GDP/亿元	区域铁路客运量/万人
2004 年	631	609	2012 年	1 998	1 063
2005 年	714	625	2013 年	2 240	1 106
2006 年	814	685	2014 年	2 411	1 155
2007 年	940	725	2015 年	2 530	1 379
2008 年	1 091	832	2016 年	2 706	1 738
2009 年	1 191	943	2017 年	2 974	2 136
2010 年	1 412	1048	2018 年	3 245	2 653
2011 年	1 736	1 115			

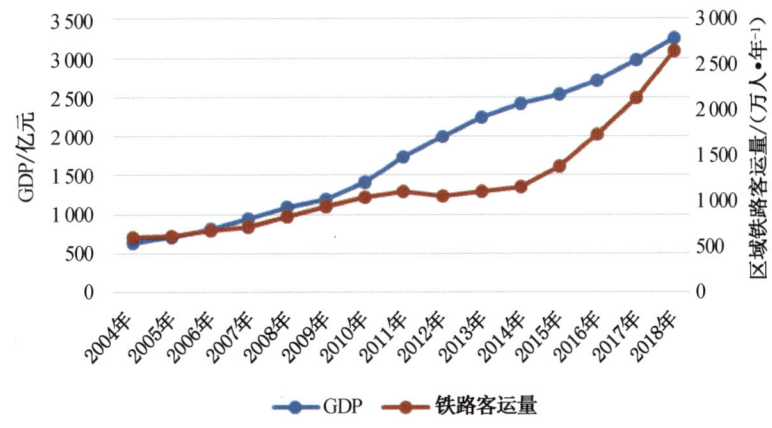

图 4　区域 GDP 与铁路客运量变化示意图

2. 第三产业增加值和区域人均铁路出行次数均快速增长

研究区域第三产业快速增长,逐渐发展成为区域的核心产业和支柱产业。第三产业生产总值从 2004 年的 247 亿元增长至 2018 年的 1 981 亿元,翻了约 8 倍,年均增长率 16%,远高于全国平均水平。研究区域人均出行次数也呈现平稳增长趋势,从 2004 年的 1.3 次/人增长至 2018 年的 4.8 次/人,年均增长率 10%。通过 SPSS 软件分析区域第三产

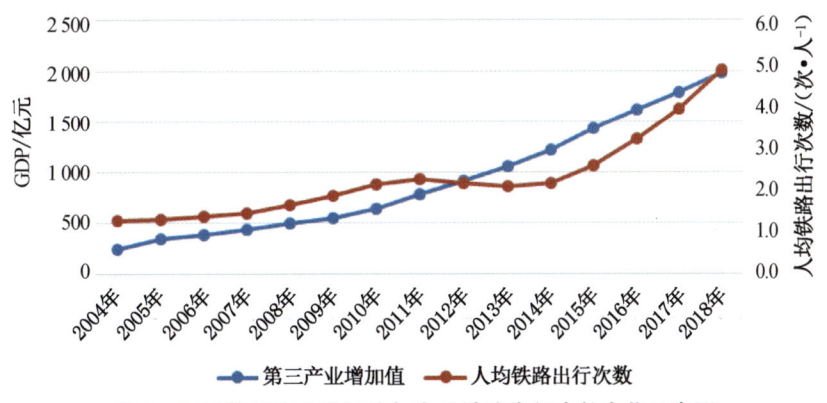

图 5　区域第三产业增加值与人均铁路出行次数变化示意图

业增加值与人均铁路出行次数历年数据的相关性,检验确定区域第三产业增加值与人均铁路出行次数正相关。区域第三产业增加值与人均铁路出行次数统计如表2所示。

表2　区域第三产业增加值与人均铁路出行次数统计表

年度	第三产业增加值/亿元	人均出行次数/(次·人$^{-1}$)	年度	第三产业增加值/亿元	人均出行次数/(次·人$^{-1}$)
2004年	247	1.3	2012年	911	2.2
2005年	346	1.3	2013年	1 063	2.1
2006年	384	1.4	2014年	1 220	2.1
2007年	436	1.4	2015年	1 438	2.6
2008年	496	1.6	2016年	1 616	3.2
2009年	548	1.9	2017年	1 790	3.9
2010年	640	2.1	2018年	1 981	4.8
2011年	781	2.3			

3　兰州铁路枢纽客运发展影响因素分析

一般来说,铁路客运枢纽的旅客发送量是枢纽辐射地区的人口与区域人均铁路出行次数的乘积。结合上文关于兰州铁路枢纽城市的社会经济结构特征分析,影响兰州铁路枢纽客运量的直接因素包括枢纽辐射地区的人口、辐射区域旅游人数、人均铁路出行次数,间接因素包括经济总量、第三产业的发展等[3]。

1. 常住人口的不断增长,奠定了铁路运输需求增长的基础

2018年,区域(兰州市、白银市)常住年人口为548万人,较2004年增加了65万人,区域人口呈现平稳、缓慢增长的态势,研究年度兰州铁路枢纽辐射城市人口仍将持续增长(图6)。第一,兰州市是"新丝绸之路经济带"的重要节点城市和西部大开发的核心城市,研究年度随着改革开放向西部地区的深入推进,兰州市在承接东部地区转移的劳动力密集型企

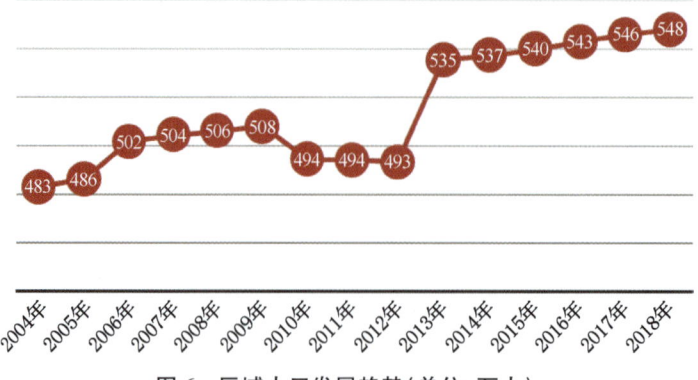

图6　区域人口发展趋势(单位:万人)

业、吸纳引进优秀人才等方面具有明显的区位优势和政策优势,优质高效的高铁网络可形成以兰州为中心、7 h 通达京津冀地区的交通网络,也为商贸人员的快速流动奠定了基础。第二,兰州市是甘肃省会城市,是兰州—西宁城市群和兰白都市圈的核心区域,对于周边区域具有显著聚集效应,随着户籍政策的改革,周边区县的人口会大量向兰州等核心城市集聚。第三,随着我国计划生育二胎政策的全面放开和医疗技术水平的提升,新生儿的快速增长和死亡率的下降,也将进一步促进人口的增加。因此,研究年度区域常住人口将呈现不断增长的趋势,增长率将高于现状,人口基数的增长将直接带动铁路运输需求的增加。

2. 旅游产业的快速发展,促进铁路旅游人数的快速增加

旅游产业的快速发展直接刺激交通客运的快速增长,高速铁路以其安全、准时、快速、高效受到越来越多游客的青睐,是铁路枢纽客运增长的重要因素之一。我国旅游业近年来呈现爆发式增长的态势,全国旅游人数从 2010 年的 21 亿人增至 2018 年的 55.4 亿人,增长 2.6 倍,年均增长率 13%;甘肃省旅游人数从 2010 年的 4 284 万人增至 2018 年的 30 120 万人,增长 7 倍,年均增长率 28%;研究区域旅游人数从 2010 年的 1 082 万人增至 2018 年的 8 056 万人,增长 7.4 倍,年均增长率 29%。区域旅游人数增长率高于甘肃省,更远高于全国平均水平。随着交通运输网络的快速发展,以雪山、戈壁、丹霞地貌为代表的西北地区瑰丽自然风光和以古丝绸之路、敦煌壁画为代表的人文景观将吸引大量海内外游客,旅客人数仍将呈现快速增长的天使。近年来区域旅游人数统计列于表 3,旅游人数增长率变化如图 7 所示。

表 3　　　　　　　　　　近年区域旅游人数　　　　　　　　　　单位:万人

区域	2010 年	2011 年	2012 年	2013 年	2014 年	2015 年	2016 年	2017 年	2018 年
中国	210 000	278 000	309 000	340 000	361 000	400 000	453 844	500 000	554 000
甘肃省	4 284	5 826	7 824	10 078	12 660	15 638	19 099	23 977	30 120
区域	1 082	1 685	2 475	3 108	3 620	4 448	6 222	6 515	8 056

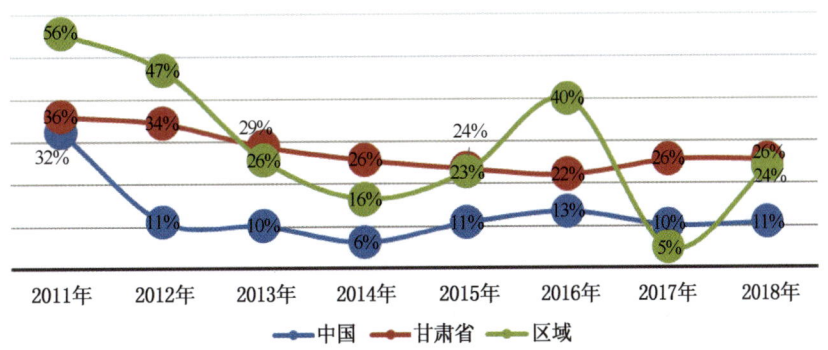

图 7　近年旅游人数增长率变化示意图

3. 经济总量的快速增长将加快区域人员流通,促进铁路出行需求的快速增加

旅客的出行有相当一部分属于生产性旅行需求,即以公务和商务为目的的出行,是与生产、交换、分配等活动相关的运输需求,这些活动都是与商品经济联系在一起的。因而商品经济的规模和发展水平直接影响这部分生产性旅客运输需求。商品经济越发达,商务活动越频繁,活动范围越广泛,旅客运输需求也越旺盛。

近年来,研究区域 GDP 增长率远高于全国平均水平且区域 GDP 基数相对较小,研究年度随着新丝绸之路经济带和西部大开发发展战略的实施,区域 GDP 增速仍将高于全国平均水平,呈现增长的态势。区域 GDP 与区域旅客发送量呈正相关,因此区域铁路客运总需求也会持续增长。

4. 区域第三产业继续快速发展,预示区域铁路旅客出行次数将稳步快速增加

研究区域三次产业结构比从 2004 年的 6∶55∶39 逐年变化为 2018 年的 3∶36∶61,近年来区域三次产业结构第一产业、第二产业比重逐渐下降,第三产业稳步上升,逐步形成了以第三产业为主导、第二产业为支撑的较为合理的经济结构体系。区域三产结构变化如图 8 所示。

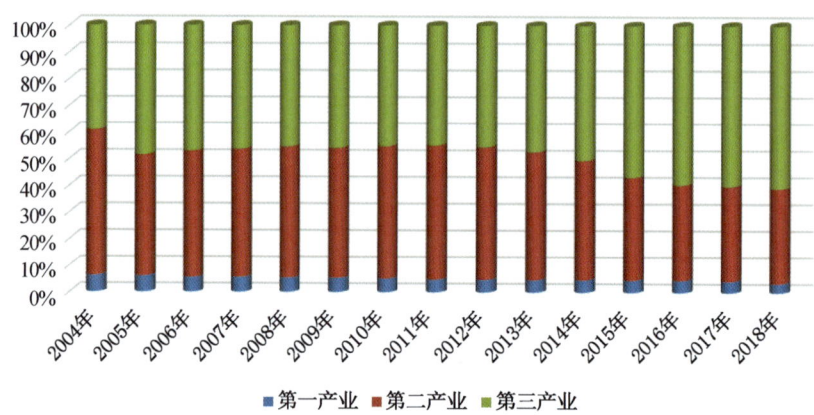

图 8 研究区域三产结构变化示意图

我国逐步进入后工业化时期,由制造大国向制造强国转变,以创新为主题的高端制造、智慧发展、咨询服务等是未来发展的主轴线,第三产业进一步发展是我国未来发展的方向。作为甘肃省核心区域兰白都市圈,其产业结构继续向第三产业倾斜。铁路旅客出行次数与第三产业发展正相关,研究年度兰州铁路枢纽旅客出行次数将稳步快速增加。

5. 小结

综上分析,常住人口的不断增长、旅游产业的快速发展、经济总量的快速增长、区域第三产业继续快速发展都将带动兰州铁路枢纽客运量的快速增长。

4 兰州铁路枢纽客运需求分析

4.1 预测基础

1. 预测年度

基年:2018 年。近期:2030 年;远期:2040 年。

2. 路网构成

现状:高速铁路主要有兰新高铁、宝兰高铁、兰州至中川机场城际铁路等,客货共线铁路主要有兰新铁路、陇海铁路、兰青铁路、包兰铁路、兰渝铁路,支线铁路主要有中川至马家坪线,红会支线等。

2030年:兰州—张掖三四线、兰州—中卫铁路等高速铁路建成通车,兰合铁路建成,建设兰州—临洮城际,兰州枢纽快速客运网形成,城际铁路骨架网形成。

2040年:根据区域国民经济发展和交通运输需求,进一步完善区域铁路网。

3. 预测基本思路

1)枢纽客运量预测

枢纽客运量预测采用定性与定量相结合的方法。首先依据兰州铁路枢纽客运发展影响因素判定兰州铁路枢纽客运总量发展方向和发展趋势;其次采用类比法、专家打分法确定枢纽辐射人口数量及人均铁路出行次数,结合国内北京、上海、广州既有大型枢纽与兰州铁路枢纽同等规模时的发展情况,确定兰州铁路枢纽的总量范围;最后采用自回归法、灰度预测法[4]、弹性系数法等定性预测兰州铁路枢纽的旅客发送量,并结合确定的总量范围调整相关参数,确定合理的枢纽铁路旅客发送量。

2)枢纽客车开行方案预测

枢纽客车开行方案主要以现状客车开行方案为基础,结合研究年度路网构成和各相关项目的研究成果,考虑枢纽总体布局的合理性、各区段能力的匹配性、运输服务的高效性等诸多因素综合确定。

4.2 兰州铁路枢纽旅客发送量预测

1. 枢纽客运总量

目前,我国的铁路建设进入了一个高速发展的时期,铁路客运网络不断完善,覆盖范围持续扩大,建设标准越来越高,服务质量越来越好,旅客运输正朝着更安全、快捷、方便、舒适的目标迈进,全国铁路旅客发送量增长迅猛,从2000年的10.34亿人增加至2018年的33.2亿人,增长约3倍,年均增长率为6.7%。

兰州铁路枢纽作为西北地区重要的路网型铁路枢纽,近年来兰州铁路枢纽客运量与全国铁路客运量发展趋势相同,均呈现快速增长的趋势。2000年,枢纽客运量约为470万人,2018年,客运发送量为2552万人,增长5.4倍,年均增长9.9%,兰州铁路枢纽旅客发送量增长率高于全国平均水平(图9)。

研究年度随着兰州—张掖三四线、中卫—兰州铁路、兰合铁路的引入,以及兰州—临洮铁路的建设,西部铁路网进一步强化和扩展,以兰州为中心的快速客运网形成,考虑市场经济的发展和运输质量的提升,兰州铁路枢纽的客运量将有较大幅度的增加。综合利用自回归法、弹性系数法、灰度预测法等定量方法和类比法、专家打分法等定性方法[5-6],预测兰州铁路枢纽2030年、2040年客运发送量分别为5 000万人、6 300万人。同比2018年,年均增长率分别为5.8%和4.2%。

2. 主要客运站旅客发送量

依据区域城市发展规划,经济和交通发展规划,结合路网布局和交通运输需求,结合枢

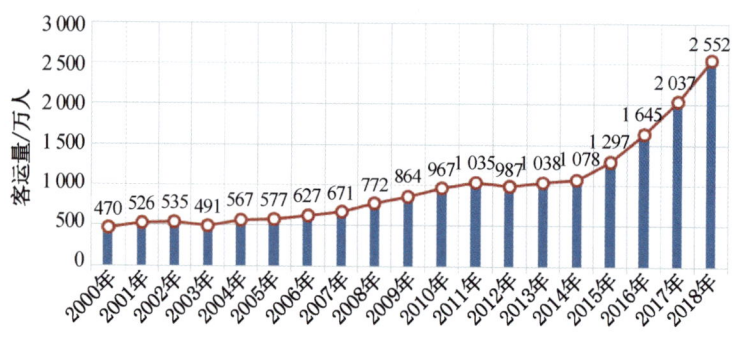

图 9　兰州铁路枢纽历年客运量示意图

纽总图布局,确定研究年度兰州铁路枢纽兰州、兰州西站为两处主要客运站,兰州新区南为主要辅助客运站。预测兰州枢纽主要客运站旅客发送量如表 4 所示。

表 4　　　　　　　　兰州铁路枢纽客运站旅客发送量预测表　　　　　　单位:万人

序号	站名	2014 年	2015 年	2016 年	2017 年	2018 年	2030 年	2040 年
1	兰州站	1 055	1 070	1 232	1 231	1 316	1 450	1 500
2	兰州西站	4.6	183	263	626	1 045	2 000	2 500
3	兰州新区南站						480	630
4	兰州新区站		1	4	8	11	70	100
5	中川机场站		18	122	146	152	200	200
6	T3 航站楼站						730	1270
7	其他	7.8	25	24	26	28	70	100
	合计	1 067	1 297	1 645	2 037	2 552	5 000	6 300

4.3　兰州铁路枢纽客车开行方案预测

2018 年,兰州枢纽客车对数为 146 对,其中始发客车 93 对,通过客车 53 对。随着西部铁路网进一步强化和扩展,考虑客运量的增加,提高运输质量及市场经济发展的需要,兰州枢纽旅客列车对数将有较大幅度的增加。预测兰州铁路枢纽 2030 年旅客列车总对数为 329 对,其中始发 250 对,通过 79 对;2040 年旅客列车总对数为 400 对,其中始发 310 对,通过 90 对。兰州铁路枢纽旅客列车对数预测见表 5。

表 5　　　　　　　　兰州枢纽客车对数预测汇总表　　　　　　单位:对/日

各方向合计	2017 年	2030 年			2040 年		
		计	普速	动车	计	普速	动车
一、始发小计	93	250	48	202	310	50	260
1. 陇海线	15	18	18		18	18	
其中:兰州—平凉方向		5	5		6	6	

(续表)

各方向合计	2017年	2030年 计	2030年 普速	2030年 动车	2040年 计	2040年 普速	2040年 动车
2. 宝兰客专	33	59		59	71		71
其中:兰州—平凉方向		8		8	12		12
3. 包兰线	5	5	5		3	3	
4. 兰州—中卫客专		39		39	58		58
5. 兰新线	10	3	3		1	1	
6. 兰青线	1	2	2		2	2	
7. 兰新高铁	13	15	2	13	15	2	13
8. 兰渝线	5	7	4	3	11	6	5
9. 兰合线		21	14	7	27	18	9
10. 兰州—机场—张掖三四线		11	64		64	79		79
11. 兰州—临洮铁路		17		17	25		25
二、通过客车小计	**53**	**79**	**31**	**48**	**90**	**28**	**62**
1. 兰新—陇海	14	2	2				
2. 兰青—陇海	8	8	8		8	8	
3. 兰新高铁—宝兰客专	11	18		18	20		20
4. 兰新高铁—陇海	6	9		9	9		9
5. 兰青—包兰	5	2	2		2	2	
6. 兰新高铁—兰州中卫客专		13		13	14		14
7. 兰渝—兰青	7	4	4		3	3	
8. 兰渝—兰新高铁	1	5	4	1	7	4	3
9. 兰渝—兰州中卫客专		2		2	2		2
10. 陇海—包兰	1	1	1				
11. 兰合—兰州中卫客专							
12. 兰合—包兰线		1	1		2	2	
13. 兰州—张掖三四线—宝兰客专		6		6	10		10
其中:兰州—平凉方向		2		2	3		3
14. 兰州—张掖三四线—兰州中卫客专		5		5	8		8
15. 兰州—张掖三四线—兰州至临洮铁路		3		3	5		5
三、地区客车合计	**146**	**329**	**79**	**250**	**400**	**78**	**322**
四、各方向对数							
1. 包兰线	11	9	9		7	7	

159

(续表)

各方向合计	2017年	2030年			2040年		
		计	普速	动车	计	普速	动车
2. 兰州—中卫客专		59		59	82		82
3. 陇海线	55	38	38		35	35	
其中：兰州—平凉方向		5	5		6	6	
4. 宝兰客专	44	83		83	101		101
其中：兰州—平凉方向		10		10	15		15
5. 兰青线	21	16		16	15		15
6. 兰新线	24	5		5	1		1
7. 兰渝线	13	18	12	6	23	13	10
8. 兰州—机场—张掖三四线	11	78		78	102		102
9. 兰州—临洮铁路		20		20	30		30
10. 兰新高铁	31	60	15	45	65	15	50
11. 兰合线		22	15	7	29	20	9

4.4 运量预测的不确定性分析

1. 宏观经济发展形势对运量预测产生不确定的影响

枢纽客运量预测的重要相关因素包括枢纽服务区域的经济总量、第三产业的发展，区域经济产业的发展受国际、国内宏观发展形势和政策导向的显著影响。目前我国处于实现社会主义现代化强国的征程中，国际环境上受到"一带一路"倡议的促进带动、也受到"中美贸易战"的持续负面影响，兰州作为西北地区的核心城市之一、"一带一路"的重要节点城市，发展中机遇与挑战并存，未来经济形势的发展速度具有一定的不确定性。因此，宏观经济发展形势对兰州铁路枢纽运量预测产生不确定的影响。

2. 枢纽相关干线铁路的建设时机对运量预测产生不确定影响

根据中长期铁路网规划，研究年度兰州铁路枢纽规划建成兰合铁路、中兰高铁、兰州—定西—平凉铁路等路网干线，形成以兰州铁路枢纽为中心的快速客运网络，满足甘肃省旅客运输需求。甘肃省地处西北，经济发展水平相对滞后，地方政府对于交通基础设施建设的财政支付能力有限，随着铁路行业逐步向市场化转型，西部路网干线建设进度受到建设资金来源的制约，具有不确定性。路网干线的建设与否直接影响铁路网的服务范围、服务质量和规模效益，从而对铁路枢纽的客运量预测产生不确定性影响。

5 结语

本文对兰州铁路枢纽运输需求进行研究，运用 SPSS 软件分析确定经济总量与铁路运输需求、第三产业增加值与人均铁路出行次数正相关,影响兰州铁路枢纽客运发展的直接因素包括枢纽辐射地区的人口、辐射区域旅游人数、人均铁路出行次数,间接因素包括经济总量、第三产业的发展等,最后采用定性与定量相结合的方法确定兰州铁路枢纽客运量,可为兰州铁路枢纽的客运场站总体布局、功能划分、等级规模、运输组织、重要线路引入方案等提供决策依据,同时对于我国类似大型铁路枢纽规划建设具有重要参考意义。

参考文献

[1] 李帮东.兰合线引入兰州铁路枢纽方案研究[J].铁道运输与经济,2016,38(7):28-33.

[2] 李星华.论我国交通客运量与国民经济关系:基于时间序列模型的分析[J].西昌学院学报(自然科学版),2018,32(1):21-26.

[3] 程坦,李涵,刘鑫垚.大城市综合对外客运枢纽发展评估及趋势分析:以重庆主城区为例[J].物流工程与管理,2017,39(3):100-101.

[4] 桂文毅.基于灰色线性回归模型的哈尔滨铁路枢纽客运量预测研究[J].中国铁路,2018(6):22-27.

[5] 丁海涛.包海通道西安至安康高速铁路运输需求分析[J/OL].铁道标准设计:1-7[2019-08-12].https://doi.org/10.13238/j.issn.1004-2954.201810260004.

[6] 袁立伟.齐齐哈尔铁路枢纽总图规划研究[J].铁道工程学报,2018,35(4):1-6.

当代公路客运枢纽建筑的布局模式与规划设计

——乌鲁木齐公铁联运长途客运枢纽的建筑创作

郭 炜

(华建集团华东建筑设计研究院有限公司 上海)

摘 要：乌鲁木齐国际公铁联运长途客运枢纽因乌市高铁站的建设应运而生,是高铁站集疏运系统不可或缺的一环。乌鲁木齐国际公铁联运长途客运枢纽的建筑创作,本着"畅通融合、绿色温馨、经济艺术、智能便捷"的建设理念,力求做到交通流线简洁高效、建筑空间绿色生态、立面造型简洁美观,结合枢纽大客流的特点充分挖掘商业价值,打造"一带一路"新时代背景下的简洁高效的城市交通商业综合体。最终实施项目体现了六大亮点：

(1) 车流——单向循环,多车道边,"零"交叉；

(2) 人流——多层面、多通道、多出入口的立体换乘格局；

(3) 结合出发及换乘通道街区式商业布局；

(4) 绿色、生态、节能；

(5) 完整简洁、一气呵成的建筑形态；

(6) 枢纽的开发运作、资金平衡策略。

关键词：简洁高效；交通商业综合体；立体换乘；单元式候车；生态节能；街区式商业；资金平衡

在"一带一路"国家倡议的时代大背景下,交通基础设施的建设作为国内区域经济发展的引擎正发挥着越来越重要的拉动作用。

中国高速铁路的规划与建设经历了十年以上的飞速发展,截至 2018 年年底,我国高铁运营里程已超过 2.9 万 km,占全球高铁运营里程的三分之二以上,超过其他国家总和。中国高速公路的发展经历了 30 年的建设,截至 2018 年 3 月,我国高速公路总里程已超 13.6 万 km。

区域中心城市高铁车站,承担着区域大型综合对外交通枢纽的作用,与之配套的既有相对小半径对外公路客运枢纽,又有城市对内的各种接驳的交通方式,如城市轨道交通、地面公交、社会车辆等。其中公路客运枢纽,既可与大型高铁车站集成布局,共同构成综合交通枢纽,又可自成体系,形成城市对内对外公路交通枢纽的主体。

因此,在如火如荼的高铁枢纽建设的同时,长途客运枢纽的规划设计也在迭代,既要研究自身系统升级,又要匹配公铁联运的对接发展。

在目前铁路客运枢纽已升级至第四代站体的大背景下,与之匹配的公路客运枢纽的规划设计必须迎头赶上。

1 当代公路客运枢纽建筑的规划目标与布局模式

1.1 规划目标

公路客运枢纽的规划设计应注重实现三个目标:

(1)交通运输高效便捷的核心问题,即有效组织好车流、人流,实现各种车行流线的"零"交叉,以及不同属性人行流线的简洁与高效。

(2)打造新时代背景下生态节能交通建筑,力求达到枢纽的绿色温馨与人性化。

(3)充分挖掘枢纽大客流的商业价值,综合考虑交通枢纽建筑的开发运作与资金平衡。

1.2 布局模式

公路客运枢纽的建筑布局,经过多年的发展,基本呈现出两种不同的布局模式:水平并置式和上下叠合式。

以乌鲁木齐公铁联运长途客运枢纽的建筑设计为例,浅谈公路客运枢纽布局与特点。

1. 水平并置布局

水平并置式,即车场在建筑外侧,人车交互界面在建筑之外,站房与车场呈水平贴合并置的平面布局方式(图1、图2)。

图1 水平并置式效果示意1

图 2　水平并置式效果示意 2

水平并置式布局从平面上解决人流组织的问题,旅客步行距离短,无须上上下下,简单直接,方便高效,这是典型的以长途客站运营为出发点的设计逻辑(图3)。

图 3　水平并置式总平面布局示意

除布局外,单元式候车厅的设计是此类布局应有的另一特点,按线路方向把常规一个候车大厅分为不同线路方向的多个小厅,有以下好处:一是指引清晰、容易辨识;二是分厅管理、节省人员;三是增加候车厅通风与采光面,提高候车舒适度;四是大空间化整为零,分厅控制,降低能耗(图4、图5)。

多个单元式候车厅之间植入绿化庭院,不仅加大了每个厅的自然通风与采光面,降低空调和用电能耗,还可改善场地微气候,看尽四季更替,自然色彩(图6)。

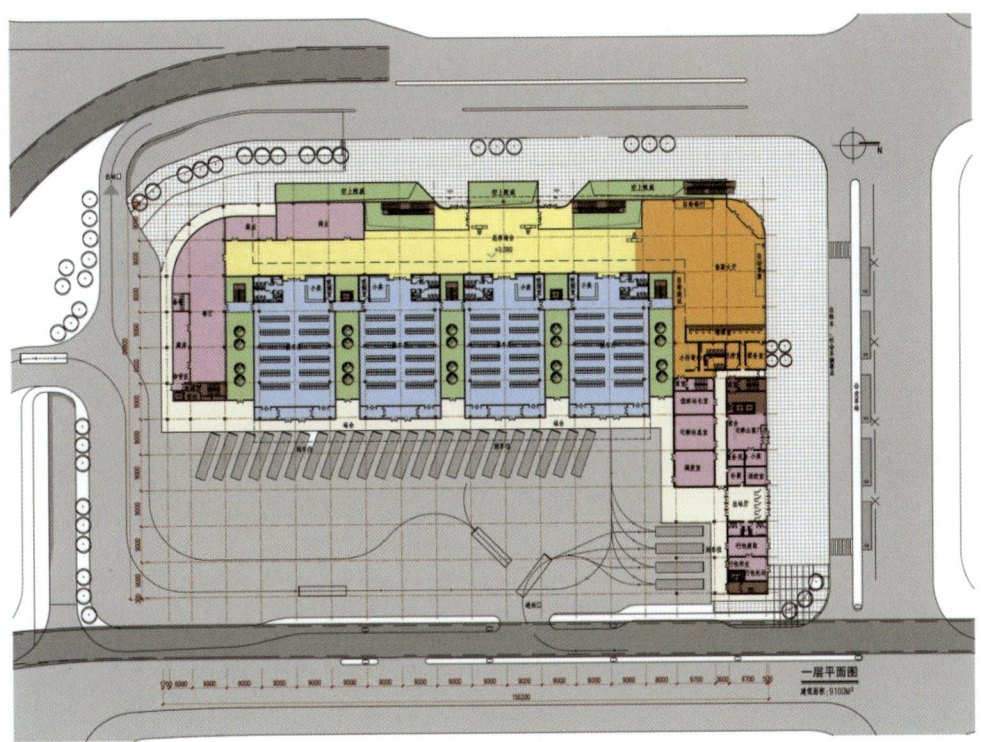

图 4　水平并置式首层平面示意

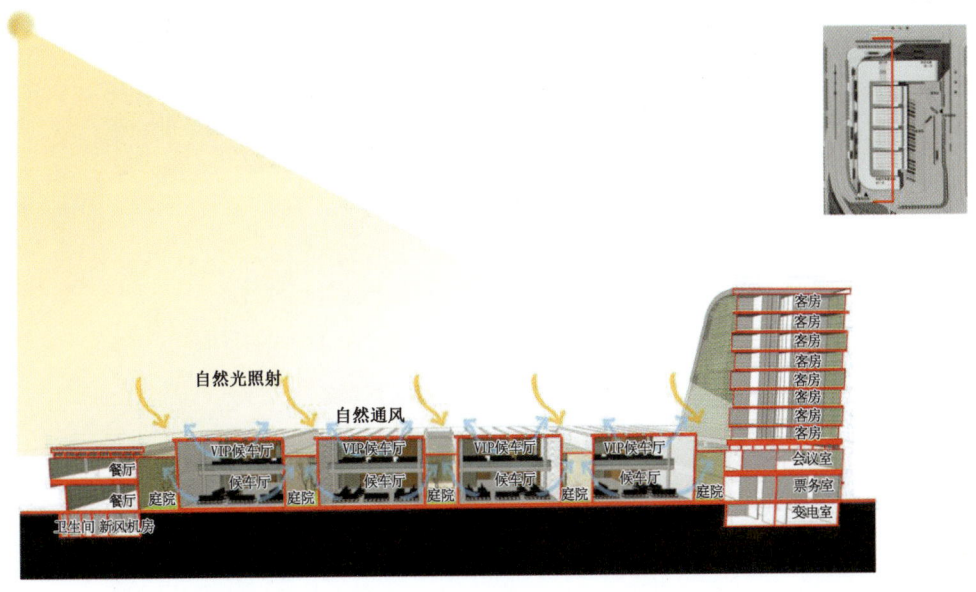

图 5　水平并置式剖面示意

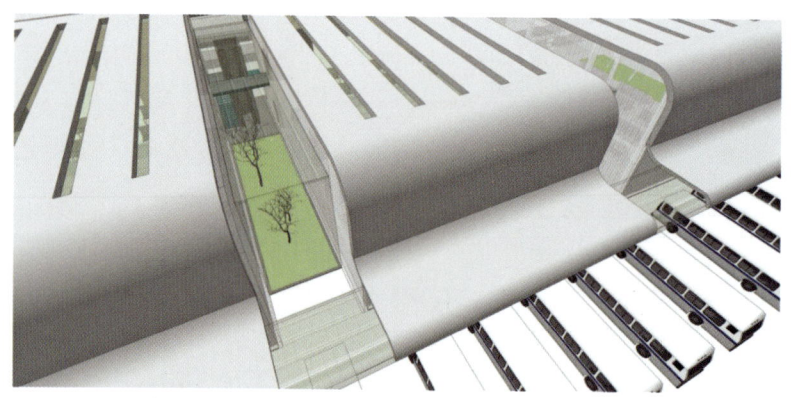

图 6　水平并置式单元庭院效果示意

2. 上下叠合布局

上下叠合式,即车场在建筑下方,人车交互界面在建筑之内,站房与车场呈上下垂直叠合的立体布局方式(图 7、图 8)。

图 7　上下叠合式效果示意 1

图 8　上下叠合式效果示意 2

上下叠合式布局以立体的方式解决人流组织的问题，旅客候车在上，乘车在下，建筑覆盖率增加，建筑规模也会增大，人行流线加长，商业价值凸显，这是典型的抓住枢纽大客流带来的商业价值，从长途客站平衡投资，长期回报为出发点的设计逻辑（图9）。

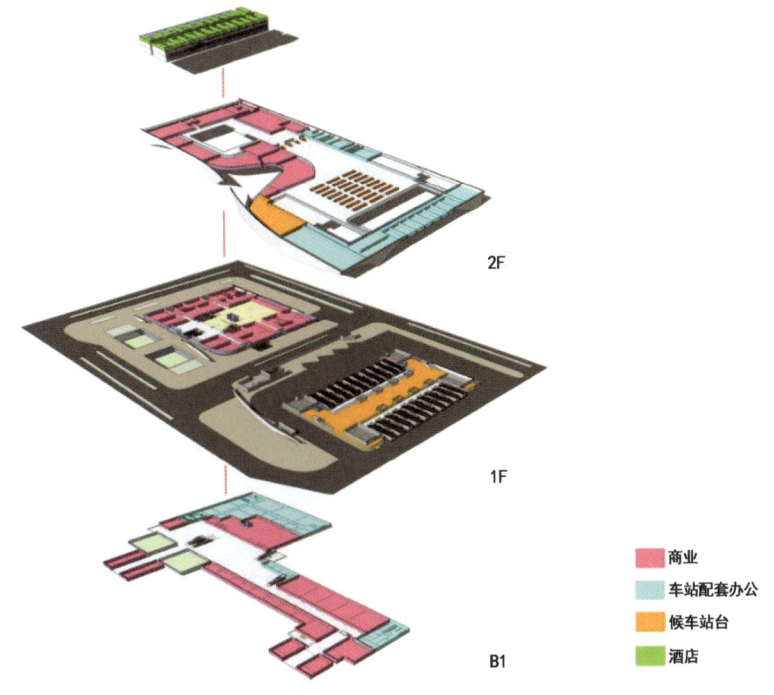

图9　上下叠合式各层平面分层示意

为了更好地解决多种不同交通车辆的有效停靠和上下客，一般需在用地中间开辟一条车行道路，把场地分为南北或东西两区，一个区为进站大厅和售票厅等人行功能区域，及公交、出租、私家车等各种不同性质车辆上下客的车道边，另一个区为长途大巴场内行车和停靠上下客的车行区域，流线有机组织，车辆各行其道，高效顺畅（图10）。

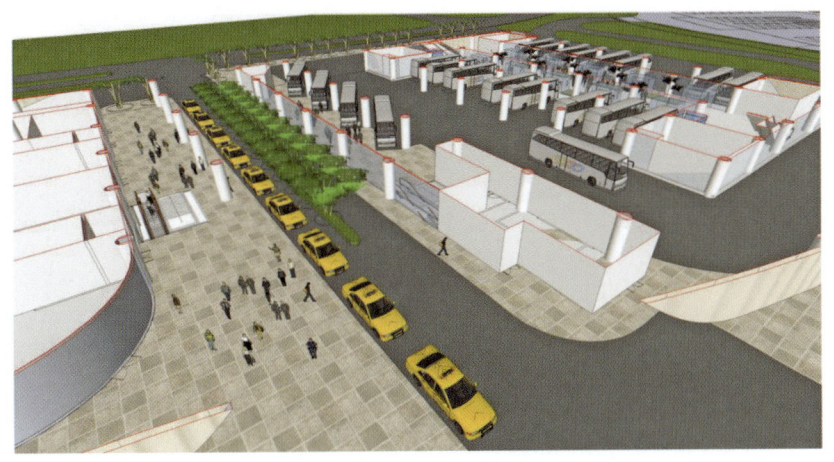

图10　上下叠合式首层局部模型示意图

167

为做到绿色节能,建筑结合不同功能空间,有机组织多个下沉庭院和采光中庭,如进站大厅、上车岛、地块中间道路上空等,使建筑各关键部位光线下去,浊气出来,不仅改善建筑空间品质、内部空气质量,而且提高建筑空间的体验感和兴奋度。

另外大面积屋顶花园的设置,既增加建筑的绿化覆盖率,又可以调节区域微气候,同时又可作为上人游园之去处,给长时候车旅客提供了新的户外参与体验(图11、图12)。

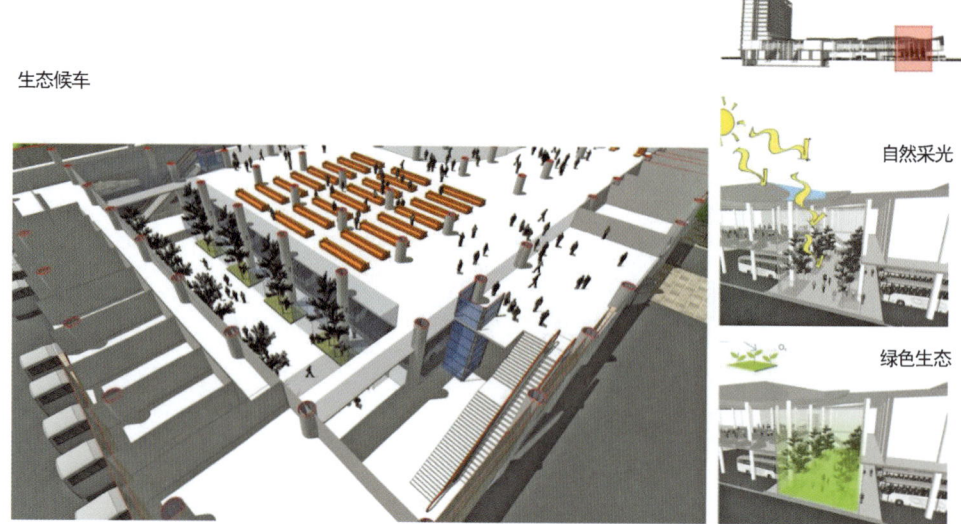

图11　上下叠合式绿色生态局部模型示意图

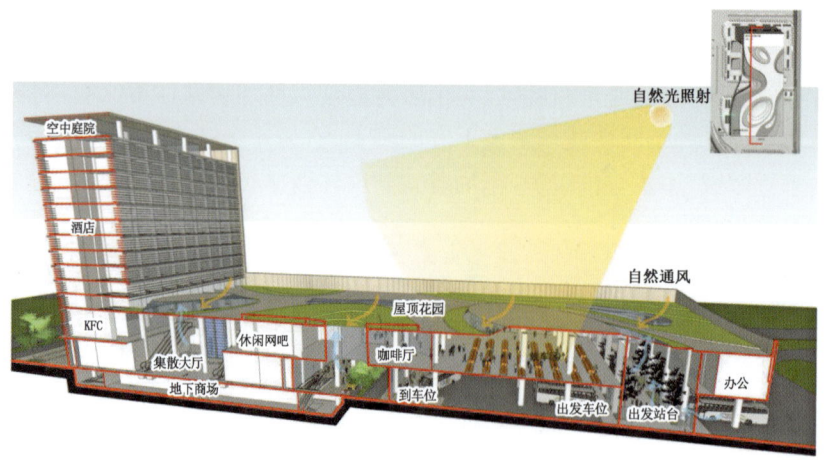

图12　上下叠合式模型剖透示意图

"有人流就有商机!有人流就有市场!"人流的多少决定市场的大小,交通建筑的商业价值才能体现。应充分抓住商机,是建筑设计必须为业主考虑的。结合旅客流程,把握消费需求,合理设置商业空间,凸显枢纽商业价值。

上下叠合式的建筑布局可以有效拉长并合理控制旅客流程,有利于商业空间和面积安排，尤其在二层和负一层可大量植入与交通枢纽性质和客流相契合的商业业态，如零售、餐饮、娱乐、休闲、酒店、办公等，给建筑空间注入新的内容和活力，增加旅客出行体验，平衡初始投资和日常运营费用。

2 把握交通建筑规律的建筑创作实践

乌鲁木齐国际公铁联运长途客运枢纽是因乌市高铁站的建设应运而生，毗邻高铁，服务高铁，是实现公铁联运不可缺少的交通基础设施。长途客运枢纽既要完成自身始发、终到及内部换乘的公路交通枢纽任务，又要承担与高铁接驳换乘的配套使命，是高铁站集疏运系统不可或缺的一环（图13、图14）。

图13　总体南向鸟瞰夜景

图14　总体北向鸟瞰日景

项目基地位于新建乌鲁木齐高铁枢纽片区北广场东侧，紧邻高铁站房，周边城市道路和高架桥环绕。基地南北长 188 m，东西宽 116 m，地势平坦，场址与市域交通体系及城市道路网络的衔接比较紧密。2013 年，项目招标时，高铁站房正在如火如荼建设中。长途客运枢纽也是高铁枢纽片区的第一个单体建筑配套项目。设计容量为满足 2022 年 1.5 万人/日的平均日旅客发送量，高峰小时能超过 2 000 人次的需求(图 15、图 16)。

图 15　区位图

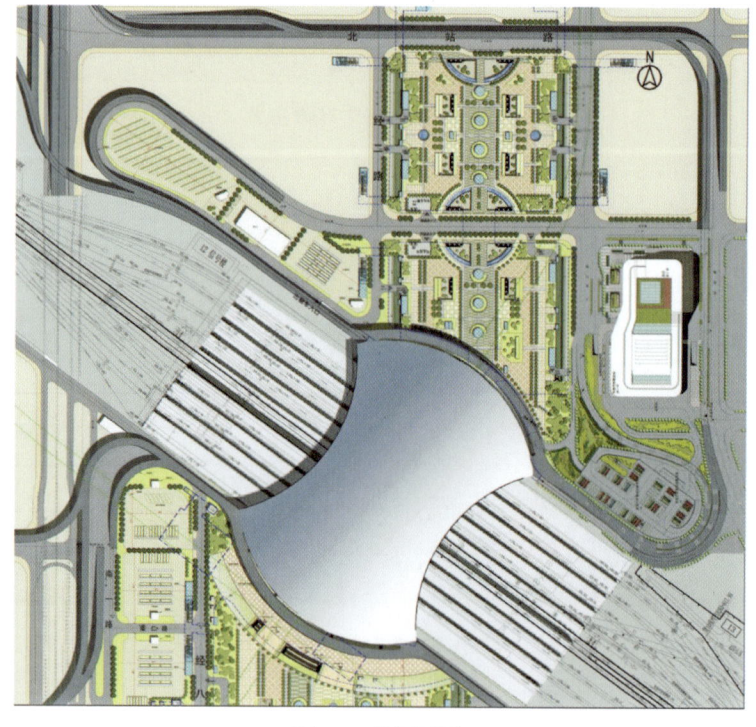

图 16　总平面图

在该项目的设计创作过程中,应业主商业价值最大化的诉求,设计团队认真研究分析后,提出了"简洁高效的交通商业综合体"概念,方案做到了流线组织最优、生态节能、形态优美且最大化地提升枢纽的商业价值,最终落地实施(图17—图19)。

图17 实施方案鸟瞰效果图

图18 实施方案西侧效果图

图19 实施方案近景效果图

3 六大创作亮点

乌鲁木齐国际公铁联运长途客运枢纽,作为交通商业综合体设计的核心是解决好三大方面的问题。

第一,组织好人车流线,高效集散,符合交通建筑组织规律。

第二,布置好商业业态,设计好商业空间,符合商业建筑规律。

第三,人流和商业有机结合,交通为商业搭建平台,提供商机,商业为旅途注入活力,留下记忆,二者相得益彰。

该枢纽本着以上三方面,做到了"六大亮点"。

3.1 亮点一:车流——建筑中的交通线,单向循环,多车道边,"零"交叉

该方案对交通组织最大的贡献就是建设性地开辟了"建筑中的交通线",把地块分成南北两区,也因此使北区可以形成环路,"单向循环"顺时针组织除长途车外的其他所有车辆,如公交车、出租车、社会车辆等,使其均能围绕北区周边的四条道路设置各自停靠的车道边,形成"多车道边"格局,有序安排不同车辆的上下客(图20)。

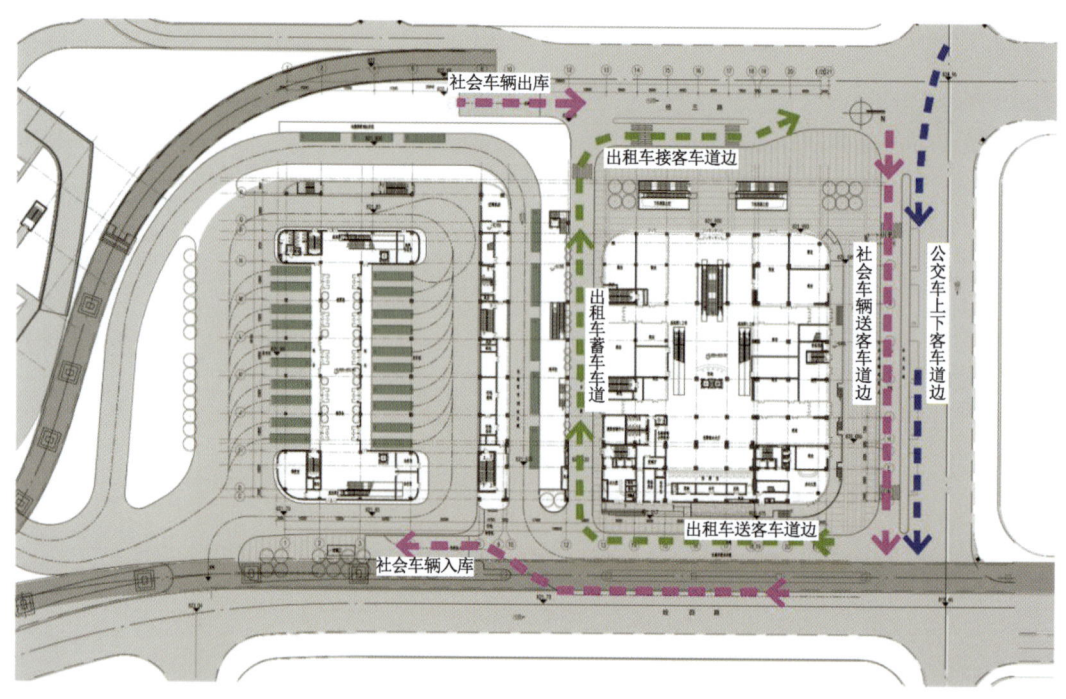

图 20 实施方案外部车辆流线图

南区是专属长途大巴的车场区域,为有序组织长途车的到达落客—蓄车整备—车辆调度—出发上客—发车等一系列车辆流程,在南区的地面层专门设置了内外两个大巴环路,到达大巴在外侧环路逆时针单向行驶,落客—蓄车;出发大巴在内侧顺时针"单向循环"运行,蓄车—调度—上客区泊车—上客—发车离场,真正实现了长途大巴场内调度"零"交叉的有序运行(图21)。

3.2 亮点二:人流——多层面、多通道、多出入口的立体换乘格局

如何组织到发和换乘客流,保证人行流线简洁顺畅,易识别、不迷失,是摆在建筑师面前最核心的课题之一。由于实施方案在"上下叠合式"的建筑布局上优化改进,因此已经决定基本到发功能上下两层布置。加之作为公铁联运的长途客运枢纽,与高铁的换乘接驳会通过地下层,与火车站北广场的地下商业通道联通而实现。

因此该项目交通站房部分形成了上下三大功能层面的"多层面"立体换乘格局。

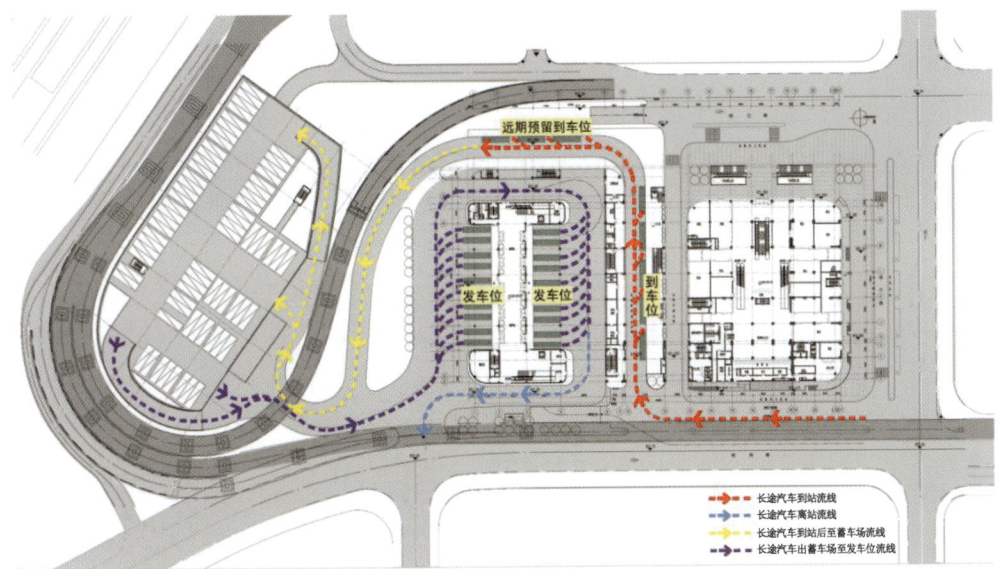

图 21 实施方案长途大巴流线图

1. 1F 地面出发、到达人车交互层

地面层的北区为出发旅客乘公交、出租、和社会车辆抵达客运枢纽的室外落客车道边，到达旅客换乘出租、公交的室外上客区域，及室内出发大厅和售票厅，旅客可从 1F 层的西、北两面和 B1 层"多个出入口"进站至出发大厅，方便快捷。

地面层的南区为长途大巴的到达落客车道边，和出发旅客的阳光上车岛（图 22）。

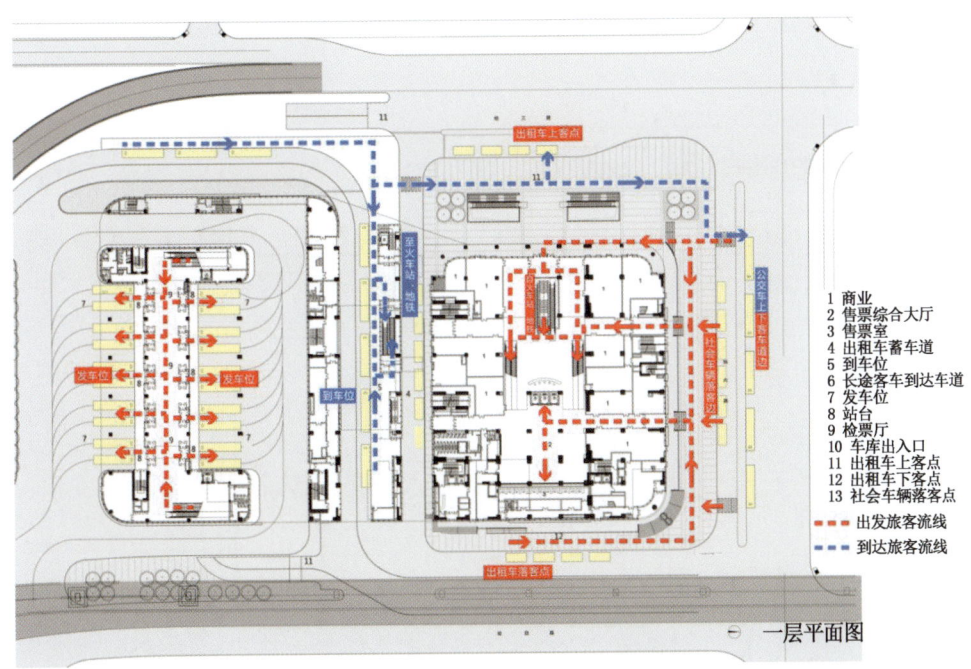

图 22 实施方案一层平面人行流线图

2. 2F 出发候车层

该层是重要的出发候车层面,出发旅客从 1F 上至 2F 后,经过两条街区式商业通道到达南、北疆候车厅或 VIP 候车室休息候车(图 23)。

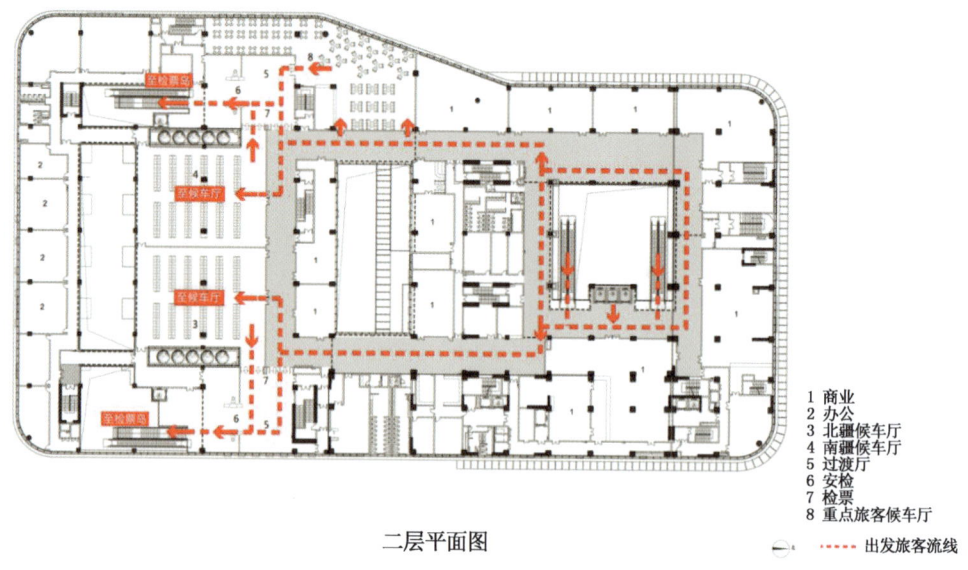

图 23　实施方案二层平面人行流线图

3. B1 高铁换乘通道层

负一层是与高铁换乘的重要层面,该层为双向人流。到达旅客通过该层并通过"多条通道"去往北广场地下商业通道换乘高铁,高铁来向的出发旅客经此层上至 1F 购票后,再到 2F 候车(图 24)。

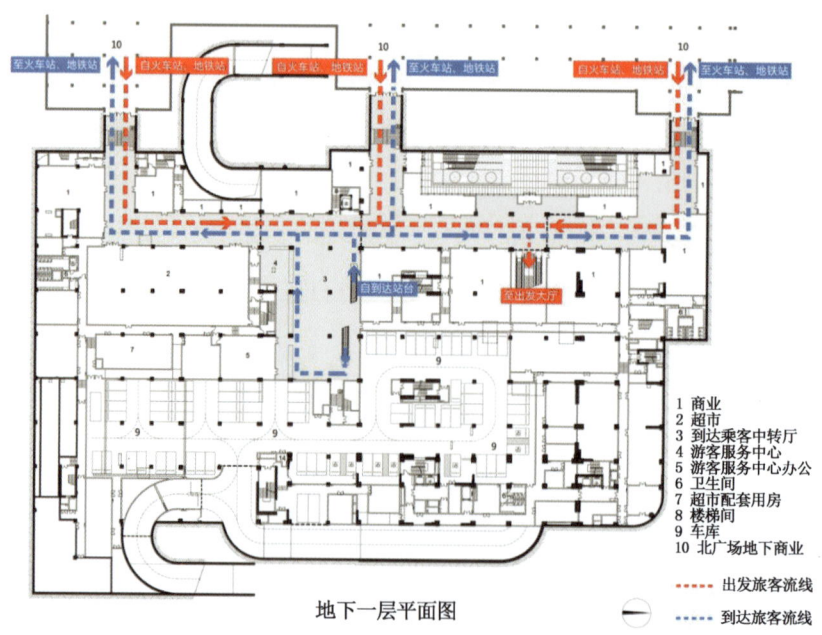

图 24　实施方案地下一层平面人行流线图

3.3 亮点三：结合出发及换乘通道街区式商业布局

枢纽旅客的物质需求是客观存在的，并且呈现出多元化和复合化的特征，餐饮购物、休闲娱乐、旅游观光、休息住宿等。

商业综合配套对交通功能起到了有利的补充作用，二者互为支撑和促进。交通为商业搭建平台，提供商机，商业为旅途注入活力。

结合2F出发层和B1高铁换乘通道层的步行系统，街区式布置商业各类商业服务设施，形成充满地域特色、文化情趣的步行商业休闲街，充分满足到发旅客、中转旅客的商业购物、娱乐休闲需求，亦或在匆匆苦旅中觅得一片能休闲感悟、购物消费的放松之所（图25、图26）。

图25 实施方案二层商业空间效果图

图26 实施方案高铁换乘通道层商业空间效果图

3.4 亮点四：绿色、生态、节能

无论任何性质的建筑设计，"绿色、生态、节能"都是建筑师的职责。

1. "阳光出发大厅＋绿色上车岛"

交通商业综合体因大量人流聚集而更应体现舒适的空间体验和高品质的室内环境质量，因此 15 m 通高的自然采光和自然通风的"阳光出发大厅＋绿色上车岛"的设计，使进站和上车两大重要空间节点明亮而通透，阳光进来、浊气出去，简洁大气且舒适宜人（图 27—图 29）。

图 27　实施方案出发层大厅效果图

图 28　实施方案绿色上车岛局部效果图

图 29　实施方案绿色上车岛效果图

2. "单元生态候车厅"

方案候车部分,单元式设置南疆、北疆两大候车厅,除线路安排指向明确外,届时上车的通道也两边分设,指引清晰、容易辨识;分厅管理、规模可控;大空间化整为零,分别控制,降低能耗。

另外在两个候车厅左右两侧,分别设计了与候车厅进深等同的带状生态边庭,增加自然通风与采光面,提高候车舒适度,使候车厅在二层中间也能感受阳光和绿色(图30)。

图 30　实施方案二层候车厅效果图

3. "屋顶花园＋太阳能发电集热装置"

北区大面积"屋顶花园"的设置,既增加建筑的绿化覆盖率,又可以调节区域微气候,同时又可作为上人、游园的去处,枢纽上盖开发的办公、酒店为旅客提供了新的户外游园体验。

南区在候车厅正上方屋面,成规模放置"太阳能发电集热装置",在乌鲁木齐阳光充足的夏热冬冷地区,是对清洁能源的绝佳利用,结合楼内储电和蓄热设备,既补充了楼内用电,节约电能;又能有效提供冬季热源,节约能耗,从技术和设施上做到节能减排,绿色生态。

3.5 亮点五:完整简洁、一气呵成的建筑形态

功能流程设计固然重要,建筑造型更是建筑师对艺术和审美的追求。

本方案造型设计上把站体裙房和上盖塔楼一体化处理,用连续屋面的形态整体勾勒,结合夜景光带的设计,使建筑一气呵成,简洁大气。

金属屋面＋铝板墙身＋网状金属幕墙＋玻璃幕墙,使建筑立面更具时代感和现代气息,符合简洁高效、现代流畅的交通建筑气质(图31—图34)。

图 31　车站西向实景

图 32　车站南向实景鸟瞰

图 33　车站西北向实景鸟瞰　　　　图 34　车站塔楼局部实景

3.6　亮点六：枢纽的开发运作、资金平衡策略

该项目不仅从建筑功能与造型上进行设计，同时也从项目开发运作、资金平衡的角度进行了策划落地。

我们把枢纽设施分为交通换乘设施模块和经营开发设施模块。

"交通换乘设施模块"包括保证站务功能的基本设施——购票、候车、站台、站场等，属不可经营性资产；及融于其中的商业购物、餐饮休闲等不可拆分操作的可经营性资产。

"经营开发设施模块"包括站房上盖的商务办公、酒店公寓等——属能拆分操作的可经营性资产。

能拆分操作的可经营性资产的租售收益来平衡不可经营性基本交通设施资产的建设投资。

不可拆分操作但可经营性资产的收益来平衡不可经营性基本交通设施日常运营维护的资金投入。

各区块之间功能上联系紧密，建设运营上又可分可合；从而在建筑设计上既体现建设上的整体性，又具备使用运行维护上的灵活性。

4　结语

乌鲁木齐国际公铁联运长途客运枢纽在创作深化及实施过程中，枢纽建筑作为"一带一路精神"的载体，既反映了现在，又预示着未来。交通基础设施的建设既是功能的铺陈，更是迎接八方来客、汇聚四海文化的态度。含蓄的空间，开放的姿态，带给旅客的不仅是便捷高效，更是一段美妙的人生体验。

随着乌鲁木齐高铁站和国际公铁联运长途客运枢纽的开通运营，使"一带一路"的国家倡议又向西迈出了坚实的一步！

参考文献

[1] 赵海波,顾承东,林晨.虹桥综合交通枢纽规划方案研究与策划[J].城市轨道交通研究,2007,10(11):8-12.

[2] 顾承东,刘武君,林晨.虹桥综合交通枢纽投资平衡研究[M].上海:上海科学技术出版社,2008.

[3] 刘武君,顾承东.图解虹桥综合交通枢纽策划、规划、设计、研究[M].上海:上海科学技术出版社,2008.

[4] 吴念祖,刘武君.虹桥综合交通枢纽开发策划研究[M].上海:上海科学技术出版社,2009.

[5] 郭建祥,郭炜.交通枢纽之城市综合体[J].时代建筑,2009(5):44-49.

[6] 郭炜,郭建祥.上海虹桥综合交通枢纽总体规划设计[J].上海建设科技,2009(3):1-6.

[7] 郭建祥,郭炜,衣健光.大型交通枢纽建筑设计中对可持续发展理念的实践和建筑师执业能力的思考:浦东国际机场二期工程设计[C]//中国建筑学会建筑师分会2008年学术年会论文集.丽江:中国建筑学会,2008.

[8] 刘武君.综合交通枢纽规划[M].上海:上海科学技术出版社,2016.

第三篇

站城融合

大型铁路客站与城市交通衔接融合关键问题

潘昭宇[1] 李 京[2] 周 正[2] 高胜庆[1] 刘 花[1] 王新宁[1]

(1. 中国城市和小城镇改革发展中心 北京;2. 中国铁路经济规划研究院有限公司 北京)

摘 要:为提升铁路客站与城市交通衔接效率、促进铁路客站与城市高效融合,通过对国内主要大型客站的调研及系统梳理,明确了大型铁路客站与城市交通衔接的主要特征、存在的问题及原因,结合国内外研究实践经验及未来发展趋势,提出了流程融合、布局融合、网络融合、场站融合、运营融合、开发融合、机制融合等7大方面铁路客站与城市交通衔接融合的关键点及实施路径,并结合北京南、深圳北等客站实例进行具体分析。

关键词:铁路客站;城市交通;衔接特征;融合路径

1 概述

大型铁路客站是城市综合交通体系的重要组成部分,主要承担城市对外区际交通、城际交通与城市内部交通之间的衔接换乘功能。综合交通体系的运行效率很大程度上取决于铁路客站的功能发挥以及客站与城市交通的衔接融合。同时,大型铁路客站也会对城市空间结构及功能布局产生深远影响。本文基于北京南、天津、深圳北、广州南、重庆北、成都东等10余个大型铁路客站的调研,对铁路客站与城市交通的衔接融合开展研究。

2 现状特征及问题

2.1 现状特征

随着我国近年来高速铁路的快速发展,各城市铁路客站建设也取得长足进展。近10年来,我国已相继建成新型铁路客站1 000余座,其中中型及以上铁路客站300余座。大型铁路客站100座左右,对于便利旅客出行、支撑城市经济社会发展等发挥重要作用。

1. 大型铁路客站与城市发展互为支撑

大型铁路客站要求每小时最高聚集人数超过3 000人,或高峰小时发送量超过5 000人[①]。随着城市社会经济发展,大型铁路客站客流呈快速增长态势,年旅客发送量一般都在1 000万人次以上,日均旅客发送量一般都在5万人以上。

---

① 中华人民共和国行业标准,铁路旅客车站设计规范(TB 10100—2018,J2582—2018),国家铁路局,2018.6。

大型铁路客站对于支撑城市空间结构、集聚产业发展、锚固交通网络发挥了重要作用，同时城市经济社会的发展又进一步促进铁路出行，带来更多铁路客流增长，铁路客站与城市发展形成互为支撑的良性互动（图1）。如郑州依托郑州东站打造郑东新区，带动整个郑州的产业转型，优化了城市空间结构；洛阳依托洛阳龙门高铁站建设洛南新城，拓展了城市发展空间，带动南部新城发展。

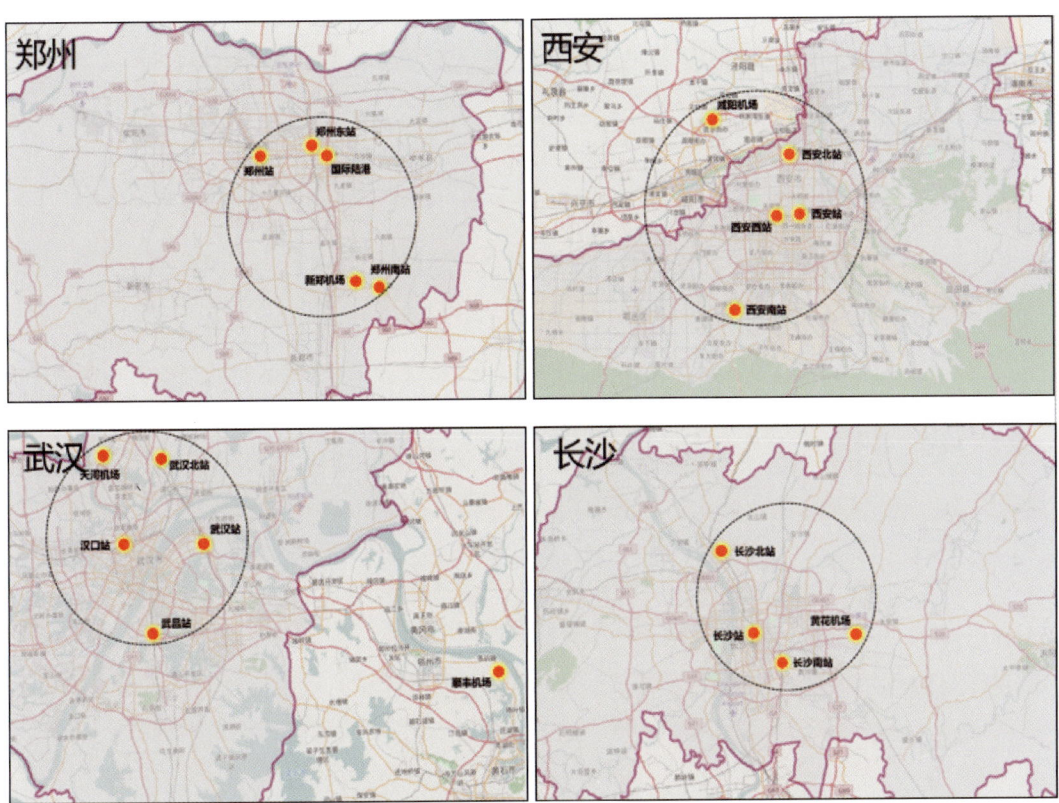

图1　国内典型城市铁路客站与空间结构关系示意图

2. 大型铁路客站交通接驳以轨道交通为主

大型铁路客站接驳交通一般以公共交通为主，公共交通占比一般达到70%以上。其中，轨道交通发挥主要作用，一般分担比例达到40%~60%，地面公交分担比例相对较低，一般达到10%~20%，如表1所示。为支撑轨道交通的客流集散，大型铁路客站一般都有2条及以上轨道交通线路衔接，且轨道与铁路客站大多都采用站内立体布局、站厅换乘形式。

表1　主要铁路客站接驳交通方式比例及接入轨道数量

客站名称	地面公交	城市轨道	小汽车	出租车	大巴	其他	轨道数量
武汉站	14%	45%	12%	8%	13%	8%	1
杭州东站	26%	46%	7%	14%	5%	2%	2
长沙南站	18%	50%	13%	11%	8%	3.6%	3

(续表)

客站名称	地面公交	城市轨道	小汽车	出租车	大巴	其他	轨道数量
南京南站	16%	54%	13%	13%	2%	2%	4
天津站	20%	45%	20%	10%		0%	3
广州南站	15%	55%	15%	6%	9%	0%	2
北京南站	15.8%	45.7%	25.5%	13%		5.7%	2
上海虹桥站	11.2%	34.2%	15.1%	15.1%			3
成都东站	10%	63%		16%	11%		2

数据来源：各铁路客站相关设计院调研整理。

3. 大型铁路客站布局形式以立体布局为主

大型铁路客站由于客流规模大、站房规模大，大多以立体布局形式为主。根据调查统计，大型铁路客站站房规模基本都在 10 万 m^2 以上，总建筑规模基本都在 20 万 m^2 以上。近年来，大型高铁客站多采用立体、高架站房布局模式，人流组织形式多采用"上进下出"模式。大型铁路客站落客区也以高架为主，落客区通过连续匝道与周边城市道路衔接（图 2）。

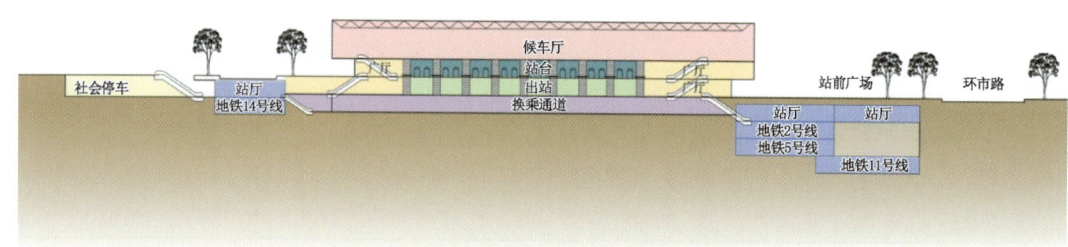

图 2 大型铁路客站典型立体布局示意图

4. 大型铁路客站旅客到发较为均衡、高峰小时不明显

2018 年年底，高铁动车已承担铁路旅客运量的 56%，普速旅客列车承担客运量比例逐步降低。大型铁路客站旅客也以高铁、城际、动车出行为主。从主要客站调查数据来看，大型铁路客站高峰小时并不明显，高峰小时系数基本在 7%～8%，且全天较为平稳，旅客发送高峰从早 7 点持续至晚 8 点，到达高峰从早 10 点持续至晚 10 点，到、发客流较为均衡。这与过去长途普速铁路客车高峰小时系数达 20%～30%，到发客流差异大的问题已明显改善（图 3）。

5. 大型铁路客站综合开发以站内商业为主

大型铁路客站综合开发刚起步，国内除重庆沙坪坝高铁客站外，铁路客站综合开发基本仍以站内零售、餐饮等商业为主。其中，零售、餐饮占客站内商业业态的占比约 70%，南京南、杭州东、常州北等铁路客站占比更高，超过 90%。

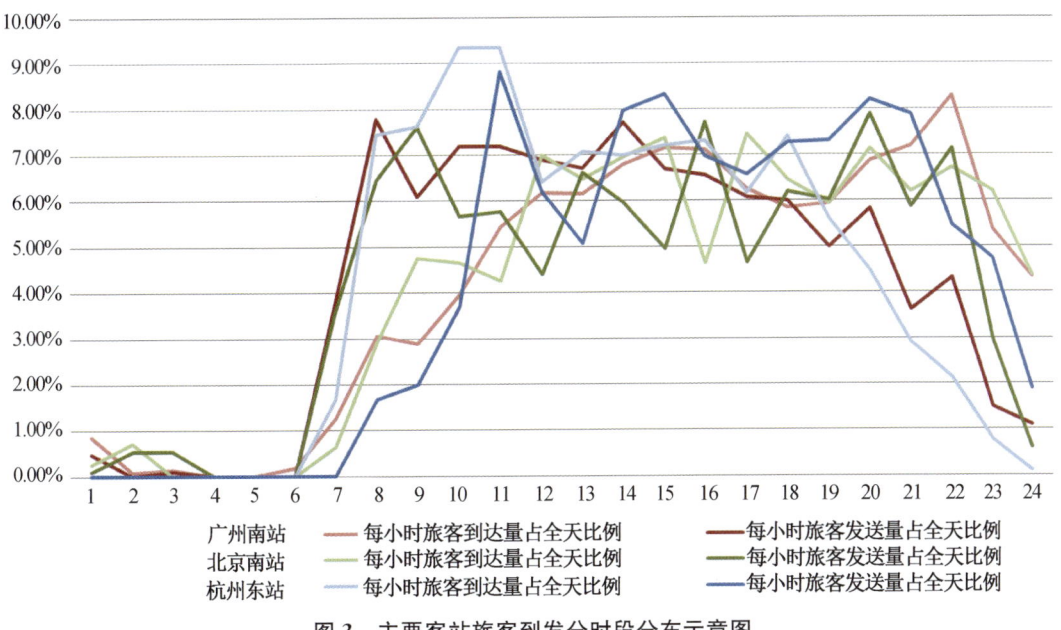

图 3 主要客站旅客到发分时段分布示意图

2.2 主要问题

铁路客站的建设有效促进了城市间联系,提升了城市间流动性和可达性。但总体上看,铁路客站与城市及交通衔接还存在铁路客站与城市功能整合不足、铁路客站之间互联互通不够、铁路客站与城市交通衔接不便等问题。

1. 铁路客站与城市功能整合不足

铁路客站的规划建设大多与城市主要功能区的布局缺乏统筹协调,而建成的铁路客站在布局时没有充分考虑与周边产业的关联性,难以发挥激活带动产业的作用。如成都正在建设的天府新区在主要功能布局上也没有考虑与天府站的衔接呼应。同时,部分铁路客站的综合交通设施布局与城市发展方向背离。如正在建设的京张高铁张家口南站综合客运枢纽布局于车站南侧,而张家口市建成区及主要客流均位于车站北侧,站点周边吸引要素集聚难度加大。

2. 铁路客站之间互联互通不够

铁路枢纽本身要求设有多个客站的枢纽应合理分工,在有条件的情况下尽量互联互通,方便跨线车交换及满足运输组织灵活性。然而,部分城市受通道资源、发展阶段等因素制约,主要客站之间连通性不强,使得客站能力利用不均衡,难以优化调整客站功能,枢纽整体能力也受到制约,如沈阳南站利用率偏低、广州南站客流压力较大。

3. 铁路客站与城市交通衔接不便

由于铁路客站外围路网与落客平台衔接布局不合理(如北京南站),地铁与铁路客站集中式布局的衔接集散空间不足、分离式布局的走行距离远,城市交通配套出租车蓄车场等设施规模不足,布局及功能分配不合理,标志标识指引不完善,地铁等城市交通接驳服务时间接续不够等原因,铁路客站与城市交通衔接不畅、衔接效率不高,影响铁路客站整体功能及效率(图4)。

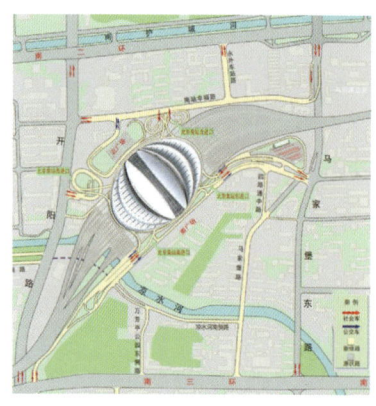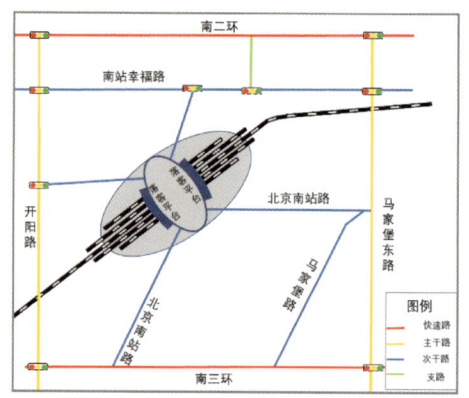

注：1.北京南站落客平台为"腰部进站"，落客平台长度过短，落客区与到离车辆出入口交织，严重影响通行效率；2.北京南站外围快速路未实现连续流与落客平台衔接，也影响通行效率。

图4　北京南站落客平台与外围路网布局及简化示意图

4. 铁路客站综合开发不足

我国铁路客站规划建设时，往往更多关注交通功能，对商业、文化等城市功能考虑偏少。一般综合开发包括上盖、地下、周边等形式，目前除沙坪坝高铁站外，铁路客站综合开发总体较为缺乏，空间利用率较低(图5)。

(a) 北京南站　　　　　　　　(b) 北京站　　　　　　　　(c) 名古屋火车站

图5　国内外铁路客站上盖开发对比

5. 铁路客站智能便捷水平不高

目前，大型铁路客站与各种交通方式之间基本保持独立运营，各种信息的沟通往往局限于行业系统内部，跨行业信息沟通、共享仍然存在制约。同时，铁路客站各种交通信息缺乏有效整合，难以满足旅客、运输企业、管理者、政府等不同对象不同层次的服务需要，智能化水平有待提升。

2.3　问题原因

1. 对铁路客站功能定位、作用认识不足

部分地方过于强调铁路客站的交通功能，忽视客站对城市空间结构、产业发展、功能布局的支撑引导和对区域发展的带动作用,导致铁路客站与城市功能整合不足、铁路客站综合开发不够。

2. 现行管理体制机制及利益关系不顺畅

铁路客站及城市配套交通设施的规划、建设涉及多部门、多领域,不同部门之间、不同专业之间权责不统一、实施时序不统一,规划建设协调难度较大。同时,条块分割、各自为政的运营管理模式也导致铁路客站服务资源难以有效整合和利用。

3. 铁路客站综合开发相关配套政策尚不明确

铁路客站的上盖、地下及周边开发需要土地分层确权,但目前相关政策还不明确。同时,铁路客站通过上盖、地下及周边土地等综合开发实现土地溢价回收,反哺客运站建设和运营,但相关配套政策也不明确。

3　国内外研究现状

国内外关于铁路客站与城市交通的衔接融合已开展大量研究及实践。国外以欧洲及日本为代表,铁路客站与城市交通的衔接主要伴随铁路改造、高铁建设以及城市更新等进行,主要着眼于立体布局、换乘便捷、站城一体、功能混合。我国伴随高铁建设,铁路客站与城市交通衔接也开展了大量研究实践,包括铁路客站客流集散规律、交通衔接模式、客站与城市空间结构的耦合关系、场站设施布局、交通流线组织、客站交通详细设施设计等方面。

总体来看,国外由于发展阶段、国情体制、车站规模等差异,其经验对我国而言有一定局限性。国内对于铁路客站与城市交通衔接已有较系统论述,也积累了丰富实践经验,但主要偏重于前期的规划、设计,对于客站建成运营后的总结、评估相对较少,同时对于各类交通设施规模缺乏明确规范指导,对于铁路客站与城市交通从规划、设计、建设到运营及体制机制等方面,也缺乏全面系统梳理。

4　发展趋势及要求

4.1　城镇化:以城市群为主体形态、都市圈引领发展

截至2018年年底,中国常住人口城镇化率达到59.58%,预计到2035年常住人口城镇化率将达到75%左右,城镇人口将增加超过2亿人。十九大报告明确提出要实施区域协调发展战略,以城市群为主体构建大中小城市和小城镇协调发展的城镇格局。未来城市群、都市圈将成为吸纳新增城镇人口的重要地区[①]。

4.2　综合交通:区域一体、层级融合

城市群地区人口密集、产业聚集,经济社会发展水平相对较高,综合交通运输呈现高强

---

① 中华人民共和国行业标准,铁路建设项目预可行性研究、可行性研究和设计文件编制办法(TB 10504—2018,J2615—2018),国家铁路局,2018.12。

度、多样化、高频次、强时效的特征[①]。同时,从城市群的尺度来看,涵盖城市交通、都市圈交通、城际交通、区际交通多个层级,以京津冀为例,如图 6 所示。而且各个层级实际上是相互融合、相互交叉、融为一体的。铁路客站就成为多个层级衔接融合的重要载体。

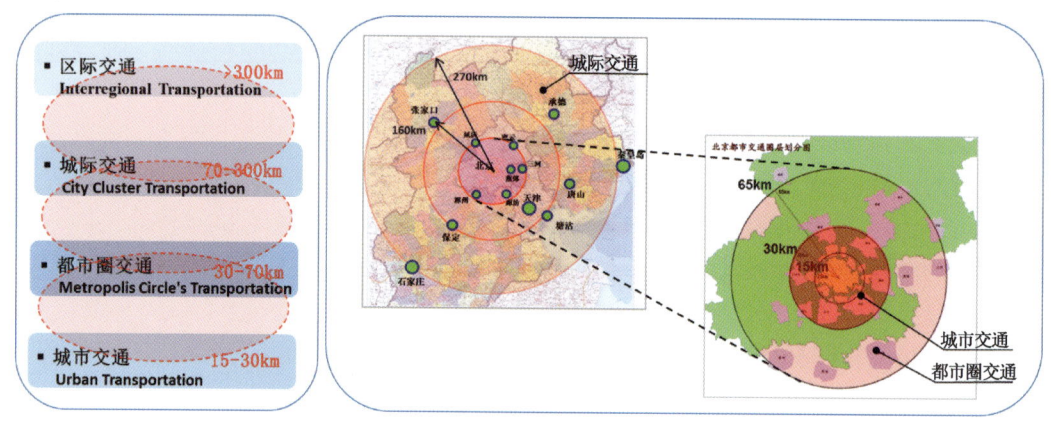

图 6　城市群交通多层级示意图(以京津冀为例)

4.3　铁路客站:需求持续增长、出行特征更为多元

随着城镇化进程推进、综合交通体系的日益完善,城市群地区将形成更紧密的生产协作、生活往来联系,衍生大量区域商务、通勤等出行需求。比如,预计深圳人均铁路出行次数将由现状 3.4 次/人年远期提高到 5.0~6.0 次/人年,成渝城市群人均铁路出行次数将由现状 1.9 次/人年提高到 2035 年的 4.0~5.0 次/人年。同时,随着经济社会发展、高速铁路及城际铁路的加快实施,铁路客流商务、公务、旅游、通勤等多元化目的明细。铁路出行需求的变化对铁路客站的便捷、安全、可靠和舒适等提出更高要求。

4.4　站城一体:铁路客站与城市融为一体、功能衔接

随着城镇化进程推进,铁路客站对城市及都市圈整体空间结构及功能布局的引导作用将更加凸显,同时依托铁路客站带动周边地区综合开发,实现站城一体、有机衔接也是未来发展的趋势。以深圳福田站为代表的地下车站,以重庆沙坪坝站为代表的上盖开发车站,以北京副中心站、杭州西站为代表的大型车站与周边一体化综合开发,将成为未来站城一体的新兴典范。

5　融合关键及路径

大型铁路客站与城市交通衔接融合要以满足旅客出行需求为核心,构建内涵更加丰富、服务更加优质、布局更加合理、运行更加高效、功能更加完善的现代综合客运枢纽系

---
① 国家发展改革委,城镇化地区综合交通网规划,2015。

统[1]。要依据客流定量分析,兼顾功能需求,关键要实现"流程融合、布局融合、网络融合、场站融合、运营融合、开发融合、机制融合"7个衔接融合。其中,"流程融合"是顶层设计和总体要求,"布局融合、网络融合、场站融合、运营融合、开发融合"是关键路径,"机制融合"是保障支撑。

5.1 流程融合

大型铁路客站要实现与城市交通的衔接融合,需要从铁路客站前期规划、工程设计,到建设运营的全过程实现与城市开发建设、城市道路交通、轨道交通等全流程的衔接融合,如图7所示,全流程融合需要做到"规划衔接、一体设计、同步建设、运营共享、开发协同"。在前期规划阶段要实现铁路客站与城市交通的功能、设施布局、设施规模的相互衔接;在设计及建设阶段应尽可能实现铁路客站及城市交通的一体化设计、同步建设实施,并做到工程界面、投资规模等合理分担,工程实施上存在时序不一致时一定要做好结构、工程预留,为分期实施预留条件,同时,铁路客站相关运营部门要提前介入,提前与客站设计、建设部门衔接;在运营阶段要从方便旅客的角度,实现铁路与城市交通各种方式之间信息共享、统一运营管理。

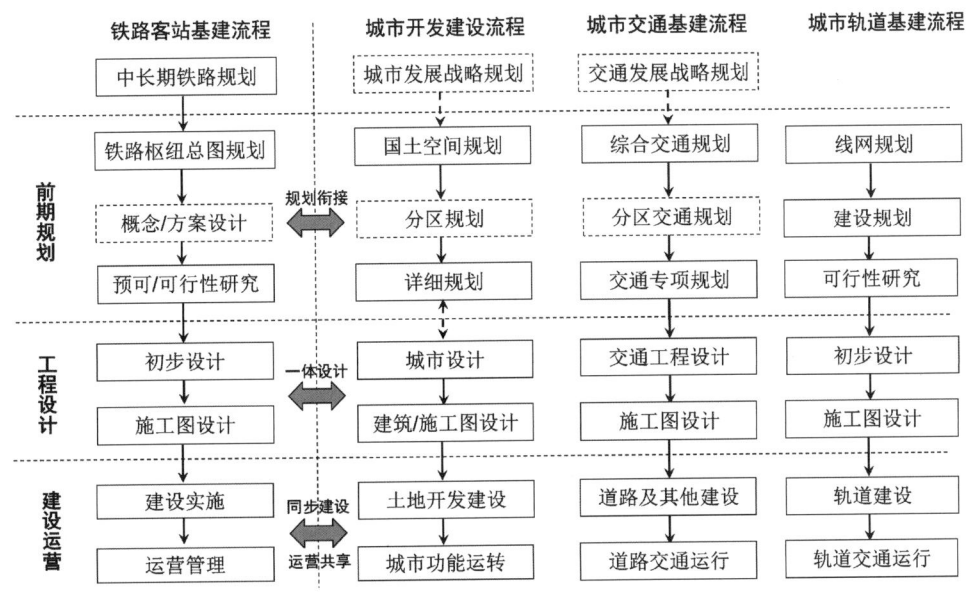

注:实线框表示法定流程,虚线框表示非法定流程。

图7 铁路客站与城市交通规划建设运营流程示意图

5.2 布局融合

1. 布局融合

大型铁路客站布局选址,对于铁路与城市及交通衔接融合至关重要。结合铁路客站所处城市不同区位,一般包括中心站、近郊站、外围站、接驳站等不同类型,如图8所示。对于不同城市而言,铁路客站选址布局应依据铁路总图、城市总体规划、综合交通体系规划等,综合考虑工程技术条线、与城市产业经济发展的协调性、与城市空间拓展的协调度、与城市综合交通的协调度等因素,综合判断,如表2所示。

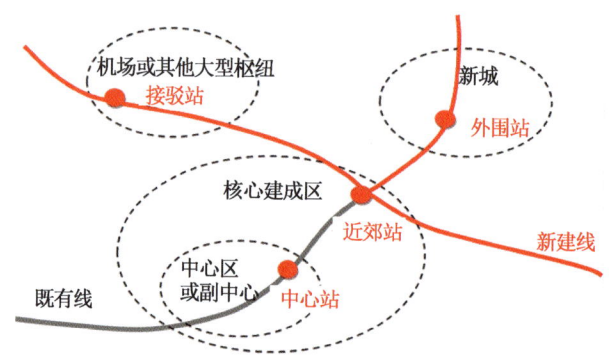

图 8　铁路客站在城市中区位示意图

表 2　　　　　　　　　　铁路客站选址综合评价指标体系[①]

指标层	因子层
与城市产业经济发展的协调性(A1)	与产业布局趋势的协同性(A11)
	对城市经济发展的带动能力(A12)
	商业商务发展前景(A13)
与城市空间拓展的协调度(A2)	与城市发展方向的协调度(A21)
	与城市空间结构发展趋势的协调性(A22)
	与规划城市中心体系的协调性(A23)
与城市综合交通的协调度(A3)	和区域/国家交通通道的衔接度(A31)
	和城市综合交通系统的协调性(A32)
	站点集散交通组织的便利性(A33)
	和既有铁路站点的协调性(A34)
服务水平(A4)	车站距未来人口集聚中心的偏离程度(A41)
	车站距未来人口集聚中心的便捷程度(A42)
经济效益(A5)	站点地区综合开发潜力(A51)
	站点开发土地成本(A52)
设站条件(A6)	地理环境条件(A61)
	基础设施条件(A62)
	对生态环境的影响度(A63)

---

① 国家发改委城市和小城镇改革发展中心、中铁四院,福厦高铁线位选择及站点选址研究,2015.10。

2. 互联互通

随着城市规模的扩大和高速铁路建设,不同方向、不同客站之间的旅客换乘需求日益增长,特别对于路网中具有较强换乘功能的铁路枢纽更是如此。建立主要客站之间便捷的直接联系,实现主要客站之间互联互通尤为必要。同时,通过铁路联络线等方式联系主要客站,也便于铁路枢纽的整体功能优化、灵活运营组织和特殊条件下的运输安排。

2016年,国家已经明确发文,强调畅通场间直接连接,强调要通过快速、大容量的城市公共交通,连接城市内各种类别、方向和功能的综合客运枢纽,实现旅客在主要枢纽之间的快速直达。超大城市的主要客运枢纽间以换乘时间不超过1小时、换乘次数不超过2次为宜,特大城市换乘时间不超过45 min,大城市换乘时间不超过30 min[①]。

5.3 网络融合

铁路客站确定了布局选址,与城市交通衔接最重要的就是要与城市交通道路网、轨道网"两张网"有机衔接、实现网络融合。

1. 方式分担

大型铁路客站由于客运量大、旅客出行集中,相对而言更需要强化公共交通、特别是轨道交通的作用。结合国内外实践及各城市实际,大型铁路客站交通方式分担可以参考表3。

表3　　大型铁路客站接驳交通方式分担比例参考表

接驳交通方式	分担比例	相比城市交通	备注
城市轨道	45%～65%	增加50%～100%	
地面公交	10%～30%	降低20%～40%	
小汽车	10%～20%	降低40%～60%	
出租车	5%～15%	增加30%以上	
网约车	5%～10%		
其他	5%～10%		旅游大巴等

2. 轨道交通

目前,大型铁路客站与轨道交通基本实现有机衔接。规划有城市轨道交通线网的城市,大型铁路客站应有2条及以上不同方向的城市轨道交通、市域(郊)铁路等衔接。城市轨道交通与铁路客运枢纽衔接布局方式主要包括集中式和分离式两种,其中集中式又包括叠合式和半叠合式。

新建铁路客站应通过调整城市轨道交通线路走向或铁路站房布置实现二者的集中设置,并结合实际情况选择布局方式(叠合、半叠合),实现换乘的便捷性。改建的铁路站房,应结合城市轨道交通线路走向优先选用集中式布局(图9)。

---

① 国家发展改革委.关于打造现代综合客运枢纽提高旅客出行质量效率的实施意见(发改基础〔2016〕952号),2016.5。

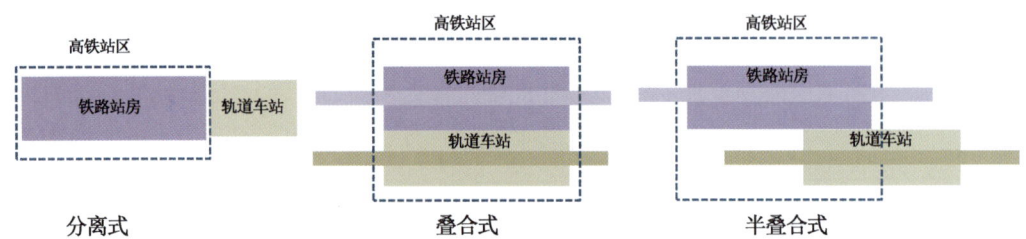

图 9　铁路客站与城市轨道交通布局模式示意图

3. 道路网络

（1）道路网络布局。构建级配合理、分合有序的铁路客站地区道路网络，是支撑铁路客站正常运转的重要基础。大型铁路客站地区道路网络关键是要有效分流过境交通、合理组织地区城市交通、快速衔接客站进出交通，同时要保证相应的路网密度及级配结构要求（图 10）。

图 10　长沙西站地区周边道路网规划布局示意图

（2）落客平台比选。目前，大型铁路客站基本采用立体布局，高架落客平台布局及与外围道路的衔接就极为重要。按照落客平台与铁路线的位置关系，大致包括端部进站、腰部进站两种类型，新建铁路客站要结合客站规模、路网条件、用地情况等，系统分析、因地制宜，多角度做好落客平台的比选，如表 4 所示。

同时，高架落客平台与外围路网之间应实现便捷联系，特别是与城市快速路等要方便快捷，具备条件应尽可能构建连续交通流的高架落客平台匝道系统，实现快慢交通之间的分离。

表 4　　　　　　　　　大型铁路客站高架落客平台比选一览表

对比分类	端部进站 （平行铁路布局）	腰部进站 （垂直铁路布局）
示意图		
主要优点	1. 站场可以分期实施，落客相对均衡； 2. 进站空间开敞、服务管理设施集中、便于安检实名等	1. 节约城市用地空间； 2. 旅客送达候车平台中部、平均步行距离短； 3. 交通组织相对更简单
主要缺点	1. 占用车站主要立面等城市空间； 2. 交通组织相对复杂； 3. 旅客步行距离长	1. 难以分期实施，工程规模较大、与地面高差较大； 2. 进站空间有限、服务管理设施空间局促
适用条件	用地条件允许、分期实施 大型及特大型铁路客站	用地条件受限、一次建成 铁路客站规模适中
典型客站	广州南站、深圳北站	北京南站、天津西站

5.4　场站融合

1. 换乘需求

基于铁路客站交通方式划分，结合铁路客站所在城市片区的综合规划、客站的功能定位，分析客站枢纽内部各种运输方式的旅客发送量、不同运输方式之间及各种城市交通方式间的旅客换乘量，明确客站内主要换乘流向及换乘关系，如图 11 所示。

2. 设施规模

依据铁路客站客流定量分析，按照"规模适当、标准适宜、功能适用"的原则，科学合理确定各类设施规模。同时，要考虑客站未来客运量增长，以及高铁快递、高铁快件、网约车发展等新兴业态及交通方式，预留一定设施空间、留有发展弹性。

3. 设施布局

结合换乘需求及设施规模预测，根据铁路客站内不同交通方式间功能分工、换乘关系，

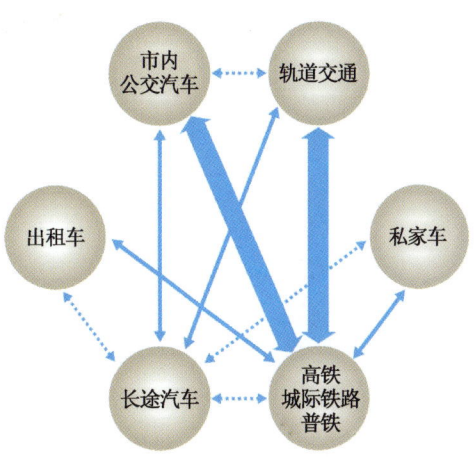

图 11　大型铁路客站主要客流换乘关系示意图

分析不同交通方式间衔接技术要求,按照"步行可达、立体分层、快慢分离、到发分离"等原则,明确综合客运枢纽的组合形态,确定不同交通方式站场的功能布设区域(图12)。各交通方式之间的换乘距离宜控制在 300 m 以内,换乘时间一般不超过 3 min[①]。

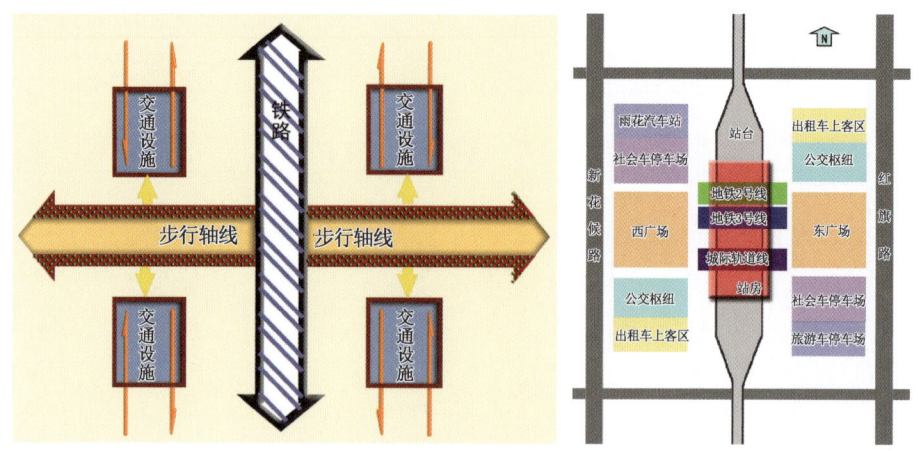

图 12 铁路客站设施功能布局示意图

4. 标识指引

标识导向设置应以满足旅客出行、换乘方便为目的,保证统一性、连续性,并具有一定的容错性。大型铁路客站内各类交通设施的标识引导系统应统筹考虑,相互协调,一体化设置。一方面,要保证客站内标识导向系统的统一性与通用性,各系统提供的版面信息、图形符号、文字等应具有一致性、规律性和通用性,导向系统间连接、转换的导向设置应具有连续性和一致性;另一方面,要保证客站内标识导向系统的连续性与系统性,在系统内所有节点(如出入口、路线上的分岔口和汇合点等)设置明确的导向信息,并通过导向信息设置,对目的地及到达各目的地的最短和最适合的路线进行引导,为旅客换乘提供明确的、不间断的导向指引。

5.5 运营融合

大型铁路客站要做好铁路与城市交通其他方式的运营服务融合,重点推进信息共享、安检互信、票制互通、支付兼容、资源共享。信息共享主要是客站服务系统应实现互联互通、数据共享、联动协作。安检互信主要是实现铁路与城市轨道之间安检互认、"一次性"安检模式,关键是安检等级统一、责任划分明确,成都、天津已经进行积极尝试,取得很好效果。另外,还要推进城市交通接驳服务时间,特别是城市轨道服务时间与铁路服务时间的合理衔接。

---

① 国家发展改革委,关于打造现代综合客运枢纽提高旅客出行质量效率的实施意见(发改基础〔2016〕952 号), 2016.5。

图 13　天津站实现地铁与铁路安检双向互信，大大缩短换乘时间

5.6　开发融合

加强铁路客站与周边地区及客站地上、地下综合开发。依据城市规划，合理确定客站及周边区域用地布局、规模和范围。统筹客站建设与城镇空间布局和产业发展，强化区域联动开发。统筹整体开发与局部开发、平面开发与立体开发，促进交通与城市、产业发展深度融合。总结重庆沙坪坝（图 14）、北京副中心等客站开发建设经验，以高铁、城际客站等为重点，建设一批集交通、商业、商务、会展、文化、休闲等为一体的开放式城市功能区。

图 14　重庆沙坪坝站综合开发示意图

5.7　机制融合

机制融合是实现铁路客站与城市及交通衔接融合的保障和支撑。重点是建立铁路与城市交通各种方式、铁路周边开发之间的统筹协调机构及协调机制，确保规划、设计、建设及运营全流程的沟通衔接。重庆沙坪坝、深圳北站（图 15）等通过整合不同投资主体、不同建设主体及不同管理部门，成立枢纽建设指挥部，对于枢纽一体化规划、设计、建设和共同协商管控发挥了重要作用。

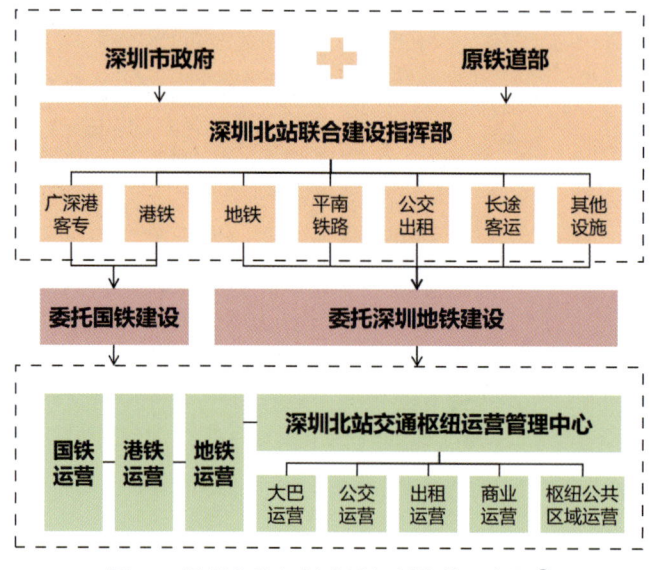

图 15 深圳北站规划建设机制衔接示意图①

6 结语

随着我国铁路和城市建设的快速发展,铁路客站和城市及交通关系日益紧密,集多种交通方式于一体的大型铁路客站对于城市正常运转及交通出行具有深远影响。铁路客站与城市交通衔接融合、协调发展既是综合交通体系健康有序发展的需要,也是城市可持续发展的客观要求。本文结合国内外大型客站的调研及资料收集,详细分析了大型铁路客站与城市发展融合的主要特征和存在的问题,并结合国外经验及未来发展要求,从流程融合、布局融合、网络融合、场站融合、运营融合、开发融合、机制融合等 7 大方面提出了铁路客站与城市交通衔接融合的关键点及实施路径,未来还应结合具体客站的差异,进一步结合客流特征,对交通接驳模式、具体设施布局及规模等进行深化、细化研究。

---

① 深圳市发改委,建枢纽就是建城市——深圳枢纽实践与探索,2018.11.

基于站城融合的杭州西站站房暨站城综合体方案设计

殷 炜 杜凯鑫

(中铁第四勘察设计院集团有限公司 武汉)

摘 要:近年来,铁路客站功能的设置、铁路客运站与城市的相互关系、铁路客站与其他交通方式的配合和衔接;等等都发生了显著变化,基于站城融合理念的理性设计思考,已然成为我国当前铁路站房设计的一个共识。本文以杭州西站站房暨站城综合体方案设计为例,积极探索了铁路客站和城市相融合的设计策略,以期为我国铁路站房设计提供可以借鉴的经验。

关键词:杭州西站;站城综合体;站城融合;交通换乘;艺术形式

1 概述

近年来,随着我国经济转型升级、铁路建企改制的形势发展,"八横八纵"中长期铁路网规划的实施,以及以信息技术为主要特征的新经济时代的到来,我国铁路客站功能的设置、铁路客运站与城市的相互关系,铁路客站与其他交通方式的配合和衔接都发生了显著变化。从深圳福田站、上海莘庄站和杭州东站到近期的广州白云站、合肥西站,铁路客站设计综合枢纽化、站城一体化、功能复合化、性能绿色化运作越来越强;中国国家铁路集团有限公司也相应提出了"畅通融合、绿色温馨、经济艺术、智能便捷"十六字方针指导。基于站城融合理念的理性设计思考,已然成为我国当前铁路站房设计的一个共识。由中铁第四勘察设计院集团有限公司与中联筑境联合设计的杭州西站站房暨站城综合体方案设计正是在此趋势下积极探索了铁路客站和城市相融合的设计策略(图1)。

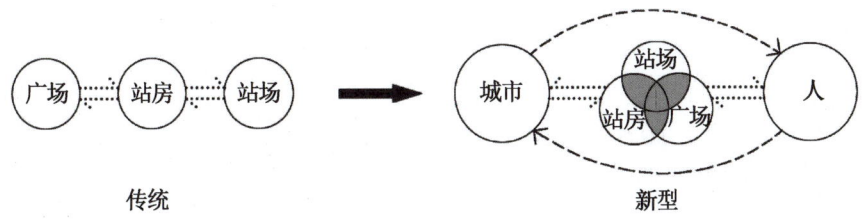

图1 铁路客站关系变化图 (作者自绘)

2 项目概况

2.1 概况

2016年,国家发改委公布了《中长期铁路网规划》,明确杭州成为全国19个综合铁路枢纽之一。在此基础上,《杭州铁路枢纽规划(2016—2030)》以及《杭州市综合交通发展"十三五"规划》确定新建杭州西站,形成杭州铁路线网一轴两翼的总体格局,西站将作为杭州西翼通道的核心。

西站枢纽地区位于杭州"一主三副六组团"的余杭组团内部,未来科技城核心片区北侧,地处老宣杭铁路所在地规划留祥快速路以南,东西大道与良睦路之间,是城西科创大走廊以及未来科技城的重要组成部分。按照《杭州铁路枢纽规划(2016—2030)》,杭州西站未来主要面向商合杭、沪乍杭、杭温铁路,部分杭黄、杭绍台以及临安(武汉)方向城际铁路,未来将衔接上海、南京、合肥、武汉、南昌、温州、台州、宁波等9个方向。西站枢纽规模确定将为10台22线,预测近期(2030年)旅客发送量将达到2 665万人,远期(2040年)旅客发送量为3 796万人,高峰小时旅客发送量近期5 564人/小时,远期6 240人/小时,最高聚集人数6 000人。站场集合杭临绩场(5台9线)、湖杭场(6台11线),总规模11台20线。

杭州西站规模10万 m^2,设计站型为带高架候车室站型,进站旅客以高架候车室候车为主,辅以线下快速进站厅,提高了候车空间的舒适度及城市形象;站场南北两侧为城市开发部分,为使站与城的流线更清晰,线上设高架落客平台,腰部进站,线下设城市换乘车场。轨道交通线路3号线、K1线、K2线、K3线垂直于铁路在杭州西站中心下部设站(图2)。

图2 杭州西站效果图①

---

① 本文图片没有特别说明的均来自项目组。

2.2 特殊条件

新建杭州西站与以往的高铁站相比,有两个主要的不同点:一是高架车场分为湖杭场和杭临场,两站场间拉开 25～30 m 的空隙;二是需要在以铁路站房为核心的仅 0.3 km² 的范围内,建造总面积高达 170 万 m² 的站城综合体。

相较于传统的铁路站房,上述条件是极其不同的特殊之处;而面对新时期高铁站房枢纽,站场的复杂化和低面积高密度的站城一体化开发将成为一种新常态。如何适应复杂多变的站场情况,如何在高密度的情况下协调城市风貌等成为站城融合理念下高铁站房枢纽设计不可回避的问题。因此,文章从杭州西站站房暨站城综合体设计创新分析入手,以期为其他铁路站房设计提供可借鉴的方法和思路(图3)。

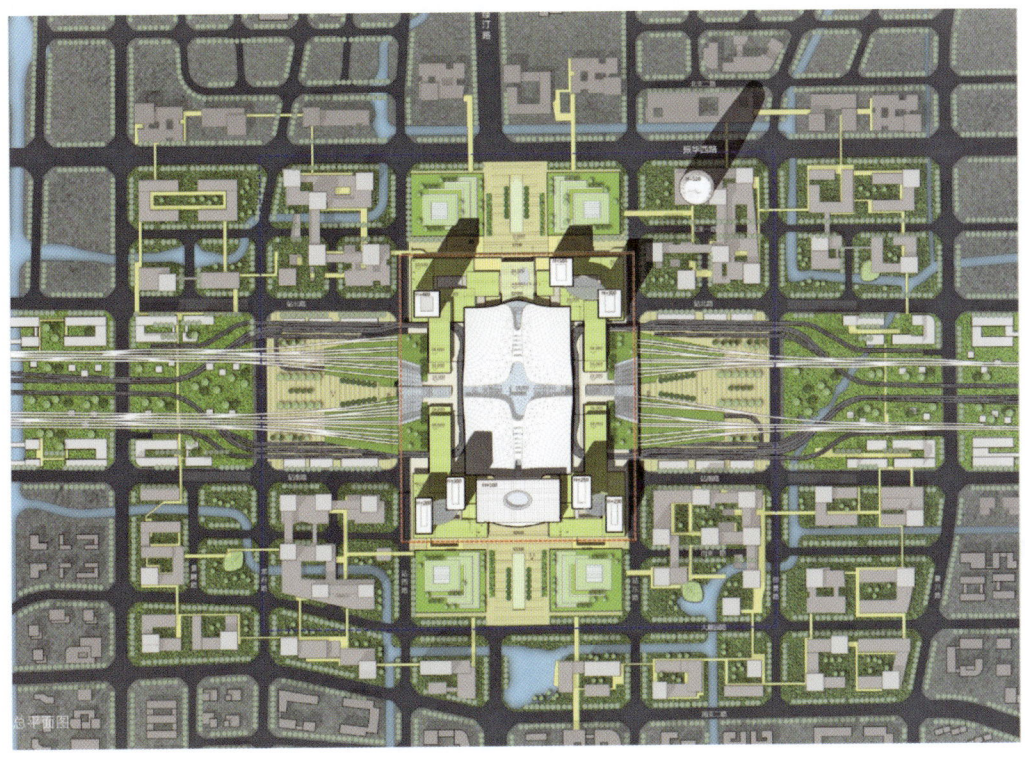

图 3 杭州西站总平面图

3 设计创新

3.1 交通融合:立体化布局的换乘衔接

铁路湖杭与杭临绩两站场拉开,二者间有 25～30 m 的空隙,利用这个拉开的间隙,我们创新性地设置"云谷"空间(图4),将传统的一字形城市通廊扩展为十字形综合交通系统。

结合周边开发,在不同标高形成立体交通网络。将传统铁路与城市点对点的联系,扩展为多层次的交流融合。

图 4 "云谷"空间

换乘流线主要在城市通廊层,被十字形城市通廊划分为四个象限。由于杭州西站位于杭州主城区以西,因此根据西站的区域位置以及交通流量预测,将四个象限分别定义为:东北象限为公交接客区、西南象限为场长途接客区,东南及西北象限为出租与私家车接客区,将各蓄车场设置在站区外侧,提升站房范围内的整体环境。各个象限的车辆都通过站中路及内部道路到达或离开车站,与城市车流互不干扰。

3.1.1 "云谷"

从出站人流来说,传统的一字城市通廊难以辨认方向性,更不容易寻找公共交通的换乘入口,使得大量人流聚集且流线交叉。而对进站人流来讲,传统通廊进站扶梯大多设置在南北两侧,使得进站流线过长。而十字形城市通廊将公共交通的进出口均移动至东西向的"云谷"中,在既方便寻找同时,又避免了容错流线过长。同时光谷的四个象限以不同的颜色作为标识,可有效避免方向性不明确的情况。对于进站人流,进站扶梯移至"云谷"处,进站路程减半,流线更快捷。

通过"云谷"光廊的引入,为线下扁平沉闷的空间创造明确的方位导向和明亮舒适的环境(图5);四条地铁大量客流可以直达高架层,与小车旅客共享腰部进站广厅。由于"云谷"的作用,降低了车站对线侧交通衔接的依赖,使南北向可以充分与城市开发设施相融合,"站""城"功能既不干扰又互惠双赢(图6)。

3.1.2 田字形交通体系

十字形的城市通廊加上站房四面围合的城市商业街区形成了田字形的网络街道。而田字形的网络也随着竖向交通的上下延伸不同程度地蔓延至站房的其他功能层面(图 7)。

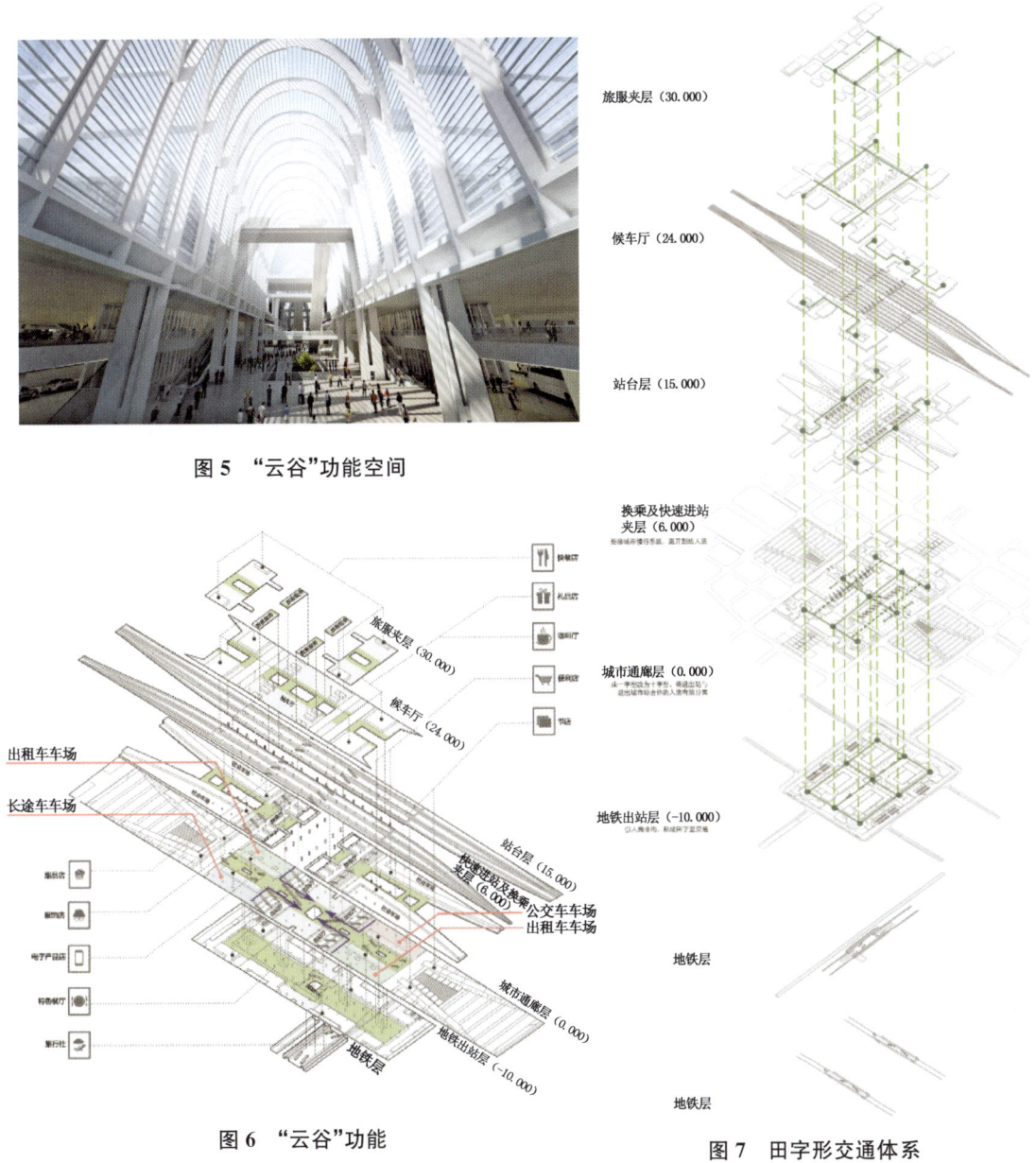

图 5 "云谷"功能空间

图 6 "云谷"功能

图 7 田字形交通体系

3.1.3 "云路"

我们在十字轴的交点处构建了中央交通系统"云路"(图8、图9)。由于地铁旅客占换乘流量的60%以上,在中央交通系统下方设置,在未额外增加安检系统的前提下,旅客乘扶梯就可从线下直达高架候车厅,与落客平台人流统一安检进站,让旅客享受到最便捷的换乘体验。

图 8 "云路"

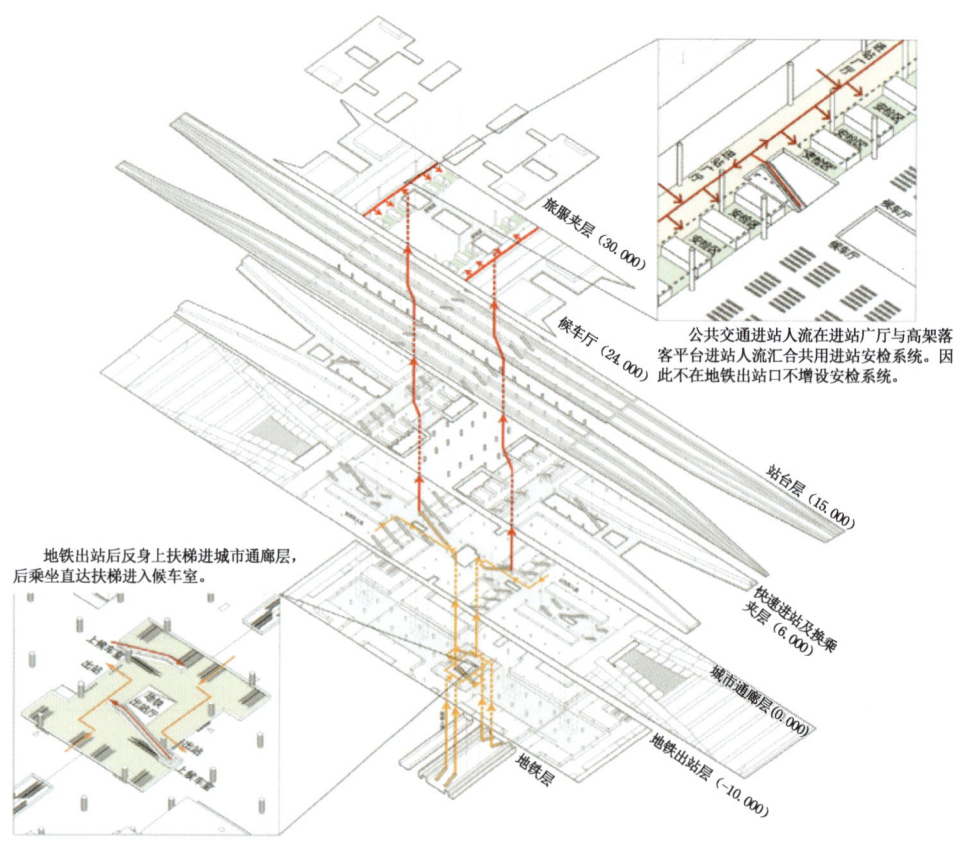

图 9 "云路"功能

3.2 功能融合:既合又分的综合开发

站城综合体地上建筑总量约 170 万 m², 除去站房及其附属配套设施 40 万 m² 外, 其余商务办公、商业设施、文化会展、科创交流中心、酒店居住等功能共约 130 万 m²。

3.2.1 城市综合体

在功能布置上,方案整体布局高度复合,融合了体验性商业、酒店、公寓、云端办公、会议、科技展览、报告厅、创新发布会、室内外景观等功能,使得整个枢纽成为活力中心、立体城市(图 10)。在站房南北设计两个高层簇拥群(共 7 栋超高层塔楼),同时利用站场雨棚的上盖空间进行全新的开发模式,延续了商业、办公等城市功能,并设置独立的交通系统,成功地塑造了城市空中花园,连续了整个综合体的南北功能。在南北向主轴上,南侧设计了作为统领整体形象的"云门",打造城市会客厅;北侧设计了以特色会展、商业为主体的会展中心。城市开发体块延续至站场东西侧上方,更直接地体现了城站一体的开发理念。

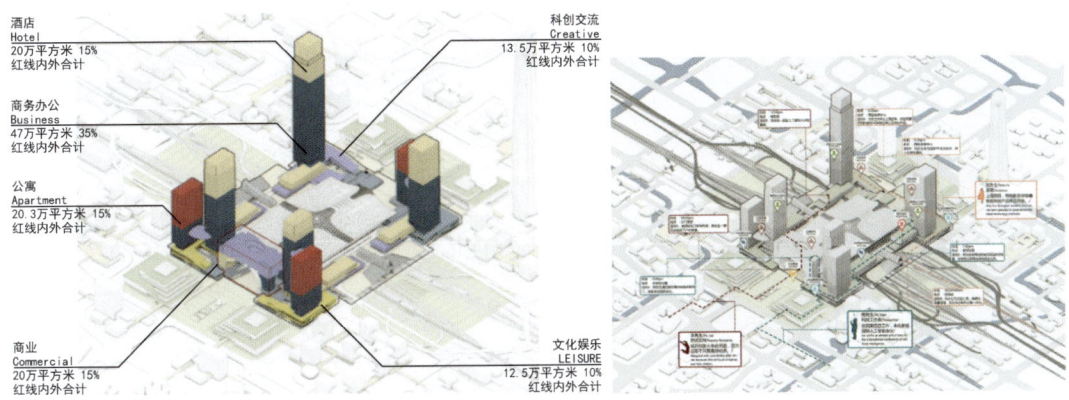

图 10 综合体复合业态

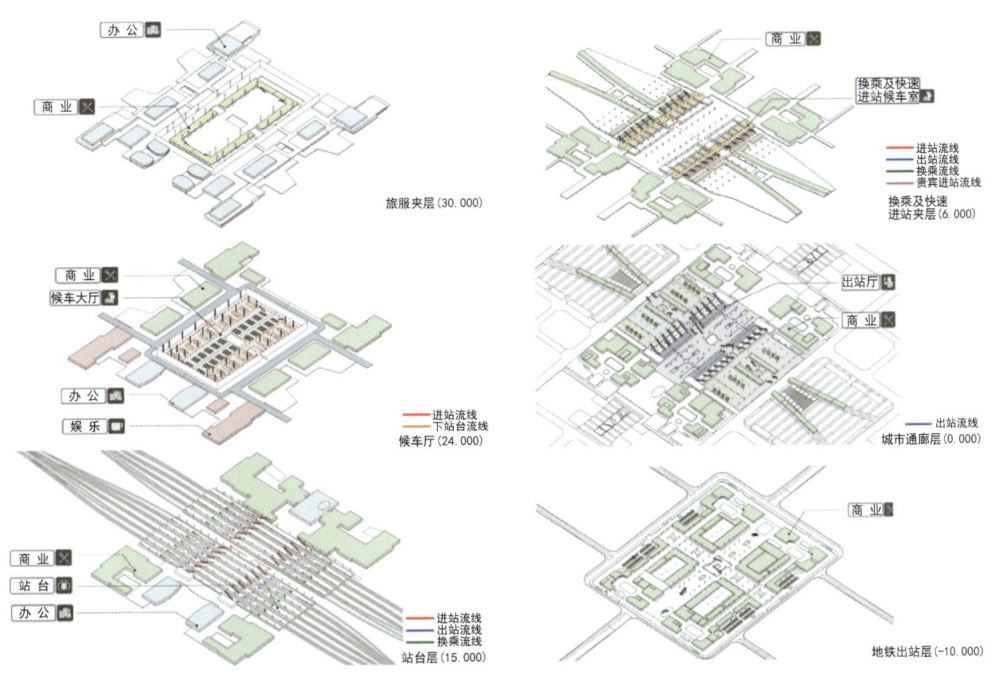

图 11 功能图

3.2.2 景观公园

西站本身处于城西生态景观带上,可便捷联系西溪湿地,西湖等景区,北侧接邻吴山关山,南侧联系余杭塘运河,成为联系各景点的重要节点。其本身也成为城市特色公园:南北通廊提供景观视野,连通北侧的吴山,寡山和南侧的余杭塘河,四面广场区域形成景观面域,东西通廊形成景观带,裙楼部分多层退台形成屋顶堆叠绿化景观,最终形成兼具生态性、现代性和复合化城市景观(图12)。

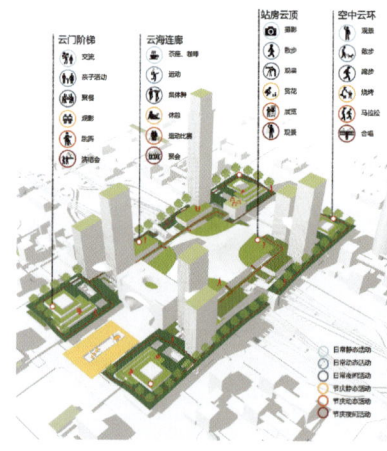

图 12 复合化景观

3.2.3 城站交通的分离

区域交通通过留祥快速路和文一西路,将城区车流及其他外围车流引入良睦路和东西大道高架路。其中到城的车流通过振华西路和大菜园路到达地面道路,再由地面道路进入各个街区;或者通过站南、站北路进入综合体地下环路,再由地下环路到达各个功能区的地下落客区,或进入地下停车库。到站的车流则由良睦路和东西大道高架路一直进入站中路、高架路,由此到达高架落客平台或进入线下车场,在此,我们将传统的"C"形高架匝道设计成"Y"形,充分利用站场拉开后轨道间的土地,将轨道南北两侧的土地退让给城市,提高土地利用率。最终达到城站交通的有效分离,进而使站城融合而又不互相影响(图13、图14)。

图 13 分离的交通系统

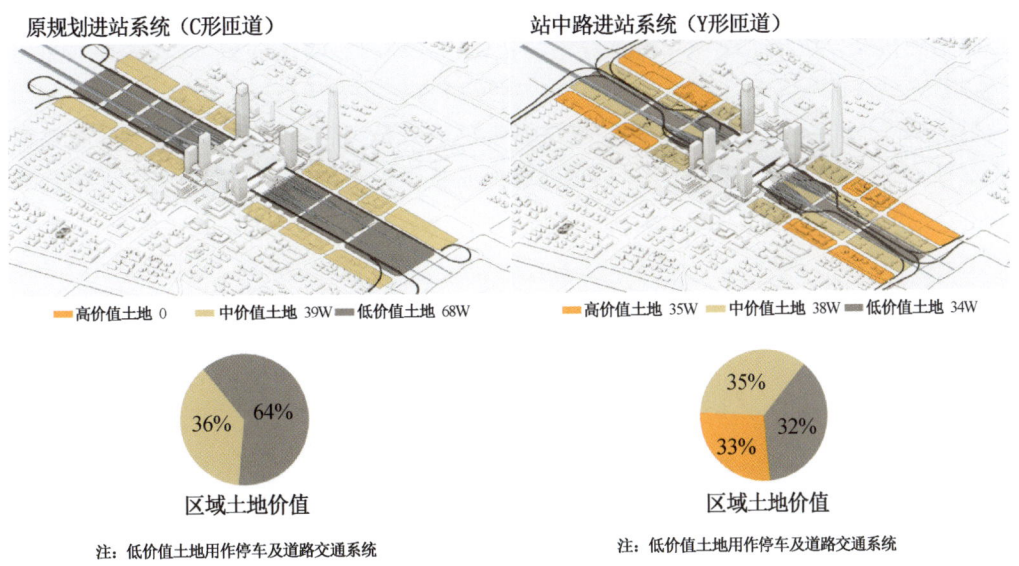

图 14　进站高架匝道对比图

3.3　形象融合:区域特色的艺术形态

杭州西站综合体位于长三角城市群的核心位置。作为杭州的重要门户,西站综合体不仅是科创大走廊发展的重要支撑,更对杭州建设世界名城、打造长三角一体化有着重要的战略意义。面对这样一个复杂的综合体,既需要考虑到站房的功能需求,又需要考虑建筑形态对城市形象的影响,还需要考虑建筑对环境、文脉的回应。

3.3.1　错落有致的城市空间

面对 0.3 km² 的范围内建造 170 万 m² 的站城综合体的难题,方案通过多重比对(图 15),合理推敲形态,在站房南北塑造了 7 栋高度 180～390 m 之间的塔楼,通过平面布局和高度控制,形成高层簇拥群的整体形象;并与站房形成城市共享灰空间,营造了错落有致、收放自如、极富表现力的城市空间。

图 15　方案比对

3.3.2 云城:场所精神的隐喻和强化

站房建筑结合杭州这座城市诗画江南的特色以及周边综合体的整体营造氛围,将车站打造为云之站房的建筑形象,整个建筑群以"云"的形象出现,形成既统一又鲜明的整体造型。"云"既呼应了杭州独有的山水格局,又象征了城西科创大走廊分科技精神。建筑屋顶犹如湿地上空飘逸的几朵白云,结合城市综合体的整体打造,展现了诗意江南的形象,并用同构的手法统一综合体的立面形象,促进站城融合,塑造极具魅力的城市品牌形象,提升区域活力(图16)。

图 16 云城

1. "云门"

"云门"位于西站南广场,于站房功能和城市功能之间置入体量,其提取传统园林中月亮门意向,形成云门的构成基础,再结合"云"的流动性形成灵动的效果。通过两层幕墙的虚实变化展现出中国传统山水画的韵律变化。云门提供了标志性、公共性、开放性的城市空间,其前侧中间广场可适应不同活动的需求,户外空间植入不同的城市主题活动,为城市空间注入活力(图17)。

 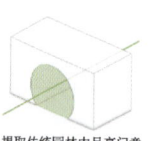 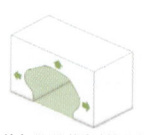   

结合站房功能与城市功能置入体量　提取传统园林中月亮门意象,形成云门构成基础　结合"云"的流动性形成灵动的效果　减去部分体量,形成通透性空间　覆加穿孔性半透表皮　立面进行网格划分,形成最终复合立面构造

图 17 云门生成图

2. 云海

云海传承地域文化,营造现代江南城市聚落。在高层间的不同位置置入云球,形成多功能展览,会议空间,营造云的意象。高层立面通过构件高低错落的变化,形成水墨退晕效果,兼具韵律性与景观性(图18)。

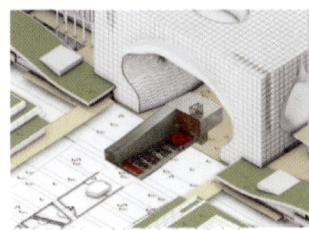
结合云门入口广场举办临时发布会、报告会

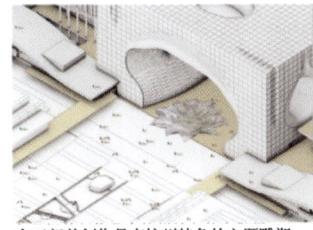
在云门前创作具有杭州特色的主题雕塑，表现地域特色

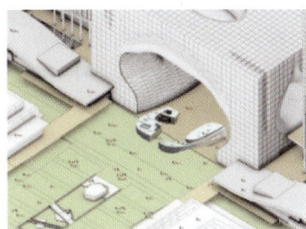
搭建临时展厅，举办精彩纷呈的展览，促进大众的艺术认知

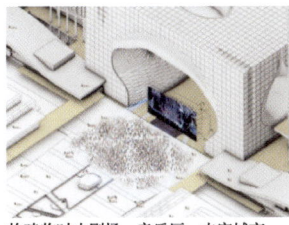
构建临时小剧场、音乐厅，丰富城市的文化生活

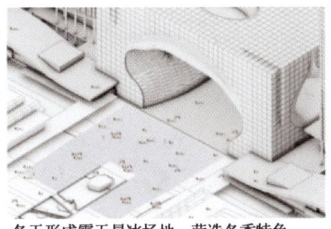
冬天形成露天旱冰场地，营造冬季特色室外活动

设计不同主题的音乐喷泉景观，塑造良好的趣味空间

图 18 云门空间

3. 云端候车厅

在云端之下的候车厅，候车厅的屋顶顶盖像云雾漂浮，射到候车厅内（图 19）。在候车厅里利用人脸识别系统提高进站效率。光谷地段的玻璃顶棚形似云层之间的缝隙，光线从云雾中散射进来，云信息服务可以有效提供最短安检路径等，帮助旅客快速安检。

图 19 云端候车厅

4 结语

当前铁路客运枢纽向着站城一体化、交通枢纽化、性能绿色化的站城融合发展，它的设计是一项复杂的系统工作。杭州西站站房暨站城综合体概念设计在城、站和人的多层纬度上达到了高度融合与统一，文章从交通融合、功能融合和形象融合三方面分析了杭州西站

"站城融合"的设计策略,以期为我国铁路站房设计提供可以借鉴的经验。杭州西站站房暨站城综合体概念设计是一个站城一体化设计不错的案例,却非站城融合铁路旅客站房的标准答案。在探索我国新一代和"站城融合"铁路旅客站房设计道路上,我们的尝试仍在继续。

参考文献

[1] 盛晖.中国第四代铁路客站设计探索[J].城市建筑,2017(31):22-25.
[2] 王晶,陆化普,曾坚.基于绿色换乘的高铁枢纽接驳体系建构[J].城市规划,2014,38(11):71-77.
[3] 杨翌晨.欧洲新型火车站设计趋势研究[D].沈阳:沈阳建筑大学,2015.
[4] 盛晖,汤陵蓉.铁路+物业 服务+效益:新一代铁路旅客车站设计探索[J].铁道经济研究,2013(6):20-25.
[5] 吴晨,盛晖,金卫钧,等.日趋成熟的第三代铁路客运站:广州南站[J].建筑创作,2010(12):112-131.
[6] 李松涛.高铁客运站站区空间形态研究[D].天津:天津大学,2010.

站城一体化开发理念研究

——以光明城站为例

谷 峰

(中国铁路广州局集团有限公司 广州)

摘 要:以赣深铁路光明城站为例,探索"以公共交通为导向"的TOD开发模式。围绕综合交通枢纽,从核心商业区、文娱休闲区、居住社区研究周边区域有效开发的问题,并对这一模式整体统筹的规划观念、接驳细节的设计及建设实施问题进行分析并提出建议。通过分析研究,得出站城一体化建设模式适合在集约型城市中应用的结论。

关键词:光明城站;综合交通枢纽;站城一体化;实践

1 概述

现阶段我国迎来铁路技术与建设大发展,其中高铁的发展尤其令人瞩目。高铁因安全、舒适、便捷等优点成为人们国内长途出行的最主要交通方式,并为加强各城市间联系、加快区域经济融合提供助力。随着集约型城市[①]的发展及出行便利的要求,以车站为中心、以公共交通为导向的城市规划成为适应现代新型城市建设的趋势。

2 项目背景及功能定位

光明新区位于深圳市西北部,作为深圳城市发展的一个缩影,创新走廊上的重要节点,光明新区集聚科技创新资源,全面对接广深科技创新走廊建设。十年磨一剑,光明新区从一片待开发的土地转变成宜居宜业、生态环境优美、创新实力活跃、营商环境优越的样板新城。

新建赣深铁路光明城站规模为2台4线,位于既有广深港高铁光明城站东侧,为线正下式站房。周边规划深莞城际铁路、深圳市城市轨道6号线支线、13号线和18号线。未来光明城站将形成高铁、城际、城市轨道、市政公共交通等多种方式于一体的综合交通枢纽。随着枢纽及周边片区交通条件优化,科创经济提升,城市功能完善,光明城站片区必将成为深圳城市活力中心之一(图1)。

---

① 集约型城市:地域面积不大但经济发达的城市,具有人口密度高、产业密度高、产出密度高的特征。

图 1　光明站地理位置示意

3　站城一体化模式解析

高铁站点在城市中的地位十分重要,常常成为城市的集散和商业商务中心。目前我国的部分高铁站点选址在城市边缘,远离市区,不便城市居民长途出行;或是设站在中心城区,但是与城市开发分区域建设,造成城市交通配套衔接不畅。

高铁站房站城一体化模式是推动现代城市持续健康发展及方便旅客出行的有效方法。借助于在高铁站周边规划住宅、办公、商业、公共服务设施来引导开发,提升站点周边的土地利用效率,增加综合交通枢纽周边片区的土地经济价值,增加带动区域经济发展,进而推动城市整体的持续健康发展。

同时,站城一体化建设能较好地实现高铁和城市轨道交通、公共交通等多种出行方式的科学衔接,有助于节能减排,方便旅客出行。而地区经济的不断活跃,给综合交通枢纽的各种交通方式提供稳定客流的增长(图2)。

图2　光明城站站城一体化建筑概念方案

4　光明城站站城一体化建设研究

光明城站位于深圳市光明新区产业布局的核心位置,在粤港澳大湾区和深圳经济快速发展的背景下,光明城站及枢纽周边片区以轨道集中建设为契机,充分发挥交通条件优势、产业发展优势与环境品质优势,逐步实现由交通枢纽向经济枢纽、城市活力中心的升级。

4.1　城市交通枢纽

(1)枢纽研究顺序:因片区内各交通方式系统建设时序原因,光明城站综合交通枢纽研究顺序为高铁—城际铁路—城市轨道—市政道路交通。

(2)高铁布局:在建赣深铁路位于既有广深港高铁东侧,赣深与广深港车场规模均为2台4线,站场范围内为桥梁结构,站厅层均位于桥下地面层。

(3)城际铁路布局:布置于枢纽西广场西侧,沿规划道路南北向敷设。此方案虽与高铁和城市轨道换乘距离较远,但是考虑到城际铁路方案和建设时序不稳定,为不影响枢纽核心区实施,布置在此处利于近远期规划分期建设。

(4)城市轨道交通布局:城市轨道交通集中布置于西广场下,其中13号线与6号线支线南北向布置,在此处同向同站台换乘;18号线沿凤兴路敷设,区间穿越赣深铁路和广深港高铁(图3)。

(5)市政道路交通:优先保障人行主要流线;小汽车、出租车、公交车等不同类型接驳设施交通流线相互分离；接驳设施在枢纽规划范围内，结合铁路高架桥、建筑物和地下空间集约布局(图4)。

图3　轨道交通布局

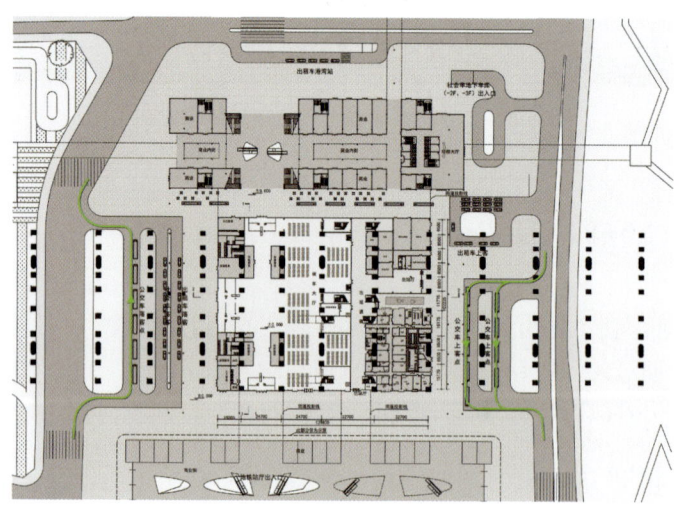

图4　市政道路交通流线示意

4.2　核心商业区

以光明城站、城市轨道交通站点、深莞城际站点为中心，对附近商业区进行规划设计，集中设计公共配套服务类功能，主要形式为商业、酒店和办公。用更全面配套的商业服务，提升商业区整体形象，带动地区商业发展。同时，借助于高品质的人文环境来吸引高新技术人才，促进地区经济文化发展。

4.3　文娱休闲区

在光明城枢纽及周边片区规划文娱休闲区域，集中设置绿化休闲空间、图书馆和科技博物馆等。坚持以文化和艺术为主基调,依靠对外部空间环境的科学设计,发展多元化公共艺术空间,提升城市活力,增强地区文化品质。另外,有效利用绿色资源,在光明城枢纽南侧麒麟山设计山体栈道,衔接枢纽及周边片区场地与山体动线,形成优美的自然景观。

4.4 居住社区

在光明城枢纽外围区域规划住宅区,利用麒麟山的自然生态景观和社区绿地建设,为光明新区城市居民带来更好的居住环境。通过有效衔接地区步行和公共交通系统,连接综合交通枢纽内各种交通方式,提供片区居民最便捷的交通条件。地区建筑设计宜采用现代科技时尚的主基调,配合自然景观空间,真正建成高品质的住宅社区,更好地吸引各行业人才,为整个地区的持续发展提供人力资源保障。

光明城枢纽及周边片区应用 TOD 建设理念,科学拟定发展规划,通过便捷的交通条件、优秀的科技创新环境、完善的城市功能,形成区域经济文化可持续的高速协同发展(图5)。

图5　光明城综合枢纽片区规划示意

5 光明城站站城一体化建设模式的建议

5.1 树立整体统筹观念

中国部分城市在近几年进入高铁快速发展时期,这意味着如同光明城站一样,大部分高铁站房选址和建设之时,周边的土地开发往往还未完成,轨道交通沿线也未完全实现土地的高密度使用。因此,对站点周边的土地按照TOD模式进行整体统筹规划开发,打破既有的国铁约束边界,能较好实现完善的交通功能体系;此外,常规公交、轨道交通网络等还未自成系统,可以提前规划,预留分期实施,形成无缝衔接。因此,实施TOD开发需要树立整体统筹的观念,以城市整体发展为导向,打破国铁和城市开发的界限,才能实现站城一体化建设的目标。

5.2 完善接驳细节设计

成功的TOD建设开发不仅仅需要宏观层次的理念指导,还需要将这些理念转化为微观层次的具体措施。其中,接驳细节设计是最重要的方面。因为接驳环境完善程度将直接影响出行时耗的长短,而时耗是人们选择出行方式的最主要因素之一。建议在铁路桥梁下方建立地下、地面穿越铁路车场的人行交通设施,来衔接铁路两侧人流;同时科学规划以立体停车方式为主的社会车辆停车场,合理布设公交、出租车上落客停靠点,从细节上完善接驳环境。

5.3 研究与国铁建设相关内容

因光明城枢纽综合体紧邻既有广深港高铁和在建赣深铁路,综合体项目建设影响到既有广深港高铁的运营安全。建议提前深化研究各跨(穿)越铁路站场工程设施的可行性,科学设置跨线设施位置和规模,确保满足未来交通流量需要。同时,综合枢纽片区规划应统筹考虑铁路配套的生产生活设施,确保满足铁路运营的需要。

6 结语

高铁车站站城一体化的实际应用,能够高效利用站点及周边土地,完善站点及周边区域的交通、商业、居住、城市服务等功能,推动区域经济发展。现阶段多数新建铁路客站周边区域规划因与国铁建设时序不匹配,存在诸多衔接的问题。通过站城一体化规划建设,立体布局,分期实施,可以较好地实现铁路和城市功能的融合,尤其适合在集约型城市探索和实践。

参考文献

[1] 李凤阳.对城市轨道交通站城一体化发展的思考[J].交通世界,2017,33(11):168-169.
[2] 任帅.从"站场一体化"走向"站城一体化":以义乌高铁站为例[C]//2015中国城市规划年会论文集.北京:中国建筑工业出版社,2015.

"以公园城市建设"为目标的 TOD 模式实践
——锦城广场公园式交通枢纽

毛晓兵[1]　姜兴兴[2]　游驭鲲[2]

（1. 中铁二院工程集团有限责任公司　成都；
2. 法国 AREP 设计集团　巴黎）

摘　要：每一个地域都有自身的独特性，探索符合本区域特点的 TOD 模式，而不是片面强调"围绕公共交通的高强度开发"，在这个进程中，"可持续性""自然""生态""邻里"等因素同样应该受到重视。

关键词：TOD 模式；花园式交通枢纽；可持续性；自然；生态；地下空间

1　概述

20 世纪 90 年代，当彼得·卡尔索普提出 TOD 理念后，每个国家、每个城市都在通过 TOD 模式实践，探索城市的未来发展和新的城市架构。那么，什么是"TOD"？它又能够为我们提供什么呢？对此，业内的普遍认知是：以公共交通为导向的发展模式。通俗来说，就是"以公共交通枢纽为中心，在 500～1 000 m 的半径内，建立一个集工作、生活、配套服务设施为一体的集聚区（图 1），使生活在这个区域的人们，可以更加便利地选择、使用公共交通

图 1　鸟瞰效果图

出行(不排斥小汽车自驾),同时高效开发、利用该区域的土地。"其核心内容包括两个部分:一是高效地利用交通设施;二是提高土地的使用价值。

世界上并没有一个"放之四海而皆准"的法则,不同的城市、不同区域,不可能千篇一律地照搬某一种模式。每一个地域都有自身的独特性,我们更应该因地制宜探索"符合本区域特点的 TOD 模式",而不是片面强调"围绕公共交通的高强度开发"。下面以成都的实际案例来印证 TOD 开发过程中"可持续性""自然""生态""邻里"等综合因素,这些因素应该受到重视。而作为 TOD 的核心之一"交通设施",也可以尝试更加人性化、更加自然,更具亲和力的方式。正是基于这样的目标,我们开始了锦城广场交通枢纽规划、设计上的探索与尝试。

2 总体规划思路

规划之初,设计联合体在探讨"成都锦城广场"将以何种姿态呈现于世人面前时,曾有过多种设想。从地理位置来看,它非常重要,位于城市中轴线一侧,并且处于绕城绿带上。在它的东侧,是科华南路的南延线,并紧邻锦江,视野较为开阔;西侧是建筑体量庞大的"环球中心"(据说是目前世界上最大的单体建筑),北侧是大魔方音乐广场,南侧是成都绕城高速,由此可见,从北、西、南三个方向,要么是已经建成的大体量、高强度开发项目,要么是开发受限因素。在交通设施用地范围内,同时建设地铁 18 号、16 号、29 号等三条地铁线,包括站点和换乘空间,并且,还要兼顾考虑跨越城市中轴线、与已建成的地铁 1 号线连通。显然,从以上的综合因素来判断,"锦城广场交通枢纽"有足够的理由成为"成都最为重要的综合交通枢纽之一",如图 2 所示。

图 2 基地区位图

不利的因素也摆在面前。对于这样一个特定的环境,"锦城广场交通枢纽"如何完成与 TOD 模式的契合?既满足交通高效利用,又满足土地高效使用?根据众多的 TOD 实践经验,从总规划层面来说,周边环境基本成型,而公共交通服务设施却显得不足,需要通过"锦城广场交通枢纽"进行完善。可以说,大的 TOD 格局已经基本形成;从 TOD 区域的内在条件来说,交通网格与城市总体规划相适应,调整的余地不大。所以,毫无疑问,锦城广场交通枢纽的规划建设,对于整个 TOD 区域而言,将是"画龙点睛"之笔。其规划、设计、建设的成败,也直接影响到整个 TOD 的成功与否。

通过多轮次的分析、尝试、概念方案比选,设计团队最终选定"以开放的形式,将交通和用地开发,纳入天府南河绿带、绕城绿带,尊重并融入自然,打造生态的、可持续发展的公共空间,创造宜人的邻里环境;高效利用地下空间,建设全新的公园式交通枢纽",这成为整个项目的规划、建筑设计定位。

3　方案的实施

当总的规划思路确定后,落实策略从以下几个方面进行:

第一,公共交通设施是枢纽的核心,健全和完善交通枢纽就是利用 3 条地铁线汇聚在此的优势,引导连通地铁 1 号线,并在用地范围内,设置"P+R 停车场",以及利用 18 号线连接天府机场的便利条件,配合路面公交系统,打造完善的公共交通连接体系。

第二,分析区域环境,气候特点,充分利用锦城绿带和绕城绿带等周边自然条件,将环境融入交通枢纽,并通过与环境结合,树立独特的景观建筑形象,使之与整个 TOD 环境融合。

第三,利用交通设施,串联、引导、联系周边成熟的商业中心、办公大楼、大型公共设施等重要公共空间;同时,在枢纽周边,以及客流路径上,设置特色商业、服务设施等功能,进一步激活交通流线,建立枢纽的综合性特色。

第四,打破地上、地下空间在意识形态上的限定,通过设置大型的下沉广场、景观台地、采光中庭、架空连桥等建筑手法,引导自然光线、自然通风进入地下空间,形成层次丰富的地下"地上空间"(图3)。

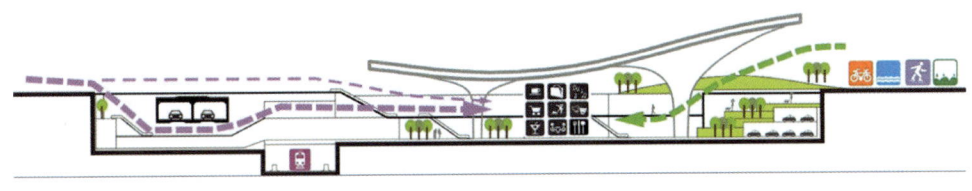

图 3　剖面示意图

锦城广场交通枢纽的空间层次,以及众多的建筑功能,彼此之间的交通联系,也都紧密围绕上述策略展开。整个枢纽分为地下五层和地面层,包括:−36.0 m 处的地铁 29 号线站台层;−29.0 m 处的 18 号线站台层;−22.0 m 处的 16 号线站台层及换乘大厅;−13.0 m 处的地铁站厅层及综合开发功能,以及跨越城市中轴线天府大道的连接通道、P+R 停车场、公交停车场、下沉广场;−7.0 m 处的综合开发功能、城市候机楼,与景观广场连接的架空连廊;正负零标高的地面层,作为交通枢纽入口,公园式景观屋盖(图4)。

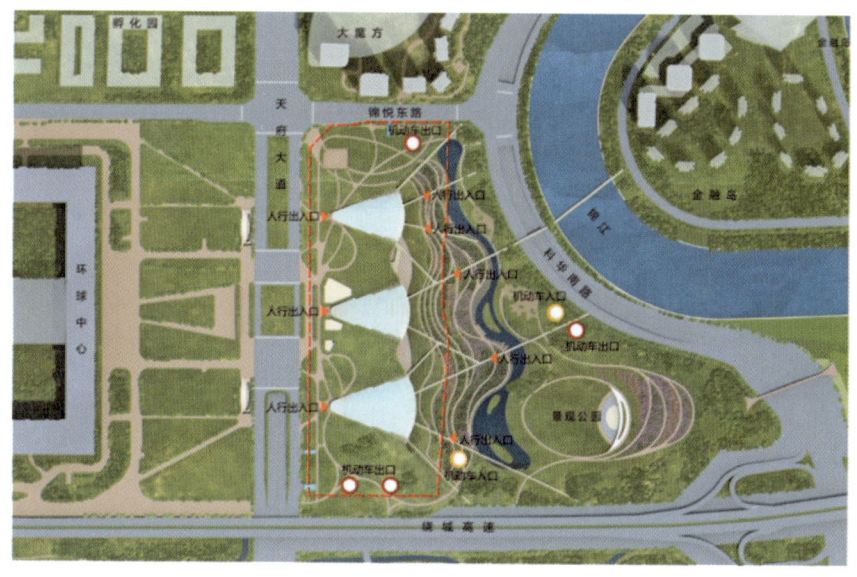

图 4 总平面图

4 交通枢纽建筑

交通枢纽建筑,必然是以交通为核心(图5)。这不仅包括交通设施的完整性,也包括交通流线组织的合理性。锦城广场交通枢纽的建筑平面流线呈现"三横、一纵、一核心"的格局。"三横"是位于三个采光屋盖下方的通道,分别起到水平连接和竖向连接各个楼层的作用;"一纵"是指每个楼层贯通南北的主通道,其作用是连接水平方向的各种功能空间,也辅助设置交通设施,连接各楼层的竖向空间;"一核心"是指位于建筑核心区域的地铁换乘大厅,建筑设计利用三条地铁线交叉所形成的三角区域,统领整个枢纽功能组织。中间区域是地铁主站厅,在这里,设有开敞的采光中庭,将自然光直接引入地下,为原本黑暗的地铁站厅、换乘厅、站台,带去了明亮的自然光线和自然通风。对内,交通枢纽的核心位置,不仅承上启下,连接地铁各条线路站台、换乘(通道)大厅,也在水平方向兼顾各种综合服务设施,使整个交通枢纽充满活力。对外,交通枢纽借助水平通道,连接已经建成的1号线地铁、周边商业中心、办公楼,大型公共设施,使之成为了名副其实的"TOD核心"(图6)。

图 5 东南视角效果图

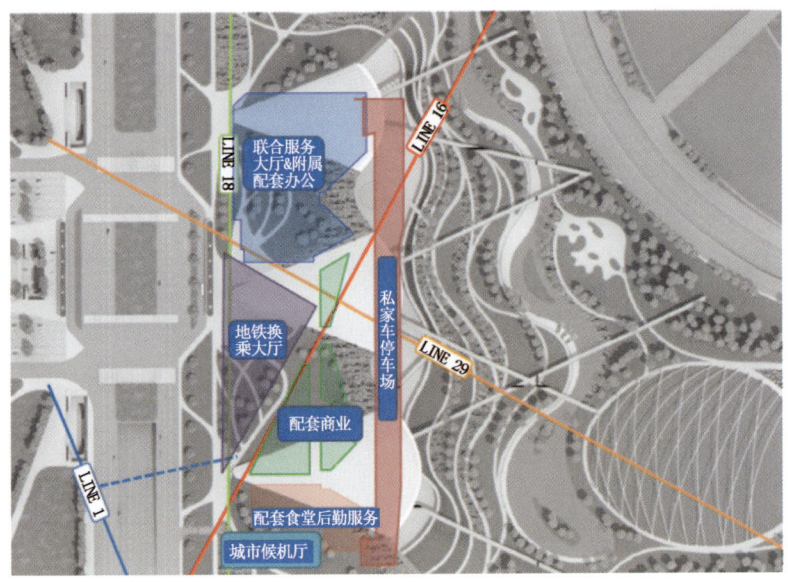

图 6 功能布局示意图

4.1 建筑功能、建筑空间

就枢纽的建筑功能和建筑空间而言,整个交通枢纽是非常复杂的,也是非常有趣的。各种建筑功能交织其间,但又与交通枢纽保持紧密的联系。从城市道路进入地块,首先是正负零楼层的花园式屋面,整个屋面也是交通枢纽的屋盖,按照地景式建筑设计,屋面满布景观绿植,形成花园式屋盖;在屋盖的上方,设有三座拱形的钢木结构采光雨罩,巨型的雨罩向东延伸,在柔和的锦江与环球中心之间,形成了恰如其分的过渡,点缀在其间的采光中庭,满足了地下空间的采光通风,也将自然环境渗透到建筑空间内部,功能与形式的完美结合,塑造了锦城广场花园式交通枢纽的美丽形象(图7)。

图 7 中厅效果图

4.2 进站流线

进站流线如图 8 所示。

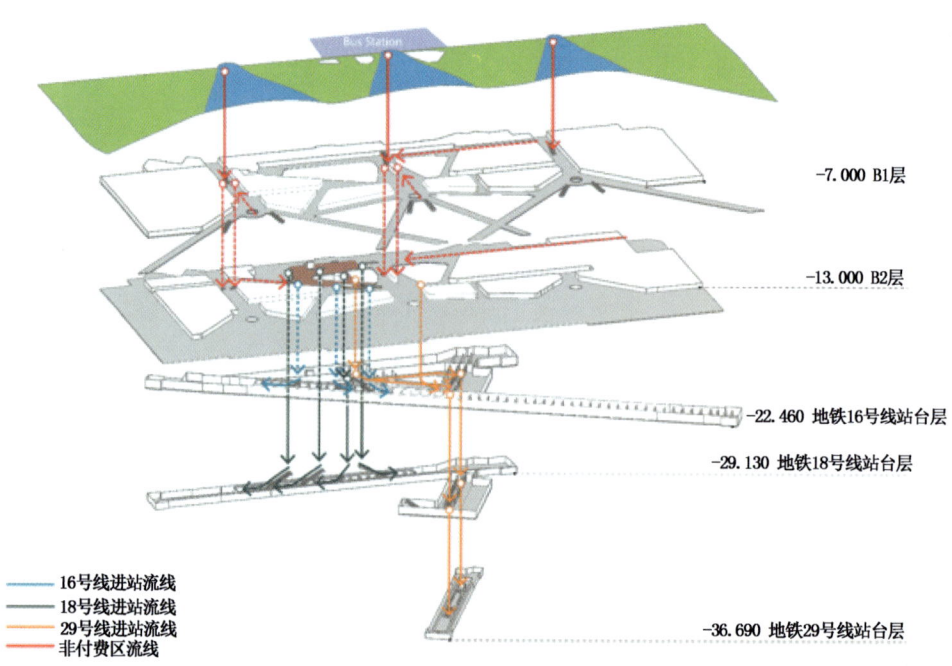

图 8　进站流线示意图

4.3 平面功能

通过拱形采光雨罩,进入交通枢纽的建筑空间,乘客可乘坐扶梯直接到达 -13.0 m 的地铁站厅,亦可进入 -7.0 m 楼层。在该楼层,设有众多的综合服务设施:北侧是社会服务性质的"联合服务大厅",下沉广场上空一侧为岛式商业,中部区域的综合商业围绕在采光中庭设置,南侧分别是城市候机楼和餐饮服务设施,以及配套后勤设施。此外,-13.0 m 楼层除了设有地铁站厅外,也有相应的商业设施和文化体验空间,另外,在南侧设有公交车场,以及供人们休憩活动的景观下沉广场,在下沉广场的东侧设有供社会车辆使用的 P+R 停车场。整个交通枢纽及其配套的综合服务设施,通过采光天窗、露天下沉广场、架空连廊等建筑手法,加上自然光的应用、自然环境的融入,缔造了宜人的地下空间环境(图 9、图 10)。

中庭空间分析如图 11、图 12 所示。

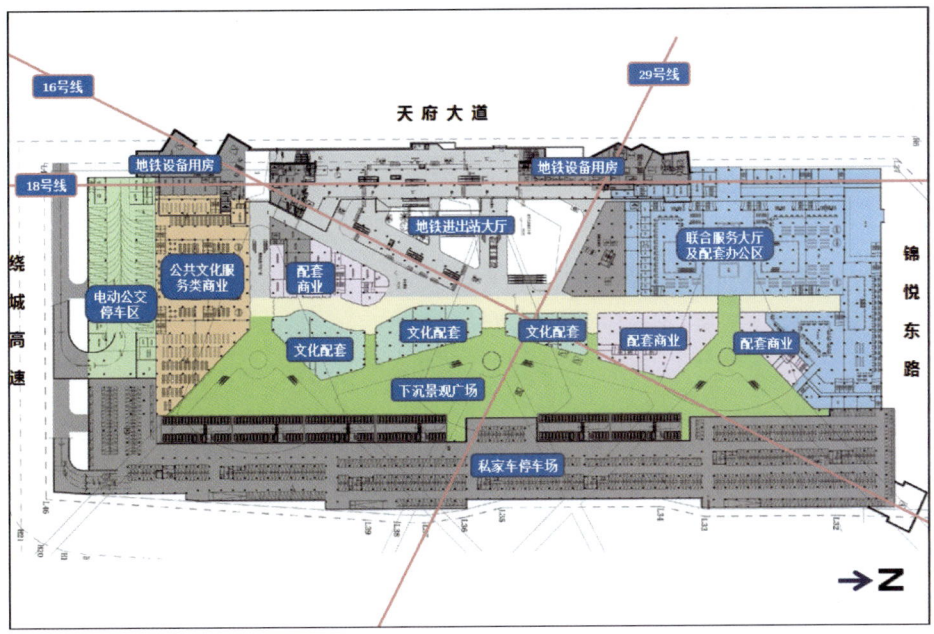

图 9 锦城广场 P＋R 地下停车场项目入驻单位－13.000 m 标高平面布局图

图 10 配套商业街景效果图

5 发展方向

借助"一带一路"倡议促进西部发展,成都在 2019 年政府工作报告中提出:在优化城市空间布局方面,聚力建设美丽宜居公园城市。从政府工作报告中可以看出,未来的城市发展,一定是可持续性的、绿色和生态的。未来的 TOD 建设,必然会更多地将自然、环境和人文关怀植入其中。而成都锦城广场花园式交通枢纽的建设,为 TOD 交通枢纽设计提供了一个范本,全新的思路、成功引入自然、融入自然,创造性地将开放空间与交通枢纽结合,用低调内敛的公园环境,诠释了人、自然、邻里、公共建筑和谐共生的 TOD 模式。满足城市发展需求与尊重自然

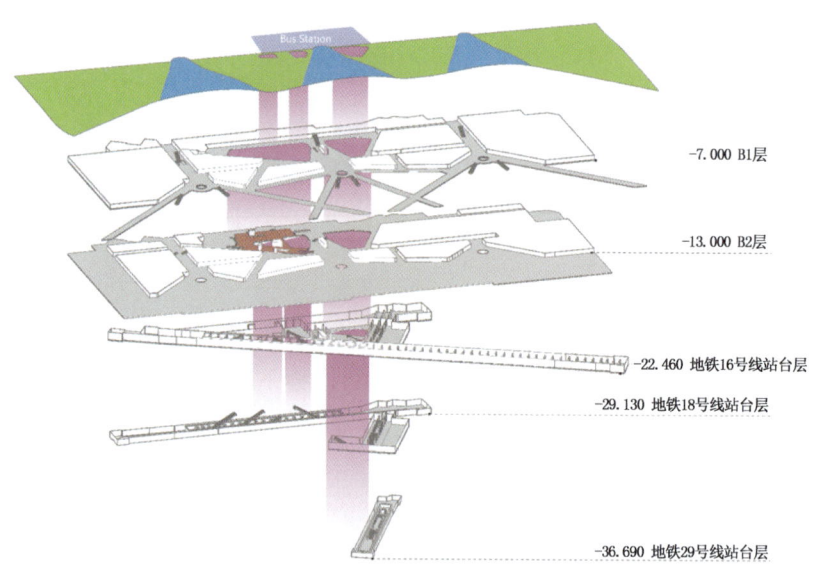

图 11　中庭空间分析示意图

图 12　中庭空间局部效果图

同等重要,在这里,锦城广场交通枢纽,在 TOD 开发案例上,书写了浓墨重彩的一笔。锦城广场交通枢纽的建设,也必将创造良好的社会效益、经济效益,并在实际运营中得到真实检验。

资料:
(1)关于《锦城广场 P+R 地下停车场》项目的政府批复文件;
(2)关于《锦城广场 P+R 地下停车场》项目若干会议纪要及方案评审文件;
(3)《锦城广场 P+R 地下停车场》联合体设计方案。

参考文献

[1] 卡尔索普彼得,杨保军,张泉.TOD 在中国:面向低碳城市的土地使用与交通规划设计指南[M].北京:中国建筑工业出版社,2014.

中国铁路 TOD 模式下"畅通融合"设计思路探讨

——以白云站方案设计为例

汤陵蓉　李春蕾

(中铁第四勘察设计院集团有限公司　武汉)

摘　要：以广州市白云站为例，本文阐述了基于 TOD 模式下"畅通融合"的铁路站房及其站区规划设计。分别从"畅通"和"融合"两方面对白云站设计方案进行了探讨。"畅通"指的是流线交通的顺畅，包括车行组织、人行组织之间的换乘联通。"融合"则是对站房与城市、站区与城市一体化设计的探讨。

关键词：畅通融合；站城一体化；交通枢纽

1　概述

随着现代化进程，中国铁路已经具备自主知识产权、国际水平的高速铁路，全国各地的高速铁路系统都在建设规划中。随着中国铁路新时代的到来，在 TOD 站城融合一体化的设计理念下，"畅通融合"的设计理念应运而生。其目的是降低旅客出行的时间和经济成本，规划设计综合交通枢纽，完善客站枢纽功能布局及流线组织，促进铁路与市政配套交通方式的紧密衔接，保证旅客进出站通道的顺畅，从而最大限度方便旅客。"畅通"指的是流线交通的顺畅，包括车行组织、人行组织之间的换乘联通。"融合"则对站房与城市、站区与城市的一体化进行探讨。本文以广州市白云站为例充分实践和运用了"畅通融合"。

2　TOD 和"畅通融合"概念界定

2.1　TOD 和铁路 TOD

TOD 是英文 Transit-oriented Development 的缩写，即"以公共交通为导向的城市发展模式"。由新城市主义的代表人物彼得·卡尔索普在其著作《下一代美国大都市地区：生态、社区和美国之梦》(The American Metropolis-Ecology, Community, and the American Dream)中提出。主张围绕公共交通站点，结合周边的城市空间，打造出具有高密度、多功能混合、适宜步行、具有活力的城市节点。

近年来,由于城区人口增加迅速,职住不平衡,高铁站区交通拥堵,高铁站割裂城市空间功能,铁路企业债过高等问题愈发严重。而 TOD 理念最大的创新是在挖掘交通资源潜力的同时,可以创造公共福利、物业开发、轨道运营多赢的局面,铁路 TOD 是把 TOD 模式引入到高铁站区的综合开发中,研究我国高铁站区 TOD 模式的运作模式和设计机制来改变现状问题。

2.2 "畅通融合"

中国铁路顺应新时代中国社会发展特点和铁路运营管理需求,遵循新时代铁路客站设计创新的总体要求——"畅通融合、绿色温馨、经济艺术、智能便捷",体现铁路车站作为公共基础设施的基本属性,发挥铁路车站服务旅客、服务社会的窗口作用。而其中的"畅通融合"是新时代高铁站建设的第一要义,其理念是努力降低旅客出行的时间和经济成本,规划设计综合交通枢纽,完善客站枢纽功能布局及流线组织,促进铁路与市政配套交通方式的紧密衔接,保证旅客进出站通道的顺畅,最大限度方便旅客,努力推动铁路与城市融合发展。

"畅通融合"可以分为两个重要组成部分:"畅通"和"融合",如图 1 所示。"畅通"主要指流线组织的合理性和畅通性,保证城市公共交通系统和铁路站房的交通衔接,旅客进出站通道的顺畅。其中包括了"车行组织"的换乘和"人行组织"换乘。"融合"指促进铁路与市政配套交通方式的紧密衔接,铁路与城市之间没有明确的城市空间肌理分界,推进铁路与城市融合发展。其中细分为"站房与城市""站区与城市"两方面的融合。"人行组织"属于站场内部的交通换乘,"车行组织""站房与城市""站区与城市"属于站场外部。

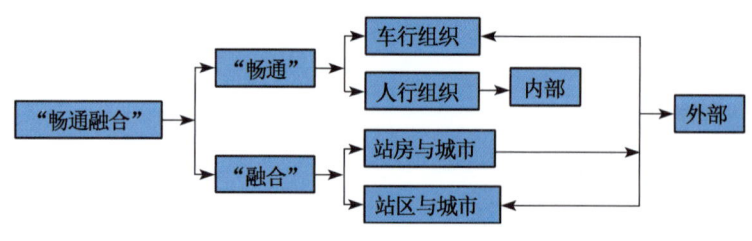

图 1 "畅通融合"体系图

"车行组织"指的是车辆从外部交通分别进入指定落客区域,需要保证城市公共交通系统和铁路站房的交通衔接通畅。"人行组织"指的是乘客在进入站场后在不同的交通方式间换乘,换乘方式通常包括铁路、地铁、长途客车、公交车、出租车和社会车辆,如图 2 所示。在"融合"中"站房与城市"区别于以前封闭式站场和轨道对城市肌理的割裂,推进城市和站场在城市空间、功能、交通上相互连接,铁路与城市融合发展。"站区与城市"是讨论铁路上盖区域与原有城市的城市肌理风貌是否匹配一致,且融为整体相辅相成,如图 3 所示。

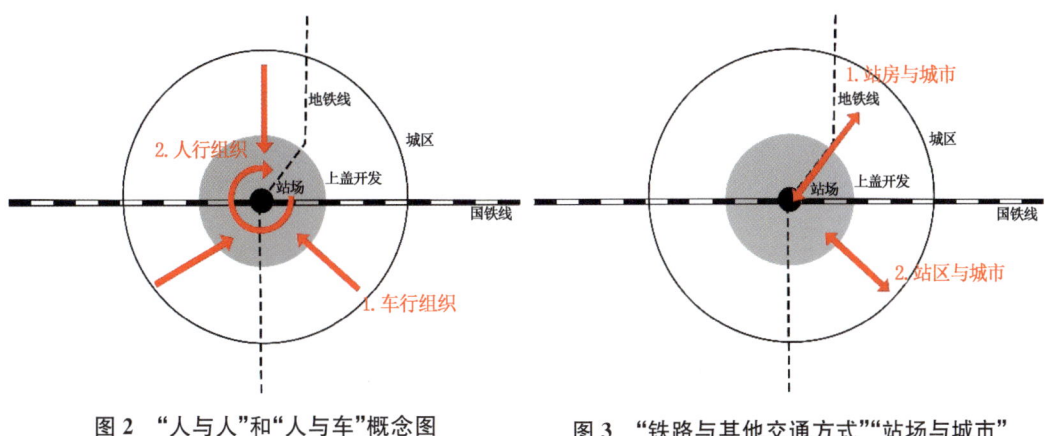

图 2 "人与人"和"人与车"概念图　　图 3 "铁路与其他交通方式""站场与城市"和"上盖与城市"概念图

"畅通融合"有分离、紧密等不同的度,例如上海站就是中国传统的分离模式,火车站站场为一个孤立的站房建筑,与城市其他建筑空间有着一定安全距离,并且站区用地性质单一,例如上海站。而"畅通融合"紧密的站则是站房与城市的空间相互叠加,如日本的名古屋站,如图 4 所示,在轨道交通规划初期就与土地利用深度结合,围绕轨道交通车站组织实施 TOD 开发模式,将商业、办公、住宅、酒店、医院等功能按照圈层立体式布局。结合中国基本国情,考虑到部分中国高铁站的站房规模和交通出行方式,既融又分的站城模式已经提出,适合新时代的铁路站房建设和站区规划。

图 4　上海站(左)和名古屋站(右)

3　广州白云站对"畅通融合"的运用

3.1　设计背景

广州,简称穗,别称羊城、花城,是广东省省会、国家中心城市、国际大都市、国际商贸中心、国际综合交通枢纽、国家综合性门户城市,首批沿海开放城市。广州地处广东省中南部,珠江三角洲北缘,濒临南海,邻近香港、澳门,是中国通往世界的南大门,是粤港澳大湾区、泛珠江三角洲经济区的核心城市以及"一带一路"的枢纽城市。

白云站枢纽场站综合体位于白云区南部,南距广州流花火车站约5 km,东距白云新城约2 km,将主要承担城市对外普速客流运输任务,兼顾部分通过高铁和珠三角城际客流,并规划引入地铁、长途汽车、公交枢纽站,将建设成为集多种方式一体化换乘的综合交通枢纽,将是广州市对外交流的主要交通枢纽之一。

表1　　　　　　　　　　　研究年度白云站客运量预测

项目	年度	小计	高铁	普速	珠三角城际
年发送量/万人	近期	3 420	979	1 742	856
	远期	4 087	1 323	1 478	1 285
日均发送量/万人	近期	9.4	2.7	4.8	2.3
	远期	11.2	3.6	4.1	3.5

表2　　　　　　白云站高峰小时旅客发送量及最高聚集人数

项目	年度	小计	高铁	普速	珠三角城际
高峰小时客流/人	近期	13 693	3 486	7 157	3 050
	远期	15 364	4 712	6 075	4 577
最高聚集人数		15 000	4 000	8 000	3 000

通过对研究年度的客运量和高峰小时旅客发送量及最高聚集人数进行预测,确定出站场规模,如表1、表2所示。站场综合体产生的需要使用铁路枢纽设施的需求,主要为公交、出租车、小汽车。考虑站场综合体公交需求均使用铁路枢纽集散设施,出租车、小汽车50%可能使用铁路枢纽集散设施,结合白云站铁路枢纽的客流集散比例,白云站综合体集疏运需求方式比例汇总情况如表3所示。

表3　　　　　　白云站场综合体需求方式比例汇总表

方式	慢行	地铁	公交	出租车	小汽车	其他	合计
比例	25%	45%	17%	5%	6%	2%	100%

3.2　设计概念

白云站中心里程为Ⅲ3K2260+025。定位以普速铁路长途旅客为主的客站,对站城融合"度"的把握则成为设计关键。普速客站存在发车间隔久、旅客行李多、旅行经验少、人流易于大量聚集等特点,特别是春运期间人流高度聚集会带来的一系列问题,这种情况下再与其他功能融合会形成叠加难题。在设计中提出"可伸缩的车站、会呼吸的广场"概念,打造既融又分的站城融合模式,如图5所示。

图 5　白云站效果图

方案以展现广州城市名片与绿色生态的设计理念为核心,构筑标志性城市形象。实体为山——以舒展起伏的建筑形态与不同标高层层叠级的绿色平台隐喻白云山。整体项目采用"方—圆—方"的图底关系布局,其中"外方"为城,"内方"为站,"方""圆"之间是南北两个呼吸广场,整体布局清晰明了。铁路车站居于枢纽整体布局中心,综合开发及各类车场站环绕布置,形成向心关系。角部裙房分别设置公交车场站、长途汽车站、旅游大巴、枢纽运营调度中心等,角部塔楼及上盖开发根据复合功能设置办公、酒店、公寓等功能,同时借助环的概念,将城市功能渗透到车站内部。慢行环道系统巧妙地围绕站房将几个功能组团串联起来。盖上与线侧的开发,联系紧密的平面上,分区明确,动静分明,立体分布,竖向互动理念,旅客和城市参与者快捷舒适地参与到各个功能集群。铁路站房内部形成由四核进站厅、光谷空间、上进、线下进厅、城际厅、出站厅等组成的高效车站平面布局。站房与周边综合开发及各类车场站利用天桥廊道连接,如图 6 所示。

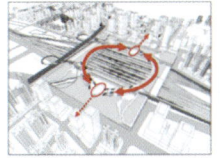
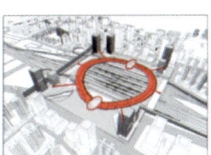
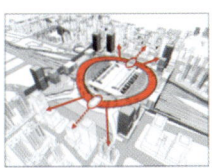
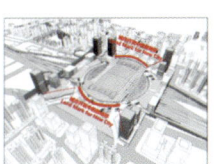
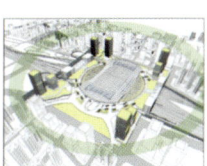

步骤1　在东西广场地铁站交汇处设置垂直核,打造城市客厅。

步骤2　在高铁上方设计交通环,连通东西两侧街区的同时,也将人群引导商业开发区域。

步骤3　城市客厅与交通环带动的人流量,将进一步通过连廊网络向周边街区延伸,激发城市活力。

步骤4　在东西广场采用代表地区文化的木棉花为母题,塑造一个广州特色的崭新的城市地标建筑。

步骤5　这里将会营造出一个绿意盎然的立体公共空间,为优化城市生态环境作出贡献。

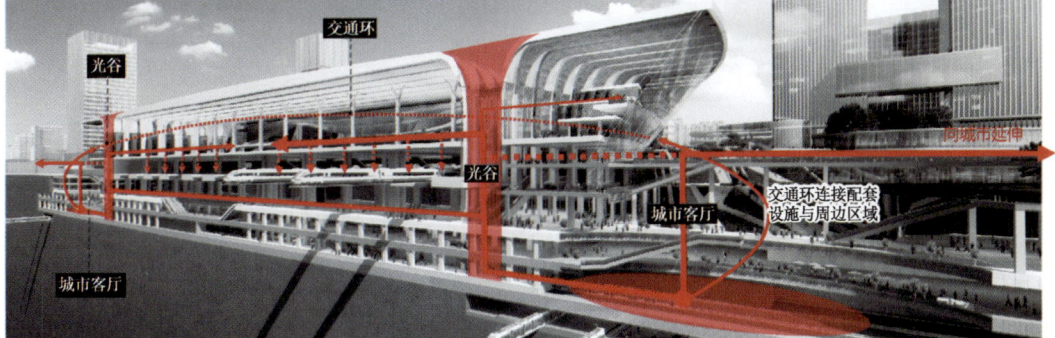

图 6　白云站概念生成图

3.3 "畅通"创新点

白云站是广州市的特大站房,位于中心城区,6种交通方式在这里汇集换乘,保证城市公共交通系统和铁路站房的交通衔接,旅客进出站通道顺畅,是"通畅"创新点的最大目标。

为了保证"通畅",项目设计从车行交通站城分离和人行流线站城分离分别进行了设计和探讨。

3.3.1 车行组织

方案城市地面道路进出口层面、高架快速路接入接出口层面、枢纽内部的车场层面,均做了站城交通的有效分离处理,确保枢纽功能和开发功能互不干扰,并能最佳运作。

总结深圳北站成功经验,尝试以腰部落客平台加线上停车库的方式缓解以往落客车道的拥堵难题。其他各种不同的交通方式,也以效率优先为原则,主要流线设置专用通道,构建管道化交通系统,如图7所示。

公交车流线,车站接驳交通总体交通组织为"北进北出、南进南出",建设立体匝道系统,衔接周边高快速路。通过白云二线立交直接进入,地面驶出,如图8所示。

长途车流线通过棠槎路立交专用匝道直接进入为主,地面驶出,如图9所示。

出租车流线总体采用"北进北出""南进南出"思路。主要依托白云二线、棠槎路等进入。主要通过小坪东路石槎路等道路疏散至各个方向。回场流线,北侧设置回场匝道,南侧通过城市道路回场。

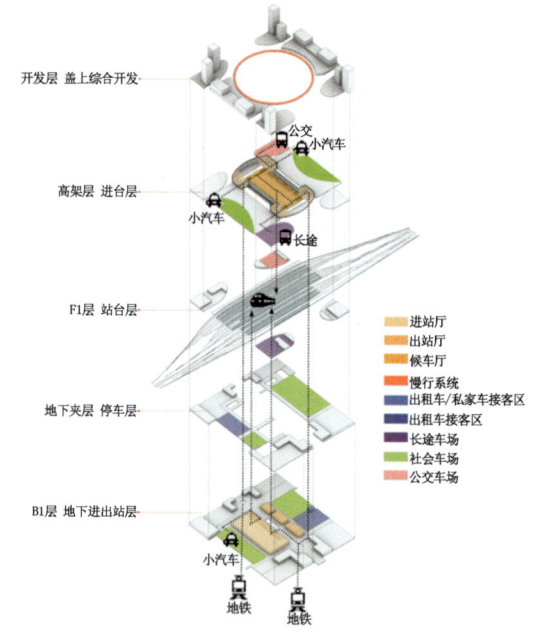

图 7 交通换乘示意图

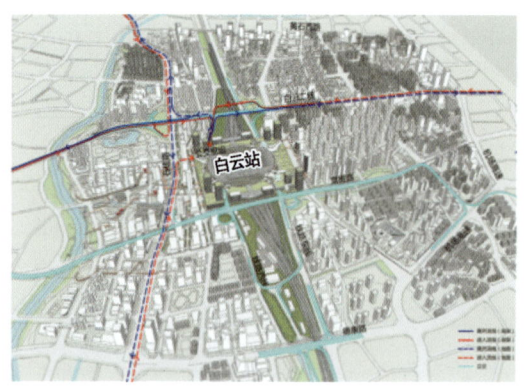

图 8 公交车流线组织

图 9 长途客运流线组织

图10 小汽车流线组织

图11 旅游大巴车流线组织

社会车分为快速落客类、进入车库停车两类快速落客社会车进出组织：主要通过白云二线、棠槎路，实现"南进南出""北进北出"。进入停车库社会车进出组织：落客后通过匝道下到地面铁路东路、小坪东路，通过坡道进入交通枢纽停车场，如图10所示。

旅游大巴主要通过石槎路、棠槎路、铁路东路进出。主要采用地面出入口，如图11所示。

在车辆从外部城区到达站场后，延续前期规划，白云站综合体在方形基地四角建筑的裙房内分别设置公交、长途、旅游大巴和其他城市交通场站，通过到发分离以及与站房进出站平层对接的方式，最大程度实现了枢纽内各种交通的分离式管理，如图12所示。

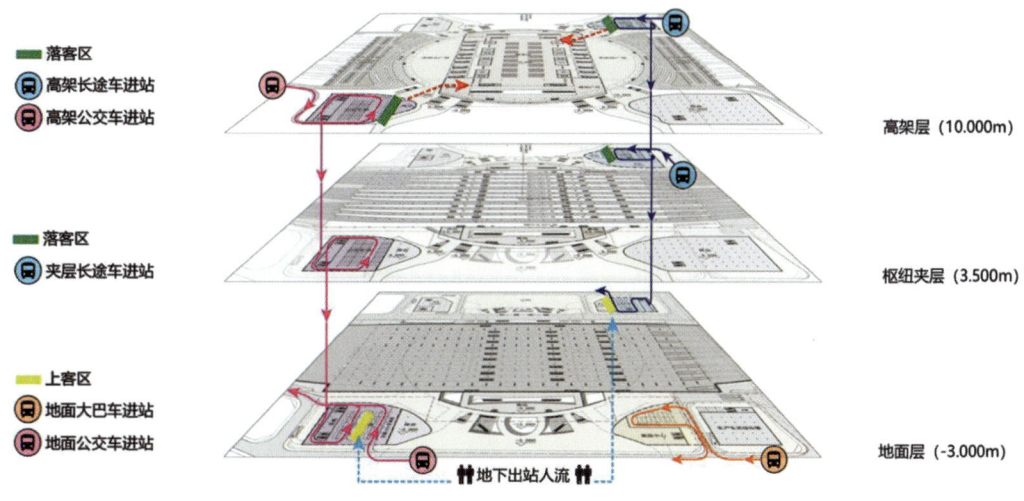

图12 交通站场流线图

线上：南北两侧高架均设置两层车库，一层车库包含落客车道，服务于车站进站旅客；二层车库服务于线上开发功能。两侧车库分别采用不同的进站、离站匝道系统，做到站城交通互不干扰。

线下：南北两侧均设置两层地下车库，首层车库服务于车站进出站功能，北侧夹层车库鼓励服务于线上开发功能，设穿越站台的直达交通至线上开发平台，与车站交通分设匝道进出系统，如图 13 所示。

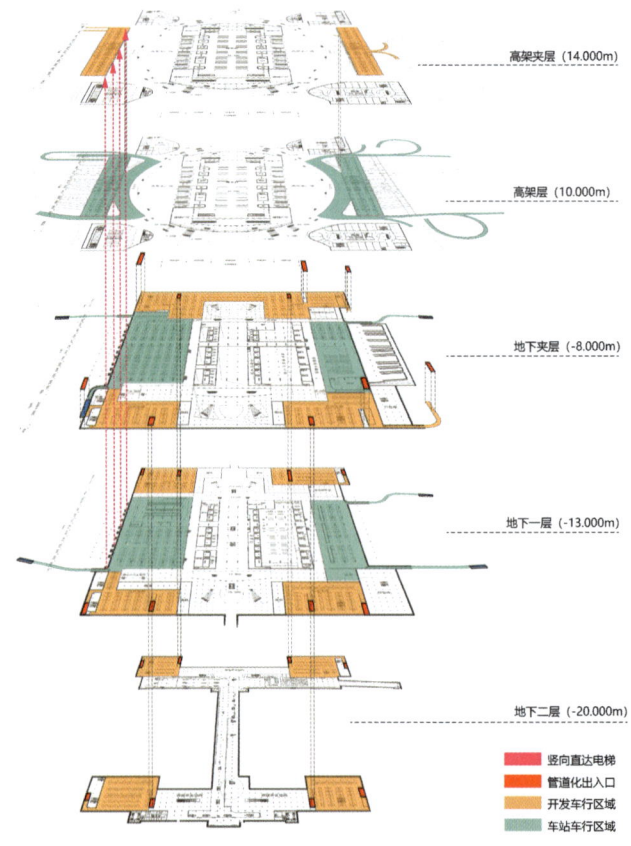

图 13 车行交通站城分离图

3.3.2 人行组织

实现站城交通的有效分离，进行有效的人行组织，设计中枢纽交通性客流动线均在以车站为中心的内圈层进行，枢纽开发性客流动线通过回游性的绿化阶梯通道在车站外圈层进行，做到二者互不干扰。同时设计一条环形捷运系统，将两部分功能融合，营造舒适宜人的步行环境，如图 14、图 15 所示。

图 14 枢纽交通性客流动线

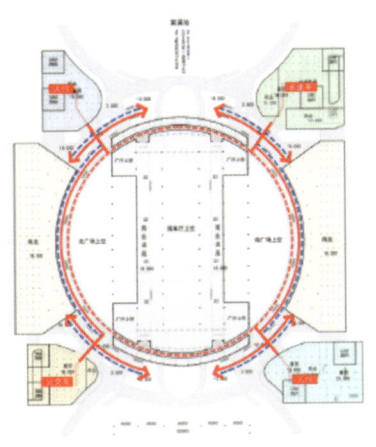

图 15　枢纽开发性客流动线

为了让旅客在交通枢纽方便快捷换乘,该项目确定的四角交通布局,方案在站房四角对应设置两组进站广厅,通过商业环廊串联,可以最大程度兼顾腰部小汽车落客进站、角部公交车、长途车、旅游大巴落客进站以及站房下部五条地铁进站客流的需求,如图 16 所示。

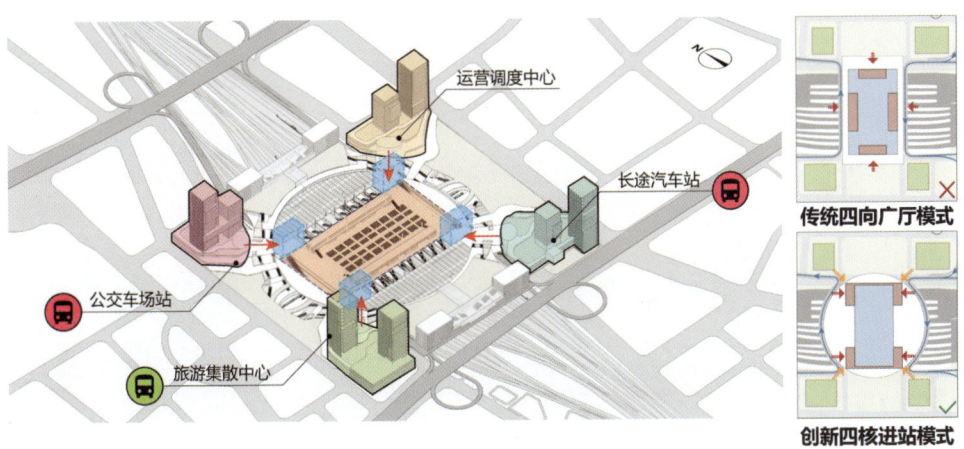

图 16　四核进站模式图

在本方案中,铁路与其他交通方式为下进系统,本站以旅客上进下出为主,依托高大明亮、商业配套齐全的线上候车室,着重服务于有长时间候车需求的高铁和普铁客流。同时,在地下一层设置了一套下进系统,与地铁平层对接,便捷服务于城际通勤客流和半小时内快速进站的急客人群。枢纽三场之间的中转旅客也可借由下进系统实现免安检便捷换乘。同时为今后与地铁安检互认直接换乘预留良好条件。另外,线下候车室一侧设置了专用停车场地和独立进出站通道,可为商务座旅客提供全程的差异化服务。

理性高效的功能布局,简洁人本的人行流线,丰富多元的抵离经历,便捷人性的换乘体验,以及差异化流线、垃圾转运流线、高铁物流和高铁餐饮流线等特殊处理,共同构成高效创新的枢纽车站模式,如图 17 所示。

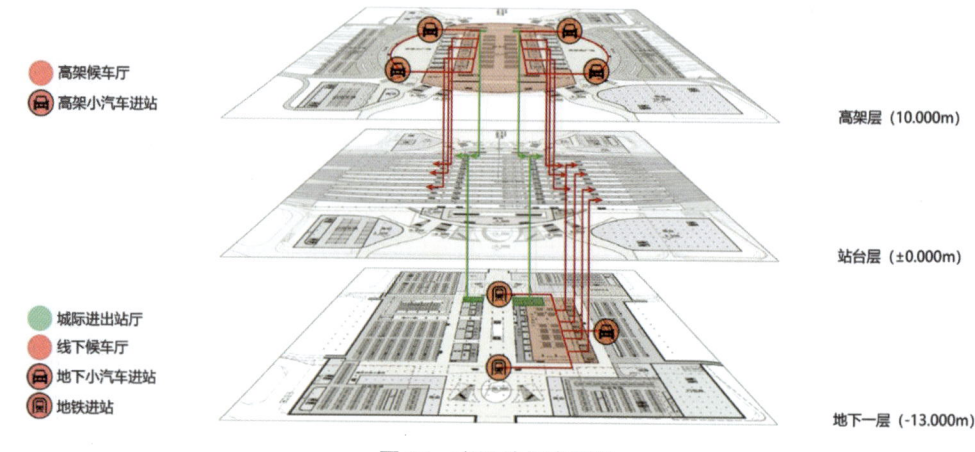

图 17 交通站场布置图

旅客在通过四角进站后,通过光谷引导在站房东西两侧设置贯通至地下一层(-13.000 m)的光谷,通过光线的引导作用,将占枢纽客流总量 50％以上的地铁人流以自动扶梯组直接送达高架层四角,与乘坐其他交通工具的旅客共用广厅进站,实现旅客进出站通道的顺畅,最大限度方便旅客在站内换乘,如图 18 所示。

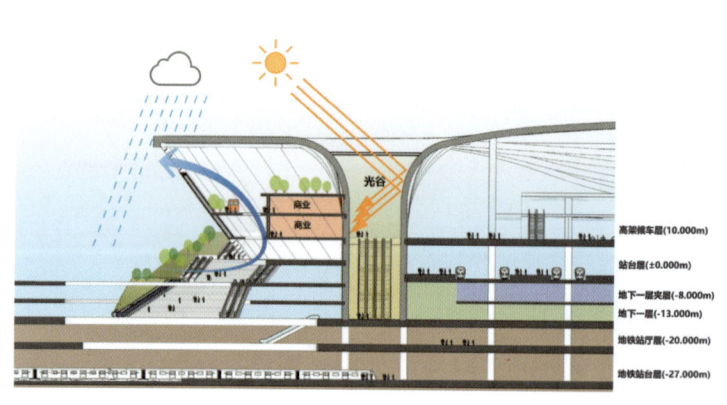

图 18 站房光谷

3.4 "融合"创新点

白云站的定位是以普速铁路长途旅客为主的客站,设计中对站城融合"度"的把握则成为关键。方案提出"可伸缩的车站、会呼吸的广场"概念,不同于传统的站城分离和日本紧密的站城一体化,打造了既融又分的站城融合的模式。

3.4.1 站房与城市

创造可伸缩的车站,普速铁路通常有以下典型特征:
(1) 铁路线路长。

（2）以大干线为主。

（3）运行时间长。

（4）车辆班次少。

（5）发车间隔时间长。

这些客观条件导致普速铁路车站存在旅客等候时间长、人流易大量聚集等问题。呼吸广场平时可作为舒适宜人的休闲景观广场，成为商品展示、演艺集会的多功能城市空间，在特殊状况时如春运成为容纳大量旅客的候车空间。在春运时，两个呼吸广场成为容纳大量旅客临时聚集并可直接进站的扩展候车室，容量增大了三倍，充分满足普速客站弹性候车需求，如图19、图20所示。

图19　平时的呼吸广场

图20　春运的呼吸广场

3.4.2　站区与城市

高可达性的一体开发，本项目综合开发内容包括铁路红线内23.5万 m^2、红线外24.3万 m^2。而可达性是关系站城一体开发人气、效益的重要问题。为此，通过在线上再造地面首层的做法激发其商业价值，利用两条高回游性的绿化阶梯通道和一个环形捷运通道，串联上下各层和南北两侧开发，以提高可达性，并与四通八达的城市慢行系统相连接，如图21所示。

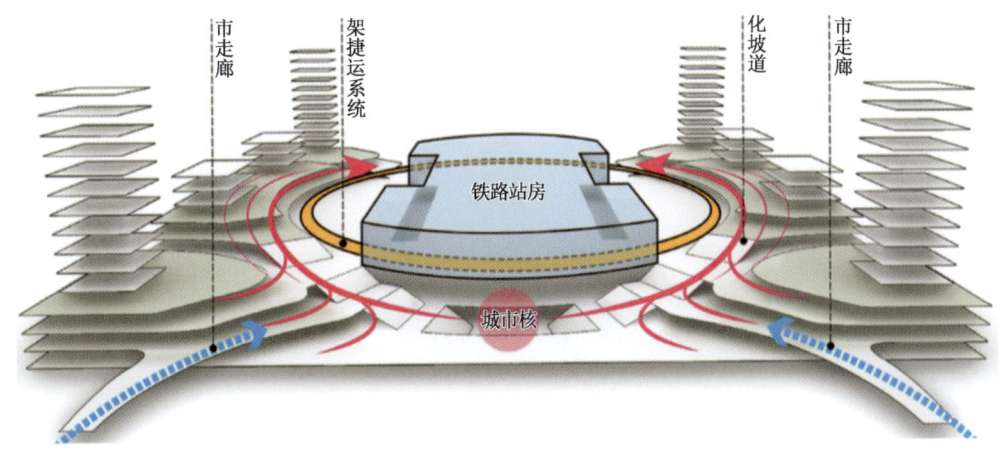

图21　交通站场城市核

同时,该项目对周边城市不同能级与可达性进行量化研究,对枢纽区域城市功能需求进行细化,并据此规划综合体的业态和功能布局,构建出多主体共赢互利的"枢纽商业"生态圈,如图22所示。

城市设计规划区内形成立体化、高品质、网络化的生态慢行径、慢跑径,倡导行、慢跑、骑行等低碳、健康的绿色出行方式。白云站的高架慢行系统与区域慢行系统相联系。并且,城市设计规划区内设置连续贯通的地下通廊,与高架慢行系统一起形成多维完善的步行体系。白云站站区地下通廊与区域地下通廊体系紧密衔接,充分体现站房上盖区域城市和原有城市紧密结合。

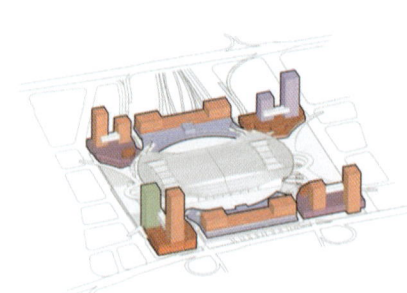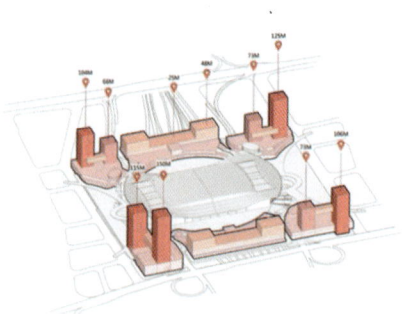

图22　上盖开发

4　结语

伴随着中国高铁站城一体化设计理念的推进和实施,站场的"畅通融合"理念发展已成为一种发展趋势。中国铁路车站客流出行特征具有特殊性,在站城一体的设计中不能简单地考虑"站"与"城"的融合关系,还应结合国内车站客流特点,在枢纽的交通设计上进行更全面和细致的考虑,通过"站"与"城"的交通分离,快速管道化等交通设计手段实现站城"畅通融合",探寻符合中国铁路 TOD 模式下的站城融合之路。

参考文献

[1] 周俏.TOD模式在我国高铁站区综合开发中的应用研究[D].北京:北京交通大学,2018.

[2] 崔梦莹. 基于TOD理论的北京新城建设研究[D].北京:北京交通大学,2017.

[3] 赵浩宇.香港 TOD 城市开发模式及其借鉴意义研究[J].四川建筑,2019,39(3):65-67.

[4] 陶思宇,冯涛."站城融合"背景下新型铁路综合交通枢纽交通需求预测研究[J].铁道运输与经济,2018,40(37):80-85.

[5] 崔叙,喻冰洁.城市综合交通枢纽地区交通与建筑思考(三):多维度问题解析及刍议[J].交通与运输,2017,33(6):34-36.

[6] Cervero R, Day J. Suburbanization and transit-oriented development in China[J]. Transport Policy, 2008,15(5):315-323.

[7] Loo Becky P Y,Chen Cynthia,Chan Eric. Rail-based transit-oriented development: Lessons from New York City and Hong Kong[J]. Landscape and Urban Planning,2010,97(3):202-212.

第四篇

设 计 探 索

现代铁路客站建筑造型与结构形态案例分析

陈东杰

（中国国家铁路集团有限公司　北京）

摘　要：随着时代发展的现代铁路客站更加注重建筑造型与结构形态的表现。建筑造型与结构形态的相互影响、相互依存无处不在。有许多案例，上海南站、天津西站等做到建筑空间造型与结构体系的完美结合，上海虹桥站以一种质朴的结构方式支撑起实用的客站形态，上海站北立面改扩建很好地处理了建筑造型与结构形态关系。铁路客站应当按照新时代发展总体要求，努力挖掘结构的艺术表现力，以真实的结构形态塑造真实的内部空间和外部形象。富有逻辑内涵的建筑形态技术上更合理，造价上更经济，环保上更低碳，更会弥久留香，应当成为铁路客站对建筑艺术"真、善、美"的追求目标。

关键词：铁路客站；建筑造型；结构形态；案例

1　概述

中国铁路客站随着时代变迁而发展。从建国初期单一的以平面功能布局的客运作业场所，逐步演变出20世纪80年代以上海站、郑州站等为代表的"南北贯通、高架候车"多功能型车站。进入21世纪，上海南站、北京南站、广州南站、上海虹桥站、武汉站等一大批标志性客站相继建成并投入使用，开启了中国现代铁路客站的大规模建设。新一轮的北京丰台、雄安、广州白云站等客站正在建设中，现代铁路客站已成为城市综合交通枢纽的重要组成，其城市属性更加鲜明，"城市门户"的形象更加突出，TOD效应更加显现，建筑造型与结构形态的表现得到越来越多的重视。

建筑造型与结构形态相互影响、相互依存。人们很早就开始关注建筑造型与结构形态的表现。1959年动工的悉尼歌剧院，远远望去，像海边树立的贝壳，又犹如巨大的白色风帆，飘扬在蔚蓝的海面上，与周围景色相映成趣；三组巨大的混凝土壳片本身既是结构，同时也构成主要建筑造型的全部（图1）。奈尔维（1891—1979）创作了佛罗伦萨体育场等风格独特、形式优

图1　悉尼歌剧院

（图片来源：https://en.wikipedia.org/wiki/Sydney_Opera_House#/media/File:Sydney_Opera_House_(2017).）

美的钢筋混凝土建筑作品。卡拉特拉瓦（1951— ）的法国里昂机场火车站和里斯本火车站等都展示了其在建筑与结构相结合方面的辉煌成就(图2)。

建筑作品在造型上是与结构骨架毫不相干的虚假装饰，还是结构形式逻辑关系的真实反映？这是一个很值得思考的问题。建筑造型是建筑功能和设计创意的表现，同时也反映结构的逻辑性；建筑结构同时处在自然空间与建筑空间当中，在抵御着外力的同时，也塑造着建筑空间，展现着建筑造型。富有逻辑的结构形式不仅是技术经济的，同时也是极具艺术表现力的。

图 2　里斯本火车站

（图片来源：https://www.archiweb.cz/en/b/zeleznicni-stanice-oriente-esta-o-do-oriente）

建筑结构与其塑造的空间有机融合，才能交相辉映地向人们展现出更加艺术的建筑形象。在现代铁路客站设计中，应该按照"适用、经济、绿色、美观"的总体要求，努力处理好建筑造型与结构形态的辩证统一关系，采用富有逻辑内涵的结构形式，挖掘结构的艺术表现力，以真实的结构形态塑造真实的内部空间和外部形象，通过结构技术与建筑艺术的巧妙结合，实现建筑创意，追求建筑艺术的真、善、美。我们不主张建筑造型与结构形式各行其是，搭腔不搭调；不主张那种花哨的、无病呻吟的标新立异，毫无结构逻辑的故作姿态；不主张那些用现代材料花很大力气包装起来的扭一扭、斜一斜。建筑之美感应当建立在合理的结构逻辑之上，不能陷入刻意追求某些非自然的畸形怪异或达到某种形式"美"的误区。"畅通融合、绿色温馨、经济艺术、智能便捷"也正是体现了这样的要求。最新研究表明，有的客站装饰装修已超过站房总费用的20%，这应当引起我们的注意。

下面结合典型案例，对客站建筑造型与结构形态进行剖析。

2　上海南站

2.1　建筑造型

上海南站始建于光绪年间，后毁于轰炸。改革开放年代，新的上海南站于2006年建成通车，"虽然当时车站并没有贯通高铁列车，却也可以说是中国首个建成的新型铁路客站"[1]。上海南站汇集了现有的各种交通方式于一体，并预留了未来其他方式的线位。主站房约5.6万 m^2，空间布局在传承"高架候车、南北贯通"的基础上，一改以往车站沉闷压抑的感受，打造了全屋面采光的"大空间"，展现"大交通、大空间、大绿化"的理念，主张车站建筑"以人为本、以流为主"。其实质就是现在倡导的"畅通融合"[2]。

上海南站采用圆形站房设计，解决了铁路站场与城市主干道的夹角问题，体现了铁路对城市格局的尊重，使站房柔和地融入到周边环境中，建筑形态与城市环境和谐共生。圆形站屋各个方向的视觉形象更为稳定、夺目,向心性很强的巨大钢结构屋盖以其高科技感和晶莹剔透的外观,无论在白昼还是黑夜均能成为各个方向的视线交点,彰显"城市门户"形象。富有个性、形象强烈的巨大的圆形屋盖直径 270 m,气势恢宏,晶莹剔透,美丽壮观,形成了"车轮滚滚,与时俱进"的建筑意象,寓意中国铁路与上海城市与时共进,共创美好明天[3]。如图 3、图 4 所示。

图 3 上海南站实景

图 4 上海南站室内空间及结构

2.2 结构形态

圆形站房结构通过内外 2 列钢柱、18 组"人"字形索预应力曲线变截面箱梁组合桁架在平面上组合成完美的圆形钢结构,通过主梁最中心处直径为 26 m 的中心内压环在纵向上形成拱形结构,屋面外形中部呈圆锥形,而外周悬挑部分则略为上翘,整体构成一个大型的圆形空间结构形态。箱梁为橄榄形,与钢柱采用铸钢节点连接。

主体钢结构不做任何多余的包装,轮廓清晰,配以低辐射玻璃、屋面阳光板、精密的钢节点、铝合金遮阳系统,材料虚实对比、表面质感及色彩变幻,整体建筑形象气势磅礴,具有极强的视觉冲击力和标志性。车站混凝土框架结构全部采用清水表面,给人以真实朴素稳固的视觉效果。整个结构形态逻辑清晰,与建筑造型完美融合,相得益彰。

3 上海虹桥站

3.1 建筑造型

上海虹桥站(以下简称虹桥站)是上海虹桥综合交通枢纽(以下简称虹桥枢纽)重要组成建筑之一,其实际意义已远超出一座高铁客站(图5)。"建设成为服务长三角和长江流域、多种交通功能综合设置、以旅客为本无缝衔接、成为长三角地区人流、物流、信息流等的汇集地"[4],虹桥枢纽从规划设计开始就是高起点定位。概括地说,虹桥枢纽的建设理念就是"大交通、大空间、大融合",以完善的交通功能为基础,促进城市区域空间与产业融合,实践着符合中国国情的 TOD 站城融合发展模式[5]。

虹桥站主站房在建筑造型与结构形态的处理上则完全是另外一种理念和手法,结构并不完全呈现为直观要素参与造型当中,而是以内在的方式理性地支撑起建筑轮廓。在建筑造型上,虹桥站、航站楼、城轨站三幢主体建筑各有其相对个性,但都基于"大交通"的功能布局而连为一体,不像以往那样相互独立,自扫门前雪;整个建筑群在空间与风格上协调统一,摒弃了追求张扬个性的表现手法,而是以综合交通功能为核心,突出综合体整体"平直、方正、厚重"的建筑特色。虹桥站仅在西立面稍做突出处理,寓意中国高铁飞速发展[6]。

图 5 上海虹桥综合交通枢纽

3.2 结构形态

虹桥站主站房采用现代成熟的混合框架等结构体系,承轨层采用型钢混凝土梁,混凝土结构大面积使用清水面层,屋盖采用常规的钢桁架结构,整个结构体系经济合理[7]。不刻意追求结构作为直观要素高技术、高难度地直接参建筑造型,而是与虹桥枢纽的设计理念一脉相承,协调统一,秉承了俭朴、实用、经济的做法,以一种质朴的结构方式,实现"平直、方正、厚重"实用的建筑意图,没有丝毫的夸张、做作,体现出对建筑艺术"真、善、美"的追求[8]。

站台雨棚立柱则因地制宜地采用了结构与造型上的一体化处理,采用"玉兰花开"形态的组合钢管支承雨棚桁架结构,结构形态清晰流畅,塑造了轻巧优美的站台雨棚造型,如图6所示。

图6 上海虹桥"玉兰花开"雨棚柱

(照片来源:http://image.baidu.com)

4 天津西站

4.1 建筑造型

原为津浦铁路的天津西站,始建于清朝宣统一年(1909年),德式风格,造型精美,"艺术上尤是称焉……"[9]。历史车轮滚滚向前。一百年后的2009年,作为京沪高铁的天津西站开工建设。也许是渊源,新的天津西站设计团队中,包含了德国 GMP 建筑事务所的 Meinhard von Gerkan、Stephan Schütz 和 Stephan Rewolle 等著名设计师,新的天津西站也延续了简洁、精美、沉稳、大气的德式风格。

火车站历来是铁路窗口、城市大门。对于天津这座有着悠久历史的文化名城,人们当然希望一座在新时代建设的高铁车站,更能象征着天津的美好未来、代表着城市和铁路高速发展的新希望。于是,一座长度 380 m、跨度 114 m 的巨大拱形客站建筑展现在人们面前,她头戴编织拱帽宏伟而优雅地坐落于浑厚的柱廊基座上,圆形外轮廓刻画出"城市大门"的意象,迎接着八方宾客。大尺度高柱廊基座反映出城市的慷慨大度,营造出站前广场与站房适宜的过渡空间[10]。车站室内大尺度的连续性自由空间纯净、大气,具有韵律感,通透的采光屋面引导自然光线进入到候车大厅,给旅客敞亮、舒适的感受,站内空间一览无余,清晰定位。如图7所示。

图 7　天津西站建筑造型

(照片来源:姜琳琳,天津西站拱顶设计,建筑技艺,2012.6)

4.2　结构形态

与拱形建筑造型相适应,天津西站采用大跨度钢箱梁编织拱形结构,拱高 57 m、跨度 114 m。编织拱结构箱梁从下到上不断变化,穿插交织,形成下部较为通透而上部相对宽大具有遮阳效果的独特结构形式,箱梁截面的变化完美地透出结构力学的内在逻辑和结构的韵律。简洁的拱顶体系仅由玻璃采光顶、檩条以及主体钢结构组成,表面处理为金属光泽,双向编织拱顶钢结构造型优雅并极富动感。外立面采用天然石材、玻璃和金属板,突出建筑的体量感和空间感,彰显整个建筑的简洁、沉稳。如图 8 所示。

图 8　天津西站大跨度编织拱结构

(照片来源:曼哈德·冯·格康等,大尺度的连续性自由空间,城市环境设计,2013.07)[11]

天津西站的设计做到了建筑空间造型与结构体系的完美结合。

5　上海站北立面改扩建

随着经济发展,客站改扩建日益增多,在处理建筑造型与结构形态的关系方面,上海站北立面改扩建是一个很好案例。

建筑造型上,设计师吸收了南站房的优美比例、尺度等造型特点,大胆创新,将外观效果与内部空间相结合,采用 12 组造型单元组合,映射出"玉兰花开"的意象,营造出热烈活跃、欢快轻松的愉悦气氛,笑迎八方来客;创造出高耸大气的入口空间效果,很好地赋予了铁路站房"城市门厅"的特征,做到了"传承历史、绽放新蕾"[12]。

在结构方面,起支撑作用的是 12 组张拉膜组合钢结构,体态轻盈,不仅具有造型装饰的功能,更提供了遮阳挡雨的实效,做到了建筑功能造型与结构形态的完美统一。20 世纪 80 年代建造的上海站再次焕发了青春。如图 9 所示。

图 9 上海站北立面

此外,还有许多很好的案例。如北京南站采用后来被称为"桥建合一"的结构体系[13],将桥梁结构的设计理念融合于建筑结构中,实现天坛概念的引申。武汉站采用"桥建合一"以及"拱—壳"组合结构体系[14],为"中部崛起"的"九省通衢",打造了"千年鹤归"城市门户形象,虽然在 2020 年疫情期间有人贬义称之,但这没有影响"九头鸟"的意志,反倒更加彰显了"九头鸟"的生命力。广州南站采用后来被称为"桥建合一"结构体系,托举起层叠长短相依的"芭蕉叶片",展现了具有广东岭南文化特色的建筑造型[15]。天津滨海站中由变截面双螺旋曲线钢箱梁交叉编织形成的穹顶钢结构[16],与阳光下海滩漫步鹦鹉螺的建筑意象交相辉映,完美地展现了结构的内在逻辑和韵律,创造出通透、开敞、明亮的建筑空间。2020 年在建的广州白云站除了采用"桥建合一"的结构体系,主立面采用型钢+张拉膜组合结构,展现出"云山珠水,木棉花开"的建筑意象(图 10)。这些都为新时

图 10 广州白云站立面效果图

(图片来源:铁道第四勘察设计院有限公司)

代铁路客站的创新发展做出了积极的探索与实践。

6 结语

通过以上案例分析,我们可以看到,铁路客站建筑造型与结构形态的相互影响相互依存无处不在,无论从大的整体关系到小的细部构造,还是从外在界面到内部空间。中国铁路客站随着时代变迁而发展。现代铁路客站设计中,我们应当贯彻新时期发展理念,更加注重处理好建筑造型与结构形态辩证统一的关系,采用富有逻辑内涵的结构形式,挖掘结构的艺术表现力,以真实的结构形态塑造真实的内部空间和外部形象。比起那些花哨的、无病呻吟的标新立异,富有逻辑性的结构形态与建筑造型技术上更合理,造价上更经济,环保上更低碳,其艺术感染力更会弥久留香。这正是新时期铁路客站建筑创作中对建筑艺术"真、善、美"应有的目标追求,也是我们这一代铁路客站建筑师和工程师的职责。

当然,也有很多好的建筑作品,它们的造型并不是由结构呈现为直观要素而参与其中,而是以某种内在的方式理性地塑造着建筑形象。上述的虹桥站就属于此类。这里不再细述。

让我们的建筑师与工程师们携起手来,共同创作出更多的时代佳作。

参考文献

[1] 郑健,贾坚,魏巍.中国高铁丛书:高铁车站[M].上海:上海科学技术文献出版社,2019.
[2] 郑健,沈中伟,蔡申夫.中国当代铁路客站设计理论探索[M].上海:上海科学技术文献出版社,2009.
[3] 布正伟.现代建筑的结构构思与设计技巧[M].天津:天津科学技术文献出版社,1986.
[4] 中国国家铁路集团有限公司鉴定中心,中铁第四勘察设计院集团公司,NIKKEN日建设计,等.大型铁路客站专业设计与投资分析报告[R].北京:中国国家铁路集团公司鉴定中心,2020.
[5] 韩志伟.铁路枢纽大型客站设计实践与思考[J].高速铁路技术,2020(4):12-17.
[6] 李京,朱志鹏.海纳百川:论上海虹桥站综合交通枢纽规划[J].铁道经济研究,2008(1):33-37.
[7] 盛辉.中国第四代铁路客站设计探索[J].城市建筑,2017(11):22-25.
[8] 郑刚,陈雷,华绚.形象源于理念:上海南站的"大交通、大空间、大绿化"设计理念[J].时代建筑,2007(2):126-131.
[9] 贾梦涵,欧阳玉歆,薛林平.中国近代火车站之天津西站研究[J].建筑师,2017(5):75-82.
[10] 姜琳琳.天津西站拱顶设计[J].建筑技艺,2012(6):99-103.
[11] 曼哈德·冯·格康.天津西站——大尺度的连续性自由空间[J].城市环境设计,2013(7):74-81.
[12] 凌玉芳.广州南站(2×32+64+2×32)m双线V构连续梁设计[J].铁道标准设计,2017(2):50-54.
[13] 赵建华.北京南站"房桥合一"结构体系整体分析[J].建筑结构,2011(4):743-746.
[14] 赵鹏飞.武汉火车站复杂大型钢结构体系研究[J].建筑结构,2009(1):1-4.
[15] 高莉娟.基于结构形态的铁路客站造型研究[D].成都:西南交通大学,2008.
[16] 陈志华.天津于家堡大跨度双螺旋单层网壳结构设计[J].空间结构,2015(2):29-33.

历史铁路客站更新及扩能改造设计策略

魏 崴　薛慧明　樊鹏涛　陆文镭

[同济大学建筑设计研究院(集团)有限公司　上海]

摘　要：历史铁路客站是城市中一种特殊的建筑类型，是一轮轮城市更新的见证者和城市历史建筑的幸存者之一，更是城市历史信息和大众记忆的物质载体，具有一定的价值意义。但是随着城市和铁路客运的发展，其陈旧空间环境和功能布局等已经不能满足新时期旅客出行和铁路运能的需求。在此背景下，势必有相当数量的一批铁路客站面临着改造升级的问题。如何融入创新的技术和理念在改善铁路客站空间品质的同时既能使其优秀的文化基因得以传承，又能够使其融入新时期的城市环境，适应新的发展需求，是更新改造中所需解决的核心问题。文章对此进行展开研究，通过对铁路客站发展脉络及现状梳理，结合国内外优秀的改造实例，从传承、创新、融合等角度提出适应新时期铁路客运发展需求的改造设计策略。

关键词：历史铁路客站；更新改造；传承与创新

1　历史铁路客站的内涵与价值

1.1　历史建筑的城市意义

我国《历史文化名城名镇名村保护条例》中将历史建筑定义为"经城市、县人民政府确定公布的具有一定保护价值，能够反映历史风貌和地方特色，未公布为文物保护单位，也未登记为不可移动文物的建筑物、构筑物"。这一定义虽有失全面，但却具有法律层面的意义，是评判历史建筑的重要依据之一。更广泛意义上的历史建筑是总能带给人们情感层面上的体验，在城市中广泛分布，具有明显地域文化特色和建筑、美学、历史、经济、社会等某一方面价值的城市建筑，是人们文化自信和连续性的象征，是一个地区精神文明的沉淀和凝聚。总之，它们是城市历史发展过程中的产物，是传递城市文化重要介质和构成城市丰富性和多样性的重要元素。综合目前历史建筑相关的文献和研究成果，概括起来历史建筑城市层面的意义和价值主要体现在文化、经济和社会三大层面。首先，历史建筑承载的历史信息是城市特定形态生活的见证，是城市集体记忆的载体，能够让人从中体验城市历史的风貌；其次，历史建筑是某一个特定历史时期建筑艺术风格和技术特征的反映，是城市文明的印迹；再次，历史建筑所蕴含的情感、信仰、理念等观念，是城市文化符号的物化，具有城市文化的象征意义；最后，历史建筑作为城市的一种空间资源，仍然具有很高的适用和利用价值。

1.2 历史铁路客站的概念与范畴

铁路客站是近代中国出现的一种新的城市交通建筑类型，在中国近代建筑历史上具有重要的地位。近代铁路客站属于历史建筑的范畴，除了具有城市历史建筑的共同特征外，还具有自身的独特性，是特殊城市情感记忆的载体，它们自诞生至今有一条完整的自身发展演变脉络，无论是从建筑形式、功能空间还是建筑细部都有自己独特的语言，以特定的形式传递城市的历史、文化信息。本文研究的历史铁路客站可以从以下几个层面来界定：从时间上来看，是指在新千年以前完成设计建设的；从使用状况来看，其建筑状况基本保持良好，仍在承担铁路客运功能，具有良好使用价值；从文化性上来看，具有一定的历史文化价值，其建筑形式、建筑材料、平面布局或者细部符号等，能够体现城市一个特定历史时期的文化、技术、建造水平的。

1.3 历史铁路客站的城市价值

历史铁路客站通常是城市的标志性建筑，代表着城市的门户形象，其建筑技术或者艺术性也可能是同时期城市建筑的典范代表，可以从侧面反映着一座城市的社会和经济发展水平，其建筑风格甚至可以对一定时期的城市风貌产生影响。在情感层面，历史铁路客站作为城市发展的见证者，往往凝聚着几代人的城市记忆。对于那些因铁路而兴的城市，人们对铁路客站的情愫更是不言而喻。比如石家庄、郑州等，最初的石家庄只是一个人口只有数百人的小村庄，后因为京广、石太等铁路干线交会于此，河北省将省会从保定迁至于此才逐渐发展成今日的石家庄。同样位于陇海、京广等铁路交会的郑州也是因为铁路才得以从昔日的一个小县城蜕变成如今的大都市。这些城市被誉为"火车拉来的城市"，作为铁路窗口的铁路客站，是人们与城市之间的重要情感纽带。历史铁路客站往往还是一座城市特殊历史事件的见证者，1959年，国庆前夕建成通车的北京站（图1），被列为新中国成立初期的十大建筑工程之一，一方面是作为新中国成立十周年的献礼工程具有特定的历史意义，甚至可以说是国家发展的记录者；另一方面长期作为首都重要的对外联系窗口，也是当时许多国内国际重大历史事件的见证者。历史铁路客站的城市触媒作用，铁路客站在建设初

图1　北京站

期往往位于城市的边缘地区,随着城市的发展和增长才逐渐成为城市的核心区域之一,加上其对人流的集聚和带动作用,历史铁路客站的更新设计往往是作为带动周边城市复兴的核心驱动。

2 历史铁路客站生存现状

2.1 脉络特征

我国的铁路客站建设,随着铁路运输业的发展,从无到有,从最初的依赖发达国家的技术、沿袭西方的建筑式样到独立自主走在国际建设水平的前列,一方面反映了我国社会发展和经济进步,另一方面也是我国社会变革的体现。综合考虑,历史铁路客站建设大致经历了以下几个发展时期:诞生初期、成长时期、恢复建设期和快速发展期(图2)。

图 2 铁路客站发展轴

诞生初期。19 世纪后叶至 20 世纪 20 年代,中国铁路诞生初期,由于中国的经济技术落后及战乱,导致这一时期的铁路客站建筑在技术上对西方发达国家存在依赖性,在文化传统上处于被动的地位。这一时期的铁路站房从平面布局到外部造型都直接采用西方国家的既有模样,存留下来的有:中古建筑风格的津浦铁路天津西火车站,古典主义风格的京汉铁路武汉大智门火车站,俄式风格的南满铁路旅顺火车站,英式风格的京奉铁路北京正阳门火车站,法式风格的滇越铁路碧色寨站,德式风格的青岛站等,这些铁路车站建筑造型精美,设计风格均与当时各国的文化审美有密切的联系(图3)。

图 3 初期火车站代表(依次为天津西站、大智门站、旅顺站、正阳门站、碧色寨站、青岛站)

成长时期。1920—1949 年,这一时期在中国第一代归国建筑师的带动下,铁路客站建筑呈现出第一次民族形式和国际现代形式的探索,存留下来的如杨廷宝设计的辽宁总站,南京下关火车站。值得一提的是在 1930—1940 年,在东北日占区出现了一批由日本建筑师设计的现代主义风格的建筑,具有明显的功能主义倾向,平屋顶,不对称布局,简洁的几何型体,达到较高的设计水平。如大连站,齐齐哈尔站等(图 4)。

图 4　成长时期火车站代表(依次为辽宁总站、下关火车站、大连站、齐齐哈尔站)

恢复建设期。1949—1980 年,是我国铁路建设的一个高潮期,受苏联建筑的影响,这一时期的铁路客站建筑在形式上多以纪念性为主。多采用对称布局,以高大庄严的形象为主流。这一阶段铁路客站的功能布局也逐渐成熟,站房部分以候车厅为主,并细分出普通候车室,母子、军人、贵宾等特殊候车空间。售票厅、行包房、餐饮等辅助服务用房则围绕进站广厅和候车主空间展开。1959 年 1 月,北京站开始动工,同年 9 月完工,北京站建筑造型采用民族传统形式,平面布局采用对称式布局,站房中央大厅设计采用了当时先进技术——预应力双曲扁壳屋盖,是我国铁路客站建设的里程碑之作。后期于 1974 年竣工的广州站以及 1977 年建成的长沙站,以及同时期的太原站、桂林站、保定站等,其车站的建筑形式也让人记忆深刻,具有鲜明的时代特色,是这一时期铁路客站建筑的代表(图 5)。

快速发展期。20 世纪 80 年代,伴随着改革开放的到来,中国进入建设社会主义现代化国家的新时期,建筑活动的设计思想和创作方法也开始百花齐放。这一时期,全国各地兴起了铁路客站的新建和改建热潮,铁路站房的设计广泛汲取国外的先进经验和成果。从 20 世纪 80 年代到 20 世纪末,新建和改建了一大批铁路客站,上海新客站,北京西站,杭州站,深圳站,郑州站等都很具有代表性。从以上建成的客站可以看出,这一时期的站房建筑特征:车站主要使用空间体现为将数量众多的小面积候车室合并为几个大型候车室,以简化

图 5 恢复建设期火车站代表(依次为北京站、长沙站、广州站、太原站、桂林站、保定站)

进入站台的通行流线,方便旅客使用和查询。之后随着建造技术的进步,车站开始出现了在铁路线上方候车的新模式(上海新客站)。另外,受发达国家铁路客站建设与城市生活相结合发展思路的影响,如日本的京都和大阪火车站等,车站又进一步融入了更多旅客服务的功能,探索现代铁路车站集合商业、办公、住宿、娱乐等城市功能,体现为综合交通一体化发展的形式。这一时期的一些规模较小的车站如银川站、洛阳站、九江站、石家庄站、临汾站、兰州站等也颇具特色,它们在延续上个时期铁路客站特点的同时在建筑形式上又有所发展(图6)。

图 6 快速发展期火车站代表(依次为银川站、洛阳站、九江站、石家庄站、临汾站、兰州站)

2.2 生存现状

从历史铁路客站的发展时期来看,那些在中国铁路诞生初期以及成长期建设的铁路客站大多数已经湮灭在城市和铁路建设发展的潮流中,如济南站、哈尔滨站等,存留下来的随着近年来国家对历史建筑保护制度的完善和重视多已被列为文化保护单位并被较好地保护起来,这一类历史铁路客站之中大多数已不再承担铁路客运功能,而改作它用,如北京前门火车站现为国家铁路历史博物馆,武汉大智门火车站近年来也被改造成为展览馆。极少数此类客站通过改造扩建后作为铁路客运功能的一部分仍在继续使用,如沈阳站、大连站等。在新中国成立之后恢复建设时期完成的铁路客站,完整存留下来仍在使用中的亦为数不多(如北京站),或者大都在经历数次改造之后失去建设初期的历史信息,而且这类历史铁路客站大部分未被列入文物保护单位或者建筑遗产名录。改革开放后至20世纪末,在铁路建设快速发展时期完成的铁路客站,存留下来的数量较大,而且大都经过多次改造后仍在使用当中,这类铁路客站在建成初期,往往是这个地区建筑技术水平较高的一类,无论在建筑形象、空间环境或者建筑细部构造等层面都能代表一个时代特征,具有一定的历史价值,但是随着时代的发展,此类铁路客站功能设施等已经不能满足新时期铁路客运和人们的出行需求,面临迫切的改造需求,然而由于此类客站大多没有相应的保护制度或法律法规层面的措施,在改造过程中随时都面临着被推倒重建的风险(表1)。

表1　　　　　　　　　　历史铁路客站生存现状统计表(部分)

站名	建造时间	所在位置	现状功能	备注
北京前门火车站	1901年	北京	中国铁道博物馆	北京市文物保护单位
青岛站	1901年	青岛	铁路客站	1991年改造过程中重建,2008年改造中保留
大智门火车站	1903年	武汉	博物馆	全国重点文物保护单位
沈阳站	1910年	沈阳	铁路客站	2010年开始扩建增设西站房及高架候车厅,2012年投入使用,辽宁省文物保护单位
辽宁总站	1930年	沈阳	办公	全国重点文物保护单位
齐齐哈尔站	1936年	齐齐哈尔	办公	—
大连站	1937年	大连	铁路客站	2011年完成内部改造
北京站	1959年	北京	铁路客站	北京市东城区普查登记文物
石家庄站	1987年	石家庄	石家庄铁路博物馆	2012年新站启用后,旧站房改为博物馆

2.3 存在问题

铁路客站作为城市对外联系的纽带之一,长期以来都是城市发展的燃点,仍在作为铁路客运使用中的历史铁路客站亦然。然而随着时代的发展它们已经不能满足新时期的需求,存在着站房规模不能满足新时期铁路运能的需求,功能流线不能满足新时期铁路客运快进快出的需求,空间环境陈旧不能满足铁路客运绿色温馨的出行要求,换乘不便、割裂城市发展不能满足铁路客运畅通融合的要求,设施老化、效率低下,不能满足铁路客运智能便捷的要求等。在新一轮的历史铁路客站改造、扩能、更新中需要统筹全面的考虑这些问题，除了从铁路客站自身的问题出发，从城市角度思考，使改造后的铁路客站在传承城市文脉的同时能够融入新的城市环境，继续作为城市的活力核心带动城市发展。

3 扩能改造设计策略

3.1 传承与创新

传承与创新是历史铁路客站改造面临最核心的问题之一。它们所携带的优秀文化基因能够得以传承，城市及车站的历史文脉能够延续，是改造的前提。以新的理念和技术完成车站内部的功能流线更新、空间环境升级以适应新的需求，是改造的核心。历史铁路客站由于时代发展的限制，其候车模式、进出站流线、与城市公共交通的接驳换乘等与目前的高铁车站相比存在着较大的差距，比如分散式候车模式，单一维度的进出站流线，较少的商业服务空间等，这些是历史铁路客站改造设计要解决的具体功能性问题。

19世纪80年代，建成的法国斯特拉斯堡火车站，为了适应法国高速铁路的发展，2007年完成了改造、扩建升级。改造新增了一个紧贴老站房的玻璃长廊，一方面完整地保存了历史建筑的立面，实现了新与旧的和谐共生；另一方面，这一半拱形玻璃长廊所围合的空间成为车站与城市关系的"调节器"。在功能层面，玻璃长廊是实现铁路与城市地铁、有轨电车、私家车等换乘的交通中心。新斯特拉斯堡火车站已成为新的城市象征，强烈的建筑形象将功能性、舒适感和美观性融合为一个整体，成功活化了周边街区的氛围，甚至也促进了整个斯特拉斯堡地区的发展(图7)。

图 7　斯特拉斯堡火车站组图

位于甘肃省天水市的天水站，具有典型的20世纪80年代车站建筑特色：简洁的现代主义几何造型，非对称的布局呼应城市轴线关系，48 m高的标志钟塔等都是天水站的时代标签(图8)。为了适应新时期铁路客运的发展需求，2017年，开始对天水站进行扩能改造(图9、图10)。改造围绕"传承"与"创新"两个关键词展开。"传承"是指延续天水站的历史记忆，包含对老站房的保留、加固、修缮、细部设计的情感化以及原站房内部具有时代信息的装饰壁画的保留和迁移、钟塔的重塑等(图11—图13)；"创新"是指对功能、流线、空间环境品质的改良和提升，以及新技术的应用，以满足旅客的新时期出行需求，包括对站房前错综复杂的高差关系进行整合，简化进站流线，增加各个候车空间之间的关联性等。具体操作如下：在站房前扩建一个现代的玻璃体量，融入进站大厅、商务茶座、售票厅、出站厅等功能，一改原站房前混乱的流线关系和视觉形象(图14)。其中商务茶座的植入，增强了原来分散候车厅之间的联系，也丰富了站内空间的功能业态。增加候车面积——在原第一候车厅增设夹层作为第三候车厅(跨线候车厅)，第三候车厅直接与跨线天桥连接，优化原有的跨线流线(图15)。增加的第三候车厅标高同西侧原办公区二层标高相当，将原二层办公区改为商务候车厅，在山墙面增设同第三候车厅的联系通道。出站流线优化：将原地面出站流线调整为地下出站模式，同时为广场预留地下连接口，适应未来发展。在站房整体的功能流线更新方案中注重车站的人性化服务，各个空间都考虑无障碍设计，使改善后的内部空间适应新时代的要求(图16)。

图8　改造前天水站

图9　改造后天水站

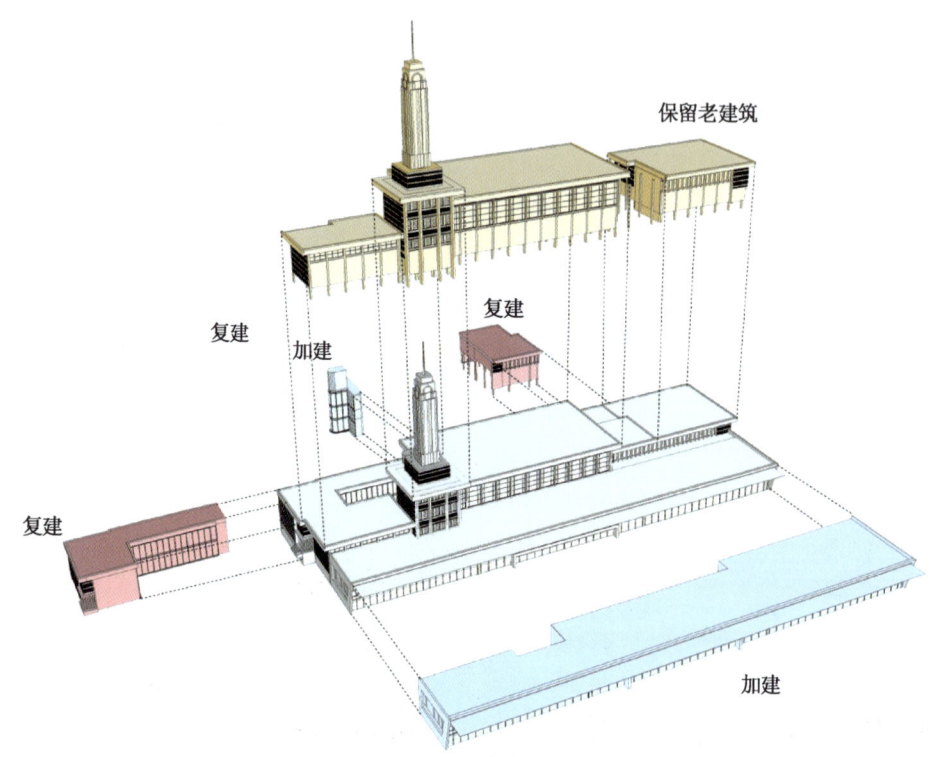

图 10 天水站改造图解

图 11 保留候车厅壁画

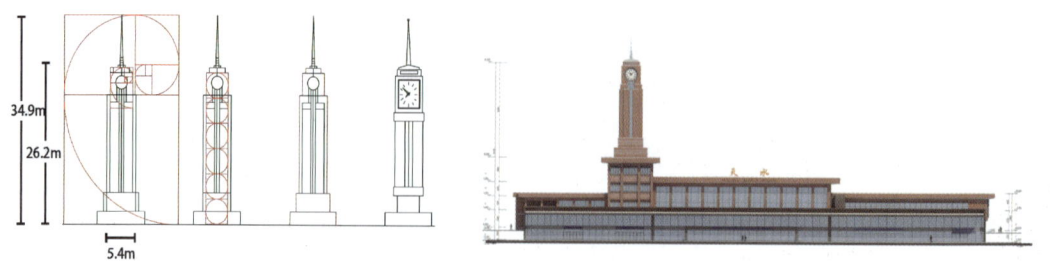

图 12 钟塔改造及改造后立面图

图 13 细部组图

改造前进站空间　　　　　　　　　　　　改造后进站厅

图 14 改造前后的进站空间

改造前第一候车室　　　　　　　　　　　　改造后第一候车室

图 15 改造前后的第一候车室

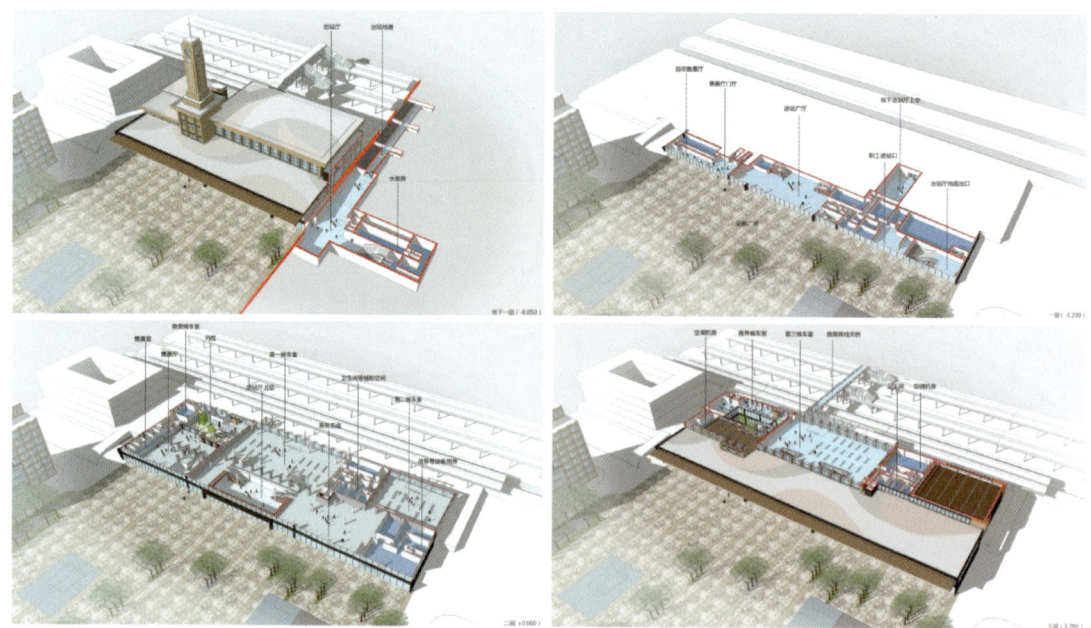

图 16　改造后不同标高空间轴测图

3.2　重构与再生

历史铁路客站的城市价值很大程度上体现在其对城市的文化意义,铁路客站是城市的门户,也是展示城市文化的窗口。历史铁路客站的建设大多先于其周边城市的发展建设,在其建成之后的很长一段时期都是地区或者所在城市的地标,经历过岁月的沉积之后,它们已经成为印证城市文化的标志性符号。在铁路客站改造更新设计中,对其进行的修缮和恢复是一个层面,将其细部文化符号打散重构,或者重新演绎应用在内部空间或者造型之中,也是将其文脉延续的一种重要方式。

于2012年完成改造向公众开放的英国伦敦国王十字火车站,涵盖"新建、修复、复原"三类工程。"新建"——新扩建西侧大厅"跳动的心脏"成为车站的主入口大厅,满足车站的运能需求,完善车站的功能以及同城市的衔接;"修复"——修缮西侧建筑以及主、副站台雨棚,修复后的西侧建筑立面同新建西侧大厅的网状穹顶结构同处于一个空间,形成强烈的历史与现代的碰撞,带给旅客极大的视觉冲击;"复原"——重建了毁于二战中始建于1852年的原车站南立面,重现车站的历史记忆。国王十字火车站通过功能与空间的重构使得车站重新成为城市的活力核心(图17)。

2010年,改造完成的汉口火车站,在原建筑体量的基础上,将汉口大智门火车站的元素溶解重构,一方面清晰体现了汉口站的历史传承,另一方面重燃了人们对大智门车站的历史情感。既照顾到人们对历史建筑的情感记忆,又给建筑注入新时代的血液,使建筑的时间层级更加生动和清晰(图18)。

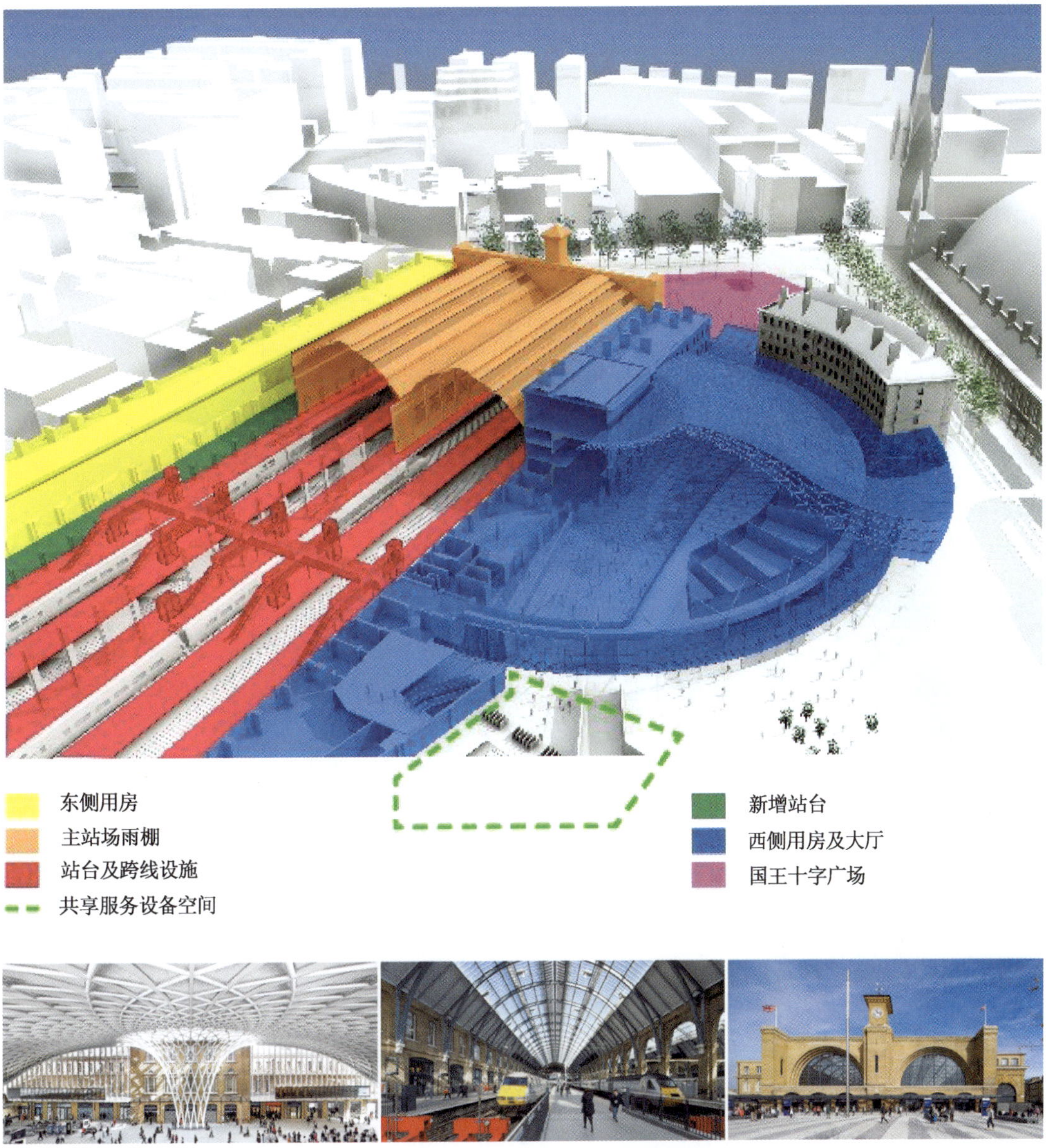

历史铁路客站更新及扩能改造设计策略

■ 东侧用房
■ 主站场雨棚
■ 站台及跨线设施
- - 共享服务设备空间
■ 新增站台
■ 西侧用房及大厅
■ 国王十字广场

图 17　英国伦敦国王十字火车站图组

图 18　汉口站组图（20 世纪 90 年代的汉口站、改造后的汉口站、改造后的站台）

255

3.3 站-城共生、共融

历史铁路客站的改造设计很重要的一个层面就是处理好站房与城市之间的关系：其一，从建筑形态上来讲，改造后的型体既要和周边现有环境融合，同时也要照顾到旧站房的历史语境。其二，从功能上来讲，通过空间重构解决铁路对城市带来的割裂，通过地下空间的开发实现站房多维度与城市的融合连接。

法国马赛圣查尔斯火车站，由于位于圣查尔斯高地，建成后的很长时间都处于与城市隔绝的境地，同城市关系的第一次缓和是由于1930年站房南侧雅典阶梯的建造。2007年，对圣查尔斯火车站进行了新的改造，在垂直老站房的西北侧增加了一个长160 m、宽40 m的站厅，新的站厅化解了车站与城市的高差问题，加强了车站北侧与城市的衔接，内部增设大面积的商业空间，改善人流的组织，增强旅客的购物体验，同时新的大厅与公交车站、地下车库及城市交通网络有效接驳，提升了车站的换乘效率。大厅的外立面采用简洁的预应力石材柱廊，有希腊神庙的风采，同位于南侧的雅典台阶呼应，这一古典造型也和周边的城市环境更加契合（图19）。

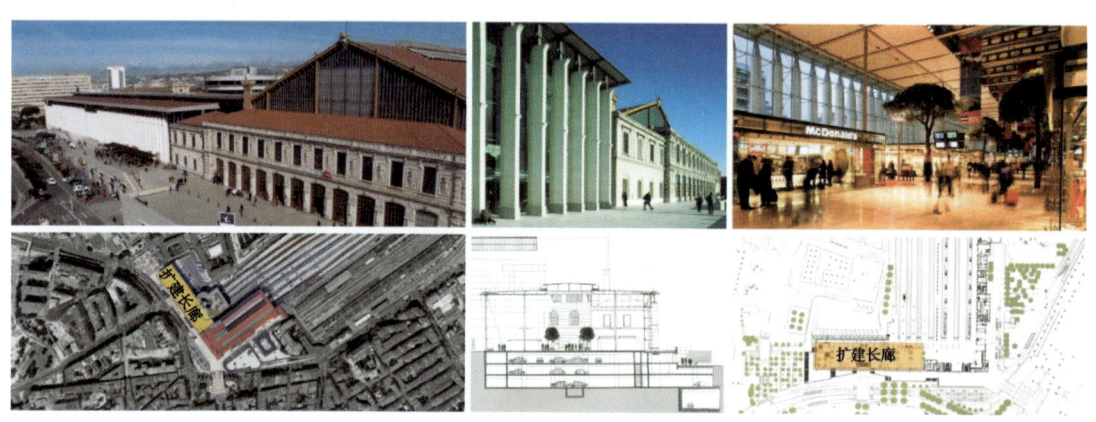

图19　改造后马赛圣查尔斯火车站组图

青岛站改造也是体现与城市融合共生的典范。在最近一次2008年完成的改造扩建中，保留了1991年改造中南迁重建的原德式站房，新扩建部分的体量吸取了当地传统德式建筑的特点，结合保留站房形成完整的建筑群体组合，融合了青岛站和城市的历史语境。在功能和流线层面，改造后的站房群体整体呈U字形布局，东、西两侧均设进站厅和售票厅，南侧设置出站厅，改变原来线端侧式只在东侧设站房的布局，在水平方向增加同城市的黏合度。通过地下空间开发——设置地下候车厅并与城市地下商业联通，接通出站口和地铁站实现与城市轨道交通的无缝接驳等，在竖向上增加同城市的契合。配合内部空间环境的升级，使这座百年车站重换新生（图20）。

4　结语

历史铁路客站更新改造设计或许将是铁路客站建设下阶段所面临的主要工作之一。

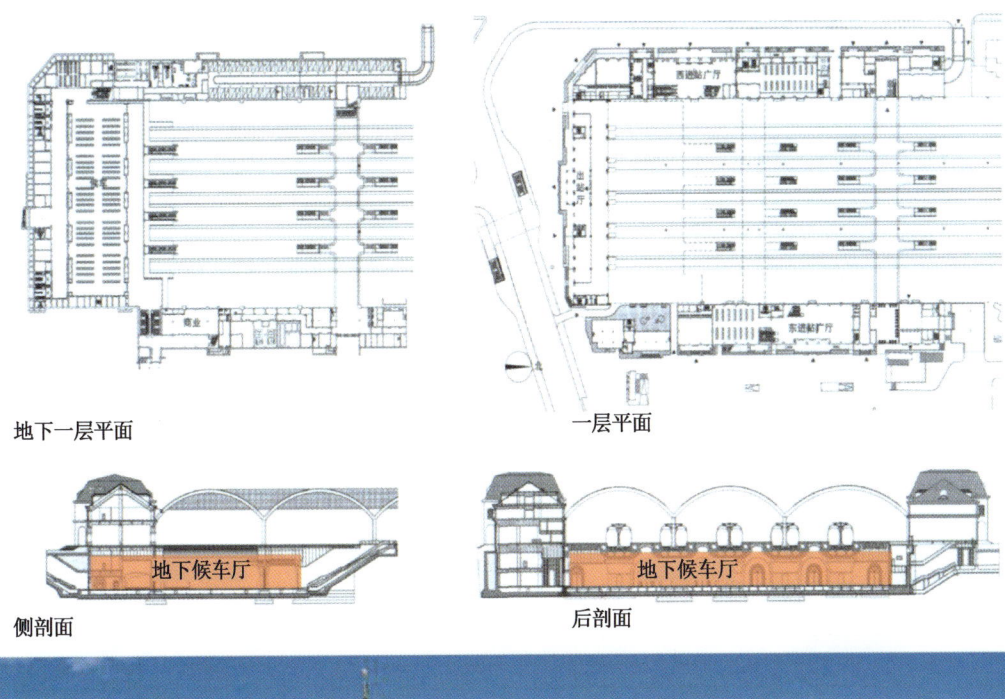

| 地下一层平面 | 一层平面 |

| 侧剖面 | 后剖面 |

图 20　改造后青岛站组图

目前，历史铁路客站的相关研究尚处于起步阶段，并没有一套完整、独立的铁路客站分级保护措施。致使许多、特别是偏远地区的铁路客站在时代发展中被遗忘以至湮灭，而那些在城市更新推动下的铁路客站改造，则极有可能面临被推倒重建，或者是在改造过程失去原有历史价值的处境。为了避免诸如此类的境遇，我们在历史铁路客站更新改造设计过程中可以借鉴建筑遗产保护以及文物保护领域的相关成果和经验，结合铁路客站自身特殊性，选择相应的改造策略，诸如传承创新、重构与再生、共生共融等，使铁路客站实现历史与现代共存，与城市共生。

参考文献

[1] 郑健,贾坚,魏威.中国高铁丛书:高铁车站[M].上海:上海科学技术文献出版社,2019.

[2] 常青.对建筑遗产基本问题的认知[J].建筑遗产,2016(1):44-61.

[3] 郑潇.改造、扩展与共生:浅议历史建筑的更新与发展及新旧建筑的共生[J].规划师,2002(2):28-33.

[4] AREP.斯特拉斯堡多模式交通枢纽中心[J].建筑创作,2005(10):88-92.

[5] 刘劲.我国城市中心铁路客运站改造设计研究[D].大连:大连理工大学,2015.

[6] AREP.圣查尔斯火车站,马赛,法国[J].世界建筑,2018(4):44-47.

[7] 郑云杰.青岛火车站改造[J].建筑学报,2009(4):32-36.

[8] 季宏.我国历史建筑分类保护刍议[J].新建筑,2019(4):96-99.

[9] 万丰登.基于共生理念的城市历史建筑再生研究[D].广州:华南理工大学,2017.

[10] 周婷.历史性铁路客运站站房的"新生"初探[D].南京:东南大学,2008.

基于骑跨式站场条件下的高铁站房建筑设计模式研究

刘亚刚

(中铁第五勘察设计院集团有限公司 北京)

摘 要:近年来,随着高速铁路建设的飞速发展,我国高铁站场出现了骑跨式站场的全新布局方式。相对于传统站场,骑跨式站场的形式更为复杂,使得高铁站房的设计条件产生了巨大变化,随之带来我国现有传统站场高铁站房模式的相应改变和必然突破,基于骑跨式站场条件的高铁站房设计成为崭新的课题。目前国内已建成的几座骑跨式站场高铁站房,随着投入使用,也显现出传统站场高铁站模式与骑跨式站场的矛盾,特别是功能与流线等方面存在颇多问题。本文通过苏州南站和金坛站的工程建设实践探索,从功能布局、流线组织和形态塑造方面提出了基于骑跨式站场条件的设计策略。

关键词:骑跨式站场;高铁站房;建筑设计模式;功能布局;流线组织

随着我国高速铁路建设的快速发展,高铁路网日趋密集,高铁车站出现了崭新的骑跨式站型形式[1]。2014年,江西省上饶站首次采用骑跨式站场布局形式,一时成为行业内关注的热点。之后,国内相继出现鄂州、东莞西站等多个骑跨式站场。在特定的场地环境、城市规划和线路布局的复杂条件下,骑跨式站场实现了高铁时代旅客一站换乘、土地资源节约和设施共建共享的现代需求,与此同时,骑跨式站场的复杂形式也带来了站房设计条件的巨大改变。目前我国高铁站房的设计经验基本上是基于传统站场的站房模式,与骑跨式站场变化的设计条件不相匹配,可供参考的研究资料甚少,而已建成几座骑跨式站场高铁站房,也暴露出功能与流线的一些问题,站房建筑设计面临全新的课题。如何解决站房功能布局、流线组织、城市景观等问题,成为骑跨式站场高铁站房设计的难点。

1 国内骑跨式站场的高铁站房现状模式分析

所谓骑跨式站场,就是相互交叉的站场位于不同高程,一条高铁的车场采用桥梁结构骑跨在另一条高铁的车场上方[2]。目前,国内已建成骑跨式站场的高铁站房主要有上饶站、鄂州站、东莞西站和在建的嵊州新昌站等。新建高铁站房主要采用组合形式的站房布局方式,即沿两座站场方向靠近各自站场中心独立设置候车空间,再通过一定的站内、外联系空间将两场站房连接组合在一起。由于两场站房的组合形式以及连接方式的不同,站房布局可分为"分离式""贴建式"和"集中式"等几种。

1.1 独立站房的分离式组合模式——上饶站

上饶站位于沪昆铁路与合福高铁交会处,是我国首座骑跨式站场的高铁枢纽站。上饶站为沪昆铁路站房与合福高铁站房沿沪昆场顺轨方向分别独立设置2座侧式站房,呈"一"字形布局,通过室外站前连廊连接组合,形成站房整体。沪昆场旅客上进下出,合福场旅客下进下出。由于分场各自设站,两场进出站流线完全独立,且两站相互临近,进出站寻路耗时显著增加,极易造成旅客的寻路误判,甚至错过出行。此外,站房整体城市界面长度近300 m,使两场间换乘距离过长,不利于旅客出行及运营管理,如图1所示。

1.2 分期建设的贴建式组合模式——鄂州站

鄂州站位于武九铁路和武黄城际铁路十字交叉的位置,为既有站,分三期改建而成。站房建成后呈"U"字形布局,两场旅客共用一处中部进站入口。广场布局较为紧凑,形成一个完整统一的站房形象。武九场为线侧式站房,旅客上进下出;武黄城际场为线下式站房,旅客下进下出,进出站流线较上饶站有明显的改观。车站东西两侧分设独立出站厅,出站口两侧布置,给旅客接站带来诸多不便,广场进出站人流交叉较为严重,也不利于各类交通场站的布置,如图2所示。

图1 上饶站(设计单位提供)

图2 鄂州站(设计单位提供)

1.3 同期规划的集中式组合模式——嵊州新昌站

嵊州新昌站为杭绍台铁路与甬金铁路合设站房,并同期实施建设。站房呈"T"字形布局,平面功能流线更为紧凑。建筑共三层,两场均为下进下出。首层布置出站厅,中部二层布置为杭绍台场候车厅,左侧三层布置甬金场候车厅。两场集中于二层进站口进站,进出站流线互不干扰,但同时也造成站房室内空间不够开敞,甬金场旅客上行缺少缓冲空间。广场由于受两场高架桥桥墩影响,车场布置较为分散,造成旅客进出站换乘流线较长。立面造型由于两场体量规模差异,城市景观界面不够友好,如图3所示。

图 3　嵊州新昌站(设计单位提供)

2　骑跨式站场站房设计面临的新问题

骑跨式站场为铁路交通运输提供了新的线路组织运营方式,在提高运输效率、集约资源等方面具有显著优势。相比传统站场,跨越式站场形成的交通流线更为复杂,影响城市空间形态的维度更为多向,也给设计带来更多机遇与挑战。

2.1　城市空间秩序的多维度整合问题

国内传统站房大多为线侧式,站场将城市用地一分为二,站房位于站场一侧形成建筑主立面,广场与站房空间连续,成为城市景观的重要组成部分[3]。骑跨式站场的交叉式布局使站前广场和城市空间被分割成水平和竖向的多个空间,站前广场追求的交通节点功能和城市象征作用[4]受到很大影响。站房设计需要在交通流线引导下建立起明确清晰的空间功能与形式秩序,整合站房、广场以及站台雨棚等共同打造良好的、具有标志性的城市外部空间形象。

2.2　功能流线组织的复杂性布局问题

目前,国内骑跨式站场为两座站场立体组合,类似于立体换乘的轨道交通站场,然而铁路车站不同于轨道交通站点,站台不能兼顾候车功能,仍需要独立于站场之外的候车空间。候车等功能空间往往需要结合站台位置、站场高差、成角度布局等基础条件,布置不同候车空间和出入口,相比传统侧式站房候车空间的"规整集约、视觉通透、导向性强"等特点而言,骑跨式站房的布局带来空间分散、流线交叉、秩序混乱等一系列问题,大大增加了流线组织的复杂性。骑跨式两座站场之间存在很大高差,若两站场同时高架,上层站场与地面高差将更大,这给站内流线组织、旅客换乘,以及车站与城市交通的衔接带来很多困难。

2.3　近远期建设的统筹性规划问题

骑跨式站场往往分期建设,因建设时序不同,由于增设的线路带来新的乘车需求,对枢纽进行改扩建势在必行。同时由于远期站场布置、轨顶标高、站房规模等不稳定因素,无形之中给设计带来更大的难度。后期站房的改扩建极易遇到空间使用不便、层高受限等难以解决的瓶颈问题,进而造成站房整体内部存在流线交叉迂回、换乘不便捷、寻路耗时长等设计缺陷。因而在一期建设时,需要统筹规划,对于车场布置、功能流线、站房形象以及施工过渡等多方面因素,给予二期的建设充分考虑和条件预留,保证站房设计整体性充分实现。

3 国外骑跨式站场车站的案例分析

国外铁路的地下、高架站场出现较早,骑跨式站场已较为常见,柏林中央车站是典型的骑跨式站场站房,瓦朗斯高速列车(TGV)火车站[5],柏林南十字站等也是成功的案例。

由于铁路运营的"公交化"特点,旅客可随到随走,站台可供旅客候车,相比国内而言省去了大面积的独立候车空间。车站建筑多采用与站场一体化立体衔接的布局模式,以达到快速换乘的目的。立体衔接的方式有多种形式,柏林中央车站设计了"多层贯通的换乘大厅"贯通5层组织进出站流线,最上层连通东西向高速铁路和两个市域快轨的站台,最下层与南北向高速铁路站台衔接,中间三层为商业服务,十字交叉站场的轨道换乘空间一目了然。

瓦朗斯高速列车(TGV)火车站是利用"竖向交通发达的开放平台"设置多条通道直接通向站台,长方形站房覆盖在地下8 m的底层高速站场线路上,重要功能空间是进站大厅位于顶层,为两条线路共用,进站大厅直通两个站台尽端,两场均采用上进上出的方式,下层站场与进站大厅之间设置了售票厅层,并具有候车和商业功能。

柏林南十字站站房位于顶层南北干线铁路轨道中间平行于轨道布置,斜跨于底层东南-西北走向的柏林环线铁路轨道之上,为高架站房。候车层布置在三层,候车层与底层站台层中部为地面进站层,旅客可通过十字交叉中心处站房快速进出站。进站旅客通过候车厅向两侧上行进入干线铁路乘车,也可通过候车厅内楼扶梯下至底层环线各站台乘车。

这种模式的前提是特定的"公交化"交通运营,而我国列车运营管理还是需要集中进站,所以不能生硬应用于我国高铁站房设计。虽然我国铁路运输管理特点约束了站房交通组织的可达性,但是国外站房对公共空间的立体化利用方式、竖向换乘的多元化交通组织模式、"整体式"的完整形态塑造等积极策略,是值得我们在建筑设计中进行有效借鉴的。

4 设计策略与案例实践

高铁站场形式的改变直接影响着站房布局,本文结合近期完成的苏州南站与金坛站方案创作,在不同的城市背景和骑跨式站场限定条件下,通过分析两站的空间布局、流线组织、城市景观等,进行骑跨式站场高铁站房设计策略的探索和比较验证。

4.1 项目介绍

苏州南站位于南北走向的通苏嘉铁路站场与东西走向的沪苏湖铁路站场十字交叉处，本站设计两场合站设计，通苏嘉站场上跨沪苏湖站场，两场规模均为2台4线。站房规模为22 000 m²，设计一次建成，如图4所示。

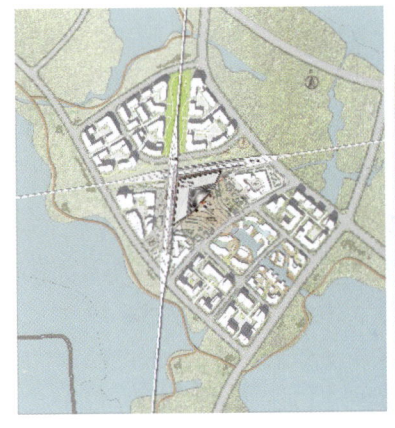

（a）总平面图　　　　　　　　　　　　（b）站房鸟瞰效果图

图4　苏州南站（作者自绘）

金坛站位于江苏南沿江城际铁路与镇宣城际铁路十字交叉处，苏南沿江车场东西向布置，上跨南北镇宣车场，站房分期建设，站房一期建设苏南沿江车场站房建筑规模为8 000 m²，站房二期为镇宣车场站房，建筑面积同为8 000 m²，如图5所示。

（a）总平面图　　　　　　　　　　　　（b）站房鸟瞰效果图

图5　金坛站（作者自绘）

4.2 设计策略

1. 策略一：统筹流线、立体进出、便捷换乘

骑跨式站房由于分场设置的缘故，进出站流线较传统站房更为复杂。所以有必要对骑跨式站房的进出站流线进行必要的整合和梳理，在设计中进行有效的组织和分流，避免国内现有骑跨式站房分站进出，增加旅客进出站耗时等问题。通过研究进出站及接送站的行为习惯，进站旅客由于进站候车目的性较强，设计考虑统一进站，进站分流。出站旅客多为换乘其他交通设施，因此设计两场合出，便于接站及换乘其他交通设施。

在苏州南站设计中，主要进出站流线全部集中于中部布置，旅客流线采用"上进下出"、"分进合出"的模式，既保证了进出站流线互不交叉干扰，又兼顾明确的导向性，从根本上解决了十字交叉站型空间指向性较为薄弱的不足。站房设计两层，首层为出站层，布置出站换乘厅及各种交通场站设施；二层为候车层，布置综合进站广厅及候车厅。站房设置高架匝道实现出租车、社会车旅客快速进站。进站旅客由进站广厅向两端分流候车，避免乘车流线迂回交叉；出站旅客经由各自出站楼扶梯下至出站层换乘厅，既可选择多种交通方式出行，实现真正的无风雨便捷出站换乘，亦可直接在此直接乘楼扶梯上至二层中央共享空间，确保旅客以最短的距离和最便捷的方式进行站内换乘，如图6—图8所示。

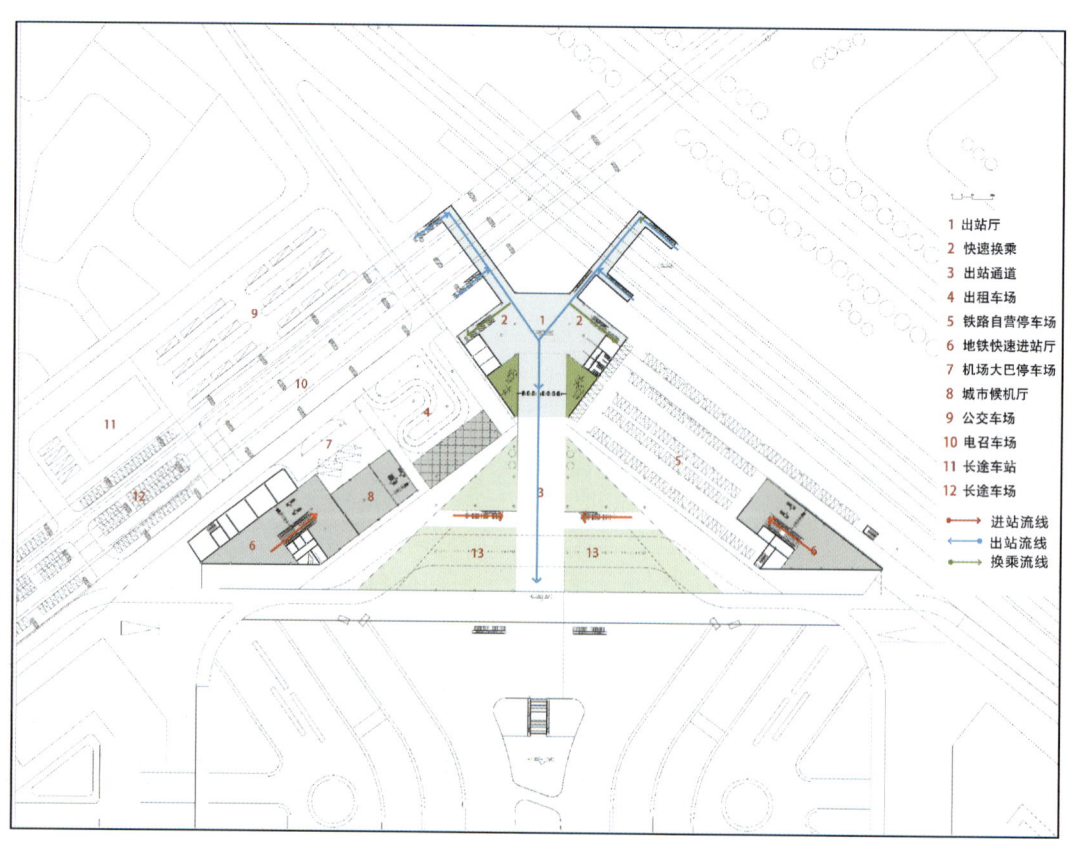

图6　苏州南站一层平面图(作者自绘)

在金坛站设计中，进站旅客由首层站房平台直接进入集中式进站广厅安检后分至两侧候车区分别检票进站，两场出站旅客则集中通过站房后侧的换乘厅，结合城市规划要求，下行至负一层综合换乘中心换乘出租车、社会车、地铁等交通设施，形成无风雨零换乘，亦可在此分别同层进入南沿江及镇宣场候车区进行站内换乘。将进出站旅客流线统一集中，同

基于骑跨式站场条件下的高铁站房建筑设计模式研究

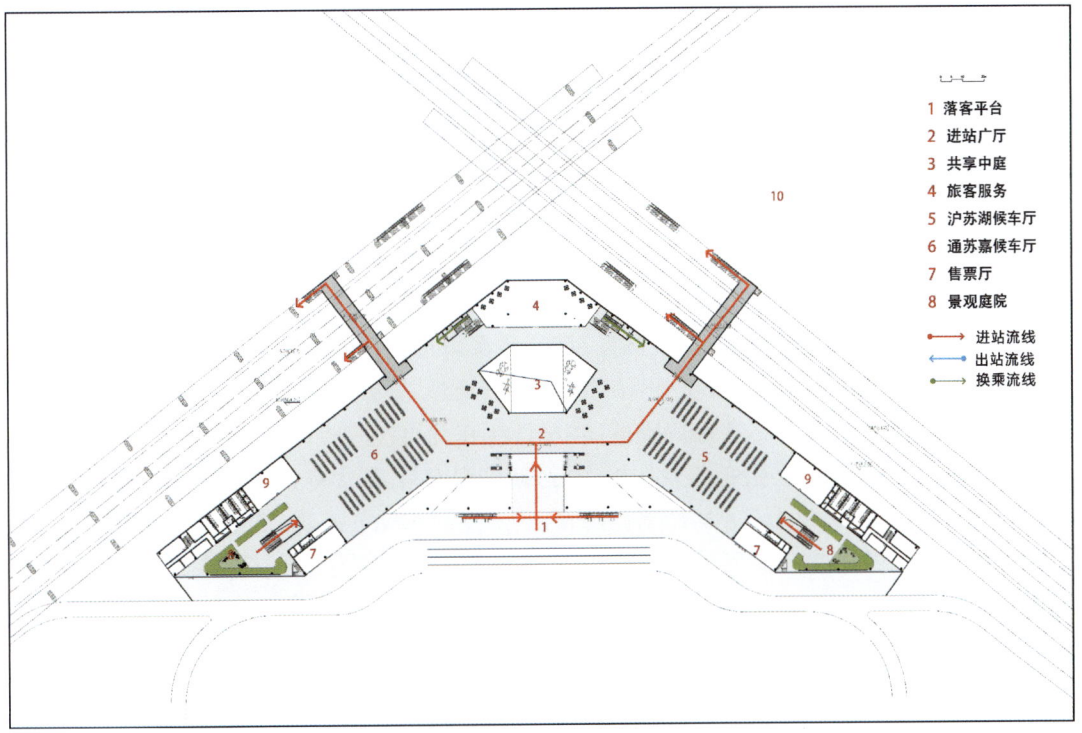

图 7　苏州南站二层平面图（作者自绘）

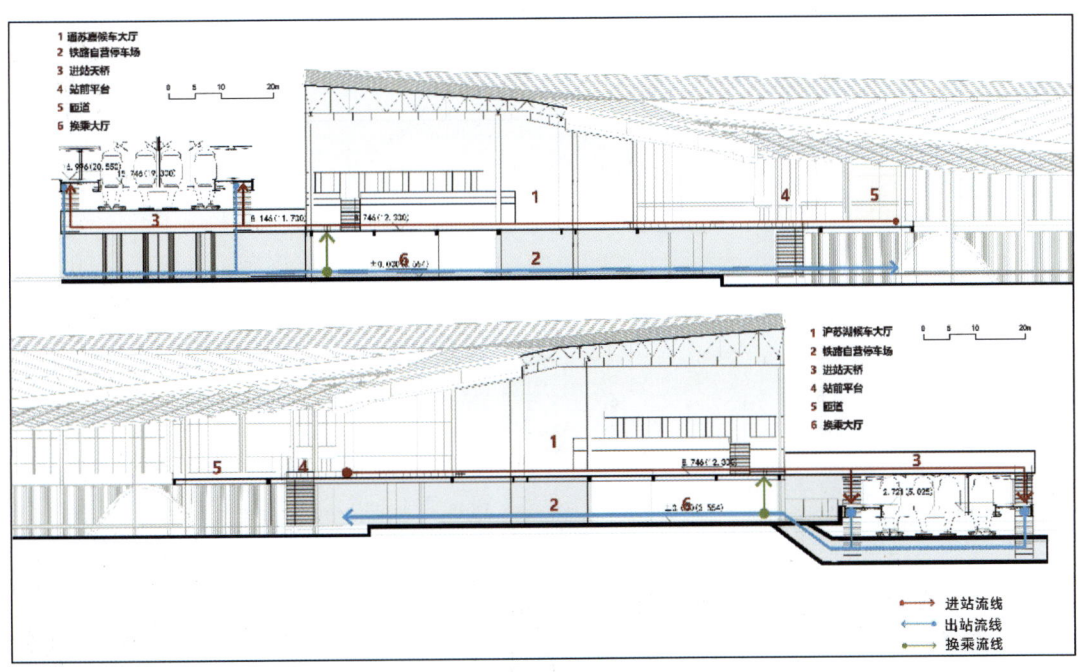

图 8　苏州南站剖面图（作者自绘）

265

时通过竖向设计使进出站旅客流线立体分隔,互不交叉干扰。既尽量保证旅客进站和出站都在一个空间,这样便于两场旅客接送站的目标识别,也便于日后的运营和管理。

2. 策略二:两场融合、统一管理、提升效率

在骑跨式站房平面功能设计中,如何解决由站场高差以及成角差异形成的空间分散,布局混乱、流线冗长是设计需要解决的首要问题。因此需要通过合理整合两场站房功能布局,实现统一管理,使得站房空间更为紧凑,旅客流线更为便捷,最终达到提升旅客候车舒适性,提高车站管理的效率。

在苏州南站和金坛站的设计中,创新性地采用了以综合交通换乘空间为核心的集中式布局:以进站换乘空间为中心串联两场候车厅,并在内布置多元化服务功能空间,以解决候车厅分散,布局混乱等问题。

苏州南站在设计中通过在站房进站层中部集中布置综合进站广厅,围绕进站广厅两侧分别布置沪苏湖场候车厅和通苏嘉场候车厅,两场候车厅通过中部共享空间通畅连通,不仅为车站运营管理提供了极大的便利性,而且站房平面布局紧凑,候车空间开敞通透,改变已有骑跨式高铁客站室内空间的凌乱与局促,为旅客候车提供了高品质空间体验。进站广厅中部设计为一处通高的共享中庭,使得二层的进站广厅与一层的出站换乘厅形成了一处层次极为丰富的室内空间,各种进出站流线均在此集中交会。旅客安检进站后抵达宽阔广厅,直面与架空层通高的阳光共享空间,形成上下层通视,向下可以观赏到换乘厅厅内苏式园林景观,向上可以抵达候车厅夹层的旅客服务空间,室内空间的指向性极为清晰,同时也以此形成室内重要的景观核心,如图9所示。

金坛站属于贴建式组合模式,站房分期实施。一期站房为标准线侧下式站房满足南沿江铁路使用要求,二期站房与一期站房等规模同体量设置,通过中央集中式共享进站广厅进行自然地衔接过渡,该空间既为进站广厅实现进站旅客的安检实名制验证功能,同时进站旅客由该空间直接进入广厅后分至两侧候车区分别候车,空间规整开敞,导向明晰,避免进站流线交叉与迂回。结合负一层出站综合换乘厅处理为一上下同高的共享中庭,负一层的换乘厅结合园林绿化为两层进出站旅客提供一处优美的景观空间。景观中庭的上部开口确保了地下综合换乘中心良好的采光和通风,实现了新时期绿色温馨的高铁站房的设计愿景,如图10所示。

图9 苏州南站进站共享中庭效果图

图10 金坛站共享中厅效果图

3. 策略三：统筹设计、一次规划、分期实施

骑跨式站房因分期建设，建设时序不同给设计带来更多难题，在一期建设时，需要统筹规划，对于车场布置、功能流线、站房形象以及施工过渡等多方面因素，给予二期的建设充分考虑和条件预留，保证站房设计整体性充分实现。对于二期站场建设条件进行评估，如果二期站场条件稳定，可适当在桥下布置候车厅与侧式站房统一设计，充分利用桥下空间。若二期站场标高不稳定，可通过设计侧式站房，减少对站场的影响，如图11—图13所示。

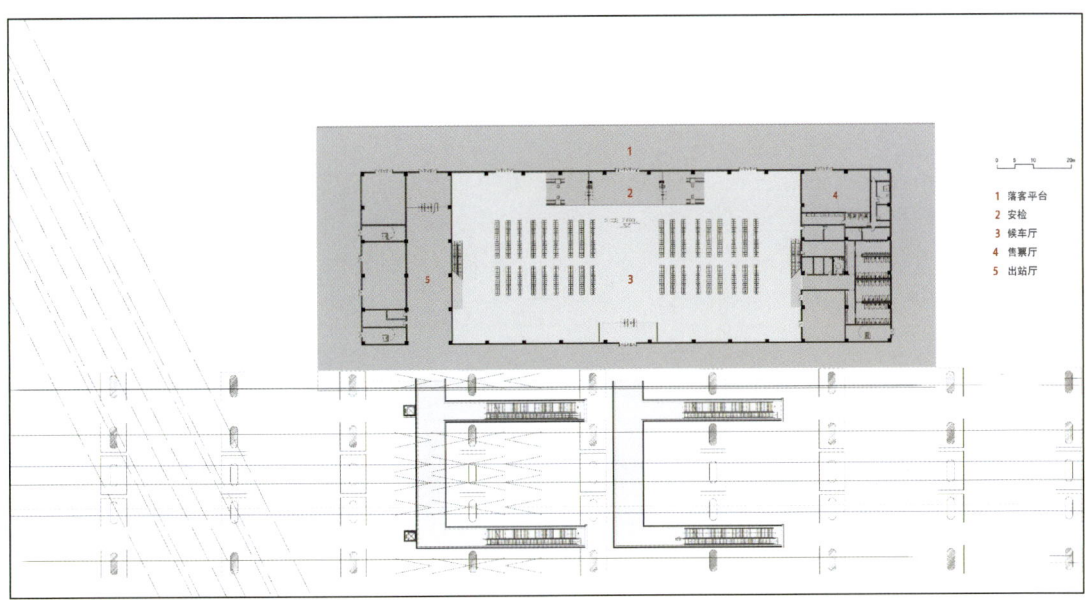

图11　金坛站一期平面图

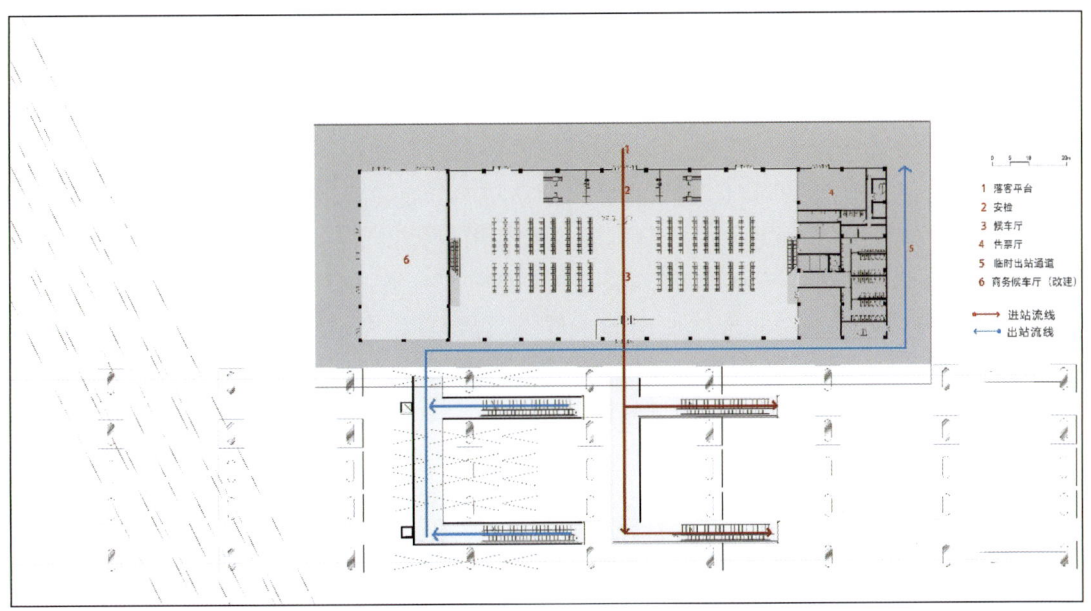

图12　金坛站过渡期平面图

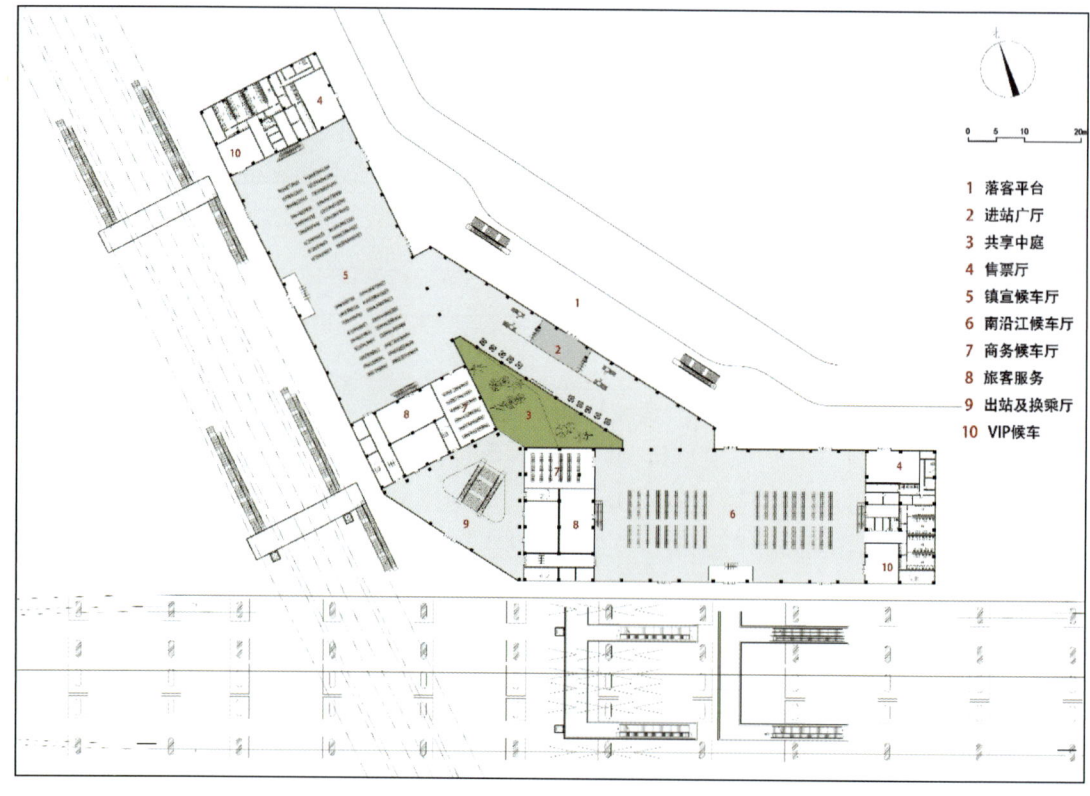

图 13 金坛站二期平面图

在金坛站设计中，一期站房满足南沿江场站房功能需求的同时，设计中在各个站房空间的布置以及进出站流线的设置上，对过渡期和二期站房均做出详尽的考虑。一期设计时尽量将售票及各种辅助用房集中布置于东侧，保证二期实施后室内空间的完整性。过渡期间以保证既有铁路运营安全为宗旨，调整南沿江站房出站方式，将出站旅客引至站房东侧出站，原站房出站厅进行拆改，设置商务候车、旅客服务及快速换乘通道等，确保二期开工建设阶段车站正常的运营和管理。在一期设计阶段通过合理统筹设计，将建设各过程模拟推演，通过统一规划，达到同期建设效果。二期站房中部布置集中式进出站广厅，结合落客平台柱廊及雨棚形成了一处室外灰空间，既为旅客出行提供了一处无风雨的进出站空间，提升了旅客的出行体验，又使得新旧站房过渡得巧妙自然，融为一体。立面设计统筹考虑各个使用阶段效果在功能最优使用的条件下，以落客区灰空间及进站厅统领衔接一、二期造型，赋予"碧湖映月、山影游镜"的设计理念。设计遵循一期完整、实用，二期整体统一、新颖的原则。立面生长造型与分期策略相结合，打造浑然一体的建筑形象。整体造型采用曲线勾勒，将山之形、水之韵转译为简洁明快的设计语汇。为使一期造型完整，采用传统中轴对称式布局形式，将造型曲线沿一期中轴对称，从而雕刻出"层峦叠嶂"山影的韵律感，舒展层叠的造型形成了向阳腾飞之势，赋予金坛展翅腾飞的美好寓意，如图14—图15所示。

图 14　金坛站一期人视效果图

图 15　金坛站二期鸟瞰效果图

4. 策略四：顺应城市、共生融合、语境协同

　　骑跨式站房设计，应以"顺应城市，共生融合，语境协同"为设计策略，站场与站房应结合城市规划布局，通过调整两场交角，站房主要展示面应面向城市主要轴线上，做到顺应城市规划，削弱传统站场对城市的割裂。在站房建筑造型上，两场站房不能通过简单的复制拼凑或局部加建，立面设计应该统筹考虑各使用功能最优的条件下，将立面造型设计与上位规划、场地条件相结合，打造浑然一体的建筑形象。

　　在苏州南站的设计中，苏州南站的十字交叉站场形成约 105°夹角，站房根据城市上位规划设置在骑跨式站场的东南向，为了营造良好的视觉景观，给旅客以完整对称的立面形象，站房顺应此夹角在设计中三角形元素融入建筑平面布局及由出挑的全覆盖屋面形成中心对称的车站造型，并以站场交角的对角平分线为中轴，以两侧站场为站房两翼，切割等腰三角形，以此提炼形成建筑造型元素，延伸至站场、站房、站前广场、中央水系等一系列轴线景观节点之中。同时将苏式传统建筑的形态转化为特有的折线符号融入建筑体量，多重曲折的屋面演绎出传统苏式建筑群层层叠叠的人文风景。屋面向下倾斜，既将传统苏式建筑的坡屋面立面化处理，呈现于人前，又巧妙地化解十字形车场雨棚给建筑外立面带来视觉影响。出挑屋面宛如苏州评弹的主要道具之一——"折扇"，采用镂空格栅形式，形成丰富的灰空间和变化的光影效果，轻巧秀丽，赋予了苏州南站浓郁的地域文化特征，又不失高铁建筑应有的交通建筑气质，如图 16 所示。站房架空层部分的室外空间顺应平面功能自然形

图 16　苏州南站鸟瞰效果图

图 17　苏州南站一层水景景观效果图

成的三角形空间设置一处水面,结合月亮门的设计细部引入格栅式的竹材屏风,在光影丰富的灰空间下形成"小桥流水"的园林意境,使旅客抵达苏州之时,经由共享中庭—水面—屏风—景观广场组成的一系列的丰富空间序列,第一时间即可体验苏州园林的城市意境,如图17、图18所示。

图18　苏州南站正面人视效果图

5　总结与展望

通过近期对于苏州南站与金坛站的设计实践,本文针对国内建成的十字站存在的问题,提出了高全新的设计方法。

第一,突出交通建筑功能性优先的特点,引入综合交通换乘空间的概念,以此为核心串联各种进出站及换乘流线,布置多元化服务功能空间。

第二,合理布置进出站交通流线,以全新的"分进合出、上进下出"模式解决骑跨式站场的交通流线组织和空间布局难题。

第三,进一步提高十字站布局中的土地集约利用,顺应骑跨式站场特殊的边界条件,推演出与功能空间、城市关系高度融合的建筑形态,建立全新的外部空间秩序,为我国铁路客站新模式提供了新的探索。

参考文献

[1] 张必武.高铁骑跨式站型适用条件研究[J].交通科技,2015(6):138-140.
[2] 荣朝和. 德国柏林中央车站的建设理念与启示[J].综合运输,2007(3):82-86.
[3] 郑健,贾坚,魏崴.中国高铁丛书:高铁车站[M].上海:上海科学技术文献出版社,2019.
[4] 日建设计站城一体开发研究会.站城一体开发新一代公共交通指向型城市建设[M].北京:中国建筑工业出版社,2014.
[5] AREP.瓦朗斯高速列车(TGV)火车站[J].建筑创作,2005(10):79-83.

西安站改工程多重制约下的协调、重构与创新

傅海生　康志明　李　强　刘玉玉

（中铁第一勘察设计院集团有限公司　西安）

摘　要：既有西安火车站改造工程中的站房相关工程必须面对多重制约条件，例如站址位于世界文化遗产与国家级文物之间；用地受限，交通压力巨大；保留既有站房及站前广场格局；站台与站房中心错位；特殊的地裂缝地质构造贯穿站房建设用地等。项目设计着眼于站城融合、文化表达、交通衔接、功能流线、工程实施时序等目标要素，确立了"协调、重构、创新"的总体目标，针对诸多制约条件作出了切实的回应。本文主要从总体建筑布局、站内功能流线、适应性建筑结构与构造等方面对本项目设计思路和技术措施进行说明和归纳，以期能对类似项目提供参考和启发。

关键词：多重制约；既有站改造；布局与轴线；旅客交通流线；适应性建筑结构与构造

1　项目概况

西安站始建于 1934 年，1984 年改建并沿用至今（图 1）。目前，西安站担负着西安铁路枢纽内绝大部分旅客列车的到发作业，随着西安市经济、文化日新月异的发展，城市规模和人口不断增加，西安站设施落后、空间狭小、服务能力有限的问题逐渐凸显[1]。西安火车站的改扩建已经刻不容缓，为提高运输质量和服务水平，2014 年 6 月中国铁路总公司、陕西省人民政府正式批复并实施西安火车站改扩建工程（图 2）。

图 1　20 世纪 80 年代西安站照片

图 2　既有西安站照片

西安站位于唐大明宫国家遗址公园丹凤门与明城墙之间,是典型的城市遗址中的大型铁路枢纽[2]。基地北临自强东路,南接环城北路,解放路与之垂直相接,东西两侧分别为城市主干道太华路和未央路。地铁 1 号线和 2 号线距火车站约 1 km,4 号线和 7 号线将设立站点与火车站直接接驳。

改扩建后的西安站车场规模为 9 台 18 线,总建筑规模为 305 000 km,是一座集铁路、城际、城市轨道交通于一体的综合性交通枢纽。该站的建成进一步确立了西安作为西北乃至全国铁路交通枢纽的重要地位,成为西安建设丝绸之路经济带新起点的有力支撑,它是古城复兴的一次重大机遇,也是实现古城风貌整体保护、历史文化遗产保护与发展的一次重要实践。

2　制约因素分析

西安火车站位于唐大明宫与明城墙之间,也是大明宫与大雁塔这一历史轴线的端景,它见证了城市的现代变迁。西安站改扩建工程属于遗址群中的大型铁路枢纽既有站改造工程,周边环境的制约条件较多,整个工程的规划及建筑设计限制要求也相对极多,合理地解决建设方案与周边环境的关系显得尤为重要(图3)。

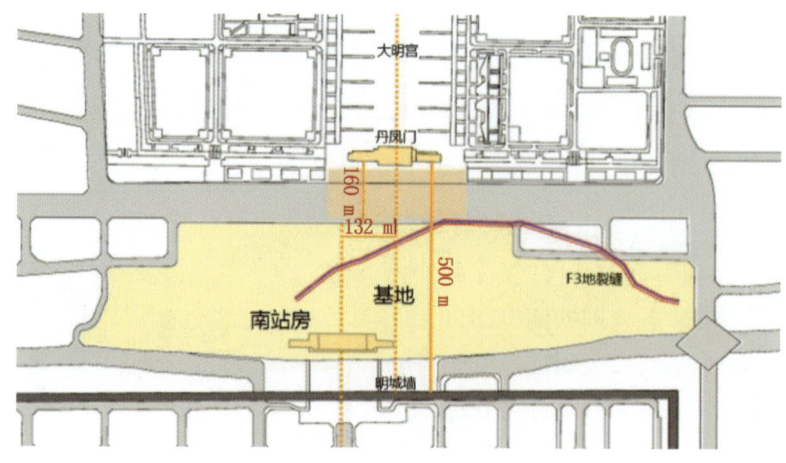

图 3　项目用地条件

2.1 既有站改造

西安站改扩建工程属于既有站改造工程,基地北临自强东路,南接下穿的环城北路,东西两侧分别为城市主干道太华路和未央路,项目用地受现场条件制约。既有站房南侧距明城墙约 70 m,北侧距城市干道自强东路约 300 m,用地呈偏长条状;既有南广场与城市轴线干道解放路垂直相接,用地北侧为唐大明宫遗址,受大明宫遗址影响,沿解放路规划的地铁 4 号线无法直接向北延伸,导致地铁与国铁的衔接关系复杂化。整个场地内可建设面积有限,如何解决多种功能于一体的大型铁路枢纽的平面布置,及站内巨大客流量的换乘和疏解是项目的最重要核心问题。

2.2 世界文化遗产

西安站位于唐大明宫与明城墙之间,是大明宫与大雁塔这一历史轴线的重要节点,是遗址群中的大型铁路枢纽,因此西安站改扩建工程的规划需要考虑历史轴线的延续,整体风貌设计也需要与城市历史背景相协调。此外,大明宫遗址缓冲区及明城墙周边建设规划的要求也限制着站改工程的规划布局及建筑高度设计,工程设计方案应同时满足文物保护部门和城市规划部门的相关要求。

2.3 地裂缝

唐大明宫与明城墙相距约 500 m,基地位于二者之间,新建北站房距丹凤门仅 160 m 左右,广场狭长,一条 F3 地裂缝从场地沿东北——西南方向斜向穿过,贯穿整个西安站工程的地下空间及高架候车室。大量的经验事实表明,地裂缝作用引起的建筑物破坏往往是很严重的。地裂缝活动具有长期蠕动和单向位移累加的特征,相当于在静力作用下的累积变形,尽管活动速率不高,但在裂缝变形区域内将对建筑构件施加局部应力作用,最终能导致材料破裂失效。随着西安 F3 地裂缝的后期活动和发展,将可能出现垂直位错运动、水平拉张运动和水平扭动运动相结合的三维空间运动特征。因此在跨越地裂缝区域内,建筑结构和构造措施处理等问题属于该工程的技术难点。

3 设计对策与技术措施

3.1 总体建筑布局

西安站改扩建工程在对用地现状、规划发展条件等因素的综合研究基础上,确定规划区的功能为"一核一轴一带三片区"。

一核:交通枢纽核,包含国铁站房、南北广场以及各种交通设施。

一轴:历史人文轴,贯穿大明宫丹凤门、明城墙、和平门、大雁塔。西安火车站北站房的设计是延续大明宫文化轴,呼应城市轴线。

一带:铁路防护景观带。

三片区:三个配套服务区,北广场东、西侧配套区,南广场配套区。

站址位于原西安站位置,对既有南站房进行适应性改造,在线路北侧新建北站房及东配楼,南北站房之间线路上方新建高架站房,使车站规模满足远期的运营需求。北站房与东配楼北侧为大明宫遗址公园,复原丹凤门与北站房、东配楼相对而望,成品字形布局。在北站房与东配楼之间设置 24 m 宽市政天桥横跨国铁车场南北,将南北广场联系起来,同时在市政天桥位置的车场地下设置市政地下通廊,进一步加强车场南北的联系。国铁出站厅结合市政地下通廊进行客流疏解,向北由北广场下方的公交、出租及社会车辆疏解,向东由斜穿的地铁 4 号线疏解,向南由既有南广场汽车客运站、公交及旅游大巴等交通设施疏解。在市政地下通廊、东配楼、地铁四号线站厅围合的站场下方三角区域设国铁地下进站厅,方便地下交通枢纽到达旅客换乘国铁(图 4)。

图 4　西安站改扩建工程总平面规划

3.2　总体建筑布局规避的诸多限制因素

(1) 对既有南站房进行适应性改造,基本保留了现状风貌,是对老火车站历史的尊重与保护,同时实现了节约建设投资的目的。

(2) 适当将站房向北扩建,满足城市规划及文物保护的要求。将站房向北扩建,规避了现状基地南侧不具备扩建条件的问题,同时,为了减少站房体量对丹凤门建筑形象的影响,在满足车场 9 台 18 线扩建需求的基础上,尽量保证北站房与丹凤门间距不小于 150 m,并且将自强东路在北广场区域下穿,最大限度地提高了北广场的景观质量,满足文物部门对丹凤门周边的建筑及景观要求。

(3) 由站房及丹凤门建筑群形成两条景观轴线,是对城市历史主轴的延续及过渡。南北线侧站房及高架站房轴线延续了解放路城市景观主轴,保留了西安人对解放路的记忆;北站房与东配楼对称布局,与丹凤门延续了大明宫遗址的景观主轴,市政天桥的设计进一步强调了这一轴线,并且增加了丹凤门的可观赏角度(图5)。

(4) 地铁4号线在地下斜穿国铁车场,满足文物保护的要求,同时实现了与国铁的无缝衔接。在火车站处由沿解放路延伸转向由太华路延伸,避开了既有南站房及大明宫遗址,实现了文物及历史建筑的保护。斜穿的地铁4号线站厅与国铁出站厅之间通过长度约70 m的通道联系,满足国铁出站旅客便捷换乘地铁的需求;地铁4号线站厅的斜穿使站场下方空间围合成三角区域,为国铁与地铁站厅同层设置地下进站厅创造了条件,增加了旅客进站方式(图6)。

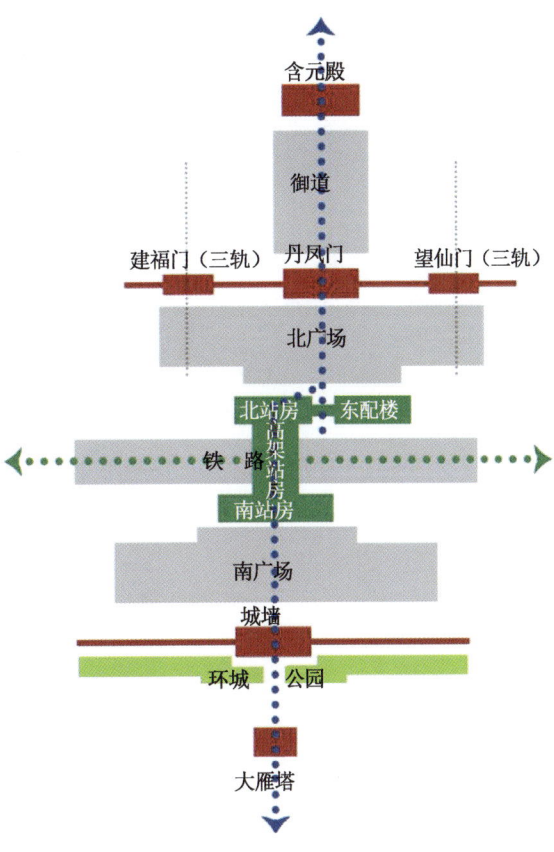

图5 城市轴线的延续及过渡

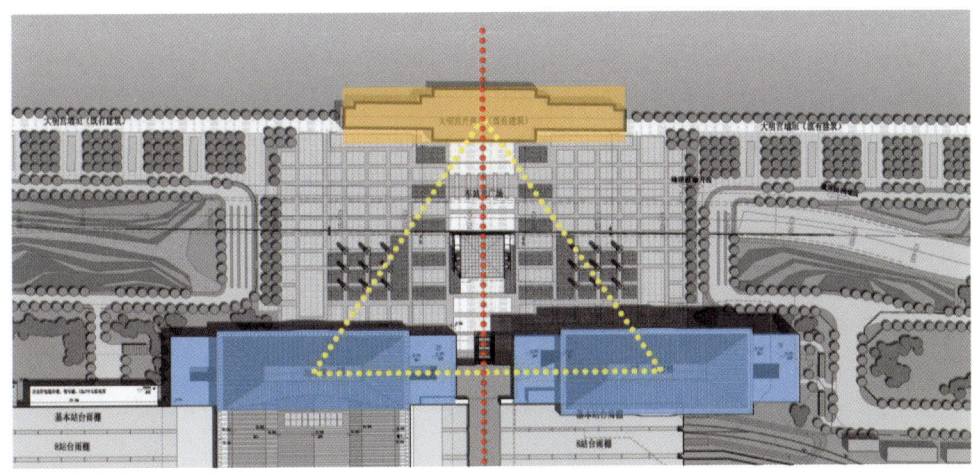

图6 布局分析图

(5) 新建站房及东配楼坡屋面最高点高程控制在39 m,坡屋顶两侧的平屋顶部分高度控制在24 m以下,尽可能从高度上弱化体量,突出丹凤门的形象,并且在建筑形象上采用仿唐风,与丹凤门对话,形成一定的呼应关系[3],满足文物保护部门的相关要求(图7)。

图 7　规划鸟瞰效果图

3.3　主要功能流线

西安站改旅客进站采用了以地面进站为主、地下进站为辅的方式，出站为地下出站并通过市政地下通廊引导人流疏解，此外，在高架站房增设反向进站扶梯以满足旅客站内换乘的需求。整体交通设计体现了"以人为本、以流为主"的客流组织理念。

1. 城市综合交通枢纽交通流线规划

改扩建后西安火车站及配套交通设施将形成综合性的城市交通枢纽，交通枢纽规划按照"内外分流"的交通组织原则，通过对枢纽周边路网现状和规划情况的分析，结合对外交通"南北阻、东西滞"的现状条件，通道设施薄弱的实际情况。提出"南进南出、北进北出、东来东去、西来西回"的机动车交通疏解原则，构建以轨道交通为主体、内通外畅、高效衔接的多模式一体化的交通体系，形成以下 4 条具体规划策略。

（1）公交优先：加快轨道交通建设，规划中运量公交，加强常规公交接驳。

（2）保证南北：挖掘南北主通道能力，消除瓶颈，增加穿越铁路通道，增强南北方向通道能力。

（3）强化东西：新建改建东西干路，强化东西方向快速疏解能力。

（4）分流过境：打通外围分流道路，合理组织过境交通，缓解枢纽区域交通压力。

2. 国铁进站流线

在传统的地面进站基础上，西安站改扩建工程结合市政地下通廊实现地下进站，车站功能的立体化布局满足了旅客多通道、多层面的进站需求。

地面进站的旅客从南、北广场经两侧站房进站广厅的楼扶梯上达高架层，在高架候车厅候车，然后通过高架候车厅东西两侧的十组检票口检票，检票后由进站通廊的楼扶梯下行至各个站台乘车。这样的设计同时满足火车站南侧和北侧来向客流的进站需求，流线顺畅、管理便捷（图 8）。

北广场地下公交、出租及社会停车场或地铁 4 号、7 号线到达旅客在市政地下通廊两侧的国铁人工或自助售票设施取票后，在地下－12.000 m 高程平层安检验票进入地下进站

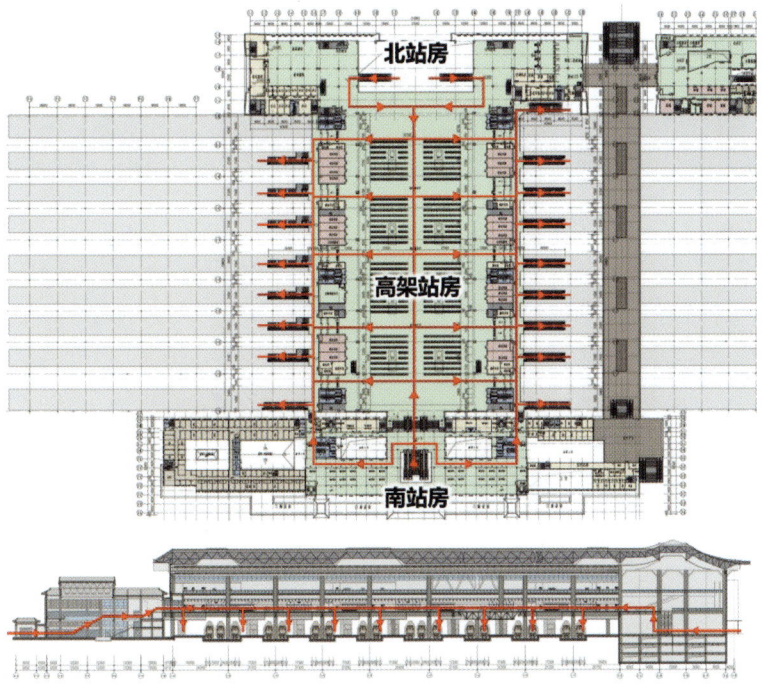

图 8 地面进站流线分析

厅,经楼扶梯上行至 -7.450 m 高程的地下进站夹层,由夹层通道的进站楼扶梯上行到达国铁各个站台乘车(图 9)。

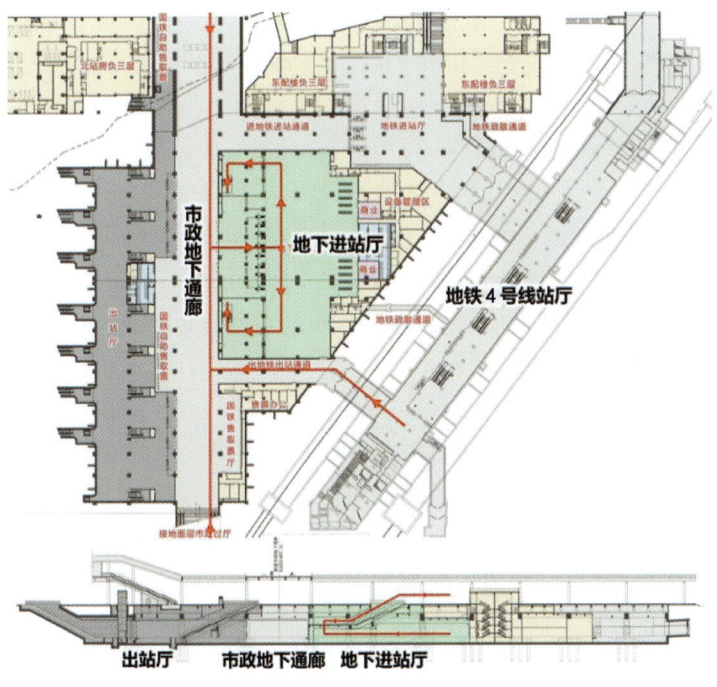

图 9 地下进站流线分析

3. 国铁出站流线

国铁出站旅客通过两组出站楼扶梯下行至-12.000 m高程的出站厅,验票出站后到达市政地下通廊,并由市政地下通廊疏解。换乘地铁4号、7号线的旅客经地铁进站通道到达地铁进站厅安检购票后前往地铁站厅乘车[4];其他旅客经市政地下通廊往南上行至南站房市政过厅后到达南广场或往北到达北广场地下综合交通枢纽,换乘公交、出租车、社会车辆(图10)。

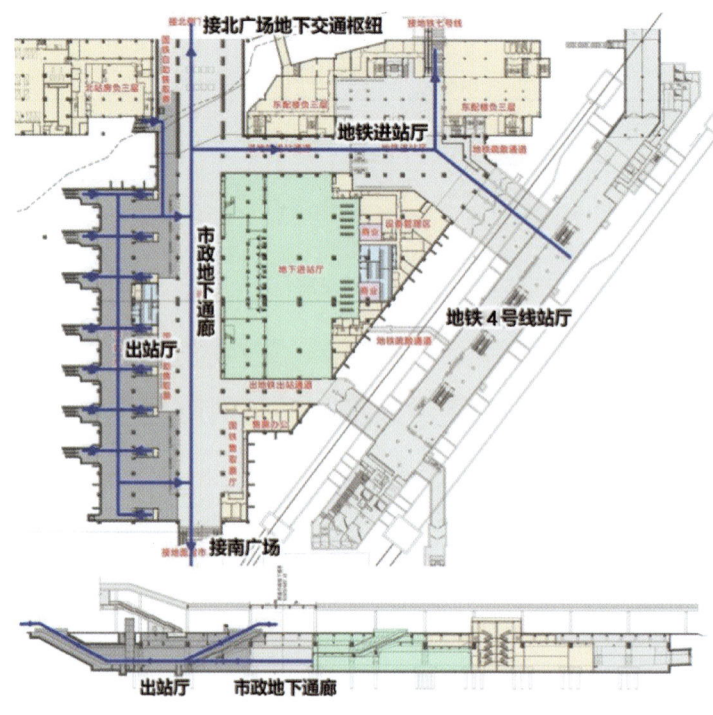

图10 出站流线分析

4. 国铁站内流线

城际铁路发展引起国铁站内中转客流的增长与目前车站客运管理的矛盾。西安站位于陇海、京昆、包海通道交会点,具有承东启西、贯通南北的重要作用,建成后还将引入多条城际铁路,换乘模式日趋复杂化,站内换乘的需求将更加明显。

西安站国铁到达旅客换乘其他国铁车次时,可经高架站房东侧的反向进站扶梯上行至高架站房,通过闸机验票后进入高架候车厅候车,完成站内换乘,从而避免了先出站再进站的迂回流线,减少了二次安检进站程序。

这种换乘属于典型的同站站厅换乘方式,换乘时间消耗较少,站内换乘设施的配合程度要求较高[5]。本工程仅在高架进站通道处增设反向进站流线,从换乘设施布局的角度考虑[6],既节约了车站投资的经济成本,又缩短了旅客在站内的走行时间,实现了中转旅客"不出站、短接续"的人性化设计。

3.4 适应性建筑结构与构造

西安站改工程地裂缝的活动方式是蠕动,具有三维位移活动特征,即南倾南降的垂直沉降、水平引张和水平扭动,其中以垂直位移量为最大,三者比值大致为1∶0.31∶0.03。穿越站房的地裂缝每年沉降量为3~5 mm,水平变形为1~1.5 mm,按照20年设计标准,其竖向总变形量为60~100 mm,水平变形总量为20~30 mm,超出普通建筑构造设计体系及建筑变形缝的可调节范围。

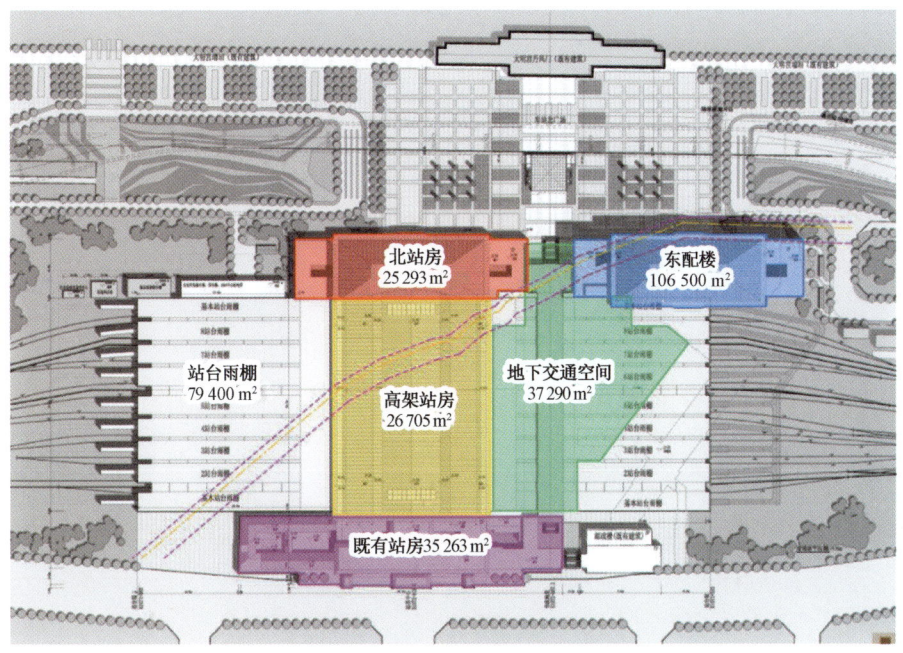

图 11 地裂缝穿越位置示意图

在此用地条件的制约下,高架候车厅整体结构体系沿地裂缝上下盘分成北中南三部分,北侧结构位于下盘,南侧结构位于上盘,中部结构跨越地裂缝区域,与南北两侧结构在10.0 m标高,18.0 m标高采用钢桁架连接,屋面网架体系采用同样原则划分为三部分。地下通道与快速进站厅位于车场下方,设计中采用了"建桥"合一的预应力框架结构体系共同承担着上部的列车荷载和站台荷载;地下通道采用三孔箱涵结构形式,三孔跨径为11.0 m+24.0 m+11.0 m。采用此种结构形式,实现了地上、地下建筑有效的跨越地裂缝区域,地裂缝的后期活动不会对整体结构产生不良影响。

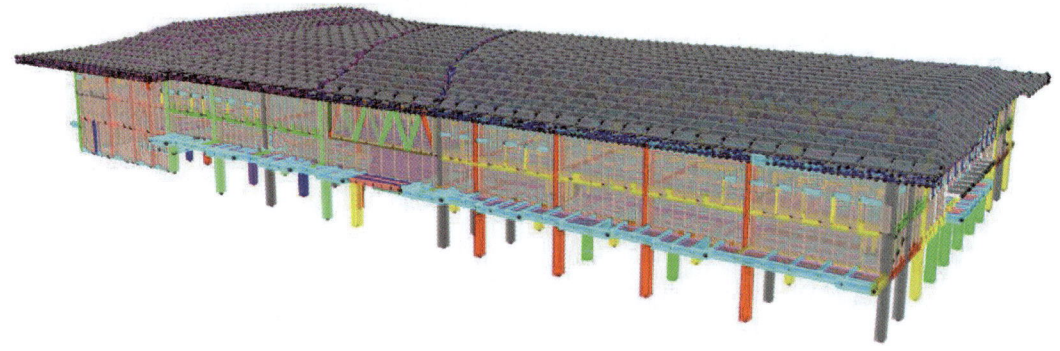

图 12 高架站房整体结构

在建筑围护结构及构造措施处理方面,通过理论分析、数值模拟相结合的方式,对建筑各个部位的维护构件展开研究,掌握建筑主体在复杂边界条件下的受力状态及变形特征,确定合理的构造设计方法,提出具体构造措施要求。

(1)在建筑屋面设计中,屋面铺设适应钢结构三个区域的划分,屋面变形缝构造措施考虑变形条件下的相对滑动及吸收变形量做法,满足在地裂缝变形作用下不损坏、不漏水,可以正常使用(图13)。

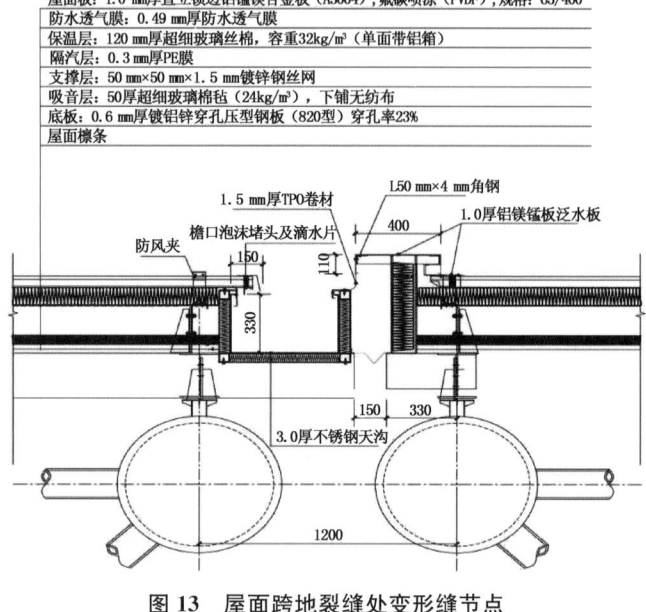

图 13　屋面跨地裂缝处变形缝节点

(2)建筑幕墙变形缝构造措施满足在地裂缝变形作用保持整体性和安全性,在后期维护中,对幕墙抗风柱及幕墙自身结构体系可通过阶段性调节消除幕墙的变形量(图14)。

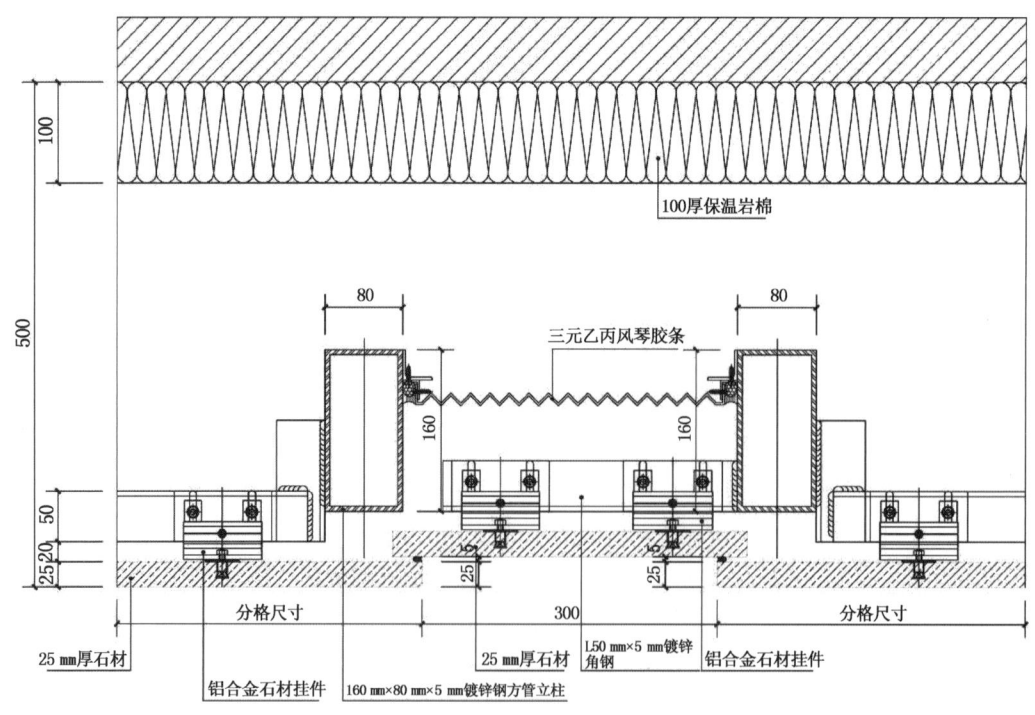

图 14　石材幕墙变形缝

(3)室内装修各部位变形缝构造措施满足在地裂缝变形作用下不损坏,无安全隐患,楼面使用特殊设计的钢构盖板,横跨两侧结构体系,盖板上部可采用同室内其他部分的装饰材料,下部保证吸收变形和自身防水,做到既满足调节变形又保证室内装修整体美观效果(图15)。

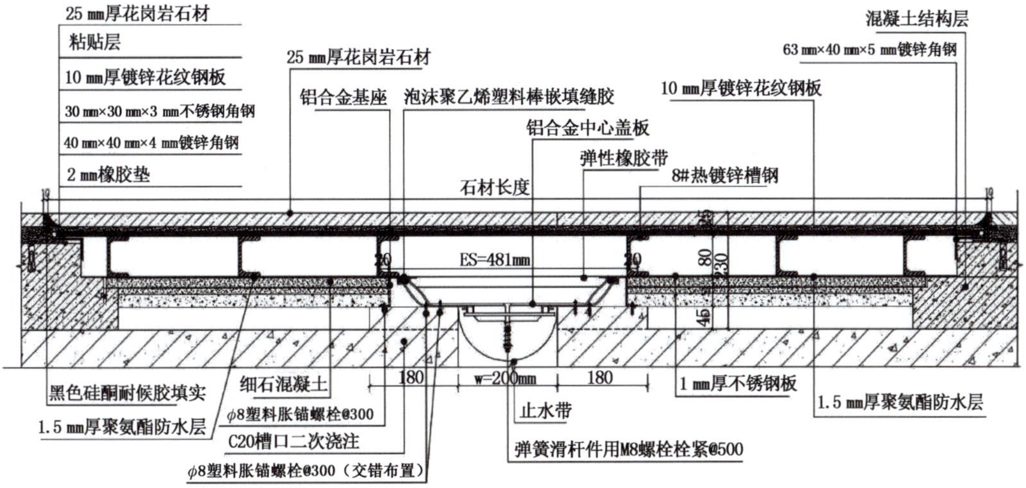

图 15 楼板变形缝构造做法

3.5 东配楼功能业态分析——强化站城融合

1. 综合开发模式

目前,我国既有和新建铁路站场基本处于城区中心或规划的城区中心,客专、城际铁路场站大都与地方政府合资建设,有利于"铁路+物业"不同功能的整合。西安站改造后将成为集铁路、地铁、长途大巴、公交、出租车、小汽车等的大型综合交通枢纽,借鉴国内外交通枢纽周边土地开发及运营的经验,提出西安交通枢纽站点及土地开发的全新运营思路。采取公交导向型(TOD)开发模式推进土地综合开发,拓宽优化城市发展空间,提升区域整体竞争力[7]。通过土地综合开发增加收益,提高综合交通枢纽投资和运营的经济性,支持交通枢纽型城市综合体的可持续发展(图16)。

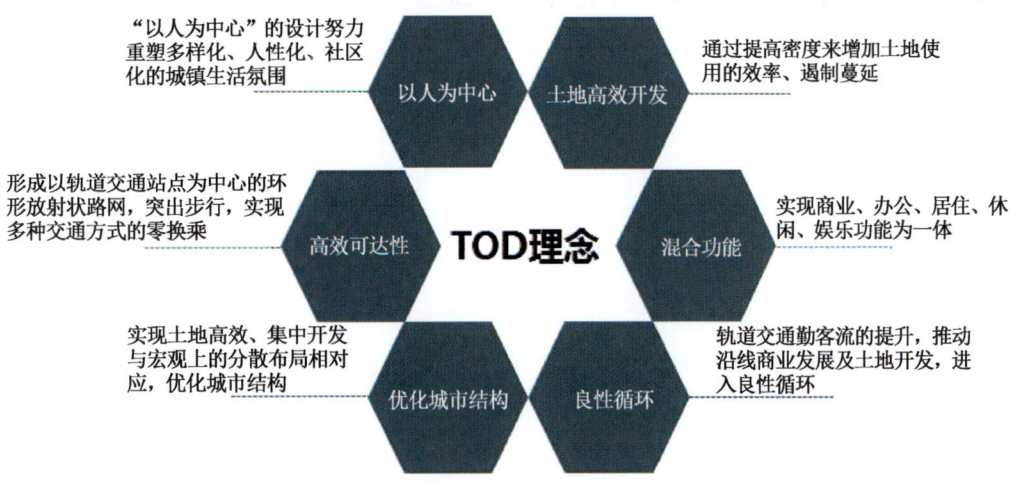

图 16 TOD 理念

西安站地处市区中心位置,将北站房东侧土地整合后利用,与新站房相似而立设置东配楼,并进行城市一体化设计,充分发挥西安站枢纽人流聚集带来的经济效益,完善枢纽综合功能,打造富有西安古都特色的标志性门户空间。结合西安站实际情况,因地制宜采用"铁路+物业"综合开发模式,实现土地平面和空间的充分利用,提高土地的使用价值。通过东配楼物业开发来拓展铁路多元经营的广度和深度,形成政府、铁路、开发(或建筑)商多方共赢的协同效应,实现铁路建设外部效益内部化。

2. 东配楼物业开发设计理念

利用西安站综合枢纽的建设促进西安市重要的节点空间,提出了CCTG的规划设计理念。

C(commercial)——交通枢纽型多元复合的商业综合体;

C(culture)——文化交融的娱乐休闲圈;

T(traffic)——高效便捷的交通集散核;

G(green)——环境优美的城市绿色岛。

通过商业、休闲、娱乐、交通接驳等多种功能的开发,辐射并整合周边的规划格局及生活方式,为以轨道交通客流为主体的大量消费人群创造一个富有活力的城市节点,满足多种需求,促使城市经济发展,完善并进一步提升社区的生活品质。东配楼的物业开发凭借交通枢纽的大量客流,依托临近旅游文化遗产的巨大优势,突出服务、文化、旅游三位一体的特点,使扩建之后的新站不但是一座集铁路、城市轨道交通换乘功能于一体的综合体,也是一个集旅游、商贸为一体的城市综合体(图17)。

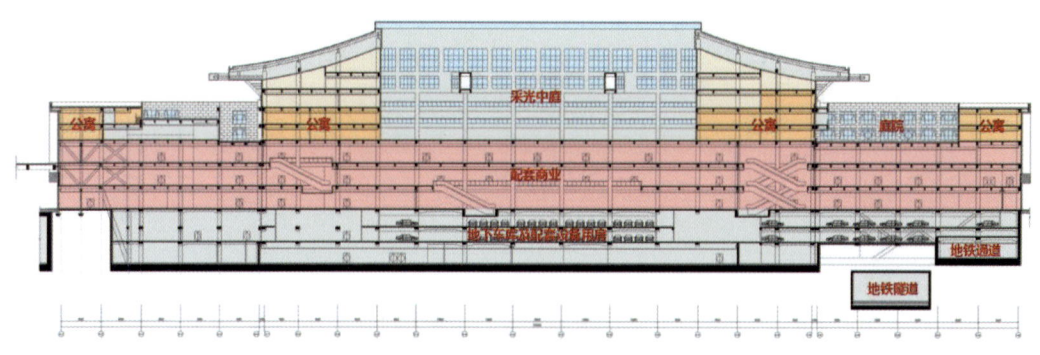

图17 东配楼剖面

4 结语

作为既有站改扩建工程,西安站改工程设计着眼于站城融合[8]、文化表达、交通衔接、功能流线、工程实施时序等要素,以"协调、重构、创新"为总体目标,协调解决车站与城市及周边环境关系,注重历史文物保护,合理应对复杂的地质条件,创新旅客交通流线组织,针对诸多制约条件做出了切实的回应。

以枢纽改造和城市更新为契机,以交通功能与城市功能相融合、交通环境与城市风貌相协调为目的,西安站改工程将构筑一个现代化的功能综合、布局合理、换乘便捷、运作高效的一体化综合客运交通枢纽,提升城市整体形象。除了满足现代化的出行要求外,改建后的火车站与大明宫遗址共融共存,相得益彰,成为古城整体风貌保护和发展的典范。

参考文献

[1] 郎玉凤.西安站综合交通枢纽规划研究方案[J].铁道运输与经济,2013,35(4):39-43.
[2] 韩超.大遗址间的西安火车站枢纽城市设计探析[J].铁道标准设计,2018,62(12):141-148.
[3] 张翔.长安之门:西安火车站改扩建项目[J].建筑与文化,2019(1):106-107.
[4] 张景娥.西安火车站改造与地铁车站结合形式探讨[J].铁道工程学报,2015(6):87-91.
[5] 杨丹,殷勇,郝成.市域铁路与城市轨道交通换乘站设施配置布局优化研究[J].物流技术,2018,37(11):60-63.
[6] 刘晓溪,李博.基于高速铁路枢纽站的客流中转换乘方案选择研究[J].铁道运输与经济,2018,40(11):32-63.
[7] 陈学武,安萌.中国TOD发展模式的再探讨[J].交通工程,2018,18(5):1-7.
[8] 王亚茜."宫·站·城"一体化研究:西安火车站城市节点整合[D].西安:西安建筑科技大学,2016.

铁路客站结构安全健康监测的实践与再认识

贾 坚 刘传平 应亮亮

[同济大学建筑设计研究院(集团)有限公司 上海]

摘 要: 近年来,随着我国高铁建设的快速发展,铁路客站的建筑规模、旅客发送量都有了显著发展,客站结构形式也更加复杂,保证铁路客站的结构安全越发重要。本文对结构安全健康监测系统在宁波站、兰州西站、重庆西站、郑州南站等大型铁路客站工程中的实施情况进行了总结分析,并对实践中存在的问题进行反思和再认识,提出铁路客站结构安全健康监测系统应用的相关建议。最后对结构安全健康监测新技术的应用进行了展望。

关键词: 铁路客站;结构安全;健康监测;再认识

1 概述

近年来,大型公共建筑工程坍塌事故时有发生,如国内外典型的工程事故实例:

（1）鄂尔多斯那达慕赛马场钢结构罩棚坍塌事故。

2010 年 12 月 15 日,那达慕赛马场,西侧看台钢结构罩棚结构发生"坍塌"。赛马场西侧看台七八十米长的主体钢结构罩棚塌落(图 1),该事故发生在竣工庆功会的 25 天后,所幸该工程事故发生在凌晨,无人员伤亡。事故调查表明:由于西侧看台钢结构罩棚部分焊缝存在严重质量缺陷,进入冬季后,随着气温不断降低,钢结构罩棚由于发生过大伸缩变形而塌落。

图 1 那达慕赛马场钢结构罩棚坍塌

（2）巴黎戴高乐机场 2E 候机厅屋顶坍塌事故。

2004 年 5 月,巴黎戴高乐机场 2E 候机厅突发屋顶坍塌事故(图 2),造成包括 2 名中国公民在内的 4 人不幸遇难,3 人受伤。2E 候机楼的屋顶结构属于非常规结构形式,结构模型如图 3、图 4 所示。屋盖的跨度为 26.2 m,采用厚 300 mm 的曲线形混凝土板壳结构组成。

图 2　戴高乐机场 2E 候机楼屋顶坍塌

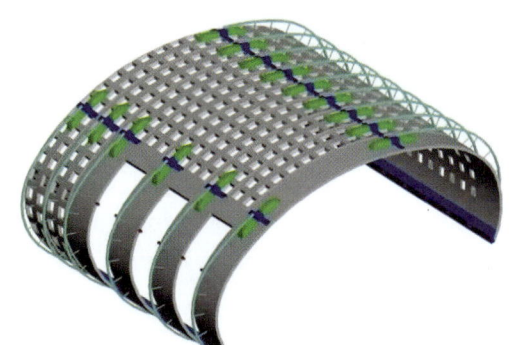

图 3　2E 主体板壳结构模型

图 4　诱发屋面破坏的钢撑杆节点

戴高乐机场 2E 候机楼是在没有明显外加荷载情况下突然坍塌的。事故调查表明，由于 2E 候机楼结构最初的设计安全储备不足，自建成至倒塌的 2 年多运营期间，结构损伤处于逐步累积状态。钢撑杆处应力集中引起板壳混凝土开裂并逐渐开展，最终引起钢撑杆对屋面壳体的冲切破坏，继而引发候机楼屋面结构体系整体失效、坍塌。

总结近年来发生的大型公共工程事故的惨痛教训，使工程界认识到对大型公共工程的结构性能需进行实时监测，以便及时发现结构损伤并采取措施应对。这一需求日益变得必要和迫切。

铁路客站每天承接成千上万人次的进出站客流，是人员高度聚集、使用高度频繁的公共交通场所，一旦发生安全事故，会造成严重的社会影响。因此，对铁路客站开展结构安全健康监测，把握结构建造与使用全过程的受力状况，及时了解并掌握结构的受力性能并对突发事件进行有效报警[1]，是保障铁路客站安全使用的有效手段。

2　铁路客站结构特点及健康指标

2.1　铁路客站结构特点

对于铁路客站，其主要的结构特点如下：

（1）大跨度：候车大厅屋面、无站台柱雨棚等区域，通常采用大柱网、大跨度的空间钢结构形式。

（2）大悬挑：由于建筑立面造型等需要，屋面结构通常存在较大的悬挑。

（3）动荷载：对于采用"建桥合一"形式的铁路客站，承轨层结构直接承受列车动荷载，在列车通过时还会引起站房结构及大跨度屋面钢结构的振动特性变化。

（4）结构尺寸超长：铁路客站结构平面尺寸一般较大，特别是对大型铁路客站，温度变化会在超长结构中产生明显的温度应力。

（5）复杂连接节点：铁路客站中一般会综合采用不同的结构形式（混凝土结构、型钢混凝土结构、预应力混凝土结构、钢结构等），部分梁柱连接节点的受力较为复杂。

2.2 常用结构健康性能指标

结构安全的健康状态一般通过结构健康性能指标来进行分析评价。铁路客站的结构健康性能指标，需根据不同客站的结构特点及所处环境、构件重要性、构件内力或应力水平及对结构损伤敏感度等进行综合分析确定，其常用的结构健康性能指标包括：

（1）结构响应：关键结构构件或节点（如大跨度钢结构屋盖，承轨层，无站台柱雨棚等部位主要受力构件及节点）内力或应力、应变、位移、挠度以及结构的动力特性（频率、振动加速度）等。

（2）环境作用：对风压和温度变化比较敏感的区域（如大跨度及大悬挑部位的屋盖结构）的风速场、温度场，地震多发区域的地面运动及结构地震响应监测等。

（3）结构外观和完整性：关键构件的表面裂缝，表层涂装腐（锈）蚀、剥落或老化等。

3 结构健康监测系统的设计及功能组成

铁结构健康监测是一个实时的在线检测技术，监测系统一般由以下几部分功能组成[2]（图5）。

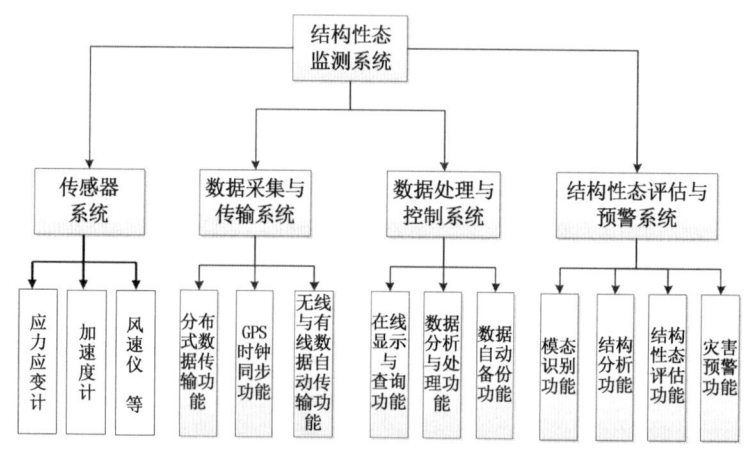

图5 结构健康监测系统典型的功能构成图

(1) 传感器子系统,功能为监测结构的荷载和效应信息,是健康监测系统最前端和最基础的子系统。

(2) 数据采集与传输子系统,数据采集与传输系统包括对传感器系统获得的信息进行采集和数据传输的网络系统,由数据采集单元和数据传输网络构成。

(3) 数据处理与控制子系统,负责管理结构建造信息、几何信息、监测信息和分析结果等全部数据,是结构健康监测系统的核心,承担数据库管理功能。

(4) 结构性态评估与预警子系统,由结构损伤识别软件、模型修正软件、结构安全评价软件和预警设备组成。健康评估系统需要及时从数据管理系统提取更新的数据,对数据进行深度分析,并且对数据处理与控制系统的警报给出处理意见或应对建议。

4 铁路客站结构健康监测实践与研究

以下结合笔者承担设计的宁波站、兰州西站、重庆西站及郑州南站工程中结构健康监测的实施情况进行总结和分析。

4.1 宁波站

1. 工程概况

宁波站总建筑面积为 12.5 万 m²,站场规模为 8 台 14 线。站房采用南北地上进站、高架候车、地下出站的功能布局(图 6)。站房主体采用钢管混凝土柱+预应力混凝土梁的框架结构、屋面采用钢结构体系(图 7),屋盖钢结构横向最大跨度为 66 m,最大出挑长度21.3 m。站台雨棚结构由横向张弦梁、索撑系统与钢管混凝土柱组成。

图 6 宁波站立面图

图 7 站房屋盖结构模型图

2. 结构风险点判识与监测内容

根据宁波站结构特点、所处环境、构件的重要等级等,确定对以下内容进行重点监测:

(1) 屋盖钢结构应力监测。站房主体结构采用大跨度刚架结构体系,框架柱和大跨刚架梁是站房重要结构构件,特别对于立面大悬挑及水滴造型部位的关键构件进行重点监测

(图8)。

（2）站房结构振动响应监测。对"桥建合一"形式的承轨层、站房大跨处楼面结构（如地面层48 m钢桁架位置）及屋盖钢结构的振动特性进行长期、实时监测。

（3）屋面风压及温度场监测。宁波站地处沿海台风高发区，立面大悬挑结构、屋面大跨度钢结构对风荷载、温度变化作用均比较敏感，故需要对站房立面大悬挑结构、屋面大跨度钢结构等所处环境风速场、温度场进行监测。

（4）雨棚张弦梁索力监测：对于雨棚张弦结构，施工过程中的索力是决定结构安装是否达到设计要求的重要指标，使用阶段中的索力水平是决定结构是否安全的重要参数。通常雨棚开口挑檐区域的风荷载最大，故在该区域布置索拉力监测传感器(图9)。

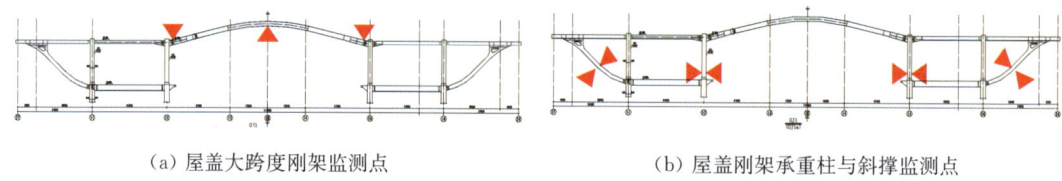

(a) 屋盖大跨度刚架监测点　　　　(b) 屋盖刚架承重柱与斜撑监测点

图 8　屋盖关键构件应力测点布置

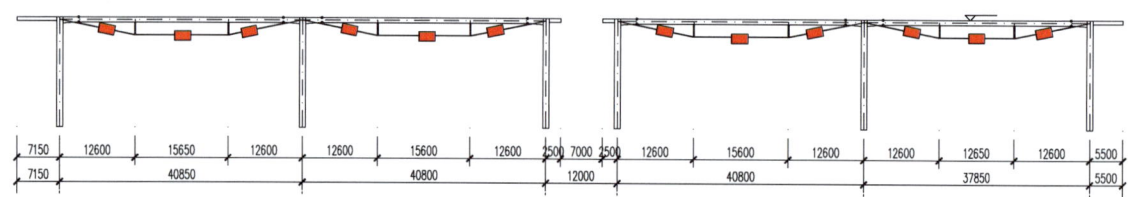

图 9　站台雨棚张弦梁索力测点布置

3. 监测系统布置及监测结果

宁波站健康监测系统共布置197个应变计、58个加速度计及1个风速风向仪。以台风"凤凰"过境前、中、后期的钢屋架的动力监测结果为例(图10)。

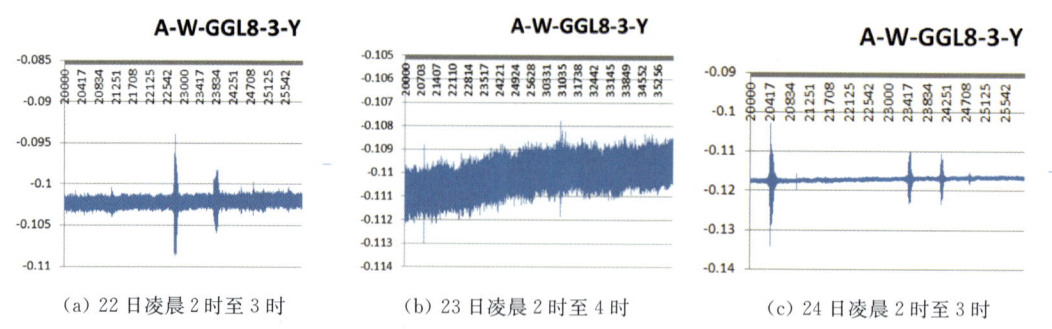

(a) 22日凌晨2时至3时　　　(b) 23日凌晨2时至4时　　　(c) 24日凌晨2时至3时

图 10　测点 A-W-GGL8-3-Y 振型图(台风"凤凰"过境前、中、后期钢屋架测点实测结果)

站房结构振动特性有限元计算分析与实测结果对比如表1所示。

表 1　　站房结构振动特性有限元计算与检测结果对比

有限元计算结果		实时监测结果/Hz		
模态阶数	频率/Hz	9月22日	9月23日	9月24日
1(X)	0.936	0.935	0.928	0.944
2(Y)	1.066	1.402 9	1.36	1.413
3(扭转)	1.086	1.410 8	1.409	1.43

监测结果表明:监测数据与计算结果吻合度较好。台风期间结构实测频率与计算基频(模态1)基本一致,表明结构安全状况良好,台风"凤凰"过境期间没有对站房造成结构损伤。

4.2　兰州西站

1. 工程概况

兰州西站总建筑面积约为 28 万 m^2,站场规模为 15 台 32 线。站房主体采用圆形钢管混凝土柱+预应力混凝土梁框架结构(图11),站房屋盖主结构采用正交空间钢管桁架结构体系(图12),横向主桁架中间跨跨度为 66 m,边跨跨度为 27 m。无站台柱雨棚主结构采用圆钢管柱+实腹钢梁结构。

图 11　兰州西站效果图

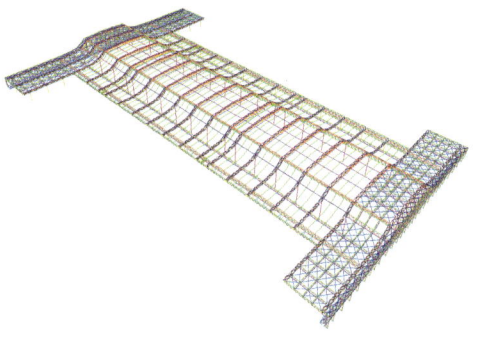

图 12　站房屋盖结构模型

2. 结构风险点判识与监测内容

根据兰州西站结构特点,确定对以下内容进行重点监测(图13):①大跨度钢结构应力;②承轨层及高架候车层梁板振动加速度;③屋盖结构动力特性;④屋盖风速、风压及温度。

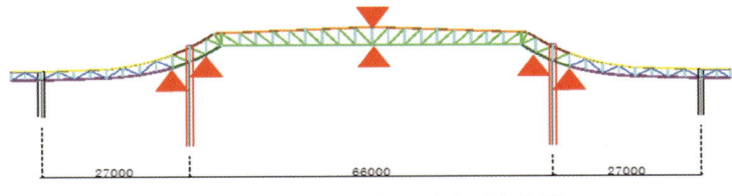

图 13　站房屋盖主桁架应力测点布置

3. 监测系统布置及监测结果

兰州西站结构安全健康监测系统设计共布置308个应变计、72个加速度计、32个风压计及1个风速风向仪。监测结果可以表格或时程曲线、分析统计图或云图等方式提供(图14、图15)。

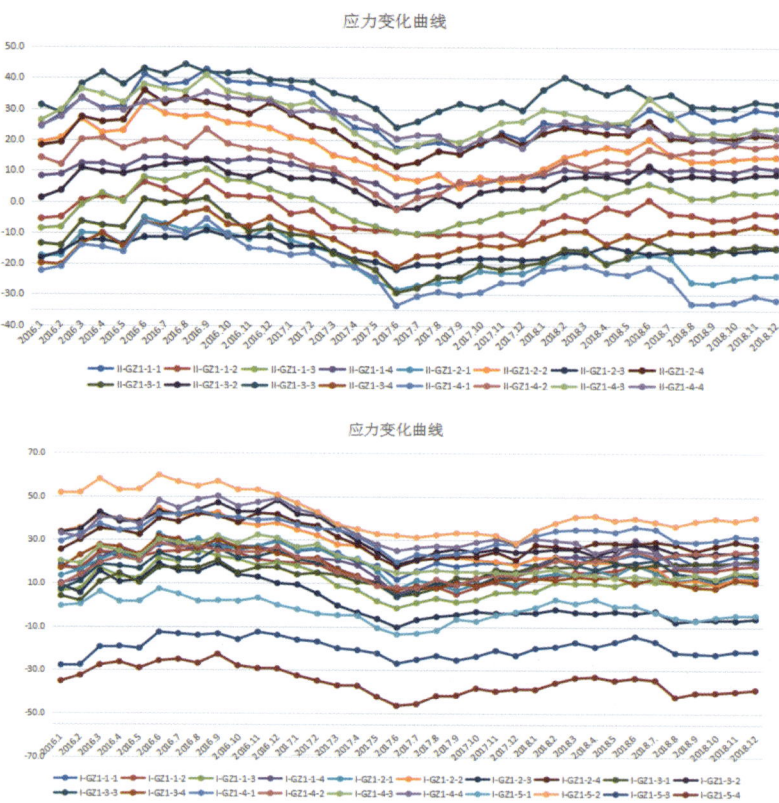

图14 兰州西站关键构件应力实测时程曲线

模态阶数	Y方向频率实测结果 ii-WG3频率 ii-WG3					
	1.8号	2.8号	3.8号	4.8号	5.8号	6.8号
Y1	1.471	1.441	1.523	1.320	1.546	1.573
Y2	2.522	2.519	2.571	2.354	2.587	2.611

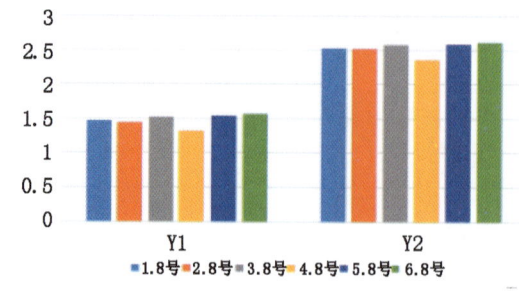

图15 兰州西站2018年上半年频率实测结果汇总

4.3 重庆西站

1. 工程概况

重庆西站站房总建筑面积为 120 000 m²,站场规模 15 台 31 线(图 16、图 17)。站房主体结构采用钢筋混凝土框架结构,屋盖采用正交空间钢管桁架结构,东立面结合建筑造型采用跨度 192 m/108 m 的空间组合拱结构(图 18)。站台雨棚采用无站台柱钢筋混凝土框架结构体系。

图 16 重庆西站　　　　　　图 17 站房屋盖结构模型

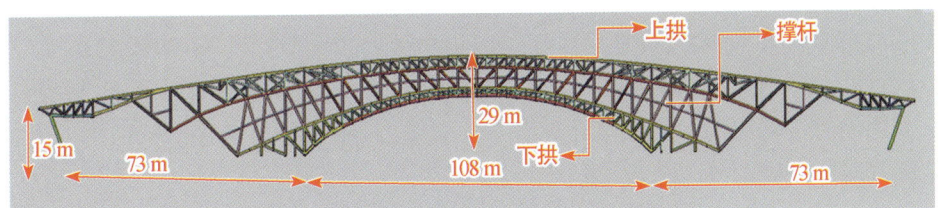

图 18 重庆西站东立面钢结构组合拱立面图

2. 结构风险点判识与监测内容

结合重庆西站结构特点及结构分析计算结果,确定对以下内容进行重点监测(图 19):
(1) 大跨度屋盖钢结构应力。
(2) 东立面处大跨度组合拱钢结构及拱脚部位应力。
(3) 屋盖结构动力特性。
(4) 承轨层梁钢筋应力、裂缝、振动加速度,承轨层柱竖向沉降。

图 19 重庆西站东立面组合拱测点布置

3. 监测系统布置及监测结果

重庆西站结构安全健康监测系统共布置184个应变计、24个应力计、49个加速度计、24个振弦式裂缝计、33个静力水准仪和1个风速风向仪。图20为某测点位移、风速风向实测时程曲线。

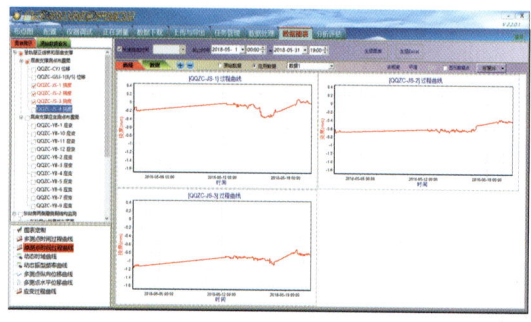
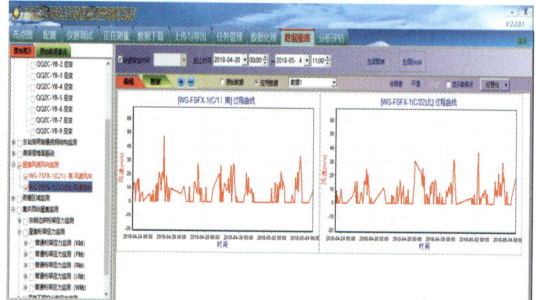

图20　重庆西站健康监测查询界面（某测点位移、风速风向时程曲线）

4.4　郑州南站

1. 工程概况

郑州南站站房建筑面积约15万 m^2，总建筑面积约45万 m^2，为融合高铁、城际、航空、地铁等诸多功能的特大型、综合性交通枢纽。站场规模为16台32线，采用全高架"桥建合一"站房设计方案（图21）。高架承轨层采用钢骨混凝土柱＋钢骨混凝土梁框架结构，高架候车层采用钢骨混凝土柱＋预应力混凝土梁框架结构，屋盖采用钢管桁架结构。雨棚采用预制装配式联方网壳混凝土结构（图22）。

图21　郑州南站效果图　　　　图22　联方网壳结构雨棚

2. 结构风险点判识与监测内容

郑州南站健康监测系统监测内容主要为：

（1）屋盖钢结构关键部位的应力和温度监测。

（2）承轨层结构、混凝土雨棚结构关键部位的应变和温度监测。

（3）结构的振动加速度响应监测。

(4) 屋盖结构的风环境和风压监测。

(5) 地震作用监测。

3. 监测系统设计

目前,郑州南站主体结构及其监测系统尚处于建设安装阶段。郑州南站监测系统拟布置 163 个光纤光栅应力应变计、24 个加速度计、1 个强震动仪及 1 个超声波风速风向仪。

郑州南站结构健康监测系统设计以 4G 传输为主,采用一套基于云平台和 BIM 技术的自动监测与预警服务软件,可实现监控传感器数据实时采集,接收到数据如果有异常,则通过多种手段报警(弹出告警窗口、播放声音、短信等),并实现将数据上传到云服务数据中心。

4.5 结构健康监测情况总结

宁波站、兰州西站及重庆西站的结构安全健康监测系统均已完成施工阶段的监测及验收,其中宁波站和兰州西站结构安全健康监测系统已从工程指挥部移交路局房建段管理,并进行使用阶段监测。

1. 宁波站、兰州西站及重庆西站的监测结果分析

(1) 应力、加速度和风压数据实测值与理论值偏差在设计许可范围内,数据吻合较好,系统运行正常。

(2) 站房自竣工运营以来,站房结构基本动力特性未发生退化,表明结构受力状况良好。

(3) 各测点应力实测值及加速度峰值均小于结构设计允许值,结构处于安全状态内。

(4) 由于各种因素,比如装修施工导致线缆移位、传感器故障、信号传输故障,后期维护不当等原因,造成部分监测点位失联或检测不出信号,测点存活率不能保证 100%,如图 23 所示。特别是随着传感器、传输线缆等老化或性能退化,监测系统的耐久性还不能保证。

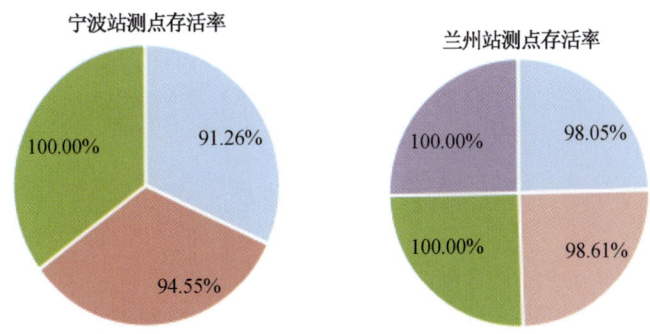

图 23 宁波站、兰州西站监测点存活率统计结果

2. 对铁路客站结构健康监测实践的反思和再认识

通过对已实施健康监测客站工程实践的总结分析,铁路客站结构安全健康监测系统在以下方面有待进一步完善:

（1）结构监测规范标准：关于铁路客站的安全监测水准、具体健康性能指标、预警标准、软硬件配置及验收标准、预警机制等技术要求，尚缺乏统一的规范指导。制定一套完整的铁路客站结构健康监测规范和标准，是本技术在铁路客站工程中广泛应用的迫切需求。

（2）监测系统使用寿命：目前监测常用的传感器其耐久性一般只能保证 10 年左右，当传感器出现故障，会导致对结构损伤误报或漏报现象。考虑有些传感器安装后不具备更换条件（如埋入构件内部的应变计等），一般健康监测系统的实际寿命比监测的建筑结构寿命小得多。提高健康监测系统的使用寿命是其在铁路客站工程中有效应用的重要前提。

（3）已建成客站的结构监测：目前铁路客站结构安全健康监测主要应用在新建客站中。对使用超过一定年限的已建成客站，建议结合现场安全检查及其风险评估结果，对关键构件的损伤敏感部位或已存在结构损伤的部位进行实时监测或定期监测，保证结构安全。

（4）监测系统管理与维护：考虑到铁路客站结构安全健康监测项目时间长，目前实施存在管理部门不统一、使用人员不专业等问题，建议对铁路客站建立专门的结构安全健康监测管理中心，监测数据远程传输至管理中心进行统一分析管理，实时监控及预警。并可利用铁路系统中既有的防灾监控系统及路内通信系统[3]，迅速采取有效的应对措施，有利于客站结构健康监测并实现系统化管理与维护。

（5）监测数据的分析和利用：目前对铁路站房结构监测数据的处理分析大多处于数据的数学处理和统计分析层面，对数据的有效利用水平很低，尚需进一步提升至大数据层面加以挖掘利用，以发挥健康监测对整个铁路客站建设技术提高的指导意义。

5　发展与展望

（1）新型传感器的应用。随着传感器的技术发展，新型传感器的性能不断改善，如郑州南站监测系统中拟采用的光纤光栅传感器，较传统传感器，具有性能稳定、抗干扰能力强、可多参数测量、分布测量等优点。随着传感器技术的不断进步，结构安全健康监测系统的准确性、适用性及使用寿命将不断提高。

（2）智能信息处理技术的应用。随着智能信息处理技术的集成研究与不断发展，未来有望将神经网络、遗传算法、模糊理论、进化计算等方法综合与集成[4]，充分发挥它们在处理海量数据、不确定数据与并行计算等方面的优势，未来结构健康监测系统在模型修正，数据分析，损伤识别及评估等方面的研究有望出现突破，对庞大的监测数据和建筑信息数据进行高效地分析处理并对结构损伤进行准确识别。

（3）基于 BIM 技术的结构健康监测技术应用。BIM 技术与结构健康监测的结合将是 5G 时代数字化智能建造的发展趋势[5]。建设一个基于 BIM 平台的结构健康监测系统，通过利用完善的建筑全生命周期信息模型和整合建造过程的相关信息（包括作用荷载、结构应力应变、结构损伤等），构建三维可视化的结构健康监测管理平台，实现结构健康监测系统的信息化、协同化、可视化。

6 结语

铁路客站结构安全健康监测,应结合监测技术的进步及相关监测标准的完善,并根据不同客站的结构特点,科学合理有序地推进。在铁路客站中应用结构安全健康监测技术,实时掌握结构的安全状况,是避免发生结构安全事故的有效措施,对铁路客站的建设、运营及维护均有着十分重要的意义。

参考文献

[1] 张涛.贝壳状钢网壳结构铁路客站健康监测方案探讨[J].铁道经济研究,2014(5):26-31.
[2] 李宏男.土木工程结构健康检查系统的研究状况与进展[J].力学进展,2008,38(2):151-166.
[3] 韩志伟.铁路客站大型复杂结构健康监测研究与思考[J].铁道经济研究,2011(6):28-32.
[4] 黄祖光.铁路客站结构损伤与传感器故障识别研究[J].铁道工程学报,2017(5):78-82.
[5] 石韵.基于BIM技术的结构健康监测管理系统设计与应用[J].建筑钢结构进展,2019,21(2):107-113.

地域文化与车站设计的共融

——以张家界西站为例

桑朝辉　李　强　王安毅

（中铁第一勘察设计院集团有限公司　西安）

摘　要：车站建设、设计的换代升级是车站发展的必然趋势，简单的功能需求向文化诉求及共鸣转变是时代发展的历史性要求，主要矛盾的转变代表着建设、设计理念的变化，是顺应时代发展的需求。追求文化自信，很准确地表达自己的文化特征，是一个行业健康、自信发展的表征。车站设计与地域文化的有机融合，互相滋养，互相影响，达到共融，是车站建设、设计、文化能够可持续发展的重要基础。

关键词：地域文化；车站设计；共融

　　高铁建设作为地区经济发展的又一动力，一直以来受到各地方的青睐，高铁效应在全国范围内已经显现。高铁车站在某一地区是稀少的建筑类型，常被寄予重任，担负着门户、标志性建筑的作用，往往受到人们的普遍关注，因此在众口难调的当下，车站的设计应遵循怎样的原则或者呈现出怎样的形象特征，才能产生更多的认同感。

　　这些年的创作实践告诉我们，只有民族的才是世界的。中国建筑逐步走向世界，取得了一些引人注目的成绩，人们对中国建筑的发展也展开了热烈的讨论。没有高度的文化自信，没有文化的繁荣兴盛，就没有中华民族的伟大复兴（中国建筑的兴盛），只有牢牢抓住中国的根，中国建筑师在世界范围才能大有作为。[1]

　　高铁车站设计中的文化表达一直是设计中的难点，采用怎样的表达形式能够更好地诠释地域文化，让人们看到这个建筑的时候就能感受出，它就是属于这个地方的建筑，这是非常难的设计目标和要求，这也是设计师追求的最高设计境界之一。

　　从目前建成的车站来看，这方面的设计手段日趋成熟，表达方式也在不断地提高。当然这其中也不是尽善尽美。高铁车站由于其特殊的功能要求及空间布局，不能像文化馆、博物馆等文化属性特别容易表达的建筑类型一样，从外部环境到内部空间都可以采用更接近地方特有的文化尺度去表达，而不是把某种代表性的符号扩大或缩小之后，依附在建筑中，形成某种特征，如表现山、水等自然景观的可取其意向或意境，采用极为抽象的表现手法，形成某种氛围或环境感知，让人们产生共鸣。但从抽象的语言表达到具体的形象，还是有相当的难度。这些不代表我们对文化注入的放弃，相反我们更应该注重文化与车站的有机结合，形成有活力的文化可持续作品。

1 地域文化的表达及界定作用使人们更容易产生共鸣与归属感

文化是相对于经济、政治而言的人类全部精神活动及构成。既包括世界观、人生观、价值观等具有意识形态性质的部分,又包括自然科学和技术、语言、文字等非意识形态的部分,是地区与地区、国家与国家最重要的本质差别之一,文化是能起到界定作用的重要标尺①。对于我们国家来说,南北东西幅员辽阔,各地沉淀积累了不同的文化形态,呈现出百花齐放的特点,这正是我国文化内涵丰富的根本原因。不同区域的文化,深刻影响着人们的生活,特别是传统建构上有较大的差别,表现在多样化的建筑形式出现,如:北京四合院、云南一颗印、湘西吊脚楼等,当然这些建筑形式还与地域地理环境有密不可分的关系,这个也可以被定义为广义的文化,这些对我们传统建筑的更新发展起到了精神引导作用。

文化作为一种精神力量,能够在人们认识世界和改造世界过程中转化为物质力量。地域文化是城市发展过程中形成有别于其他城市的内涵特征,也是城市生存发展的核心要素。[2]建筑对历史传统、地方风格、场所精神的传承就是对地域文化的适应性表达,这种形式的传承不是因循守旧,而是取其精华适应当今的时代背景,从不同的地域文化中,追求异质文化的共生。

车站建筑作为城市区域的核心建筑物,它不仅是地区历史发展的见证者,更是城市形象的外在表现,作为城市记忆的集中体现,其不仅是集体记忆的物质载体,更是认同感和归属感的精神载体。将历史、人文反映在车站建筑的形制上,更容易使人产生对环境的感知和归属,因此文化传承对车站建筑的地域性表达尤为重要。

2 我国近代建筑设计思潮对车站设计的影响

回顾我国建筑发展历史,我们有舒展、恢宏的汉唐建筑引领东方建筑发展方向,也有宋代建筑的纤绣独具东方韵味,这些都是我国深厚文化底蕴所塑造的华夏魅力。中国近代历史发展打破了传统建筑传承有序的脉络,随着鸦片战争的爆发,西方近代建筑及其思潮开始传入中国,在通商口岸租借区内大批建造各种新型建筑,如领事馆、洋行、饭店等,在内地也零星出现了教堂建筑,为了争夺在华利益,争夺铁路修建权,火车站建筑陆续出现[3],但此时的车站建筑带有强烈的西方印记,或者说此时的车站就是按照西方车站样式建设的,如:奉天驿(沈阳站既有东站房)(图1)、老济南站(图2)等。

社会主义建设初期,在全国人民满怀激情建设新中国的同时,建筑师们也开始了对地域主义建筑的探索,具有鲜明特点的民族建筑形式与现代功能进行了巧妙的结合,这时期的建筑最显著的特点是"大屋顶",这类建筑通常采用砖石和钢筋混凝土结构,水平五段式和垂直三段式是这个时期建筑的主要构图手法,在最上层加上大屋顶,这种建筑形式对于城市景观的营造具有重要作用,以至于其后相当长一段时间里国内出现了一种"复古主义"

---

① 文明文本文档2[EB/OL].https://www.docin.com/p-983893841.html.

图 1 奉天驿(沈阳站既有东站房)

图 2 老济南站

的思想浪潮。这时期由于国家对铁路建设具有紧迫的要求,因此车站建筑的设计模式仍然是以流线来组织空间序列,功能较为单一,铁路交通与城市交通的联系生硬不紧密,但在建筑形式上发生了转变,不再照搬西方车站形式,设计出了以北京站(图3、图4)为代表的经典设计作品。

图 3 北京站实景照片一

图 4 北京站实景照片二

改革开放迎来了我国的发展高潮,在开阔的视野和发展的机遇共同作用下,第二代铁路站房应运而生,此阶段我国站房发展处于多方向探索阶段,在站房形式上出现了上海站的线上候车形式和深圳站(图5)、北京西站(图6)综合楼结合车站的形式[4]。在此阶段

图 5 深圳站

图 6 北京西站

车站建筑整体风格多为体现改革开放与经济快速发展成果的现代建筑风格,在地域性与文化性方面有了初期的探索,当时的地域文化元素还较为直接与浅显,例如北京西站,直接将古建的亭子放置于现代综合楼建筑之上,以"建筑戴帽"作为"维护古都风貌"的手段也引起了不少的争议,但不可否认的是车站建筑在此阶段已经开始了地域文化性的探索,为后续车站建筑的形态与造型提供了经验。

21世纪初,我国高速铁路技术有了突飞猛进的进步,催生出以高铁站为代表的我国第三代铁路车站,从设计理念、建造技术、车站规模等方面取得了很大的进步,高铁站房在二三线城市的建设数量快速增长,使得如何增加众多高铁站房的地域文化性和识别性,避免千站一面的问题逐渐出现在人们的视野中,在此阶段,我国建筑师、规划师通过建筑创作和丰富的理论支持创造出了一大批能够代表地域文化特色的高铁车站,例如呼和浩特东站(图7),总体造型构思巧妙,是多种立意完美协调的结果。独具特色、新颖流畅的型体,加上轻盈而富有张力的钢结构,使整体形象既充分彰显时代气息,又具有鲜明的地域特色和文化传承。构成造型主体的穹顶源自草原上最具有代表性的建筑造型——蒙古包,恢宏而简洁的圆顶不仅彰显了极具地域特色的建筑形象,也扩大了效果强烈的室内空间,形式与功能达到了完美的统一。

图7 呼和浩特东站

由此可见,站房的地域性与文化性已经从简单的古建元素的提取向城市文化、地方文化元素的提取重构转变,地域文化的表现形式也变得更加理性与恰当。

3 近期车站设计主要矛盾由简单的功能需求向文化诉求及共鸣转变

建筑学家吴良镛先生在谈及全球化时曾说:"全球化与所在地的文化和经济日益脱节,面临席卷而来的'强势'文化,处于'弱势'的地域文化如果缺乏内在的活力,没有明确的发展方向和自强意识,没有自觉的保护与发展,就会显得被动,有可能丧失自我的创造力与竞争力,淹没在世界'文化趋同'的大潮中。"[5]随着全球化进程的加快,在新材料、新技术、新理念的冲击之下,以功能为导向的车站设计显然无法满足现代社会的发展需要,为避免"千城一面""放之四海而皆准"等现象的发生,地域文化回归到设计之中成了人们抵抗文化大同的必然手段。保证设计满足需求的前提条件之下,融入带有本地区特色的历史人文内涵,唤起人们内心的场所记忆,达到情感共鸣。

现阶段的铁路车站设计应了解片区历史文化氛围,结合城市自身的实际情况,将城市独特的人文气息融入到车站设计之中,让城市交通建筑承载着城市文明和特色动态展示,把握这些城市特色并且加以规划设计,建设带有城市自身特点的现代化、低碳化、人文化的铁路车站。

4 统一思想,重新认识,形成站城一体的思想定位

高铁的建设与发展,在相当程度上推动了区域经济的繁荣,给地方经济带来新的发展机遇,成为该区域的核心。但是铁路车站的设计出发点大多是作为城市交通枢纽体系而存在,很少考虑到车站对于其周边地块的肌理,风格乃至空间结构的影响,无形中将城市空间脉络割裂,形成城市盲区。随着目前建设理念的转变,车站已经不仅仅作为"城市大门"的建筑形象,而转变为新的"微缩城市"的城市中心区域,车站及其连带的周边地块建筑形成了一个复合功能的综合体,这不但促进了当地经济快速发展,也符合当今城市区域中心多核发展的结构模式。

例如,西安站改扩建工程(图8、图9)位于大明宫含元殿经丹凤门到大雁塔的南北轴线上,该轴线作为西安重要的景观轴线,我们也把它叫唐文化轴,因此位于该轴线上的西安站改工程承载着西安城市从古到今的历史文化延伸。为保证这一轴线的延续,在新建北站房东侧规划建设以商业配套服务为功能的东配楼,在北站房与东配楼之间以景观平台联系。丹凤门、北站房、东配楼形成"三足鼎立、主从有序"的空间格局,另外为了加强城市轴线的效果,营造比较好的城市视觉景观,在北站房和东配楼之间设市政天桥,通过天桥也可以直接到达北站房、东配楼,这在一定程度上缩短了旅客的进站流线,分担了地面进站的客流压力。同时在天街上可以看到丹凤门,形成良好的城市视觉景观。让外地游客可以感受到西安独到魅力和厚重的历史。丹凤门广场与火车站北广场更有效融合,形成城市开放空间,宫-站-城-塔延续了长安城的历史轴线,全面贯彻了站城一体的设计思想。

图8 西安站改扩建工程鸟瞰图

图 9　西安站改中轴线鸟瞰图

当然,站城整体规划思想的建立,是实现站城一体的纲领,是想法付诸实施的前提。站城整体规划思想主要研究对象是车站广场、站房、站场以及与之接驳的城市空间,从车站总体规划入手,并与城市总体规划协调配合,在功能、空间等层面利用各种相互作用机制,促进其中的联系,通过对他们之间的关系进行深入研究,达到相互影响相互融合的目的,以创造符合时代背景下对于复合功能的需求。站城整体规划思想的树立,是当下城市发展集约用地的基本原则,更有利于推动车站与城市空间有机融合,提高城市交通通行效率,创造便捷的交通环境,并能优化城市自身的空间结构。

对于车站的设计应该以城市的视角去考虑,重新定义车站在城市的地位,对车站周边地块交通、人文风貌、历史文脉等层面进行综合把控,并且研究其中人的行为需求,将车站枢纽作为城市区域核心,以此为基础向外辐射,控制车站片区风貌定位,彰显车站作为现代交通枢纽的核心地位,以此进一步彰显城市地域文化,提升城市的整体形象。

5　站区一体化设计,张家界西站设计初探

黔张常线路(图10)自重庆黔江站引出至湖南常德站接轨,自西向东经过重庆,湖北,湖南三省,设 7 座客运站,其中张家界西站规模最大,为 3.5 万 m^2。车站所经过的区域基本以土家族、白族为主,地域文化浓厚,建筑特色明显。在站房方案创作阶段,通过对沿线文化的研究与提取,结合车站站型、规模、周边场地环境等,形成了各具神韵的车站造型形态。

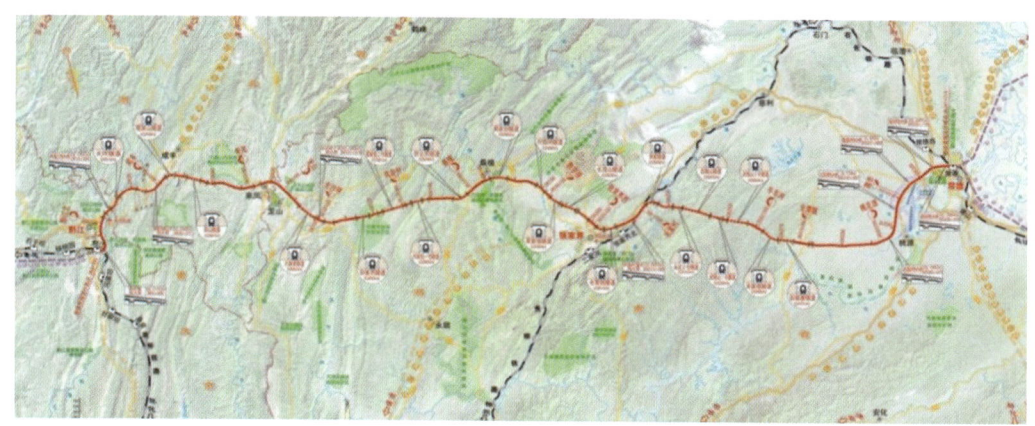

图 10　黔张常全线走向及设站站点图

图 11　张家界西站效果图

图 12　黔江北站效果图

特别是张家界西站(图11),是黔张常线路的重要节点车站,位于世界旅游胜地张家界,奇秀的风景、淳朴的风土人情、感受特别的土家建筑共同孕育了这片美丽沃土。"奇峰叠翠、廊桥百里"是美丽张家界的经典人文、地理写照,车站造型正是以这两点为主要出发点,以抽象的折板屋面轮廓形成错落有致,富有韵律的山形意向,站台雨棚采用主体站房屋面的处里手法,与站房屋面形态及周边环境形成交相呼应的整体效果。站房风雨门廊与匝道桥构成湘西风雨桥的特征(图12、图13)。

图 13 张家界西站鸟瞰效果图

在车站外立面的细节设计中,充分研读土家文化的特点,对站房外立面重点部位进行了刻画,取自于当地织锦"西兰卡普"的简化造型窗棂,既凸显了独特的土家族文化,又使车站的气质更为现代与沉稳。主入口处风雨廊桥柱,采用土家族吊脚楼八方柱的做法,寓意迎接八方来客之意,起到画龙点睛的意味(图14)。

图 14 站房入口立柱处里效果图

在进站门斗部位,结合土家族西兰卡普织锦图案,采用抽象的处理手法与门斗格栅相融交织,既起到强调入口的作用,也将文化元素巧妙地融入其中。使乘车旅客由远及近的一步步感受不一样的车站文化氛围,提升旅客的乘车感受(图15)。

图15　站房入口门斗处里效果图

地域元素的应用由外至内形成感知连续性,在车站室内设计中,既保证车站功能不受影响,也不能出现过度的文化修饰,结合车站室内恰当的部位,将张家界的自然与人文元素进行提炼后,与内装有机结合。秉承内外统一的设计理念,在室内文化性设计上,将吊脚楼传统民居概念沿用至室内,让进入车站候车的旅客,充分体验不一样的风土人情(图16)。

图16　湘西地区吊脚楼民居照片

在车站室内吊顶处理上采用几种不同的处理方式,使车站内部空间既干净、高效又能反映地方文化特色。将候车厅吊顶采用木色灯槽与白色铝条板吊顶结合的处理方式,既将站房外部木色元素有机过渡到车站内部,也增加了车站的温馨感,同时对吊顶与站房立柱采用简化后的吊脚楼木色构架进行过度处理,使二者之间自然地衔接。在一层候车室、售票厅、出站厅的吊顶处理上,将"山水之间"中式园林的设计概念引入其中,更多地展现张家界自然之美,造成人在景之中,景在人之旁的建筑意境,形成建筑和山水相互交融的整体感受(图17、图18)。

结合室内吊顶的整体处理思路,结合站房立柱、空调出风口等重点部位,在设计中增加了西兰卡普元素处理。在空调出风百叶上,对西兰卡普织锦中元素的精简,结合出风百叶的具体位置和尺度,采用镂空的表现手法,丰富站房设计元素(图19、图20)。

车站内外元素的统一处理手法,使得张家界西站浑然一体。这座充满地域特色的车站,向人们展示着张家界这座城市的魂,奇秀的整体造型,细腻可读的细节处理,都是对魂的诠释。

图17 候车室主吊顶图

图18 一层候车室吊顶

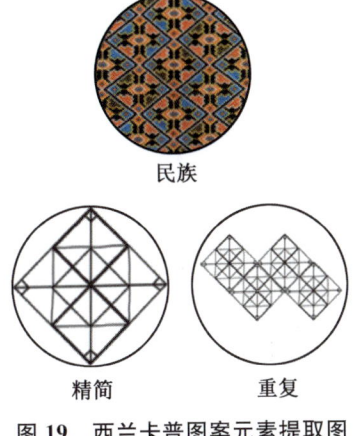

图19 西兰卡普图案元素提取图

图20 车站出风口百叶效果

6 站区整体统筹，以大环境、大氛围营造全面融合

车站片区的整体风貌把控，是实现站城融合整体效果最重要的环节。在车站站前设施的规划对接中，坚持以车站整体效果为核心，辅助用房及景观绿化等都为其服务，并满足地方城市规划的整体要求。以站房造型为车站整体风貌的基础，对周边附属设施的造型、色彩等进行控制，对车站周边地块统筹考虑，并且对景观绿化的整体设置，管线的整体接口等都提出要求。在车站与城市外部建设条件取得各种协调处理的前提下，对铁路内部本身的配套生产生活房屋、围墙、绿化等也提出了统一性要求(图21)。

在站前广场两侧的游客服务中心及公交枢纽调度中心的造型控制上，以车站造型为蓝本，进行简化及体量弱化处理，在保证不影响车站整体形象的大要求下，形成和而不同的整体效果，并且避免其放置于车站面宽范围内。最终形成主从有序的空间格局，这样既能强化及加强车站整体氛围的营造，并且能够烘托出区域核心建筑的作用(图22)。

在车站内部的配套生产生活用房处理上，适当引入土家族建筑元素并且结合站房建筑

图 21　张家界西站鸟瞰(含市政配套设施)

图 22　站前枢纽正透视图

的色彩,在细部处理上进行点缀性刻画,形成文化元素的整体连贯,在车站移步换景中,不断出现的符号,是工作人员归属感的表征。在张家界西站的公寓楼两个方案中,地域文化的展现采用一繁一简的处理方式都能与建筑本身很好地结合,考虑到造价因素,最终决定还是采用简化的处理方案,但细致入微的设计,对构件的比例、材质及色彩的控制,加上"四精"的要求,最终呈现的结果一定是好的(图23—图25)。

图 23　张家界西站公寓楼及食堂方案效果图(1)

图 24　张家界西站公寓楼及食堂方案效果图(2)

站区的整体效果呈现离不开环境的烘托,甚至山地建筑的设计应服从整体环境的需求。这也是本次黔张常全线整体景观规划、设计的大原则。在绿化景观的布置、树种的选择上,充分结合相关要求及地方气候特征,因地制宜,做到四季常青,三季有花,既经济又美观。

图 25　张家界西站生产生活区域景观规划图

建立恰当的文化表达与车站建设、设计之间的良好互动关系,以文化积淀为基础,设计方法为手段,设计表达为效果,建设实践为最终呈现。将城市的独特之美通过高铁片区整体规划,形成城市上位规划与区域规划的有机衔接,由小融合组成大融合,以大融合促成小融合,最终将最美的车站展现在世人面前,使得坐车出行或者悠然回家成为一种生活常态,相信这时的车站会更上一层楼。

参考文献

［1］赵鸿灏.地域文化对当代中国建筑创作的影响:地域文化与多种建筑因素关系的解析［D］.大连:大连理工大学,2006.

［2］丛美亭,王永乐.论文化领域创新在当代城市宣传中的引领作用［J］.大众文艺,2018,432(6):27-28.

［3］邓庆坦.图解中国近代建筑史:中国近代建筑史［M］.武汉:华中科技大学出版社,2009.

［4］董晓晶,张复合.中国近代铁路客运站房建筑发展概略［C］// 中国近代建筑史国际研讨会.太原:［s.n.］,1998.

［5］吴良镛.论中国建筑文化研究与创造的历史任务［J］.城市规划,2003,27(1):12-16.

高铁客站传承与创新

——昆明南站营造历程

黄智勤

（中铁第四勘察设计院集团有限公司　武汉）

摘　要：通过研究昆明南站建设背景，论述昆明南站设计时期铁路客站的发展现状，比照同时期铁路客站建设特征，对昆明南站整个营造历程中进行了较为系统性的总结。在传承铁路客站建设方面，较全面地介绍了昆明南站从综合交通枢纽、站区规划、立体疏解、立体叠合、地域文化性等方面设计营造历程。同时，展现了站城融合开发雏形、结构健康监测、地域文化元素与现代技术结合、生态绿色建筑技术等方面的设计探索历程，体现出昆明南站设计的创新性。为进一步打造新时代客站提供了技术借鉴。

关键词：昆明南站；铁路客站；建筑技术；传承；创新

1　工程建设背景及特点

1.1　昆明南站的建设背景

昆明，一颗升腾于高山、覆盖着彩云、艳阳高照的高原明珠，素有"春城"的美名。这里拥有悠久的历史文化、得天独厚的气候条件、丰富的物产资源和绚丽多彩的风土人情，现已发展成为中国唯一面向东盟的特大省会城市。

随着"八出滇、四出境"铁路通道骨架网建设的快速推进，昆明铁路枢纽已成为我国西南地区重要的客运中心之一，昆明南站是云南省 8 条铁路入滇、4 条铁路出境的重要枢纽，也是昆明市的重要标识门户，有"泛亚铁路第一站"之称，在云南建设中国连接东南亚、南亚，面向西南开放的"桥头堡"中发挥着重要作用。

沪昆高速铁路是国家《中长期铁路网规划》中"四纵四横"的快速客运通道之一，也是中国目前东西向线路里程最长、影响范围大、经过省份最多的高速铁路，项目途经上海、杭州、南昌、长沙、贵阳、昆明等 6 座省会城市及直辖市。线路全长 2 066 km（与日本新干线 6 条运营线路里程总和 2 214.7 km 相当，比京沪高铁里程长 748 km），全线为复线电气化铁路，设计时速 350 km，总投资超过 3 000 亿元（相当于三峡工程的 1.7 倍）。昆明南站是贯通中国东西向的沪昆高铁线的终点站，作为国家"一带一路"倡议的重要节点，是国家重点建设项目。

2009 年 3 月 9 日昆明南站站房竞标，由铁四院和广东省院联合中标。昆明南站在 2013

年 11 月开工建设,2016 年 12 月底开通运营。

1.2 高铁建设前的铁路客站现状

20 世纪 90 年代,随着国家改革开发建设的逐步加深,铁路客站建设的现代化水平和前瞻性也逐步觉醒,并引进了国外客站的理念与形式,涌现出一些实用创新的成功范例。部分客站能做到建筑规模宏伟,建造技术先进,具有民族气息;但客站整体功能不够突出,特别是旅客进出站流线和与城市交通连接不够顺畅。在高铁建设发展前,铁路客站不能适应社会发展对铁路客站功能需求的问题仍比较突出,枢纽客站布局数量少,无法满足城市规模快速扩大的需要;客站规模小,无法满足旅客列车开行数量快速增长的需要;客站与城市交通缺乏有机衔接,难以实现零距离换乘;客站自身功能不完善,难以全面体现铁路服务旅客的宗旨;造型陈旧,难以适应时代发展的要求。

1.3 昆明南站建设期间客站变革

2008 年 12 月,随着京津城际和武广高速铁路等投产运营,中国铁路有 51 座新建和改建的大中型铁路客站全面建成,其中包括北京南站、天津西站、武汉站、长沙南站、郑州站、西安北站等省会级城市铁路客站。这些铁路客站都体现了中国铁路客站建筑的新水平,表明了中国铁路客站建设的深刻变化和技术进步。这期间的客站随着高铁路网建设逐步成型,在经济发达的省会级城市逐渐增多,客站规模也逐步扩大,在这些表象变革之外,更深层次的变革有以下几个方面:

一是客站功能由"便于客运管理"转变为"便于服务旅客",一切以方便旅客使用为前提,把好空间、好环境、好资源留给旅客,提供最快捷、最方便、最舒适的出行条件。

二是客站流线组织从平面布局转变为立体空间布局,在站台层的上下方兴建地下和地上的换乘和候车层,做到流线互不交叉、短捷合理、明确清晰。

三是客站进出站方式由面向城市广场的单项进出站方式转变为多方位均可进出站,从层次上实现地下、地面、地面以上多层次均可进出站。

四是站房与城市交通系统衔接从单一的客运作业场所和城市门户向多元开放的"综合交通换乘枢纽"转化,形成不同程度的平面和立体组合,实现零换乘。

五是站房结构技术大量采用钢筋混凝土框架结构、大跨度管桁架结构、网壳结构、悬挂伞形结构及各种形式的索拉结构等,广泛应用房桥合一技术、交通客流模拟技术、高大空间声学设计技术等。

六是站房暖通空调系统由采用单一的冷热源形式向地源热泵系统、太阳能光伏一体化系统、冷热电三联供系统转化,建成节能型、环保型的绿色客运站。

1.4 昆明南站建设期间客站理念特征

随着城市化的快速推进,综合交通体系的不断完善,高铁客站功能定位也赋予了新内涵,高铁客站的设计理念特征逐渐清晰,主要体现在以下几个方面:

一是客站设计的主导思想从"便于客运管理"转变为"以方便旅客为中心"。以人为本,

"以旅客为本",一切以旅客为中心。尽最大努力为旅客提供方便,将最大、最好的空间让给旅客。

二是站房与城市交通系统衔接的变化,定位从单一的铁路客运"城市大门"向多元的"综合客运交通枢纽"转化,强调各种交通的无缝衔接和"零距离"无风雨便捷换乘模式。

三是强调提高车站效率,加强导向性和通过性。流线模式从不经济的"等候式"逐步向高效率的"通过式"或"等候与通过并存"转变,提出了"绿色通道"和"零时间"候车的效率理念。

四是站房与铁路站场、城市广场密切融合,节省用地、缩短流线。目前国内的大型铁路枢纽客站,站场上的站台、到发线数量较过去成倍增加,因此,站场与建筑形式之间的相互制约更加明显。车站建筑与铁路站场设计必须密切融合,创新的高架站场、地下站场、立体交叉站场产生了桥建合一站、线下式站、地下站等新的客站形式,如武汉站(桥建合一)、广州南站(线下式站)、深圳福田站(地下站场)、鄂州站(立体交叉站场)。站场布置形式的创新给铁路车站带来了根本创新。

五是借鉴创新,车次"公交化"、售检票"地铁化"、服务"机场化"。所谓公交化就是利用铁路的安全、经济、正点、舒适等优势,开行城际列车、市域列车,同一方向的列车班次,间隔密,极大方便了旅客。运用电子信息技术,普及城市售票网点、互联网订票、电话订票,车站人工售检票和自动售检票系统相结合。站内行李车无障碍推行、自动步道和捷运交通代步等也成为今天的大型高铁车站设计中的选项。

六是文化品位成为审美标准,倡导有地域特色的铁路车站形象。

七是打造可持续发展的绿色铁路车站。铁路车站设计强调"四节一环保",鼓励采用新材料、新技术节能减排,利用可再生能源,集约化使用土地,充分体现绿色建筑的理念。

昆明南站的建设理念就是打造"适应时代需求,服务交通功能,体现地域文化"构建以铁路为主的绿色综合客运交通枢纽(图1)。

图1 昆明南站由西向东鸟瞰实景

2 铁路客站建筑技术的传承

2.1 既有高铁客站建设理念的运用

1. 多场并站

车站选址于昆明市呈贡新城东面的龙潭山脚下,北接沪昆客专、渝昆线,南靠云桂线、昆玉线,主要办理沪昆客专、云桂线、渝昆线和昆玉线客车作业,设计年发送旅客4 693万人次。车站采用上进下出的流线。

2. 城市综合交通枢纽

昆明南站以高铁车站为核心,集地铁、公交、出租、旅游大巴等市政交通为一体城市综合交通枢纽工程。

在设计中对工程整体的系统性较为重视,站区的规划设计及工程实施同步性均很强。如方案阶段就完成了站区综合交通规划与布局,施工图阶段完成了站前东西广场的修建性详规,并同步完成市政道路、地铁车站的施工图(图2)。

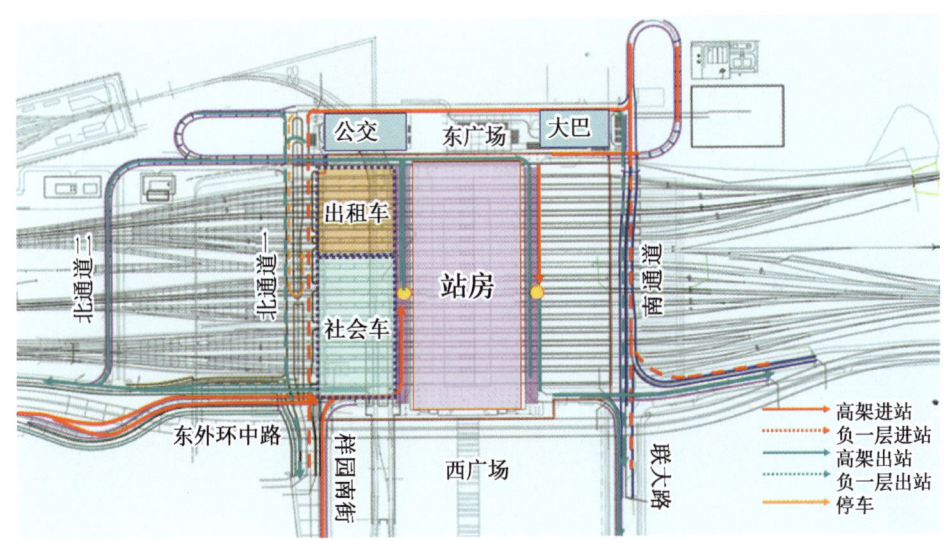

图2 站区规划交通流线组织示意图

3. 建筑规模庞大

昆明南站总建筑面积33.47万 m^2,其中站房建筑面积12万 m^2,站前高架平台及车道4.2万 m^2、无站台柱雨棚7.7万 m^2、出站层换乘空间7万 m^2 等。站场总规模为30台30线。昆明南站南北长450 m,东西宽430.5 m,建筑总高41.65 m(西广场侧),分为地下层、出站层、站台层和高架层四个主要层面。

4. 立体交通疏解

昆明南站是昆明地铁1号线呈贡支线和4号线的终点站,可通过多个换乘点实现与其他轨道交通线路的接驳;车站外围交通主要有东外环中路、彩云南路、景明北路、祥和街等城市主干道以及祥园南街、联大路等城市次干道,交通十分便捷。站内道路采用上跨或下穿的方式与周边道路衔接,形成立体交通疏解(图3)。

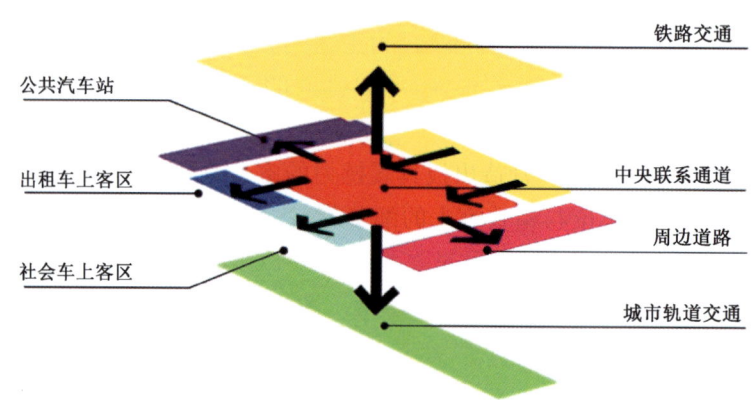

图 3　立体交通疏解示意图

5. 立体叠合

高架层横跨整个站场,是旅客进站层和候车层,设有进站平台、进站大厅、候车大厅及旅客服务区,小汽车、出租车等车辆可以直接到达这一层。高架夹层是给旅客提供方便服务和供旅客休闲、观景的区域,设有快餐厅、咖啡厅、便利店等旅客服务设施。

6. 多方位多层次进出站模式

站区自西向东划分为西广场、站场、东广场三部分,西广场面向城市,是步行景观广场;东广场紧邻白龙潭山脚,为交通广场。车站共设有四个方向入口;南北两侧入口主要服务于乘坐小型汽车到达的旅客,西侧入口侧重于服务广场和地铁旅客,东侧入口主要服务于东广场公交到达旅客(图4)。

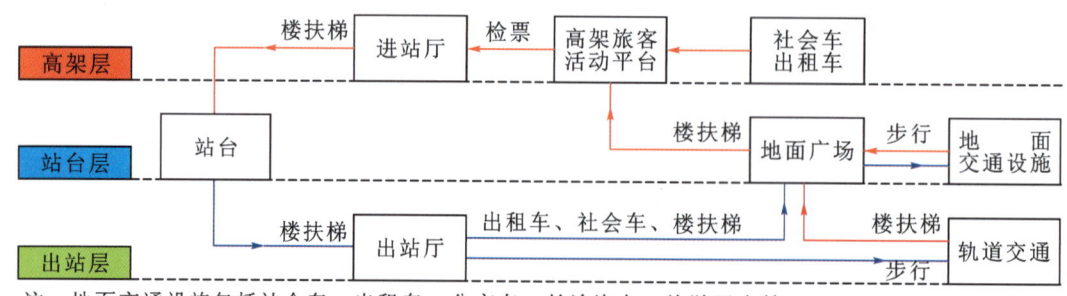

注:地面交通设施包括社会车、出租车、公交车、长途汽车、旅游巴士等。

图 4　旅客流线简图

7. 腰部进站

由于站场规模大,高架车道横跨整个站场,机动车开行至铁路上方,从车站高架层长边的中部进站,使得乘坐小汽车来站的旅客平均步距缩短近一半,并且风雨无阻。

8. 地域文化性体现

车站造型融合了云南、东南亚的地域文化,赋予了"雀舞春城""民族交融""南亚之门"等多重寓意。

站房建筑造型以"雀舞春城,美丽绽放"为主题,创造出别具一格的建筑形象。建筑立面整体由七束扇形盛开的孔雀羽毛构成,宛如盛放的孔雀之灵在跳动美妙的七彩云南之舞。

立面中部的巨大悬挑屋盖,营造出极具震撼力的室外灰空间,居中为带有民族特色的坡顶木构主入口,恢宏的尺度与精致宜人的细节相对比,这个主入口处理蕴含云南地方民居特色现代诠释,起翘的屋檐更如同振翅欲飞的孔雀之首,演绎出雀舞春城的生动情景。

主入口两侧各有4片羽毛,与中部型体组成孔雀开屏的优美造型,欢迎八方来客的到来(图5)。

图5 昆明南站西立面实景

2.2 民族地域文化提取与运用

1. 地域文化在车站建设的运用

工程提取云南地区具有代表性的孔雀形象及图案纹饰等典型民族本土元素,运用于站房造型上和内外空间中,建筑造型和细部融合了当地民族文化与南亚文化特点,实现了建筑与艺术的完美结合。

外墙的表皮采用云南特有的山茶花抽象纹饰组成羽毛的肌理,形成独特的浮雕感外墙表皮,体现浓郁的云南地方特色。

室内墙面、天花吊顶延续外部空间营造出的地域文化氛围,用云南民族特色元素形成昆明南站特有的纹理点缀在内饰装修面上。如"云纹"图案从云字出发,融合"水纹""孔雀"抽象组合,寓意丰富、生动形象(图6、图7)。

图 6 "云纹"图案元素提取示意图

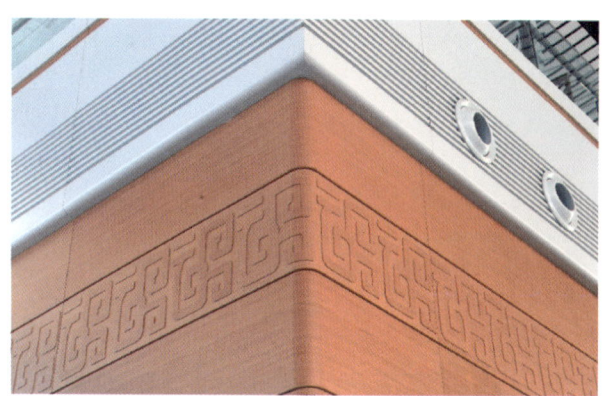

图 7 室内"云纹"墙面实景

2. 西进站口雨棚灰空间研究及运用效果

西广场进站口外廊与雨棚形成入口人行平台的灰空间,仿木构歇山顶棚极具云南民族特色。在确定纹理图案后,还历经 3 轮 40 多个方案比选,对屋面、檐口、吊顶、山墙面、照明等方面反复对比研究,最终实现了令人满意的效果(图 8—图 10)。

图 8 西进站口雨棚灰空间方案效果图

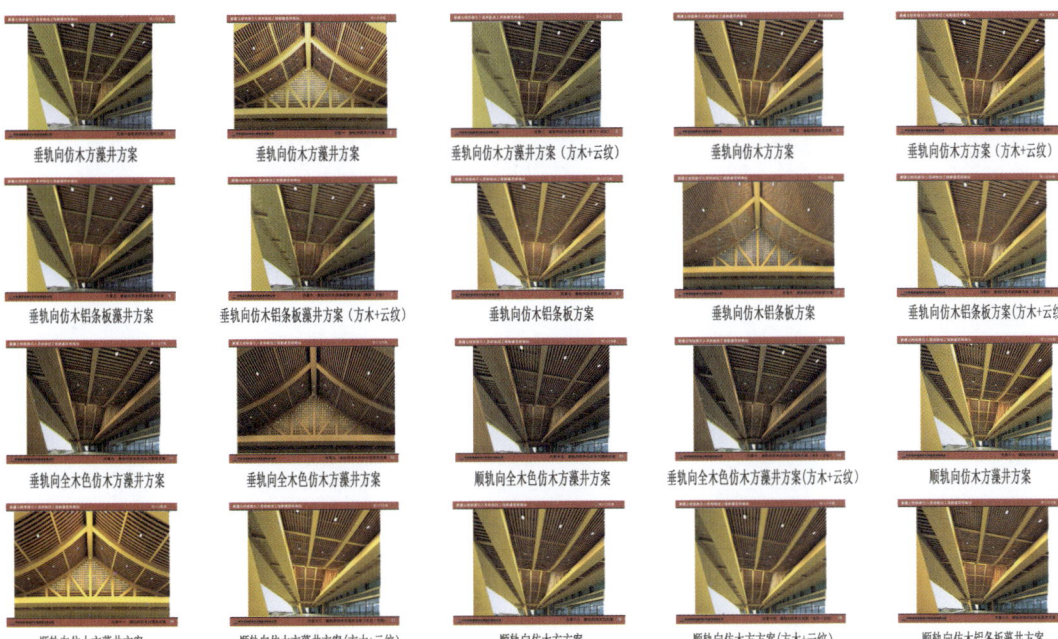

图 9 西进站口雨棚灰空间实施过程中优化比选效果图

图 10 西进站口雨棚灰空间实景

3 昆明南站建筑技术的创新

3.1 节约用地,带动周边开发,初显站城融合雏形

昆明南站充分利用地形高差形成的站场高架桥下方空间,节约土地 11 hm²。同时,站房建设带动了周边城市广场开发,形成了地下、地上整体开发模式(图11)。

图 11 站房周边在建的城市开发实景

3.2 结构健康监测技术运用

昆明南站处于滇东南剥蚀残丘地貌,岩溶强烈发育,是目前全国范围内地震烈度最高、地质条件最复杂的高铁车站。结构技术也有很多的创新和突破,例如:首次针对"桥建合一"站房结构进行全方位健康监测;首次采用十字形钢混凝土柱与圆形(或矩形)钢管混凝土柱抗震转换节点,首创十字转箱型钢柱转换节点施工工法;首创研发形成新型配比半刚性高压旋喷桩施工技术,保证了基坑止水效果和整体稳定性;攻克强震带厚砂层岩溶地区桩基础综合施工技术解决了不良地质条件下桩基成孔控制难度大的技术难题,等等。

在全国铁路客站中,昆明南站是首次开发了系统的、完整的、全方位的"大型高铁站房健康监测及损伤评价系统软件",该系统将对站房结构的主要构件、关键节点的温度、位移、应力、应变等进行实时监测,采用结构敏感度权系数法,实现了关键构件的快速准确定位。针对大型高铁车站结构的复杂性,首次采用无线透传技术,解决了复杂场区信号干扰及衰减问题,形成了针对强电磁场区信号传输电站布设方法成套技术。技术成果已纳入国家铁路局《铁路客站健康监测技术标准》,实现了结构安全的实时监测。

3.3 全建设过程的 BIM 技术应用

运用 BIM 技术完成了建筑、结构、机电、装修等全专业模型,首次采用 BIM 模型与 MIDAS 模型相结合,模拟对比分析结构受力变形而产生的结构空间变形,解决了正立面 16 根双向外倾羽毛柱、28 根 S 形扇形柱、屋盖桁网组合钢结构之间的结构受力变形复杂难题。

自主开发了用于施工现场安全管理的 BIM 软件平台,实现了现场预警情况与三维 BIM 模型的实时联动。建立了多传感器融合的施工现场感知系统,并在昆明南站施工中首次应用,实现了施工现场安全监管的智能化。

运用 BIM 技术开发昆明南站指挥管理平台,将智能监控系统、智能空调节系统、火灾报警系统、车站检票系统、动态屏显示系统等集成为综合管理平台,监控车站内通风空调系统、变配电系统、楼扶梯系统、给排水系统、照明系统、能源管理系统安全、高效、协调地运行,保证车站环境质量,创造最佳的节能效果,并在火灾、人员密集等突发事件时指挥环控设备转向特定模式,为旅客及流通环境提供安全保证(图 12)。

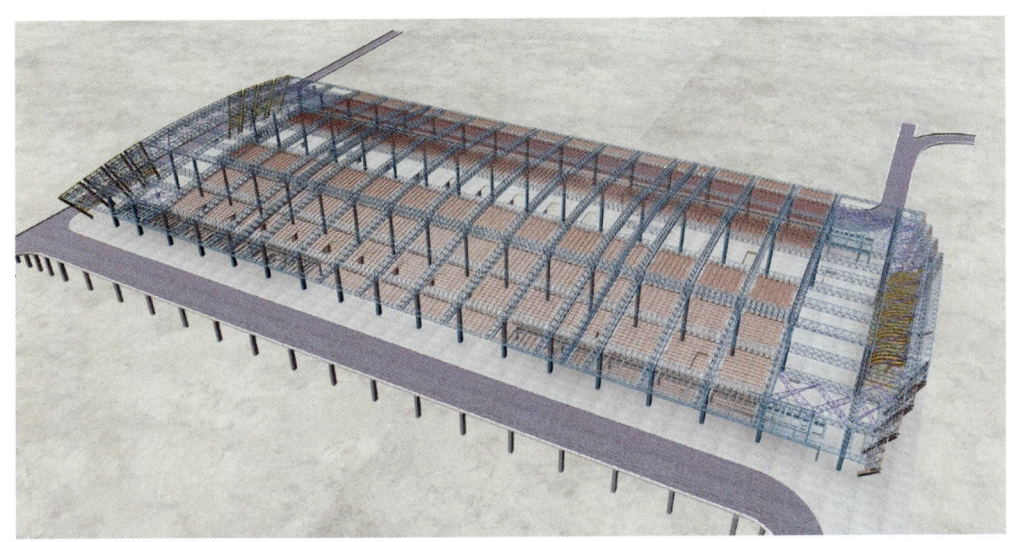

图 12 屋面钢结构桁网架 BIM 图

3.4 单向多点的出站流线

因地制宜利用既有地形打造高效铁路客站。车站位于站区的中心,利用高架桥下空间设置出租车、社会车停车场,并可连接东、西广场,同时作为出站和换乘的节点,与各种城市交通紧密结合,形成系统性的交通换乘空间。

结合西高东低、南高北低的自然地形特点,出站客流创新采用"单向多点"的方式,朝北侧 44 m 宽交通联系通道出站,以交通连系廊为中心,各种交通设施采用"紧贴"式布局,以实现无缝衔接。乘客下火车后,不用走出火车站就可以转乘地铁、社会车辆、出租车、小汽车、公交车及长途汽车,实现了各种交通工具的换乘"零距离"的目标(图 13)。

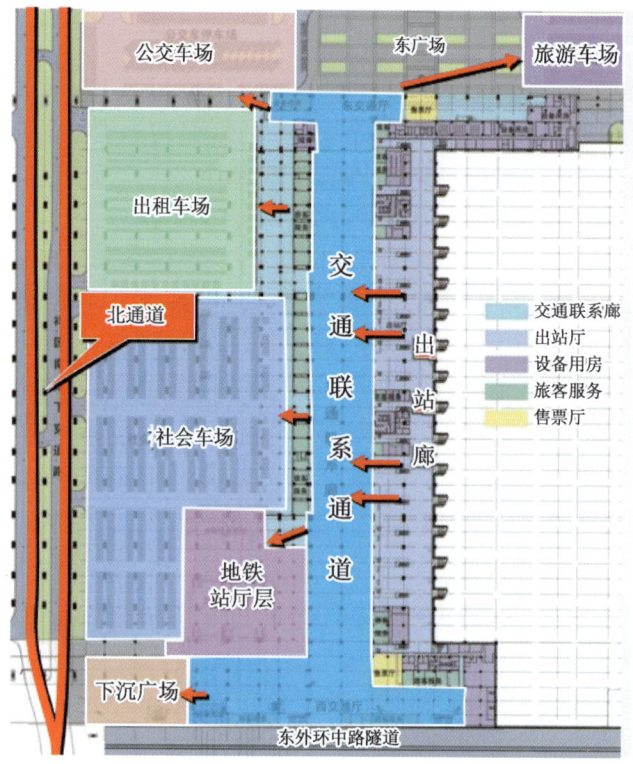

图 13　出站层平面布置示意图

3.5　解决地域性文化表达的设计手法

为解决地域性文化表达问题,开展了结合地域性特色传统文化要素的幕墙图案及幕墙构建的专项研究,通过提取孔雀形象、坡顶木构、纹饰等典型民族元素,并运用于站房的立面造型和内外空间上,用多种细部装饰和构件等建筑语言表达出云南昆明"民族交融、国际交流""西南枢纽、南亚之门"这一高原明珠的城市特点,塑造了现代科技与地域文化交相辉映的车站形象。其设计手法开创了民族传统和现代文明交融设计的新模式(图14)。

图 14　羽翼浮雕幕墙方案效果图

特别值得提到的是昆明南站羽翼型浮雕幕墙,它具有两大难点。

难点一,需从幕墙建构技术上实现雀舞春城、轻盈舒展的设计立意,必须解决 29 m 高前倾 75°幕墙的材料选型、涂层方式、4.5 m 高×3 m 宽嵌入式"孔雀翎"造型、单片幕墙面积达 200 m^2 的全浮雕图案组合以及该浮雕立面与屋面无折边过渡等关键要素。

难点二,需研究浮雕肌理图案,寻找既能体现丰富的建筑细节又能具有地域文化特色的图案,实现现代与传统和谐并存的设计意图。

通过装饰图案元素的提取、幕墙材料的比选、安装节点比选、面层处理做法比选、板块分格缝的优化处理、曲面成形以及特殊防水节点的研究等多方面综合研究,最后实现了羽翼型浮雕幕墙的创意初衷(图 15)。

图 15　羽翼浮雕幕墙实景图

3.6　绿色与智能的站房新模式

结合温和地区特点,昆明南站从建筑体型系数、窗墙比、围护结构热工特性、天然采光利用、大空间气流组织等方面采用了一系列的节能技术。例如,采用被动式节能设计技术,以自然通风为主辅以机械通风+除湿通风的复合通风系统,替代了高投入高能耗的集中空调系统,在站房高大复杂空间内高效合理组织了气流,达到了良好的室内环境;电力供电采用了全过程监控、主要电力设备免维护、机电监控系统,实现了变配电所无人值班,能够实施调控设备的运行状态、照明灯具开关,实现节能运行。站房设计体现了绿色环保的健康理念。

充分利用周围地势和自然水体,对雨水进行有效地管控;设置了中水回用系统,生活废水经处理后用于站房冲厕、广场绿化和道路冲洗;体现了绿色生态和可持续发展的理念,也是对当时尚未在国内推广的海绵城市理念在实际工程中的探索(图 16)。

图 16　站房气流组织研究分析图

4　结语与展望

4.1　结语

昆明南站是云南省第一座特大型高铁站。工程融合了传承和创新,既传承了多年实践的成功经验,如立体叠合、立体疏解、腰部进站、地域文化性体现等;也尝试了站城融合、结构健康监测技术、全建设过程的 BIM 技术、单向多点的出站流线、绿色铁路车站等一系列新理念或新技术,整个营造历程中积累和丰富了新的经验和技术。

昆明南站施工建设历时 3 年,终于将一个充满现代人性化设计理念又具有浓郁地方特色的特大型交通枢纽客站呈现在人们面前,受到了广大旅客和社会各界的好评。工程作为 2017 年全国铁路精品站房在全国推广,2018 年得到了鲁班奖专家们的高度评价:"这个车站不仅抗震烈度高,施工难度大,其技术水平也达到了高铁客站建设的世界最高水平!"

随着昆明南站的建成,昆明到国内主要城市乘车时间缩短 2/3 以上,2018 年年底乘坐高铁抵昆旅客占比达 39.85%,同比增长 76.04%。工程已成为中国连接东南亚、南亚,面向西南开放的"桥头堡",为探索民族融合、周边互联互通、国际运输通道等方面提供建设示范,同时获得显著经济和社会效益。

4.2　展望

随着高铁建设的飞速发展,高铁路网已见雏形。铁路客站在城市发展中扮演的角色悄然改变,在继承已建高铁客站优良特征的同时,打造出"畅通融合、绿色温馨、经济艺术、智能便捷"建设理念引领下的客站是新时代高铁客站发展的新目标。

参考文献

[1] 盛晖.中国第一条长大高速铁路铁路干线(武广高铁)技术创新工程丛书:站房工程[M].北京:人民交通出版社,2014.

[2]《中国铁路志》编纂委员会.中国铁路志[M].北京:[s.n.],2016.

传统建筑文化在大同南站创作中的现代演绎

李佳琦

(中铁第五勘察设计院集团有限公司　北京)

摘　要：大同是著名的国家历史文化名城，随着大张高铁的建设，大同南站成为大同市新的城市门户。体现了车站建筑的文化性，反映了当地的文化特色。本文介绍了大同南站的建筑创作，从建筑设计的文化原型入手，到传统结构空间的现代转译，再到细部文化符号的运用，从宏观到微观叙述了在现代高速铁路客站设计中引入大同地区传统建筑文化的尝试。

关键词：大同南站；传统建筑；文化表达

1　大同市概况

大同市是山西省下辖的地级市，省内第二大城市，素有"煤都"和"凤凰城"之称，总人口331.81万人，市区人口174万人。大同古称平城、云中，曾是北魏都城，辽、金陪都，明清重镇，境内古迹众多，著名的文物古迹包括云冈石窟、华严寺、善化寺、恒山悬空寺、九龙壁等，是中国首批历史文化名城之一，是中国优秀旅游城市。

2　大同南站概况

2015年，大张高速铁路开工建设，大同终于迎来第一条高速铁路，更好地融入京津冀，迎来发展的新机遇。大同南站选址在大同市御东新区南端，开源街南侧、太和路以东、文瀛南路以西。车站总建筑面积约 60 000 m²，其中站房部分 40 000 m²，设南北进站厅、高架候车室，铁路车场区域设站台四座，均有雨棚覆盖。

大同南站建筑设计以"建构大同"为理念，尊重大同丰富的历史建筑遗存，表达追求世界大同，这一中华"人世之理想"。站房整体形象古风新作，浑然天成，立于大同新城核心轴线南端点，对景行政中心，成为大同市新的城市窗口。

3　文化原型——大殿

作为北方著名的历史文化名城，大同城内保存各时代古建筑文化遗产十分丰富。除北魏王朝开凿于公元5世纪的云冈石窟外，现存辽、金、元、明、清建筑数量之多，规模之大，建筑艺术之精湛在全国十分罕见。

大同古城内的佛教大殿建筑，最早可追溯至盛唐开元寺（现善化寺），现遗留的经典之作多为辽金元所建，契丹在农耕文明与游牧文明交融碰撞之地，具有极高的建筑文化价值。民国初年，梁思成夫妇从大同出发考查山西古建筑，大同的寺庙建筑正是重要的实例，至今，这些大殿仍是中国传统建筑技艺的重要文化遗存，是大同市最具代表的文化元素。

　　凯文·林奇在《城市意向》中定义了城市物质形态的五个要素：路径、边界、区域、节点、标志，人们通过这五种元素，形成对一座城市的意象，城市也因此具有一定的可读性。

　　直到20世纪90年代，大同城仍然是一座以多层建筑为主的城市，古城内的民居以一层的四合院为主，街道的尺度也以人行和畜力车通行为主。城市五要素在大同古城中清晰地体现出来。其中，以华严寺、善化寺、文庙、鼓楼、九龙壁等巨大尺度建筑构成了识别和认知城市的标志（图1、图2）。当步行于街道中，巨大的古建筑时隐时现，成为城市意向的重要组成部分，深深地植根于人们的生活之中。围绕着这些重要的节点，是市民生活的场所，彼时的大同市民，多少会以此为傲吧！

图1　1938年的大同城与华严寺大雄宝殿

图2　大同城中的善化寺，其后为新建的商业建筑

https://www.xuehua.us/2018/12/04/穿越千年：八大辽构探访录/

　　随着大规模无序的城市建设，传统的街道尺度被更改，大殿被更高更大的现代建筑取代，城市的重心移至古城外，古城中渐渐成为脏乱差的代表，而大同市民也渐渐失去了文化自信。进入21世纪，随着"造城运动"，大同古城的概念重新清晰，虽然保护和重建的操作过程中充满了不规范和争议，但不可否认的是，大同古城也渐渐成为云冈石窟外新的城市形象代表（图3）。

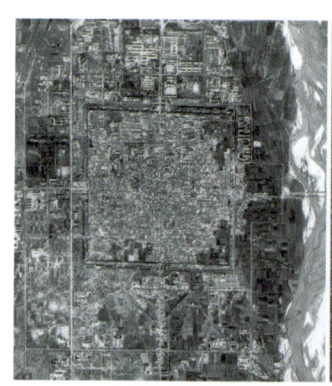  

图3　1967年、2008年、2019年的大同古城卫星图对比

美国UGGS卫星数据、Google地球卫星数据

一座现代化的高铁站,对于城市重要性自然不用多说,站在这个文化复兴和城市发展的重要时间节点,站房建筑所承担的意义巨大,它不仅仅是旅游城市的名片和窗口,更为这座发展中的古城表达自己的悠远文化而发声,成为传统城市文化的精神寄托。

如何找回失去的城市记忆,如何再造传统城市形象,如何重新唤起古都的自豪感？我们认为,还原大殿极具感染力的巨大形象,是大同这座城市最佳的门户建筑方案,通过大同南站的建造,那些失去的城市记忆会重回大同市民的心中。而全国各地的游客,也会通过站房建筑认识至那个云冈石窟之外的大同,那个更富中国传统城市味道的大同。

4 建筑整体文化气质

4.1 建筑型体

站房以灰色玄武岩石材,用现代手法设计的干挂石材幕墙,从建筑色彩与质感方面体现出"古城"的文化特色。玄武岩形成于火山喷发的岩浆凝固,在大同著名景点——火山群地区存量巨大,在大同城市建设中大量采用。从文化象征上,玄武岩经历了烈火与风雨侵蚀,代表了大同多次起伏、传承千年的历史脉络。石材灰色的色调也与千年古都的气质不谋而合,北站房主立面将灰色的建筑型体横向延展,辅助以横向为主的分隔形式、横向的装饰带、顶部收进的型体变化,气质上使人产生城墙的联想。墙体的部分门窗、洞口的处理形式,均以晋北地区的城门洞口部处理抽象而来,强化了"大同城"的意向。

大屋顶是传统建筑的精化所在,是站房建筑型体的重要组成部分。考虑到观察建筑的主要视角来自城市道路,设计之初更希望在屋顶的下部结合中式建筑的结构逻辑做文章。整体而言,外立面的处理即有大的型体穿插,也有柱廊和窗等细部,已足够丰富,故在屋顶设计中没有采用复杂的坡屋面型体,而是选择采用向上的反宇,希望建筑语汇在檐口处收关,幻化成飞扬的线条。

4.2 曲线形象的运用

大同地处塞北,是中原农耕向游牧文化过渡的地带,风土人情不同于中原地区,颇有"天高草低现牛羊"的苍凉与悠远;身处佛寺内,传统木建筑的檐口曲线也传递出一份"宁静致远"之美感。在大同南站的型体设计中,有意采用了向上扬起的上部曲线,削弱了梯形型体的笨重,功能上也隐藏了屋面设备及楼梯间,传达出一份悠远和轻盈。

檐口曲线的运用也遵循了传统建筑的处理原则。同时期的北宋建筑受到中原及南方影响、风格更为秀丽,而辽代建筑则继承和保留了更多晚唐北方建筑的特点。宋《营造法式》规定:"次间柱升两寸,以下各间以此递增"。屋顶"生起"逐开间变化加大,形成优美的弧线。这种做法在南北朝时期尚未采用,宋、辽时期则广泛采用,明清时期又少见了,故此曲线形式可以很好地概括大同地区古建筑的檐口线条。大同南站站房建筑屋顶处理参考了"生起"的手法,变形运用,结合反坡的屋顶,在平面上逐跨以两倍的关系向外增加挑出,反映到人视角度上形成微微上翘的曲线(图4)。

图 4　大同南站正视效果图

4.3　入口柱廊

中国传统建筑中,檐柱形成的序列是一种重要的空间形式。对于铁路客站而言,在进站口前部形成可以避雨的灰空间,可以优化进站落客的物理条件,改善旅客的心理感受。在大同南站设计中,从高架候车室的功能向进站方向延伸,自然形成一个面阔五间的檐廊空间,中心性明确,很好地暗示了车站功能组成。大同南站以十字结构柱和角部的幕墙形成变形的八边形截面柱,类似的柱形在南北朝时期所筑云冈石窟中运用较多,是大同鼎盛时期的代表;柱顶与屋顶的交接形式上选用最基本的"一斗三升"变形而来,意在表达"古拙"感,区别于其他时期中国建筑艺术的精巧和繁复,最能代表大同独有的北魏、辽、金、明时期的建筑艺术美感(图 5)。

图 5　大同南站入口空间效果图

5 建筑细部及空间营造

5.1 "古拙"的大同古建筑细部意向

不同于其他地区的传统建筑，在门窗、建筑构件、装饰性元素上，大同地区遗存的建筑粗犷、直白，乍看不够精细，比例却更接近于现代建筑的简洁大方。大同南站的细部处理上，也运用了这一原则，主要体现在幕墙构件、窗外格栅的比例尺度上。柱、梁、斗、拱等建筑构件均尺度较大，形态线条较粗放。直棂与窗格是南北朝至唐大量采用的门窗处理手法，不同于后朝的繁复装饰，倾向于简洁明快，这一手法用现代的语言运用于幕墙和窗等处的细部处理中，很好地反映出大同当地的建筑文化特色。

5.2 站房空间结构设计

站房的功能主体——广厅和候车室位于建筑中部，结合造型，这一空间正是大屋顶所覆盖的区域，空间相对完整。为保证屋顶的结构关系清晰，内部结构造型合理，在最初的设计中，从大殿"金厢斗底槽"的平面柱网布置中受到启发，采用内外两圈柱的结构形式，内圈柱中是车站的主要功能空间，内外圈柱之间布置交通和辅助功能，不论是结构逻辑合理性，还是建筑功能合理性均得到了保证。虽然由于种种原因没能够完全实现，最终方案简化了广厅等处的室内立柱，但室内的"内圈"柱在进深不够大的室内空间中，形成了一定的序列感，强化了建筑由外及内的空间延续（图6、图7）。

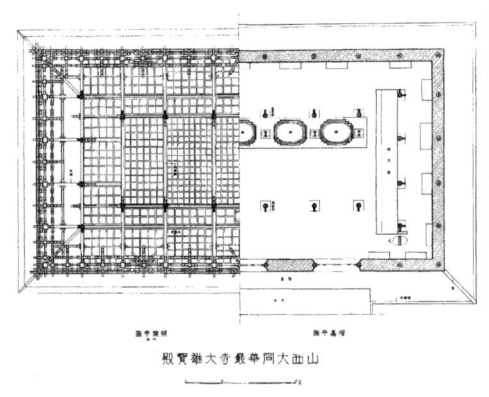

图6 华严寺大殿"金厢斗底槽"平面布局
中国营造学社汇刊,1934,4(3-4)

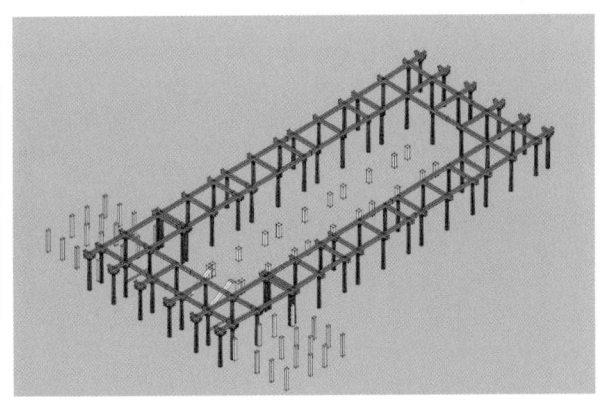

图7 大同南站方案设计阶段的结构布置形式示意

5.3 空间与室内设计

大同南站的室内设计中也借鉴了大同地区传统木建筑的室内处理手法，核心的建构方法是清晰的结构逻辑关系。整体的造型处理为柱——层层相叠的梁（平板）——上部次结构及天花这几层关系，最后于框架结构之中增加格栅、幕墙等轻质分隔和功能实体。这也是传统建筑结构、构造处理的忠实再现(图8)。

图8　大同南站室内人视效果图

与传统建筑的藻井功能类似,车站主要空间中多处运用了简化的藻井来强化空间的中心感和节点感:在进站广厅中,并列设置三处来对应通高的建筑空间,具有强烈的空间限定性;候车大厅中部设置一处,对应候车厅的服务岛;出站厅设置一处,在方形空间中形成中心感。为模仿传统建筑天花中方格网,大同南站方案中大量运用了方格的手法,这一最简洁和传统的构图形式(图9、图10)。

图9　善化寺大雄宝殿内的藻井

图10　华严寺大雄宝殿内的天花
http://blog.sina.com.cn/s/blog_71ff92d50102vspa.html

5.4　照壁等传统建筑空间处理手法的运用

车站建筑的空间处理上也借鉴了传统建筑的空间处理手法。大同是龙壁之城,现存各类龙壁九座。龙壁作为建筑物的照壁,多建于皇宫、王府、庙宇门前,功能作为院落建筑的屏障,烘托建筑物。此外,大同气候严寒,冬季盛行北风,站房主要出入口为北向,在北向主要的出入口设置类似照壁空间,还可以起到节能的作用。

站房进站口处采用玻璃隔断将旅客引导向左右安检,充分利用车站宽度,拉长了旅客进站流线,又起到一定阻隔北风的作用。出站口同样设置类似照壁隔断,将旅客左右引导换乘,避免了北风迎面灌向出站通道(图11)。

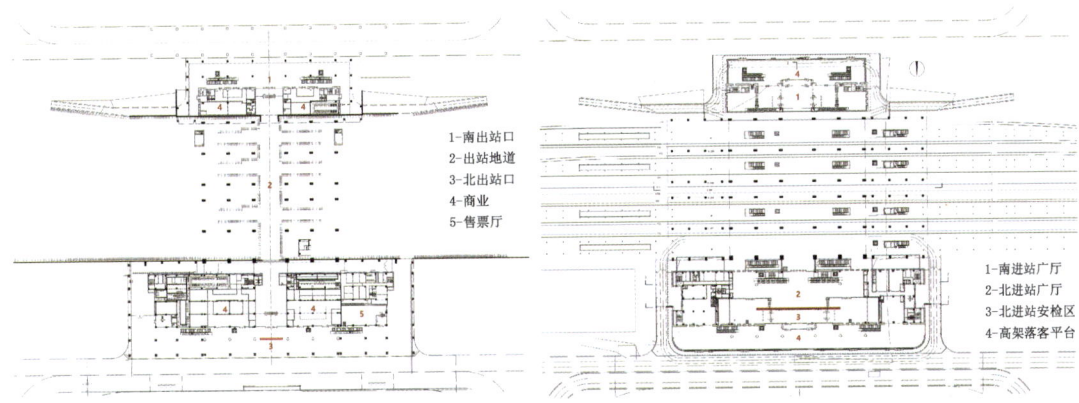

图11 出站和进站的照壁式空间位置示意

5.5 细部文化性元素融入

大同地区传统的建筑细部设计,是大同南站建筑细部设计的重要造型来源。云冈石窟中,多处反映北魏时期的建筑形象,诸多元素中,一斗三升和人字拱组合的简洁构件形式、忍冬纹等装饰纹样代表性较强,被频繁运用于大同城市建设的各个方面;大同地区的建筑砖雕艺术也较有代表性,在城墙门洞口等处,砖饰的斗拱等建筑元素是青灰色建筑实体上重要的装饰和点缀;其他北方地区传统建筑的花窗、隔断、纹饰可是建筑整体文化性表达的重要方面(图12)。

以上建筑元素,被抽象、变形、统一后运用于站房建筑的细部设计中。在部分实体洞口处再造了门洞,上部装饰采用一斗三升与人字拱的抽象化设计。同时大量运用了忍冬纹等纹样,与城市的整体文化环境相一致(图13)。

图12 云冈石窟中:"一斗三升"与人字拱建筑雕刻、忍冬纹雕刻

图 13　地道口部采用的抽象"门洞"处理方式

5.6　站台空间——站房建筑空间和形象的延续

相对于站房而言,站台是旅客停留时间较短的空间,重要性次之,这也是诸多铁路客站站台空间设计千篇一律的主要原因。由于控制建设投资的原因,大同南站并没有采用大多数大型站跨线的钢结构雨棚,这也给建筑师一定的创新机会。车站采用有站台柱雨棚和局部跨线雨棚相结合的方式,结构运用无装饰的清水混凝土,型体厚重,色调与主体建筑一致。跨线雨棚采用三层相叠,从高度上逐级过渡至站台雨棚,结构形式采用井字梁呼应主体建筑室内的方格造型,高架候车室下部站台上方也采用了相同的处理形式。站台有柱雨棚采用梁板组合,跨中采用单向密梁,有传统建筑廊内空间的意味,悬挑部分采用上返梁,与主站房屋顶飞檐相呼应,一改传统混凝土站台风雨棚的单调形象,站台空间和站房空间取得了有机融合(图14)。

图 14　大同南站清水混凝土站台风雨棚效果图

6 结语

反观大同南站的整个设计过程,建筑师一直在不断努力投入表达传统文化和审美的情感。就最终作品而言,似乎更流于仿古的形式,其中从结构形式,到细部装饰装修,也出现了一定的繁复与矛盾。然而回归设计的初心,体现在各主要空间的文化元素,将现代交通建筑融入古老的城市,也将传统的建筑空间体验融入到人的旅行与生活中。如果建筑本身能激发和响应人们心中对大同的印象,寄托大同传统建筑文化精神,重新激起古都人民对家乡的自豪之情,那么就传统建筑文化如何在现代交通建筑中运用而言,不失为一次积极的尝试。

参考文献

[1] 梁思成,刘敦桢.大同古建筑调查报告[J].中国营造学社汇刊,1934,4(3):1-283.
[2] 夏博文,巴祎. 辽代寺庙建筑空间布局特点[J]. 企业文化,2013(12):185-185.
[3] 张弛.基于城市意象理论的大同古城空间形态认知[D].北京:北京交通大学,2016.
[4] 迟庆华.建筑:城市文化的空间载体[C]//2008建筑设计与城市文化建设高峰论坛论文集.北京:中国矿业大学出版社,2008:53-55.
[5] 林奇 凯文.城市意象[M].方益萍,何晓军,译.北京:华夏出版社,2001.

青岛北站——新技术、新理念、新结构相结合的车站实践

毛晓兵[1] Luc[2] 于玉龙[2]

(1. 中铁二院工程集团有限责任公司 成都；2. 法国 AREP 设计集团 巴黎)

摘 要：青岛作为山东省经济中心，地处山东半岛东南沿海，是山东半岛的中心城市和交通枢纽。青岛北站在设计过程中注重与城市规划的协同发展，以主站房为主体，一体化综合考虑多种交通场站功能布局，并且在设计过程中注重与城市空间、城市发展的相互关系，营造换乘便捷、使用方便、功能齐全的综合交通枢纽。

关键词：站房建筑；轨道交通；交叉拱结构；交叉索；无柱雨棚

1 青岛北站概况

青岛北站位于青岛市李沧区胶济线原有沧口站的西南侧，西侧毗邻胶州湾及胶州湾高速公路，西南约 1 km 处为青岛海湾大桥的起点。业主为胶济铁路客运专线有限责任公司，2007—2011 年由中国中铁二院工程集团有限责任公司、法国 AREP 设计集团、北京市建筑设计院完成建筑设计，2014 年建成。青岛北站 2015 年旅客发送量为 925 万人次，日办理客车 37 对；预计 2025 年旅客发送量将达到 1 800 万人次，日办理客车 75 对。青岛北站远期容纳人数约为 8 000 人，站房总建筑面积 61 400 m²。

2 设计理念

青岛北站造型立意为在海滨展翅飞翔的海鸥，寓意青岛这座城市广阔的发展前景。设计利用了"海边的站房"这一极具特色的环境条件，使青岛北站的空间形态完美地融入到自然环境中，体现了人与自然和谐相处的理念，作为青岛市的新地标，青岛北站为胶州湾海域增添了新的活力。

青岛北站的整体建筑造型动感又伸展飘逸，挺拔又富有张力，建筑曲线的灵感来自于展翅飞翔的海鸥，同时采用交叉拱作为建筑主要结构体系，象征着青岛北站作为青岛的城市门户，以博大的胸怀迎接来自各地的宾客。

建筑外立面的材料采用玻璃幕墙及遮阳百页，屋面材料采用新型金属屋面板。色彩上采用淡雅纯净的浅蓝色与白色为主，与滨海的环境相呼应，成为新时代青岛文化的载体和宣传者(图 1)。

图 1　青岛北站实景图

3　同城市交通的衔接

青岛北站综合交通枢纽作为城市建筑综合体的一种,以高铁作为功能上的主导,拥有多种相互衔接、高效换乘的交通方式,青岛北站一体化的空间设计,使其成为具有较高开放性、公共性的建筑[1]。

3.1 轨道交通衔接

城市轨道交通是青岛北站综合交通枢纽内最重要的配套交通方式,对内城市交通40%由轨道交通承担。青岛北站的旅客流线设计有多层立体化的特点,为各类交通方式的立体化分流创造了条件。青岛北站为轨道交通1号、3号、8号线换乘站,轨道交通3号、8号线为同台换乘,站台位于地下二层;轨道交通1号线与3号、8号线T型换乘,站台位于地下三层。轨道交通3号、8号线在本站均设置折返线与联络线;1号、3号线则设置了出入段线。

为充分实现轨道交通与国铁的整体交通衔接,一是设立国铁进站等候区,满足各类客流衔接需要;二是合理布置人行通道并适当拓宽,着力实现立体化分流。

3.2 其他交通衔接

公交系统衔接,中国第一条公共汽车线路就诞生在青岛,公交车数量多,普及面积广,价格便宜,是主要的城市公共交通形式,青岛北站站区内有长途汽车站、公交车站等场站设施。长途汽车及公交车站均位于铁路站房东侧,与轨道交通站点临近,方便换乘,实现了多种换乘方式的无缝衔接。

出租车、私家车辆的接驳区分别设于3号、8号线站场南侧地下一层和夹层;北侧地下一层及夹层均为私家车停车场。

站房周边空地设置有旅游大巴停车场,旅客通过人行过街地道前往大巴停车场上车,以免大巴在火车站周边停靠对交通造成干扰。

设计主要采用了两个办法解决特殊车辆的通行,一是消防、救援等应急车辆可在公交专用道通行,形成通畅的进出网络。二是将特殊车辆进出口设置于南广场,避免对东广场进出站旅客造成影响,做到人车分离,并且避免车行流线冲突。

4 内部功能布局及流线设计

4.1 内部功能布局设计

青岛北站将车站功能空间划分为地下出站层、地面站台层、高架候车层等三个平面层。

地下出站层(-10.500 m标高)主要由出站厅、地铁站厅、地下停车场及出站地道组成,出站旅客由站台下至地下出站厅,验票后进入出站通道。出站旅客可在出站通道选择直接上至东西站前广场、东西站房站前平台、地铁站厅、地下停车场及各地面停车场,实现各种功能的综合连接。

地面站台层(±0.000 m标高)东西两端均设置进站广厅、售票厅等客运功能用房。其中东端客运用房中部为进站广厅,广厅右侧设售票用房,左侧设商业用房,旅客由广厅乘坐自动扶梯可直接到达高架候车层。贵宾候车室设于东站房两端,共3个,具有独立的出入口，并可通过专用垂直电梯上至高架候车层，经进站走廊跨线到达站台。

高架候车层(9.000 m 标高)中部为高架候车区，东端设置有少量客运管理及设备用房，并设置有餐厅；西端设置有面对海的观景区。候车区内采用玻璃隔断划分出普通候车区、母子候车区和软席候车区等，适当引入室内绿化及楼板局部开孔，形成丰富、舒适的候车空间。

餐厅、观景休闲区等配套商业服务设施的设置，大大提升了青岛北站候车空间品质的同时，也将海景车站的独特优势发挥到极致。

4.2 旅客流线设计

青岛北站的流线设计采用了双向进站模式，旅客可选择由高架候车室进站，乘坐轨道交通来站旅客也可由地下出站厅处"绿色通道"检票进站，满足旅客高效、便捷、舒适的需要。

青岛北站流畅的布局及视觉引导设计提高了旅客进出站的效率。青岛北站将改变以往旅客进站流线过长、视觉导向混乱、空间感觉封闭的印象。根据站房高架候车的特点，采用"上进下出"的旅客流线，旅客可流畅完成进站、出站。

1. 进站旅客流线

基本站台的旅客购票后进基本站台候车室候车进站，中间站台的旅客购票后经综合广厅进至高架候车室，检票后经自动扶梯到达各站台；乘坐轨道交通到达车站的旅客可经地下出站厅处的"绿色通道"检票进站。

2. 出站旅客流线

旅客下车后由站台下至地下出站厅，验票后即可进入地下出站通道，可选择前往东西站前广场及东西站房站前平台、城市轨道交通车站站厅层、东广场、地下停车场及各地面停车场等空间。

3. 贵宾旅客流线

贵宾车辆可经专用道路直接到达基本站台，或在贵宾候车室休息后上车，需到中间站台的贵宾旅客乘坐专用电梯到达高架候车层，经进站走廊跨线到达站台。

4. 软席旅客流线

采用玻璃隔断在高架候车室内划分出软席候车区，软席旅客与普通旅客进站流线相同。

5 室内环境设计

交通枢纽中的旅客有相当一部分不出车站就可以离开青岛北站，而且旅客在交通枢纽的大部分时间也是处于室内，因此旅客对交通枢纽的印象很大程度来自对于建筑室内空间的感受，因此室内空间设计对于交通枢纽尤为重要。

5.1 设计特点

青岛北站的室内设计延续了建筑主体设计中的简洁、伸展的特点，运用明快的设计手法,展现了现代交通建筑方便、快捷的风格。青岛北站的室内设计充分利用建筑本身的结构,高架候车厅的室内装修设计和独特的交叉拱作结构体系浑然一体,风格统一。

青岛北站的候车厅室内具有明快的色调和现代感的设计,功能布局人性便捷,不仅满足使用功能,也凸显了青岛的时代气息。吊顶与采光天窗的完美结合,充分利用了建筑的自然采光,使室内空间获得大量的自然光,具有良好的经济性。整个候车厅的空间通透明朗,现代交通建筑简洁开敞的特点得到充分体现(图2)。

图 2　候车厅室内实景图

5.2　材料选用

在材料的选用上创建一套能够强化通道布局的室内色彩配置方案:通道部分和站台部分的吊顶铝板尽可能长而直,二者基本采用相同的方式布置,以便对通道和流动起到强化效果。在通道和站台的墙壁采用金属灰铝合金板,通道及站台中通过不同材料的运用对空间进行细节刻画,丰富视觉感受(图3)。高架候车厅顶棚主要选用了白色铝合金板,以白色调为主,产生反射光,地面采用了芝麻白花岗石地板,这种地板质地坚硬,花纹细腻,在大空间室内铺装使空间宽敞明亮、视野开阔,在站房东西广厅和站房售票的墙壁,采用了浅黄色铝合金板,浅黄色铝合金板颜色柔和,便于旅客观察票务及车次信息(图4)。

图3 旅客通道透视图

图4 站房广厅透视图

在材料的选择上遵循了以下几点原则:
(1) 选取材质的经济性,遵循可持续性发展理念,将材料的安全性、耐久性、易清洁性作为考量的因素,注意控制后期运营成本。
(2) 采取整体的收口收边方式,以减少震动,静音,以便于拆装更换。
(3) 材料选取绿色环保,无放射性。
(4) 材料应为连贯、规则的模块化,具有现场整体装配性。
(5) 材料要求耐磨、耐腐蚀、不易变形等特点。
(6) 材料的安全性,防火、防滑,等等(图5)。

     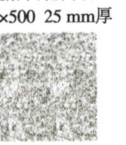  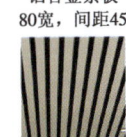 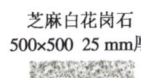 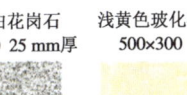

图5 室内装修材料选用

6 车站结构设计

青岛北站采用构造极具特色的立体交叉拱作为建筑主要承重结构体系,支撑起庞大的屋顶结构。青岛北站的主体结构由屋盖、高架候车层、东西广厅和两侧对称的站台无柱雨棚组成。跨度为 101.2～148.7 m 不等,最大悬挑约 30 m。本章主要介绍该项目结构设计的特点,包括三维立体拱架结构体系研究、屋盖结构、幕墙钢架和无柱雨棚结构设计,等等。

6.1 屋盖结构设计

青岛北站的主站房屋盖东西长约 350 m,南北宽 168～213 m,由 10 榀平行于轨道的立体拱架组成。相邻的两立体拱架间的距离为 22 m,33 m,44 m 不等,屋盖横梁与主拱通过 5 m(高)× 3.8 m(宽)纵向屋脊大梁连成整体结构(图 6)。每榀立体拱架由 1 榀拱、4 根横梁、6 对 V 形撑、16 根交叉索以及横梁间的纵向主檩条组成。为了减少基础与地基的水平推力负担,拱脚利用埋设在地面下方的拉索连接在一起。交叉索又分为承重索和抗风索:承重索主要承担重力荷载;抗风索主要承担屋面风吸力的荷载[2](图 7)。

图 6 青岛北站屋盖实景图

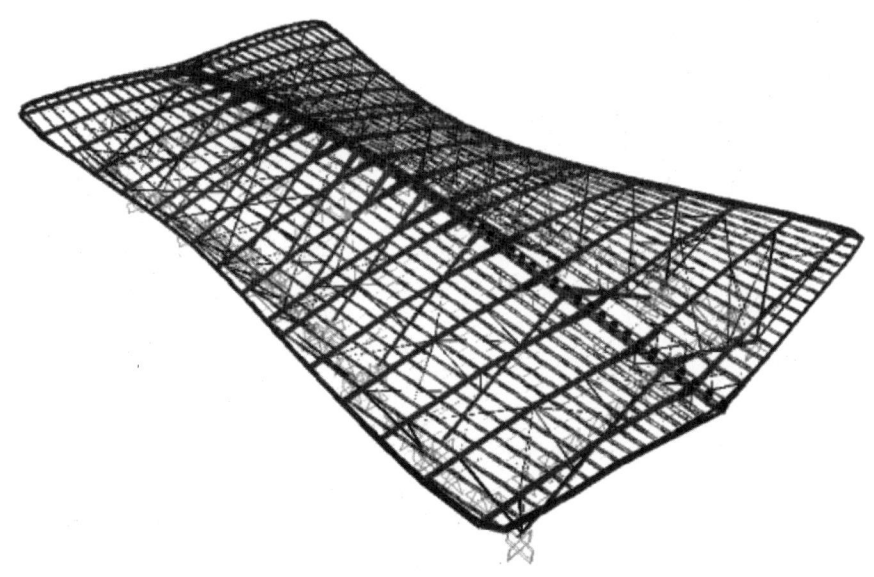

图 7　站房屋盖结构透视图（图片来源：赵鹏飞）

为了呈现出理想的建筑室内效果，青岛北站主站房屋盖结构的部分构件采用异形截面。主拱截面包含有豆圆形下弦、圆形上弦和腹板；屋面横向主梁包含有类半椭圆形下弦、矩形上弦和腹板（图8）；中间屋脊纵梁包含有两个三角形上弦、一个三角形下弦和斜腹板（图9）。

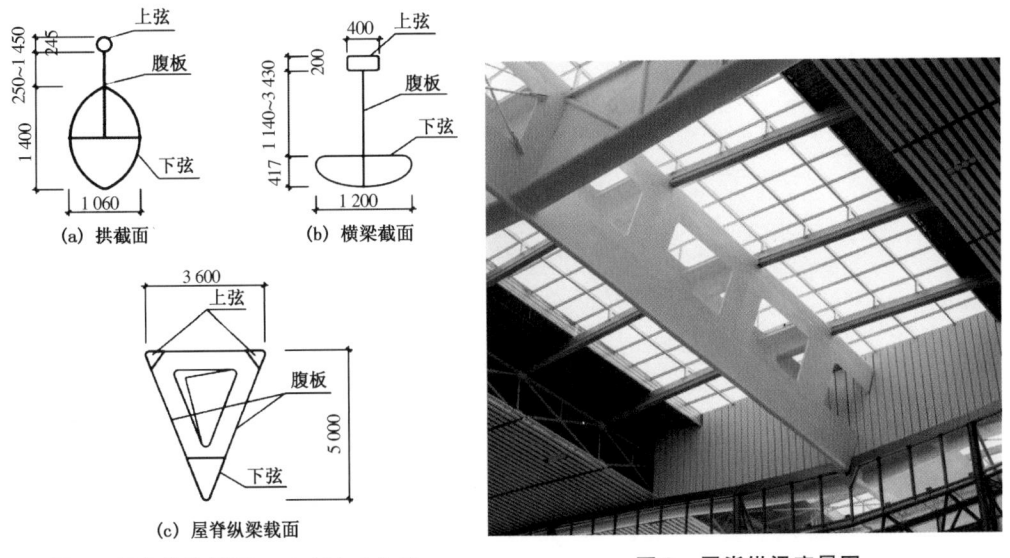

图 8　部分结构截面（图片来源：张相勇）　　**图 9　屋脊纵梁实景图**

除承重索和抗风索之外，每榀立体拱架下方水平设置1根基础拉索（图10），用于平衡拱脚在恒载下的水平推力，拉索布置如图11所示[3]。

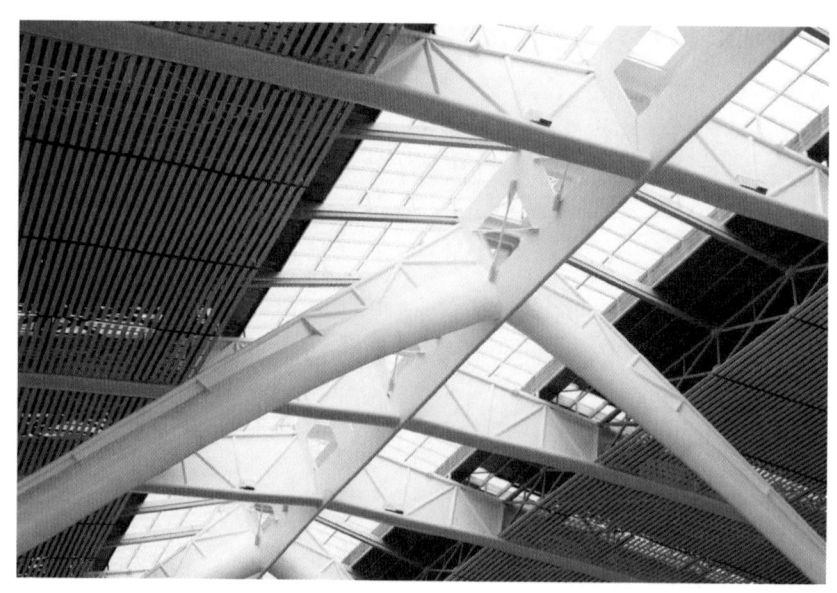

(a) 立体拱架立面图

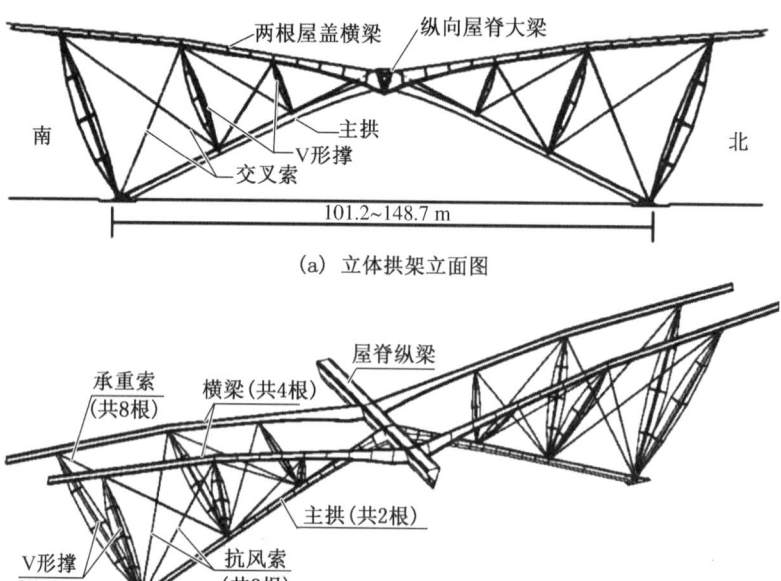

(b) 立体拱架三维图

图10 立体拱架立面图和三维图(图片来源:张相勇)

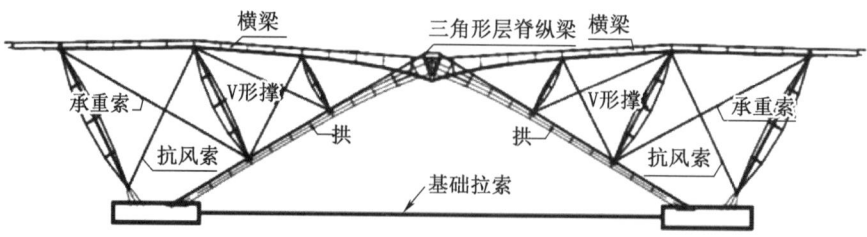

图11 基础拉索布置图(图片来源:张相勇)

V形撑为立体拱架的支撑构件,为梭形撑杆式预应力压杆,由中心杆件和外设的3根拉索组成,V形撑依靠外设的3根拉索保证其稳定性。V形撑将横梁受到的力传递到主拱上,V形撑不只是重要的结构构件,也是重要的灵感来源,带着钢索的V字形结构支撑看上去就像船的桅杆,青岛北站V形撑的设计体现了建筑美和结构美的完美结合(图12)。

6.2 幕墙结构设计

作为中央候车大空间的主要围合面,南北两侧的玻璃幕墙对建筑的室内空间的各项指标都有很大的影响。本方案采用构件式幕墙。幕墙采用中空LOW-E玻璃,每个单元内的玻璃面与垂直面有一个倾角。首先对于南北立面的玻璃幕墙面积比较大,容易给人以单调的感觉,当每个幕墙单元的玻璃倾斜后,幕墙框相应地加宽,在立面上形成有规律的重复阴影,富有韵律感。

图12 V形柱结构

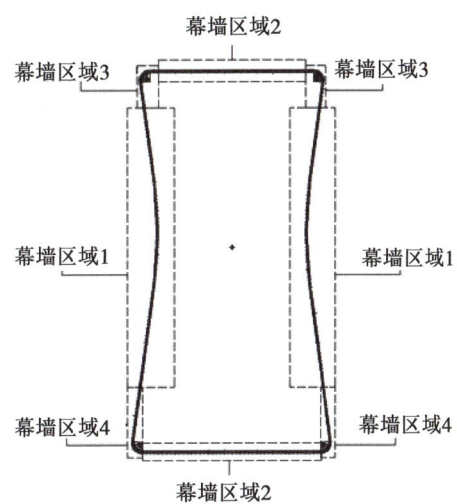
图13 幕墙钢架分区图(图片来源:张相勇)

青岛北站的幕墙钢架系统由三角形立体钢桁架以及水平索结构组成,分为四个区域,如图13所示。幕墙顶部均与屋面系统连接,其中幕墙区域1底部与高架候车层楼板连接,幕墙区域2、区域3、区域4底部与±0.000 m地坪连接。幕墙作为主站房的围护结构,其支承结构在水平方向与屋盖结构相联系,在竖直方向完全独立,仅向屋盖结构传递风荷载。

6.3 雨棚结构设计

站台无柱雨棚在高铁站房南北两侧对称布置,雨棚每侧南北方向长192 m,东西方向长227 m,共覆盖8个站台,雨棚屋顶标高9 m(距站台面),屋面采用虹吸式排水,两侧投影面积共约7万 m²。

雨棚的造型设计顺应了主站房的设计,采用无柱雨棚与主站房呼应,用简洁的带状微弧顶造型,局部采用钢架及拉索支撑,与主站房形成一体化的建筑造型。雨棚屋面体系上层屋面板采用彩钢板,并设玻璃棉隔声、吸声层,下层板为单层彩钢板,屋面檐口采用铝板面层。

站台无柱雨棚覆盖1站台至8站台,采用主跨44 m/33 m/22 m跨方案,结构柱设置于站台铁路线之间,跨两个站台,共6排结构柱,最大跨度为44 m,与主站房轴线统一,结构柱间距为20 m。雨棚结构采用钢架拉索结构,接触网支架部分考虑横挂于雨棚柱结构上(图14)。

图14 雨棚实景图

7 结语

青岛北站在"海边的新客站"这一得天独厚的环境条件下,青岛北站在设计理念、设计方法、新结构的运用等方面进行了有益尝试。当今铁路站房的设计与建设中新的设计理念、新技术、新结构的集成和整合已成为必然的趋势。在这种趋势的带动下,铁路站房不再孤立地被视作铁路线上的一个点,将同城市功能紧密结合,有机地生长在城市肌理之中。并且,作为城市的门户,青岛北站也将成为青岛的新地标,在新时代的发展大潮下,青岛北站带给青岛的影响也将是深刻而充满活力的。

参考文献

[1] 陈思阳.中国大型铁路旅客站流线组织及发展趋势——以青岛为例[D].青岛:青岛理工大学,2016.
[2] 赵鹏飞,Emmanuel L,阳升,等.青岛北站站房屋盖结构体系研究[J].建筑结构学报,2011,32(8):10-17.
[3] 张相勇,李黎明,魏建友,等.青岛北站结构设计综述[J].建筑结构,2013,43(23):1-6,13.

济南东站站房屋盖结构连续倒塌分析

翁 凯[1]　余 洋[1]　马 明[2]

(1. 中国铁路设计集团有限公司　天津；2. 中国建筑科学研究院有限公司　北京)

摘　要：济南东站屋盖结构为全覆盖复杂双曲面落地拱结构体系，鉴于其综合交通枢纽的重要性，有必要对其进行连续倒塌分析。运用等效荷载瞬时卸载法对四种不同支座失效工况下的结构进行非线性动力分析，介绍了连续倒塌分析的判定准则和分析步骤，从变形、应力、塑性应变等指标入手，分析结构的抗连续倒塌性能。

　　研究结论：对边跨和中心跨的单个拱脚失效情况，结构仅局部屈服，钢材强度未达到破坏强度，塑性应变未达到断裂时的塑性应变，变形在规范限值范围内，结构未发生局部倒塌破坏。对边跨和中心跨的两个拱脚失效情况，结构局部倒塌破坏，但未发生整体结构的连续倒塌破坏，表明结构具有很好的冗余度和防连续倒塌能力。

关键词：济南东站；落地拱；连续倒塌；拆除构件法；非线性动力分析

1　概述

　　结构的连续倒塌是由于意外荷载引起结构发生初始的局部单元破坏，破坏沿构件传递，最终导致建筑物发生整体或不成比例的大范围的倒塌[1-3]。1968 年的英国 Ronan Point 公寓、1995 年的美国 Oklahoma 州 Murrah 联邦大厦、2001 年的世贸中心双塔等多起重大连续倒塌事故，使各国工程师对结构抗连续倒塌研究愈加重视，国外在防连续倒塌的机理和设计标准方面取得了大量成果，我国许多学者也在国外研究的基础上取得了不少研究成果，但在大跨度空间钢结构防连续倒塌方面的研究还有所欠缺[4-6]。

　　引起建筑物发生连续倒塌的主要原因是偶然荷载的作用，包括地震或飓风等引起的偶然荷载、意外撞击或爆炸等引起的偶然荷载、地基的局部失效等[7]。大型铁路客站属于生命线工程，同时火车站又属于人员高度密集区，因此对于枢纽站等公共建筑，连续倒塌一旦发生，将造成很严重的生命财产损失，并产生恶劣的社会影响[8-9]。本文以济南东站超大跨落地拱屋盖结构为研究对象，采用拆除构件法对其进行连续倒塌非线性动力分析，为施工图设计和运营期间的维护提供参考。

2　工程概况

　　济南东站是新建济南至青岛高速铁路的始发站，站房建筑面积约 80 000 m²，包括南站房、中央站房和北站房。屋盖结构为全覆盖复杂双曲面落地拱结构体系,屋盖纵向长度为 406.6 m,最大跨度为 156 m,由 20 榀矢跨比一致的抛物线拱形成主受力体系,支承构件为矩形钢管混凝土斜柱和 70°斜交的矩形钢管支承柱,拱脚间设置预应力水平拉索平衡拱推力。在中央站房区域,屋盖与主体结构脱开,采用轨间桩基础支撑屋盖结构。在南北站房区域,屋盖结构支承在南北站房地下室混凝土结构。图 1 为济南东站综合交通枢纽效果图。

结构的抗连续倒塌能力与结构自身的冗余度密切相关,对于铁路站房,由于列车轨道横穿站房,轨道与落地拱柱距离较近,且结构支承构件数量少,其冗余度相对较低,抗连续倒塌能力相对薄弱,拱脚的破坏会导致该榀主桁架拱所承受的荷载向相邻主桁架拱传递,因此有必要对济南东站超大跨落地拱屋盖结构进行连续倒塌分析。

图 1 济南东站综合交通枢纽效果图

3 研究方法

结构在偶然荷载作用下发生的连续倒塌是一个极其复杂的过程,当结构局部发生破坏时,一些构件失效丧失承载力,其几何构成和边界条件发生突变而振动,从而使剩余结构进行内力、变形和刚度重分布。而局部破坏一旦发生,结构需要具备良好的整体性、延性和冗余度来控制破坏蔓延,确保结构不会发生整体倒塌。

3.1 设计方法

与传统的强度、刚度、稳定性等设计不同,防连续倒塌设计关注的是整个结构系统在局部构件破坏的情况下保持原构件的能力。目前进行防连续倒塌的设计方法主要有三种:第一种是概念设计与采取必要的构造措施,比如拉结强度法;第二种是拆除构件法;第三种是关键构件法。拆除构件法是通过有选择性地拆除结构的一个或几个关键构件,考虑非线性进行动力弹塑性时程分析,以荷载时程方式输入整个过程,可以真实反映各个时刻偶然荷载作用引起的结构响应,包括变形、应力、损伤形态等,确定结构的破坏程度,以此评价结构抗连续倒塌的能力。

拆除构件法能够较真实地模拟结构的倒塌过程,较好地评价结构抗连续倒塌的能力,而且分析不依赖意外荷载,适合于任何意外事件下的结构破坏分析,因此本文采用拆除构件法进行分析。

3.2 倒塌判定准则

从材料、构件和结构等不同层次上,国内外学者提出了很多破坏评价准则,但最为常用的是强度评价准则和变形评价准则。强度评价准则是指构件的最大应力或内力是否超过允许值,变形评价准则是指结构或构件的变形大于正常使用时的允许值时,结构或构件发生破坏。因此,通过拆除构件后的变形、位移时程曲线、拆除构件后的应力、塑性应变分布等指标判定结构是否发生倒塌破坏。

3.3 分析步骤

济南东站超大跨落地拱屋盖结构采用等效荷载瞬时卸载法进行抗连续倒塌分析的步骤有:

(1)建立结构的有限元模型,定义材料的本构关系,指定各个构件的单元类型和材料类型,以此确定结构的质量矩阵、刚度矩阵和阻尼矩阵。

(2)识别结构的关键构件,确定结构的最不利受损部位。

(3)将相应的受损构件从模型中拆除,使原受力状态发生突变,变为动力状态,输入偶然荷载时程,并确定结构的边界条件,进行非线性动力计算。

(4)分析结构在拆除构件后,结构的应力、变形、塑性应变等反应进行分析判定,从而评估结构的抗连续倒塌能力。

4 有限元分析模型

采用ABAQUS有限元分析软件进行动力弹塑性时程分析,线单元共计18 947个,构件类别包括桁架杆件、梁、柱、剪力墙、楼板等。混凝土采用弹塑性损伤模型,该模型能够考虑混凝土材料拉压强度差异、刚度、强度退化以及拉压循环裂缝闭合呈现的刚度恢复等性质。钢材采用双线性随动硬化模型,考虑包辛格效应,在循环过程中,无刚度退化。计算分析中,设定钢材的强屈比为1.2,极限应变为0.025,阻尼比取0.02,计算时长取30 s。有限元分析模型如图2所示。

4.1 损伤部位

确定结构损伤部位必须以结构的受力分析及建筑布置特点为基础,济南东站屋盖结构

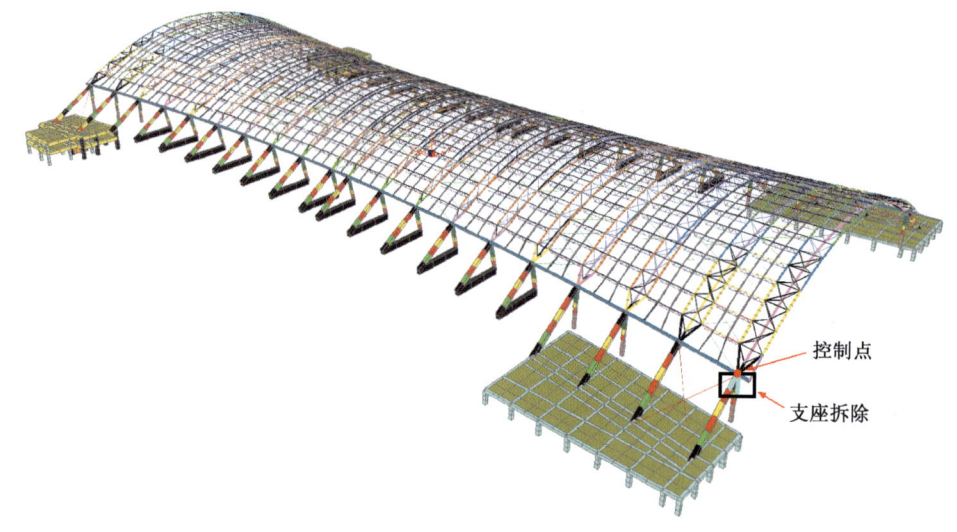

图 2　ABAQUS 有限元分析模型

由 20 榀主桁架拱为主受力结构，拱脚落在轨道间，是整个结构最关键的构件。考虑到拱脚可能受到撞击等偶然荷载作用，本文确定的损伤部位分析工况包括以下四种：①工况一：边跨拱脚构件破坏；②工况二：中心跨拱脚构件破坏；③工况三：边跨两榀拱脚构件破坏；④工况四：中心跨两榀拱脚构件破坏。

4.2　计算荷载

美国 GSA 规范[2]规定了连续倒塌分析时采用的荷载组合为恒＋0.25 活，而《高层建筑混凝土结构技术规程》(JGJ 3—2010)[10]对抗连续倒塌设计的荷载组合也有明确的规定，考虑到风荷载多为风吸工况，对结构有利，因此本文分析采用 1.0 恒＋0.5 活进行抗连续倒塌分析。

5　连续倒塌分析结果

对四种工况的损伤部位进行一一分析，主要对结构变形、位移时程曲线、构件最大应力以及塑性应变等指标进行分析，从而评估结构的抗连续倒塌能力。

5.1　结构变形

表 1 是不同损伤部位分析工况下结构的最大位移。工况三下结构的最大位移达到 28.25 m，拆除支座位置结构发生了倒塌破坏，去掉拆除支座的两榀主桁架及相邻的一榀主桁架，剩余结构的最大位移为 163 mm，位移满足规范限值要求，说明结构没发生连续倒塌破坏。工况四下结构的最大位移为 2.46 m，为拆除支座间距离的 1/23，结构发生局部破坏，拆除这两榀主桁架结构后结构的最大位移为 89 mm（图 3），说明局部破坏未对相邻结构造成破坏，结构未发生连续倒塌。

从位移时程曲线同样能够得出，工况一在拆除支座后位移迅速增大，10 s 后随着阻尼耗能，位移趋于稳定。工况二的位移时程曲线和工况一类似，稳定后结构的位移在规范限制要求范围内,结构未发生倒塌破坏。工况三中两个控制点的位移在支座拆除后迅速增大,最大位移达到 28 m。

表1 不同损伤部位的结构最大位移

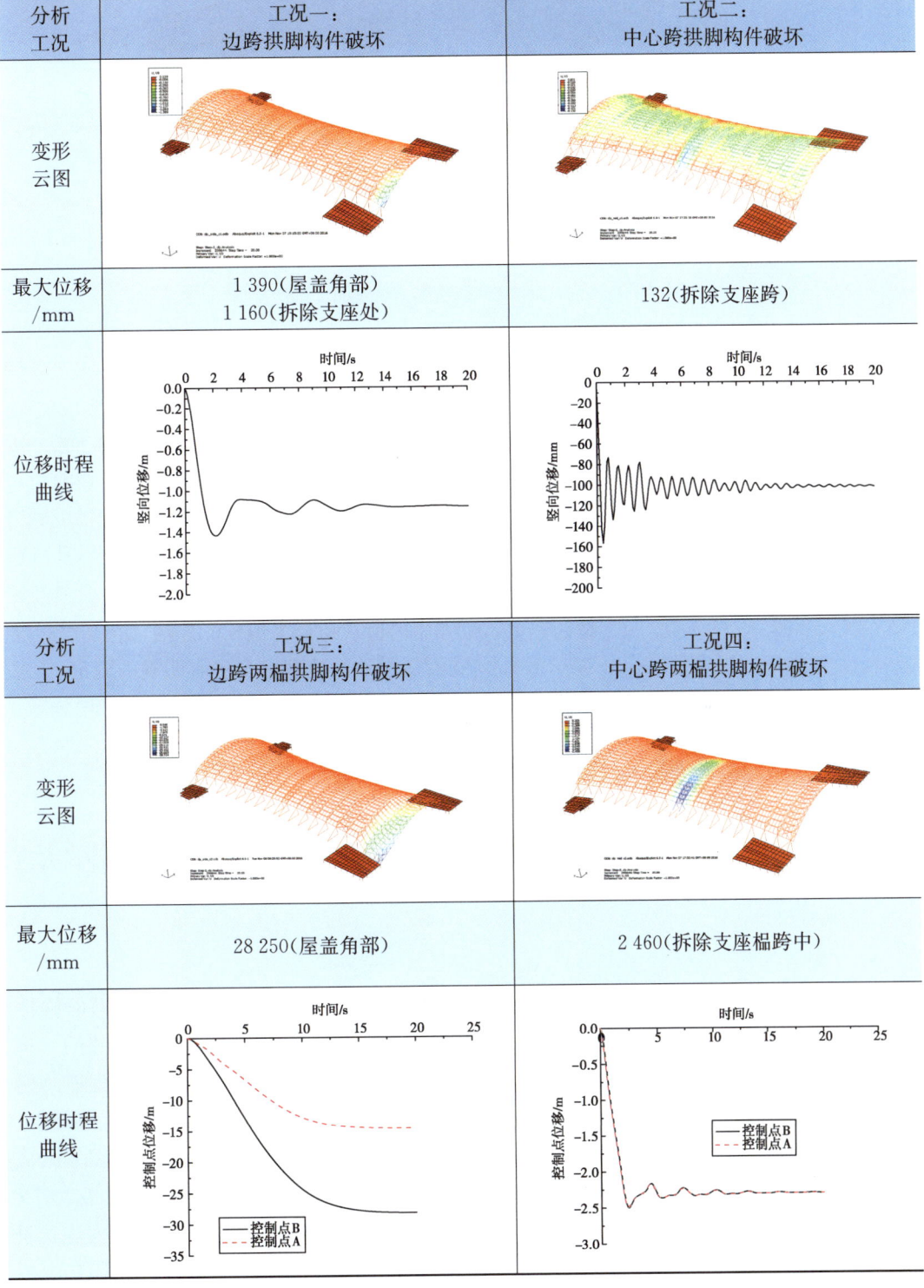

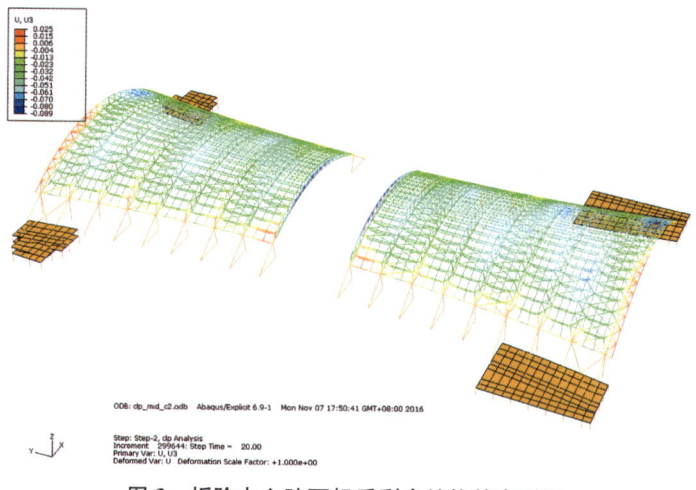

图 3 拆除中心跨两榀后剩余结构的变形图

5.2 构件最大应力

工况一在拆除支座后的瞬时最大应力发生在第 2.2 s,瞬时最大应力为 346 MPa,超过了钢材的屈曲应力 345 MPa,但未达到钢材的极限强度,因此钢材尚未断裂破坏。稳定后结构的最大应力为 273 MPa(图 4),说明结构在拆除支座后内力重分布,结构未发生局部倒塌破坏。工况二的最大应力出现在 1.1 s,最大应力为 154 MPa(图 4),构件全部处于弹性阶段,未发生屈服破坏。

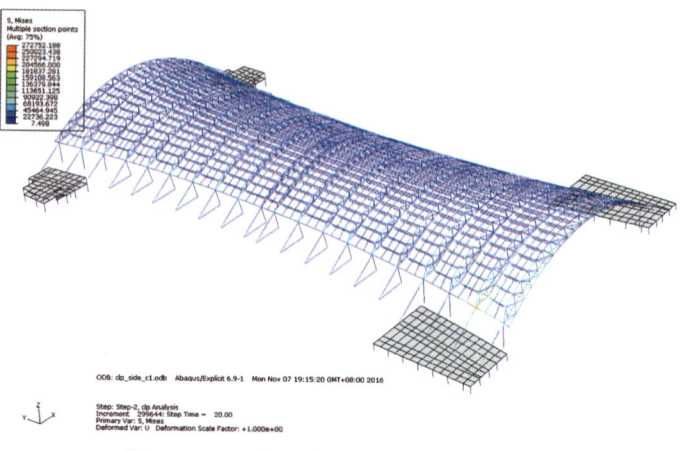

图 4 工况一拆除支座稳定后的应力云图

图 5 给出了工况三拆除支座稳定后的应力云图,可以看出最大应力超过了破坏应力,拆除支座的两榀主桁架结构倒塌,相邻的一跨主桁架杆件少量屈服,未发生连续倒塌。工况四的应力情况和工况三类似(图 6),拆除第一个支座后构件在第 2.4 s,构件的瞬时最大应力为 375 MPa,构件进入屈服强化阶段,拆除第二个支座后经过内力重分布,最大应力为 325 MPa(图 7),结构虽然有较大位移,但未发生倒塌破坏。

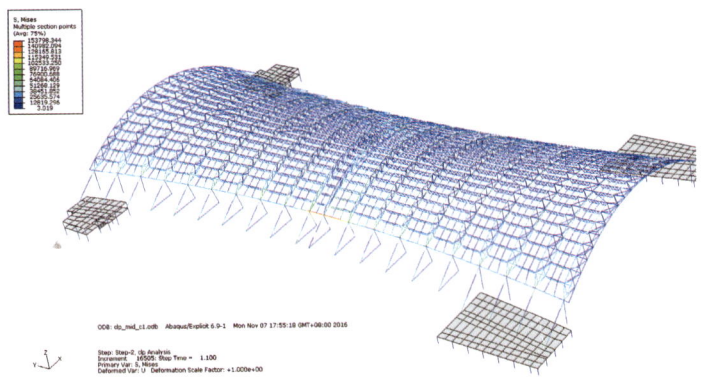

图 5　工况二拆除支座稳定后的应力云图

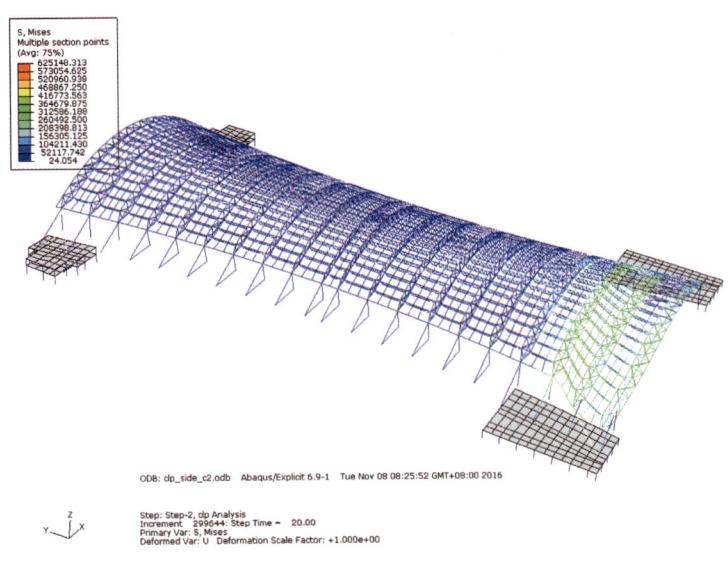

图 6　工况三拆除支座稳定后的应力云图

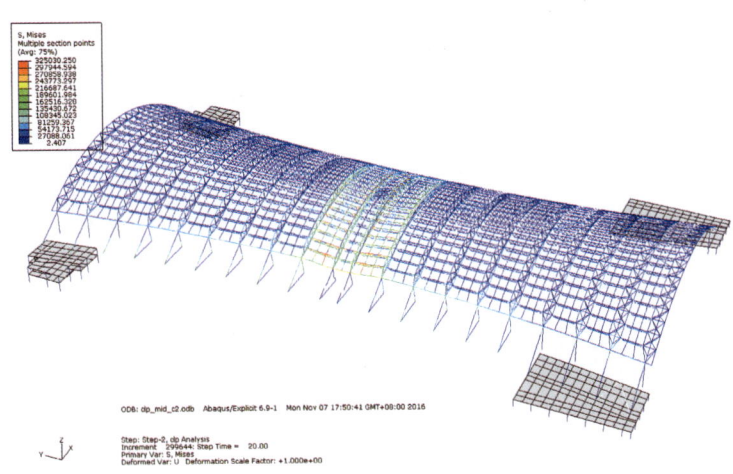

图 7　工况四拆除支座稳定后的应力云图

5.3 塑性应变

工况一在拆除支座后的最大塑性应变为 0.001 9,发生在拆除支座附近,其他部位结构均处于弹性状态,结构未发生连续破坏。工况三的最大塑性应变为 0.092,远超过极限应变 0.025,从图 8 可以看出,拆除边跨两个支座后,两榀主桁架结构完全倒塌,与之相连的支座位置处构件全部进入塑性破坏状态。工况四在拆除中心两榀支座后,支座附近结构进入塑性状态,最大塑性应变为 0.018(图 9),拆除支座范围外结构均处于弹性状态,结构未发生连续倒塌。

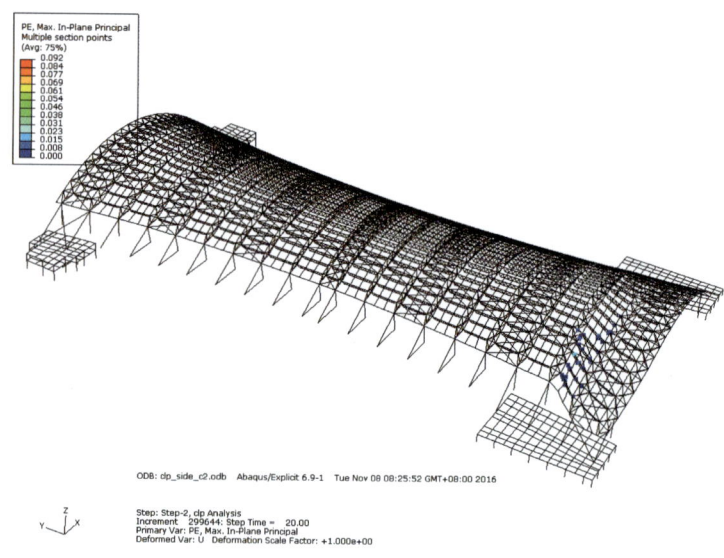

图 8　工况三下结构的塑性应变分布

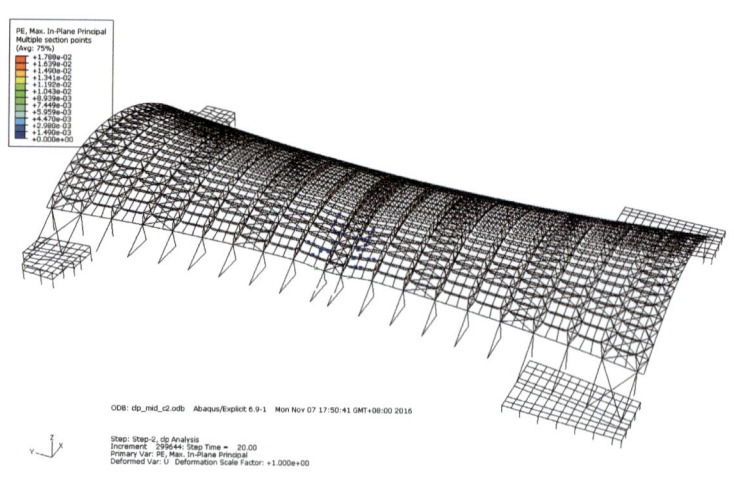

图 9　工况四下结构的塑性应变分布

6 结语

利用拆除构件法对济南东站超大跨落地拱屋盖结构进行了连续倒塌分析,分析了四种损伤部位分析工况下结构的变形、应力和塑性应变,得到以下结论:

(1) 等效荷载瞬时卸载法能较真实地反映结构的响应,能相对准确地评估结构的抗连续倒塌能力;

(2) 边跨拱脚构件拆除后,结构局部构件屈服,稳定后钢材的强度未达到极限破坏强度,塑性应变未达到断裂时的塑性应变,结构未发生局部倒塌破坏;

(3) 中心跨拱脚构件拆除后,构件的最大应力未达到屈服应力,结构处于弹性状态,变形在规范限值范围内,结构未发生倒塌破坏;

(4) 边跨两榀拱脚构件拆除后,局部发生倒塌破坏,相邻的第三榀受影响较大,大量构件出现塑性应变,去除边跨三榀桁架及相关杆件,剩余结构均处于弹性状态,说明结构未发生连续倒塌破坏;

(5) 拆除中心跨两榀拱脚构件,拆除支座的两榀桁架位移较大,附近大量构件进入屈服破坏阶段,但局部破坏未对相邻结构造成破坏,稳定后结构未发生连续倒塌破坏;

(6) 结构具有很好的冗余度和抗连续倒塌能力,在运营维护期间应采取保障措施,避免两个拱脚同时遭受偶然荷载破坏,控制结构发生连续倒塌破坏的风险。

参考文献

[1] American Society of Civil Engineers (ASCE). Minimum Design Loads for Buildings and Other Structures[S]. ASCE-7, Reston, USA: American Society of Civil Engineers, 2005.

[2] GSA 2003 Progressive collapse analysis and design guidelines for New Federal Office Buildings and Major Modernization Projects[S]. Washington DC, USA: the US General Services Administration, 2003.

[3] Design of buildings to resist progressive collapse: UFC 4-023-03[S]. Washington DC, USA: US Army Corps of Engineering, 2010.

[4] 赵宪忠,闫伸,陈以一.大跨度空间结构连续性倒塌研究方法与现状[J].建筑结构学报,2013,34(4).

[5] 江晓峰,陈以一.建筑结构连续性倒塌及其控制设计的研究现状[J].土木工程学报,2008,41(6).

[6] 张月强.大跨度钢结构抗连续倒塌动力分析关键问题研究[J].建筑结构学报,2014(4).

[7] 蔡建国,王蜂岚,冯健,等.新广州站索拱结构屋盖体系连续倒塌分析[J].建筑结构学报,2010(7).

[8] 周健.虹桥综合交通枢纽结构连续倒塌分析研究[J].建筑结构学报,2010(5).

[9] 田承昊,董城,刘明,等.大型站房连续倒塌仿真分析[J].铁道工程学报,2015(12).

[10] 中华人民共和国住房和城乡建设部.高层建筑混凝土结构技术规程:JGJ 3—2010[S].北京:中国建筑工业出版社,2010.

超长浅埋大跨河东机场高铁枢纽站结构设计研究

王申侠

（中铁勘察第一设计院集团有限公司　西安）

摘　要：为了研究寒冷地区超长大跨地下空间结构受力及其屋顶钢结构的力学性能,本文以银西高铁与银川河东机场航站楼相结合的空铁交通枢纽——河东机场站为例。运用数值模拟分析方法,对结构的温度应力及地下结构工程抗震进行了计算分析,得出地下超长大跨空间结构,车站的温度收缩应力和车站长度呈一定的线性关系；梁柱节点区域、板墙相交区域及结构开孔部位,应力集中现象明显,需采取必要的结构构造措施和施工措施减小裂缝；控制钢筋混凝土的收缩效应,增强其极限拉伸的能力,是控制车站结构产生裂缝的关键。本站的成功实施,为地下超长复杂大跨结构提供了依据。对后期铁路枢纽站房的建设及类似工程具有重要的参考价值和指导意义。

关键词：温度收缩应力；极限拉伸；球节点

1　概述

随着国内城市的飞速发展,架构更加完善科学的高铁线路网络,并与航空运输、公路运输相结合,加速枢纽交通站点的建设,以实现全方位、多角度的交通运载体系建立,已成为不可逆转的发展大趋势[1-2],对高铁地下站结构性能研究迫在眉睫,其经济效益和社会效益显著。而地下超长大跨结构受力复杂,结构抗震性能弱；车站底板、侧墙及顶板均为大体积混凝土,会产生温度裂缝等问题。本文以银川河东机场站为例对此进行研究探讨。

2　工程背景

2.1　工程概况

河东机场站位于宁夏回族自治区银川市河东机场航站区内,线路平行于机场跑道南北向敷设。车站东侧为一字排开的 T1 航站楼、T2 航站楼、新建 T3 航站楼以及高架落客平台；车站西侧为航站楼配套地面停车场；车站北侧为既有 T2 航站楼下行引桥；车站南侧为 T3 航站楼上行引桥,总平面布置如图 1 所示。本站为地下两层双柱三跨钢筋混凝土箱型框架结构,结构跨度分别为 13 m, 11.5 m, 13 m,车站顶板平均覆土约 1 m,底板埋深约

15.98 m，长 451.6 m，标准段宽 39.1 m；局部加宽段负一层宽 65.79 m，负二层宽 51.5 m。

图 1 车站总平面图

2.2 工程及水文地质

车站范围内的地层主要为第四系全新统人工素填土（Q_4^{ml}）、第四系上更新统（Q_3）冲积粉质黏土（Q_3^{al}）、粉土（Q_3^{al}）、粉砂（Q_3^{al}）、细砂（Q_3^{al}）、细圆砾土（Q_3^{al}）、粗圆砾土（Q_3^{al}）。

地下水类型主要为第四系孔隙潜水，赋存于第四系上更新统粉土、砂类土及碎石类土层中，地下水位主要受季节性灌溉、侧向径流、大气降水等影响，勘测期间水位埋深一般在 16.27~20.60 m，高程 1 111.21~1 112.39 m，地下水位位于结构底板以下。

3 温度应力计算及方法研究

3.1 温度应力计算原理

在混凝土结构温度应力的研究方面：国外早在 1934 年就对长墙结构温度应力有了理论方面的研究，主要研究方向是解决水坝在温度作用下的受力情况，对弹性力学的计算在无限刚性矩形平面壁温度应力，通过求解混合边界值多谐波方程，得到了无穷级数解封闭，这项成果已被验证，经常为后人引用。

国内在温度应力方面的研究：李磊[1]对钢筋混凝土结构施工中裂缝的形状、位置、数量、出现时间及发展变化特征进行了统计，并针对裂缝的产生原因进行了分类分析，改进了应力计算模型，推导了地下墙板和四周有约束的楼板混凝土温度应力的解析解，结合施工过程中其他因素，找出了施工中裂缝的主要原因。李潘武、李慧民[2]根据混凝土早期温度应力变化的规律，通过对钢筋、混凝土两种材料的线膨胀系数的分析研究，提出大体积混凝土中温度构造钢筋的配置的具体方法。湖南工业大学毕业研究生谭谨[3]对地铁车站主体结构混凝土开裂温度场进行了数值分析，探讨了温度差对混凝土结构的影响，获得了地铁车站主体结构关键部位的位移场及应力场。

综合以上所述,国内外仅对大体积混凝土、地下室结构等在温度应力方面的研究,但并没有提出在温度应力的作用下,地下结构超长超大结构设置温度变形缝的原则及关系。

在高速铁路地下车站,由于高速列车运营速度快,对车站底板沉降要求严格,对车站设置变形缝要求高,且高铁车站为百年工程,结构耐久性要求较高,裂缝控制严格为 0.2 mm。但作为大型高铁地下车站,大体积混凝土在初期浇筑易产生裂缝,在后长期温度应力作用下的裂缝也会影响结构的耐久性。且此方面的工程经验有限,故亟需开展相关研究。

3.2 温度应力计算参数的选取

对于地下车站结构,结构的厚度与平面尺寸相比可忽略不计,车站建设过程中混凝土产生的水化热能够通过楼板表面快速散去,因此可不考虑初期水化热的影响。同时,因顶板上有较厚的覆土,因此日照温差也可不予考虑。本次整体温度应力计算只考虑混凝土收缩(混凝土硬化干缩和水化降温干缩)以及季节温差的影响。

车站结构施工完最后一段混凝土浇筑,使车站形成整体结构到车站内部装修完成前,由于顶板预留孔未封闭等原因,车站内部与外界相通,车站内部温度受地面温度的影响,此时温度作用较大,可能会使车站结构开裂。

根据《建筑结构荷载规范》(GB 50009—2012)9.3.2 条文说明,地下车站的室外温度,应考虑离地面深度的影响,当离地面深度超过 10 m 时,土体基本为恒温,等于年平均气温。根据本站地勘资料,年平均气温为 5~18 ℃。

因此考虑季节温差作用时,需考虑车站迎土侧温差沿车站埋深变化的影响和背土侧温差的影响。结构迎土侧覆土深度 10 m 以下结构取恒温 15 ℃,覆土 10 m 以上,温度作用沿车站埋深线性变化。地下一层结构背土侧的温度作用取顶板中心处迎土侧的温度作用;地下二层因施工期间侧墙和底板比较潮湿,温度作用变化小,底板到中板中心线的温差按线性变化考虑。计算中,温度作用取结构迎土侧和背土侧温度作用的平均值。

由于升温时混凝土受压,对混凝土影响不明显,且与混凝土收缩温差作用相反,故不考虑升温温差的影响,仅考虑降温温差的影响。

1. 混凝土收缩当量温差

混凝土的收缩值除以热膨胀系数转化为收缩当量温差,以便与季节温差一同考虑。混凝土收缩应变可按下式计算:

$$\varepsilon_y(t) = 3.24 \times 10^{-4} M_1 M_2 \cdots M_n (1 - e^{-0.01t}) \tag{1}$$

式中 $M_1, M_2, \cdots, M_n$ ——考虑各种非标准条件的修正系数;

t ——混凝土龄期,考虑地下车站施工的阶段性,本工程取 20 天。

$$\varepsilon_y(20) = 2.44 \times 10^{-4}$$

线膨胀系数 $\alpha = 1.0 \times 10^{-5}$,故收缩当量温差为

$$\Delta T = -\frac{\varepsilon_y(20)}{\alpha} = \frac{2.44 \times 10^{-4}}{1.0 \times 10^{-5}} = 24.4(℃)$$

表示混凝土收缩引起的应力,相当于温度降低 24.4 ℃在混凝土内部引起的温度应力。

2. 季节温差温度作用计算

温差温度作用计算如下：

$$\Delta T_k = T_{s,\min} - T_{0,\max} \tag{2}$$

式中　ΔT_k——均匀温度作用标准值(℃)；

$T_{s,\min}$——结构最低平均温度(℃)；

$T_{0,\max}$——结构最高初始平均温度(℃)。

根据地勘报告,最高年平均温度为 40 ℃,最低年平均温度为 -22 ℃,均匀温度作用为

$$T_{0,\max} = 0.3 T_{s,\min} + 0.7 T_{s,\max} = 21.4 (℃)$$
$$T_k = T_{s,\min} - T_{0,\max} = -22 - 21.4 = -42.4 (℃)$$

3. 综合温差

本工程最不利温差:21.4-42.4=21（℃）。

3.3　车站控制温度应力计算

本次整体温度应力计算采用有限元分析软件 SAP2000 V15.2 对本站整体建模及弹性分析。车站板、墙采用薄壳单元模拟,梁、柱采用杆系单元模拟。土地对板和侧墙的约束,采用只受压的土弹簧模拟,土弹簧刚度通过基床系数考虑(图 2—图 5)。

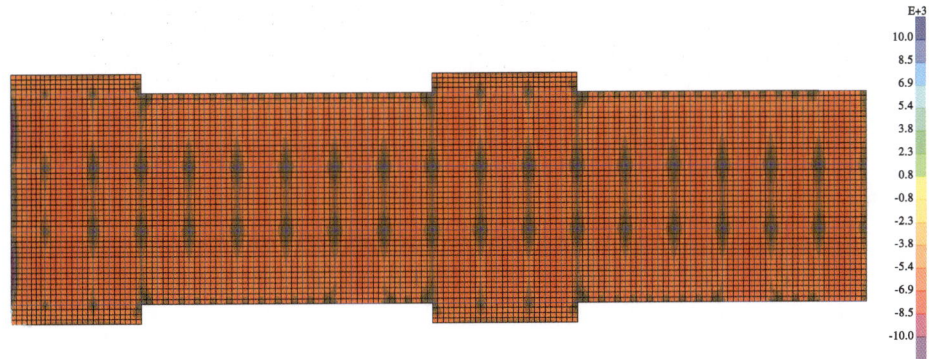

图 2　顶板控制温度应力图(MPa)

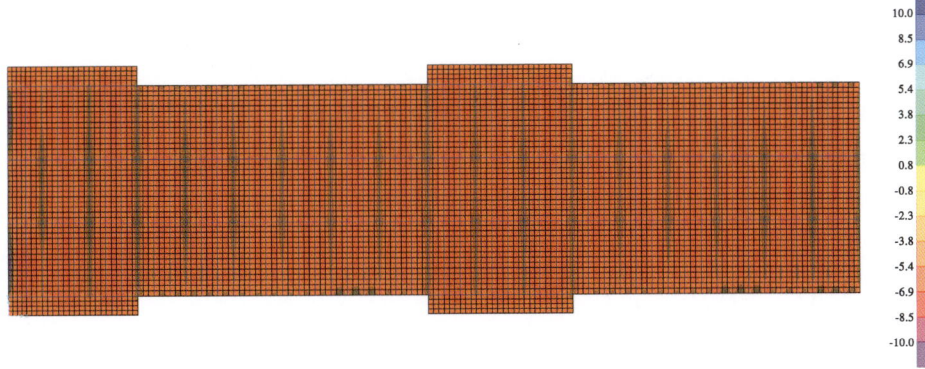

图 3　中板控制温度应力图(MPa)

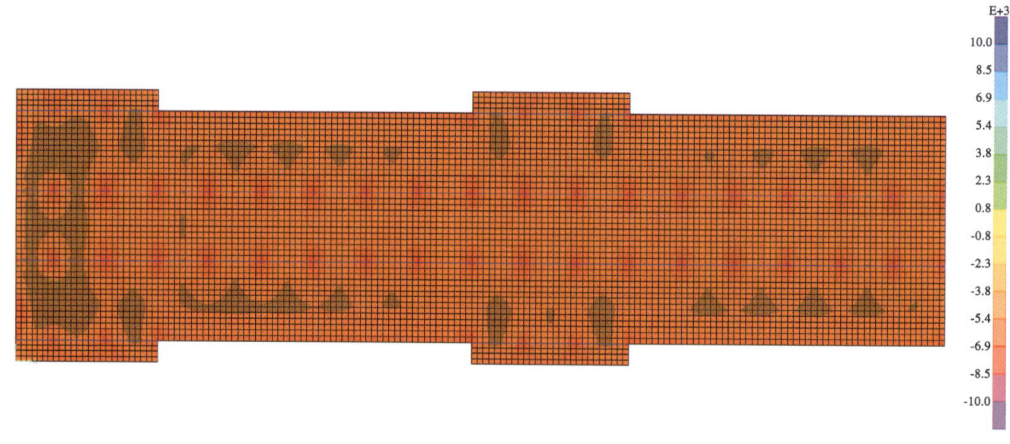

图 4　底板控制温度应力(MPa)

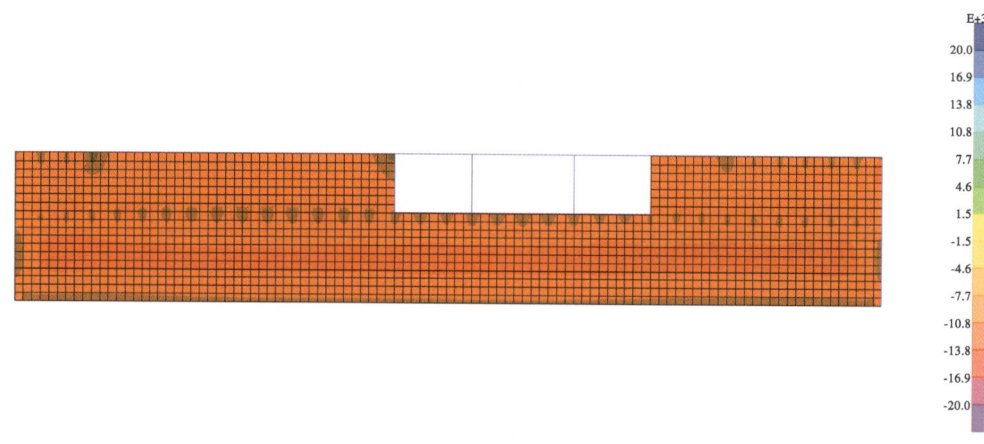

图 5　侧墙控制温度应力图(MPa)

　　由于缺少混凝土抗拉弹性模量的试验资料,本次计算偏于安全地以抗压弹性模量代替抗拉弹性模型。因混凝土的弹性模型随水泥的活性的增长而增加,考虑地下车站施工的阶段性,车站结构的刚度需考虑折减,折减系数取 0.85。

　　通过应力计算结果可见,车站顶板的温度应力为车站受温度影响的主要应力,应力作用为 9.122 MPa。顶板厚度为 500 mm,混凝土强度等级为 C40。由于采用了主次梁结构,板块划分小,采用了双向板配筋,温度应力不起控制作用。车站侧墙考虑温度应力,选择最优的分布钢筋配筋方案(外侧分布筋 20@150,内侧 18@150),既确保了受力又节约投资。

　　车站侧墙温差作用从上往下减小,底部受结构底板约束。侧墙顶部温度应力为 11.2 MPa,侧墙温度应力从上往下减小。通过应力云图可以看出,沿车站纵向对车站各层板变形约束变化均匀,温度应力从车站两端向车站中部逐渐变化,车站中部部位出现应力最大值,温度应力在梁柱节点处和板墙相交处有应力集中现象;车站两端头扩大段部位,由于侧墙及梁柱对板约束较大,此处也有应力集中现象,中板处尤为明显。由于车站侧墙的刚度与顶板相近,且侧墙顶部温差作用与顶板相同,因此侧墙对顶板的约束作用不明显,侧墙温度应力从顶板至底板逐渐减小。

3.4 温度应力分析小结

通过对车站整体温度应力计算及分析,得到以下结论:

(1) 地下车站气温变化引起车站结构的温度应力,主要对顶板有较大影响,对中板、底板和侧墙影响较小。

(2) 地下车站为地下超长结构,沿车站纵向对车站各层板变形约束变化均匀,温度应力从车站两端向车站中部逐渐变化,车站中部部位出现应力最大值,车站的温度收缩应力和车站长度呈一定的线性关系。梁柱节点区域、板墙相交区域及结构开孔部位,应力集中现象明显。

(3) 温度应力在梁柱节点处、板墙相交处以及结构开孔处,有应力集中现象,需采取必要的结构构造措施和施工措施减小裂缝。

(4) 控制钢筋混凝土的收缩效应及增强其极限拉伸的能力,是控制车站结构产生裂缝的关键,采用细而密的分布钢筋,增大其配筋率能有效增加混凝土的弹性极限拉伸,可有效减小钢筋混凝土的收缩效应以及增强徐变极限拉伸,同样能达到减小裂缝开展的效果。

(5) 通过对车站整体温度应力计算,银西河东机场站顶板分布筋可以满足不利工况下正常使用要求,可不设置诱导缝。

4 地下站房抗震分析及方法研究

4.1 抗震设防标准和基本参数

车站主体结构沿纵向结构形式连续、规则、横向断面无较大变化,抗震分析时近似按平面应变问题处理,采用反应位移法进行地下车站结构 E_2 地震作用下的横向地震反应计算,将周围土体作为支撑结构的地基弹簧,将土层动力反应位移的最大值作为强制位移施加于地基弹簧的非结构连接端的节点上,结构可采用梁单元进行建模。计算时考虑了土层相对位移、结构惯性力和结构周围剪力作用。E_3 地震作用下的地震反应计算方法采用反应加速度法,结构周围土体采用平面应变单元,结构采用梁单元,计算模型底面采用固定边界,侧面采用水平滑移边界。

钢筋混凝土结构 E_2 地震作用下弹性层间位移角限值宜取 $1/550$,E_3 地震作用下弹塑性层间位移角限值宜取 $1/250$。

场地地表下 26.0 m 深度范围内的等效剪切波速介于 351.9~375.7 m/s 之间,大部分均大于 250 m/s,小于 500 m/s,且场地覆盖层厚度大于 5 m,按《城市轨道交通结构抗震设计规范》(GB 50909—2014)及《建筑抗震设计规范》(GB 50011—2010)划分,场地类别为Ⅱ类。

据《中国地震动参数区划图》(GB 18306—2001)、《建筑抗震设计规范》(GB 50011—2010)及地震安评结果,工程区地震动峰值加速度为 0.20 g(相当于地震基本烈度 8 度),设计分组第二组,地震动反应谱特征周期为 0.40 s。

4.2 抗震计算方法及原理

采用反应位移法进行地下结构横截面的抗震计算时,需考虑土层相对位移、结构惯性力和结构周围剪力三种地震作用。

对水平成层的土层,通常采用一维波动模型并用等效线性化的方法考虑土体非线性特性的影响进行土层地震反应分析(图6)。

S波在垂直向上传播时,满足一维波动方程:

$$\rho \frac{\partial^2 u}{\partial t^2} = G \frac{\partial^2 u}{\partial z^2} + \eta \frac{\partial^3 u}{\partial z^2 \partial t} \tag{3}$$

式中 ρ——质量密度;
η——黏滞阻尼系数;
u——位移;
G——土体剪切模量。

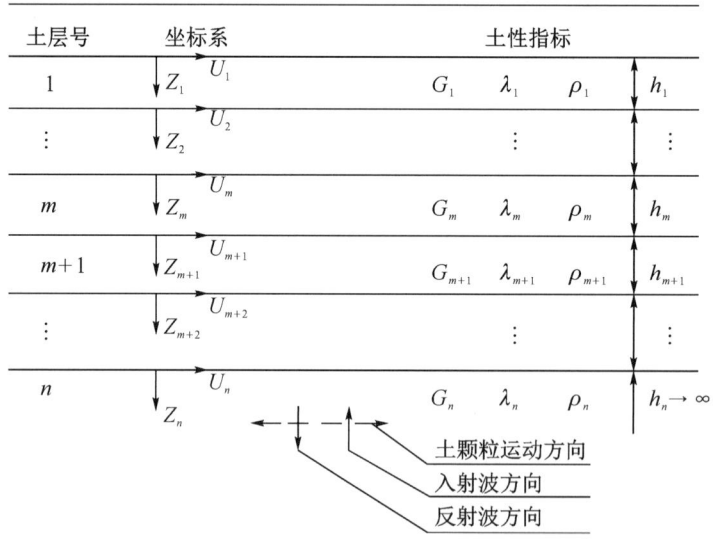

图6 一维剪切波动模型图示

采用反应位移法进行地下车站结构横向地震反应计算时,可将周围土体作为支撑结构的地基弹簧,结构可采用梁单元进行建模,考虑了由一维土层地震反应分析计算得到的土层相对位移、结构惯性力和结构周围剪力三种地震作用。地基弹簧刚度以地基反力系数为依据,并考虑集中弹簧间距和车站纵向计算长度的影响(图7)。

结构自身的惯性力可将结构物的质量乘以最大加速度来计算,作为集中力可以作用在结构形心上,也可以按照各部位的最大加速度计算结构的水平惯性力并施加在相应的结构部位上。

$$F_1 = G \cdot a_{max} \tag{4}$$

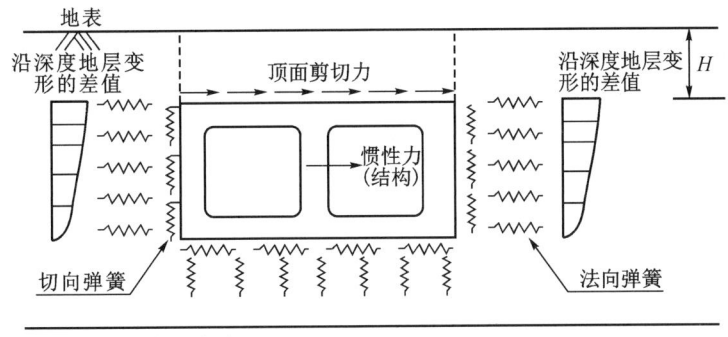

图 7 地下车站反应位移法计算模型图示

式中 F_1——结构惯性力；
G——结构质量；
a_{max}——相应工况下地震峰值加速度。

当土层横向位移计算采用反应位移法进行地下结构地震反应计算时，应考虑土层相对位移、结构惯性力和结构周围剪力作用。土层相对位移、结构惯性力和结构周围剪力可由一维土层地震反应分析得到。

$$U(z) = \frac{1}{2} u_{max} \cos \frac{\pi z}{2H} \tag{5}$$

式中 $U(z)$——地震时深度 z 处土层的水平位移（m）；
z——深度（m）；
u_{max}——场地地表最大位移；
H——地面至地震作用基准面的距离（m）。
Ⅱ 类场地设计地震动峰值位移表 u_{max} Ⅱ（m）。

4.3 抗震计算结果

河东机场站跨度较大，抗震属于薄弱部位，计算时需考虑其空间动力效应，采用 midas GTS NX 有限元软件建立三维模型计算分析。

计算分析时先进行特征值分析，得到模型的第一、二阶振型的周期，以此计算时程分析时模型的质量因子和刚度因子。时程分析时，E_3 地震考虑 3 组地震加速度时程曲线，计算结果取其包络值。

1. E_3 地震作用下地层及结构变形情况

第一组地震波作用下，负一层最大层间位移（绝对值）为 4.6 mm，对应最大层间位移角为 1/1 217；负二层最大层间位移（绝对值）为 9.3 mm，对应最大层间位移角为 1/769。地震波作用下车站结构的层间位移角小于《城市轨道交通结构抗震设计规范》(GB 50909—2014)的限值 1/250，在 E_3 地震作用下车站结构整体变形满足性能等级为Ⅰ（特殊设防类）的要求（图 8）。

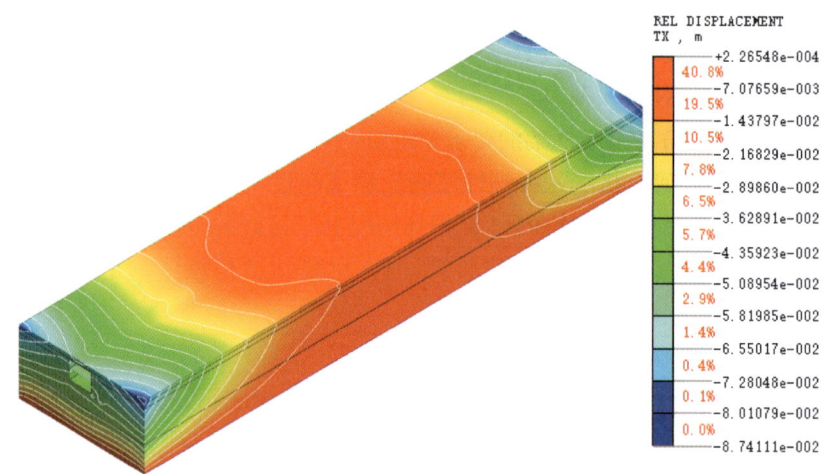

图 8　结构局部横向位移云图(DX)

2. E_2 地震作用下地层及结构变形情况

第一组地震波作用下,负一层最大层间位移(绝对值)为 1.6 mm,对应最大层间位移角为 1/3 500;负二层最大层间位移(绝对值)为 2.7 mm,对应最大层间位移角为 1/2 651(图 9)。

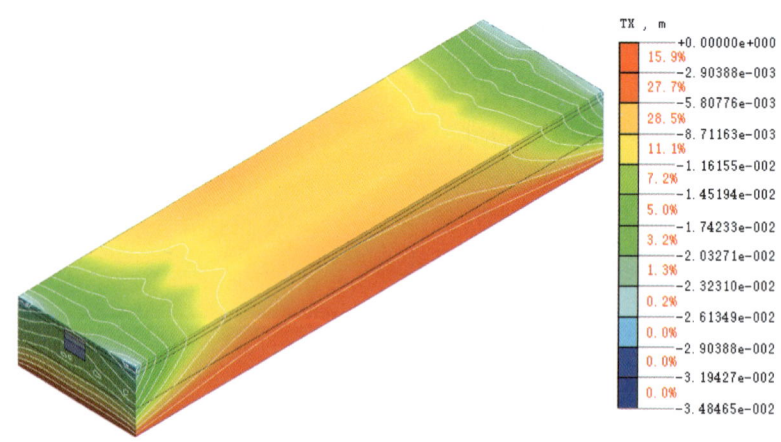

图 9　结构横向位移云图(DX)

根据以上计算结果可知,在 E_2、E_3 地震作用下,最大层间位移角分别小于 1/550,1/250,满足抗震设计要求。

3. 竖向地震作用下地层及结构变形情况

由于本结构为浅埋大跨结构,且顶板、中板部位开有较大洞口,对本站进行了竖向地震作用计算,竖向地震动峰值加速度与水平向峰值加速度比值 K_v 不低于 0.75,竖向地震计算结构满足设计要求。

4.4　抗震分析小结

(1) 河东机场站在中震作用下,结构最大层间位移比均小于 1/550,可以认为结构处于弹性工作阶段,构件截面及配筋均满足抗震计算要求。车站各构件截面尺寸及配筋均由准永久荷载组合作用下的裂缝计算控制,抗震工况不起控制作用。

(2) 在中震作用下,对中柱轴力进行调整后,河东机场站的中柱轴压比小于0.75的限值,揭示中柱延性较好,满足二级框架的要求,柱截面尺寸适宜。

(3) 在大震作用下,河东机场站弹塑性层间位移未超过1/250的弹塑性层间位移限值,可以认为结构局部处于弹塑性工作阶段,但损坏情况处于可修的范围之内。

(4) 经地层地震反应计算、抗震性能验算,河东机场站结构总体满足抗震设防性能要求,抗震设计的重点是加强构造措施。

5 车站屋盖空间桁架分析及研究

5.1 屋盖钢结构设计方案

河东机场站屋盖工程,屋盖水平投影尺寸102 m×44 m,高7.3 m。屋盖结构采用焊接钢管倒三角形空间桁架结构。设计使用年限:50年;抗震设防烈度:8度(0.20g);设计地震分组:第二组;抗震设防类别:乙类;场地特征周期:0.40 s;建筑结构安全等级:一级。

恒荷载:0.7 kN/m²;活荷载:0.50 kN/m²。

基本风压:0.65 kN/m²(重现期50年);地面粗糙度:B类;风荷载高度变化系数:1.0;风荷载体型系数:-0.800。

基本雪压:0.2 kN/m²(重现期50年);屋面检修荷载(吊挂荷载):1.5 kN;温度作用:考虑±25℃。

采用midas Gen Ver.800对桁架结构进行整体建模并验算。结构依建筑流线变厚度,既满足受力要求,又实现了建筑多方向的流线美(图10)。

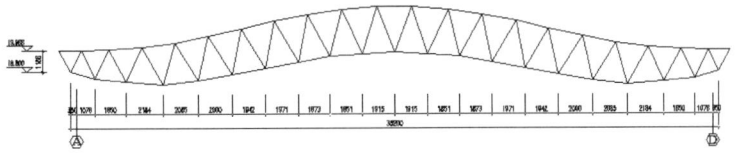

(钢架钢梁上表面与主桁架上弦杆表面标高平齐设置)

图10 屋面主桁架结构剖面图

5.2 结构计算结果

1. 振型与周期

结构地震效应计算时取阻尼比为0.05,计算振型数为30,且各振型参与质量之和不小于总质量的90%。

2. 位移

钢屋盖结构在恒荷载及活荷载标准组合作用下挠度为50 mm<37.5L/250=150 mm,满足设计要求(图11)。

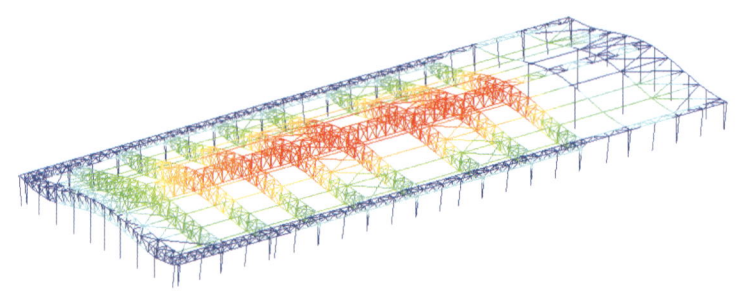

图 11　车站屋盖钢结构位移云图

5.3　钢屋盖结构球节点有限元分析

对四种节点模型进行了有限元分析,其中 6 号支座节点,焊接球直径 $D=550$ mm,材料均为钢材,Q345B,计算模型中本构定义理想弹塑性模型,屈服强度 345 MPa,弹性模量为 $2.06×10^5$ MPa。所有模型均采用二阶四面体单元(C3D10)划分网格(图 12)。

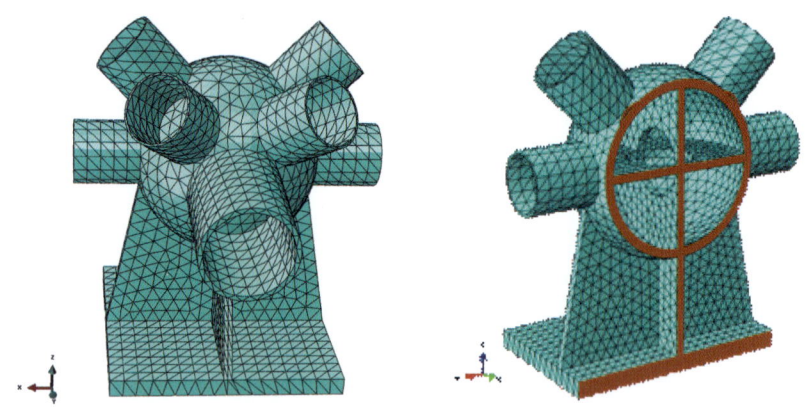

图 12　$D=550$ 支座节点网格模型

各工况下,杆件轴向力起控制作用,选取各杆件在各工况下的轴向力的最大值,施加于各杆件端部。对支座端板的下部施加固定约束。各杆件施加的荷载大小如表 1 所示。

表 1　各杆件施加的荷载大小

单元编号	轴向力/kN	杆件截面/(mm×mm)	杆件面积/mm²	杆件压力/MPa
778	−563.26	D194×6	3 543.717	3 543.717
777	−634.8	D194×6	3 543.717	3 543.717
577	−30.82	D194×6	3 543.717	3 543.717
576	−36.38	D194×6	3 543.717	3 543.717
316	−70.67	D180×5	4 322.831	4 322.831
315	−70.67	D180×5	4 322.831	4 322.831
253	−102.34	D273×14	11 391.41	11 391.41

从应力云图中可以看出，支座加劲肋与球节点交汇处，由于应力集中，小部分区域的应力超过材料屈服应力 345 MPa，但其等效塑性应变均没有超过 1%，节点安全可靠（图 13）。

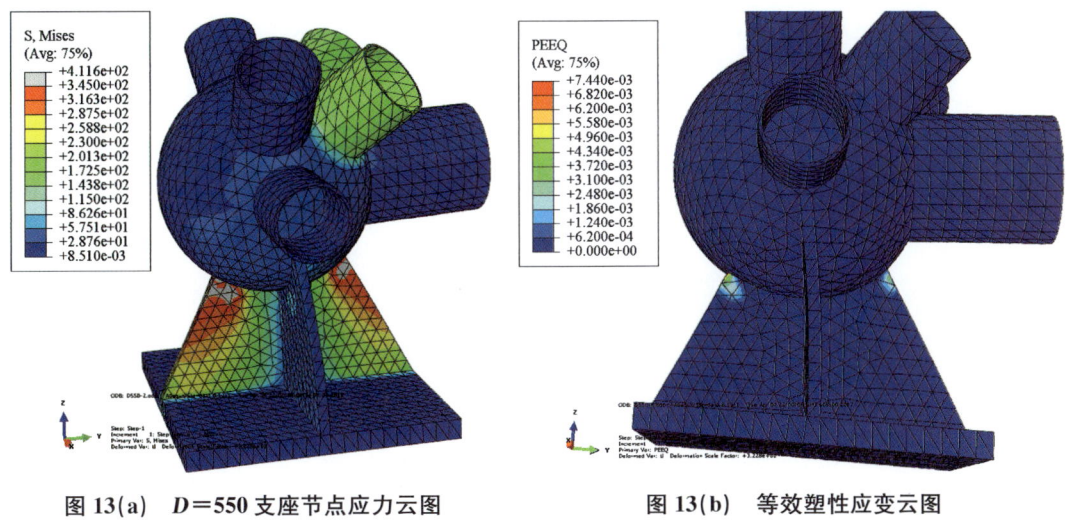

图 13(a)　$D=550$ 支座节点应力云图　　　　图 13(b)　等效塑性应变云图

5.4　钢桁架屋盖研究小结

通过计算与分析得出，倒三角钢桁架稳定性强，适用于大跨屋架结构。通过对支座节点的实体模型分析可知，支座通常为桁架的薄弱环节，需重点关注。本设计采用的轴向对称球形节点，能够有效抵抗外荷载，提高钢架的整体稳定性。另外，屋面结构采用了流线型设计，减少了迎风面的阻力，对于风荷载控制的结构可以借鉴。

6　结语

（1）地下车站气温变化引起车站结构的温度应力，主要对顶板有较大影响，对中板、底板和侧墙影响较小。温度应力从车站两端向车站中部逐渐变化，车站中部部位出现应力最大值，车站的温度收缩应力和车站长度呈一定的线性关系。温度应力在梁柱节点处、板墙相交处以及结构开孔处，有应力集中现象，需采取必要的结构构造措施和施工措施减小裂缝。

（2）地下站房在中震作用下，结构最大层间位移比均小于 1/550，可以认为结构处于弹性工作阶段，抗震工况不起控制作用。在大震作用下，河东机场站弹塑性层间位移未超过 1/250 的弹塑性层间位移限值，可以认为结构局部处于弹塑性工作阶段，但损坏情况处于可修的范围之内。

（3）倒三角钢桁架结构稳定性强，适用于大跨屋架结构。但支座通常为桁架的薄弱环节需重点关注。本设计采用的轴向对称球形节点，能够有效抵抗外荷载，提高钢架的整体稳定性，可为类似工程提供参考。

注释

(1) 本工程为浅埋大跨且顶、中板开大洞结构,地震作用分析及计算中考虑了水平及竖向地震作用影响。

(2) 本项目位于西北寒冷地区,最低年平均气温-22 ℃,最高年平均气温40 ℃,超长浅埋结构受气温变化影响显著,本文对此进行了分析研究。

(3) 西北地区宁夏银川基本风压0.65(重现期50年)、0.75(重现期100年),大型交通枢纽站地面轻质大跨结构的构造及节点,受风压影响较大,其结构设计及计算分析等方面,对后期高铁枢纽站房的建设及类似工程具有参考价值和指导意义。

参考文献

[1] 李磊.钢筋混凝土结构施工中裂缝分析及控制研究[D].上海:同济大学,2000.

[2] 张洁,王红霞,李海旺,等.120 m跨倒三角钢管拱桁架的稳定分析[C]//第十届全国现代结构工程学术研讨会.北京,2010.

[3] 谭谨.地铁车站主体结构混凝土开裂温度场数值分析[D].株洲:湖南工业大学,2015.

[4] 李潘武,李慧民.大体积混凝土温度构造钢筋的配置[J].四川建筑科学研究,2005,31(2):31-35.

襄阳东津站超限钢屋盖结构设计关键技术

彭 俊　宋怀金　杨 劲

(中铁第四勘察设计院集团有限公司　武汉)

摘　要：襄阳东津站大跨度钢屋盖平面尺度垂直线路方向358 m,顺线路方向124~178 m,结构最大跨度86 m,由于开大洞、结构不连续、大悬挑、曲面造型复杂且平面尺度超限对结构设计造成了不小的困难。为控制屋盖在开口处的变形、提高屋盖的整体性,选用四角锥网架结构及分叉柱支撑体系并通过针对性的分析计算,使钢屋盖结构获得了良好的受力性能。抗连续性倒塌分析、关键构件失效的钢屋盖稳定性分析及多维多点激励时程分析计算结果表明该屋盖结构承载力和刚度合理,整体性较强,有优良的抗震性能和防连续倒塌性能。

关键词：超限结构；大跨度屋盖；关键构件失效；抗连续性倒塌分析；多维多点激励时程分析

1　工程概况

襄阳东津站是集铁路、地铁、公交、长途巴士等多种交通方式高效、集成的大型综合交通枢纽,是集地下空间开发结构、地铁结构、到发线承轨结构、正线桥梁结构(合建基础)、市政匝道桥结构(合建基础)、站房结构及站台雨棚为同一整体的大型复杂结构。站房主体及站房附属工程总建筑面积约21万 m^2,高架站场规模为9台20线,地下综合配套工程建筑面积约15.8万 m^2。襄阳东津站枢纽鸟瞰图、正立面、剖面图如图1—图3所示。

图1　襄阳东津站枢纽鸟瞰图

图2　襄阳东津站枢纽正立面

本工程中间站房区结构单元从下至上依次为地铁站台层(负二层)、地下空间开发及地铁站厅层(负一层)、出站层设备夹层、进站层(与承轨层错层)、进站层夹层、高架候车层(部分区域为大雨棚)、商业夹层及大跨度钢屋盖。

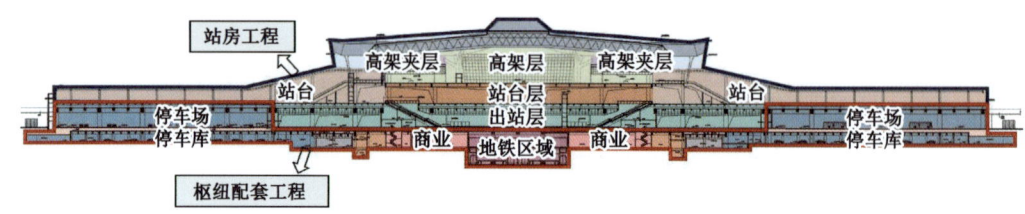

图 3 东津站剖面图

襄阳东津站枢纽具有桥-建合一、多结构体系混合、结构单元超长、大跨度弧形柱网、超大跨度钢屋盖和边界条件复杂等结构设计难点。同时，为满足"深出檐、高筑台"的楚风建筑特征，达到"襄阳之门"的建筑设计理念，站房大跨度钢屋盖垂直线路方向长 358 m，根据建筑功能要求及结构受力特点屋盖不设变形缝，最大跨度约 86 m，且屋盖开大洞，结构不连续，曲面造型复杂。

2 超限钢屋盖设计

2.1 屋盖选型

依据《超限高层建筑工程抗震设防专项审查技术要点》，襄阳东津站存在平面扭转不规则，楼板不连续，立面尺寸突变，穿层柱、夹层、错层及梁上柱，屋盖不分缝为连体等 5 项不规则性问题，为超限高层建筑。东津站屋面覆盖面积 53 531 m²，总体平面尺寸垂直线路方向 358 m，顺线路方向 124~178 m，檐口最高点 39.8 m，结合建筑柱网布置、建筑功能要求以及结构受力特点，屋盖不设置变形缝，为屋盖结构单元长度大于 300 m 的超限大跨屋盖建筑。

支撑钢屋盖的钢管混凝土柱集中在两侧呈弧形柱网布置，中间为空旷候车大厅，钢屋盖顺线路方向跨度 72~86 m，垂直线路方向柱距 21.5 m，南北侧最大悬挑约 30 m。结合建筑造型要求，在进站口一侧屋盖开有近似矩形的梯形洞口，洞口面积约有 1 800 m²，屋盖局部存在向斜下方悬挑至进站口的瀑布，大瀑布宽约 52 m、进深长约 47 m，大瀑布两端最大高差约 23 m，大瀑布底部区域上方形成了一片跨度 52 m 的屋盖需支承于钢屋盖大悬挑上(最大悬挑约 30 m)，给结构设计造成了极大挑战。

为控制屋盖在开口处的变形、提高屋盖的整体性，选用四角锥网架结构体系，瀑布区采用分叉柱支撑网架以减小屋盖的悬挑长度，分叉柱之间设刚性系杆，各分叉之间采用铸钢件连接，形成稳定的支承体系。网架高度为 3.8 m，悬挑部位远端的网架高度为 3 m，节点形式为焊接球节点。钢管柱柱顶采用抗震球形钢支座，计算中假定为铰接；分叉柱柱顶为铸钢节点，网架杆件与铸钢节点采用相贯焊接，计算假定为刚接。大跨度钢屋盖三维图见图 4，典型分叉柱构造图见图 5，关键节点示意图见图 6。

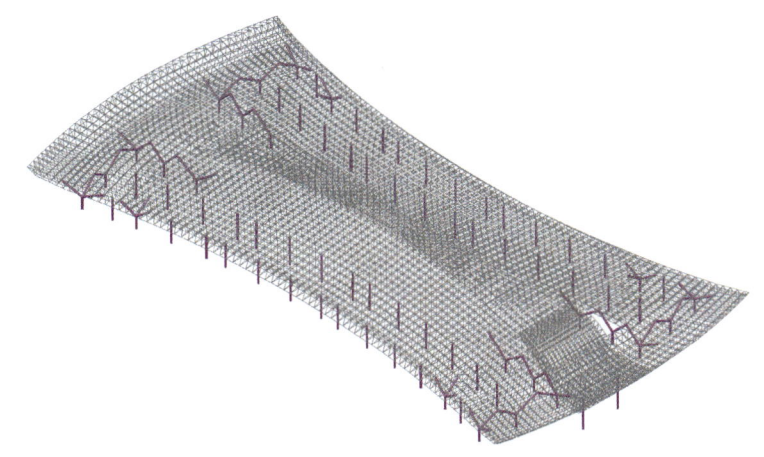

图 4 大跨度钢屋盖三维图

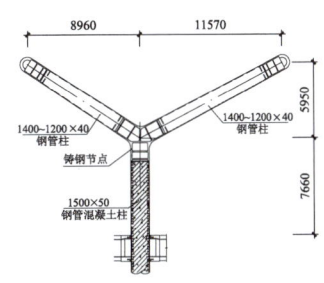
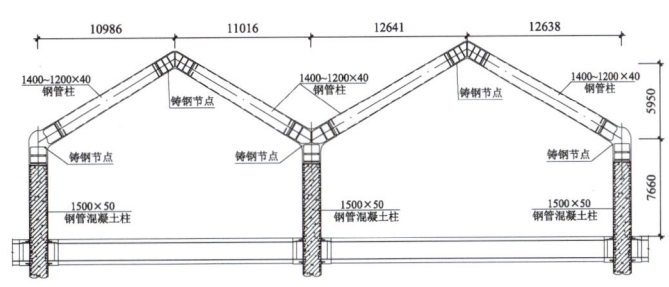

图 5 典型分叉柱构造图

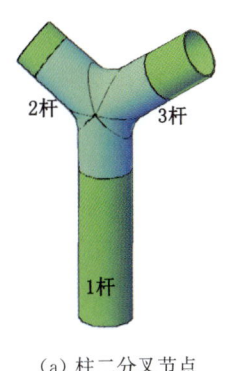
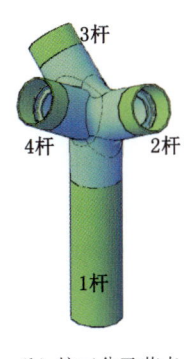
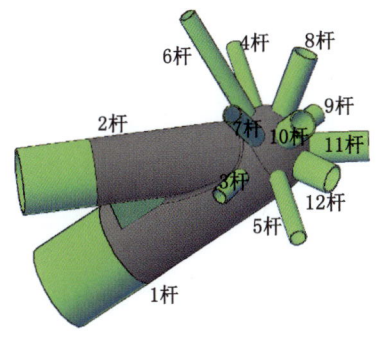

（a）柱二分叉节点　　（b）柱三分叉节点　　（c）柱顶节点

图 6 关键节点示意图

2.2 结构设计标准

高架站房设计使用年限为 50 年，设计耐久性年限为 100 年。建筑结构安全等级均为一级，结构重要性系数为 1.1。襄阳市抗震设防烈度为 6 度，50 年设计基准期内水平地震影响系数最大值为 0.04，Ⅱ类场地反应谱特征周期值为 0.35 s。设计基本地震加速度值 $0.05g$，设计地震分组为第一组，抗震设防类别为重点设防类。

2.3 静力计算

考虑恒载、活载、风荷载、雪荷载、温度作用及地震作用工况及组合工况。风荷载按风洞试验结果取值。温度作用根据现行《建筑结构荷载规范》(GB 50009—2012),上部结构基本气温最高为36 ℃,基本温度最低为－6 ℃,屋面无保温钢结构考虑日照升温 5 ℃,结构合龙温度取 10～20 ℃,最大温升取 36 ℃－10 ℃＋5 ℃ ＝ 31 ℃,最大温降取－6 ℃－20 ℃ ＝ －26 ℃。

采用 SAP2000 软件对屋盖钢结构以及下部的主体结构进行整体建模分析,采用上海同磊 3D3S 软件验算焊接球节点的承载能力。焊接球直径为 350～900 mm,最大球厚度为 40 mm。经计算,网架竖向挠度跨中最大 192 mm(跨度 72 m),挠跨比 $\frac{1}{376}<\frac{1}{250}$;悬挑端最大 224 mm(悬挑 30 m),挠跨比 $\frac{1}{134}<\frac{1}{125}$,变形满足规范要求,同时杆件应力比均在0.9以内。

3 大跨度钢屋盖抗连续性倒塌分析

本工程结构安全等级为一级,应满足抗连续倒塌概念设计的要求。按照《高层建筑混凝土结构技术规程》(JGJ 3—2010),采用拆除构件方法进行抗连续倒塌设计。根据结构构件的重要性与易破坏性,本工程针对屋盖分叉柱、门柱、角柱及边柱,按规范规定采用拆除构件方法进行抗连续倒塌设计。

3.1 关键杆件选取

屋盖层的开洞长悬挑部位因功能原因设置一个进出口,其两侧分别有一个门柱,属于人口密集区,车辆通过概率也很高,因此受到如爆炸荷载、撞击荷载和人为错误等偶然荷载的概率相对于其他位置高出很多,因此选取 116 号门柱作为拆除构件,位置如图 7 所示。屋盖层为大跨度开洞屋架体系,属于连体类,共有 124 根柱,其开洞部位面积较大,易产生应力集中现象,为整个屋盖的最重要部位,洞口周围分叉柱有 40,74,75,78,81,83 号,且截面尺寸相同,根据内力计算结果可知 74 号分叉柱所受内力最大,如图 8 所示,选为拆除构件。

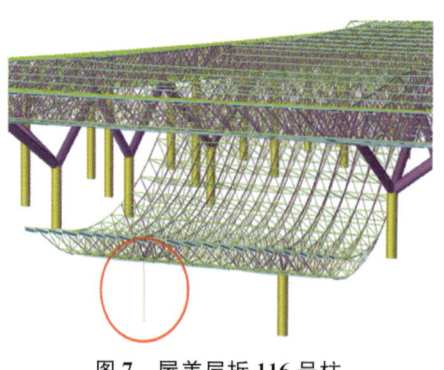

图 7　屋盖层拆 116 号柱

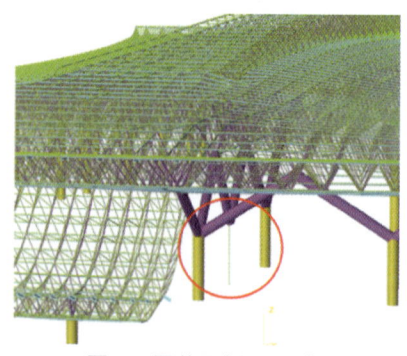

图 8　屋盖层拆 74 号柱

3.2 计算结果及评估

使用 SAP2000 软件进行静力拆杆分析,拆 74 号柱和拆 116 号柱两种工况下计算的整体结构位移云图见图 9、图 10,恒载加上活载的标准组合下最大竖向位移分别为 163.26 mm,319.56 mm。

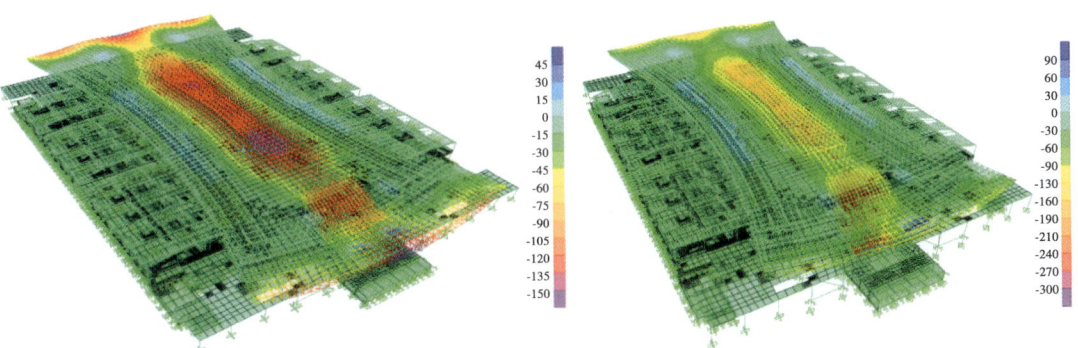

图 9 拆 74 号柱(静力)结构位移云图 　　图 10 拆 116 号柱(静力)结构位移云图

使用 SAP2000 软件进行动力拆杆计算时,动力分析的荷载向量时程根据《建筑结构抗倒塌设计规范》(CECS 392:2014)第 4.4.11 节规定取值:

$$p(t)=\begin{cases} p_g t/t_1 & (0 \leqslant t \leqslant t_1) \\ p_g & (t_1 \leqslant t \leqslant t_2) \end{cases} \quad (1)$$

式中　$p(t)$——作用在剩余结构与被拆除构件上端的连接节点的动力荷载向量时程;

p_g——原结构重力荷载产生的被拆除构件上端结构整体坐标下的内力向量;

t——时间;

t_1——被拆除构件的失效时间,即动力荷载向量由 0 增至 p_g 的时间,不大于 $0.1T_1$,T_1 为剩余结构的基本周期,该结构 t_1 取 0.01 s;

t_2——动力荷载向量时程作用时间,该结构 t_2 取 20 s。

荷载向量时程如图 11 所示。

拆 74 号柱、拆 116 号柱两种动力拆杆分析工况下计算的整体结构位移云图见图 12、图 13,恒载加活载的标准组合下最大竖向位移分别为 199.1 mm,426 mm。动力拆杆计算的竖向位移相比静力拆杆,计算位移增加幅度达 20%～30%不等,但是位移增大部位局限于拆杆周边区域,整体结构其他部位计算结果与静力拆杆结果相近。

屋盖层拆 74 号柱后网架挠度均满足规范要求,拆除 116 号门柱后,出现较大范围区域挠度超过 400 mm 的情况,不满足规范要求。

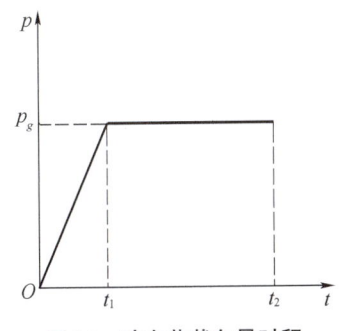

图 11 动力荷载向量时程

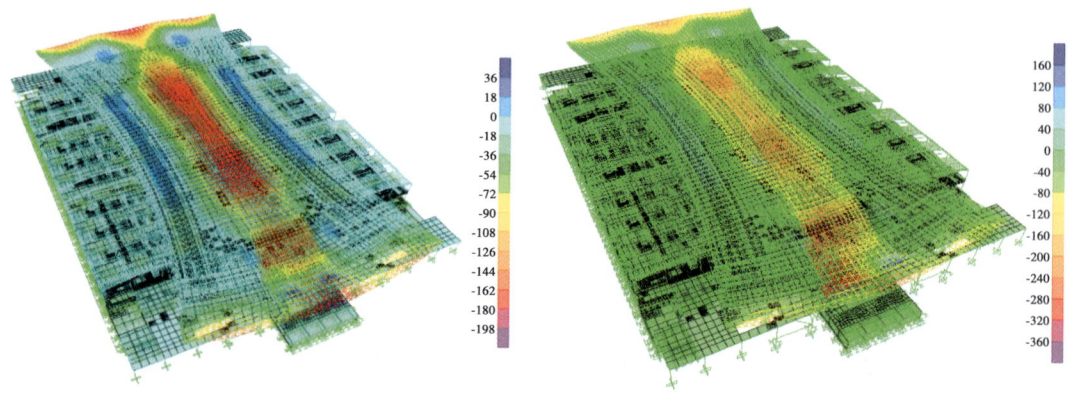

图 12　拆 74 号柱(动力)结构位移云图　　　　图 13　拆 116 号柱(动力)结构位移云图

屋盖层拆 74 号、116 号柱后,屋盖杆件应力比＞1 的比例很小,且比值也在 1.3 以内,没有大范围失效或应力比严重超限现象发生。

综上所述,屋盖层拆 74 号柱后,挠度满足容许挠度要求;屋盖层拆 116 号柱后,局部区域屋盖层挠度值超出容许挠度;屋盖层拆 74 号、116 号柱后,除少量杆件应力比超限(比值在 1.3 以内)外,其余基本满足承载能力极限状态要求。按照连续倒塌失效判定准则,襄阳东津站屋盖层在拆除若干重要构件后各项指标基本满足规范要求,因此屋盖不会发生连续性倒塌。

4　基于关键构件失效的大开洞钢屋盖稳定性分析

4.1　完整结构整体稳定分析

由于屋盖开大洞、结构不连续、大悬挑且曲面造型复杂,另外分叉柱的刚度对屋盖的整体稳定性也有一定影响,因此对屋盖结构进行整体稳定性分析很有必要。各荷载组合下屋盖线性稳定系数见表 1,由计算结果可知,1.0 恒载＋1.0 活载组合工况下计算的稳定特征值系数最小,其中第一阶特征值为 13.476。

表 1　各荷载组合下屋盖线性稳定系数

序号	荷载组合	第 1 阶	第 2 阶	第 3 阶	第 4 阶	第 5 阶	第 6 阶
1	1.0 恒载＋1.0 活载	13.476	13.805	20.607	20.802	23.366	23.436
2	1.0 恒载＋1.0 半跨积雪荷载	14.946	16.419	18.379	20.106	20.894	22.855
3	1.0 恒载＋1.0 正 Y 向风荷载	22.453	26.955	30.621	31.064	35.906	36.204
4	1.0 恒载＋1.0 负 Y 向风荷载	21.008	21.993	25.045	27.382	27.394	28.816
5	1.0 恒载＋1.0X 向风荷载	26.158	26.835	33.041	33.360	35.179	36.714

针对线性稳定系数最小的"1.0恒载+1.0活载"组合进一步进行几何非线性分析和双非线性分析,采用一致模态法考虑结构的初始缺陷,将第1阶屈曲模态的位移作为几何缺陷分布引入到极限承载力分析中,缺陷最大值为跨度的$\frac{1}{300}$。

图14给出了几何非线性下结构典型节点的荷载-位移曲线,从图中可以看出,按弹性全过程分析时,随着荷载的增大,其位移几乎呈线性增加。当荷载系数达到8.49时,结构的几何非线性稳定性能仍然良好,而此时结构杆件的应力早已超过允许值发生强度破坏。因此,仅考虑几何非线性按弹性全过程分析时,结构发生强度破坏,而非稳定破坏。根据《空间网格结构技术规程》(JGJ 7—2010),当按弹性全过程分析时,安全系数取为4.2,结构屋盖稳定性满足规范要求。

采用ABAQUS软件进行考虑初始缺陷的双非线性分析,钢材采用理想弹塑性本构,采用Von Mises应力来判断构件是否进入屈服。在1.0恒载加1.0活载组合工况作用下,屋盖典型节点的荷载-位移曲线如图15所示。从图15可以看出,计算得到钢屋盖结构非线性整体稳定系数为3.60,远小于仅考虑几何非线性时结构的稳定系数,说明材料的非线性对大跨度空间结构的影响是十分显著的。根据《空间网格结构技术规程》(JGJ 7—2010),当按弹塑性全过程分析时,安全系数取2.0,结构屋盖稳定性满足规范要求。

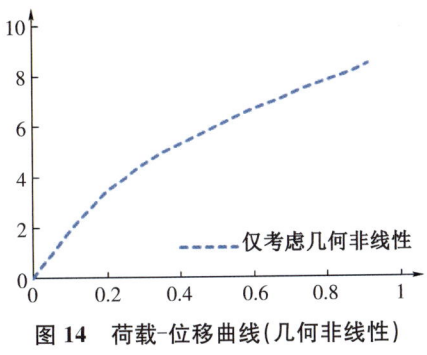

图14 荷载-位移曲线(几何非线性)

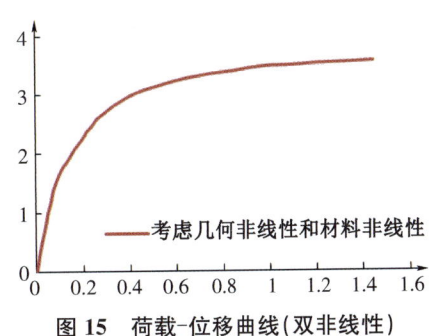

图15 荷载-位移曲线(双非线性)

4.2 关键构件失效后结构整体稳定分析

针对大跨度钢网架结构的屈曲计算引入关键构件失效的概念,分析了不同位置及形式的构件失效后整体结构的稳定性,大开洞周围均用分叉柱作为支撑构件,对于二、三分叉柱的破坏失效,对整体屋盖产生更大的影响,且分叉柱节点处受力复杂,易产生应力集中现象。拆二分叉柱及拆三分叉柱结构模型分别见图16、图17,大跨度开洞网架钢屋盖在分别拆除一个二分叉柱、三分叉柱后的结构承载力及损伤指标均满足规范要求(限于篇幅未列出),但屋盖部分结构或整体的稳定性失效仍可能发生,需进一步验证,完整结构及关键构件失效后的结构在几何非线性及双非线性分析(均考虑初始缺陷)下的整体稳定系数见表2,关键构件失效后的结构计算的整体稳定系数相比完整结构有较大幅度降低,但均满足规范的稳定性要求即:几何非线性下计算的安全系数$K>4.2$,几何非线性下计算的安全系数$K>2.0$。

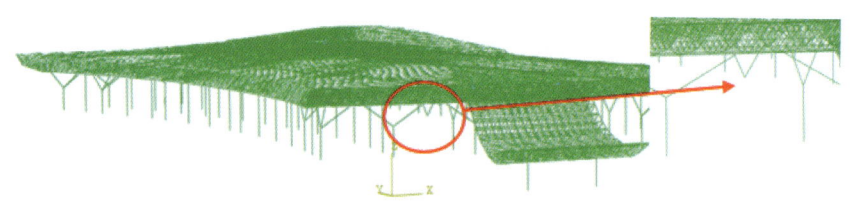

图 16　拆二分叉柱结构模型

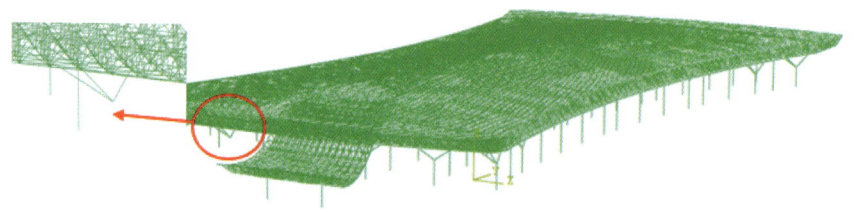

图 17　拆三分叉柱结构模型

表 2　不同工况下的整体稳定系数

结构模型	工况	整体稳定系数
完整结构	几何非线性	8.49
	双非线性	3.60
拆二分叉柱结构	几何非线性	4.45
	双非线性	2.21
拆三分叉柱结构	几何非线性	5.54
	双非线性	2.63

5　平面超尺度钢屋盖多维多点激励时程分析

站房结构区域在地下一层和钢屋盖连为一体,其余各层设置两条抗震缝。其中,支撑屋盖的南北最外侧分叉柱间距超过 300 m,根据《超限高层建筑工程抗震设防专项审查技术要点》及《建筑抗震设计规范》(GB 50011—2010)的要求考虑行波效应的多点地震输入的分析比较。

按多点激励的方法考虑行波效应,根据柱网间距及上部结构分缝,将结构基底沿长边方向(Y 向)按每 10 m 一个区分为 33 个区,并根据地震波波速调整各地震波到达各分区支座的时间。本文采用大质量法对结构进行多维多点激励时程分析。襄阳东津站的场地类别为Ⅱ类,由于没有相应的实测剪切波速,视波速取 100 m/s,200 m/s,500 m/s 三种工况分别计算。

为了探究地震波的行波效应,考虑到用盈建科软件计算结构变形时人工波 1 所产生的变形最大,因此,本工程选取人工波 1 作为研究地震波效应的地震波,其时程曲线如图 18—

图 20 所示。在本工程用 ABAQUS 有限元软件分析采用考虑三个地震方向同时作用,主次方向及竖向地震波峰值加速度比为 1∶0.85∶0.65。

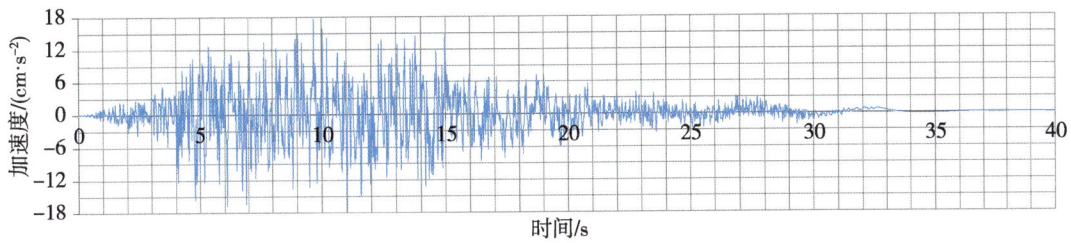

图 18　人工波 1(X 向)

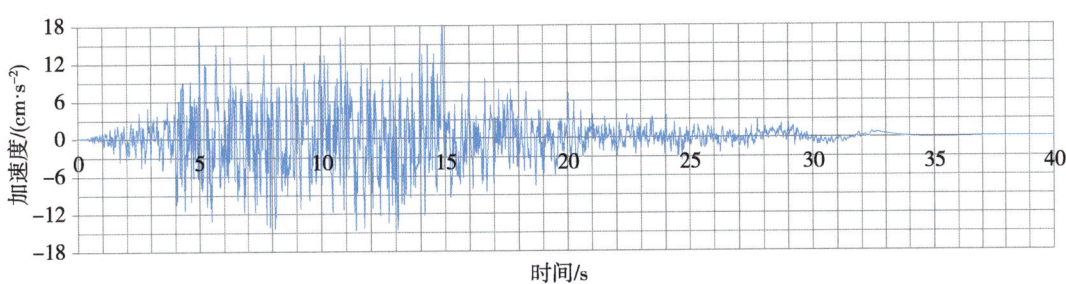

图 19　人工波 1(Y 向)

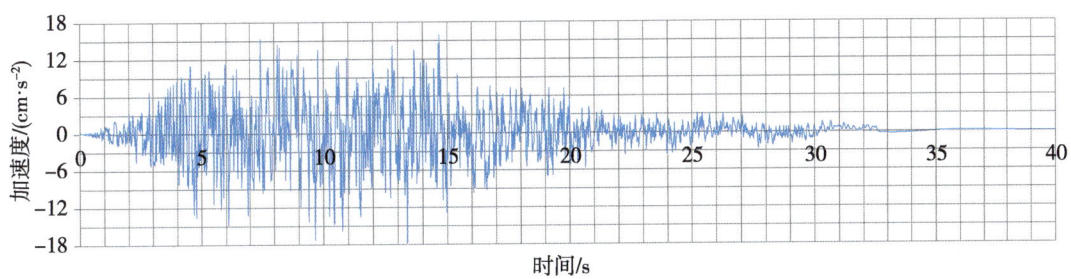

图 20　人工波 1(Z 向)

5.1　小震多点激励弹性时程分析

在计算之前验证了结构模型在一致激励与视波速为 0 m/s 的多点激励所产生的反应基本相同。在视速度为 0 m/s 时,多点激励使结构所产生响应与一致激励基本一致,验证本结构采用大质量法计算结构地震响的合理性。一致激励和视速度为 0 m/s 时在 17 s 时的变形图分别见图 21、图 22。本文对比了视波速取 100 m/s,200 m/s,500 m/s 对位移、内力、加速度的影响(限于篇幅未列出),各视速度下计算的屋盖地震响应结果与一致激励地震响应比值在 0.9~1.15 之间。

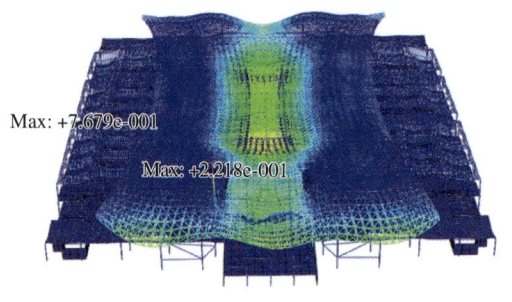
图 21　一致激励的变形图图

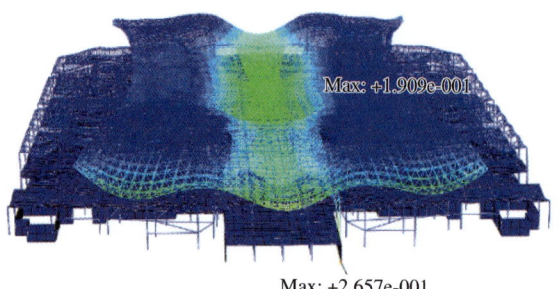
图 22　视波速为 **0 m/s** 时变形图

5.2　多点激励弹塑性时程分析

考虑行波效应时,结构以 Y 向为主方向地震波更为敏感。在分析时,RGB1 考虑以 Y 向为主方向的三向输入,地震波峰值满足 $X:Y:Z=0.85:1:0.65$。通过对比一致弹塑性输入与多点激励结果弹塑性时程分析结果,考察罕遇地震作用下地震行波效应对结果的影响。

对整体模型分别考虑了一致激励和视波速度 100 m/s 的多点激励弹塑性时程分析,钢屋盖和分叉柱的塑性发展趋势分别见表 3、表 4。视波速为 100 m/s 时,从整体来看,结构先是在桁架左下端弦杆出现轻微损坏,随后发展到大瀑布附近下弦杆和上弦杆发生轻度破坏直至严重损坏。总体而言,大瀑布附近上弦杆和下弦杆发生严重破坏,分叉柱几乎处于弹性阶段,无塑性变形,钢屋盖少部分构件屈服,主要的塑性变形发生在大瀑布附近下弦杆,其中构件最大塑性应变为 2.448×10^{-2},塑性应变比为 $20.79>12$(严重损坏),其余大部分构件塑性应变均为 0,处于弹性状态,屋盖整体性较好,满足预期性能目标。

表 3　　　　　　　　　　一致弹塑性输入时钢屋盖和分叉柱的塑性发展趋势

时刻/s	塑性发展趋势
0	结构处于弹性阶段,无塑性变形
5	屋盖左中处少量上弦杆出现轻微损坏
5.360	屋盖左中处少量上、下弦杆出现轻度损坏
5.8	屋盖左中处少量上、下弦杆出现中度损坏
8.98	屋盖大瀑布附近较多上、下弦杆出现比较严重破坏
14.82	屋盖中部、左下部处有少量下弦杆出现严重破坏 且屋盖大瀑布附近较多上、下弦杆出现比较严重破坏
30.00	屋盖中部处出现严重破坏的下弦杆数目增多

表 4　　　　速度为 100 m/s 时钢屋盖和分叉柱的塑性发展趋势

时刻/s	塑性发展趋势
0	结构处于弹性阶段,无塑性变形
5	屋盖左中处少量上弦杆出现轻微损坏
8.98	屋盖大瀑布附近较多上、下弦杆出现中度破坏
14.82	屋盖中部分割缝处有少量上弦杆出现严重破坏 且屋盖大瀑布附近较多上、下弦杆出现比较严重破坏
30.00	屋盖中部处出现严重破坏的下弦杆数目增多

对比一致弹塑性输入下的结构响应,可以发现其对结构的塑性发展趋势有一定的影响,但地震行波效应对结构破坏程度未见加重情况。罕遇地震作用下,地震行波效对钢屋盖杆件影响较小,在多点激励作用下,结构构件在罕遇地震作用下均满足预期的性能目标。

6　结语

本工程屋盖开大洞、结构不连续、大悬挑、曲面造型复杂且平面尺度超限对结构设计造成了不小的困难,但是通过合理的结构布置和针对性的分析计算,使钢屋盖结构获得了良好的受力性能。屋盖层在拆除若干重要构件后各项指标基本满足规范要求,屋盖不会发生连续性倒塌,有优良的防连续倒坍性能。大开洞钢屋盖关键构件失效后的整体稳定性分析结果表明结构整体稳定系数相比完整结构有较大幅度降低,但均满足规范的稳定性要求。地震行波效对钢屋盖杆件影响较小,结构构件在罕遇地震作用下均满足预期的性能目标,具有优良的抗震性能。

参考文献

[1] 徐春丽,罗永峰,周健.上海浦东机场二期航站楼钢屋盖结构稳定性分析[J].建筑结构,2007(2):18-21.
[2] 钱屹,李霆,周德良,等.长沙南站钢屋盖结构设计与分析[J].建筑结构,2011,41(7):19-23.
[3] 空间网格结构技术规程:JGJ 7—2010[S].北京:中国建筑工业出版社,2010.
[4] 铸钢节点应用技术规程:CECS 235:2008[S].北京:中国计划出版社,2008.

结构成就建筑构想

宋怀金　鲍　华　刘　桥

（中铁第四勘察设计院集团有限公司　武汉）

摘　要：本文结合结构成就建筑构想主题，介绍了武汉站、江门站及莘庄上盖开发交通枢纽等相关工程案例。武汉站采用独特的拱支网壳结构，拱与壳协同受力且传力明确，实现了大跨度、复杂曲面、整体造型等建筑需求；江门站通过结构参数化造型分析，逐步推导出受力合理、造型美观的编织筒壳结构体系，达到建筑与结构的深度融合；莘庄上盖物业开发交通枢纽利用隔震结构体系，解决了竖向构件无法落地的问题，将下部轨行大底盘结构与上部开发塔楼有效地结合起来，减少了地震动力响应对结构变形和内力的影响，完美地实现了不同结构体系和不同使用功能的竖向融合。

关键词：铁路客站；上盖开发；拱支网壳结构；编织筒壳结构；隔震结构

1　简介

建筑的外在表现和功能构成是可直接被大众感知的表面层，建筑结构是支撑并实现建筑外在形式的内在基础，二者相辅相成，缺一不可。一个好的建筑创意必定是结构合理的，在此基础上，结构工程师最大化地去实现建筑构想，把结构和建筑结合起来，也是结构成就建筑之美的重要环节。

铁路是我国最大众化的经济、安全、可靠的出行工具，铁路客站对于城市发展和居民生活的重要性是不言而喻的。铁路客站作为旅客来往的集结点，往往是城市的一张名片，为出行提供便利的同时，建筑造型也从细节到整体彰显着地方特色。随着设计方法的多样化和施工工艺的进步，"高技派"的空间结构开始不断涌现，基于此，武汉站、江门站等一大批特大型及大型站房呈现出不同于传统站房的独特空间造型。此类站房的设计中，结构杆件外露，实现了与建筑的完美融合。

为提高铁路土地资产运营效益和开发增值的目的，国家相关部门提出大力开展铁路土地综合开发的要求，铁路上盖物业开发一般先在铁路上方建造大空间底盘，大底盘上方建造商场或住宅。受列车运行使用的要求，上部多塔结构的竖向构件难以直接贯通落地。上海莘庄上盖综合交通枢纽结合了铁路客运、上盖开发、地方配套等用途，为了满足建筑上、下部不同布局、不同功能的综合要求，须综合考虑结构转换、隔震、刚度突变等一系列问题，在满足结构安全的前提下，实现土地利用及建筑功能的最大化。

2 武汉站整体造型研究

武汉站总建筑面积 355 391 m²，客车到发线 20 条，站台 11 座，日均发送旅客量 84 900 人次，年发送量达 3 100 万人次，为特大型铁路站房，作为现代化的交通枢纽，是重要的换乘枢纽站和轨道交通网的外向型门户车站。

2.1 建筑形态提出的要求

图 1 是武汉站的效果图，它的立面造型设计结合了武汉这座城市所拥有的区位优势、悠久历史以及深厚的文化底蕴，建筑的外观富有多层寓意。

图 1　武汉站正立面效果图

（1）"黄鹤一去不复返，白云千载空悠悠。"唐朝诗人崔颢那触景生情的千古名句使得"白云黄鹤"成为武汉的代名词。颇富仙气的千年黄鹤感叹新时代家乡翻天覆地的变化，翩然而归，是方案的造型立意。独特的造型使新建的武汉站成为一座"飞翔的车站"。

图 2　武汉站室内效果图

(2) 立面水波状的屋顶寓意"千湖之省"的省会——江城武汉(图2)。

(3) 建筑中部突出的大厅屋顶象征着地处华中的湖北武汉"中部崛起",反映出武汉蒸蒸日上的经济发展趋势。周围环绕的屋檐,其造型取中国传统建筑重檐意象,九片屋檐,同心排列,象征着武汉"九省通衢"的重要地理位置,同时突出了武汉作为我国铁路的四大客运中心沟通全国、辐射周边的重要交通地位。

2.2 整体钢结构体系设计

武汉站钢结构体系具有以下特点:

(1) 建筑体量宏大。顺轨方向 475 m,垂轨方向 300 m,屋盖面积达 150 000 m²。

(2) 屋面形态复杂,其沿顺轨、垂轨两个方向的曲线均为高次函数,设计中造型曲线必须精准。

(3) 为了保证等候空间的开阔视野,屋面顺轨向最大跨度为 116 m,垂轨向跨度为 64.5 m,如图3、图4所示。

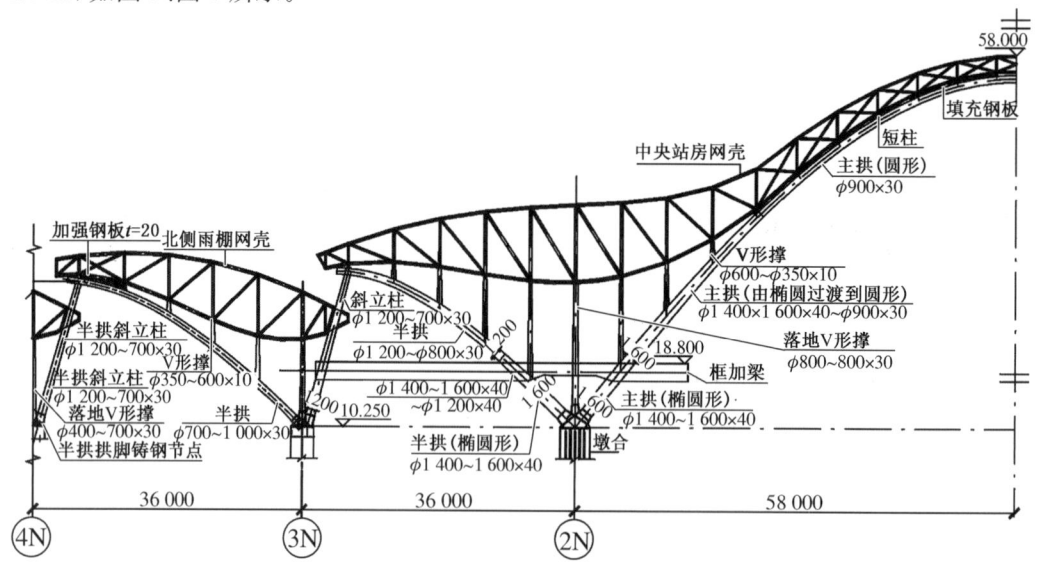

图3 武汉站顺轨向剖面图

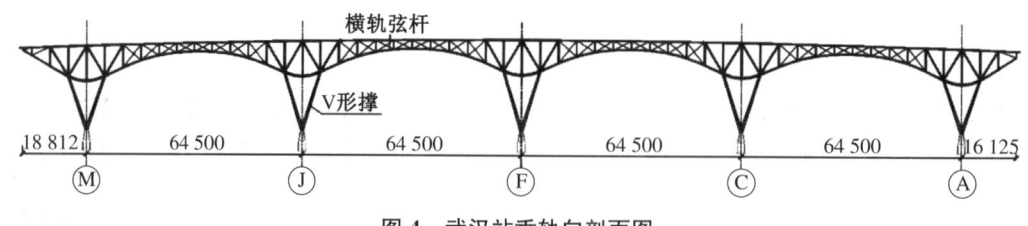

图4 武汉站垂轨向剖面图

基于建筑形态提出的要求,结合此项目的特点,结构开发了新型拱壳体系——树枝状拱支网壳结构。拱壳体系由拱和壳组成一个有机的整体,如图5所示。其各部分组成如下:

站房屋面由五榀主拱、半拱和斜立柱组成。屋面结构采用正交正放式网壳结构,其上

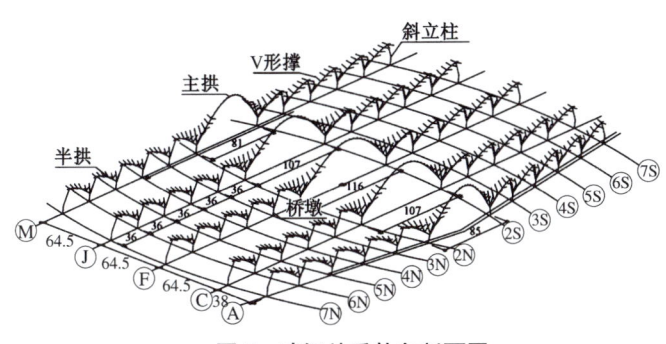

图 5 武汉站垂轨向剖面图

弦平面布置交叉支撑。屋面网壳与主拱、半拱组成"拱-壳"组合体系,结构双向变厚度,垂轨向在跨中最薄,支座处最厚。网壳的弦杆为复杂的空间曲线,其中,上下弦采用圆管,腹板有两种形式:刚性圆腹杆和柔性钢拉棒;上弦面内交叉采用柔性钢拉棒。CFJ轴主拱和半拱在 17.35 m 标高通过一个连梁连接,支承 18.8 m 楼面结构。主拱和半采用了一种特殊的截面——椭圆形钢管截面,由下部的椭圆形渐变为圆形,造型美观。

中央站房的支承结构无疑是整个武汉站最引人注目之处——跨度大、荷载大、支承对象多。屋面采用网壳结构覆盖,且结构面内、外刚度大。拱与壳的结合,不是简单的支承与被支承的关系,二者呈现了新的协同受力的性态,拱是网壳的支承,而网壳又大大增加了拱的刚度。武汉站整体钢结构体系受力合理,传力明确,有效实现了大跨度、复杂曲面、多重造型的建筑要求,达到了造型美和力学美的完美统一。

3 江门站结构造型研究

深茂铁路江门站站房位于广东省江门市新会区,是深茂铁路江门至茂名段内最大的客运站房,有 8 个站台,到发线及正线共计 20 条,最高聚集人数 4 000 人,总建筑面积 54 458 m²,为特大型铁路站房。江门站站房包含线上高架候车厅和线侧式站房两部分,二者设缝完全脱开,如图 6—图 8 所示。侧式站房通过设缝分为左、中、右三部分,互为独立结构。其中,侧式站房中部由下部钢筋混凝土结构和上部空间钢结构组成,如图 9 所示。空间钢结构部分,造型新颖,受力复杂,需做造型分析,在满足建筑立面效果的基础上,得到最优的结构支承体系。

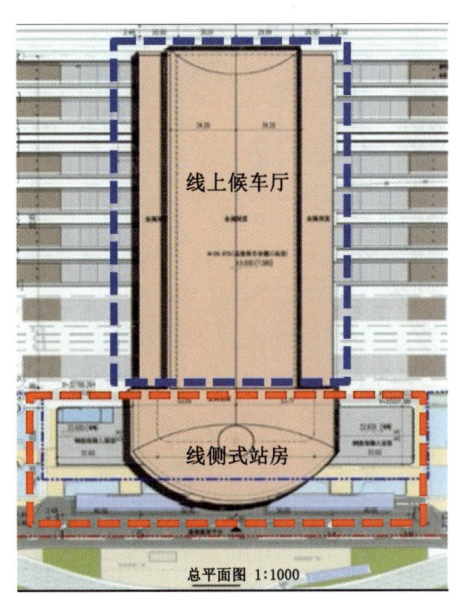

图 6 江门站站房平面图

图 7 江门站站房建筑正立面图

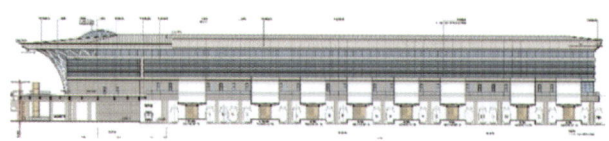

图 8　江门站站房建筑侧立面图

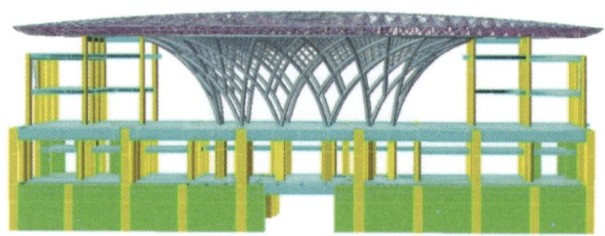

图 9　江门站侧式站房(中部分)结构计算模型

3.1　编织筒壳造型分析

建筑采用了"生命之树,小鸟天堂"的设计理念进行站房正立面设计,灵感来源于江门新会的名树古榕树,通过流畅仿生建筑流线,描摹榕树拔地而起、枝繁叶茂的自然景观。初步立意采用颈缩状的筒壳体系作为整个立面的立意,如图 10—图 11 所示。根据建筑立意,依据整体结构受力特点,提出采用上大下小的单向收缩筒壳支撑体系能有效减小网架的悬挑长度,也能更好地找到合适的力学形态。在此基础上,结构采用参数化建模,进行了结构方案深化。

图 10　古榕树

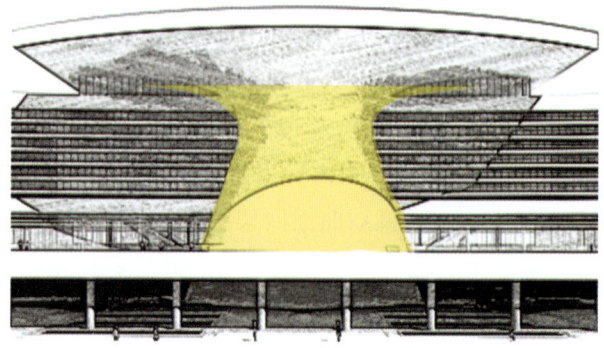

图 11　建筑初步立意

在图 12 的实体筒壳的基础上,为了表现建筑的编织效果,结构进行了菱形网格划分,形成上密下疏的编织体系,如图 13 所示,钢筒壳整体结构外露。除了菱形分割外,结构尝试了方形的分割单元,如图 14 所示,试算后得出,为了保证受力均匀和稳定,水平环梁截面要做的很大,且方形分割之间,未设斜拉杆,稳定性欠佳。图 15 和图 16 的整体形态及编制逻辑与建筑要求完美契合,底部分割数分别为 16 和 12,为了保证下部进站口的门洞要求,选择图 16 的编织筒作为主结构体系。在图 16 的基础上,在顶部的大网格内,增加 4 等分中网格和 8 等分小网格,仅能体现枝繁叶茂的建筑型体要求,也能让顶部受弯为主的杆件整体协同受力,如图 17 所示。整体结构体系的推演和深化,完美地实现了建筑的形态要求,同时也彰显了结构的力学之美。

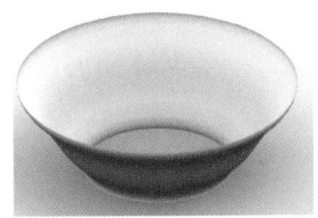
图 12　结构筒壳形态

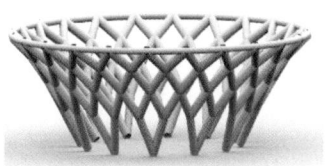
图 13　结构细分形态一

图 14　结构细分形态二

图 15　结构细分形态三

图 16　结构细分形态四

图 17　结构细分形态五

3.2　复杂支撑屋盖结构设计

钢筒壳采用 Q345B 圆钢管,落地主管口径为 $\phi 800\times 28$,支管口径为 $\phi 750\times 24$,大网格间的分支杆口径为 $\phi 300\times 12$,顶部设钢环管,其口径为 $\phi 500\times 18$,相交节点均采用相贯焊接,满足节点刚接要求。编织体钢筒壳支承结构为单层闭合壳体,杆件呈树状分散,在底部汇交成为 12 个 Y 字形钢柱脚节点,节点下部转换为型钢混凝土柱。所有杆件均为平面二维曲线,其水平投影均为直线,采用菱形交叉网格。底部节点呈环状分布,其直径为 32 m,顶部收口直径为 60 m,筒壳结构高度 16.8 m。

屋盖为大悬挑双曲面网架结构,中部支承于下部钢筒壳结构顶部环钢梁上,网架矢高最大达 4.60 m。网架悬挑端支点为两侧夹层单排柱,悬挑长度达 13.5 m,收口矢高为

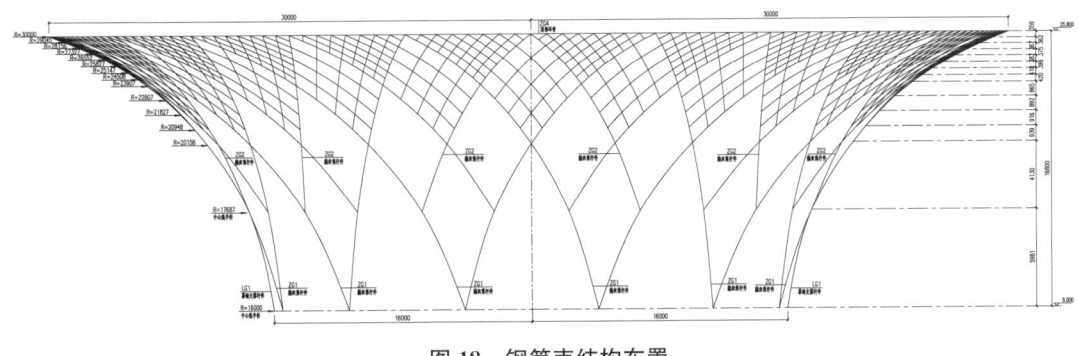
图 18　钢筒壳结构布置

1.5 m，中部为双层网架，在两边过渡为单层网架。

钢筒壳结构是一种与屋面网壳类似的空间梁系结构，系以杆件为基础，按一定规律组成网格，按壳体结构布置的空间构架，它兼具梁系和壳体的性质，杆件之间均为刚接，采用梁单元模拟杆件受力。钢筒壳传力特点主要是通过壳内两个方向的拉力、压力或剪力逐点传力，具有三向受力的结构特点，此种结构除了具有杆系体系的固有特性，还具有薄壳结构的固有受力特性。结构上部以受弯为主，下部以受压为主，通过结构造型曲线，在受弯区增加细分网格杆件，使之协同受力，通过自上而下的弧度变化，杆件受力状态更为有利。

4 莘庄上盖综合交通枢纽隔震体系研究

4.1 项目概况

为了最大化开发铁路土地的综合效益，进一步推进站城融合的深广度，建筑及规划在铁路上盖的设计中，往往需要在立面上实现不同使用功能的叠加。此类需求具体到细部上面，体现在房间布局、楼层层高、柱网尺寸等方面，与传统的商业、办公业态差别很大。为了满足需求，结构专业需要在体系转换、隔震减震等方面找到对应的解决办法。

上海莘庄上盖综合交通枢纽(图19)，沪杭铁路专线及地铁1号线、5号线从场地内穿过，将场地一分为二。本工程总建筑面积约695 500 m²，其中地上建筑面积约447 300 m²，地下建筑面积约200 000 m²。拟建工程南地块内包括7幢33～38层住宅、1幢21层办公楼以及1幢11层酒店。本工程南地块东北侧部分区域设置一层地下室，其余区域设置三层地下室。

莘庄交通枢纽上跨正在运营的国铁和地铁线路，设大底盘框架，盖上设有住宅、酒店、公寓、写字楼等多重业态，均为高层建筑，包含了框架核心筒、框架剪力墙等多种多重结构形式。受列车运行使用的要求，上部多塔结构的竖向构件(剪力墙、框架柱)难以直接贯通落地，从而导致大底盘上下楼层刚度变化较大，产生薄弱楼层，对结构抗震极为不利，为解决大底盘与上部结构刚度突变及高位转换的问题，最终确定采用高位层间隔震的结构方案，减少上部塔楼因列车经过、地震等动力响应带来的物理震动，最大化的满足上部空间的建筑布局要求(图20)。

图19 莘庄综合交通枢纽鸟瞰图

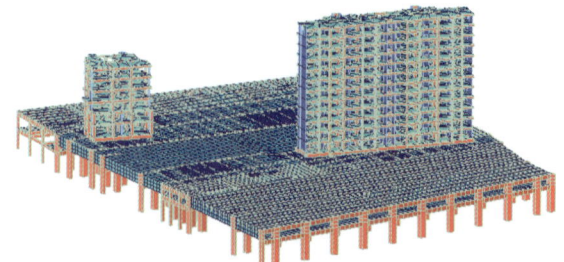

图20 结构整体隔震模型

4.2 隔震层设计

隔震层作为连接上、下两部分结构的重要楼层,隔震层的设计对隔震效果起至关重要的作用,这要求隔震层需同时满足以下要求:

(1) 足够的竖向承载能力以抵抗竖向荷载(重力及地震作用产生的竖向力)。

(2) 较低的侧向刚度以延长隔震结构的周期,使其与场地的特征周期错开,并有效降低地震反应。

(3) 能提供一定阻尼,耗散地震能量,并同时避免隔震层产生过大侧向变形,使隔震层在罕遇地震下也能稳定发挥作用。

考虑采用国内常用隔震支座,技术相对成熟,计算分析相对简单,产品质量容易控制,并且考虑到橡胶支座的竖向刚度相对其他支座要小,对控制底部地铁、铁路造成的上部结构震动及噪声,有一定的帮助作用,因此本项目隔震层支座主要采用普通橡胶支座+铅芯橡胶支座进行设计,层间隔震结构简图如图21所示,隔震支座示意如图22所示。

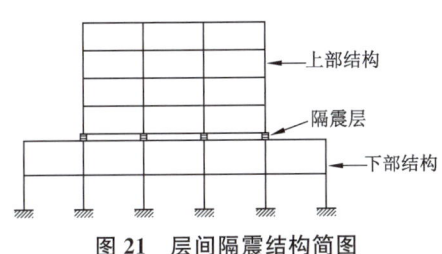

图21 层间隔震结构简图

图22 隔震支座示意

4.3 隔震结构的优点

(1) 高位层间隔震体系能够解决铁路上盖物业开发竖向抗侧力构件无法落地的问题,通过水平传力体系的转换,可实现上盖建筑业态开发的多样性,最大化地解除了上部设计的限制,可实现多种结构形式的共存。

(2) 采用建筑隔震技术可有效地减小地震剪力、水平位移和动力响应,它彻底克服了传统抗震结构"硬碰硬"式抗震设计方法的不足,"软化结构""以柔克刚"的方式通过在结构底部设置建筑隔震层来避免、限制和吸收传入结构的能量。

(3) 通过隔震支座,可有效地减小地震、列车动力对整体结构的影响,结构设计可以更加轻量化,相比非隔震结构,节约造价,缩短施工工期,经济效益明显。

5 结语

未来的铁路客站将需要更多的灵活性,立面和屋面造型更加多样化,实现建筑更丰富的型体表达;动车所、地下站等上盖开发也将更加多元化,站城融合不断加深。在此形势下,结构应大胆创新,选择合理的结构体系、结构措施去实现建筑构想,为新时代的铁路建筑设计注入新的活力。

柳州站 41.755 m 跨桁架设计与施工

廖 根 邱 剑 温四清

(中信建筑设计研究总院有限公司 武汉)

摘 要：柳州站属于既有站房改造项目，其中 11~16 股道范围在站房施工期间列车不能停运，其间不允许设置框架柱，导致其上的高架站房跨度达 41.755 m。结合概念设计和计算分析，该大跨度结构选用钢桁架。经多方案试算比选，桁架结构形式最终优化为：以受压为主的上弦采用矩形钢管混凝土结构，充分利用混凝土的抗压强度以降低用钢量；以受拉为主的下弦采用箱型钢梁；桁架腹杆采用 H 型钢。设计将腹杆的弱轴布置在桁架平面内，使得腹杆承受轴力为主，且腹杆的翼缘分别与上弦矩形钢管混凝土、下弦箱型梁的腹板对齐，可减少腹杆与上、下弦连接节点处的加劲板设置数量。通过技术方案优化，减少了钢桁架结构自重，不仅降低了结构造价，更降低了起吊难度，方便了现场施工。

关键词：桁架；概念设计；计算分析；结构选型；既有线上施工

1 工程概况

柳州市地处广西壮族自治区，既是一座底蕴浓厚的历史、文化名城，也是中国西部区域性商贸物流中心，自古就是周边省区的重要商品集散地。

柳州站作为柳州市的大型铁路旅客站房，构思取意"山水龙城工业兴，八方通达尽开怀"，其鸟瞰图如图 1 所示。该站设计规模为 11 站台 16 线，基本站台 1 座，中间站台 5 座，另含 1 座军用站台。总建设规模约 10.8 万 m^2，平面尺寸为 276.00 m×298.34 m。车站旅客最高聚集人数为 4 500 人。

11~16 股道范围原规划为城际高架，后根据《柳州铁路枢纽总图规划》及其评审报告，城际高架不引入柳州站，该处改为高架站房。通过此新增高架站房，将西站房和东站房结构连为一体。此区域局部剖面如图 2 所示。

受既有线路影响，该范围线间不能立柱，结构跨度达到 41.755 m，常规梁板式结构无法满足要求，考虑采用桁架结构。桁架结构的设计与施工是本工程的重点和难点。

2 桁架结构选型

11~16 股道新增高架站房平面尺寸为 112.80 m×48.03 m，受条件限制，只能在 L 轴、M 轴及 1/M 轴立柱，结构跨度最大达到 41.755 m。除了承受高架层荷载，5 轴—7 轴、12

图 1 鸟瞰图

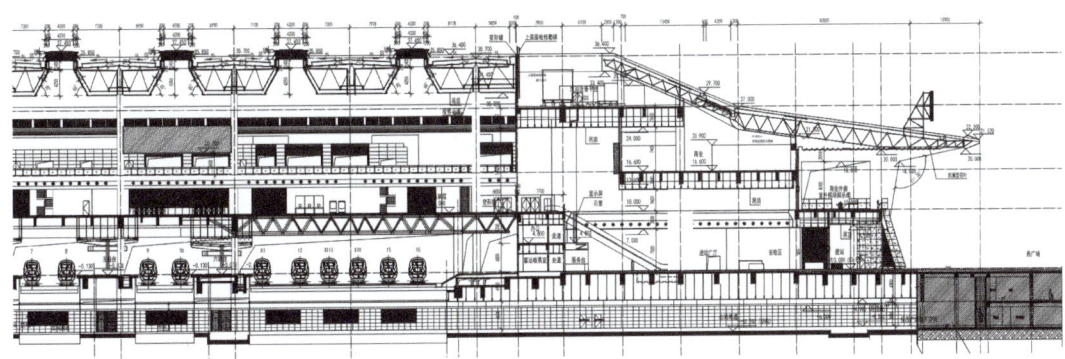

图 2 11~16 股道新增高架站房区域剖面

轴—14 轴范围还需承受高架夹层荷载,结合现场实际情况,考虑在 5 轴、7 轴、9 轴、10 轴、12 轴、14 轴上布置 6 榀桁架,出于加强整体性的目的,在 M 轴、1/M 轴上也布置一榀桁架。为保证桁架底部与接触网的安全距离,每榀桁架的矢高必须控制在 2.7m 以内。新增高架站房平面如图 3 所示,图中粗虚线表示桁架。

关于桁架的可选方案,预应力钢筋混凝土桁架或型钢混凝土桁架本身造价稍低,但均存在施工过程中需要搭设临时支撑的问题,影响现场既有线路的运营,施工措施费也较高。而钢结构自重相对较轻,钢构件可以在工厂分段制作,现场焊接组装,可以避免搭设临时支撑,确保线路正常运营,而且施工进度快,因此,本工程桁架采用钢结构。桁架间设置间距不超过 3.5 m 的 H 型钢梁作为楼板支座,钢桁架范围的楼板采用闭口型压型钢板组合楼盖。考虑到新增高架站房之外的范围已经按混凝土结构设计并部分施工,故支承钢桁架的框架柱基本采用型钢混凝土柱;而 9 轴、10 轴交 M 轴的两个框架柱距离运营线路太近,不便于支模,现场施工条件要求这两处采用钢管混凝土柱。

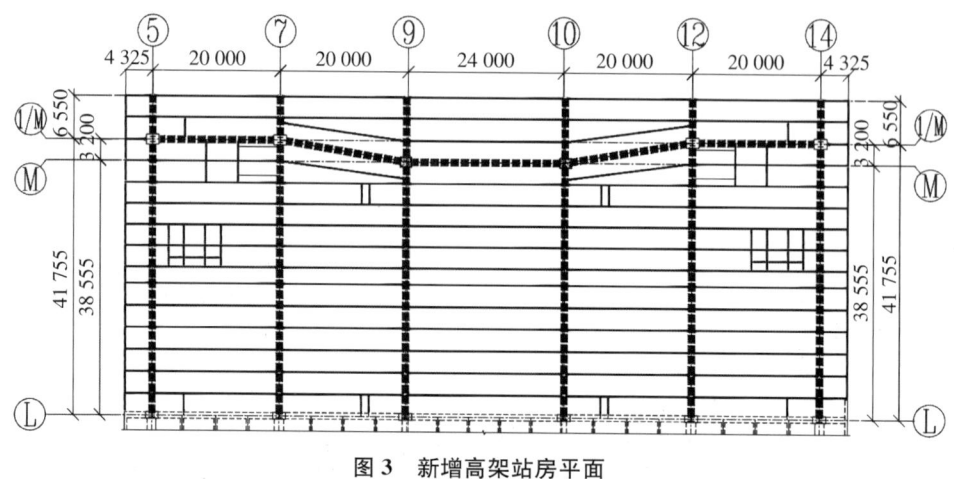

图 3　新增高架站房平面

3　钢桁架的设计

由于钢桁架结构跨度大，承受的荷载重，常规桁架上、下弦及腹杆采用统一结构形式的方案极不经济。本文打破常规思维，结合结构受力特点，对桁架设计进行了有益尝试与探索。

3.1　钢桁架上弦杆

除支座范围以外，桁架上弦以受压为主，根据计算可知，本工程桁架上弦最大轴压力达到 39 000 kN，如果采用常规钢结构方案，需要箱型梁截面尺寸为 1 200 mm×900 mm×60 mm×60 mm(箱型截面按 $B×H×T×T_w$ 的原则进行表达，其中 B 表示截面宽度，H 表示截面高度，T 表示上、下壁厚，T_w 表示左、右侧壁厚度，下文均同)。本文为了节省用钢量，减轻吊装重量，桁架上弦采用了矩形钢管混凝土，此时的截面 1 000 mm×500 mm×60 mm×60 mm。拟定的施工顺序为：桁架吊装就位后，先通过灌浆孔在钢管内浇筑自密实混凝土，同时可开展桁架上的次梁以及钢筋桁架楼承板安装，待钢管内混凝土强度等级达到设计强度的 80％以后，开始浇筑楼板混凝土，再按正常施工流程施工两侧商业夹层及地面铺装。施工过程模拟分析表明，桁架吊装期间，上弦钢管应力比不大，可保证吊装期间结构稳定；随着施工逐步推进，桁架应力比逐步增加，一直到施工完成后再组合活荷载、风载及地震作用进行验算，桁架应力比均在规范允许范围内。

SATWE 软件在计算时，默认考虑楼板的受压作用。本工程 6 榀桁架之间的间距为 20～24 m，如何正确考虑桁架间楼板的作用，对结构的安全性和经济性都有较大影响。结构计算过程中考虑了三种方案：方案一，按常规计算方法，完全考虑楼板作用；方案二，参照规范[1]（本工程在施工图设计时，仍执行 GB 50017—2003 规范），仅考虑钢与混凝土组合梁中混凝土翼板有效宽度范围内楼板的作用；方案三，完全不考虑楼板作用，将桁架范围的楼板板厚定义为 0，楼板自重附加到板面恒载中。通过 SATWE 计算分析，三种方案的桁架上弦内力结果如表 1 所示。

表 1　楼板对桁架上弦受力的影响

方案	内力	
方案一	M	2 292 kN·m
方案一	N	24 394 kN
方案二	M	2 366 kN·m
方案二	N	35 446 kN
方案三	M	2 866 kN·m
方案三	N	39 003 kN

由表 1 可知,方案三与方案一相比,弯矩增大约 25%,轴力增大幅度高达 60%,若是按常规方式考虑楼板作用,结构设计将会存在较大的安全隐患;方案二与方案三相比,弯矩减小 17%左右,轴力减小 10%左右,若是完全不考虑楼板作用,不仅不经济,也会增加桁架自重,增大吊装难度。由以上分析可知,从工程设计角度来看,参照规范中混凝土翼板有效宽度的规定,适当考虑该范围楼板的作用,既能确保结构安全,又具有一定的经济性。故本工程采用方案二,适当考虑楼板作用是合适的。

值得注意的是,上弦杆预留的灌浆孔间距不能过大,以保证矩形钢管内的混凝土能够浇筑密实,另外,灌浆孔内侧要焊接环形衬板,以便后期使用等厚度钢板焊接封闭,确保上弦杆件的受压区截面不受削弱。现场预留的灌浆孔如图 4 所示。

图 4　桁架上弦预留的灌浆孔

3.2　钢桁架下弦杆

桁架下弦跨中承受较大拉力,最大拉力达到 43 000 kN,由于桁架矢高受到限制,下弦杆件截面高度不能超过 900 mm,为满足净高要求并充分利用杆件的受拉性能,下弦杆采用箱型截面钢梁,在跨中受力最大区域,箱型梁截面为 1 800 mm×900 mm×60 mm×60 mm,且箱型钢梁中需要增设两道纵肋,如图 5 所示。

在设计过程中,发现下弦靠支座处的杆件受力较大,若是下弦支座处杆件完全采用与跨中相同的截面,则导致较宽的下弦与型钢混凝土柱的连接节点无法设计。由于桁架支座处的下弦杆件为压弯构件,如果一味加大杆件截面高度,杆件刚度增大,结构内力相应增大,所以加大截面高度的方法效率很低,而且,受净高要求限制,下弦杆件截面高度也无法增加太多。

根据计算结果可知,L2区段(区段范围示意详图)受力相对较小,可采用箱型截面800 mm×900 mm×60 mm×60 mm,跨中L3区段承受轴力大,采用逐步加宽变为三腔箱型截面(图5);支座附近L1区段充分利用混凝土抗压强度,采用钢管混凝土截面,截面不加宽有利于与型钢混凝土柱的节点连接。节点详图如图6所示。

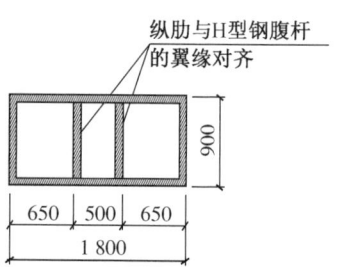

图5 下弦跨中截面

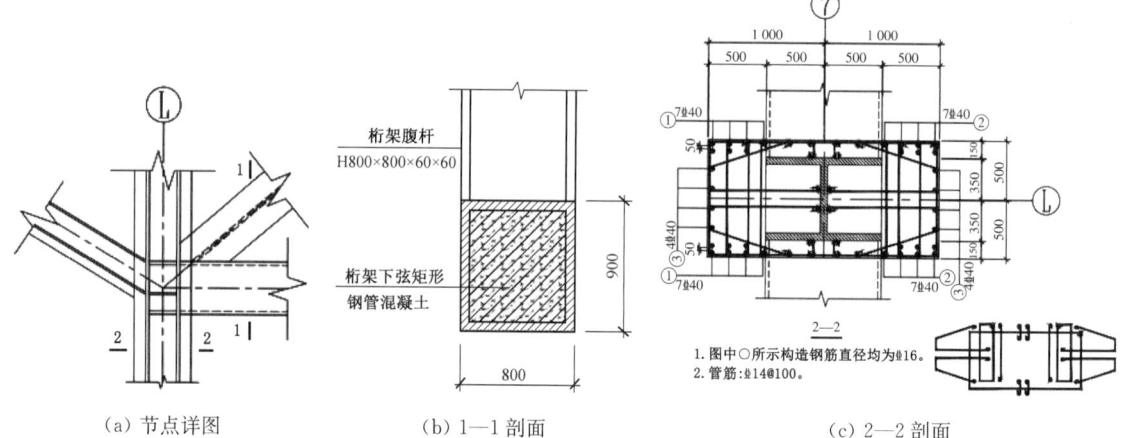

图6 节点详图

9轴、10轴桁架,由于承受荷载相对较小,下弦杆可以统一采用箱型截面600 mm×600 mm×60 mm×34 mm,在靠近支座的第一节弦杆采用型钢混凝土梁,其型钢采用截面为600 mm×600 mm×60 mm×34 mm的箱型梁,且箱型梁内腔采用混凝土浇筑密实,具体剖面如图7所示。型钢混凝土梁面、梁底纵筋尽量从型钢混凝土柱的钢骨两侧锚入柱内,型钢混凝土柱钢骨范围内的纵筋可仅设置构造钢筋。

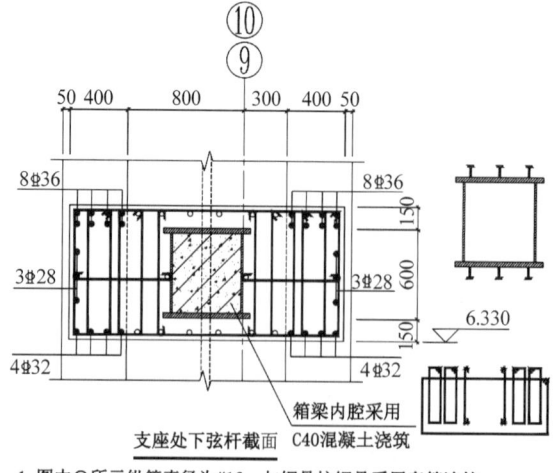

图7 支座处下弦杆剖面

3.3 钢桁架腹杆

钢桁架腹杆常用的布置主要有以下两种方式：方案一，自支座起第一根腹杆为拉杆；方案二，自支座起第一根腹杆为压杆。具体布置如图8、图9所示。根据表2所示的SATWE计算结果可知：当选用方案一时，可有效减小腹杆的截面，但是，桁架下弦杆的内力增大较多；对于方案二，腹杆截面较大，但是，下弦杆截面相对较小。由于本工程主要是桁架弦杆的截面高度受到限制，腹杆截面没有限制要求，故选用方案二。

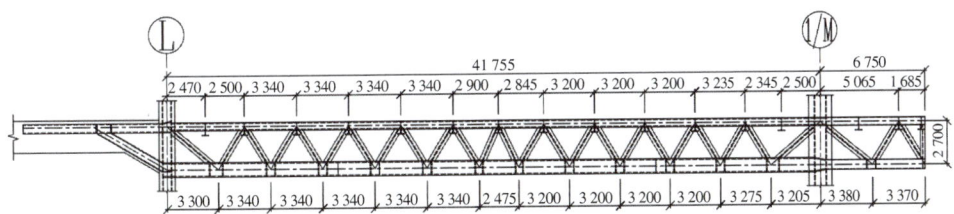

图 8 腹杆布置方案一

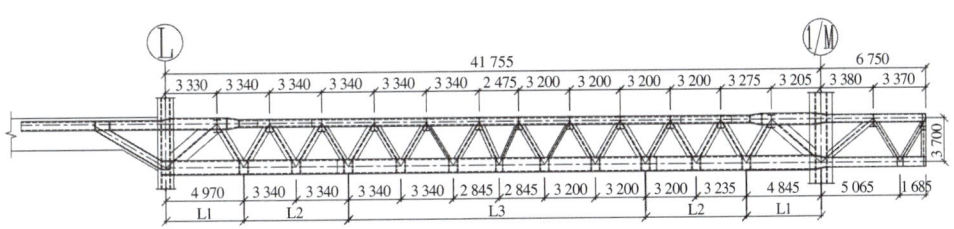

图 9 腹杆布置方案二

本工程桁架腹杆采用H型钢，为实现腹杆以承受轴力为主，旋转腹杆的布置，使腹杆的弱轴位于桁架平面内，且腹杆的上、下翼缘分别与上弦矩形钢管混凝土、下弦箱型梁的腹板对齐，减少腹杆与上、下弦杆连接节点处的加劲板设置数量。

表 2　　　　　　　　不同腹杆布置方式的计算结果

方案	杆件位置	杆件截面	计算结果 R_1-R_2-R_3
方案一	下弦靠支座第一节弦杆截面	□800×900×60×60 矩形钢管混凝土梁	0.50-0-0
方案二			0.60-0.55-0.67
方案一	自支座起第一根腹杆	H800×800×60×60	0.66-0.97-0.37
方案二			0.45-0.40-0.19

注：对弦杆而言，R_1表示钢构件正应力强度与抗拉、抗压强度设计值的比值；
　　　R_2表示钢构件整体稳定应力与抗拉、抗压强度设计值的比值；
　　　R_3表示钢构件剪应力强度与抗拉、抗压强度设计值的比值。
对于斜腹杆，R_1表示钢构件正应力与抗拉、抗压强度设计值的比值；
　　　R_2表示钢构件X向稳定应力与抗拉、抗压强度设计值的比值；
　　　R_3表示钢构件Y向稳定应力与抗拉、抗压强度设计值的比值。

3.4 节点设计

受铁路界限控制,L 轴框架柱在桁架跨度方向的截面不能超过 1 m,若是钢桁架直接与型钢混凝土柱相连,型钢混凝土柱的弯矩达到 33 000 kN·m,框架柱的设计极其困难,为平衡桁架产生的弯矩,将桁架上弦钢骨向相邻一跨梁内延伸,且在 L 轴柱处增设斜撑,如图 9 中 L 轴节点所示。SATWE 计算结果表明,增设斜撑效果显著,型钢混凝土柱的弯矩值下降 50%,约 16 000 N·m,且为构造配筋,节点区的钢筋较少,能够保证节点区混凝土的浇筑质量。

4 钢桁架施工

钢桁架施工具有以下几个特点:

(1) 由于现场施工不能影响既有线路的正常运行,每天只有 3~4 h 的天窗期可以施工,作业时间非常紧张,加大了桁架吊装后的就位和安装难度。

(2) 桁架外形尺寸较大、质量较重,不满足构件的运行要求,工厂无法整体拼装,需要将零部件发送至现场拼装。为保证现场拼装质量,现场搭设了专门的胎架,如图 10 所示。另外,在狭窄的场地,协调好拼装及安装的交叉作业也是本工程组织协调重点考虑的内容。

图 10 正在胎架上进行拼装及拼装完成后准备吊装的桁架

(3) 钢桁架超重、超长,单榀桁架最重达到 200 吨,本工程的吊装机械采用 750 吨履带吊。为控制吊装过程中钢桁架的挠度,采用 8 个吊点配置 4 个动滑轮共 12 根吊索起吊,图 11 为现场吊装实况。

图 11　桁架吊装

（4）受现场条件限制,大型吊车站位选择困难,吊装方案的优劣直接影响到工程质量和安全。因此,选择经济可靠并有可操作性的吊装方案,选择合适的吊装机械,确定合理的吊装顺序就显得尤为重要。

（5）焊接难度大。本工程构件最厚钢板为 60 mm,焊接难度大,结合工程实际情况,采用 CO_2 药心焊丝和焊条手工电弧焊相结合的焊接方法。CO_2 气体保护焊接方法,可以减少焊接道数,降低焊接变形和残余应力。焊接过程中还需采用合理的焊接顺序,对称焊、分段焊。

5　结语

（1）转换桁架的布置要结合结构受力和建筑要求进行多方案比选。

（2）对于大跨度桁架,当荷载大而桁架矢高受到限制时,要合理布置桁架腹杆。

（3）对于大跨度桁架,桁架的截面形式不一定必须统一,可以根据受力特点及施工简便性选择对应的截面类型,以充分利用各种材料性能。

（4）既有线上施工,给施工组织设计增大了难度,需要制定合理的施工方案,才能确保安全和质量要求。

参考文献

[1] 中华人民共和国住房和城乡建设部.钢结构设计标准:GB 50017—2017[S].北京:中国建筑工业出版社,2018.

柳州站站房钢屋盖结构设计

刘　昶　邱　剑　温四清

（中信建筑设计研究总院有限公司　武汉）

摘　要：柳州火车站位于广西壮族自治区柳州市，是大型铁路旅客车站。平面尺寸为 228 m×202 m，考虑建筑效果、幕墙安装等要求，屋盖采用管桁架与网架组合的空间结构体系，幕墙支座与屋盖采用一体化设计。由于结构体型特殊，通过风洞试验及风振分析研究了屋盖及幕墙抗风问题，并对屋盖关键节点进行了针对性的加强。本文介绍了该空间网架结构的造型、布置、结构建模、节点设计、抗风计算。

关键词：空间结构；节点设计；风洞试验

1　工程概况

柳州站[①]是城市交通枢纽、商业副中心和城市门户，是城市优先和重点发展的商贸经济圈。其站房部分，标高 16.600 以下为钢筋混凝土框架体系，标高 16.600 以上为屋盖钢结构体系，屋盖总平面尺寸为 218 m×317.3 m；站房上部主体结构分为西站房、高架站房和东站房，东站房和高架站房连为一体，屋盖变形缝位置与主体结构一致。西站房屋盖平面尺寸为 208 m×79.75 m，东站房及高架站房屋盖平面尺寸为 218 m×237 m。候车厅上方的区域结合采光窗采用 64 m 跨管桁架结构；候车厅两侧的附属用房及端部站房主要采用网架结构，采光窗处采用平面管桁架。管桁架采用相贯焊节点；网架采用螺栓球节点，局部采用焊接球节点；网架均为正交正放四角锥网格单元，典型网格尺寸为 3.0 m×3.0 m，2.5 m×2.5 m，矢高 1.4～1.5 m，高架范围 64 m 跨网架典型网格尺寸为 4.15 m×3.6 m，矢高约 4.2 m。支撑东侧及西侧室外范围屋盖的柱，结合建筑造型要求，采用钢桁架柱，其余支撑屋盖的柱采用下部钢筋混凝土柱。

2　屋盖结构体系

柳州站构思取意"山水龙城工业兴，八方通达尽开怀"，采用八角形坡屋面组合，屋脊"八方汇聚"，顶部高高隆起，凸显轮廓线条，见图 1；正立面巨大立柱雄壮巍峨，工业特征明显，将屋顶重量清晰地传至地面，立柱展开的巨型门框迎向八方宾客，见图 2。

---

① 廖根，邱剑，温四清. 柳州站 41.755 m 跨桁架设计与施工.

图 1 屋盖鸟瞰图

图 2 屋盖正立面图

2.1 屋盖结构布置及网架选型

为实现上述建筑效果,结构屋盖分为五个大的区域,见图 3、图 4,区域一为室外大跨度屋檐,采用螺栓球网架;区域二为室内小柱网屋盖,采用螺栓球网架;区域三为高架候车厅室外 10 m 跨挑檐,采用螺栓球网架;区域四为高架候车厅两侧室内 20 m 跨小柱网屋盖,采用螺栓球网架;区域五为高架候车厅上空 64 m 大跨度焊接球空间网格体系;各区域网架间设置屋脊桁架。

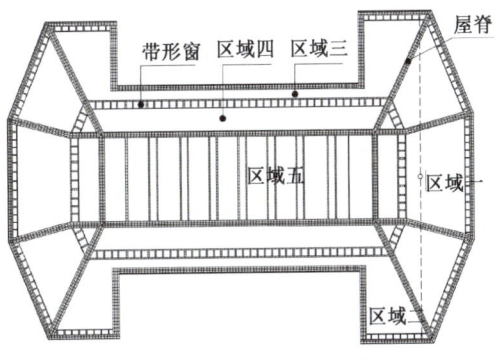

图 3 屋盖平面分区示意

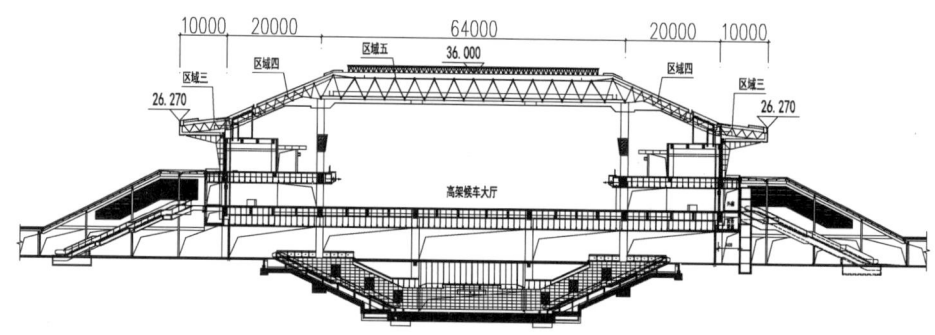

图 4 高架站房剖面图

2.2 桁架柱

站房屋盖东、西端部,室外均设置了大跨度的屋檐,室外最大覆盖跨度 37 m,正立面两个桁架柱间的间距约为 71.5 m,结构设计时,利用造型所需的巨型门框设置钢结构桁架柱,以支撑屋盖,详见图 5;为提高桁架柱的稳定性,在桁架柱的四周各面及横断面的四边形网格中均设置斜杆,桁架柱均采用 Q345B 圆钢管,其竖杆采用 273 m×16 m 和 245 m×16 m,其余腹杆、斜杆最大为 180 m×12 m,最小为 133 m×4 m,构造见图 6。

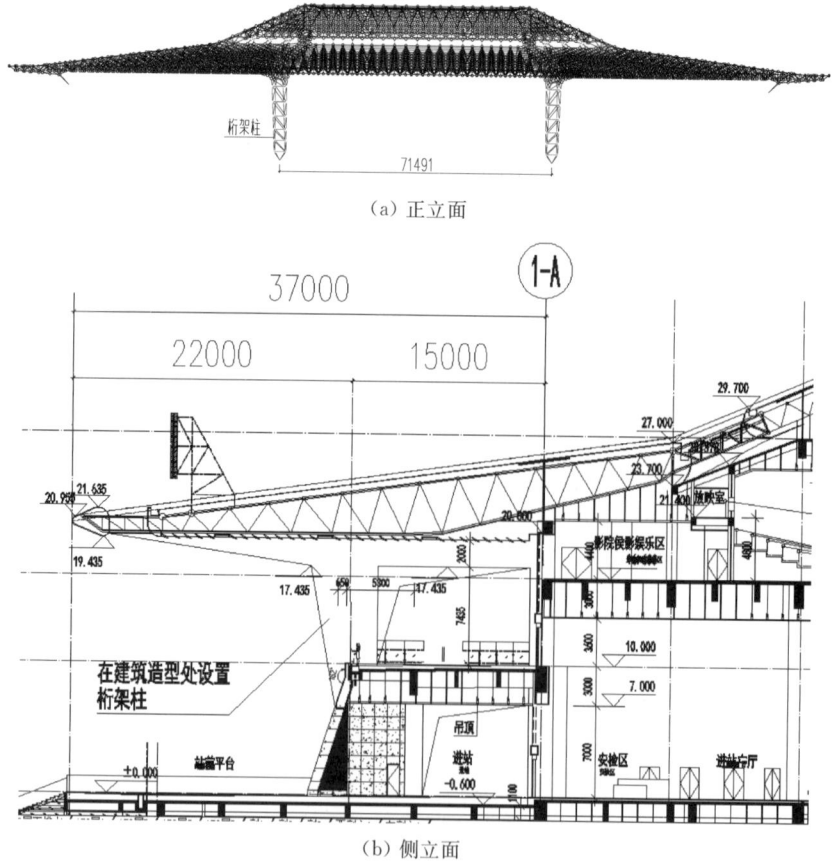

(a) 正立面

(b) 侧立面

图 5 桁架柱正立面与侧立面

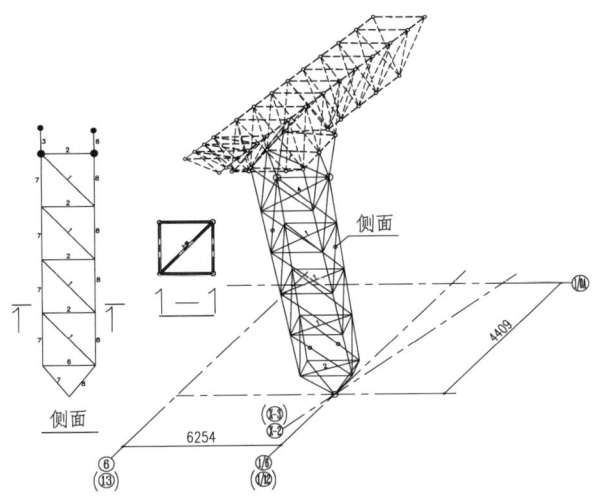

图 6　桁架柱轴测图及断面图

2.3　节点设计

屋脊桁架、带形窗间桁架、檐口桁架平面布置见图 7。

屋盖造型采用八角形坡屋面,各区域网架的坡度均不一致,各片网架交接处的连接构造成了难点,结构设计时,利用建筑造型设置屋脊桁架,桁架杆件节点处采用焊接球,这样,其两侧的螺栓球网架的杆件可轻松与屋脊桁架焊接球连接,既满足了建筑要求,又解决了各区域不同坡度、不同角度网架交接处的连接构造。屋脊桁架剖面见图 8。

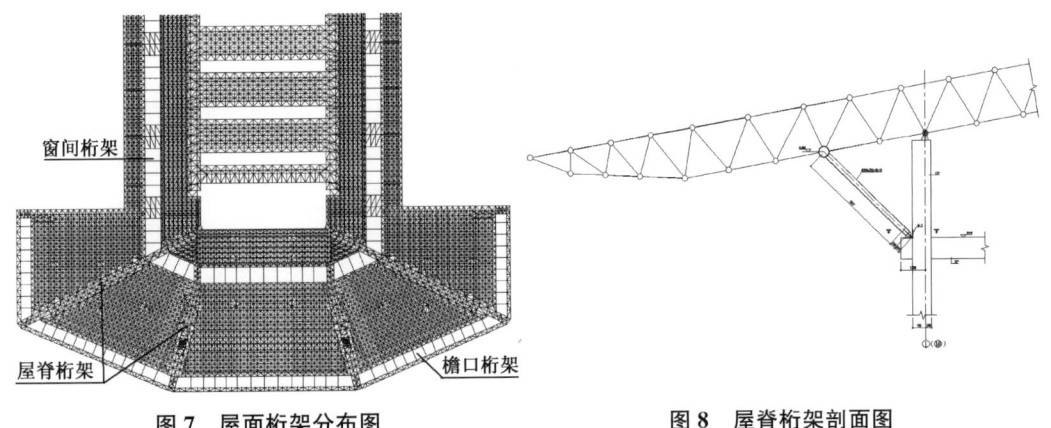

图 7　屋面桁架分布图　　　　　　　　图 8　屋脊桁架剖面图

屋盖带形窗的设计,美观大气,但给结构设计带来了不小的难题,例如区域三和区域四之间的网架不能连续布置,影响结构的整体抗震性能,故采取设置窗间桁架、局部设置撑杆的布置方式,将带形窗两侧的网架连系在一起整体受力。窗间桁架与两侧区域三、区域四的网架相连处,采用焊接球过渡。如图 9—图 11 所示。

建筑檐口为镂空造型,结构采用网架端部外伸悬挑管桁架+檐口端部管桁架的结构形式,与建筑造型完美融合,见图 12。

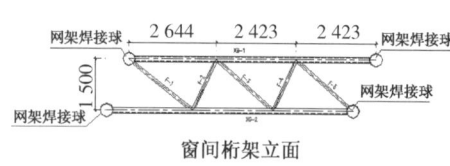
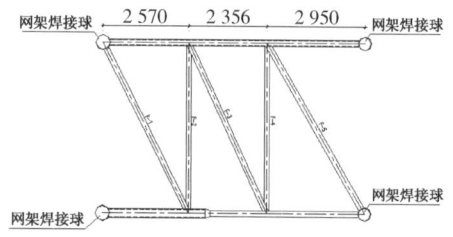

图 9　带形窗桁架布置图

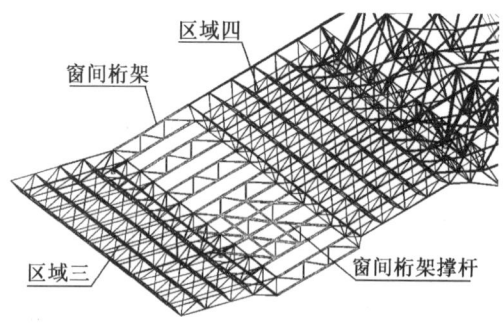

图 10　带形窗桁架轴测图

图 11　带形窗完成效果

桁架柱支座见图 13,采用成品球形支座,将桁架柱四角竖杆收拢后,有效解决了柱底支座不好设置的难题,优化了结构布置。对于一般小跨度网架屋盖支座,可采用普通十字板支座即可,但对于内力较大的支座,例如高架候车厅上空 64 m 跨屋盖的支座,常规支座无法满足要求,设计时,在混凝土柱中预埋钢管,钢管顶部设置焊接球,既满足受力需求,又简化了施工步骤,见图 14。

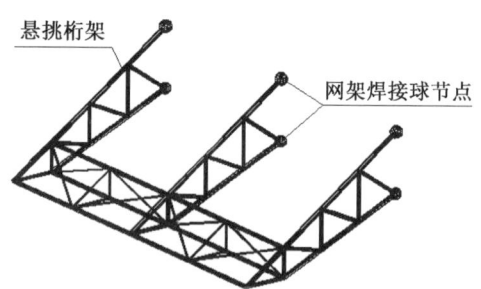

图 12　带形窗桁架布置图

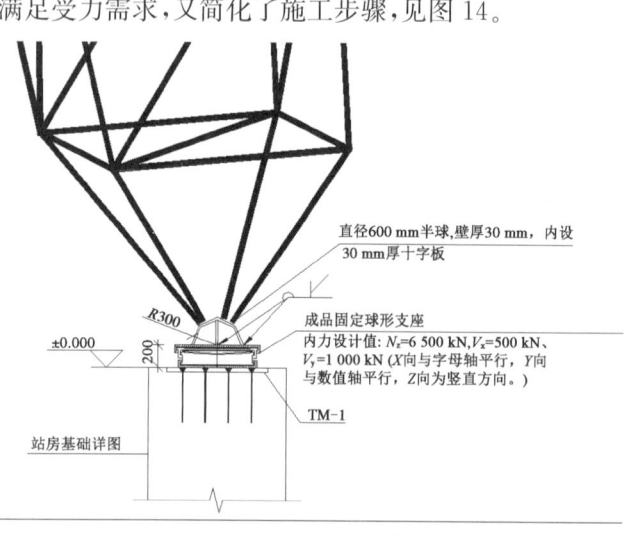

图 13　桁架柱支座

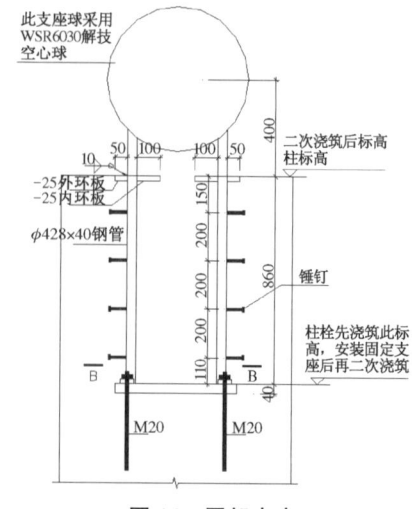

图 14　网架支座

3 计算与分析

3.1 计算条件

1. 计算假定

(1) 钢结构采用同济大学编制的空间钢结构分析程序 3D3S(V12.1)进行设计,并采用 Midas Gen 软件进行分析复核。

(2) 管桁架节点及网架焊接球节点均取为刚接,螺栓球节点取铰接。屋盖结构计算时按实际输入下部混凝土结构进行整体分析。

(3) 结构计算假定施工采用满堂脚手架一次成型受力。

2. 设计荷载

结构计算时组合有恒荷载、活荷载、风荷载,同时考虑温度效应和地震作用。

(1) 恒荷载:钢结构构件自重由程序自动计算,屋面上弦(包含屋面板、C 形钢檩条及檩托重)0.30 kN/m^2,下弦(高架层室内上空范围,包括吊顶、灯具)0.30 kN/m^2;

(2) 活荷载:上弦 0.50 kN/m^2(柳州地区无积雪);

(3) 基本风压:0.35 kN/m^2(按 100 年重现期的风压值采用),地面粗糙度 C 类,风荷载体型系数按风洞试验和荷载规范取包络设计;

(4) 温度效应:基本气温:最低 3 ℃,最高 36 ℃。钢屋盖计算考虑的温差为±25 ℃;

(5) 地震作用:抗震设防烈度 6 度,设计地震基本加速度 0.05g,设计地震分组为第一组。场地类别为Ⅱ类,建筑抗震设防类别为重要设防类(乙类),按设防烈度 6 度进行抗震计算,按 7 度采取抗震措施。

3.2 计算分析

1. 整体分析

屋盖整体计算时,区域三和区域四之间的带型窗拟不设局部支撑,屋盖振型见图 15,区域三和区域四 Y 向平动时,相对变形差较大,表明两个区域的网架受带型窗影响,屋盖整体受力特性不强。为增强两个区域间的连接,在带形窗桁架的适当部位均匀布置水平支撑,计算后的振型见图 16,Y 向平动时整个屋盖的整体特性明显增强。

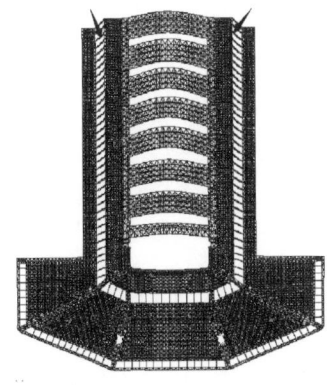
图 15 带形窗桁架不设置支撑振型图

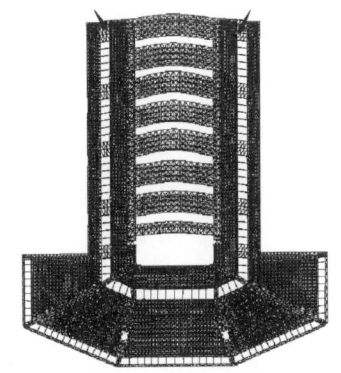
图 16 带形窗桁架设置支撑振型图

2.64 m 跨焊接球空间网格分析

高架候车厅上空屋盖跨度为 64 m,四角锥平面典型网格尺寸为 4.15 m×3.6 m,矢高 4.2 m,见图 17。该范围屋盖对挠度、耐久性均有较高要求,故采用焊接球节点,杆件均采用 Q345B 钢管,最大杆件为 299 m×16 m,最小杆件为 76 m×4 m,杆件应力比按 0.85 控制,恒载+活载标准组合时的挠度为 159 mm,不起拱的情况下可满足规范 1/400 的要求,见图 18。

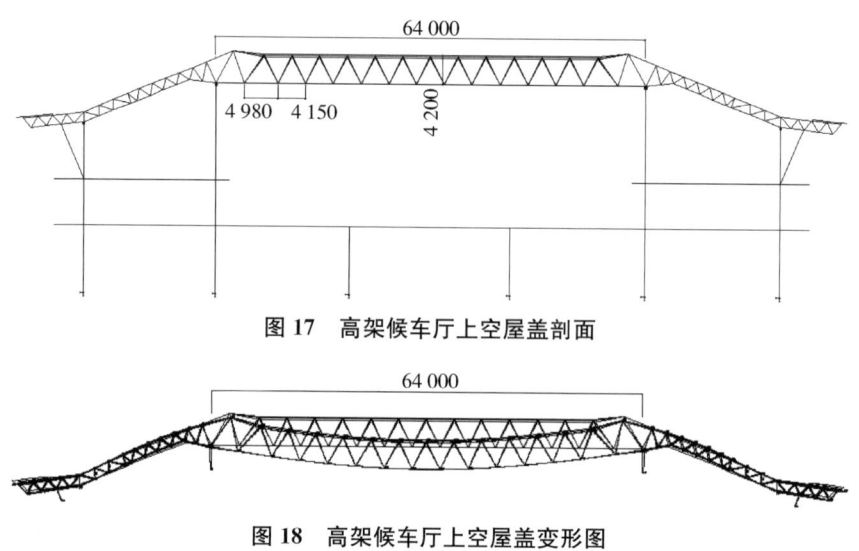

图 17　高架候车厅上空屋盖剖面

图 18　高架候车厅上空屋盖变形图

4　风洞试验

4.1　试验方法

为测量风洞试验参考高度处风速,在模型左前方处安装三维脉动风速探头,与模型测压同步测量此处的风速,其放置高度为 1 m。采用电子扫描阀测压系统测量模型表面风压。扫描阀同步对模型的表面风压进行同步测量,依次对所有测压点的压力信号进行扫描。脉动压力的采样时间为 90 s,每个测点的采样频率为 331 Hz,试验参考点风速约为 9.7 m/s。本试验通过旋转工作转盘,模拟 0°~360°风向角的情况,其角度间隔为 15°,共 24 个试验风向角。

4.2　结构特性

频率与振型由有限元软件 Midas 建模计算得到,根据计算精度的需要,本项目考虑了站房的前 18 阶整体振型的贡献。其中 1 阶模态见图 19。

站房屋盖为钢结构,结构质量较轻,楼板为混凝土。结构动力计算将下部结构与屋盖结构一起建模考虑。本项目考虑了前 18 阶整体振型的贡献。其第 1 阶振型频率为 1.13 Hz,第 2 阶振型频率为 1.31 Hz,第 18 阶振型频率为 2.48 Hz。从柳州站站房的各阶振型来看,其振动主要以屋盖的振动为主,整体性较好,多数振型具有对称性或反对称性。

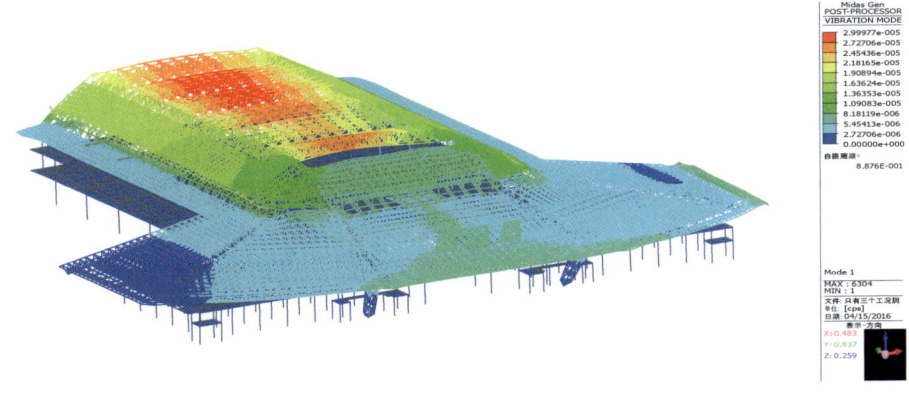

图 19　1 阶模态(1.13Hz)

4.3　屋盖表面风压

本项目采用标准方法和规范方法《建筑结构荷载规范》(GB 50009—2012)分别计算了站房和站台雨棚的极值风压和平均风压系数。由标准方法得到的 100 年重现期各点各工况下站房的极值风压最大值为:0.56 kPa,极值风压最小值为:−0.87 kPa。由规范方法得到的 100 年重现期各点各工况下站房的极值风压最大值为:0.55 kPa,极值风压最小值为:−0.97 kPa。

站房极值风压的分布规律大致为:屋盖迎风面处以正压为主,其屋盖上的风荷载以负压为主,特别是在迎风面处屋盖边缘悬挑处,出现较大的负压,这是由于在边缘处出现瞬时气流分离的缘故。从压力大小的分布规律来看,屋盖上下表面边缘部分的负值风压比较大,从总体上来看,柳州站站房屋顶上表面的负压比下表面的负压绝对值要大,经过叠加后屋顶以向上的吸力为主。

4.4　抗风性能评价

柳州站就结构强度而言,站房结构在 100 年重现期极值风压作用下各构件的各风向角最大风致弯曲应力为 98.4 MPa,其轴向应力也达到了 53.2 MPa,但是其只是在极少数杆件出现。就结构刚度而言,该结构在 100 年重现期极值风压作用下站房各风向角各节点竖向位移与其跨度的最大比值为 1/6000,这样的变形在结构允许变形要求。柳州站的抗风性能够满足安全性与适用性的要求(本节试验与计算由武汉大学结构风工程研究所完成,在此表示感谢)。

5　结语

(1) 工程师充分把握建筑造型的要求,合理地进行结构选型,可实现屋盖大跨度、造型美观、整体性好、抗震性能好。

(2) 大跨度钢结构屋盖的风吸力作用较大,特别是悬挑部位,结构设计时应予以重视。

(3) 在关键部位采用焊接球,既方便施工,又加强了连接,提高了安全性。

西安站改跨地裂缝高架候车室结构设计分析

蔡玉军 张 谦 孙建龙 张 海 宋 继 高志宏

(中铁第一勘察设计院集团有限公司城市轨道与建筑设计研究院 西安)

摘 要:受场地条件的限制,西安F3地裂缝从西安站改高架候车室中部小角度斜向穿过。为了对地裂缝进行合理避让,高架候车室被分割成两个独立的结构单元,各单元间通过大跨钢桁架(10.0 m候车层)、跨层钢桁架(18.0 m商业层)及钢网架(30.0 m屋盖层)进行连接,形成弱连接的连体结构。该工程在结构布置和节点构造处理上进行了创新,以突破传统结构设计的思维定式,从设计上确保结构的安全性。对高架候车室进行了抗震性能设计及构件损伤分析,分析结果表明结构能够达到C级性能目标,结构抗震性能良好。最后,对相似结构进行了1∶10的缩尺模型振动台试验,得出强震作用下结构的薄弱部位以及弱连接连体结构的变形特征。

关键词:高架候车室;西安F3地裂缝;连体结构;抗震性能化设计;振动台试验

1 工程概况

西安站位于西安市大明宫遗址公园和西安城墙之间,是西北地区最大的铁路枢纽站房。既有南站房规模小,车站容量已基本饱和,急需要进一步改造和扩建。根据西安站整体规划,西安站改扩建工程(简称"西安站改")包括新建北站房、高架候车室、市政地下通廊及地下进出站厅、东配楼、站台雨棚及南站房改造等部分,总建筑面积约为28.8万 m^2。受场地条件的限制,西安F3地裂缝从西安站改高架候车室中部小角度斜向穿过,如图1所示。西安站改工程建筑效果图如图2所示。

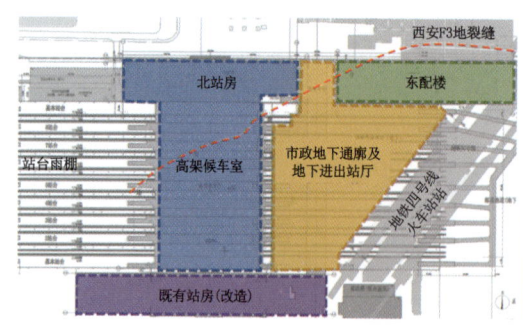

图1 西安站改总平面示意图

图2 西安站改工程建筑效果图

北站房、高架候车室及既有南站房平面呈"工字形"布局,腹部高架候车室宽度(顺轨道方向)为 135.0 m,长度(垂直轨道方向)约 200.0 m。顺轨道方向柱网为 12.0 m 或 13.5 m,垂直轨道方向柱网为 21.5~26.4 m 不等。高架候车室候车楼面标高 10.0 m,两侧商业层楼面标高 18.0 m,建筑檐口标高 30.0 m,屋脊最高点标高 37.0 m,高架候车室剖面如图 3 所示。

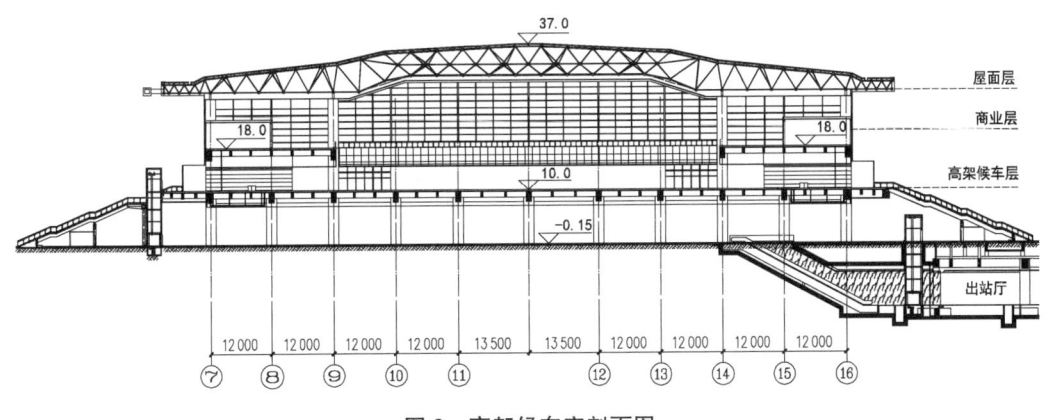

图 3　高架候车室剖面图

2　主要设计参数

高架候车室的设计使用年限为 50 年,满足 100 年的耐久性要求,建筑结构安全等级为一级。本地区抗震设防烈度为 8 度,抗震设防类别为重点设防类(乙类),按 9 度抗震设防烈度采取抗震措施,设计基本地震加速度为 0.20g。建筑场地类别为 Ⅱ 类,设计地震分组为第二组,地震动反应谱特征周期为 0.40 s。

基本风压为 0.40 kN/m²(100 年一遇),地面粗糙度为 B 类;基本雪压为 0.30 kN/m²(100 年一遇),积雪分布系数按 1.0 考虑。

3　高架候车室跨地裂缝设计

3.1　西安地裂缝概况及活动特征

西安地裂缝是在过量开采承压水,产生不均匀地面沉降的条件下,临潼—长安断裂带西北侧(上盘)一组北东走向的隐伏地裂缝出现活动,在地表形成的破裂,西安城郊区域目前共发现了 14 条地裂缝,形成了著名的西安地裂缝群。地裂缝活动不仅会引起建筑结构的局部沉降破坏,甚至会引起结构的整体倾斜倒塌,威胁到房屋的正常使用和生命财产安全[1-3]。

本场地内为西安 F3 地裂缝,按《西安火车站附近 F3 地裂缝勘察报告》场地内地裂缝已闭合,地裂缝近期活动性较弱,目前处于稳定状态,但仍有活动的可能性,其活动速率为 3~5 mm/年。综合拟建场地现有沉降监测数据及地下深层承压水的开采情况,经规程编委组专家专题论证后一致确认:本场地内的建筑物单体跨越地裂缝后,两侧的基础与地裂缝间应满足一定的避让距离,适宜建筑,并给出了明确的避让距离要求。

3.2 结构体系设计

3.2.1 主体结构

高架候车室顺轨向柱网与北站房相对应,为小柱网布置(12.0 m 和 13.5 m),综合其经济性和抗震性能,采用钢筋混凝土框架结构体系,其中高架候车室两侧商业层以及地裂缝相邻跨采用型钢混凝土框架。框架结构的抗震等级为一级,抗震构造措施为特一级。

结合工程经验及专家评审意见[4-5],将高架候车室的基础布置在地裂缝影响范围之外,地裂缝上、下盘分别设置独立的结构单元,两单元间通过设置大跨钢桁架(10.0 m 候车层)、跨层钢桁架(18.0 m 商业层)及钢网架(30.0 m 屋盖层)实现对地裂缝的跨越。钢桁架及网架均采用一端固定铰、一端滑动铰的弱连接方式进行连接,以适应地裂缝的蠕动变形。因此,高架候车室被设计成弱连接的连体结构,结构剖面示意如图 4 所示。

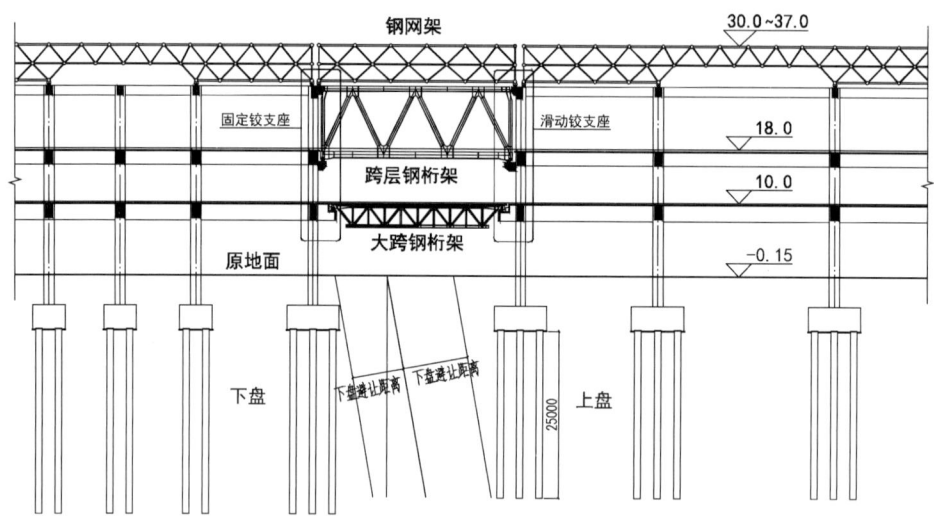

图 4 结构剖面示意图

地裂缝的存在将高架候车室分成上、下 2 个异型结构单元,上部结构单元呈极不规则的三角形布置,抗震性能极差,因此设计中打破传统旅客站房结构布置的形式,将地裂缝下盘结构单元与北站房连成整体,形成一个相对稳定的梯形结构单元,地裂缝上盘的高架候车室为一单独的结构单元,按此原则确定的高架候车室结构平面布置示意如图 5 所示。

3.2.2 跨缝桁架

上下盘主体结构基础避让地裂缝后,跨缝桁架最大跨度达到 32.0 m,受候车室建筑标高及行车限界的制约,桁架轴线高度为 3.0 m,第一竖向振动频率为 2.85 Hz,小于 3.0 Hz,不满足旅客舒适度要求[6]。设计中将支撑桁架支座牛腿调整为支撑挑梁,一方面将桁架的跨度由 32.0 m 缩短至 25.0 m,另一方面也优化了相邻跨梁的受力,如图 6 所示。方案优化后,桁架竖向振动频率为 3.26 Hz,跨中挠度为 31.25 mm,构件最大应力比为 0.60,均满足现行规范要求。

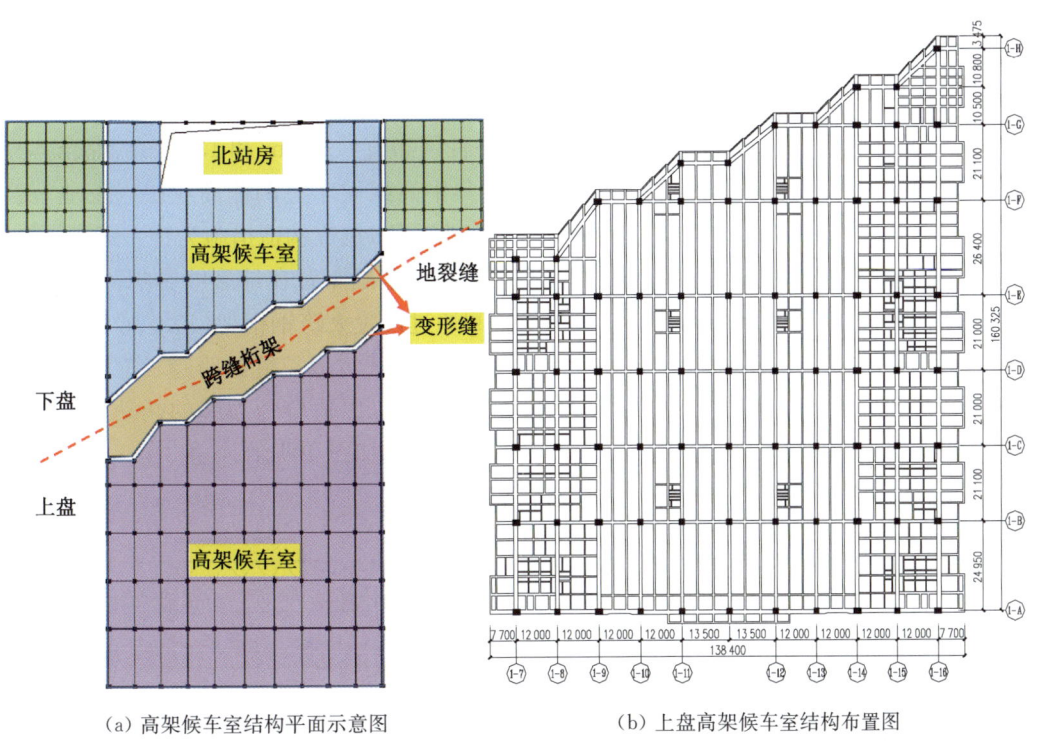

(a) 高架候车室结构平面示意图　　(b) 上盘高架候车室结构布置图

图 5　高架候车室结构平面布置

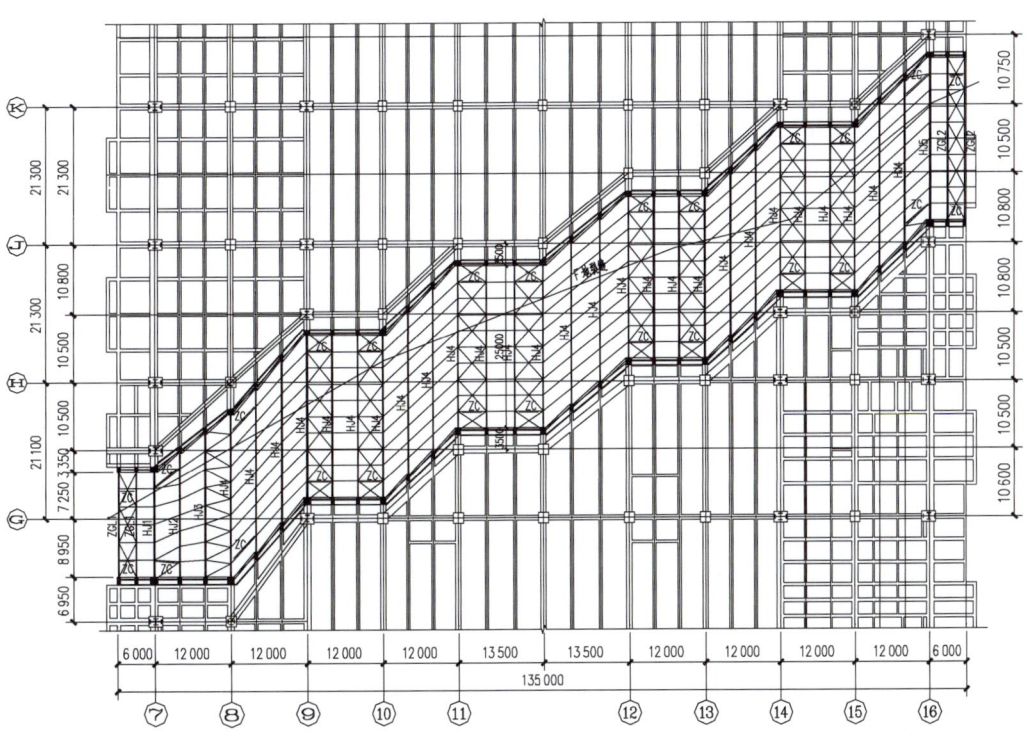

图 6　跨缝桁架结构平面布置图

目前,铁路钢结构跨线建筑都存在着运营期间防腐涂装维护困难的共性问题,本工程设计过程中提前策划,在每榀跨缝桁架下弦设置维修马道,如图7所示;考虑到巨震作用下滑动铰支座端存在滑落的可能,设计中采用了限位和防坠落装置,如图8所示。

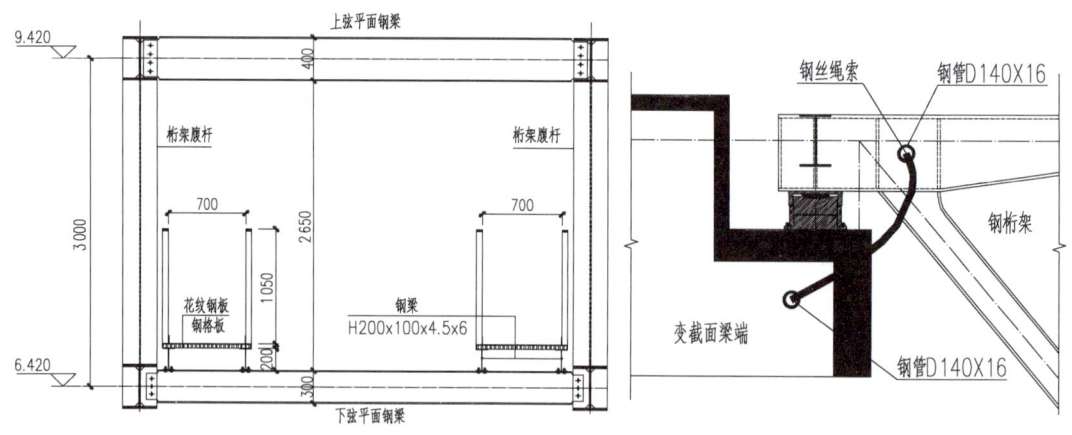

图7 跨缝桁架结构平面布置图　　　　图8 跨缝钢桁架防坠落措施

4 高架候车室抗震性能分析

由于跨缝桁架与地裂缝上下盘间的高架车室采用弱连接方式,除桁架支座给主体结构传递集中荷载外,只要保证滑移端的自由滑移量,单侧高架候车室结构单元的受力与普通站房基本一致。因此,下文以地裂缝上盘结构单元为例进行抗震性能分析,并拟定高架候车室的抗震性能目标为性能3(对应于《高层建筑混凝土结构技术规程》性能目标C),即小震弹性,中震作用下正截面承载力不屈服、抗剪承载力弹性,大震作用不屈服[7]。

4.1 小震弹性分析

4.1.1 反应谱分析

采用YJK1.9.3及SAP2000两个软件建立不同空间力学模型进行对比分析,计算模型如图9所示,计算结果见表1中数据,两个软件的计算结果吻合较好,准确反映了结构质量和刚度分布,可以作为后期时程分析的基础模型。

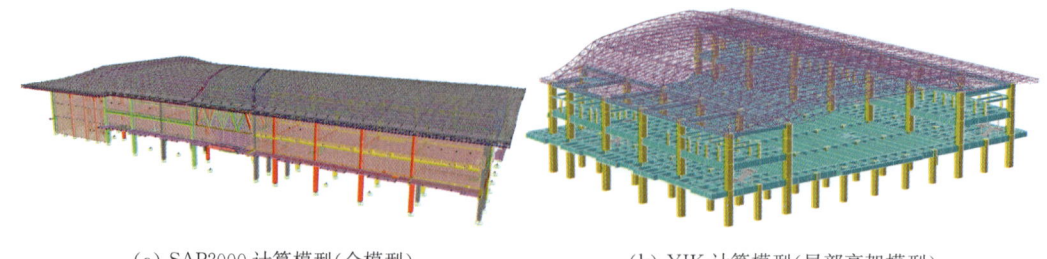

(a) SAP2000计算模型(全模型)　　　　(b) YJK计算模型(局部高架模型)

图9 计算模型示意图

表1 小震静力弹性分析主要计算结果

计算软件	第1,2平动周期/s	第1扭转周期/s	周期比	地震下基底剪力/kN		剪重比/%		最大位移比		地震作用下最大位移角	
				X	Y	X	Y	X	Y	X	Y
YJK	$T_1=1.10$	$T_3=0.97$	0.88	97 019.5	98 186.6	10.5	10.6	1.47	1.32	1/632	1/735
	$T_2=1.05$										
SAP2000	$T_1=1.29$	$T_3=1.15$	0.89	91 642.4	91 242.9	9.4	9.4	1.35	1.36	1/676	1/781
	$T_2=1.16$										

4.1.2 弹性时程分析

分析中采用五条天然波和两条人工波,其时程曲线的平均地震影响系数曲线与振型分解反应谱法所采用的地震影响系数在统计意义上相符,如图10所示。地震波输入双向地震作用,主水平方向和次水平方向的峰值加速度比值为1:0.85。

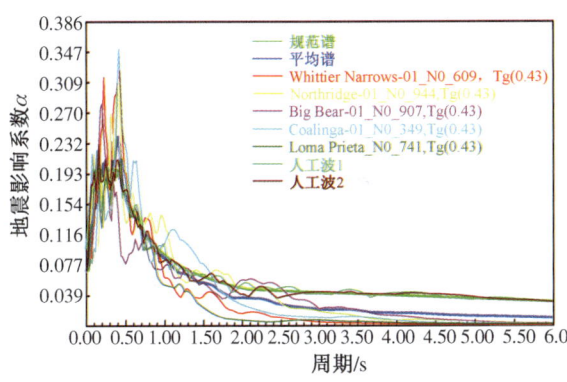 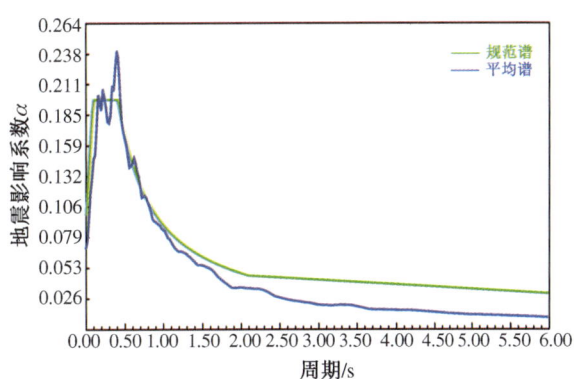

图10 规范谱与反应谱对比

7条地震波作用下基底剪力见表2,可见结构基底剪力均达到了单条波振型分解反应谱计算结果的65%,在 X 向、Y 向地震动下,7条地震波的平均值均不小于反应谱法计算结果的80%,也不超过反应谱法计算结果的120%,满足现行规范要求。

表2 弹性时程分析基底剪力计算结果

地震波	X 向输入及比值/kN			Y 向输入及比值/kN		
	时程分析	反应谱	比值	时程分析	反应谱	比值
Narrows-01_NO_609,Tg(0.43)	80 175.5		83%	103 890.4		106%
Northridge-01_NO_944,Tg(0.43)	82 733.5		85%	96 451.8		98%
Big Bear-01_NO_907,Tg(0.43)	79 073.8		82%	85 454.0		87%
Coalinga-01_NO_349,Tg(0.43)	102 969.4	97 019.5	106%	86 285.2	98 186.6	88%
Loma Prieta_NO_741,Tg(0.44)	85 950.5		89%	77 280.7		79%
人工波1	84 994.2		88%	81 250.8		83%
人工波2	89 241.5		92%	98 801.3		101%
平均值	86 448.4		89%	89 916.3		92%

根据时程分析可得出各楼层的剪力放大系数，X 向、Y 向弹性时程分析与 CQC 法比地震效应放大系数最大值分别为 1.04 和 1.05，因此设计时反应谱计算的结构时程调整系数确定为 1.05，据此进行施工图设计。

4.2 中震及大震作用下等效弹性验算

中震作用下层间最大位移角 X 向为 1/303，Y 向为 1/378，轻微损坏，变形小于 2 倍弹性位移限值 1/275；结构的关键构件及普通竖向构件满足正截面承载力不屈服、抗剪承载力弹性的性能目标，符合《建筑抗震设计规范》(GB 50011—2016)性能 3 的要求，对应于《高层建筑混凝土结构技术规程》(以下简称《高规》)性能目标 C 的要求。

大震作用下层间最大位移角 X 向为 1/163，Y 向为 1/187，有明显塑性变形，变形小于 4 倍弹性位移限值 1/140；大震作用下结构的关键构件可达到抗震承载力不屈服的性能目标，满足《建筑抗震设计规范》(GB 50011—2016)性能 3 对应于《高规》性能目标 C 的要求。

结构施工图设计时拟取小震、中震与大震作用下配筋包络值。

4.3 大震静力弹塑性分析

1. 加载模型

Pushover 分析是基于 FEMA-273(1997) 和 ATC-40(1996) 的能力谱法和推荐的参数对构件的抗震性能进行评价。水平推覆力分布常用形式有规定水平力、倒三角和矩形（又称等加速度），《高规》要求静力弹塑性计算分析中采用的侧向作用力分布形式宜适当考虑高阶振型的影响，因此本工程中采用"规定水平地震力"分布形式。采用规定水平地震力的推覆荷载形式，分别进行 X 向、Y 向的静力弹塑性分析，为模拟建筑物的实际受力情况，在进行静力弹塑性分析之前，应考虑结构在重力荷载代表值下的初始内力和变形。

2. 静力弹塑性大震性能曲线

结构静力弹塑性分析的性能点（即能力谱与需求谱的交点）如图 11、图 12 所示。

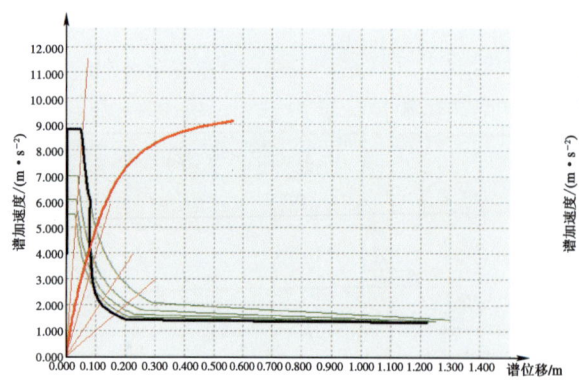

图 11 PUSH X 向大震能力谱/需求谱曲线

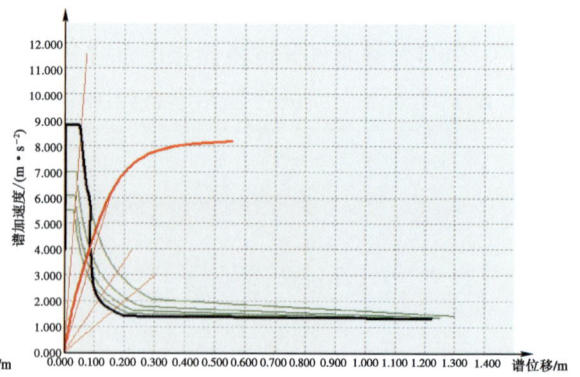

图 12 PUSH Y 向大震能力谱/需求谱曲线

由大震分析结果可知：

(1) 结构 X 向、Y 向的结构能力谱均与地震需求谱相交，表明结构的抗倒塌能力足够，整体结构承载力未发生明显下降,能够抵抗罕遇地震作用,保证"大震不倒"。

(2)结构在罕遇地震作用下,X方向、Y方向的最大层间位移角分别为1/204和1/190,均小于规范限值1/140的要求。

(3)大震下框架柱大多数处于应变状态1,个别处于状态2,3,4,结构整体能达到性能水准4的要求,说明结构基本上是合理的,塑性铰主要出现在耗能构件上。

3. 结构塑性铰发展规律

框架梁、柱塑性铰分布规律如图13所示,塑性铰首先出现在高架层垂轨向框架梁上,随后陆续在高架层框架柱及商业层框架梁、柱上出现,其中角部柱的损伤较其他柱严重,变形缝周围结构扭转耦联作用对结构塑性影响较大,但构件离失效还有很大的安全储备空间,满足"大震不倒"的设防原则。

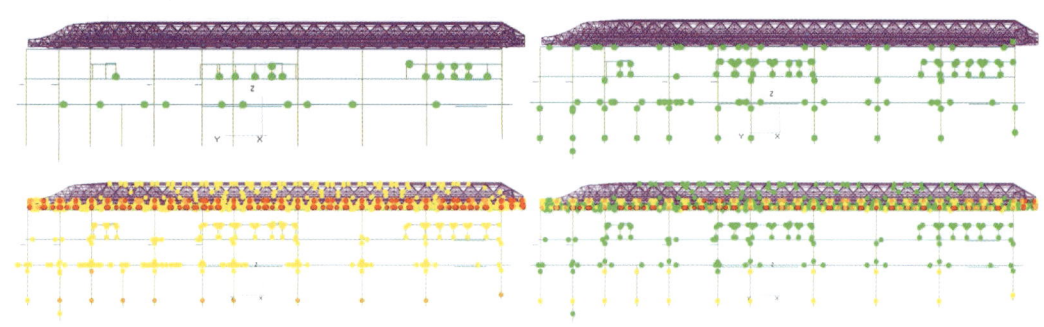

图 13 框架柱塑性铰发展规律

5　试验验证研究

由于本工程中高架候车室体量过大,受现有振动台试验装备条件的限制,实施难度很大。因此对本工程中存在类似问题的东配楼进行了1∶10的局部缩尺模型振动台试验,现场试验照片如图14所示。拟通过该子结构的试验研究,揭示结构各区域破坏情况,归纳结构破坏机理,并通过分析各测点的加速度、位移、应变来评判结构自振特性、变形及耗能规律,试验模型南立面最终破坏形态如图15所示。通过试验研究、分析可得出以下结论:

图 14　缩尺模型振动台试验

图 15　模型南立面最终破坏图

(1) 通过合理的设计,各结构单元可满足"中震可修、大震不倒"的抗震需求;

(2) 跨缝钢桁架采用特殊的弱连接方式很好地适应了地裂缝的沉降变形,同时也可保障连廊及主体结构的安全;

(3) 跨缝钢桁架的扭转效应较主体结构显著,桁架支座平面外需进行弹性限定设计。

6 结语

(1) 针对地裂缝斜穿西安站改高架候车室的特殊边界条件,采用基础合理避让,上部结构设置跨缝钢桁架(网架)的结构形式,可有效增强建筑物适应地裂缝不均匀沉降变形的能力,减小地裂缝的影响,最大程度实现建筑功能的完整性。

(2) 结合高架候车室独特的受力特征,主体采用钢筋混凝土结构,部分大跨及地裂缝相邻区域采用型钢混凝土结构,可增强结构的承载力和抗震延性。跨缝连廊采用钢桁架和钢网架结构,结构自重轻,并采用可竖向可调节成品支座,便于后期调节和维护。

(3) 对高架候车室进行了设防地震及罕遇地震作用下的性能设计及构件损伤分析,分析表明整体结构可达到 C 级性能目标,结构抗震性能良好。

(4) 通过对结构进行 1∶10 的缩尺模型振动台试验得出,整体结构可达到"中震可修、大震不倒"的抗震性能,跨缝桁架采用特殊的弱连接方式很好地适应了地裂缝的沉降变形,同时也保障了连廊及主体结构的安全。

参考文献

[1] 陕西省建设厅.西安地裂缝场地勘察与工程设计规程:DBJ-61-6-2006[S].西安:陕西省建筑标准设计办公室,2006.

[2] 张家明.西安地裂缝研究[M].西安:西北大学出版社,2012.

[3] 王景明.地裂缝及其灾害的理论与应用[M].西安:陕西科学技术出版社,2000.

[4] 李新生,王静,王万平,等.西安地铁二号线沿线地裂缝特征、危害及对策[J].工程地质学报,2007,15(4):463-468.

[5] 刘涛,韦孙印,吴琨,等.大唐西市酒店结构设计[J].建筑结构,2017,47(22):30-33.

[6] 北京市政工程研究院.城市人行天桥与人行地道技术规范:CJJ 69-95[S].北京:中国建筑工业出版社,1995.

[7] 中华人民共和国住房和城乡建设部.建筑抗震设计规范:GB 50011—2016[S].北京:中国建筑工业出版社,2016.

丰台站双层车场站房结构简介

米宏广　唐　虎

（中国铁路设计集团有限公司建筑院　天津）

摘　要：北京铁路丰台站是我国首座采用双层车场的综合交通枢纽。车站普速客运车场和高架高速重叠布置，突破普通车站设计理念，创新立体车站概念，实现了"一地两站"的站型布置。站房结构主要采用了钢—混凝土组合结构和钢结构体系。设计站房时，对高烈度区双层车场结构抗震设计标准、结构抗震性能、复杂空间的温度作用、双层列车荷载对建筑结构的影响、站-桥连接过渡区关键技术、大跨重载型钢混凝土梁新型设计施工方法、结构健康监测系统、运营中地铁隧道上部大跨双层铁路站房实施、新型抗震滑移缝设计等方面进行了重点研究。

关键词：铁路站房；双层车场；抗震；温度作用；大跨；健康监测

1　工程概况

北京铁路枢纽是我国铁路网最大的铁路枢纽之一，其地处进出关通道，在路网中承担着东北、华北、中南、华东、西北地区间繁重的客货运输，起着重要的桥梁和纽带作用，在全国铁路运输中占据着十分重要的地位。

丰台站处于北京市西南部丰台区，具体位置为丰管路以南，丰台东大街以东，丰台东路以北，西四环与西三环之间的地块内。北京丰台站地区紧邻西三环路、西四环路、京开高速公路、丽泽路和丰台北路等骨干道路，正在运营的地铁10号线和正在设计的地铁16号线在站区地下通过。10号线斜穿国铁站房东南角，地铁换乘厅位于国铁地下一层东南角，与国铁站房形成平层换乘。16号线车站位于国铁车场下方，平行于国铁股道方向（图1、图2）。

丰台站总建筑规模398 845 m²。地下建筑面积156 859 m²，地上建筑面积241 986 m²，首次采用了双层车场形式。站房分为高速、普速车场，车站普速车场位于地面，规模为11台20线（含正线5条），车场设550 m×13.0 m×1.25 m基本站台2座，设550 m×11.5 m×1.25 m岛式站台9座，高速、城际客

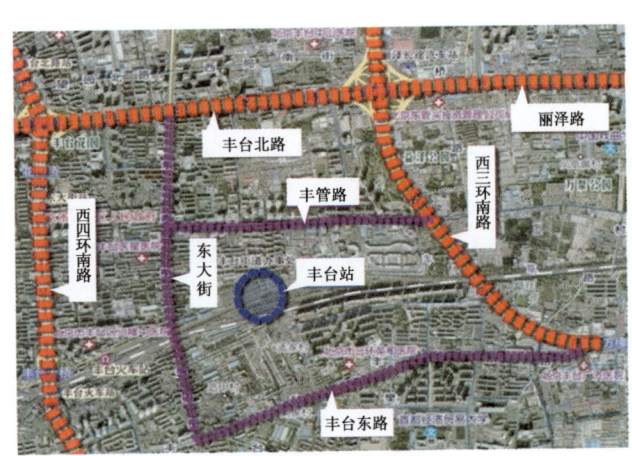

图1　丰台站位置图

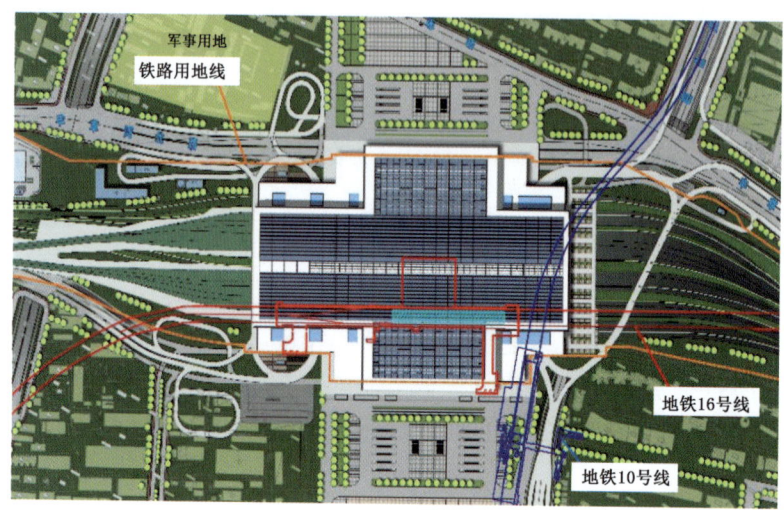

图 2 丰台站地铁关系图

运车场位于 23 m，规模为 6 台 12 线，车场设 450 m×11.5 m×1.25 m 岛式站台 6 座（图 3、图 4）。

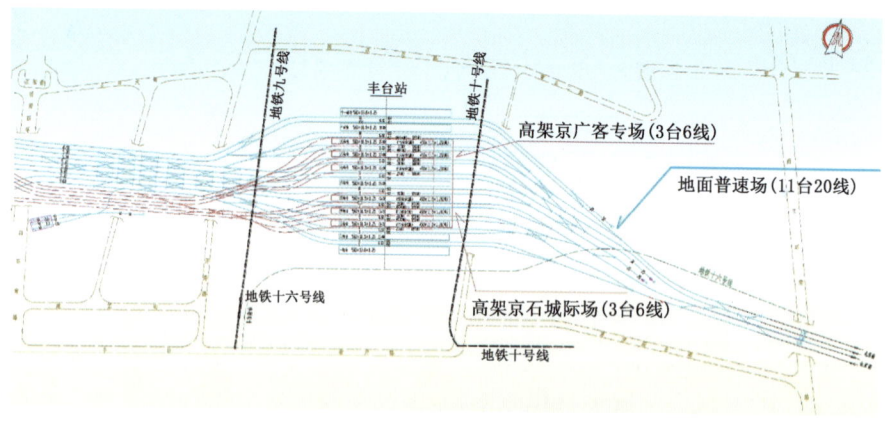

图 3 丰台站车场线路关系图

图 4 丰台站鸟瞰图

2 站区桥梁工程方案简介

高速铁路线路,通过高架形式,实现高速场和普速场同时进入丰台站功能要求。高架平台的设计主要需要考虑规划韩庄子路框构(同期建设)、规划万寿路南延框构(同期建设)、地下行包库(同期建设)、既有地铁9号线、预留地铁16号线(同期建设)的影响(图5、图6)。

根据以上地面控制点情况,考虑结构基础形式的不同,将高架平台段落结构分为以下6个小段:普通1区(桩基础)、框构1区(平台结构与韩庄子路框构合建)、普通2区(桩基础)、框构2区(平台结构与万寿路南延框构合建)、行包库合建区(平台结构与行包库结构合建)和过渡区(图7—图9)。

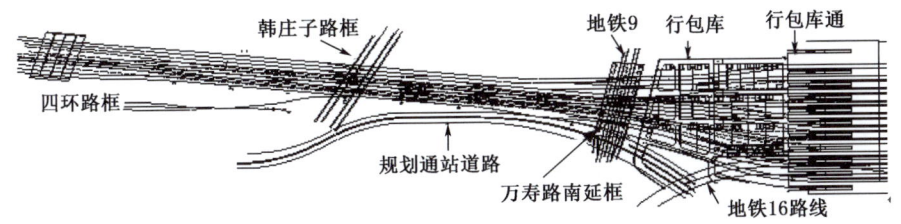

图5 丰台站站区桥梁设计控制要素平面图

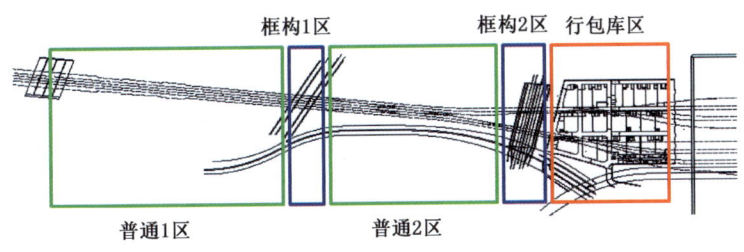

图6 丰台站站区桥梁设计段落划分图

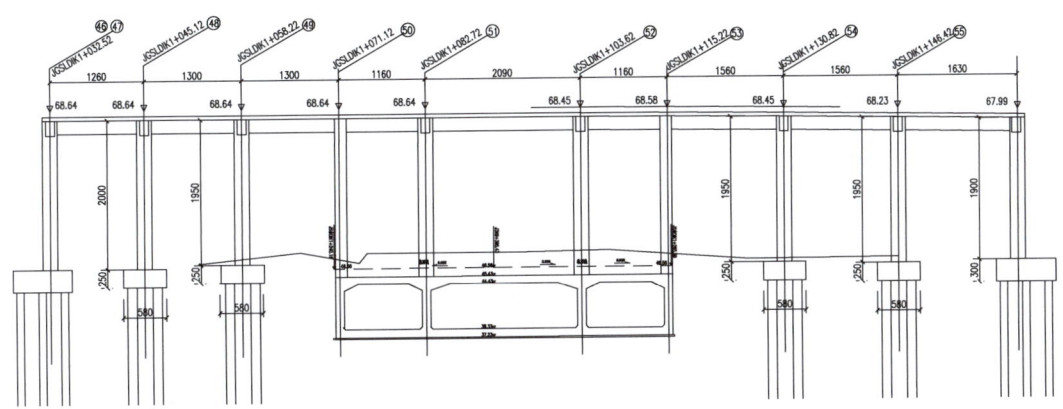

图7 丰台站站区桥梁框构1区立面示意图

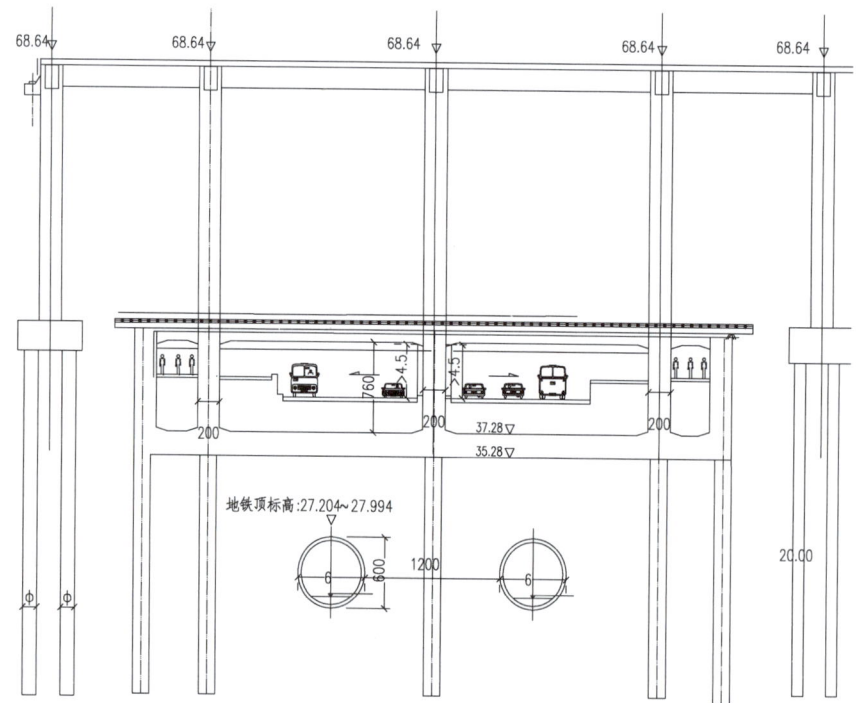

图 8 丰台站站区桥梁框构 2 区立面示意图

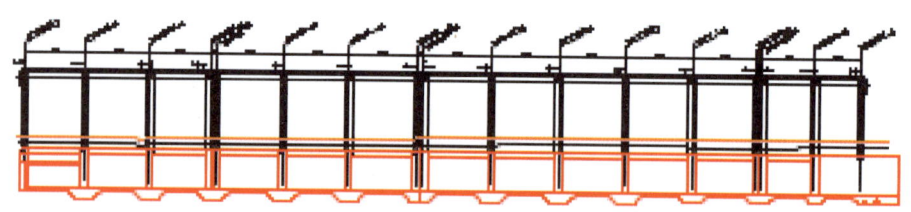

图 9 丰台站站区桥梁行包库区立面示意图

过渡区为行包区与丰台站房之间的区域,为控制两侧结构的横向变形,采用两跨 14.5 m 简支梁结构,设置固定支座于站房侧和行包库刚架侧,简支梁与两侧结构共同变形,将位移转换为转角,满足轨道要求。

3 车站设计定位

3.1 一座集约高效的车站

(1) 从节约增效的角度看,在既有的用地范围内,最大程度上整合、完善铁路站场设施和站房建筑功能。采用双层车场的设计,对于站房本身既节约土地,同时又提质增效。

(2) 对于城市,集约整合交通资源配置,可节约城市交通基础建设成本,同时是对新型交通建筑的探索,是对城市发展的尊重。

3.2 一座服务城市的车站

(1) 从交通枢纽的角度看,丰台站具备先进、完善的立体交通换乘功能,更好地疏解人流。

(2) 充分发挥交通枢纽的作用,加强交通接驳的能力,多元化的功能组成满足城市多方面需求,引领带动周边区域发展。

3.3 一座绿色智能的车站

(1) 从智能人性化的角度看:通过以"绿色建筑"为目标进行规划与设计,从"节地、节能、节水、节材、舒适室内环境"各方面着手,融入绿色建筑理念,落实绿色技术措施。

(2) 利用信息智能技术的高速发展,为旅客出行提供便捷的智能化服务,打造智能车站。

4 车站设计理念

丰台地区古为金朝的拜郊台,位于金国都城丰宜门外。本方案取"筑台建城"之意,所谓"建城"就是在平台上以方格网作为基本组成单元,构筑车站主体及附属综合开发建筑(图10)。

车站平面布局以"九宫城"为理念,既延续了中华传统文化,又符合现代车站的功能需求。

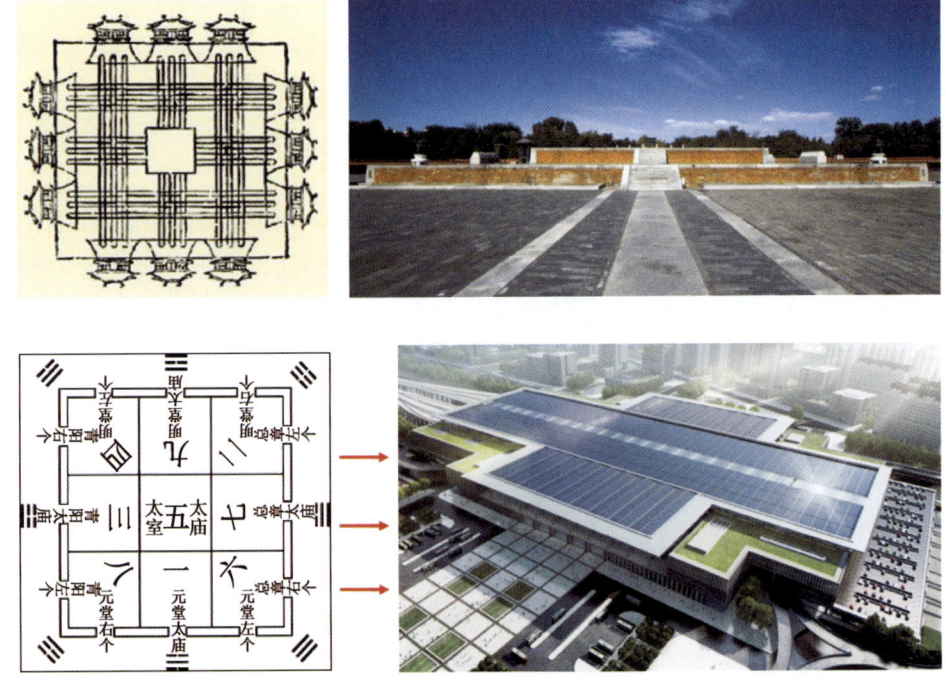

图 10 丰台站设计理念示意

以正方形为建筑基座,并首次采用了双层车场重叠布置的设计理念,将站房功能进行竖向叠加,同时建筑采用整体深远的屋面挑檐造型,两侧群房建筑略低,中央建筑高起的建筑形态,大有"盛世丰台,步步升高"之意。

建筑结合双层立体车场设计理念,催生出了新的候车空间和建筑流线,同时最大程度上节约了用地。

5 站房功能布局

站房地上四层,局部设有夹层;地下三层,局部设有夹层,其中地下二层和三层分别为北京地铁 10 号和 16 号线的站台层。

地下－11.5 m 层为铁路旅客出站、地铁换乘层。中央部分为普速旅客出站通道,西侧城市通廊旁设置了快速进站候车厅,东西两侧为出租车载客平台及小汽车停车库。首层为地面层,中央为进站与进站集散厅,两侧为车站办公、设备用房及附属配套门厅等功能;高架层为铁路旅客进站及候车层,平面布局分为三个区域:中央站房高架候车厅、东侧其他配套用房及普速场雨棚(兼高架出租车蓄车场)、西侧特殊旅客候车厅及临时停车场。在东侧停车场与西侧特殊旅客候车厅和中央站房高架候车厅之间设置了车道及落客平台;19 m 层为高架车场出站通道,旅客通过 19 m 出站通道可下行至地面出站厅。23 m 层为高架车场站台层。

6 结构体系介绍

地面层车场为普速车场(承轨层顶标高－2.5 m),设 11 台 20 线。高架车场位于普速车场的垂直上方(承轨层顶标高 20.5 m),设 6 台 12 线。站房最高聚集人数采用 14 000 人。轨道层列车设计时速 80 km/h。

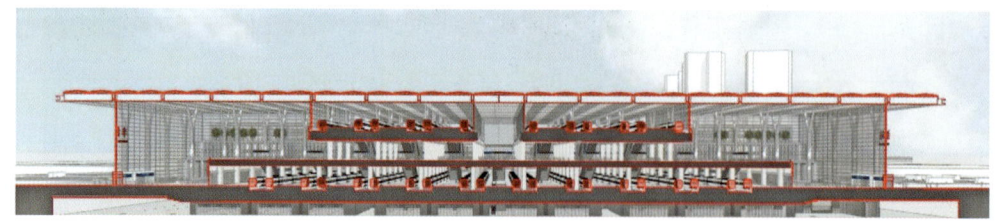

图 11 丰台站剖透示意图

丰台站站房的结构设计主要包括中央站房、西站房、东站房、普速雨棚,其中,中央站房、西站房、东站房包括上面覆盖的钢结构屋盖、站台雨棚。

丰台站平面尺寸为 513.25 m×313.5 m(不含雨棚部分),属于超长建筑,而且各部分的层数、结构体系、抗侧刚度、功能要求各不相同,因此对结构分缝是必要的,分缝主要考虑了两个原则,首先是使结构规则,避免出现严重不规则的结构;其次各区段不宜过长且对称,减少温度应力及温度变形对列车运行安全的影响。具体分缝为东、西站房与中央站房之间,中央站房四角塔楼、进站大厅之间及与高架车场之间,两个高架车场之间。

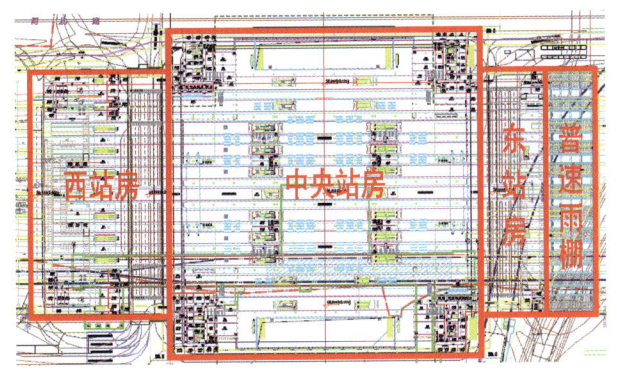

图 12　丰台站结构结构分布图

中央站房分为 12 个温度区段，最大温度区为 105 m×128 m。西站房分为 2 个温度区段，最大温度区为 128 m×141 m。东站房分为 2 个温度区段，最大温度区为 128 m×67 m。

所有垂轨方向缝，均采用立双柱形成结构缝；顺轨方向缝（图中红虚线的位置）采用柱上设牛腿的滑移缝，其余位置采用双柱。滑移缝采用柱上设牛腿、缝处设置防坠落措施和速度相关阻尼器的形式。滑移缝处设置单项可滑动支座。地下结构均采用立双柱设缝。

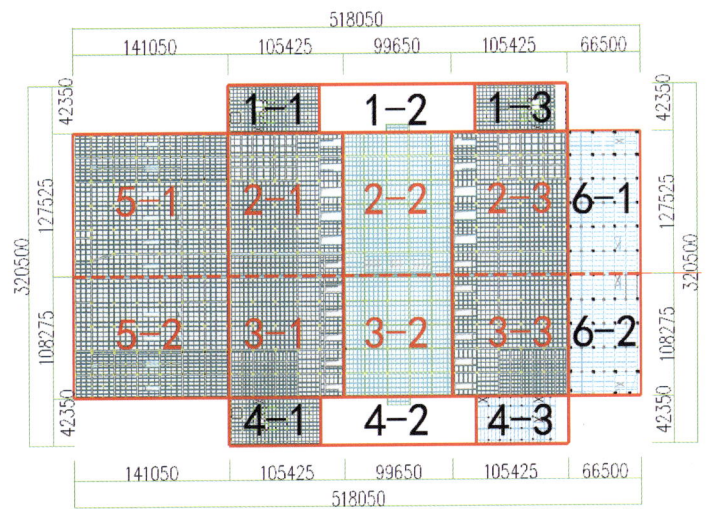

图 13　丰台站结构结构分区图

中央站房设有 −11.5 m 地下出站通道、局部 −7.55 m 车库、−2.5 m 普速轨道层、10 m 高架候车厅、20.5 m 高速轨道层及空调机房、38 m 钢结构屋面，基本柱网为 21.5 m×20.5 m。

中央站房地下部分包括 −7.55 m 夹层、−2.50 m 轨道层。结构体系采用钢管混凝土框架结构，基本柱网为 21.5 m×20.5 m，10.75 m×10.25 m。车库区域，对应上部结构柱的位置，设置钢管混凝土柱，与上部结构承接，此钢管混凝土柱在 −7.55～−11.8 m 的高度范围内，过渡为混凝土柱，在 −11.8 m 的位置，以混凝土柱进行锚固，外部钢管在此标高进行铰接固定。地下部分相对于上部基本柱网增加的柱，采用钢筋混凝土柱。

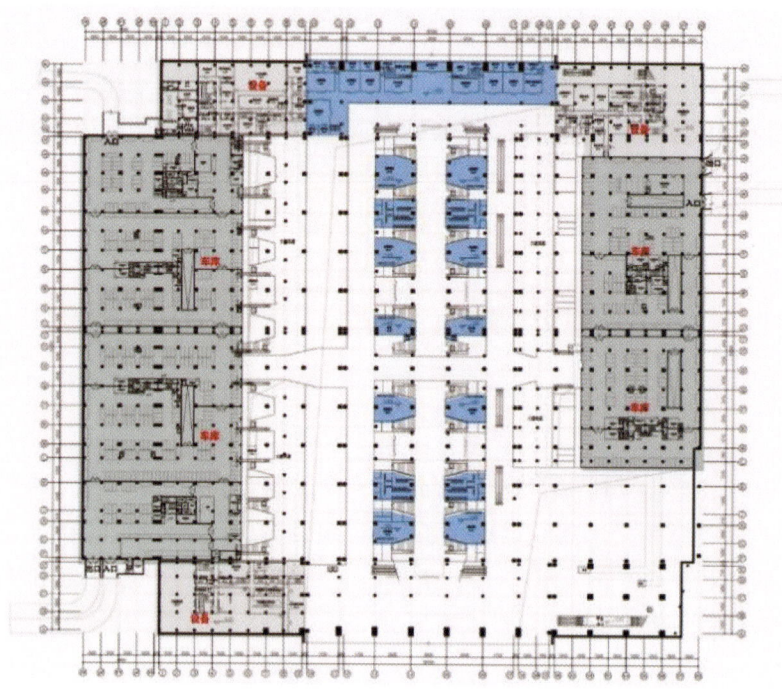

图 14 丰台站地下平面图

高架层结构标高为 9.8 m,高架柱网主要为 21.5 m×20.5 m,层高 12.5 m。主要采用钢管混凝土柱+钢筋混凝土梁。对转换梁,采用型钢混凝土梁。高架下吊设备管廊。

高架上夹层为 4 层,各层标高为 14.5 m,19 m,23.5 m,28 m,主要柱网约为 10.75 m×10.5 m,相对于高架层,

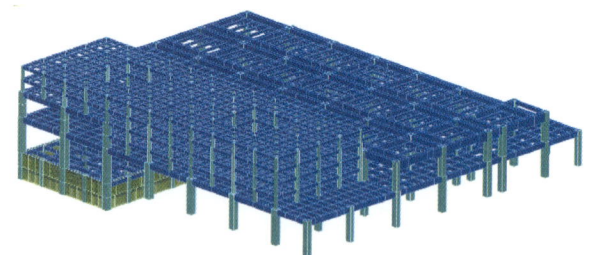

图 15 丰台站中央站房地上结构模型三维图

进行了柱网加密,在高架层进行梁上托柱处理。高架车场结构标高 20.5 m,选用钢管混凝土柱加型钢梁的结构体系。

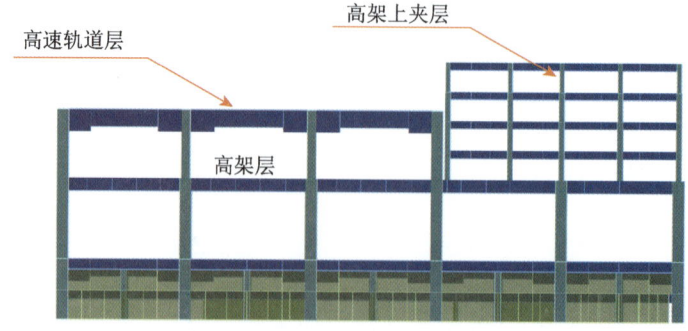

图 16 丰台站中央站房地上结构模型立面图

中央站房在四角区域(1-1,1-3,4-1,4-3)中,1-1,1-3,4-1温度区块设有－11.5 m,－7.4 m,0.00 m,5 m,10 m,14.5 m,19 m,23.5 m,28 m层楼板的高层建筑,采用钢筋混凝土框架剪力墙结构。4-3区块下方为地铁换乘区,为满足建筑要求,－7.4 m无楼层,其他楼层标高同1-1区块。为尽量减小对地铁空间的影响,此部分采用钢框架结构体系,地下部分柱网为21.5 m×20.5 m,在地面层柱网转换成10.75 m×10.25 m。为保证建筑立面,1-3区块、4-3区块结构在右侧屋顶设有带斜撑的悬挑梁,最大悬挑24 m。

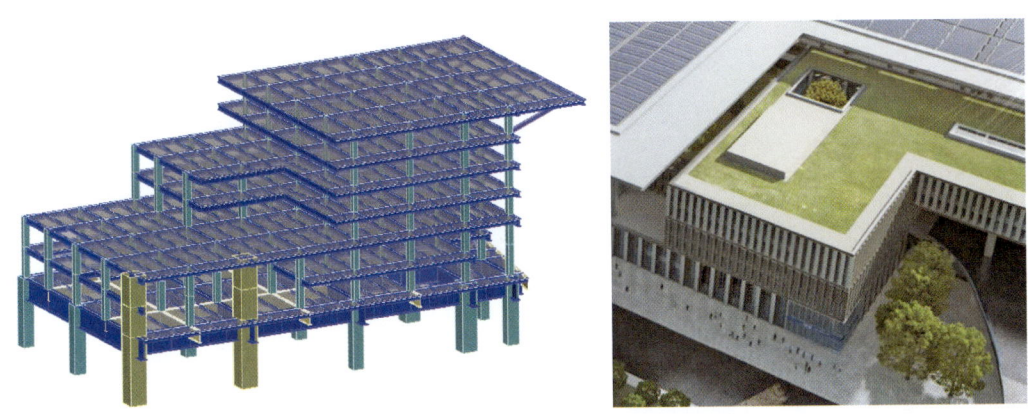

图 17　丰台站中央站房 4-3 区结构示意图

西站房设有10 m停车场(含车道)、20.5 m高速轨道层、38 m钢结构屋面。10 m以下及高速场区,顺轨向柱距20.5 m,垂轨向柱距为21.5 m。主要采用钢管混凝土柱,支撑轨道梁及支撑结构柱的转换梁采用型钢混凝土梁,其余为钢筋混凝土梁,框架结构体系。在高速场两侧设有4层办公房屋,标高分别为14.5 m,19 m,23.5 m,28 m,此区域柱网为10 m×10 m,在10 m平台上进行转换。主要采用混凝土柱、钢管混凝土柱、钢筋混凝土梁结构。

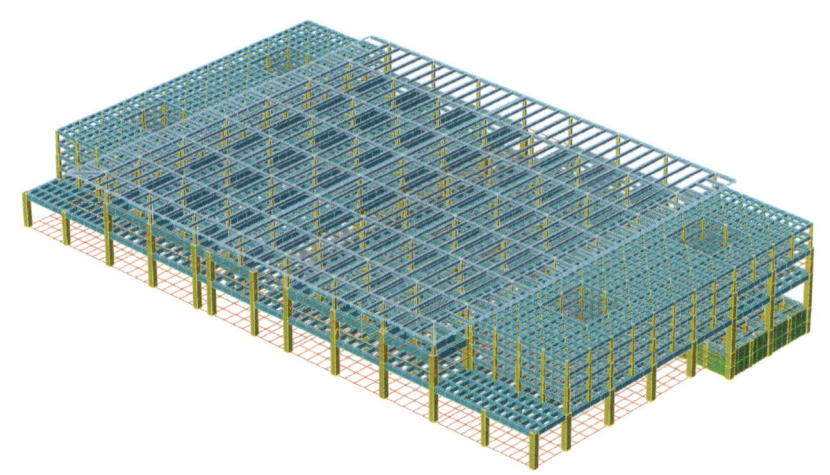

图 18　丰台站西站房结构模型三维图

东站房设有10 m停车场(含车道)、20.5 m高速轨道层及19 m平台、38 m钢结构屋面。顺轨向柱距10.25 m,垂轨向柱距为21.5 m。为减轻自重及减小对地铁10号线的影响,主要采用钢管混凝土柱加钢梁的框架结构体系。

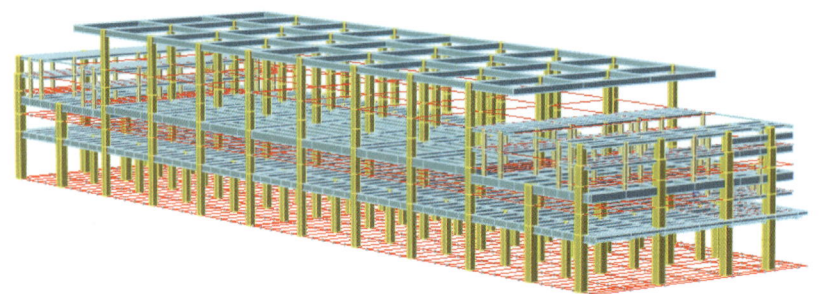

图 19　丰台站东站房结构模型三维图

图 20　丰台站屋盖钢结构效果图

屋盖钢结构分为南北站房屋盖钢结构与高速场雨棚钢结构两部分,南北站房屋盖钢结

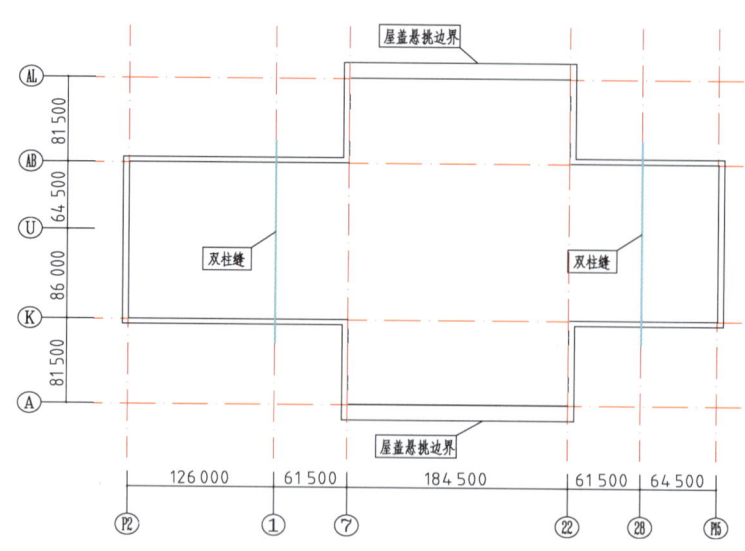

图 21　丰台站屋盖平面分区示意图

构,采用平面钢桁架+十字形钢柱体系,高速场雨棚钢结构,采用实腹钢梁+十字形钢柱体系,在7轴与22轴间站房屋盖钢结构与高速场雨棚钢结构连为一体。站房、雨棚屋盖钢结构东西总长516 m,南北总长349.5 m,1轴与28轴处设双柱将结构分成三部分。

7 结构设计概况

7.1 高烈度区双层车站抗震设计标准研究

"桥建合一"结构要同时满足房屋建筑和铁路桥梁设计标准。因铁路桥梁设计基准期和设计使用年限为100年,故一些规范规定"桥建合一"车站中,承轨层及其下部结构设计使用年限为100年。而房屋建筑一般均按设计基准期为50年耐久性100年考虑。

丰台站为双层车场结构,其荷载较大,地震作用对结构的影响相对于普通结构更加显著。若按照房屋建筑规范设计使用年限100年的标准,采用房屋建筑抗震规范进行结构抗震设计,其地震作用将是50年标准的1.3～1.4倍,结构费用将大幅增加,同时柱断面的增加也将引起股道线间距的增加,从而增加建筑用地。

丰台站在设计过程中,充分研究了房屋建筑抗震设计、铁路桥梁抗震设计、公路桥梁抗震设计相关资料,对其抗震设计原理和要求进行了深入的总结和归纳。得出以下结论:

(1) 在"桥建合一"车站项目中,承轨层及其下部结构设计使用年限为100年的规定,特指满足铁路桥梁设计标准的100年,其根本目的是为了让结构同时满足房屋建筑设计规范和铁路桥梁设计规范的规定。

(2) 铁路桥梁的抗震设计方法与房屋建筑抗震设计方法基本相同,主要抗震设计方法均为振型分解反应谱法,抗震设防目标为"小震不坏、中震可修、大震不倒"。

(3) 抗震设计参数,三个规范体系基本相同,"小震"的定义均是地震重现期为50年的地震动。

(4) 抗震设计时,房屋建筑结构不考虑结构重要性系数,铁路桥梁考虑工程的重要性系数。按照B类桥梁考虑,其重要性系数在小震时为1.1,在中震、大震时为1.0。

按照以上对比分析结果,丰台站在进行结构抗震设计时,分别采用了房屋建筑结构规范体系进行超限抗震性能分析,同时按照桥梁规范体系对承轨层以下结构进行验算,进行包络设计,这样既保证了结构安全,有考虑整个结构的进行。

7.2 高烈度区双层车场结构抗震性能研究

抗震性能化设计是近年兴起的抗震设计方法,其主要是根据结构构件的重要性,分别设定其在不同地震水准下的不同工作性能,而不是对结构构件进行全部加强,以实现结构的最终抗震目标。

根据结构的特点,为了确保结构在不同地震水准下结构整体的工作性能,丰台站设计确定了主要构件的性能水准,有针对性地对结构进行了加强。

结构整体性能目标设定为C。主要框架柱中震受剪弹性、受弯不屈服,大震受剪满足截面限制条件;支承高速场的框架柱抗震性能适当提高;转换梁、柱中震弹性,大震受剪不屈服;支承滑动支座的框架柱中震弹性,大震受剪不屈服;支承屋面的十字柱中震抗弯不屈服,控制大震损伤程度;悬挑部位屋盖钢结构杆件中震弹性,大震不屈服。

7.3 双层列车荷载对建筑结构的影响分析

丰台火车站创造性地采用了双层车场,以往列车荷载分析模式可以反映单层车场不同列车分布对结构的不利影响,但难以考虑上下车场的相互影响。为了分析普速场和高速场列车荷载相互作用对结构的不利影响,本项目采用了双层车场列车荷载同时加载、考虑相互作用的分析模式。

丰台站普速车场设有20条股道线,高速车场设有12条股道线。采用整体模型分析上下车场的协同作用,计算的复杂性和计算量大大超出了目前计算软件和一般计算机的计算能力。因此本项目利用Midas Civil有限元分析软件建立了不同区块的结构模型,分部考虑了双层车场的列车荷载相互影响,得到了各区块普速场和高速场不同构件在列车荷载作用下的控制截面内力,并通过与Midas Gen计算结果进行对比,得到了不同部位两种软件计算的差异,在设计中统筹考虑。

7.4 双层车场结构复杂空间的温度作用研究

丰台站考虑使用要求,结构的平面尺寸较大,尽管设置了结构缝,但分块之后的结构仍属于超长结构。因此,温度作用成为仅次于地震作用的结构设计控制因素。

丰台站为特大型站房,其功能多样、空间复杂,因双层车场的设计其温度场的分布更是不同于一般建筑和一般站房。因此,如何选取合理的参数进行温度场的计算模拟,确定温度数值,计算结构温度效应,并有针对性地采取加强措施,避免结构因温度作用而发生破坏,是设计工作中面临的重大问题。

在结构设计中,采用了大型通用有限元分析软件Fluent建立整体分析模型,根据建筑功能的不同,将其划分为不同的温度区域,通过考虑热对流、热传导、热辐射及日照等因素对模型进行分析,最终获得可用于指导设计工作的热工参数,整体分析模型及结构主要区域的温度场分布如图22所示。

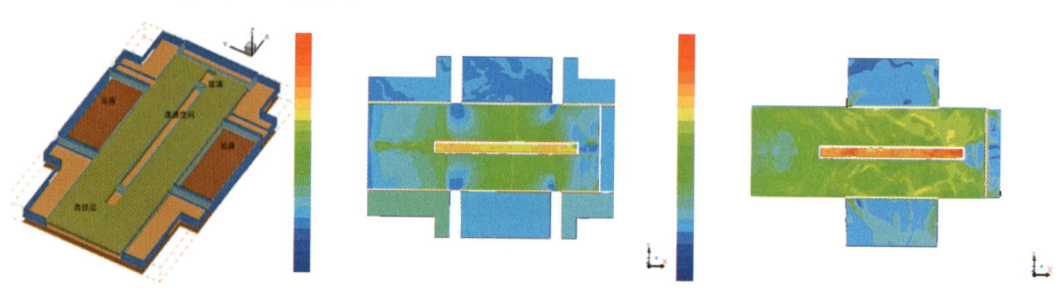

图22 丰台站温度作用分析图

7.5 站-桥连接过渡区关键技术

在西站房 20.5 m 高速场与桥梁结构接合处，因站房承轨层结构与桥梁结构刚度差异大，如两侧均采用整体道床，在温度作用下，接合缝位置结构横向相对变形较大，从而对钢轨产生较大的剪切力。需采取措施有效降低站-桥结构相对横向变形，将钢轨所受剪切力控制在较小范围内，不致发生较大的变形，更不致发生破坏，从而保证铁路运营安全。

设计中，在西站房西侧 30 m 区域设置过渡简支板，简支板两端分别与桥梁结构、站房结构断缝。

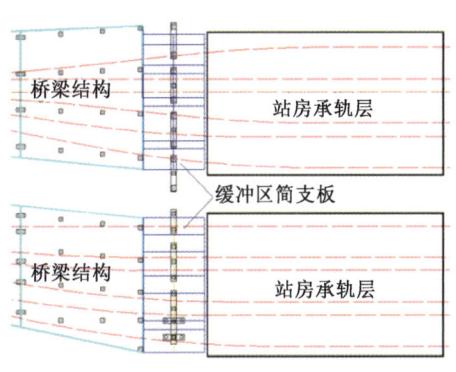

图 23　丰台站站房、站区过渡区平面示意图

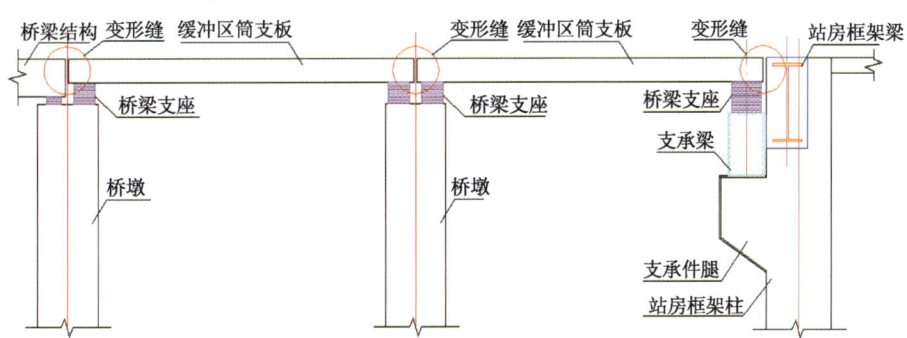

图 24　丰台站站房、站区过渡区立面示意图

7.6 大跨重载型钢混凝土梁新型设计施工方法

在转换结构中，上部柱子的受力直接传给了下面的托柱转换梁，使梁受力巨大，使梁断面较大。采用型钢混凝土梁可有效降低梁的断面，但是型钢混凝土梁的裂缝通常很难控制，而且型钢靠近梁截面的中部，其应力会低于型钢外侧受力钢筋的应力，使其材料的利用率降低。

针对型钢混凝土转换梁裂缝大、型钢材料利用率不高的问题，丰台站项目考虑了一种倒序施工型钢混凝土转换梁的施工方法，可有效解决以上问题。

施工时，先将型钢混凝土转换梁的型钢与下部柱可靠连接，然后不浇筑转换梁混凝土，而直接进行上部结构的柱、梁、板全部或部分施工，使型钢混凝土转换梁的型钢能够完全承受上部结构的部分荷载。然后进行型钢混凝土转换梁的钢筋绑扎、浇筑混凝土，再进行其他工序的施工。

此种方式，可减小转换梁钢筋混凝土部分承受的荷载，有效降低型钢混凝土转换的裂缝数量和裂缝宽度，同时增加转换梁中相对靠中部的型钢的材料利用率，降低工程造价。

7.7 充分兼顾站房运营维护的结构健康监测系统

传统的结构健康监测系统是对主体结构进行监测,选取关键或具有代表性的结构构件持续监测,实时掌握结构的安全状况,对可能发生的结构变化与失效进行预警。

相对于普通民用建筑结构,铁路站房枢纽建筑具有一定的特殊性,一方面,车站开通后,人流、车流高度密集且数十年不间断,维护时间与空间十分有限;另一方面,邻近线路的结构与围护构件(如雨棚结构及吊顶、幕墙等)直接对线路安全构成影响,具有一定的设备属性,需要比维护普通结构构件更高的维护水平。

针对枢纽站房的上述特点,丰台站站房结构监测系统设计中对结构健康监测概念进行了拓展与升级,在传统结构健康监测范围的基础上增加了对自爆风险较大的玻璃幕墙、易锈蚀钢构件、线路上方吊顶系统等易损部位的监测设置,将这些站房运营维护中的重点内容纳入监测系统。同时在监测系统中采用了视频识别机器人,监测系统与BIM技术融合等新科技,提高了监测系统的信息化、数字化水平。

7.8 运营中的地铁隧道上部设置大跨双层铁路站房

结构基础通常不设置转换,在个别工程中设置基础转换梁,也基本均为混凝土梁,在地下环境中能实现较好的耐久性。丰台站下部有正在运行的地铁10号线。为实现上部的建筑功能,基础采用了桩基加单向基础转换梁,桩基承台与转换梁斜交。因上部结构体量较大,基础转换梁若采用传统钢筋混凝土梁,则梁断面会特别巨大,基础梁开挖时引起地铁区间上浮,对地铁运营安全会造成极大的影响。为此,丰台站采用了型钢混凝土基础转换梁,兼具了型钢梁的刚度大、承载力高和混凝土梁耐久性好的特点,实现了既有地铁结构的跨越。型钢转换梁与混凝土承台斜交,受力复杂,计算和设计难度大。

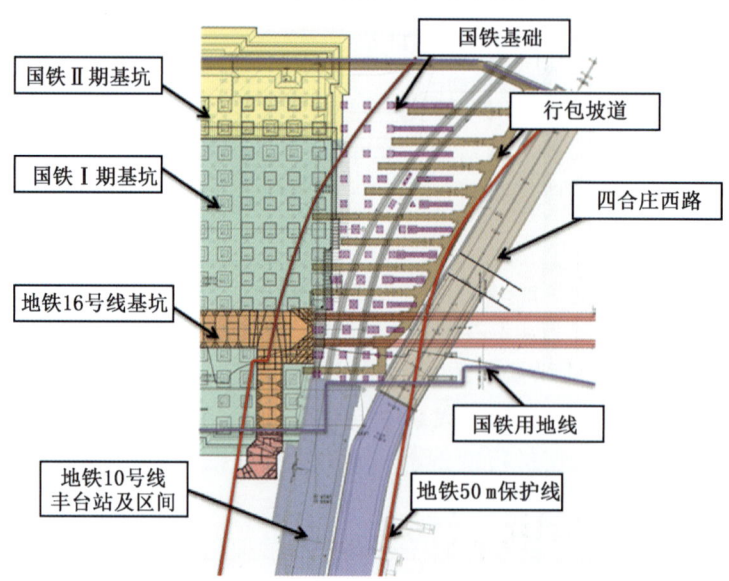

图 25 丰台站站房与地铁 10 号线等地下建筑关系示意图

本工程中基础转换的特点有以下几点：首先，转换结构采用两跨连续型钢混凝土连续梁的形式，梁截面尺寸为 3 500 mm×4 500 mm，梁内布置通长 H 型钢钢骨。其次由于东西向每两个轴网中间都有行包通道，导致转换梁平面外不能布置梁来平衡柱底弯矩，所以在设计中，转换梁按抗扭进行验算，有转换梁的抗扭承载力抵抗柱底弯矩，确保结构安全。

本工程通过这种特殊的基础转换形式，实现了在地铁区间上方新建东站房的上部结构，使丰台站的方案得以实现。

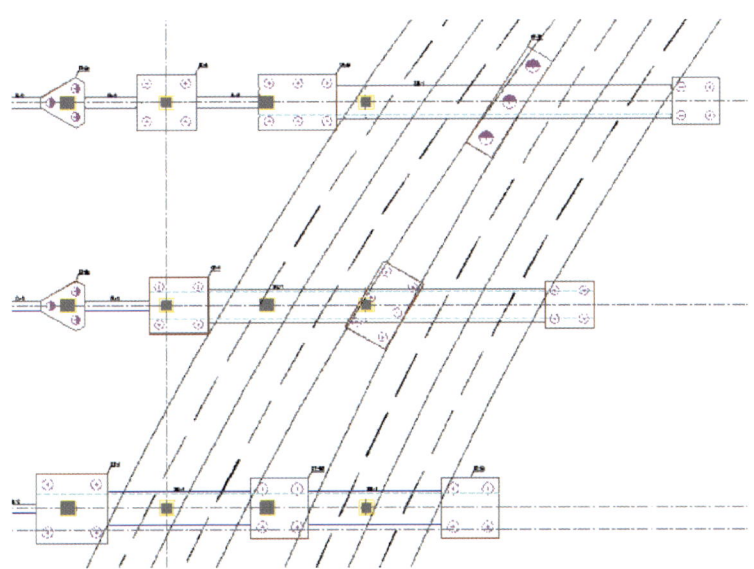

图 26　丰台站站房基础、柱与地铁 10 号关系平面示意图

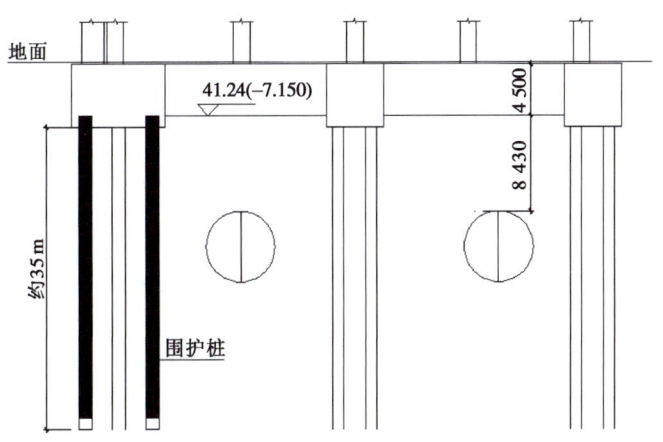

图 27　丰台站站房基础、柱与地铁 10 号关系立面示意图

7.9　新型抗震滑移缝的设计

丰台站由于结构平面尺寸较大，需要设置结构缝，释放结构的温度力。结构抗震规范

要求抗震缝不宜采用滑移缝,所以一般均采用立双柱或两结构对挑的形式实现。如果设立双柱,线间距需增大;如果采用两结构对挑,高架候车厅的结构梁断面将大幅增大,影响下部净高,也会影响候车厅的舒适性。

丰台站采用了单柱设牛腿,并在牛腿上设置"单向钢支座＋速度相关型阻尼器",将两侧结构连接,其受力特征不同于传统滑移缝。传统滑移缝,两侧结构只有竖向力传递,在包括温度力、地震力等其他水平力作用下,均能自由滑动。

丰台站结构的"单向钢支座＋速度相关型阻尼器"的滑移缝受力性能如下:
(1) 在升降温的作用下,结构可以发生相对位移,释放温度力,起到了滑移缝的作用。
(2) 在地震情况下,结构通过速度相关型阻尼器又能组成整体,共同工作。

8　结语

丰台站是我国首座采用双层车场的综合交通枢纽。车站普速客运车场和高架高速重叠布置,突破普通车站设计理念,创新立体车站概念,实现了"一地两站"的站型布置。结合丰台站客运车场分层设计方案,在城市核心区有限的土地资源的条件下,根据铁路场站的运输需求,结合城市发展、规划,实现了大型客站的规划选址、规模核定、站型选择和方案设计。

参考文献

[1] 中华人民共和国住房和城乡建设部.高层建筑混凝土结构技术规程:JGJ 3—2010[S].北京:中国建筑工业出版社,2010.
[2] 中华人民共和国住房和城乡建设部.高层民用建筑钢结构技术规程:JGJ 99—2015[S].北京:中国建筑工业出版社,2015.
[3] 中华人民共和国住房和城乡建设部.组合结构设计规范:JGJ 138—2016[S].北京:中国建筑工业出版社,2016.
[4] 中华人民共和国住房和城乡建设部.建筑抗震设计规范(2016年版):GB 50011—2010[S].北京:中国建筑工业出版社,2016.
[5] 中华人民共和国铁道部.铁路工程抗震设计规范(2009年版):GB 50111—2006[S].北京:中国计划出版社,2009.
[6] 国家铁路局.高速铁路设计规范:TB 10621—2014[S].北京:中国铁道出版社,2014.
[7] 国家铁路局.铁路旅客车站设计规范:TB 10100—2018[S].北京:中国铁道出版社,2018.
[8] 中国铁路设计集团有限公司.北京铁路枢纽丰台站改建工程(站房)超限高层建筑抗震设计可行性论证报告[R].天津:[s.n.],2018.

高速列车通过全封闭屋盖雨棚的气动特性研究

田承昊 刘 明

(中国铁路设计集团有限公司建筑院 天津)

摘 要:基于计算流体力学软件 Fluent,针对 250~380 km/h 高速列车作用于全封闭屋盖雨棚的脉动风荷载问题,基于三维非稳态的 k-ε 两方程紊流模型,采用滑移网格技术的数值仿真计算多种车速、多种棚轨距条件下列车通过雨棚覆盖区域的动态风场过程,分析雨棚表面风压分布规律及雨棚开口宽度、外形对其表面风压的影响,得出雨棚各部位的脉动风荷载时程曲线等各类结果数据及多种参数的影响规律,并与实测资料进行对比分析。结果表明:250~380 km/h 列车脉动风荷载随列车速度的增加而加速增大,与雨棚至轨顶距离呈现近双曲线性反比关系,风压值分布沿雨棚宽度呈现由轨顶正上方垂直轨道向外减小的规律;理论计算风压值及其与实测列车脉动风荷载时程曲线形状、参数影响规律等均相符较好;高速列车经过时雨棚表面受到瞬时脉冲荷载作用;雨棚距离轨顶标高不同时列车风压受明显影响。

关键词:高速铁路;风压值;全封闭;气动特性;站台雨棚;数值模拟

1 概述

高速动车组快速通过站台时,列车所形成的高速气流会在列车与雨棚间产生的空气活塞压缩效应,这种空气动力学效应可能会在雨棚上诱导较大的局部压力,对列车和雨棚结构都是不利的。《高速铁路设计规范》(TB 10621—2014)等文献[1-7]对轨顶之上不大于5 m 高度范围内建筑或构件列车风所形成的气动作用力给出了计算方法,而站台雨棚一般高于轨顶 7.5 m,高速列车对上覆雨棚的风致效应并无统一标准,特别是针对全封闭屋面雨棚。本文基于计算流体动力学方法,采用数值计算模拟研究距离轨顶之上 7.5~14 m 不同高度的全封闭屋面雨棚。在高速列车通过时,雨棚表面所受气动作用力的变化情形。数值模拟结果显示,列车穿过雨棚的过程中,活塞式的空气压缩效应是存在的,设计时应考虑列车的通过所引起的附加风荷载,且雨棚所受附加风荷载与雨棚距离轨顶高度呈反比。

2 湍流模型及计算方法

利用 Fluent 软件求解非定常可压缩流动的 RANS 方程及 Realiazable k-ε 双方程湍流

模型,压力与速度的耦合求解采用 SIMPLE 算法,离散中对时间项采用二阶隐式格式,对流项采用高阶精度的 QUICK 格式,扩散项采用二阶中心格式。利用 HPZ620 工作站进行计算,采用滑移网格法,模拟高速列车进出雨棚区域的全过程。

3 计算区域划分和网格特征

列车简化为轴对称模型,头部形状为旋成椭圆体,雨棚简化为平板式。

3.1 计算域的生成及网格划分

为保证流场充分发展,避免边界条件对列车周围流场结构影响,取车高 $H = 3.75$ m 为特征长度,车前后计算域车长方向长度分别为 $18H$,$95H$,车宽方向宽度为 $54H$,Z 高度方向高度为 $27H$。单列车工况计算区域如图 1 所示。

图 1 雨棚距轨顶 7.5～14 m 的计算域

3.2 网格的划分

划分网格是建立计算模型中难度最大的部分,网格单元划分的好坏不仅决定了能否得到正确解,还决定了求解时间的长短。

由于整个流场很大,为了控制网格总数,同时使近壁区域网格有较好的分辨率,需要对整个流场进行分块,可将计算域分为车体近流场控制域和远流场控制域。近流场控制域以车身外表面立体包络为基准,向外延伸半个车宽的距离,剩余部分为远流场控制域。

为获得较准确的计算结果,模型全部采用六面体结构化精细网格。

为了更好地求解车体表面周围的湍流边界层,在车体周围生成边界层网格是十分必要的,而且近壁区域网格的质量是湍流模型能否恰当地求解湍流边界层的关键。网格划分情况如图 2—图 4 所示。

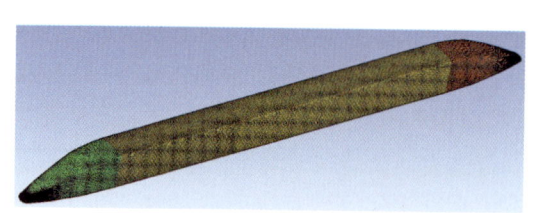

图 2 车体表面六面体网格划分

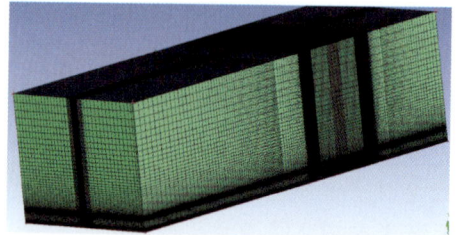

图 3 雨棚距轨顶 7～14 m 整体网格划分

3.3 边界条件

根据部分气动测试结果,选取雨棚特征位置进行数值模拟。根据相对运动,列车静止,将车的速度赋予气流,边界条件分别为速度入口、压力出口和壁面。车长方向速度分量给

定列车运行速度 v,Y 向和 Z 向速度分量为 0;压力出口边界条件中取静压为 0。

3.4 数值模拟工况

工况 1,针对部分文献[8-12]针对声屏障所进行的气动测试得到的水平气动力做对比验证。

工况 2,轨顶以上 7.5~14 m 有全封闭屋面雨棚时,列车风对雨棚所引起的垂直气动力大小。

根据已有测试结果,会车时作用于侧挡或上覆顶盖的最大风压略有增加,但并不显著,建模计算均只考虑单车通行。

图 4　车身附近边界层

4　算法验证

工况 1 条件下,考虑距离轨道中心线水平距离 3 m 有侧挡。

列车以 350 km/h 进入侧挡区域后,列车的瞬时风压力如图 5 所示。

列车脉动风荷载的现场测试是获取风荷载压力值及规律等最直接的方法。至目前,国内外已有多条线路的现场实测列车脉动风荷载资料。德国在纽伦堡—英戈斯塔特线路上,列车以 330 km/h 通过全 3.9 m 距离线路中心 4.0 m 声屏障时实测最大风压为 673 Pa。京津城际铁路实测 2 种高度声屏障,声屏障距离线路中心均为 4.2 m,320 km/h 速度下轨道顶面以上高 2.2 m 声屏障的最大风压为 300 Pa,330 km/h 速度下轨道顶面以上高 3.2 m 声屏障的最大风压为 700 Pa。雨棚距轨顶 4.0 m 时,300 km/h 和 350 km/h 速度下数值计算结果为 578.6 Pa 和 795.5 Pa,与实测结果对比相符良好。

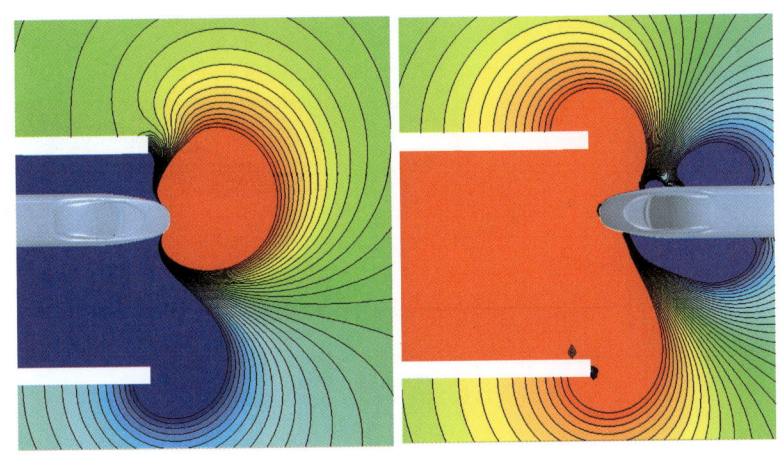

(a) 车头从侧挡驶出过程　　(b) 车尾从侧挡驶出

图 5　驶出过程中出口波的压力分布

5 计算结果

在高速列车的数值模拟分析中,分别对雨棚至轨顶的距离、行车速度等多种参数进行分析讨论。典型计算结果见图6,分析雨棚至轨顶距离的影响:不同车速下雨棚承受的最大脉动风压值与雨棚至轨顶距离的关系曲线见图7。雨棚距离轨顶越远,风压值越低,二者呈现近似双曲线性反比关系;列车速度的影响:雨棚最大脉动风荷载随速度的增加而显著增大,并呈现加速增大的趋势。

图6 列车运行不同位置最大风压值分布

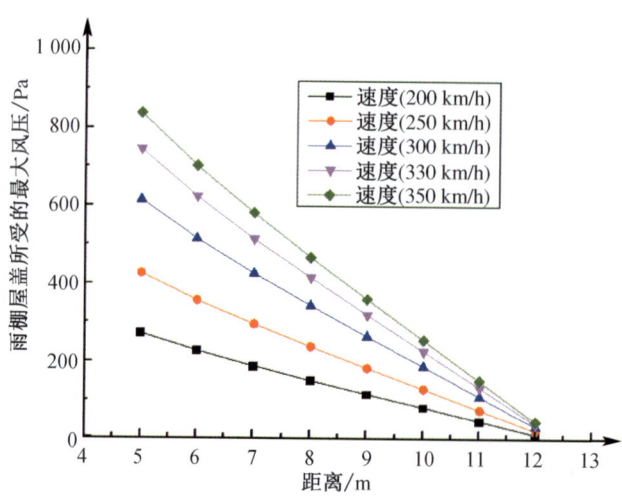

图7 雨棚屋盖最大风压值与轨顶距离的关系

经拟合,风雨棚所受竖向气动力可归纳为

$$p = 1.05 \cdot \frac{7}{D} (6/D)^{0.4} (v/380) \left[1.12 - 0.9 \left(e^{\frac{z}{10}-1}\right)^{0.9}\right] \ln\left[e \cdot \left(\frac{v}{400}\right)^{1.6}\right] \quad (1)$$

式中　　p——竖向气动力,单位 kN/m^2;

　　　　z——上覆顶盖距离轨顶面的竖向距离,单位 m,大于 12 时取 12;

　　　　D——侧向构筑物距离水平中心线的距离,其中,$4 \leqslant D < 7$;$D \geqslant 7$,取 $D = 7$;

　　　　v——列车通过上覆顶盖的速度,km/h,$200 \leqslant v \leqslant 400$;

　　　　z——大于 14m 时,侧向阻挡距离轨道中心线水平距离大于 7m,开敞率不小于 0.3,竖向气动力可不考虑。

上覆顶盖距离线路中心越高风压值越低,二者呈现近似双曲线性反比关系;上覆顶盖最大脉动风荷载随速度的增加而显著增大,并呈现加速增大的趋势;侧挡距离线路中心越近风压值越高。

6　某明洞洞口雨棚气动荷载测试结论

京沈线上某明洞作为地面上的防风建筑,在其侧面设有开孔。对该明洞雨棚不同位置气动压力进行了气动测试,其中雨棚下表面距轨顶高度为 10 m,不同列车通过雨棚处时气动荷载变化典型时程曲线见图 8,并得出如下结论:

（1）重联动车组以速度 330 km/h 通过明洞洞口雨棚时,雨棚受到的气动荷载总体较小,最大正压为 198 Pa,最小负压为 −235 Pa,同一测点处气动荷载峰值为 361 Pa。

（2）重联动车组在通过及在雨棚范围交会时,雨棚正中位置气动荷载最大,随着与中轴距离的增大,气动荷载逐渐减小。

（3）重联动车组以速度 330 km/h 在明洞洞口雨棚范围内交会时,雨棚受到气动荷载总体较小,最大正压为 256 Pa,最小负压为 −284 Pa,同一测点处气动荷载峰值为 477 Pa。

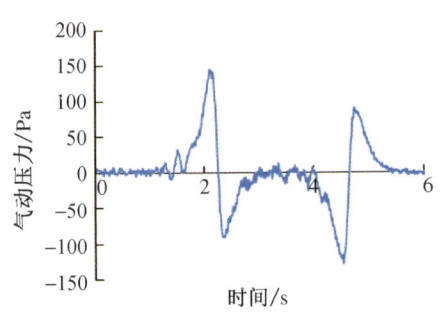

图 8(a)　重联动车组通过雨棚处时气动荷载变化典型时程曲线

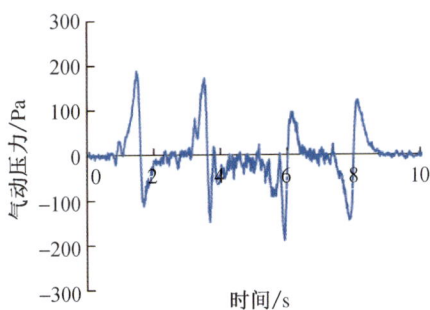

图 8(b)　动车组雨棚处交会时气动荷载变化典型时程曲线

7　结语

本文针对站台雨棚这一典型铁路邻近结构,根据计算流体力学软件 Fluent,采用三维、可压缩、非定常 k-ε 两方程湍流模型,数值模拟高速列车通过时作用在雨棚表面的列车风压,研究列车以不同速度通过时雨棚表面列车风压的分布规律。主要结论如下：

(1) 列车风作用于雨棚的风压力随列车运行不断变化,为动态荷载。

(2) 高速列车通过会对雨棚表面风压产生明显影响,列车头部通过会引起雨棚表面风压先达到正压极值,然后迅速变为负压极值,列车尾部通过会引起雨棚表面风压先达到负压极值,然后迅速变为正压极值。

(3) 沿轨道方向雨棚风压极值最小处为雨棚入口,出口处次之,风压极值最大处为雨棚内部;垂直轨道方向正线处风压极值最大,由正线向两侧逐渐变小。雨棚受列车风致效应影响明显的范围为正线两侧 15 m,超出此范围时列车风致效应的影响可以忽略。

(4) 列车风在全封闭屋面雨棚的设计中不起控制作用。

参考文献

[1] 赵晶.高速列车通过隧道时气动影响研究[D].成都:西南交通大学,2010.

[2] 梅元贵,周朝晖,许建林.高速铁路隧道空气动力学[M].北京:科学出版社,2009.

[3] 国家铁路局.高速铁路设计规范:TB 10621—2014[S]. 北京: 中国铁道出版社, 2014.

[4] 邓跞,施洲,刘兆丰.高速铁路声屏障动力特性研究[J].铁道建筑,2009,49(11):101-104.

[5] Honda A, Ito M, Kimura H. Aerodynamic Instability of Prestressed Concrete Cable-stayed Bridge with Noise Barrier[J].Journal of Wind Engineering and Industrial Aerodynamics,1992, 41-44: 1169-1180.

[6] Holmes J D.Wind Loading of Parallel Free-standing Wallson Bridges,Cliffs,Embankments and Ridges[J]. Journal of Wind Engineering and Industrial Aerodynamics,2001(89):1397-1407.

[7] Xiang H Y,Li Y L,Wang B. Aerodynamic Interaction Between Static Vehicles and Wind Barriers on Railway Bridges Exposed to Crosswinds[J].Wind and Structures,2015,20(2):237-247.

[8] 向活跃.高速铁路风屏障防风效果及其自身风荷载研究[D].成都:西南交通大学,2013.

[9] Ozawa S. Present situation and future outlook of aerodynamic and aero-acoustic problems of high speed trains [J]. QR of RTRI. 1992,33(1).

[10] 田红旗.列车空气动力学[M].北京:中国铁道出版社,2007.

[11] Chris B. The flow around high speed trains[J]. Journal of Wind Engineering and Industrial Aerodynamics. 2010(98):277-298.

[12] Ozawa S. Studies of micro-pressure wave radiated from a tunnel exit[J]. RTRI REPORT (in Japanese),JNR. 1979,1121:1-92.

第五篇

机电设备

昆玉站开通客运新建旅客站房采暖设计

魏丽华

(新疆铁道勘察设计院有限公司　乌鲁木齐)

摘　要：低温辐射电热膜是石墨与树脂的混合材料按照一定的比率混合而成。电流通过激活石墨粒子，均匀散发出热能，以远红外线形式传递热量。昆玉站新建旅客站房采用以低温辐射电热膜为主的供暖系统。介绍了采暖系统划分，采暖系统采用的形式，低温辐射电热膜供暖系统。

关键词：候车楼；采暖；低温辐射电热膜供暖系统

1　工程概述

昆玉站新建旅客站房位于新疆维吾尔自治区昆玉市，是南疆铁路小型旅客车站，基底面积 505 m²，改建综合工区一层办公 426 m²，设计规模为最高集结人数为 250 人，年旅客发送量 2 万人。建筑总高度 8.3 m（室外落客平台至最高处檐口）。单层公共建筑。该工程设计任务 2018 年 3 月由新疆铁道勘察设计院有限公司承担完成，整个工程于 2019 年 1 月竣工并通过了验收。

2　旅客站房平面布局

旅客站房布局为：在站房西侧（改造区）设办公、公安值班、信息机房、站房东侧（新建区）设售票室、候车厅以及旅客进出道。旅客站房布局见图1、图2。

3　主要设计技术指标

昆玉站新建旅客站房基底面积为 505 m²，供暖面积 505 m²，总热负荷为 76.16 kW，热负荷指标为 150 W/m²。

4　室内设计参数

室内设计参数如表1所示。

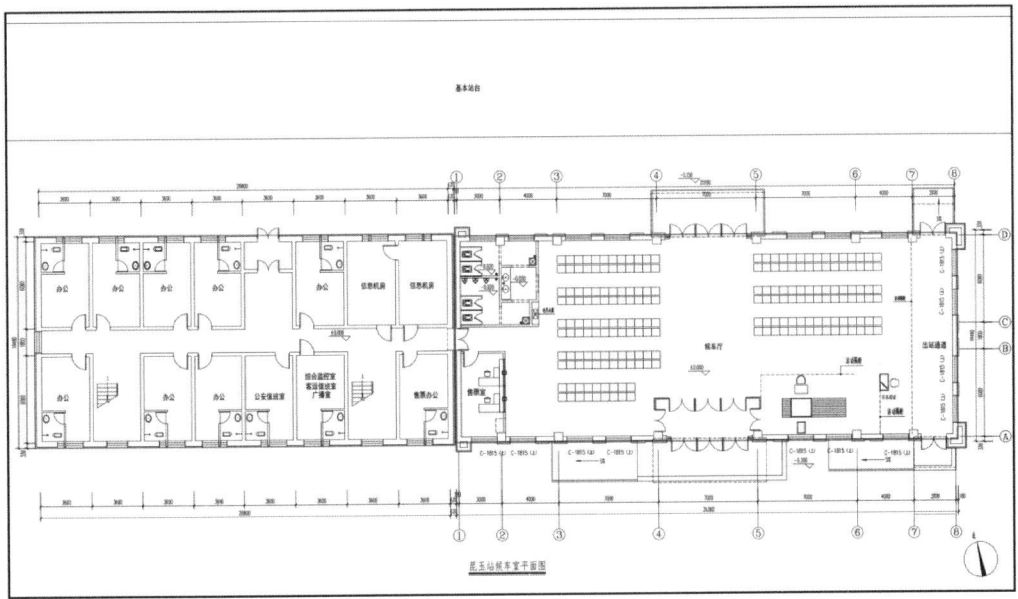

图 1　昆玉站候车厅平面图

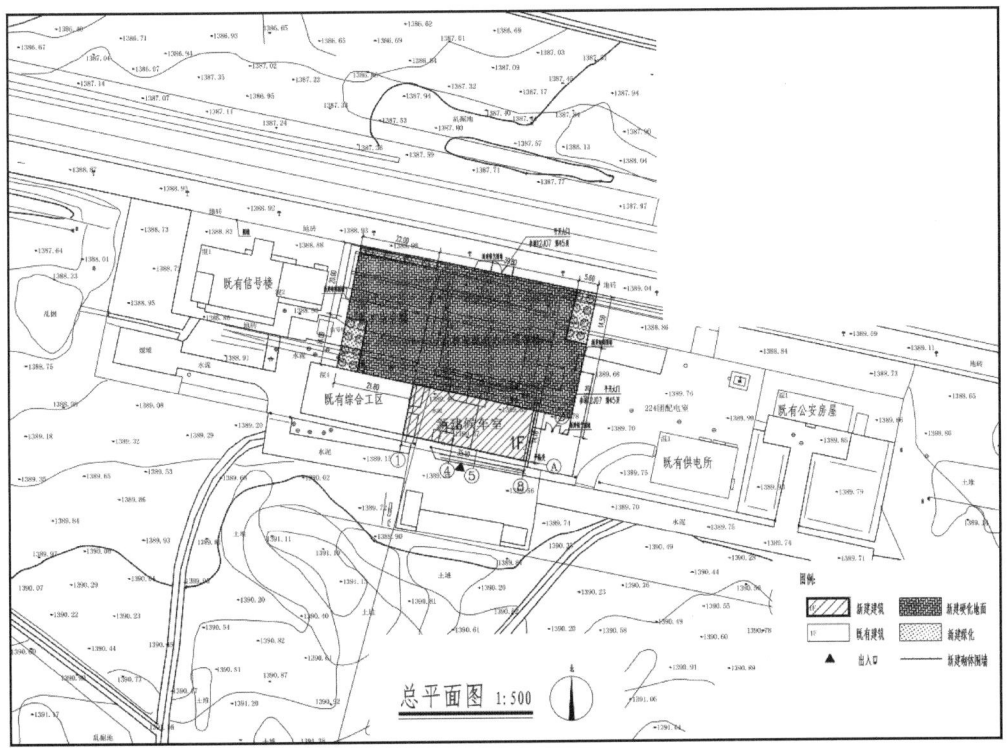

图 2　昆玉站总平面图

表1　　　　　　　　　　　　　　　室内设计参数

房间名称	冬季采暖温度/℃	相对湿度/%
候车厅	18	<65
售票室	20	<65
旅客进出站通道	18	—
卫生间	16	—

5　电源

由站区变电所引出的电缆送入分户电测箱,通过开关进入室内与设定在各个房间的温控器相连,温控器引出的导线用专用连接卡与电热棒相接,供地板辐射供电热棒采暖系统用。电热棒采暖系统流程图如图3所示。

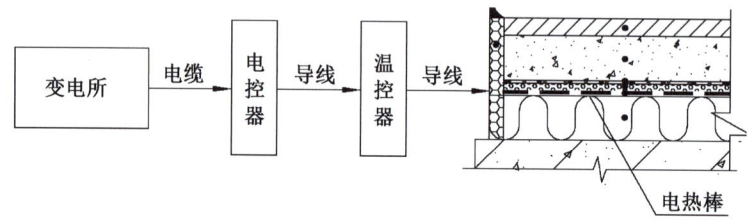

图3　电热膜采暖系统流程图

6　供暖设计

6.1　供暖系统的划分

(1) 改造区(设办公、公安值班、客运监控、值班、广播室)均为既有散热器供暖系统。

(2) 新建区(设售票室、候车厅、旅客进出道及卫生间)均采用低温地板辐射电热棒供暖系统。

6.2　供暖系统设计

1. 低温辐射电热膜供暖系统

(1) 电热膜规格、功率的选用。根据文献[2]要求,以及站房采暖热负荷计算值,选用电热膜规格为 50 m×0.8 m,功率为 180 W/m。

(2) 电热膜配电系统。电热膜配电系统采用交流 220 V 单相供电方式,每个单相终端配电回路的用电负荷不宜大于 3 kW,当用电负荷超过 9 kW 时,宜采用 380 V 三相四线制供电方式。当单相负荷接入时,尽可能使三相负荷平衡,负荷不平衡率不宜大于 15%。电热棒供暖配电线路设置了短路保护、剩余电流保护和过载保护,配电回路采用了可同时断开相线和中性线的断路器。

（3）电热膜控制系统。温控器主要是用来调节控制各个房间的温度,实现区域运行,达到既保证房间供暖又实现节能的目的。本次设计对不同性质的房间均设置独立的控制器,大面积的候车厅多回路的空间设计了安装多个控制器控制多个回路,每个控制回路采用了无数据上传服务的温控器,可实现本地的室温、地温、档位的控制。温控安装距地面1.5 m,明装。

（4）电热膜敷设。地板辐射电热棒采暖系统目前敷设的方式为天棚、地面敷设,本设计在候车厅、进出站通道及办公区处采用地面敷设方式;在卫生间处采用天棚敷设方式。电热棒敷设时其边缘布置距离墙应不小于300 mm,电热棒间距不小于10 mm,不大于材料本身宽度的一半,距离其他设施不小于200 mm。（图4）在有大玻璃幕外墙的候车室敷设时,一般应考虑在靠近外墙部分敷设,距外墙距离设置为150 mm。

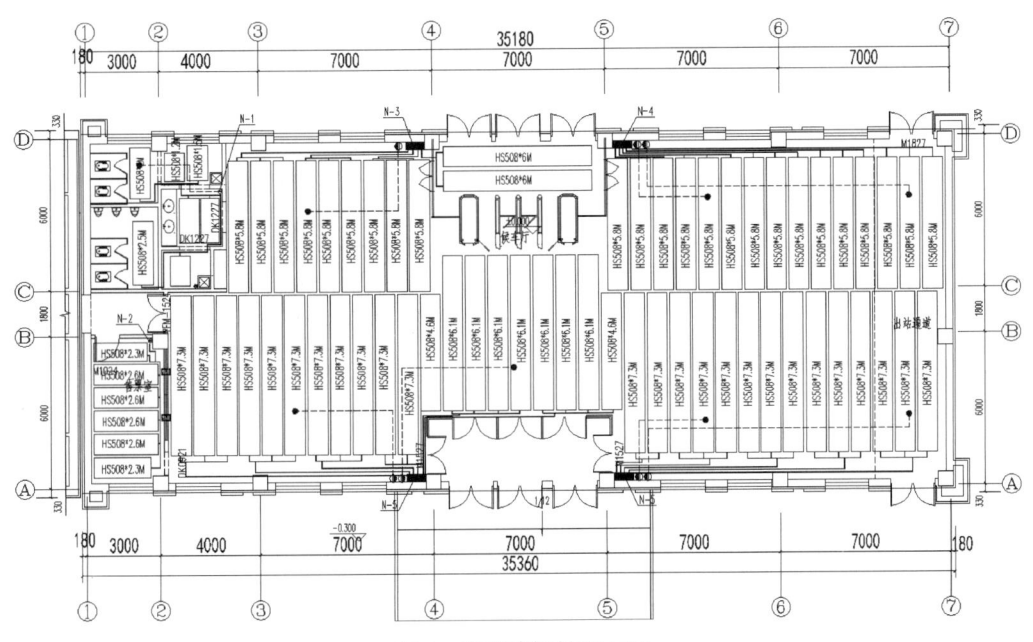

图4 电热棒辐射平面图

电热膜铺设要求均匀平直,采取了适当方式（如胶带）将发热棒定位于隔热膜上;等电位网暗敷水泥垫层内部,采用网格150 mm×150 mm,直径为3 mm的钢丝网,PE线与钢丝网或钢丝网与钢丝网间采用铜管压接(图5)。

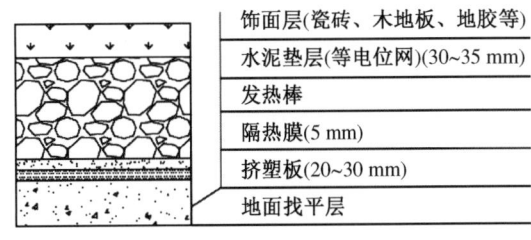

图5 电热膜敷设图

7 低温辐射电热膜采暖系统技术特点

（1）便于区域控制。由于每一个房间安装一个恒温开关,可根据需要进行调节,并且可根据室外温度考虑自动保持室内温度恒定,这克服了传统对流换热装置无法随季节变化而调节温度的弊病,很好地消除大空间建筑供热不热等问题,同时也达到了节能的目的。

(2) 基本上不占用房间的使用面积。

(3) 室内热环境舒适。辐射供暖室内的温度分布比散热器供暖均匀得多。辐射供暖房间周围表面温度比空气温度高 3 ℃,减少了对人体的冷辐射,同时室内空气流速也低,增加舒适性。

(4) 洁净卫生。

(5) 无噪声。由于没有燃烧过程,没有机械设备,所以既无污染又没有噪声。

8 运行安全措施

(1) 采暖系统每个单回路都采用了剩余电流动作保护器,并能切断故障电源。

(2) 控制器可实现室温、地温、档位控制模式,具备故障报警、过温保护、过流保护等功能。

(3) 电热膜完全防水,接头处亦做防水处理,使整个系统耐潮湿。在建筑物中按工艺规范安装的电热膜供暖系统,工作时电热膜表面最高温度不超过 50 ℃,因此不会发生烫伤、引起爆炸和火灾等事故。整个系统全部采用并联方式连接,可靠性高。

9 设计体会

(1) 通过冬季采暖期的实际运行表明,达到了设计目标,取得了预期效果,客运工作人员及旅客非常满意。

(2) 现场实测记录(表 2)。温控器设置温度 26 ℃,初始启动温控器运行,负载得电,温度持

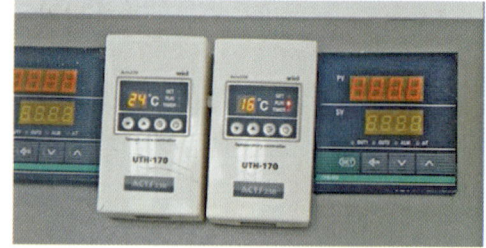

图 6 温控器

续上升至 26 ℃时停止,待温度下降至 24 ℃时温控器重新启动,循环工作(图 6)。

表 2 现场实测记录

序号	采集日期	室外温度	设置温度 (地面)/℃	地面温度 /℃	室内温度 (离地 1.5 m) /℃	备注
1	2019/1/13	零下 15 ℃~ 零下 16 ℃	40	27~32	22~27	产品最高可设置为 50~60 ℃,甲方用户感觉室内温度过高,将设置温度由 40 ℃调至 26 ℃
2	2019/1/14	零下 19 ℃~ 零下 8 ℃	40	26~30	22~28	
3	2019/2/17	零下 3 ℃~ 7 ℃	26		16~20	使用中,进出人员较为频繁,客户对此温度比较满意
4	2019/2/18	零下 5 ℃~ 零下 5 ℃	26		15~20	

(3) 部分现场施工照片(图 7)。

 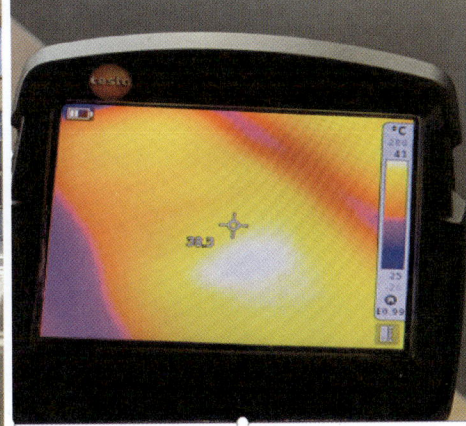 

图 7　部分现场施工照片

（4）本工程为新疆和田地区十四师昆玉市政府重点工程，设计要求高，这就要求我们认真理解《低温辐射电热膜供暖应用技术规程》，同时与建筑专业密切协调。设计中力求详尽地将意图表达在工程图纸中。

参考文献

［1］中国建筑科学研究院.公共建筑节能设计标准：GB 50189—2015[S].北京：中国建筑工业出版社，2015.
［2］中华人民共和国住房和城乡建设部.民用建筑供暖通风与空气调节设计规范：GB 50736—2012[S].北京：中国建筑工业出版社，2012.
［3］中华人民共和国住房和城乡建设部.严寒和寒冷地区居住建筑节能设计标准：JGJ 26—2018[S].北京：中国建筑工业出版社，2018.
［4］中华人民共和国住房和城乡建设部.低温辐射电热膜供暖系统应用技术规程：JGJ 319—2013[S].北京：中国建筑工业出版社，2013.
［5］哈尔滨工业大学，黑龙江中惠地热股份有限公司.低温辐射电热膜供暖系统设计与安装：16CK410[S].北京：中国计划出版社，2016.

贵阳北站空调通风系统设计

刘付伟　昌爱文　陈焰华　雷建平　於仲义

(中信建筑设计研究总院有限公司　武汉)

摘　要：本文主要介绍了贵阳北站空调通风系统的设计特点，包括空调冷热源、水系统、高架候车区空调机房及分层空调设计、内部商业空调和排油烟系统，对重点空调区域利用Flunent软件进行空调效果模拟，对空调风系统、通风防排烟系统的设计也进行了阐述。经过近几年的实际运行检验，空调通风系统运行效果良好，满足设计和使用要求，可为同类型铁路站房设计提供设计参考。

关键词：高铁站；空调系统；冷热源；高架层；排油烟系统

1 工程概况

新建贵阳北站站房位于贵阳市金阳新区，站房平面尺寸东西长约423 m，南北最大面宽约236 m，总体建筑面积为25.5万 m^2，站房总建筑面积为12万 m^2，建筑总高度38.1 m，由出站层、站台层、高架层、商业夹层组成。设计高峰小时发送旅客量为10 715人次，最高聚集人数为7 000人；站场规模为28站台面，32条线(其中含6条正线)，设基本站台2座(西450 m×18.0 m×1.25 m，东450 m×11.5 m×1.25 m)，中间站台13座(450 m×11.5 m×1.25 m)。贵阳北站作为特大型客运专线铁路旅客车站，是以铁路客运为中心，集城市地铁、轻型轨道交通、市域短途公路交通、市区公交、出租车、私家车、自行车等多种交通设施及交通方式于一体的综合性零换乘交通枢纽(图1)。

图1　贵阳北站外景图

2 主要设计特点

2.1 冷热源系统

1. 设计概况

经过天正软件计算，本项目夏季最大冷负荷为10 750 kW，逐时冷负荷如图2所示。冷源采用4台单机制冷量为2 814 kW的离心式冷水机组，冷冻水供回水温度6 ℃/13 ℃，热源采用3台单机制热量2 800 kW的燃气常压热水锅炉，空调热水供回水温度60 ℃/50 ℃，主要负担候车室、售票厅、高架层和站台层的商业用房等的冷热负荷。冷冻站预留高架夹层商业部分的冷负荷,空调末端由用户另行安装。办公、售票室、客运用房、贵宾候车室、高架层商业等采用风冷智能变频多联机空调系统,四电用房中通信机械室、信息主机房、继电器室采用风冷热泵机房专用空调。

根据《民用建筑供暖通风与空气调节设计规范》(GB 50736—2012)第 8.5.4 条,系统作用半径较大、设计阻力较高的大型工程,宜采用变流量二级泵系统[1]。

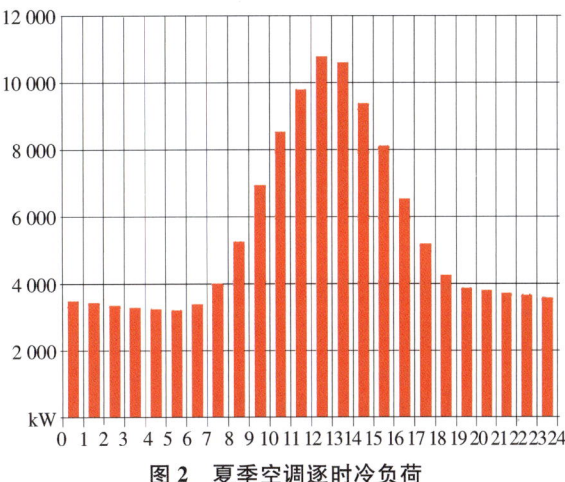

图 2 夏季空调逐时冷负荷

本项目能源站设置在站台层东南侧,由于站房东、西长度较长,夏季工况运行时,若采用一级泵变流量系统,则水泵扬程较大,系统不便于调节。为了提高空调冷水耗电输冷(热)比,水系统采用一级泵定流量、二级泵变流量系统,冷热源系统图如图 3 所示。冬季工况时,由于温差比夏季大、流量小,管网阻力较小,热水泵扬程相对较小,所以热水系统采用一级泵变流量系统。冷水机组、冷却水泵、冷冻水一级泵、二级泵、集分水器、热水一级泵等均集中设置在冷冻站内,锅炉房靠外墙紧邻冷冻站设置。

二级泵共分为三个系统(图 4),站房 A 区为一个水系统,站房 B 区为一个水系统,站房 C 区为一个水系统。空调水系统为双管制异程式系统,水平干管敷设在站台层上空。每台空调机组的回水管上均装有动态平衡电动调节阀。

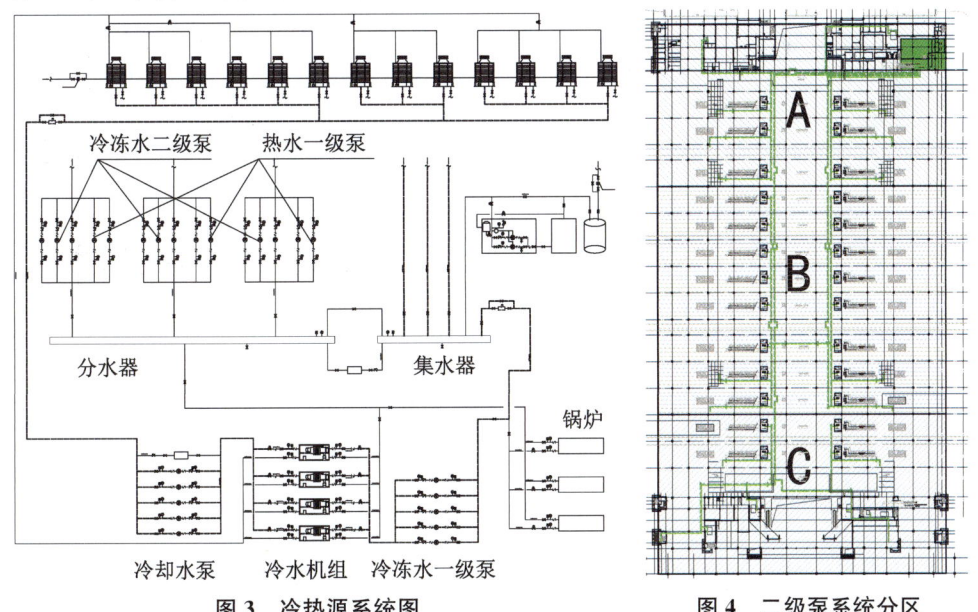

图 3 冷热源系统图　　　　图 4 二级泵系统分区

2. 冷冻水控制系统

本项目设计有中央空调能源管理系统,中央空调能源管理系统对二级冷冻水泵采用模糊预期算法进行节能控制。模糊预期算法是根据空调冷冻水系统供回水温度、温差和流量的变化,通过系统自带的模糊预测算法模型进行计算,预测出未来时刻各个支路空调负荷所需的制冷量和系统的运行参数,按照模糊推理规则,选择二级冷冻水系统的优化运行参数,并向水泵智能控制柜发出控制信号,通过改变变频器频率,调节二级冷冻水泵的转速,以改变二级冷冻水的循环流量,使得二级冷冻水系统运行在最佳工况。采用模糊预期算法模型控制,能够实现空调冷冻水流量随空调末端负荷的需求而动态调节,使冷负荷的运载效率大幅提高,在保证末端用户需求的同时,最大限度地节省了二级冷冻水的输运能耗。

能源管理系统通过计算二级冷冻水各支路流量,同时检测一级冷冻水供回水总管温度,采用温差控制的系统算法优化来实现对一级冷冻水泵的控制,使得冷冻水一级系统与二级系统流量匹配。

2.2 高架候车区空调系统

1. 空调系统设计

高架层主要功能为旅客候车服务区,平面如图5所示,建筑标高9.3 m,最高处净高达41.9 m,屋顶设置有过渡季节可开启天窗,同时设置有电动遮光帘,即可满足采光及过渡季节通风需求,也可以有效减少空调季节日照热量。两侧有卫生间、售票厅、小商业等功能用房,中间为进站检票口,高架入口大厅处南北跨度达152.2 m。

由于候车区跨度太大,若在两侧辅助用房上空设置喷口侧吹,则难以到空调效果。候车区构筑物仅有进站检票口,若在此处设置一送风点,可以将候车区全空气系统划分为四个分区:两侧辅助用房至进站检票口、检票口至房间中线位置,左右对称,每个分区风口射程均约为30 m,满足设计需求。经过建筑结构及其他专业紧密配合,在进站检票口楼板下方由结构专业设置吊梁及混凝土楼板作为空调机房(图6),该机房位于站台区上空吊

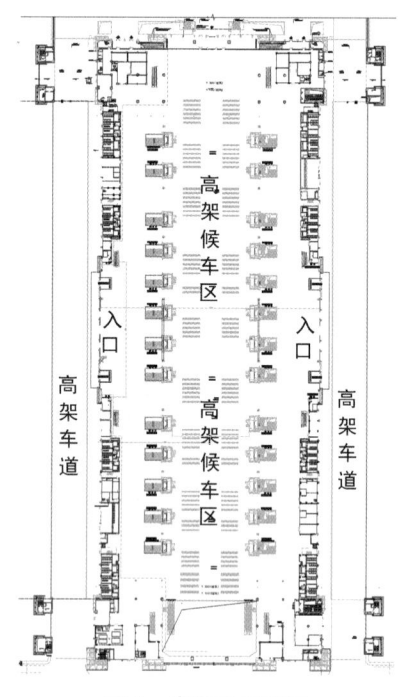

图 5 高架层平面图

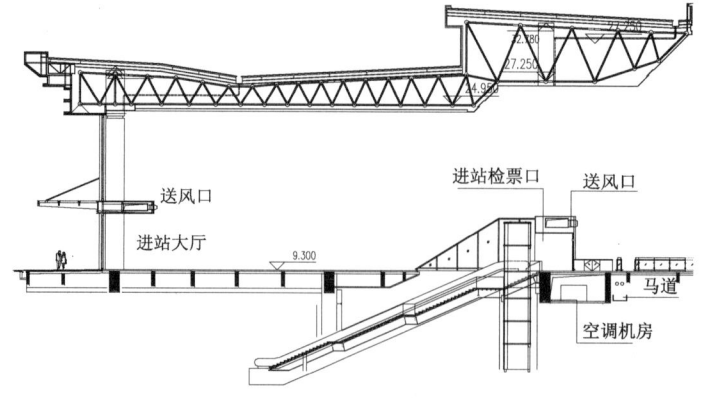

图 6 入口大厅及进站检票口空调布置

顶内,避开了行车轨道,结构整体安全与结构主体安全一致。空调机房在侧墙设置有检修门(图7),平时通过马道可以进入此房间,同时机房顶板的合适位置设置随时可开启检修的人孔(图8),人孔盖板的尺寸位置及盖板饰面与候车厅地面石材饰面统一。空调机房顶板采用预制钢筋混凝土活动盖板,若设备需维护更换,可在夜间停车时进行拆除楼面地砖,打开活动盖板进行更换。空调机房内设置给水管及拖把池,便于清洗过滤网。

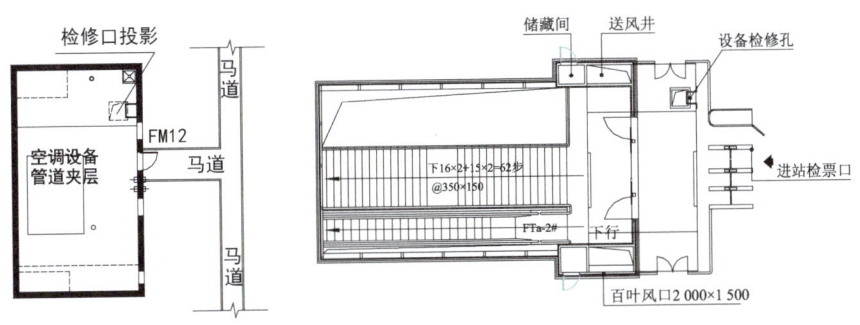

图7 空调机房检修门设置　　　　图8 进站检票口检修人孔设置

高架进站大厅外围护结构为玻璃幕墙,建筑吊顶高度15 m,东西跨度达91.4 m,主要布置安检闸机。此处若采取顶送风,一是风管布置较为困难,二是吊顶高度高,浪费能源。经与建筑专业协商,在幕墙龙骨处,做结构钢支撑,上方安装风管及喷口侧送,外饰装饰面,统一装修风格,既不影响立面要求,也可满足空调使用效果。

2. 气流组织模拟

利用Flunent软件对高架层空调系统进行气流组织模拟,得出距地1.5 m温度场如图9、图10所示。由于南北对称,选取一半区域进行模拟分析。

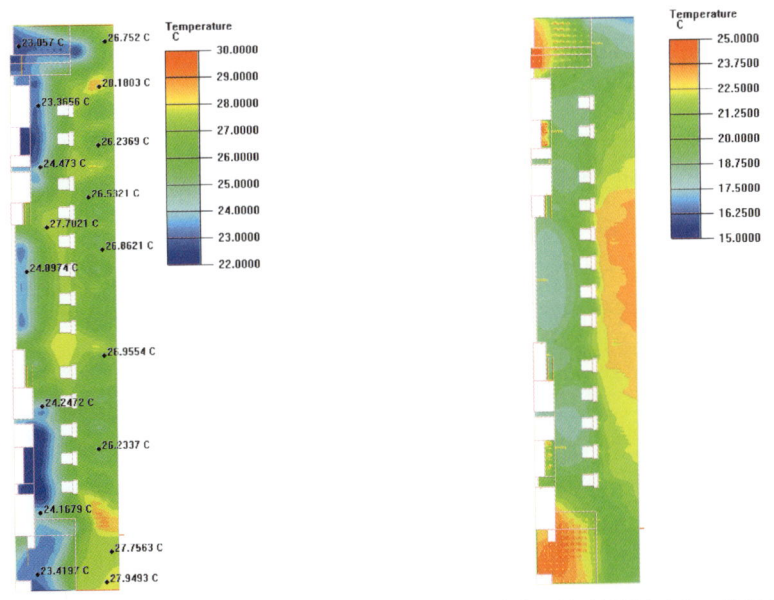

图9 高架层夏季距地1.5 m高处温度场分布　　图10 高架层冬季距地1.5 m高处温度场分布

夏季高架层室内设计温度26 ℃,风口设计送风温度18 ℃,从图9温度场分布图可以看出,高架候车区以及两端商业区温度基本在22～26.5 ℃之间,最低温度在22.6 ℃。在普通候车区域,整个空间的温度分布在26～28 ℃之间,人员活动区域温度较为接近设计温度;而在进站检票口两侧仅设置了回风口,两端商业与进站检票口之间部分区域无空调送回风口,局部温度达到28.2 ℃,但是此区域影响相对较小。

冬季高架层室内设计温度17 ℃,风口设计送风温度28 ℃,从图10温度场分布图可以看出,整个空间温度在18～23.5 ℃之间,在高架层两端商业区域,由于吊顶高度较低,采用下送风方式,此处温度较高,接近25 ℃。

2.3 商业空调与排油烟系统

大型高铁站房设计不再仅限于满足旅客出行问题,而是面向商业综合体发展,站房内商业集中设置在高架层、高架夹层。根据消防性能化评估意见,所有商业均按照防火仓设计,其中既有土特产零售、旅游咨询等,也有餐饮。

因站房和商业不可能全部同时投入使用,且商业业态随着招商情况会与设计时发生变化,所以经与业主多次协商,高架层两端商业采用多联机空调系统,设计安装到位;高架夹层由于商业开发时间相对延后,两端大商业采用多联机空调系统,预留空调室外机位置,由小业主自行安装,中间零售小商铺采用灵活的风机盘管系统,在每个小商铺内域均预留空调水管接口,可以根据商业的装修布局灵活安装。

为了便于招商,对于规划为餐饮业态的商业,从屋顶到商铺内的油烟风管与站房管线一起设计安装到位,屋顶排烟风机和自身厨房内部的排油烟罩由小业主自行安装。为保证消防安全,油烟风管均采用1.2 mm厚的不锈钢板制作,50 mm厚的48 K防火铝箔离心玻璃棉保温,再外包耐火极限不小于2 h的防火板。

3 空调风系统设计

售票厅、候车厅、商业、基本站台候车室等大空间均为全空气系统,采用节能的分层空调方式,利用组合式空调机组+低速风道系统,结合建筑造型及装修要求采用喷口侧送风和条缝型风口上送,集中回风,空调季节新风补给量由室内CO_2浓度探测器控制新风阀的开启大小而确定。新风管和回风管上均装有电动对开多叶调节阀,在过渡季节,回风管上的电动调节阀关闭,另一个新风管上的电动调节阀打开,空调机组全新风运行。小房间采用风机盘管或多联机加独立新风系统。

4 通风及防排烟系统设计

对不具备自然排烟条件的防烟楼梯间设置机械加压送风系统,加压风口采用铝合金自垂百叶风口,每两层设置一个。本工程无消防电梯前室和合用前室。

根据消防性能化评估意见,高架候车室和基本站台售票厅、基本站台候车室及商业服务用房等由设在上部的电控远程可开启外窗自然排烟,可开启面积不小于需排烟面积的2%。出站通道、高架夹层连续布置的商业、高架层南北两端独立防火分区内的商业、21.9 m处的商业及超过 20 m 的内走道等房间均设有机械排烟系统,排烟量均满足规范或者消防性能化评估的要求。

站台层、高架层玻璃幕墙及屋顶均设有电动可开启窗,在过渡季节可全部打开进行自然通风,同时为了避免屋顶玻璃太阳辐射热量过多地进入站房,屋顶幕墙处设有电动窗帘来进行遮挡阳光辐射。卫生间、冷冻机房、水泵房、开闭所、变电所等设备用房均按照换气次数或者消除余热、余湿设置机械通风系统。

5 结语

贵阳北站作为大型交通型公共建筑,其空间复杂、客流量大,本工程于 2014 年 12 月竣工,经过近几年的实际运行检验,各空调区域效果基本上均能满足设计和使用要求,设计心得与经验总结如下:

(1) 本项目由于条件受限,仅可在站房一端设置冷热源站,导致空调水系统庞大,为了便于调节,使系统运行稳定,采用二级泵系统。由于一级泵始终处于定流量运行,实际运行时会出现大流量小温差,浪费能源,且初投资会比一次泵变流量系统高[2],所以同类站房条件许可的情况下应尽可能地在两端设置两个冷热源站。

(2) 高架层空调机房位置设置较为合理,不占用旅客服务区空间,且进站检票口之间在不设置送风口仅设置回风口的情况下,也基本满足空调使用效果要求。

(3) 高架夹层商业由业主要求预留多联机空调系统室外机位置,招商业主自行出资安装。但后期经现场查看,由于后期业主安装管道需穿至网架,有一定的操作难度,个别商铺室外机安装在本商铺防火舱顶部与大空间吊顶之间隐蔽处,排风在室内循环。由于高架夹层人流量不大,且室外机安装在较高处,对于人员舒适区影响不太明显,但是此安装方式热风始终在室内,负荷最终还是由中央空调系统承担。

此类设计建议末端采用风机盘管或者吊式空气处理器,中央空调预留冷热负荷,商铺内预留空调水管接口,末端可由业主二次安装;为了便于计费,可在空调水管上安装能量计。此方式可避免在公共区出现二次安装,避免出现上述安装问题。

参考文献

[1] 中华人民共和国住房和城乡建设部.民用建筑供暖通风与空调调节设计规范:GB 50736—2012[S].北京:中国建筑工业出版社,2012.
[2] 高养田.空调变流量水系统设计技术发展(之二)[J].暖通空调,2009,39(1):92-101.

铁路站房公共卫生间环境质量影响因素分析

田利伟[1]　于靖华[2]*　郭旭晖[1]　姚华伟[1]　王　敏[1]
赵金罡[2]　杨清晨[2]　冷康鑫[2]　杨　颉[2]

(1. 中铁第四勘察设计院集团有限公司　武汉　2. 华中科技大学　武汉)

摘　要：针对不同规模的铁路旅客站房公共卫生间，进行卫生间服务能力、污染物浓度、通风效果、不同群体主观感受等内容进行调研测试，以获得卫生间环境质量现状及不同因素的影响效果。结果表明：站房公共卫生间普遍处于超负荷使用状态；已改造卫生间氨气浓度在 0.09～1.24 ml/m³ 之间，未改造卫生间氨气浓度最高可达 4.22 ml/m³；所调研的 12 个女厕均达到了一类厕所要求，8 个男厕达到一类厕所要求，2 个男厕为二类厕所，2 个男厕为三类厕所；各站房排风量介于 6～20 次/h 之间；卫生间管理力度有待进一步提高。研究结论对于卫生间环境提升具有重要的指导意义。

关键词：铁路站房卫生间；空气质量；调研测试；通风；污染物

1　概述

铁路旅客站房作为城市的地标以及经济发展的名片日益受到公众的关注，铁路站房公共卫生间作为铁路卫生状况的标杆之一，其内部空气质量达标是改善旅客出行体验、提升客运服务品质的关键，是精品示范线路建设工作的重点与难点。人们对站房卫生间环境质量的要求，已从基本生理需求层次逐渐转移到人性化层次[1]。

为贯彻落实推进"厕所革命"作出的重要指示精神，巩固好 2015 年以来铁路站车"厕所革命"取得的成果，进一步提升人民群众的旅行感受，国铁集团坚持不懈抓好厕所达标这一改善旅客出行体验的关键，提出加强厕所软硬件建设，做到厕所配置合理、备品齐全、环境干净整洁的要求。

铁路旅客站房不同于其他类型的公共建筑，候车室全天客流量较大，卫生间一直处于高负荷运营状态，针对部分反映比较突出的站房公共卫生间，前期进行了卫生间环境提升试点改造，但空气质量相对不高、气味难闻的问题却仍未得到很好的解决。针对以上现状，针对站房公共卫生间空气质量问题进行现场实测和主观问卷调查，获得现有卫生间服务能力、通风系统运行情况，污染物分布特征以及不同群体的主观感受等基础数据，为卫生间环境提升提供技术支撑。

2　调研测试方法

2.1　车站的选择

选取某铁路局范围内 10 个不同规模的铁路站房，各站房规模如表 1 所示。

表 1　　　　　　　　　　　　　调研车站情况

序号	车站	规模	序号	车站	备注
1	SHHQ	特大型站	6	LYG	中型站
2	HZD	特大型站	7	KS	中型站
3	NJ	大型站	8	ZJ	小型站
4	SZ	中型站	9	QDH	小型站
5	WZN	中型站	10	SZXQ	小型站

2.2　调研测试内容及方法

通过现场实地调研获得卫生间的规模,利用红外客流计数仪记录客流数据并统计分析卫生间的服务能力,采用氨气、硫化氢检测仪测量卫生间污染物浓度分布,采用热线多功能风速仪测量卫生间的排风量,并通过问卷调研获得卫生间的异味评价现状,通过以上调研测试为铁路旅客站房卫生间建筑设计和暖通设计提供数据支撑。

对卫生间的氨气和硫化氢浓度进行测试时,选取平均浓度和最高浓度分别进行测试;其中,平均浓度测量方法为进站旅客高峰时段,在卫生间不同区域均匀布点测试取平均值获得,测点高度为 0.9 m;最高浓度测试方法为根据平均浓度测量结果,选取浓度最高厕位作为最不利点,每隔一段时间进行测量,测量时段不少于 5 小时,去该时段内的最大值作为最高浓度。对卫生间排风量进行测试时,采用对角线方法测量门洞处不同位置的风速,与门洞面积的乘积,即为通过门洞的总风量,等效为排风系统的排风量。

2.3　标准的选择

目前,在国家标准、行业标准和地方标准中,均对卫生间的设计参数和污染物限值进行了规定,不同标准中的推荐值差别较大,对各标准中相应条款进行统计分析,统计结果如表 2 所示。

表 2　　　　　　　　　　　　不同标准中设计参数推荐值

相关标准	参数	限值		
《城市公共厕所卫生标准》GB/T 17217—1998[2]	水冲公厕类型	一类	二类	三类
	氨气/(mg·m^{-3})	0.3	1.0	3.0
	氨气/(ml·m^{-3})	0.395	1.32	3.95
	硫化氢/(mg·m^{-3})	0.1	0.1	0.1
	硫化氢/(ml·m^{-3})	0.006 6	0.006 6	0.006 6
	换气次数	不小于 5 次/h		—
《城市公共厕所设计标准》CJJ 14—2016[3]	类型	男		女
	服务人数/[人·(厕位·天)$^{-1}$]	150		100

(续表)

相关标准	参数	限值	
《城市公共厕所设计标准》 CJJ 14—2016[3]	厕位数/(人·小时$^{-1}$)	100人以下2个；每加60人增1个	100人以下4个；每增30人增1个
	换气量	大便器40 m^3/(h·厕位)，小便器20 m^3/(h·厕位)，换气次数不小于5次/h	
《铁路旅客车站设计规范》 TB 10100—2018[4]	厕位数/(人·小时$^{-1}$)	100人2.5个计算确定 男女比例应为1∶2	
	换气量	换气次数15～20次/h	
《公共厕所规划和设计标准》 DG/TJ 08—401—2016[5]	类型	男	女
	服务人数/[人·(厕位·天)$^{-1}$]	300	200
	厕位数/(人·小时$^{-1}$)	100人以下2个；每加60人增1个	100人以下4个；每增30人增1个

针对上述各设计参数，确定如下参考指标：对于氨气和硫化氢等污染物的浓度要求，采用《城市公共厕所卫生标准》(GB/T 17217—1998)的规定；对于卫生间厕位数建议采用《铁路旅客车站设计规范》(TB 10100—2018)的规定；对于卫生间服务人数，建议采用《城市公共厕所设计标准》(CJJ 14—2016)的规定；对于卫生间换气量设计目标值建议采用20次/h。

3 调研测试结果分析

3.1 卫生间规模

结合调研测试时段各站房的高峰小时客流量，参照《铁路旅客车站设计规范》(TB 10100—2018)的规定，推算出各站房的卫生间理论所需厕位数，并与调研统计获得的10座车站24个公共卫生间(12个男厕，12个女厕)的实际设计厕位数进行对比，统计结果如图1所示。

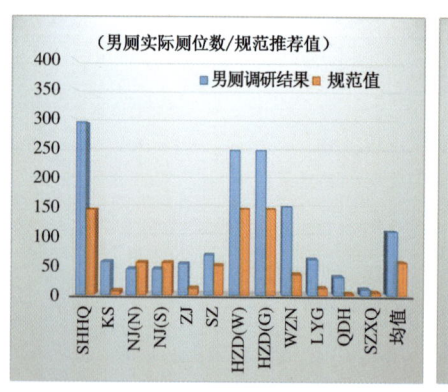
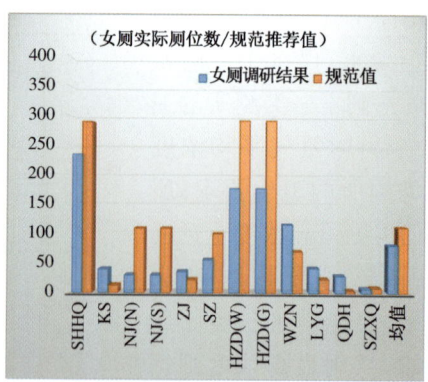

图1 不同车站公共卫生间男女厕位数现状

统计结果表明，90%的男厕实际设计厕位数多于理论所需厕位数，50%的女厕实际设计厕位数多于理论所需厕位数。

进一步对男/女卫生间单个厕位的服务人数进行统计分析,统计结果如图 2 所示。

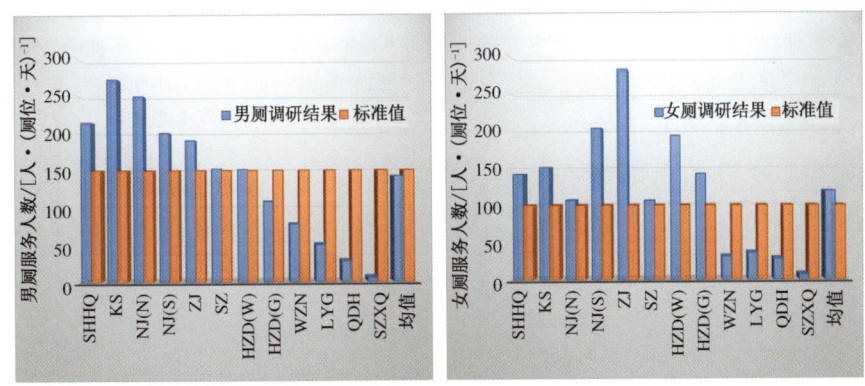

图 2 单个厕位每天服务人数

根据相关规范,男厕服务人数为 150 人/(厕位·天),女厕服务人数为 100 人/(厕位·天);实测结果显示男女卫生间的平均服务人数均在 140 人/(厕位·天)左右,58%的男厕和 67%的女厕处于超负荷使用状态。

3.2 卫生间硫化氢浓度特征

调研期间,各车站公共卫生间硫化氢平均浓度和最高浓度均在 0~0.004 ml/m³ 之间,满足一类厕所规定的 0.006 6 ml/m³ 限值。硫化氢不是铁路旅客站房公共卫生间的主要污染物,可不作为监测指标。

3.3 卫生间氨气浓度特征

对各车站卫生间的氨气平均浓度和最高浓度进行测试,测试方式与硫化氢测试方式相同,测试结果如图 3 所示。

测试结果表明,男厕氨气平均浓度普遍高于女厕,所调研的各车站女厕氨气平均浓度均达到了不高于 0.40 ml/m³ 的一类厕所限值要求,仅 8 个男厕氨气平均浓度达到了一类厕所的卫生要求,2 个男厕氨气平均浓度超出了三类厕所的卫生要求;所调研车站的男厕最高浓度也远远高于女厕,女厕最高浓度为 2.04 ml/m³,仅能满足三类厕所的卫生要求,男厕最高浓度则达到了 4.22 ml/m³,超出了三类厕所的卫生要求。

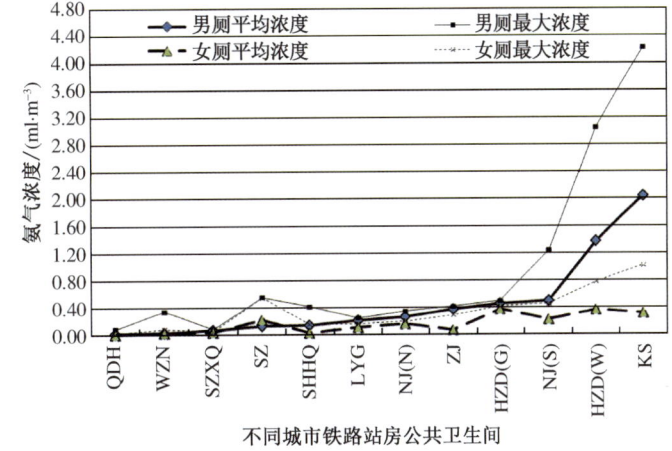

图 3 不同车站卫生间氨气浓度分布统计

3.4 服务人数与氨气浓度对应关系

旅客如厕时,习惯性使用距卫生间门口最近的厕位,导致内部各区域浓度差别较大,由于门口附近厕位使用频率高,且人员密集,因此选取该区域最高浓度作为代表浓度,并与对应的厕位服务人数进行对比分析,以男厕为例统计结果如图4所示。

调研测试统计结果表明,当公共卫生间服务人数小于100人/(厕位·天)时,氨气浓度与服务人数存在一定程度的正相关性;当公共卫生间服务

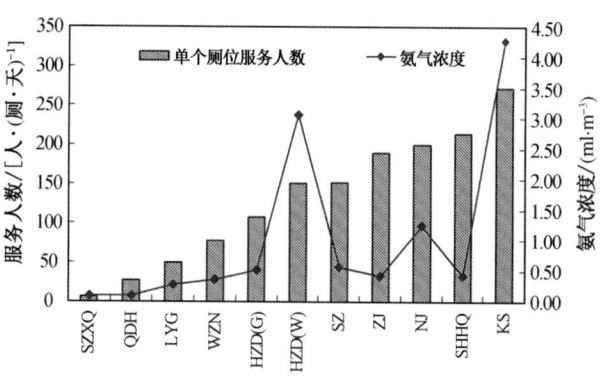

图 4 各站房氨气浓度与服务人数对应关系

人数大于150人/(厕位·天)时,氨气浓度均超出了一类厕所的卫生要求。HZD(W)和KS站的公共卫生间有待改造,其氨气浓度远高于其他站房,其中KS最高浓度超出了三类厕所的卫生要求。

针对具体卫生间,选定不同时刻,进行0.9 m高度处氨气浓度与服务人数的对应关系分析,统计结果如图5所示。

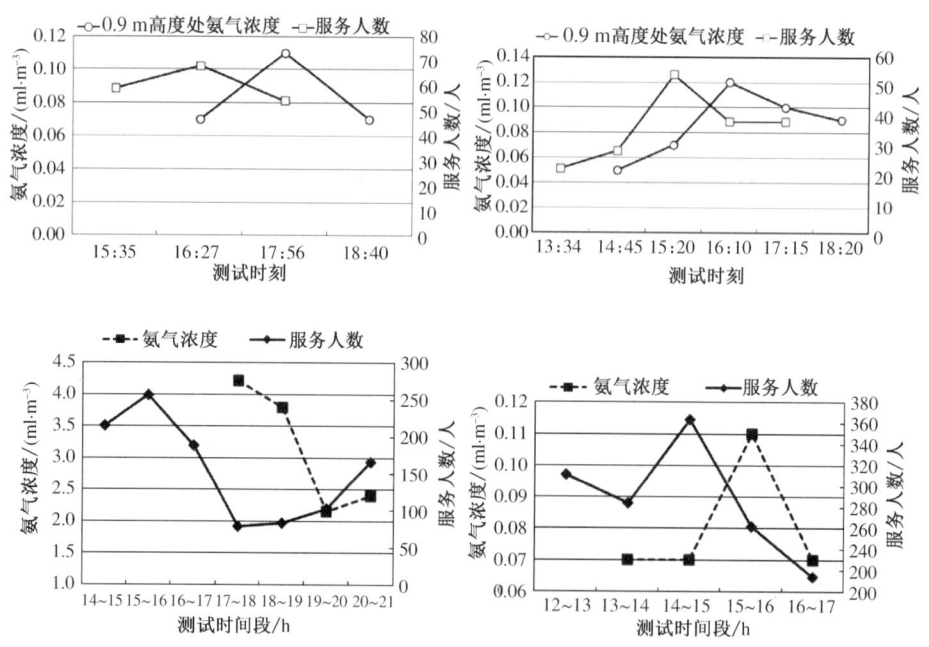

图 5 服务人数与氨气浓度的对应关系

统计分析结果表明,氨气最高浓度变化随着服务人数的变化呈现正相关性,会出现约1 h的延迟。

3.5 换气次数与氨气浓度对应关系

现有公共卫生间大部分位于内区,无对外开启的外窗,因此以机械通风为主,采用上排风的形式。对各卫生间机械通风量进行测试,由于吊顶处百叶风口排风量不易测量,因此采用对角线方法测量卫生间门洞处不同位置的风速,进一步测量门洞尺寸,从而计算得到通过门洞的总风量,即为排风系统的排风量,并与对应的卫生间氨气最大浓度进行对比,调研统计结果如图 6 所示。

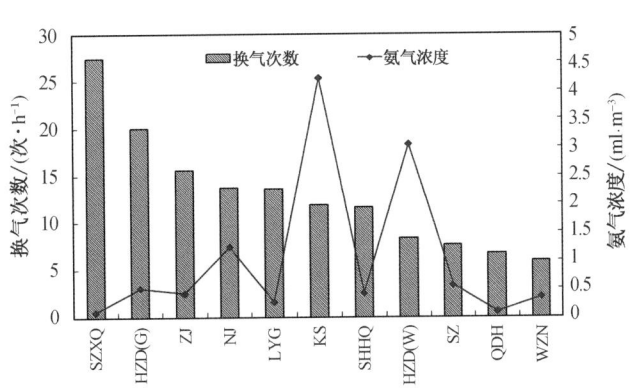

图 6 各站房换气次数与氨气浓度的对应关系

调研结果表明,各车站的换气次数在 6~27 次/h 之间,除 SZXQ 外,其他各站的换气次数均在 20 次/h 以下,未达到目前的设计目标值 20 次/h;卫生间氨气浓度与换气次数之间并未表现出明显的相关性。

3.6 多参数综合影响下的空气质量分析

卫生间的空气质量同时受到服务人数、换气次数、气流组织等多因素的影响,在此对多因素综合影响下的空气质量进行分析。

1. 换气次数对空气质量的影响

HZD(G)和 HZD(W)为同一个站房改造和未改造卫生间,两个卫生间的服务人数分别为 108 人/(厕位·天)和 151 人/(厕位·天),未改造卫生间 HZD(W)的换气次数为 8.37 次/h,氨气平均浓度为 1.38 ml/m³,仅能达到三类厕所的卫生要求;改造后卫生间 HZD(G)的换气次数增大到 20 次/h,氨气平均浓度则降低至 0.46 ml/m³,达到了二类厕所的卫生要求,由此可知换气次数可显著提升卫生间的空气质量。

2. 气流组织对空气质量的影响

ZJ 和 SHHQ 的服务人数在 200 人左右,均超过了规范限值,进行卫生间改造后,换气次数分别为 15.6 次/h 和 11.7 次/h,氨气浓度得到了明显降低,均达到了一类厕所的要求。其中 ZJ 卫生间改造后,采用低位侧排风形式,将异味直接从污染源附近排除,SHHQ 卫生间改造后采用了带灯具的吊扇,加速了异味在卫生间的混合,避免某一区域氨气浓度聚积的现象,大大降低了最高浓度。采用常规通风方式 NJ 站,其服务人数和换气次数与 ZJ 和 SHHQ 接近,但三者的氨气平均浓度分别为 0.50 ml/m³,0.38 ml/m³ 和 0.14 ml/m³,最高浓度则分别为 1.24 ml/m³,0.42 ml/m³ 和 0.42 ml/m³,可以看出通过优化气流组织,可大大降低氨气的平均浓度和最高浓度。

3.7 主观感受与氨气浓度对应关系

对车站重点关注的异味情况进行调研,包括管理人员与旅客的主观感受,并与卫生间的氨气浓度和厕所等级进行对比分析,以男厕为例给出统计结果如表3所示。

表3　　　　　　　　　各车站公共卫生间主观感受与实测数据汇总

车站	是否有异味		氨气浓度/(ml·m^{-3})		厕所等级
	管理人员	旅客	平均浓度	最高浓度	
SZXQ	没有	没有	0.07	0.09	一类
QDH	轻微	没有	0.02	0.09	
LYG	轻微(吸烟)	轻微	0.22	0.27	
WZN	没有	没有	0.03	0.35	
SHHQ	轻微(吸烟)	轻微	0.14	0.42	
ZJ	轻微	没有	0.38	0.42	
SZ	轻微(吸烟)	没有	0.14	0.56	
HZD(G)	轻微	没有	0.46	0.51	二类
NJ	没有	轻微	0.50	1.24	
HZD(W)	轻微	严重	1.38	3.05	三类
KS	比较重	严重	2.04	4.22	

统计结果表明,不同群体对卫生间异味的主观感受不同,旅客对公共卫生间异味的主观感受与氨气最高浓度存在较明显的正相关性,其中对一类厕所的感受主要为没有异味,对于二类厕所的感受为没有或轻微异味,对三类厕所的感受为严重异味;车站管理人员由于全天候接触厕所,其对卫生间异味的感受与厕所等级不存在明显的相关性,且认为大部分存在异味;旅客在卫生间内吸烟,会对卫生间异味的主观感受评价结果产生较大影响。

3.8　卫生间日常管理对氨气浓度的影响

卫生间日常的保洁管理制度对空气质量也会产生重要的影响,地面污渍的及时清除会有效降低污染物的散发时间和散发量。选取三个典型的卫生间,分析保洁频率对卫生间氨气浓度的影响,统计结果如图7所示。

测试时段卫生间服务人员变化不大,1~4测点为第一天测试结果,测试开始时段卫生间内污染物浓度偏高,测试一段时间后保洁人员加强了卫生间的保洁频次,随着测试时间的增加,卫生间内氨气浓度得到了明显降低;5~7测点为第二天相同时刻的测试结果,第二天的氨气浓度相比于第一天的有了进一步的改善。

根据测试结果,建议严格落实国

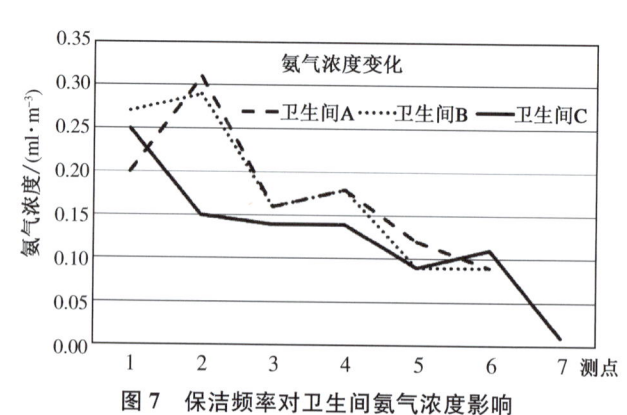

图7　保洁频率对卫生间氨气浓度影响

铁集团推行的车站厕所"双所长"制,并加强卫生间环境的巡查维护频次,切实补齐厕所卫生监督短板;同时借鉴《民用机场服务质量》(MH/T 5104—2006)中关于卫生间在设施、清洁度、空气、消毒、提示牌、无障碍设计等方面的规定,给出具体而详实的服务质量要求。

4 结语

通过对不同规模的铁路旅客站房公共卫生间进行调研测试,给出了目前卫生间服务人数、氨气浓度、通风量、主观评价等现状,获得的结论如下:

(1) 铁路站房公共卫生间服务人数偏高,考虑氨气浓度与服务人数存在一定的正相关性和服务人数的不可预测性,建议通过改善通风设计降低氨气浓度。

(2) 所调研的24个卫生间,20个可达到一类厕所水平,其换气次数在6~27次/h之间,增大卫生间换气次数后,氨气浓度可以得到明显降低。

(3) 良好的气流组织可大大降低卫生间内氨气的最高浓度值,通过优化气流组织设计,提高卫生间空气质量水平。

(4) 卫生间硫化氢浓度均可满足规范要求,可不作为监测指标,旅客主观感受与氨气最高浓度存在较强的相关性,因此建议以氨气的最高浓度作为控制指标,且最高浓度应达到二类厕所及以上的卫生要求。

(5) 建议进一步加强卫生间的日常管理,提高巡查维护频次,并制定严格的环境质量考核指标。

参考文献

[1] 刘彤.人员密集型的大型公共建筑卫生间设计研究[D].广州:华南理工大学,2013.
[2] 中国预防医学科学院环境卫生监测所.城市公共厕所卫生标准:GB/T 17217—1998[S].北京:中国标准出版社,1998.
[3] 北京市环境卫生设计科学研究所.城市公共厕所设计标准:CJJ 14—2016[S].北京:中国建筑工业出版社,2016.
[4] 中国铁路设计集团有限公司.铁路旅客车站设计规范:TB 10100—2018[S].北京:中国铁道出版社,2018.
[5] 上海市环境工程设计科学研究院有限公司,上海市公共厕所协会.公共厕所规划和设计标准:DG/TJ 08-401—2016[S].上海:同济大学出版社,2016.

京雄城际智能客站机电系统建设方案

苗俊杰　冯敬然　周　锋　宋　伟

(中国铁路设计集团有限公司电化电信院　天津)

摘　要：2017年1月,交通运输部印发文件,要求推进智慧交通发展。客运车站是实现铁路旅客智能出行、铁路智能运输的重要节点,客运车站安全生产、运营管理、客运服务等方面智能化技术水平的提升,是全过程、全方位、高品质服务旅客的集中体现。传统铁路客站客运服务信息系统仍存在较大提升空间。结合雄安、丰台及星火等大型客运车站的建设,车站应构建一套智能化机电系统,以贯彻落实铁路总公司"畅通融合、绿色温馨、经济艺术、智能便捷"的客站建设总体要求,实现信息共享,统筹运营管理,并着力打造智慧型交通枢纽的典范,为旅客提供便捷的出行条件,实现旅客换乘更便捷、调度运输更智能、信息共享更通畅、生产作业更安全更高效、环境更加绿色节能等目标。

关键词：智能客站；电子客票；智能客站大脑；智能感知

1　智能客站业务需求概述

2017年1月,交通运输部印发文件,要求贯彻《交通运输信息化"十三五"发展规划》提出的绿色交通、智慧交通、平安交通的工作部署,推进智慧交通发展。铁路总公司提出全力打造精品工程,实现旅客智能出行、铁路智能运输,全面提升安全生产、运营管理、客运服务的现代化水平。车站是实现铁路旅客智能出行、铁路智能运输的重要节点,客运车站安全生产、运营管理、客运服务等方面的智能化技术水平的提升,是全过程、全方位、高品质服务旅客的集中体现,是我国铁路客运服务水平和文明的示范窗口,为我国高铁持续领跑世界提供强有力的支撑,提升旅客出行体验,具有重要的意义。

传统铁路客站客运服务信息系统包括客票系统、旅客服务信息系统。客票系统为旅客提供优质的客票服务及铁路售票、检票、收入管理和清算。旅客服务信息系统包括集成管理平台、综合显示、广播、视频监控、时钟、查询、求助、安检、入侵报警及门禁等系统,为旅客进站、候车、乘车、换乘、出站等各环节提供文字、图像、音频等全方位的信息服务,形成统一的旅客服务平台,为旅客提供便利的服务。

地铁等轨道交通项目一般均设有综合监控系统,集成火灾自动报警(FAS)、机电设备监控(BAS)、牵引供电调度(SCADA)等系统,实现对各类机电设备的综合管控。铁路车站一般设有火灾自动报警(FAS)、机电设备监控(BAS)系统,系统各自独立,未能将牵引供电调度系统(SCADA)、能源管控系统、综合视频监控系统、客服系统、门禁及巡更系统、停车场管理系统、其他机电设备监控系统等多方信息互联，未能实现对空调通风、室内给排水、电扶梯、安全门、照明等系统的集中管控。也未与综合交通枢纽中其他信息处理平台互联互通，信息孤岛现象明显。

法国国营铁路公司 SNCF、德国铁路公司 DB、日本铁路集团 JR 基本实现了车站各信息子系统之间的信息共享，并接入了长途汽车、城市公交、城铁和地铁等其他交通工具的运营时刻表等相关信息，建立了铁路与出租车、公交、地铁等其他交通方式无接缝、无障碍的衔接，为旅客提供全程化、一体化的便捷换乘出行服务。在信息共享的基础上实现业务大数据分析，将分析结果转化为报告，用于指导决策和控制监控，并进一步对成本、质量、安全、可靠性等方面进行预测，以便提升客运指挥与管理效率。

综合以上分析，车站应构建一套智能化机电系统以贯彻落实铁路总公司"畅通融合、绿色温馨、经济艺术、智能便捷"的客站建设总体要求和"精心、精细、精致、精品"客站建设理念，系统设计中应充分利用信息化科技成果，实现信息共享，统筹运营管理，并将智能铁路客站系统从车站延伸到整个枢纽，着力打造智慧型交通枢纽的典范，为旅客提供便捷的出行条件，实现旅客换乘更便捷、调度运输更智能、信息共享更通畅、生产作业更安全更高效、环境更加绿色节能等目标。

2 智能客站机电系统功能需求

智能客站机电设备系统应从智能客服、智能运维、综合设备监控、应急管理等几大方面提升旅客乘车体验和加强车站管理。

2.1 智能客服

智能客站机电系统应实现智能客票服务及智能旅客服务相关功能。

1. 智能客票服务

构建全流程智能客票服务、快捷进出站的旅客自助式进站验证系统。旅客自助式进站验证系统基于传统客运服务系统中的客票系统，通过采用人脸识别和大数据分析的最新技术方法，将旅客自助式进站验证方式多样化设置，并实现报销凭证的自助打印，实现人脸检测、护照、身份证件、电子客票等多种形式的旅客自助式进站验证功能。

2. 智能旅客服务

铁路智能旅服系统是基于传统客运广播系统、综合显示系统、视频监控系统、安检系统、信息查询求助等系统，集成车站运营智能感知、站内导航等多种创新性系统为一体的铁路智能旅服平台。

2.2 智能运维

1. 客服设备智能运维

智能客站机电系统应实现客服设备智能运维的功能。采集各类客服设备运行信息，对网络设备、安全、服务器、数据库、中间件、应用、存储、环境等设备和各业务系统运行状态进行 7×24 小时不间断监测、巡检，运用大数据技术，实现客服设备全生命周期管理，实现运维

"状态修"的维护标准,实现客服设备智能运维。

2. 其他机电设备智能运维

智能客站机电系统应实现其他机电设备智能运维,系统通过构建统一的平台,实现火灾自动报警系统(FAS)、机电设备监控系统(BAS)、电力调度系统(SCADA)、能源管控系统等多方综合信息互联,通过监测日志大数据整合方法,进行实时动态数据分析,实现对车站内除客服外的其他机电设备全天候、全方位的立体监测,实现整个车站系统的绿色节能高效运行与管理维护。

2.3 综合设备监控

智能客站机电系统应实现客站综合设备监控的功能。系统集成火灾自动报警系统(FAS)、机电设备监控系统(BAS)、电力调度系统(SCADA)、能源管控系统等系统,实现机电设备监控系统、动力环境监控系统等的集中监控,完成空调通风、室内给排水、感应门、电扶梯、电动遮阳系统、自动灌溉系统、垃圾气力输送系统、屏蔽门、智能照明、结构健康诊断、统一电气消防监控等系统的集中管控。

统一电气消防监控系统,将各个分立的电气消防监测系统,集成为一套消防安全监控系统,提高系统的信息处理能力和运行可靠性,降低前期设备投入和后期管理维护的成本。

2.4 应急管理

智能客站机电系统应实现应急管理功能,负责应急联动处理突发性公共事件,应急情况时对站内设备设施统一调度,对接地方上级应急管理平台,调动各种应急救援力量,包括地方政府、公安、消防、交通、医院等行业协同联动,实现多部门、高层次、跨部门的统一指挥,统一受理,联动行动,及时有序高效地开展紧急救援及抢险行动,从而保障车站、城市乃至地域的公共安全。在对突发事件的应急处置过程中,应急管理贯穿于整个流程,涉及事前、事中和事后三个阶段。系统提供对各类应急业务的日常管理以及针对突发事件的监测监控、预测预警、决策分析、指挥调度等功能。具体包括安全环境监控及预测预警、应急值守、应急预案及资源、应急处置、模拟演练、应急评估等功能。

3 京雄智能客站机电系统建设方案

针对上述业务及功能需求,京雄智能客站机电系统主要建设客运服务、综合监控及能耗管理、智能电力、给排水及垃圾收集控制、结构智能化健康监测以及通信等系统。

3.1 客运服务

3.1.1 智能客票服务

车站客票系统通过采用人脸识别和大数据分析的最新技术方法,将旅客自助式进站验证方式多样化设置,实现人脸检测、护照、身份证件、电子客票等多种形式的旅客自助式进站验证功能。

电子客票推广使得旅客出行实现无纸化,通过优化分离铁路车票所承载的功能,实现旅客出行乘车凭证由硬板票、软纸票、磁介质车票,到"无纸化"的转变。客票业务全面自助化,在互联网售票、闸机检票实现旅客购票和检票自助化的基础上,进一步提高购票和检票效率,同时实现退票、改签、变更到站等业务的自助化。线上线下功能一体化,取消互联网购票后换取票环节,同时实现线上和线下功能的一致性。有效解决既有纸质车票丢失、伪造和倒卖等问题。建立旅客全行程信息档案,为后续开展精准营销和服务奠定了坚实的基础(图1)。

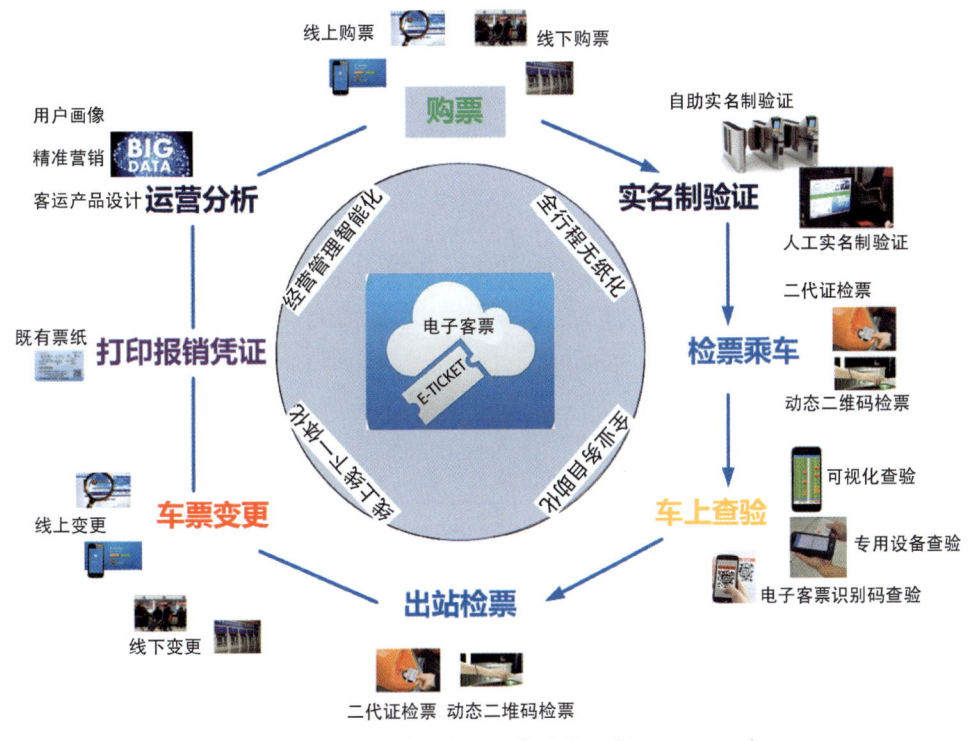

图1 电子客票系统功能示意图

黄村站及新机场站设置全面电子客票系统,雄安站、固安东站及霸州北站设置旅客自助式进站验证系统。

3.1.2 智能旅客服务

1. 智能客站大脑

智能客站大脑依据《客站旅客服务与生产管控平台(智能客站大脑)总体技术方案》(科信运函〔2019〕12号)进行设置①,总体方案对车站客运管理、旅客服务、客运设备、应急指挥等业务进行了深度融合,能够满足智能管控服务、集成数据展示、统一数据管理、智能服务、用户管理和资源调度需要,主要功能包括智能管控服务、集成化展示服务、数据管理与共用

---

① 《客站旅客服务与生产管控平台(智能客站大脑)总体技术方案》(科信运函〔2019〕12号)。

服务、数据分析与 AI 服务、用户登录及权限管理、资源管理及服务、旅客服务、客运管理与指挥、客站设备运用监控、客站应急指挥、智能音视频分析、环境舒适度监控等。智能客站大脑基于底层各类数据资源,建设可自主学习的旅客服务和生产协同模型,实时监控站内全生产要素的状态并及时预警自动生成辅助决策指令,实现客运车站的可视、可控和可学习,保障车站所有设备、设施、系统、人员、作业的高效运转(图 2)。

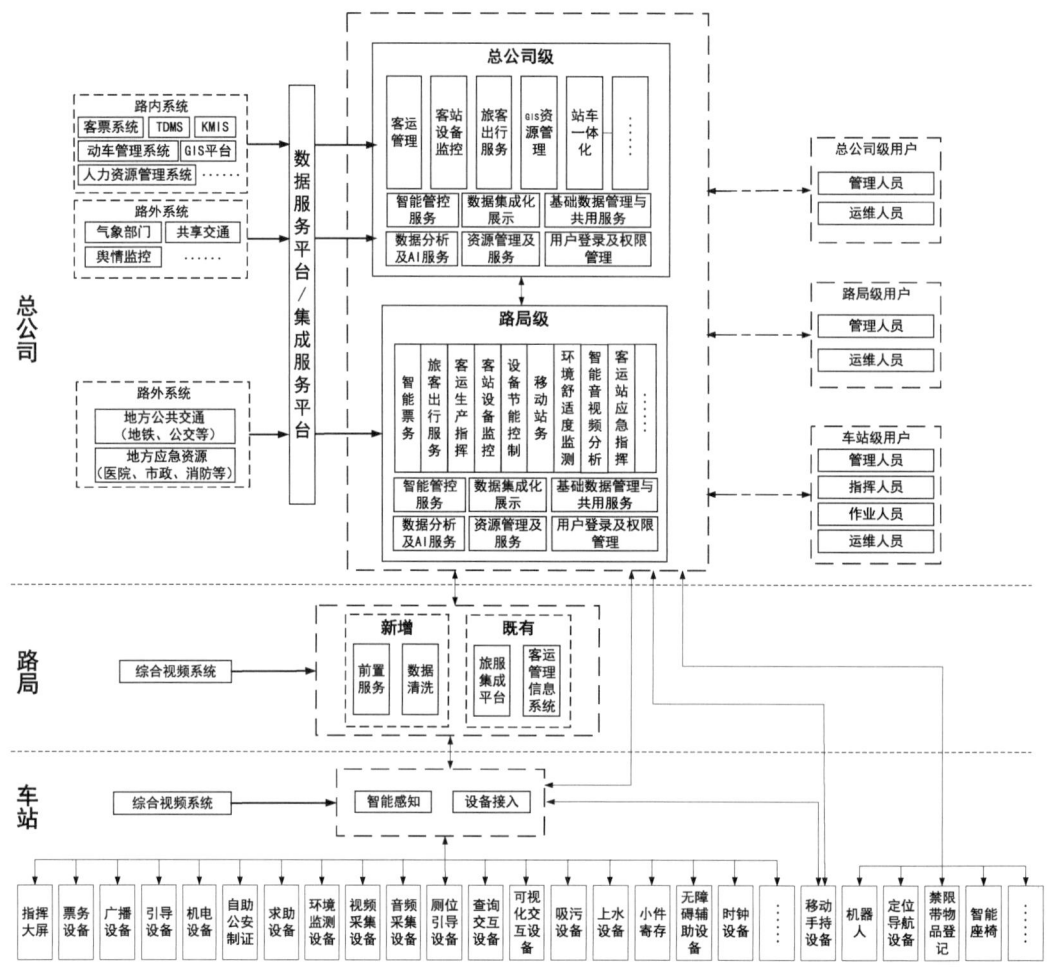

图 2 智能客站大脑总体架构

黄村站及新机场站设置智能客站大脑系统。

2. 智能感知系统

雄安站、黄村站及新机场站设置智能感知系统。系统以车站客运安全监控与管理的需求为引导,建立融合边缘计算、智联网、人工智能等技术的多维信息感知体系,实现安全状态主动感知、危险事件的主动发现、安全态势的智能分析评价与决策,设置统一的客运智能视频分析监控平台,为相关业务提供视频、图像等数据的高效接入、稳定存储、有效管理以及共享服务。

智能感知系统利用车站内设置的高清摄像机，实现智能视频分析的功能：

（1）利用进站厅安检门上方的摄像机实现人脸识别、客流统计等功能。

（2）利用首层候车厅、高架候车厅和出站厅布设的摄像机，实现人群密度、热力图等功能。

（3）利用售票厅摄像机完成人群排队长度检测等功能。

（4）利用检票口处摄像机实现人脸识别等功能。

（5）利用候车大厅自动扶梯处摄像机进行人流逆行检测等功能。

（6）利用站台上摄像机实现越界入侵报警、站端入侵报警。

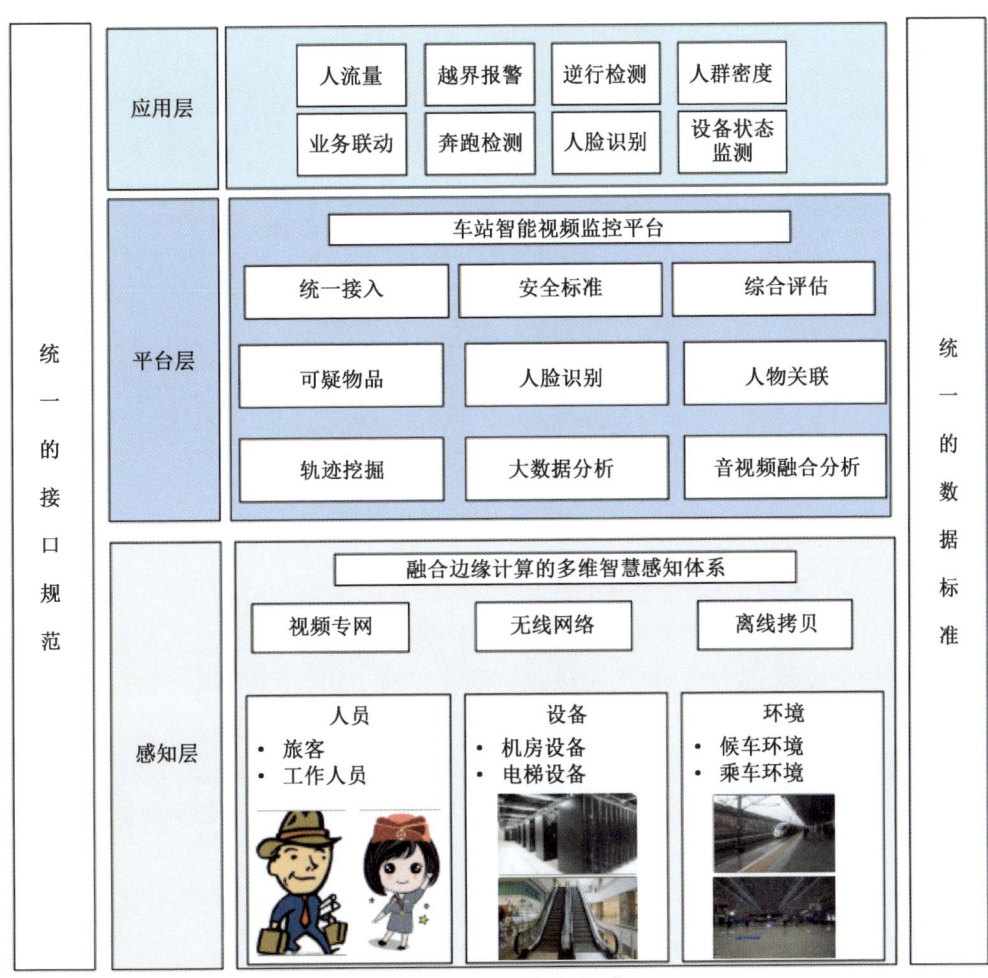

图 3　智能感知系统的总体架构图

3. 站内导航

雄安站设置站内导航系统。系统应用采用三级部署方案，在铁路总公司、铁路局部署服务器。车站不部署服务器，旅客在车站内打开移动终端蓝牙，同时通过 5G 等方式接入互联网访问车站导航应用。

为了保证导航应用平台数据维护的便捷性和安全性，内网、外网分别设置维护终端。专业地图维护人员在外网通过外网维护终端对地图、定位、导航等数据进行维护。车站工作人员在内网通过内网维护终端对客运服务设施位置、商铺名称及大小等关键数据和宏观数据进行维护。所有数据集中存储在总公司外网服务器中，同时对所有数据进行备份存储，在应急时能及时恢复数据，以保证旅客访问导航应用的稳定、可靠（图4）。

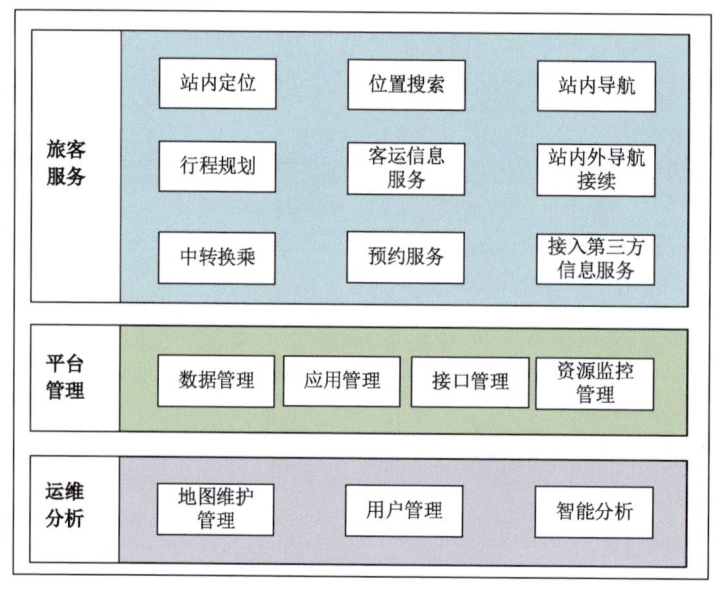

图4 站内导航系统架构图

3.2 综合监控及能耗管理系统

雄安站站房设置综合监控及能耗管理系统，系统基于BAS系统对机电设备的监视控制功能，主要由网络设备、数据库/应用服务器、车站操作员工作站等组成。系统接收火灾自动报警系统发布的火灾信息，实现机电设备监控系统、能源采集系统的集中监控，完成空调通风、室内给排水、电扶梯、能源数据采集系统、结构智能化健康监测系统、垃圾气力输送系统、智能照明等系统以及车站其他设备设施的集中管控。

站房智能综合监控平台与智能客站大脑设通信接口，接收列车到发信息、客流统计信息，传递站房环境信息，实现信息共享和全系统联动。与市政交通枢纽信息处理平台设通信接口，发布必要的环境及设备信息。

站房中智能综合监控系统集成能源管理系统软件分析及控制功能，通过对能源数据采集系统（变电所内和配电箱）的水表、电表和能量表的流量数据监测及分析，对动力子系统和照明子系统的智能化监测、分析及控制，实现能耗数据动态监测、能耗功能分析、报表统计、措施建议及图形展示功能，并通过机电设备监控系统（BAS）实现被控设备的运行参数控制，实现站房内能源管理机制（图5）。

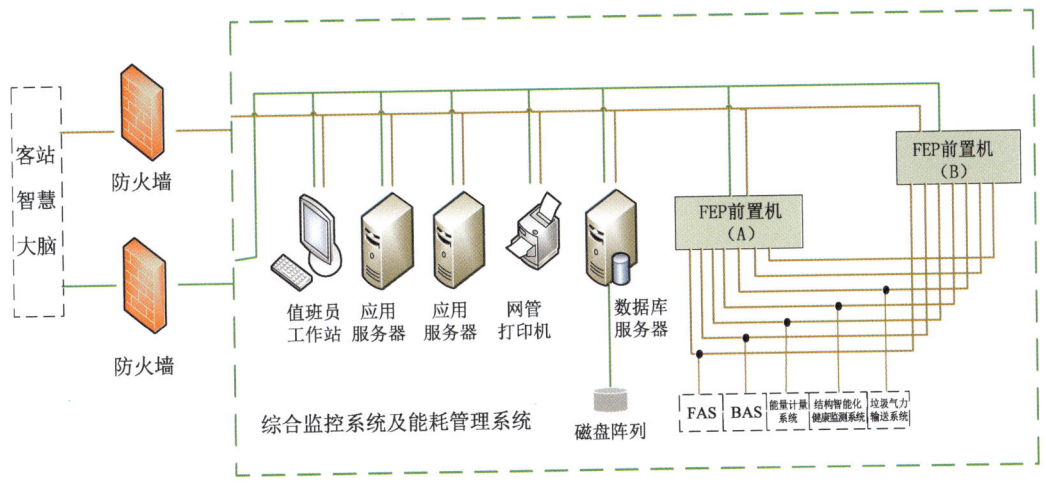

图 5　综合监控及能耗管理系统架构图

3.3　智能电力

1. 能源数据采集系统

雄安站、黄村站、新机场站、固安东站及霸州北站设置能源数据采集系统。站房内设置针对电、水、气等分项能源的全时动态能耗监测系统，通过对设施内部各类能耗设备配置能耗监测功能实现对各能耗系统全能源链的实时全面监测。采集点主要集中在各级能耗节点。

2. 消防安全监控系统

雄安站设置消防安全监控系统。系统将电气火灾监控和消防设备电源监控集成为一套消防安全监控系统，提高系统的信息处理能力和运行可靠性，降低前期设备投入和后期管理维护的成本，系统直接（或通过数据采集器）与电气火灾监控系统、消防电源监控系统的区域主机进行通信，把两套不同功能系统集成为一个平台，采集各子系统的运行数据和报警信息。

3.4　给排水及垃圾收集控制系统

1. 给排水集中控制系统

雄安站设集中控制系统，系统由中控子系统、加压泵站监控子系统、站区垃圾输送监控子系统组成。主要负责加压泵站、站区客车上水、垃圾气力输送的自动运行控制、状态监测和运行管理，并实现与综合监控及能耗管理系统等系统的互联互通（图6）。

2. 垃圾气力输送系统

雄安站设置垃圾气力输送系统，该系统以空气为动力，经地下管网运输，将固体废弃物从建筑物运输到中央收集站。气力管道输送系统垃圾完全密闭收集与运输，可以使整个区域环境得到有效改善，有效地减少了二次污染。系统效率高，场地利用率高。建筑内收集管道设置在管道沟内，垃圾运输管道设置在地下，可有效减少垃圾箱房等占地面积。系统全自动运行，显著降低垃圾收集劳动强度，提高收集效益，优化环卫工人劳动环境。

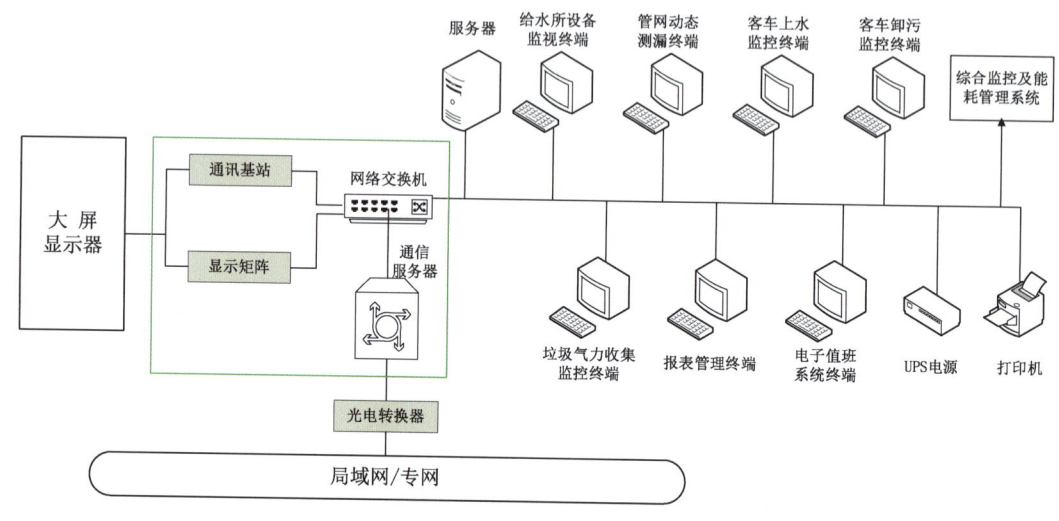

图6 给排水集中控制系统架构图

垃圾气力输送系统由投放单元、输送管网、中央收集站(垃圾气固分离器、气力主机、气体处理装置、压缩站、垃圾集装箱、集装箱移位装置、综合控制系统等)组成。系统满足垃圾分类输送功能,设置巡检模式及连续投放模式。选择巡检模式,可将垃圾暂存于垃圾投放口下方存储节内,存储节满后,系统自动输送;选择连续投放模式,垃圾即投即走。

3.5 结构智能化健康监测系统

雄安站设置结构智能化健康监测系统。系统基于以物联网、云计算以及信息化应用等技术为依托,包括传感器子系统,数据采集与处理及传输子系统,损伤识别、模型修正和安全评定与安全预警子系统,数据管理子系统。通过实时采集反馈结构物服役状况的相关数据,采用一定的损伤识别算法判断损伤的位置与程度,及时有效地评估结构的安全性,预测结构的性能变化并对突发事件进行预警,全面地把握结构建造与服役全过程的受力与损伤演化规律,是保障大型工程结构服役安全的有效手段之一(图7)。

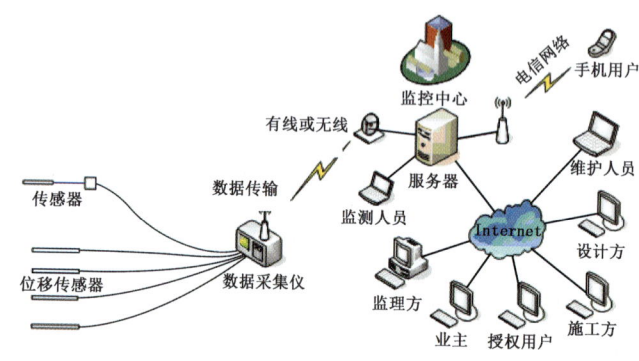

图7 结构健康监测系统架构图

3.6 通信系统

各站通信系统主要由传输及接入系统、电源系统、室内覆盖系统及通信线路等组成。车站传输系统采用SDH 622 Mbit/s组建接入层传输系统;各站内新设室内覆盖系统,采用光纤直放站+室内天线的方案进行无线覆盖;在各站站内变配电所相关机房及通信机械室内新设视频监控前端设备,并接入京雄城际视频监控系统中。

4 系统展望

客站智能化系统建设需要紧密跟踪云计算、大数据、物联网、5G等新技术发展以及客运业务、旅客服务新的应用需求,针对不同的交通枢纽形式、不同的客站建筑风格,构建适宜的客站智能化系统。

4.1 智能大脑接口与市政枢纽信息系统的互联互通

1. 雄安枢纽信息系统

雄安综合交通枢纽主要分为铁路站房、市政配套、轨道交通及地下开发空间四大区域,结合目前运维模式,铁路站房相关系统运维有北京局集团公司维护,市政配套及地下开发空间由雄安新区维护,轨道交通区域仅完成土建配套,相关系统整体预留。因此,为了实现旅客换乘便捷,信息共享通畅,站房信息系统与枢纽信息系必须互联互通。

雄安枢纽云平台,统一承载综合监控与智能运维管理系统和通信系统(交通运行监测协调平台、智能综合显示系统、智能感知系统、自助求助及查询系统、门禁及巡更系统、站内导航系统、出租车管理系统、大巴车管理系统、公交车管理系统、社会车辆管理系统、办公系统)等子系统,构建多业务系统的融合统一业务平台(图8)。

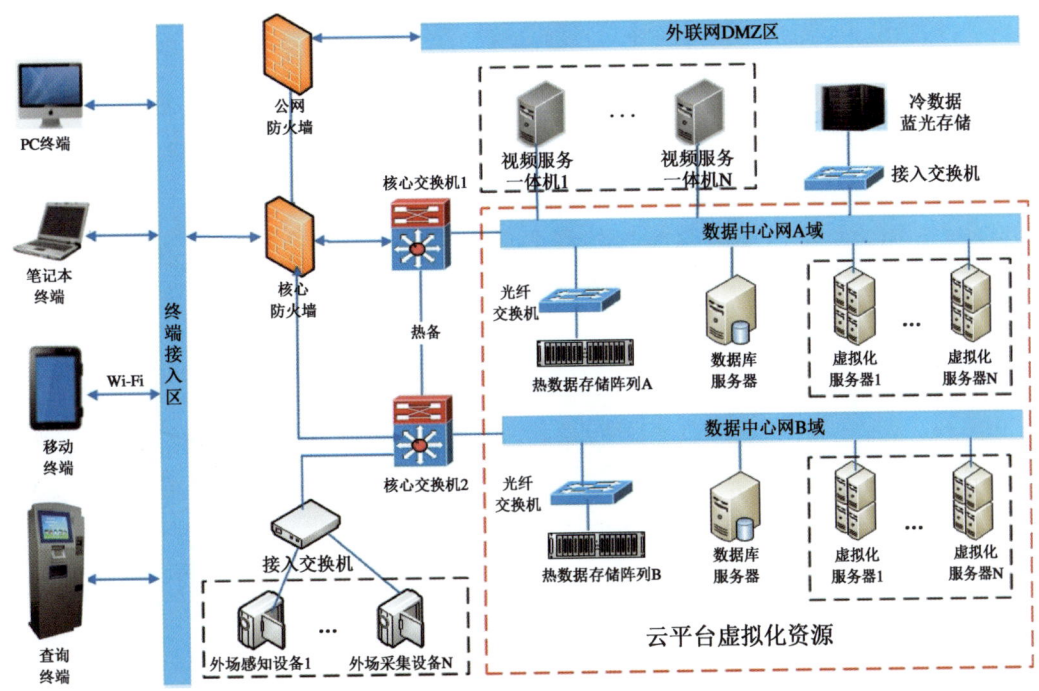

图8 枢纽综合云平台总体架构

2. 系统互联互通

雄安站综合交通枢纽汇集高铁、城铁、长途客运(大巴)、公交车、出租车、社会车辆等多种交通方式,目标打造一座"站城一体化、零距离立体换乘"的重要综合交通枢纽,是各种交通节点的汇集,是雄安新区交通的中枢神经,具有客流量大、服务要求高、管理范围广、业务种类多、内外部接口多等特点(图9)。

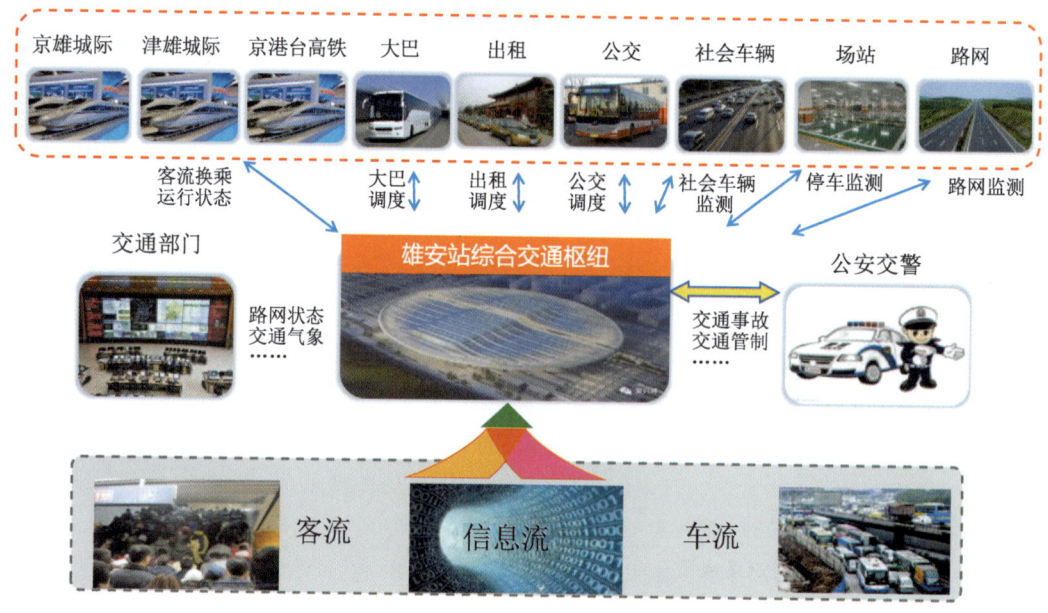

图9 雄安综合交通枢纽功能架构图

因此智能客站大脑需要建立一套完善的与枢纽信息系统互联互通的方案,才能实现旅客换乘便捷、协调调度智能、信息共享通畅的目标。同时信息的互联互通可以全面提升车站对于突发事件的协调应急能力,提升综合协调联动水平。

4.2 利用5G方案实现车站客运指挥与管理系统

为满足客运作业人员使用无线智能手持终端接入铁路办公网,为客运作业人员提供地面端系统与手持终端系统数据的互联互通,提高客运作业人员工作效率,在车站设置客运指挥与管理系统。

黄村站、新机场站、固安东站及霸州北站客运指挥与管理系统手持终端利用Wi-Fi方案接入铁路办公网。密切跟踪5G公网承载客运作业指挥系统无线网络方案的稳定性、成熟性,雄安站拟采用5G技术实现车站客运指挥与管理系统功能。

参考资料

[1]《客站旅客服务与生产智能客站大脑(智能客站大脑)总体技术方案》(科信运函〔2019〕12号)。
[2]《铁路客运设备管理应用总体方案》(科信运函〔2018〕64号)。
[3]《客运管理信息系统总体方案》(运信规划函〔2014〕576号)。
[4]《铁路旅客服务系统集成管理平台总体方案》(运信应用函〔2014〕233号)。
[5]《京张高铁客运站应急指挥应用总体方案》(科信运函〔2018〕89号)。

城轨中发电机与超级电容作为后备电源的组合研究

王青博　王凤艳　刘　统

（西安市轨道交通集团有限公司运营分公司　西安）

摘　要：地铁供电系统是城轨工程中重要的系统之一，对地铁供电系统研究有助于地铁发展。近几年，地铁中的动力照明供电系统（市电）故障频发，导致车站照明全息、相关负荷断电情况时有发生，虽然配置后备电源 UPS，EPS，但启动后供电时间有限，有时还出现该设备未启动的故障现象，进一步造成行车中断、越站，甚至出现踩踏事件，所以进一步优化改善后备电源具有一定的意义。

本文较系统地阐明了在供电系统中增设发电机和用超级电容替换蓄电池组成的后备电源的意义、设计、应用。特别是城市轨道交通地铁车站、控制中心的后备电源，一旦发生故障停电，将直接影响运输生产。

关键词：动力照明供电系统；发电机；超级电容；市电

1　技术背景及缺点

1.1　地铁供电系统的组成

地铁供电系统包括外电源、主变电所、牵引供电、动力照明、电力监控五部分内容，其中外电源就是指城市电网到地铁主变电所区段供电（图1）。

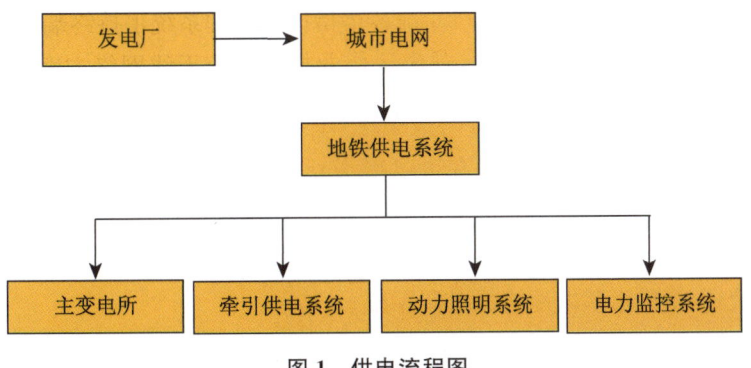

图1　供电流程图

1. 主变电所

以西安地铁作为背景研究地铁的供电方式,作为混合式供电方式,其中主变电所内设两台主变压器,正常运行时两台主变压器分列运行,共同负担全站的负荷,35 kV 母联断路器断开,设置备用自投装置。当其中一台主变停电时,另一台主变能承担该所全部的牵引负荷和动力、照明负荷的一、二类负荷(图 2)。

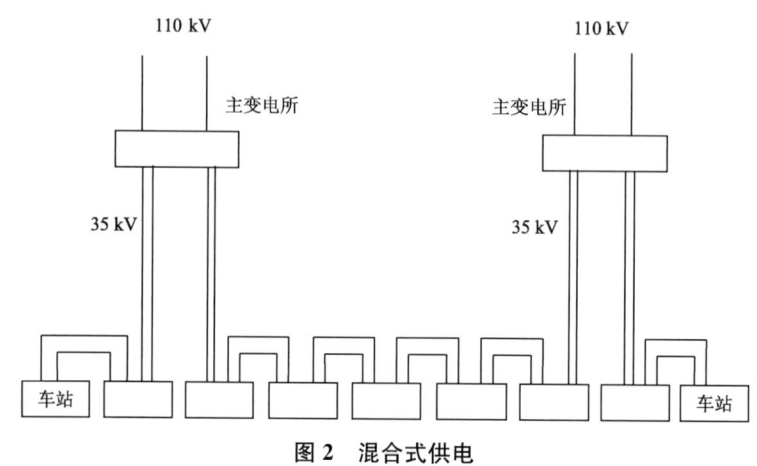

图 2　混合式供电

(1) 当电源为两回主供时,在正常运行时:110 kV、35 kV 母联断路器断开,两台主变压器分列运行。在检修、故障运行时:当一回 110 kV 进线电源检修(或故障)时,通过倒闸操作(或自动装置),将检修(或故障)回路进线断路器分闸,合上母联断路器,实现由另一回电源向两台主变压器供电。当一台主变压器检修(或故障)退出运行时,35 kV 母联断路器合闸,由另一台主变压器向本站供电区域的一、二级负荷供电。

(2) 当电源为一回主供时,110 kV 母联断路器合,35 kV 母联断路器断开,两台主变压器分列运行。当一台主变压器检修(故障)时,备用自投装置合上 35 kV 母联断路器,由另一台主变压器供全站一、二级负荷。

2. 降压(跟随式)变电所和 UPS,EPS 后备电源

(1) 降压(跟随式)变电所:供给城市轨道交通的各个车站、控制中心日常照明和相关负荷设备的用电。其主要由动力变压器、0.4 kV 开关柜组成的三相交流 380 伏供电,供给设备按重要性分为一、二、三级负荷。

(2) UPS 是以蓄电池组成的后备电源系统,按功能分为后备式、在线互动式、在线式。其中在线式 UPS 电源为不间断电源,在市电出现异常后,在线式 UPS 立即启动,实现连续供电,一般应用于地铁的信号系统、屏蔽门、车辆重要设施设备,但此类 UPS 造价昂贵。

(3) EPS 为各车站、控制中心的后备照明电源,在市电停电后,应急照明启动,维持短暂的照明,时间较短,也是由蓄电池构成电源系统。

1.2　存在缺点

(1) 线路负载设备多、易老化,供电质量干扰、污染,出现电压尖峰、波动、浪涌、零点漂移、谐波干扰等现象。

（2）供电线路较长，故障发生几率增大，对系统供电造成威胁。

（3）市电停电后导致各地铁控制中心服务器数据丢失，UPS 介入供电的可靠度不高，由于服务器启动非常耗时，而地铁控制中心作为行车指挥的"大脑"，非常关键，所以后备电源的可靠性也会显得极为重要。

（4）0.4 kV 动力照明系统，遭遇停电故障，短时间无法恢复故障时，即需要关站停止服务，UPS 和 EPS 启动困难且启动后供电时间有限，同时 UPS 和 EPS 中的蓄电池需维修次数频繁，容易造成化学物质泄漏。

1.3 超级电容器基本原理

超级电容通过介质分离正负电荷的方式储存能量，是物理方法储能。超级电容属于双电层电容器，它是世界上已投入量产的双电层电容器中容量最大的一种，其基本原理和其他种类的双电层电容器一样，都是利用活性炭多孔电极和电解质组成的双电层结构获得超大的容量。

1.3.1 超级电容与电池的比较

相对铅酸电池、镍镉电池、锂离子电池，超级电容具有节能、超长使用寿命、安全、环保、宽温度范围、充电快速、无须人工维护等优点。超级电容容量大，充放电速度快，而且充放电循环可达百万次，非常适合用作备用电源和提供峰值功率。超级电容器的面积来自一个多孔的碳基电极材料，这种材料的多孔结构，允许其面积接近 2 000 m^2/g，远远大于通过使用塑料或薄膜陶瓷。超级电容器的充电距离取决于电解液中被吸引到电极的带电离子的大小，这个距离（小于 10 Å）远远小于通过使用常规电介质材料的距离。巨大的表面积组合和极小的充电距离使超级电容器相对于传统的电容器具有极大的优越性。以下是超级电容器与化学电池的性能比较，如表 1 所示。

表 1　　　　　　　　　　超级电容器与化学电池的性能比较

性能	化学电池	超级电容器组
放电时间/s	1 080～10 800	1～30
充电时间/s	3 600～18 000	1～30
能量密度/(Wh·kg^{-1})	20～100	1～10
功率密度/(W·kg^{-1})	50～200	100～10 000
充放电效率/%	70～85	90～95
循环寿命/次	500～2 000	>100 000

1.3.2 超级电容器的特点

（1）充电速度快，充电 10～600 s 可达到其额定容量的 95% 以上；

（2）循环使用寿命长，深度充放电循环使用次数可达 1 万～50 万次，没有"记忆效应"；

（3）大电流放电能力超强，能量转换效率高，过程损失小，大电流能量循环效率≥90%；

（4）功率密度高，可达 300～5 000 W/kg，相当于电池的 5～10 倍；

(5) 产品原材料构成、生产、使用、储存以及拆解过程均没有污染，是理想的绿色环保电源；

(6) 充放电线路简单，无须充电电池那样的充电电路，安全系数高，长期使用免维护；

(7) 超低温特性好，温度范围宽—40~+70 ℃；

(8) 检测方便，剩余电量可直接读出；

(9) 容量范围通常 0.1~1 000 F(法拉①，简称"法"，符号是 F)。

2 技术方案

方案设计旨在为 0.4 kV 系统加装发电机，去除 EPS、UPS 后备电源改为超级电容，考虑故障影响最大可能性，地铁中最少能够满足在一个主变电所或一个供电分区退出运行后启动智能发电机继续运营要求，同时保障地铁控制中心在系统停电后启动该装置不断电。需要建立数学模型，深入研究，得出组合有效数据，应用于设备二次部分，实现设备保护功能和其可行性。

2.1 0.4 kV 系统技术方案接线图

图 3 中 801~805 均为断路器，发电机组同出两路电源，供给 0.4 kV 一二段负荷，非正常供电情况下 804 与 805 断路器互为闭锁关系，要求实现功能只能允许二合一，同时 803 闭合，一段二段母排接连一起；当出现一段或者二段母排故障时，使其断开 803，由 804 或者 805 单独为一段或者二段供电；当发电机组启动时，会自动断开 801 和 802，实现闭锁功能。正常情况下，804 和 805 均处于断开位置，不参与供电，作为后备电源使用。

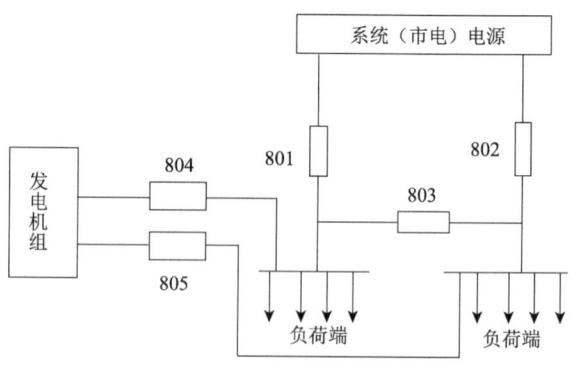

图 3 0.4 kV 系统更改接线图

2.1.1 发电机组供电条件及要求

(1) 系统全部失压，电压互感器监测到动力变压器下方均已失电，801 和 802 均处于分闸状态。

(2) 发生反送电自动停机，且供电频率、波形、大小与系统(市电)电压相同，启动时需要与按市电相关参数比较进行检同期。

(3) 不超过两台发电机组且发电机故障异常状态不启动。

(4) 启动后自动切除三级负荷。

---

① 1 法拉是电容存储 1 库仑电量时，两极板间电势差是 1 伏特(1 F=1 C/1 V)
  1 库仑是 1 A 电流在 1 s 内输运的电量(1 C=1 A·s)。

(5) 启动时间不超过 10 s，需小于超级电容正常放电时间。

2.1.2 发电机组供电负荷计算

发电机所供负荷，按照车站、控制中心用电设备额定功率计算 $P=380\text{ V}\times I=p_1+p_2+p_3+\cdots$，其中有机电设备、供电设备、信号设备等。以西安地铁凤栖原车站为例每天用电消耗约为 6 000 kW，目前市场柴油发电机具有较多优点，可以选用 500～1 000 kW 进口的柴油发电机组，从启动到稳压 5～15 s，持续供电时间可达到 8 h。

2.1.3 发电机机房设计

根据《车库/商店/物流建筑设计规范》中柴油发电机消防要求，应采用耐火极限不低于 2.00 h 的隔墙和 1.50 h 的楼板与其他部位隔开，采用独立防火分隔，单独划分防火分区和单独设置储油间，储油量不超过 8 h 需要量，机房内设有干燥消防沙池。发电机组距建筑物和其他设备至少 1 m，并保持良好的通风，有应急照明、应急指示、火灾报警装置。整个机房需紧邻地铁车站变电所，这样便于接线，减少电能损耗，也便于运行管理。

柴油发电机房的通风问题是机房设计中要特别注意解决的问题，特别是机房位于地下时更要处理好，否则会直接影响柴油发电机组的运行。机组的排风一般应设热风管道并有组织地进行，柴油机散热器不宜把热量散在机房内，再由排风机抽出。机房内要有足够的新风补充，因处于地铁车站小系统中，发电机启动时相应小系统通风模式也要启动，机房的换气量应等于或大于柴油机燃烧所需新风量与维持机房室温所需新风量之和。维持室温所需新风量由下式计算：

$$c=0.078pt \tag{1}$$

式中　c——需要的新风量(m^3/s)；

p——柴油机额定功率(kW)；

t——机房温升(℃)。

维持柴油机燃烧所需新风量可向机组厂家索取，若无资料时，可按每千瓦制动功率需要 $0.1\text{ m}^3/\text{min}$ 计算(柴油机制动功率按发电机主发电功率千瓦数的 1.1 倍配备)。柴油发电机房的通风一般采取排风设置热风管道，进风为自然进风。热风管道与柴油机散热器连在一起，其连接处用软接头，热风管道应平直，如果要转弯，转弯半径尽量大且内部要平滑，出风口尽量接近且正对散热器，热风管直接伸出管外有困难时可设管中导出。进风口与出风口宜分别布置在机组的上下行两端，以免形成气流短路，影响散热效果。机房的出风口、进风口的面积应满足下式要求：

$$S_1\geqslant 1.5S,\quad S_2\geqslant 1.8S \tag{2}$$

式中　S——柴油机散热面积；

S_1——出风口面积；

S_2——进风口面积。

在寒冷地区应注意进风口、排风口平时对机房温度的影响，以免机房温度过低影响机组的起动。风口与室外的连接处可设风门，平时处于关闭状态，机组运行时能自动开启。

排烟系统的作用是将气缸里的废气排放到室外。排烟系统应尽量减少背压，因为废气阻力的增加将会导致柴油机出力的下降及温升的增加。排烟噪声在机组总噪声中属最强烈的一种,应设消音器用以减少噪音。

2.2 超级电容的动力 UPS 系统及其储能方法

超级电容的动力 UPS 系统及其储能方法包括整流器、逆变器、双向 DC/DC 变换器、储能系统。储能系统由超级电容器组、超级电容均衡电路和 CMS 组成。整流器用于将输入配电的交流电压转换成高压直流电压,并为逆变器提供电源;逆变器用于将前端的高压直流电压转换成满足负载使用要求的交流电压;整流器通过双向 DC-DC 变换器对储能系统进行充电和浮充电。本设计以超级电容器为储能单元,采用在线并联热备方式,弥补动力设备在电网停电瞬间发电机启动前造成的停电状态。本设计在低温条件下(极限温度－40 ℃)仍能正常工作,具有体积小、免维护、寿命长、功率性强、可靠性高等特点,可以满足大功率的瞬时供电要求(图 4)。

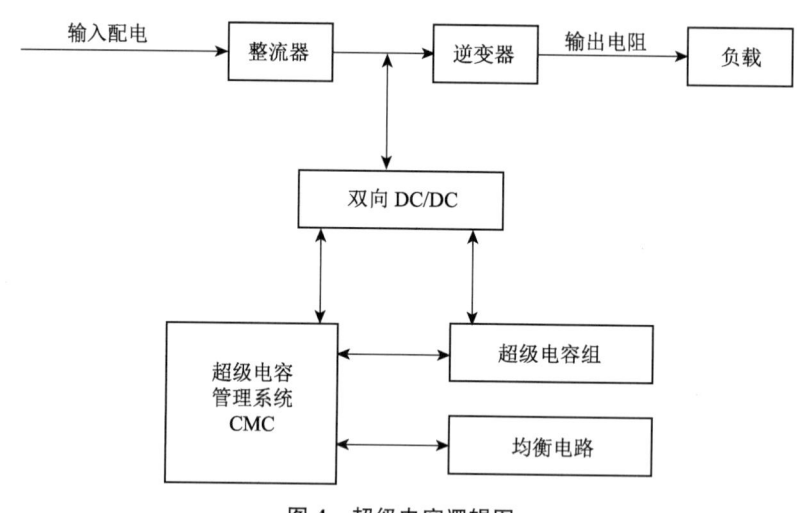

图 4 超级电容逻辑图

所述超级电容器组 C 包括若干个并联的超级电容器子系统构成,每个超级电容器子系统由若干支超级电容器单体串联构成;所述超级电容均衡电路由一个旁路开关和一均衡电阻构成;每个超级电容器单体均分别并联有一超级电容均衡电路;所述超级电容器管理系统 CMS 至少包括超级电容器电压监控系统、超级电容器电流监控系统、超级电容器温度监控系统、超级电容器过压过流保护系统和通信显示系统;所述整流器通过所述双向 DC-DC 变换器对所述储能系统进行充电和浮充电。

2.2.1 需要达到要求

超级电容配合发电机组作为地铁后备电源系统,需要将系统(市电)电源完全排除在外,作为独立电源系统,满足地铁控制中心及车站正常基本供电。

(1) 要求供电时间为 5~15 s 之间,大于发电机组启动稳压时间。

(2) 系统(市电)停电实现不间断供电,从而替换全部 UPS,EPS 电源。

(3) 稳压需满足设备使用要求。

(4)切换时间几乎为"零",达到在线式电源不间断供电的目的。

2.2.2 超级电容容量匹配

1. 超级电容的选择

影响超级电容选择的因素有很多,其中工作温度范围、额定电压、串联等效内阻和漏电流是主要参考参数。超级电容等效内阻的大小影响超级电容的充放电效率,等效内阻越小,超级电容的内部损耗就越小,超级电容的充放电效率越高。超级电容的漏电流大小反映了超级电容的电荷保持能力,漏电流越小越好。在实际应用中超级电容的额定电压通常比较低,因此需要多个超级电容单体进行串并联,从而获得期望的电压值。另外,超级电容的体积也是需要考虑的因素之一。在实际应用中,希望同等条件下超级电容组所占空间尽可能小。表2为采用的超级电容参数。

表2   超级电容参数

容值	额定电压	等效内阻	工作温度
165 F	48 V	5 MΩ	−40～+65 ℃

2. 超级电容容量匹配

并联用超级电容标准模块储能系统由 AC/DC 模块、超级电容组与双向 DC-DC 变换器共同组成,超级电容组是由超级电容单体经过串并联组合而成。在变电站交流电源断电时,超级电容组经双向 DC-DC 变换器和逆变器为交流系统负荷提供电源,因此,要求设计的超级电容组具有足够的储能,进而需要对超级电容单体进行串并联组合。超级电容储能具有以下特点:

(1)超级电容单体储存的能量可按下式计算:

$$E_{sc} = \frac{1}{2}CU_{sc}^2 \tag{3}$$

式中 E_{sc}——超级电容单体所储存的能量;

C——超级电容单体容量;

U_{sc}——超级电容单体端电压。

(2)超级电容的端电压一般在其最大电压值的 50%～100% 范围内变化,即超级电容的放电深度一般按 0.25 计算,也可理解为超级电容可释放的能量一般为其可储存最大能量的 75%。SOC 取值范围如下:

$$0.5U_{sc,\max} \leqslant U_{sc} \leqslant U_{sc,\max} \tag{4}$$

$$0.25 \leqslant SOC \leqslant 1$$

式中,SOC 为超级电容放电深度,用来标称当前超级容量的状态参数,若从能量角度计算公式得出:

$$SOC = \frac{E_{sc}}{E_{sc,\max}} = \frac{1}{2}\frac{CU_{sc}^2}{\frac{1}{2}CU_{sc,\max}^2} = \left(\frac{U_{sc}}{U_{sc,\max}}\right)^2 \tag{5}$$

由式(5)可知,通过控制超级电容两端电压可以调节超级电容储能,计算出超级电容容值为

$$C = 2\frac{E_{\max}}{U_{\max}^2 - U_{\min}^2}$$
$$U_{\min} = 0.5 U_{\max} \tag{6}$$

由上式可推算出超级电容串联 m 和电容并联 n 的计算公式为

$$m = \frac{U_{\max}}{U_{sc,\max}}$$
$$n = m \times \frac{C}{C_{sc}} \tag{7}$$

根据以上约束条件,在确定电容器组整体容量和单体电容相关参数情况下,超级电容组各个参数均能确定。以西安地铁凤栖原车站为例,所有 0.4 kV 供电负荷为 250 kW·h,其中 UPS、EPS 供电负荷约为 50 kW·h,若选用美国 Maxwell 公司的 BMOD0165P048 型超级电容,其额定电压 48 V,容量为 165 F,内阻 5 MΩ,则保证变电站出现市电异常后维持供电 0.5 h(发电机异常也未启动),2n 倍对超级电容进行容量配置,则需要配置超级电容总容量为

$$E = 50 \times 0.5 \times 2 = 50 \text{ kW·h} \tag{8}$$

超级电容单体工作时可释放的能量为

$$E_1 = \frac{1}{2}CU_{\max}^2 - \frac{1}{2}CU_{\min}^2 = 0.375 CU^2 \tag{9}$$

根据以上公式可得,每只并联的超级电容标准模块需要超级电容 58 块,$m = 6$,$n = 10$。

当超级电容器放电时,会按照一条斜率曲线放电,当一个应用明确了电容的容量与内阻要求后,最重要的就是需要了解电阻及电容量对放电特性的影响。在脉冲应用中,电阻是最重要的因素,由于瞬间电流很大,为减少电压跌落,选用低内阻(ESR)的超级电容(R 值)。

3 可行性分析

3.1 可靠性分析

目前,智能变电站在电力系统中得以推崇,智能变电站中的交直流系统采用一体化电源系统。但是,随着智能车站的不断发展和长期运行实践的积累,一体化电源系统暴露了一些不足之处。其中可靠性方面主要表现为:蓄电池本身固有特性影响直流供电系统可靠性的进一步提高。超级电容解决这一问题并且有很广阔的前景,可实现免维护,检测方便。

超级电容运行过程中维护工作极少,可实现真正意义上的免维护,而蓄电池实际使用过程中仍然必须进行定期的维护。超级电容容量与其端电压有较严格的对应关系,因此检测电路相对简单。而蓄电池容量与其内阻、充放电电流及电压有关,检测工作烦琐。

综合以上所述,采用基于超级电容储能和发电机可持续性的后备电源供电系统,有效提高了地铁车站供电系统的可靠性。

3.2 经济效应

减少车站 UPS 装置,特别是造价昂贵在线式 UPS,转换为发电机供电,可以达到停电不停运模式,所挽回经济损失较大,日常使用蓄电池供电范围小、时间短,市电停电后,故障如果短时无法排除,那带来的社会影响较大,经济影响无法估量,并且超级电容柜体积小,可放置于控制室内,不需要像蓄电池一样要求单独设置房间,但需要为发电机设置独立房间,定期维护和开启。

3.3 环境效应

发电机组是一种动态设备,存在噪音、废气污染等问题,按照现有发电机设计,可以满足噪声低、废气处理功能的要求,达到相关治理标准。

参考文献

[1] 冯仁杰.电气化铁道供电系统[M].北京:中国铁道出版社,1997.
[2] 李月.超级电容储能系统研究[D].北京:北京交通大学,2015.
[3] 冯莉,陈子贤,韩爱萍,等.关于超级电容应用在柴油发电机启动电源的探讨[J].视听,2017,17(5):49-50.
[4] 李春敏.超级电容用于智能变电站直流供电系统的研究[D].北京:北京交通大学,2016.
[5] 陆志峰.超级电容器均压装置设计[D].北京:北京交通大学,2015.

论西安地铁制票设备故障分析探究

崔 亮　郭洋洋

(西安市轨道交通集团有限公司运营分公司　西安)

摘　要:随着西安市城市轨道交通的不断发展,线网车票使用量逐步趋于稳定,对生产设备的管理工作要求不断提升,针对现阶段设备使用周期较长,出现生产设备故障频率逐步增加,在保证票卡正常生产的前提下,不断提升设备故障维修与保养水平,保障设备正常运转,提升设备使用寿命,降低设备故障维护成本。

本文从设备维修原则、设备数据采集、故障种类分析与分类等方面进行对比分析,结合目前西安地铁车制票设备现阶段维护情况,对西安地铁车制票设备维护管理进行梳理,建立问题库与故障处理指南,达到优化设备维护、降低故障频率、延长设备使用寿命、降低维护成本的目的。

关键词:制票设备;故障;控制措施

1　西安地铁制票生产设备现状

1.1　西安地铁车票生产设备简介

西安地铁车票生产设备共分为三大类,分别为:票卡清洗机、ES编码分拣机和票卡清点机。

(1) 票卡清洗机主要用于西安地铁线网票卡的清洁与消毒工作。

(2) ES编码分拣机主要用于西安地铁线网票卡的赋值、重编码、初始化等工作。

(3) 票卡清点机主要用于辅助票卡清洗机与ES编码分拣机进行车票数量清点工作,同时线网各车站也有使用。

1.2　西安地铁车票生产设备单位小时额定生产量

西安地铁车票生产设备,同种设备型号上略有差别,因工作原理不同,设备单位小时额定生产量略有不同,具体情况如表1—表3所示。

表1　票卡清洗机

设备名称	设备型号	单位小时额定生产量/(张·小时$^{-1}$)
票卡清洗机	CW-2B	2 500
	JC-7100	3 000

表 2　ES 编码分拣机

设备名称	设备型号	单位小时额定生产量/(张·小时$^{-1}$)	
		生产票卡性质	
		UL 卡	CPU 卡
ES 编码分拣机	JC-8200	3 000	1 200
	JC-6200	/	750

表 3　票卡清点机

设备名称	设备型号	单位小时额定生产量/(张·小时$^{-1}$)
票卡清点机	JC-2200A	18 000
	T-C10T	30 000
	EMP-1200P	36 000

2　设备故障对车票生产的影响概述

2.1　西安地铁车票生产设备故障类型及内容

结合西安地铁制票设备现有种类与故障实际情况，现阶段西安地铁制票设备故障原因主要有以下几大类(表4)。

表 4　地铁制票设备故障原因

故障原因类别	包含内容
安装问题	基础、垫片、挡片、防震造成的故障
超负荷使用	使用频率过高,设备工作时间过长造成的故障
保养不良	除垢、除尘不到位,润滑不到位,除尘不到位造成的故障
自然损耗	易损件,高频使用件磨损造成的故障
人员操作问题	人员违规操作造成的故障

2.2　故障对生产量及生产信息的影响

1. 设备故障对生产的影响

设备故障直接影响设备生产效率,以票卡清洗机 CW-2B 与 ES 编码分拣机 JC-8200 为例。

(1) 票卡清洗机 CW-2B 单位小时额定生产量为 2 500 张/小时,若设备通道单个故障,则单位小时额定生产量减半,生产数量为 1 250 张/小时,直接影响设备当日生产计划。

(2) ES 编码分拣机 JC-8200 生产 CPU 卡单位小时额定生产量为 1 200 张/小时,若设备单个收卡票箱故障,则单位小时额定生产数量下降为 900 张/小时,若设备多个收卡票箱故障,则无法进行正常生产工作。

2. 设备故障对生产信息的影响

设备故障对票卡信息产生影响主要分两种情况,第一种为票卡数量信息错误,第二种为票卡赋值信息错误。两种情况直接影响到票卡数据统计与正线票卡使用。

票卡数量信息错误:以票卡清点机 EMP-1200P 为例,设备故障导致票卡清点机票卡清点数量错误,将清点加封的车票直接配送至车站,会导致 OCC 票库票卡数量错误,直接影响数据统计工作。

票卡赋值信息错误:以 ES 编码分拣机 JC-8200 为例,设备故障导致票卡赋值信息错误,错误票卡在线网使用过程中无法为乘客提供可靠票卡,导致线网票卡发售设备发售率降低,进而影响线网乘客进出站通过率。

3 车票生产设备故障控制分析及相应措施

3.1 故障情况统计

根据生产统计,2017 年 7 月—2019 年 7 月,所有设备共计发生故障 257 次,具体故障分布如表 5 所示。

表 5　　　　　　　　　故障原因列表

故障原因类别	故障次数/次	故障原因类别	故障次数/次
安装问题	30	人员操作问题	16
超负荷使用	16	保养不良	88
自然损耗	107		

3.2 故障原因分析

由图 1 可知,随着设备使用时间增加,设备自然损耗故障与设备保养不良造成的故障为故障主要原因,占整个故障的 73.87%,设备安装不到位与人为操作错误导致的故障占整个故障的 17.9%;设备超负荷运转造成的设备故障占整个设备故障的 6.23%。所以对故障原因分析整理如下:

(1) 经调研可知,一般制票设备的使用寿命均为 5 年,最长不超过 7 年,目前西安地铁制票设备大多使用时间已经超过 5 年,设备老化严重,导致故障量大幅度增加。

(2) 在设备日常维护保养过程

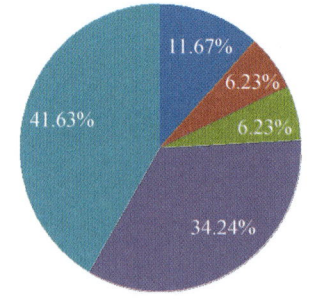

图 1　故障分布图

中,深层次的保养维护不到位,仅对设备部件的表象进行维护与保养,是造成设备备件老化故障的另一大原因。

(3) 设备使用过程中,人员操作流程错误或操作安装不到位,导致设备生产动作时无法达到预期效果,长期积累,造成设备故障。

3.3 故障控制措施

1. 设备故障控制目标与原则

通过对设备的故障维修与保养,要达到单台设备的可靠性不低于98%,全部设备的可靠性不低于95%的目标。

设备可靠性是票卡生产设备重要的指标,反映全部设备提供可靠服务的时间比例,设备可靠性计算同时如下。

$$可靠性 = \frac{设备总运行工作时间 - 设备总故障修复时间}{设备总运行工作时间} \times 100\%$$

设备总运行工作时间统计周期为一个自然月内单台设备的使用时间。

(1) 先动口再动手:对有故障的设备,不应急于动手,应先询问生产故障前后经过与故障现象。对于不了解的设备,还应先熟悉设备的工作原理、结构构成特点等内容,遵守相应规章。拆卸前应熟悉每个部件的功能、位置、连接方式及其与周围其他部件的关系等。在没有组装图的情况下,应一边拆卸,一边画草图,并做好标记。

(2) 先外部后内部:应先检查设备部件有无明显物理损伤,了解设备维修史、使用年限、近期保养情况与备件更换情况等,然后再对设备部件内部进行检查。拆卸前因排除备件周边的故障因素,确定故障点后方可进行拆卸,否则,盲目拆卸,可能越修越坏。

(3) 先静态后动态:在设备未通电时,判断设备电源、传感器等部件是否处在正常位置,确认部件无焦糊、破损等情况。通电测试,听声、测数值、看参数,判断故障原因。

(4) 先清洁后维修:对污染较严重的备件与设备元件,先断电,后对整体线路、传感器、电源接触点进行清洁,检查外部控制键是否因污染较多所导致传感器异常或线路短路等情况,许多故障都是由于脏污、灰层等导致。

(5) 先电源后设备:设备部件电源接触部位或传感器连接线故障,在设备故障中比例较高,所以先检查设备部件电源接触与传感器连线节点,判断是否正常,往往可以快速排除故障。

(6) 先普遍后特殊:因装配不到位或设备部件老化引起的故障,一般占故障比例较大,在出现常见故障时,应根据故障指南,进行排查。

(7) 先外围后内部:出现故障时,不急于对备件进行更换,在确认备件性能确实无法满足设备使用需求,且备件周边其余部位正常的情况下,再考虑更换故障备件。

(8) 先修复后调试:对于故障维设备,在故障修复完成后,因对设备进行调试,保证设备性能正常,设备数据稳定。

2. 维修类别

制票设备维修大致分为一般性维修、计划性维修、深度维修三类。

(1) 日常性维修。日常设备出现故障或异常的情况下,无法正常运行,维修人员及时进场进行维修,使设备恢复正常使用。同时对故障进行记录,定期统计,发现同一故障现象多次发生,应对同类型设备及时进行维护工作。

(2) 月度计划性维修。解决频发故障,同时对设备以月度为周期进行计划性的检修与维护工作,对老化备件、易损备件进行整体更换,确保设备运行状态良好。

(3) 设备中(大)修。设备中(大)修主要解决设备存在的疑难复杂故障或遗留故障,对故障进行综合性分析,从软件、硬件、结构安装与生产操作等多个环节进行分析,查找故障点,准确定位故障。

3. 建立问题库与故障操作指南

(1) 将故障类别进行梳理,形成问题库,对典型问题进行重点跟踪,提前进行预防维修管理。同时定期对问题库进行更新,确保故障问题可查,为故障维护类别计划做好数据采集工作。

(2) 建立设备故障操作指南,将同类故障可能产生的原因进行汇总,并将故障表象、原因以及处理流程汇编并形成处理指南,确保在故障发生时可快速准确定位故障并进行修复。

3.4 控制效果

自 2019 年 1 月开始进行设备维护维修控制以来,通过有效的设备维护与故障处理,设备故障数量成直线下降,2019 年所产生的故障主要是使用时间超过 5 年的设备发生,均为典型故障,其中使用时间超过 7 年的设备,故障有反复出现的情况(图2、表6)。

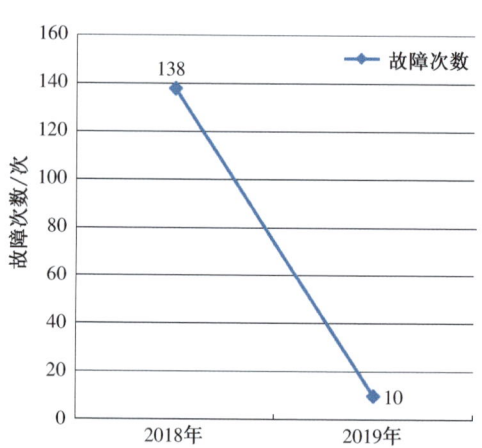

图 2　2018 年故障数量与 2019 年故障数量对比

表 6　2019 年设备故障情况与设备使用年限情况对比统计

序号	设备型号	使用时间/年	故障次数/次	备注
1	JC-6200	9	2	故障为同一台设备
2	JC-7100	8	2	故障为同一台设备
3	JC-8200	7	2	故障为同一台设备
4	CW-2B	5	1	故障为同一台设备
5	JC-8200	2	1	故障为同一台设备
6	JC-8200	2	1	故障为同一台设备
7	JC-8200	2	1	故障为同一台设备

3.5 故障控制措施的经济效益分析

1. 设备使用寿命延长,采购成本降低

通过对设备故障原因分析可知,现阶段西安地铁大部分票卡生产设备使用已经超过

5年,若参考设备厂家建议进行设备升级或更换,会产生大量的设备升级或采购资金,无形中提升了运营成本,以ES编码分拣机为例,对设备进行升级改造费用成本约为14.6万元/台,新采购设备成本约为16.1万元/台,可以预见批量进行设备升级或更新会产生较大的费用,同时影响日常的生产工作。

但通过对设备故障的准确定位,有效地对设备故障进行修复,同时严格执行日常保养工作,2019年设备故障率明显下降,设备各项运作指标与参数均符合生产要求,设备使用寿命延长,大大提升了设备使用的经济效益。

2. 生产效率提升

根据数据统计对比,以ES编码分拣机为例,ES编码分拣机2018年与2019年设备故障停机时间对比(表7),2019年设备故障停机时间下降191小时,按照单位小时额定生产数量(3 000张/小时)进行计算,故障得到有效控制后结余出的故障停机时间可生产票卡573 000张,生产的票卡总量占正线运营使用票卡数量的13.57%,可大幅度提升生产效率。

表7　ES编码分拣机2018年与2019年设备故障停机时间对比统计

年份	2018年	2019年
故障停机时间	282小时	91小时

4　结语

(1) 合理措施控制,可以大幅度减少故障。自2019年开始,通过自主维修与委外维修工作,对设备进行有计划的保养,同时对遗留故障进行深度维护工作,可以发现,科学有效的设备管理可以有效降低设备故障率,保障设备稳定运行。

(2) 对于使用周期较长的设备应及时更新换代。根据设备故障数据统计发现,制票设备使用周期超过5年时,故障频次开始增加,设备使用年限超过7年时,设备使用过程中故障会反复出现,在进行备件更换后,故障仍会出现,部分设备因产品升级,备件无法采购,使用替代产品备件,故障仍无法有效修复,故判定制票设备使用周期超过7年后,已无法满足使用需求,反复进行维修与备件更换不仅造成维修成本增加,同时也无法保障设备可靠性稳定,建议整体进行更换。

随着设备管理人员对设备维护管理能力的不断提升,我们发现设备维护工作在日常设备管理过程中所占的比例越来越大,维护工作的质量好坏直接影响设备的故障率与运行状态。因此,制定科学有效的设备维护计划,培养员工维修技能将是保证设备运行稳定的关键。

参考文献

[1] 陈安. AFC系统设备维护管理流程制定与创新[J]. 机电工程技术,2012,41(6):167-170.
[2] 包纯一. 城市轨道交通AFC系统设备维修方法探讨[J]. 现代城市轨道交通,2017,56(4):17-20.
[3] 张一. 浅谈自动售检票系统设备维修管理技术[J]. 电子世界,2017(12):96.

特大型高铁站能管系统技术要点及节能效果分析

冯涛 李蔚

(中信建筑设计研究总院有限公司 武汉)

摘 要：本文论述了特大型高铁站房能效管控系统关键技术要点，包括系统特点、功能、架构、组成等。同时基于节能测试数据，重点分析了某特大型高铁站房采用能效管控系统后整体节能效果，指出该系统具有广阔的应用前景。

关键词：能效管控一体化；深度集成；系统群控；风水联调；节能测试；能耗数据分析

1 概述

《铁路电力设计规范》(TB 10008—2015)第12.1.4.7中要求"大型、特大型旅客站房等建筑物的机电设备监控系统应具备能源管理功能"。目前国内外，能源设施的单项节能技术在铁路大型客站的节能中得到了较为普遍的应用，但由于自成系统节能空间有限，客站缺乏综合管理用能设施设备的统一调度平台，无法充分挖掘节能潜力和降低无效能耗，未能从根本上解决系统整体能耗较大的问题。根据铁路大型客站能源消耗现状的专项调查统计，大型客站的能耗约为160 kW·h/(a·m²)，部分客站甚至超过250 kW·h/(a·m²)。因此，在我国空调、照明、电梯等单项节能技术日趋成熟的情况下，如何针对现代化铁路大型客站能耗特点，建立能效管理综合平台，应用和集成相关节能技术并统一管理能耗设备，实现建筑整体能效最优化，是提升铁路大型客站能效的关键。由此，在特大型高铁站房实施能效管理系统，建立基于"监测—分析—管控"闭环能源管理理念的能效综合管理平台，在节能增效、提高经济效益上均有重大意义。

2 能效管控一体化系统的关键技术要点

南宁东站总建筑面积26.7万 m²，其中站房建筑面积12万 m²，为特大型铁路客运枢纽站。站房设置能效管控系统对站房内各机电设备系统用能进行综合管控。

2.1 系统特点

本能效管控系统通过深度集成技术，将变配电系统、动力系统、照明系统、中央空调机电设备与设施能效管控系统深度集成机电设备及能效管控系统，并进行统一设计。机电设备与设施能效管控系统应对深度集成的子系统采用相同的应用软件，实现被集成子系统的全部功能，完全满足日常运行管理要求，适应站房人群密集、持续运行时间长等特点。

2.2 系统功能

机电设备与设施能效管控系统具备模式控制、群控以及手动控制等功能。可实现数据采集自动化、提高能耗可视化水平和可追溯能力，并实现能耗信息指标化，完成综合能效分析。

2.3 系统架构

在系统架构设计上，本站房机电能效管控系统遵循分散采集、集中分析管控、网页监视、资源与信息共享的原则，采用分层分布式的体系架构。主要分为系统主站层、网络通信层、现场测控层。

主站系统以运行服务器和数据库服务器为核心，采用分层分布式系统体系架构，对客站设施内的用能设备进行分项数据采集、信息在线分析和自动能效管控。为了保障通信的快速与可靠，系统在站房各个区域分散布置了多个数据通信子站，汇集站房内所有负载回路或设备的能耗与能效监控智能单元。构建星形结构的光纤主干网络，用于连接主站系统与各数据通信子站，实现客站能效管控一体化系统的硬件网络体系。

系统主要配置包括：中央管理主站、光纤主干以太网络、就地功能操作分站、系统通信子站和就地控制箱、智能驱动装置单元、智能仪表数据采集等部分。机电能效管控系统总拓扑图如图1所示。

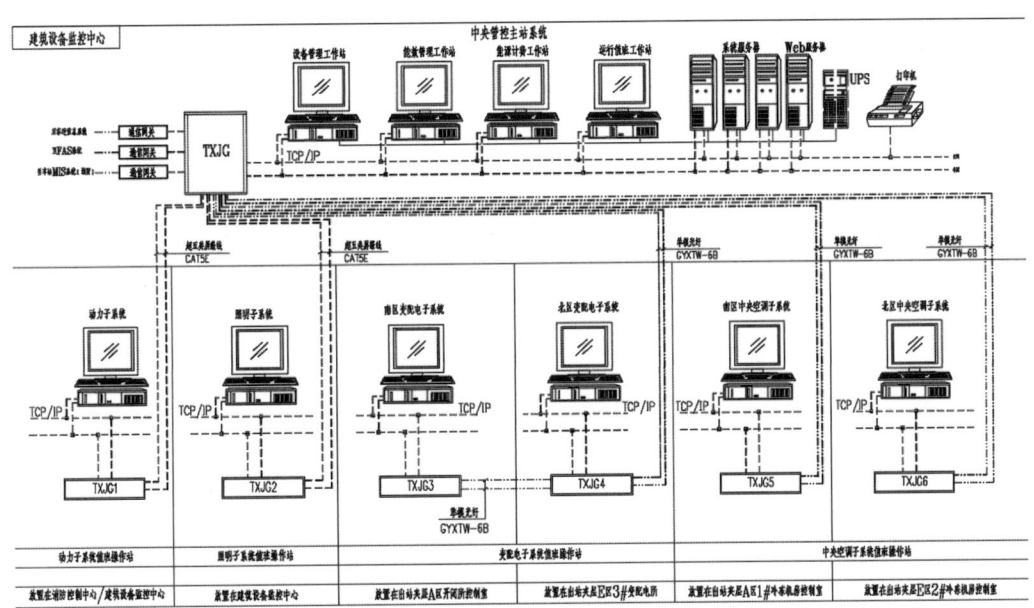

图1 机电能效管控系统总拓扑图

2.4 系统组成

本客运站房机电设备能效管控系统通过深度集成技术,将变配电子系统、中央空调子系统、照明子系统、动力子系统深度集成入机电设备能效管控系统,并进行统一设计。机电设备能效管控系统由以下 5 个部分共同组成。

1. 中央管控主站系统

中央管控主站系统是车站机电设备能效管控系统的数据中心和能效管理中心,设置在站台层北区建筑设备监控中心,对站房内的设备进行集中监控和能耗进行集中管理,采用模块化设计,易于扩展,并预留与其他管理系统的连接条件。

2. 变配电子系统

本子系统采用智能配电系统,利用现代测控技术和通信技术,对车站变电所低压配电系统低压侧回路能耗和状态进行采集分析,对部分开关进行远程分合闸控制,并预留接口给远动控制系统和铁路综合调度系统。本子系统能自动记录和分析电能耗使用趋势,对总量进行数据和成本分析,自动优化电能使用模型,提出合理化建议。

3. 中央空调子系统

本子系统采用中央空调能效智能管控系统,实现对站房冷冻机房内管路工艺参数、设备的运行、故障状态、全电量参数进行监测,并根据计算出的末端负荷调整设备的运行台数和运行频率,来满足站房末端舒适度的要求。

4. 照明子系统

本子系统采用智能照明管控系统,对站房的站台、站台雨棚、出站厅、南北换乘厅、东西联系通廊、大空间候车厅、建筑物景观照明等场所的照明配电回路配置开关模块、智能监测装置,区域配置场景面板来实现按照客户需求驱动开关模块控制回路通断,进而调节站房内的照度,达到铁路站房照度要求。

5. 动力子系统

本子系统主要是对车站动力设备、环境参数进行集中监测、智能管理与控制。对高铁站房的环境参数进行测量,并对动力设备用能明细、用能过程进行监测和分析,在满足机电设备控制功能的前提下,加入能效调节的闭环调节,提升了设备的能效水平,而且通过能源管理功能促进能源管理体系的完善,在管理手段上实现节能运行。保障用能安全,提高能源品质,能及时预警、告警,减少或避免动力设备使用故障。

3 照明及空调子系统节能效果分析

南宁东站机电能效管控系统将站房能耗主要分为四大类:空调用电、照明用电、动力用电、其他用电(包括办公、商铺、市政等)。本项目空调与照明大部分设备都配置了节能装置,并纳入了智能化的系统中,以实现节能运营,所以站房节能主要体现这两部分(表1)。

根据站房分项用能对比分析图(图 2),照明年用电量占整个站房用电量的 20.78%,空调用电占 39.22%。照明用电分为公共区照明、景观照明、应急照明、广告照明 4 大部分,其中公共区照明与景观照明具有节能控制装置,约占总照明用电的 82.71%。空调用电分为制冷站用电、末端空调用电、室外机等 3 大用电部分,其中制冷站与末端空调具有节能控制装置,约占总空调用电的 87.99%。因此以智能照明子系统,中央空调子系统为例分析节能效果。

表 1　　　　　　　　　站房分项用能年对比

项目	今年用量/(kW·h)	去年用量/(kW·h)	增量值/(kW·h)
空调用电	2 736 595.332 1	1 955 051.267 2	781 544.064 9
照明用电	5 165 075.381 0	4 112 491.856 5	1 052 583.524 5
动力用电	1 504 702.432 7	776 986.652 0	727 715.780 7
其他	3 762 622.276 7	1 582 905.959 2	2 179 716.317 5

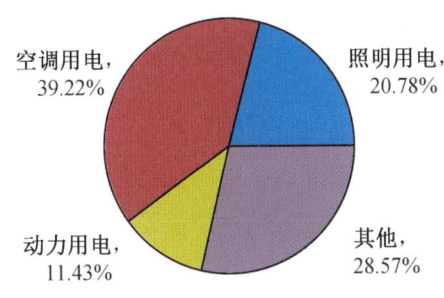

图 2　站房分项年用能对比分析饼图

3.1　智能照明系统节能分析

对站房的站台、站台雨棚、出站厅、南北换乘厅、东西联系通廊、高架层候车厅的公共照明及建筑物景观照明等场所的照明进行智能管控。为了测试站房智能照明系统的节能效果,选取高架层区域的照明设备作为节能测试的对象,并根据照明系统不断完善过程,在每一个阶段随机挑选某一天进行 24 h 照明能耗记录。

设置三种节能模式与测试基准日对比并比选节能方案。

测试基准日:照明系统后台控制关闭,采用人工控制高架层的照明。

节能模式一:后台定时开启照明,实现后台定时群控。

节能模式二:分区分项开启照明,实现分区分项,实现景观照明按需开关。

节能模式三:按需开启照明,加入了高架层 1/2 开,1/4 开控制方式,按需操作。

根据测试记录表,对比节能测试基准日,则不同照明模式下效果如表 2 所示:

表 2　　　　　　　　　照明系统节能测试分析表

测试日期	节能方案	基准日耗电量/(kW·h)	测试日耗电量/(kW·h)	节电量(与基准日对比)/(kW·h)	节电率(与基准日对比)/%
1月6日	节能模式一	7 144.40	6 686.40	458.00	6.41
2月2日	节能模式二	7 144.40	5 517.80	1 626.60	22.77
3月16日	节能模式三	7 144.40	3 629.10	3 515.30	49.20

对比表2三种节能模式,本站房在运用智能照明系统后,照明节能效果明显,为站房节约了大量照明用电。综合比较各种节电方案,每年可以产生的经济效益如表3所示。

表3　　　　　　　　智能照明测试点节电方案经济效益分析表

方案	节电率 (与基准日对比)/%	节电量 (与基准日对比)/(kW·h)	年节省金额 (365天/年,0.9元/度)/万元
节能模式一	6.41	458	15.045 3
节能模式二	22.77	1 626.6	53.433 81
节能模式三	49.20	3515.3	115.477 6

3.2　空调能耗数据分析

本站房中央空调系统主要包括水系统和风系统2个部分。水系统的主要设备包括:冷水机组、冷冻泵、冷却泵与冷却塔(冷站);风系统主要包括混合式空调机组与新风机组(末端)。

中央空调能效管控系统是中央空调设备的驱动与控制系统,通过合理的调节中央空调设备运行参数,既可以改善用户舒适度,又可以提高系统能效,降低设备能耗。为了验证评估中央空调管控系统的节能效果,分三种方式对站房中央空调设备节能效果做了测试,每种方式均对比节能模式及常规模式。

1. 仅对空调风系统控制节能测试

空调风系统在2个时段分为2种模式进行测试:

节能模式测试:通过末端对于空调冷量的需求计算,得出最节能的运行参数,并协同调整风机运行频率和冷冻水表冷阀的开度大小来满足末端对于空调冷量的需求。

常规模式测试:空调机组风机以固定的频率运行,仅通过调节冷冻水表冷阀的开度大小来满足末端对于空调冷量的需求。

根据测试记录结果,对数据进行汇总分析,结果如表4所示。

表4　　　　　　　　空调风系统节能测试结果分析

设备位置	数量	节能运行能耗 /(kW·h)	常规运行能耗 /(kW·h)	日节电量 /(kW·h)	节电率 /%
站台夹层	22	1 408.90	3 196.00	1 787.10	55.92
高架夹层	12	3 246.2	5 730.2	2 484.00	43.35
实际测试总设备 节能分析合计	34	4 655.10	8 926.20	4 271.1	47.85

2. 仅对空调水系统进行控制节能测试

本站房分为南北两套中央空调水系统。空调水系统在2个时段分为2种模式进行测试:

节能模式测试:通过冷冻水出回水的温度计算出末端对于空调冷量的需求,得出最节能的运行参数,并协同调整冷冻泵、冷却泵的运行频率和冷冻泵、冷却泵开启的数量来满足末端对于空调冷量的需求。

常规模式测试：开启固定数量的冷冻泵、冷却泵，并以固定的频率运行，当末端冷量发生变化的时候，通过增加或者减少冷冻泵、冷却泵的数量达到满足末端对于冷量的需求。

根据测试记录结果，对数据进行汇总分析，结果如表5所示。

表5　　　　　　　　　　空调水系统节能测试结果分析

设备位置		数量	节能运行能耗/(kW·h)	常规运行能耗/(kW·h)	日节电量/(kW·h)	节电率/%
南区冷冻机房	冷水机组	4	15 374.40	16 987.84	1 613.44	9.49
	冷冻泵	4	4 502.20	6 012.95	1 510.748	25.12
	冷却泵	4	4 298.10	5 739.45	1 441.354	25.11
	冷却塔	4	946.10	956.56	10.461	1.09
	小计	16	25 120.80	29 696.80	4 576.003	15.40
北区冷冻机房	冷水机组	2	15 251.80	16 776.98	1 525.18	9.09
	冷冻泵	3	3 318.60	4 446.92	1 128.324	25.37
	冷却泵	3	3 465.00	4 643.10	1 178.1	25.37
	冷却塔	4	549.60	555.10	5.496	0.99
	小计	12	22 585.00	26 422.10	3 837.1	14.52
实际测试总设备节能分析总计		28	47 705.80	56 118.90	8 413.10	14.99

3. 对中央空调系统进行风水联调控制节能测试

中央空调系统风水联调节能运行模式下，在保证冷量输出的情况下，系统自行协调风系统空调机组、制冷主机、冷冻泵、冷却泵、冷却塔风机等设备的最佳运行状态；当末端冷量发生变化时，系统根据冷量需求的变化特性，综合考虑传热特性、惯性时间，预测冷量需求，多阶段、分批次、选择性协同调整调空调机组、制冷主机、冷冻泵、冷却泵、冷却塔风机等设备的运行策略；通过多区域的末端回风温湿度、送风温湿度等特性，提前预测冷量需求，并进行系统的预先调整。

根据测试记录结果，对数据进行汇总分析，结果如表6所示。

4. 节能数据分析

（1）本空调节能测试分为三种情况，其中风系统单独测试时节电率为47.85%，水系统单独测试时节电率14.99%，风水联调时风系统节电率为39.8%，水系统节电率为18.2%，总节电率为24.2%。

（2）风水联调相对于风系统单独测试时，由于站房投入使用的风柜数量较少（20台比34台），风柜实际承载的负荷大，导致节电率稍有下降（39.8%比47.85%），由此可以推测如果风水联调时开启的风柜数量和风系统单独测试时数量相等，则风系统的节能率还会上升。

表6　空调风水联调节能测试结果分析

设备名称	初始读数/(kW·h)	终止读数/(kW·h)	用电量/(kW·h)	初始读数/(kW·h)	终止读数/(kW·h)	用电量/(kW·h)
运行模式	常规模式			管控模式		
室外温度	20～31 ℃			21～31 ℃		
记录时间	2015/10/15 20:00	2015/10/16 20:00	—	2015/10/16 21:00	2015/10/17 21:00	—
风系统小计/(kW·h)			5 472.3			3 291.9
风系统节电率/%			39.80			
水系统小计/(kW·h)			14 217.1			11 631.4
水系统节电率/%			18.20			
系统合/(kW·h)			19 689.4			14 923.3
节省电量/(kW·h)			4 766.1			
系统综合节电率			节省电度(kW·h)/常规模式消耗电度(kW·h)＝24.20%			

（3）风水联调时,水系统节电率比单独测试时有所上升(18.2%比14.99%),说明本站房中央空调系统风水联调比风、水系统单独管控节能效果更好。

3.3 整体能耗分析

根据测试数据显示智能照明系统综合年节能率在49.20%左右,则站房总节能率中照明节能率为：20.78%×82.71%×49.20%＝8.46%；中央空调系统综合年节能率在24.20%左右,则站房总节能率中空调节能率为39.22%×87.99%×24.20%＝8.35%。

注：(1) 20.78%为照明年用电量占整个站房用电量比例；

(2) 82.71%为公共区照明与景观照明用电量占总照明用电量比例；

(3) 49.20%为照明系统节能模式三节约用电量与基准日总用电量比例；

(4) 39.22%为空调年用电量占整个站房用电量比例；

(5) 87.99%为制冷站与末端空调用电量占总空调用电量比例；

(6) 24.20%为空调节能模式节约用电量与常规模式总用电量比例。

对站房中央空调系统及智能照明系统进行节能数据统计,可推算出站房总节能率为8.35%＋8.46%＝16.81%,按目前站房一年消耗的电能为2 223万度(2015年数据),电价0.9元/度计算,对站房采取能效管控后,相对于粗放式用能每年节约的金额为

$$2\ 223\ 万度 \div (1-16.81\%) \times 16.81\% \times 0.9\ 元/度 = 404\ 万元$$

4 变配电及动力子系统节能降耗措施

变配电子系统对10 kV高压柜所有回路、0.4 kV低压柜、电容补偿、馈出线回路设置智

能监测装置,系统通过监测装置采集电流、电压、功率、频率等能耗参数;并对采集的参数进行有效性验证、分类能耗数据计算、建筑总能耗计算等,以此建立有效的电能管控平台,进入能效管控一体化系统,为用户提供电能消耗成本结构优化管理,实现节能降耗目标。

动力子系统对动力配电系统主进线回路、不小于 5 kW 的馈线回路设有能耗和电能质量监测装置;对每个末端电控箱设有能耗、状态监测与管理控制装置。系统采集风机、水泵、电扶梯等设备能耗参数、状态参数,以及温湿度、CO_2 浓度等环境参数,并对采集的能耗参数进行有效验证、分类能耗数据计算、单位面积动力能耗计算等,并存储更新数据库,判断能耗状态,进行报警提示。进而对站房单位面积能耗、空调单位面积能耗、折标煤、CO_2 排放量等多种能耗指标进行分析对比,提出能效管控优化方案。

5 2015—2016 年度能耗分析

通过对 2015—2016 年度用电消耗比对(表 7),车站于 2015 年开始运行,在运行初期,由于设备以及运行管理模式正处在磨合的过程中,同时为保障开站初期车站的有序运行,能效管控系统仅采取了部分节能管控措施,全年消耗的电度相对处于较高的水平。

随着车站整体运行模式的逐渐成熟稳定,特别是能效管控系统在车站的运行与节能策略同步实施,以及变配电及动力子系统节能降耗措施的实施,从 2016 年开始每月消耗的电度同比呈下降趋势。特别是到了 2016 年夏天 5~9 月份的用电高峰期,相对 2015 年度同期减少的幅度更大。2016 年,全年用电约 2 019 万度,比 2015 年的 2 223 万度减少约 204 万度,在 2015 年节省 404 万元电费基础上再节省电费 183.6 万元,比传统管理模式年节约电费 587.6 万元,节能效果显著。

表 7   2015—2016 年度用电量统计表

月份对比项	2015 年 0.4 kV 侧电度/(kW·h)	2016 年 0.4 kV 侧电度/(kW·h)	同比减少/%
1 月	1 118 209.61	1 069 661.95	4.34
2 月	955 075.86	1 052 823.19	−10.23
3 月	1 213 026.67	1 127 426.40	7.06
4 月	1 809 523.12	1 670 188.34	7.70
5 月	2 506 252.72	2 129 256.87	15.04
6 月	2 637 655.41	2 273 919.11	13.79
7 月	2 598 637.72	2 264 915.20	12.84
8 月	2 649 889.04	2 379 430.98	10.21
9 月	2 121 674.09	1 904 410.27	10.24
10 月	1 850 560.75	1 712 018.45	7.49
11 月	1 574 071.73	1 473 384.81	6.40
12 月	1 196 883.60	1 140 727.93	4.69
合计	22 231 460.32	20 198 163.51	9.15

6 系统推广与应用前景

根据以上能耗数据分析,能效管控一体化技术在特大型高铁站房运用节能效果明显。能效管控系统在应用中可以细分为中央空调能效管控系统、智能照明能效管控系统、变配电监控系统、电气安全监控系统、远程抄表系统、其他设备能效管控系统等,各子系统可共用通信和集中的监控软件平台。该系统相关技术装置、硬件设备、运行软件已实现了系列化、标准化、模块化,具备很好的成套性、系统性、通用性。因此,该系统的通用性、适用性、推广性强,具有广阔的应用前景,可广泛应用于铁路新建和改造的各种规模客站、枢纽、机务段、车辆段等铁路场所,以及大型体育场馆、高等院校、政府机关、大型医院、城市综合体等大型公共建筑。

参考文献

[1] 中国航空工业规划设计研究院组编.工业与民用配电设计手册[M].4版.北京:中国电力出版社,2016.
[2] 李蔚.建筑电气设计要点难点指导与案例剖析[M].北京:中国建筑工业出版社,2012.
[3] 李蔚.建筑电气设计关键技术措施与问题分析[M].北京:中国建筑工业出版社,2015.
[4] 白永生.建筑电气弱电系统设计指导与实例[M].北京:中国建筑工业出版社,2015.
[5] 上海现代建筑设计(集团)有限公司.建筑节能设计统一技术措施[M].北京:中国建筑工业出版社,2009.
[6] 现代设计集团华东建筑设计研究院有限公司.交通建筑电气设计规范:JGJ 243—2011[S].北京:中国建筑工业出版社,2012.
[7] 铁道第三勘察设计院集团有限公司.铁路电力设计规范:TB 10008—2015[S].北京:中国铁道出版社,2016.
[8] 中国建筑科学研究院.公共建筑节能设计标准:GB 50189—2015[S].北京:中国建筑工业出版社,2015.

京张高铁站房基于 BAS 的能源管理系统

李金冬　韩　松　许　茁　郑　玲　张　倩

(中铁工程设计咨询集团有限公司　北京)

摘　要：基于 BAS 的能源管理系统，主要对高铁站房内的通风空调、给排水、照明、电扶梯、电热风幕、电动窗、电伴热等设备进行全面、节能、高效的自动化监控。以京张高铁站房为例，介绍了基于 BAS 的能源管理系统的系统架构、系统功能，为高铁站房和交通枢纽的 BAS 系统和能源管理系统设计提供了参考。

关键词：高速铁路；铁路客站；基于 BAS 的能源管理系统；节能技术；节能措施

1　概述

为落实绿色奥运的重要精神，扎实推进京张高铁建设"精品工程、智能京张"及"畅通融合、绿色温馨、经济艺术、智能便捷"的客站建设工作要求，打造保护环境和节约能源的示范工程，全面提升铁路站房运营节能减排管理现代化水平，京张高铁全线站房设计采用了基于 BAS 的能源管理系统。

基于 BAS 的能源管理系统，除了对车站内的空调通风、照明、电扶梯、给排水、低压变配电进行监控外，还对电热风幕、电动窗、电动遮阳百叶、电伴热、充电桩、电开水器等用电设备进行监控，涵盖了车站内的所有用电设备。

本文结合京张高铁站房设计对基于 BAS 的能源管理系统进行阐述。

2　京张高铁站房基于 BAS 的能源管理系统概述

北京至张家口铁路全长 174 km，东起北京市，西迄张家口市，全线共设 10 个车站，分别为北京北、清河、沙河、昌平、八达岭长城站(地下站)、东花园北站、怀来、下花园北、宣化北、张家口。

基于 BAS 的能源管理系统是一个全新应用集成系统。能源管理系统与其他各子系统的数据通信通过 BAS 平台连接起来，通过内部集成及外部集成的方式，实现对子系统的能耗进行智能分析，通过 BAS 进行控制，达到节约能耗并实现对子系统安全、合理、科学化的管理。基于 BAS 的能源管理系统是一个综合性的针对现代化高铁站房机电设备的运维管理和应用平台，系统结构图如图 1 所示。

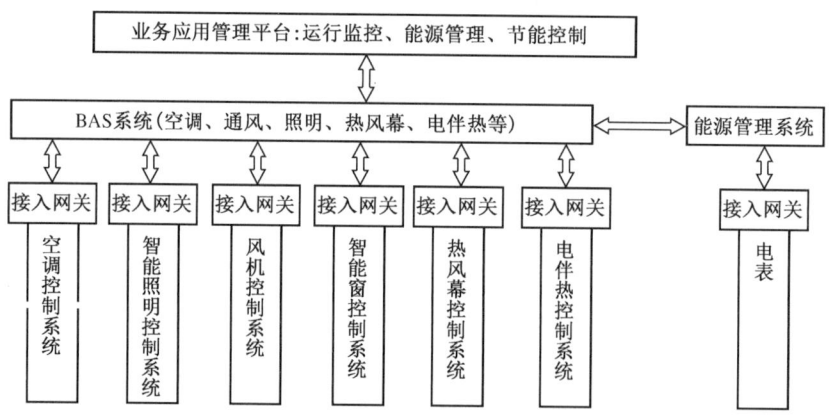

图 1　京张高铁站房基于 BAS 的能源管理系统结构图

2.1　基于 BAS 的能源管理系统架构

基于 BAS 能源管理系统采用分层分布式结构，系统自上而下共分 3 层，即监控管理层、通信层和现场设备层。

1. 监控管理层

为现场操作、管理人员提供充足的信息，制定能量优化策略，优化设备运行，通过联动控制实现节能控制和能效管理，提高经济效益以及环境效益。如果需要，可以将系统数据转发至上级监控管理中心，在更大范围内做好能量的管理。

2. 通信层

通过现有的技术手段把各子系统、现场设备等接入系统。

常用的方式有：

（1）通过光纤组成环型自愈以太网。

（2）采用现场总线技术组网，如 RS-485，LonWorks 等。

（3）采用无线传输技术。

（4）采用 GPRS/3G，4G 通信网络等。

具体实施要根据实际情况，既可以选择单一组网方式，也可以选择多种方式混合使用。

3. 现场设备层

现场设备负责采集各种能量、环境数据，主要包括以下设备：

（1）分布于各个子系统中的智能电能表、高低压配电柜中的测控保护装置、智能仪表、温湿度传感器等。

（2）站房内各个自动化子系统：如 BAS 系统（含空调、通风、照明、热风幕、电伴热等）。现场设备在站房内组成物联网，与监控层通信完成数据交换。

能源管理系统使用 B/S 架构，建立实时、在线的能耗计量监测系统；提供能耗统计分析和日常运行监控功能应用；建立高铁站房能效评估指标体系，实施精细化的科学量化管理；寻找能耗漏洞，与其他各系统的数据通信通过 BAS 平台连接起来，通过内部集成及外部集成的方式，在保证客运服务安全、旅客舒适的前提下，为用户制定节能整改措施，提高能源使用效率,指导 BAS 系统实现管理控制,达到节约能耗的目的。

2.2 系统功能

(1) 数据采集,包括各种 BAS 数据和能耗数据的采集。

(2) 数据处理。提供丰富的数据处理功能,处理之后存储到历史数据库中。根据需求对历史数据进行处理、分析和转发等。

(3) 计算引擎及统计。

(4) 控制操作。

(5) 图形化界面。

(6) 历史数据。所有的历史数据均保存于数据库服务器,本机也有当年数据的备份。

(7) 系统安全性管理。

(8) 接口及智能联动。

本系统具有良好的开放性,可以与其他自动化设备或系统接口,能够方便地实现接口及智能联动功能。

2.3 控制策略

北京至张家口铁路沿线属温带大陆性季风气候。气候特点是:一年四季分明,冬季寒冷而漫长;春季干燥多风沙;夏季炎热并且时间短,降水集中;秋季晴朗,冷暖适中。光资源丰富,昼夜温差大;雨热同季,生长季节气候凉爽;高温高湿炎热天气少。

下面以张家口站为例,说明控制策略。

张家口站各子系统用电情况如图 2 所示。各子系统控制策略如下所述。

1. 空调及通风系统

空调及通风系统,充分根据气候特点进行控制。

张家口市采暖季 11 月—次年 3 月,制冷季 6—8 月,过渡季 4,5,9,10 月份。

京张高铁站房采用冷热源群控系统。群控系统通过对中央空调系统从冷热源站和通风系统全面的监控,实现有效的控制与管理,结合基于 BAS 的能源系统,在确保达到环境质量要求的同时,尽可能降低空调系统运行能耗,

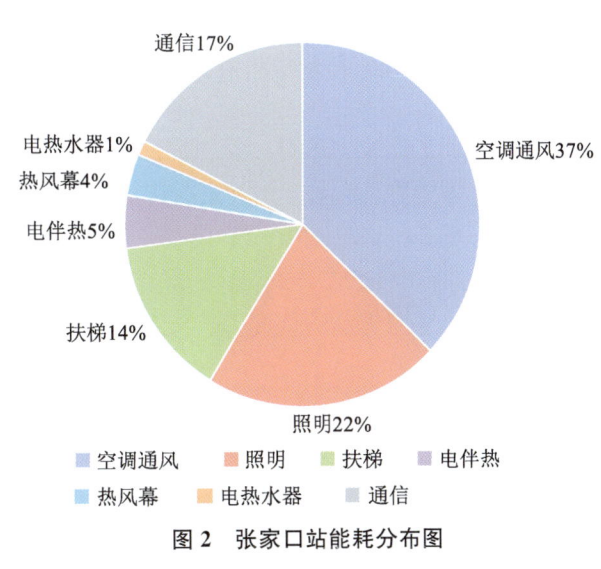

图 2 张家口站能耗分布图

实现设备智能控制与能耗管控。主要参数有开关机设计、顺序启停、最短运行时间开机等。

各个季节的空调、通风系统的控制策略如下文所述(表 1)。

(1) 过渡季。候车厅、售票厅设有电动开启窗和机械通风,BAS 系统根据 CO_2 浓度、$PM_{2.5}$,PM_{10} 和温、湿度等参数控制打开或者关闭,从而和外部的空气进行交换,达到节能降

耗、提高旅客舒适度的目的。

（2）制冷季。张家口地区早晚温差比较大，凌晨5～7点达到一天的最低温度。在空调开启前，BAS系统根据CO_2浓度、$PM_{2.5}$、PM_{10}和温、湿度等参数控制打开电动开启窗自然通风、启动机械通风，降低室内温度和CO_2浓度，从而达到节能降耗、提高旅客舒适度的目的。

可以根据天气预报的气温控制空调启停，当最高气温<25℃时，不开空调或者变频风机低频运行。根据历史数据，这样可以将开空调的天数大概减少1/3，考虑到温差较大，早晨也一般不用开空调，可以根据实时的温度信息调整空调的运行参数，这样也能降低很大的能耗。

表1　空调、通风系统的控制策略

方案名称	开启条件	执行动作	备注
强制通风	室内二氧化碳浓度超过1 000 ml/m³	打开电动窗、机械通风，进行换气	根据《环境空气质量标准》GB 3095—2012
	室外$PM_{2.5}$浓度每立方米小于75 μg，PM_{10}浓度每立方米小于150 μg	严重污染情况，关闭电动窗，只开机械通风（带过滤）	
自然通风	无严重污染、雨雪等恶劣天气	打开电动窗进行自然换气	

2. 照明系统

（2）根据照度和列车到发信息，自动调整照明。

根据国铁集团鉴定中心《关于铁路站房LED照明设计研讨会会议纪要》（鉴电函〔2018〕151号）的要求，采用LED照明，相对传统的金卤灯具就节约大量的能源，在此基础上，根据室外环境因素等制定控制策略进行精细控制（表2）。

表2　照明控制策略

区域	方案名称	开启条件	方案说明
候车厅	全开	根据室外光照度和时间启动 1. 室外光照度小于400 lx 2. 时间段：07:30～19:00	白天时段因特殊天气原因导致光线昏暗
		根据时间段控制 1. 06:00～07:30 2. 19:00～24:00	早上和晚间需要全开
	1/2开	根据室外光照度和时间 1. 室外光照度在400～1 000 lx之间 2. 时间段：07:30～19:00	
	1/4开	根据室外光照度和时间 1. 室外光照度大于1 000 lx 2. 时间段：09:00～18:00	在阳光充足的白天，实现最大限度节能
站台	单个站台全开关	在能获取到列车到站的信息情况下 1. 根据列车到站信息，光照度小于400 lx，提前15分钟开启全部照明 2. 列车发车5分钟后关闭灯具（保留值班照明）	时间需要与相关部门确定

(续表)

区域	方案名称	开启条件	方案说明
地道		结合广告照明等情况控制照明: 如果广告照明已开,关闭照明 如果广告照明未开,打开照明。	
天桥		结合照度、广告照明等情况控制照明	

3. 电扶梯

预留电扶梯接口,可以查询运行及能耗信息。

4. 电伴热分级控制

根据室外天气情况进行控制,选用功率分档的电伴热,可以根据气候情况(下雪)、温度等参数控制挡位,达到节能的目的。

5. 热风幕分级控制

根据室内外温度分级控制。张家口站总共设置了 91 台 10 kW 电热风幕,共计为 910 kW(表 3)。

常规电热风幕,只有 0 和 10 kW 两档。设计选用了节能型电热风幕,功率为 0,3,7,10 kW 四个档位,并将电热风幕控制纳入 BAS 系统。采暖季时档位和温度之间的关系通过分析可以按表设置,T_1 送风温度;T_2 室外温度。

制冷季时,可以根据温差开启风幕风机。

通过查询张家口市 2016—2017 年度冬季温度,对张家口站热风幕控制进行了模拟,最终的模拟结果为采用节能型电热风幕,并采取相应的控制策略后,每年可节约电能 7.9 万度,按 1 度电 0.9 元计算,粗略估计每年节约 7.1 万元。

表 3　　热风幕档位控制

热风幕档位/kW	T_1/℃	T_2/℃
10	21～28	$T_2 > -10$
7	21～28	$-10 \leqslant T_2 < 0$
3	21～28	$T_2 \geqslant 0$

6. 电动遮阳百叶

清河站设电动遮阳百叶,制冷季制冷时关闭遮阳百叶,遮挡阳光,减少站房与外界的热交接,防止室内温度上升;采暖季打开遮阳百叶,利用太阳的辐射提高室内温度;过渡季打开遮阳百叶,通过自然采光补充室内照明,根据不同时段进行开启/关闭,达到节能降耗和提高旅客舒适度的目的。

7. 其他子系统控制

卫生间异味通风。在卫生间设置异味传感器和通风装置,当异味达到一定的浓度后启动通风装置,提高了旅客舒适度。

电开水器控制。根据高铁运行时间和客服需要,启停部分电开水器,达到节能降耗的目的。

充电桩、低压变配电等通信接口。预留充电桩接口,可以查询充电桩能耗信息;预留低压变配电接口,可以查询运行状态。

3 结语

基于 BAS 能源管理系统是一个全新的应用集成系统,是一个综合性的针对现代化站房智能建筑设备的运维管理和应用平台。借助于本系统,管理人员能够及时、方便、直观地了解站房中各类能源和各项能源的使用情况,掌握能源使用中的问题,找出耗能点,更加合理地分配和调度管理能源,同时作为节能减排、管理能源的重要手段。本系统能够对电气设备的运行及状态的安全性、合理性进行实时监控及科学化的管理,通过精细化控制,实现显著的节能效果,达到可观的节能收益。预计节能 15%～20%。

基于 BAS 能源管理系统同时为高铁站房运营提供数据支持及解决方案。它不是一个固定不变的管理系统,系统具有对数据进行统计分析的功能,通过对高铁站房运行中的各数据进行检测和分析,可以不断优化高铁站房内各子系统的控制策略,从而使基于 BAS 能源管理系统成为一个智慧的、非单一功能的、融合变化的、可成长的智能系统。

参考文献

[1] 上海市智能建筑建设协会.建筑智能化节能技术[M].上海:同济大学出版社,2013.
[2] 王伟晗,尹守迁,王清成.能源管理系统在大型铁路客运站的应用[J].应用技术学报,2017,17(1):67-71.
[3] 周有娣,张启蒙.能源管理在铁路站房弱电系统中的应用[J].交通建筑电气设计,2013,7(7):12-15.